예제로 배우는 도커 2/e

예제로 배우는 도커 2/e

100가지 노하우로 제대로 이해하는

이안 미엘 · 아이단 홉슨 세이어즈 지음 김용환 옮김

i!i
에이콘

"당신의 문제를 해결할 수 있는 풍부하고 실질적인 조언이 담긴 도커 책이다."

— 도커사의 벤 퍼시만^{Ben Firshman}

"4성급 레시피로 가득하다!"

— 솔리드 파이어사^{SolidFire}의 채드 데비스^{Chad Davis}

"이 책을 읽고 나면 도커가 좋아질 것이다."

— OSOCO의 호세 산 렌드로 ^{José San Leandro}

"개발자가 실행해 볼 수 있는 도커 트릭으로 가득하다."

— 넷 이펙트 테크놀로지사^{Net Effect Technologies}의 커크 브래트쿠스^{Kirk Brattkus}

"도커를 사용할 때 매우 유용한 팁이 있다.
현장에서 유용하고 실용적이어서 실제 도커 이슈를 해결할 수 있다."

— 아마존 고객

"읽기 쉽고 따라하기 쉽다.
이 책을 읽으면 도커의 내부 동작 방식을 훨씬 잘 이해할 수 있다."

— 아마존 고객

| 지은이 소개 |

이안 미엘^{Ian Miell}**과 아이단 홉슨 세이어즈**^{Aidan Hobson Sayers}

영국에서 일하는 노련한 인프라 아키텍트다. 영국 최대 게임 회사 중 하나에서 도커를
사용해 데브옵스로 전환했다.

| 감사의 글 |

가장 가까운 사람들의 지지, 희생, 인내심이 없었으면 출간되지 못했을 것이다. 고객에게 도커의 유용함을 알릴 수 있도록 많은 내용을 알려 주려 끊임없이 노력한 스티브 헤이즐턴Stephen Hazleton에게 특별히 고맙다는 인사를 전한다.

여러 도커 기고자와 사무 직원뿐 아니라 베노이트 베네데티Benoit Benedetti, 버크하드 네스맨Burkhard Nestmann, 채드 데이비스Chad Davis, 데이비드 모라벡David Moravec, 어네스토 카데나스 카가후랄라Ernesto Cárdenas Cangahuala, 페르난도 로드리게스Fernando Rodrigues, 커크 브래트쿠스Kirk Brattkus, 페스루 라즈Pethuru Raj, 스콧 베이츠Scott Bates, 스티븐 렘바크Steven Lembark, 스튜어트 우드워드Stuart Woodward, 티션 베넷Ticean Bennett, 발미키 아키샌다스Valmiky Arquissandas, 윌 무어Wil Moore III가 원고 형태의 책을 읽으며 여러 단계에서 검토했고 매우 유용한 피드백을 줬다. 날카로운 눈으로 기술 교정을 해 준 호세 산 렌드로José San Leandro에 감사한다.

마지막으로 매닝 출판사Manning의 편집 팀의 도움을 받았다. 매닝 출판사 편집 팀은 좋은 책을 넘어 최고의 책이 나올 수 있도록 동기를 부여했다. 팀의 자부심은 내게 긍정적인 영향을 줬다.

이안 미엘 늦은 밤까지 "도커, 도커, 도커!" 하면서 노트북 앞에서 코딩하는 아버지를 잘 참아준 자녀 사라Sarah, 이삭Isaac, 레이첼Rachel에게 감사하다. 어린 시절부터 지금까지 늘 의문을 제기한 내게 힘을 주신 부모님께도 감사하다. 그리고 스펙트럼을 사주셔서 정말 감사하다.

아이단 홉슨 세이어즈 내게 지원과 격려를 해 준 모나Mona, 지혜와 동기를 부여한 부모님, "도커를 사용해 본 사람이 있나요?"라는 운명의 이메일을 보낸 공동 저자인 이안 미엘에게 감사하다.

지은이의 말

2013년 9월, 해커 뉴스^{Hacker News}를 탐색하다 '도커'라는 새로운 기술을 소개한 와이어드^{Wired} 기사(http://www.wired.com/2013/09/docker/)를 우연히 발견했다. 기사를 읽고 도커의 혁신적인 잠재력을 깨닫게 되면서 점점 더 흥분했다.

10년 넘게 근무한 회사에서 소프트웨어를 빨리 제공할 수 있는 방법을 고민하던 차였다. 배포 환경은 비용이 많이 들고 시간이 오래 걸리며 수동적인 데다가 매력이라고는 찾아볼 수 없는 작업이었다. 지속적 통합^{Continuous Integration}은 거의 없었고 개발 환경을 설정할 때는 인내심으로 버텼다. 내 직책에 '데브옵스 관리자^{DevOps Manager}'라는 단어가 들어 있어 배포 문제를 해결해야만 하는 특별한 동기도 있었다.

회사 메일링 목록에 열정으로 가득 찬 동료(그 중 하나가 공동 저자가 됐다)를 모집했고 함께 스컹크 웍스^{skunkworks} 팀[1]을 만들었다. 베타 툴을 비즈니스 이점으로 전환해 VM 비용을 낮추고 소프트웨어 구축과 배포에 새로운 사고 방식으로 접근했다. 조직의 요구에 맞게 자동화 툴^{ShutIt}을 구축하고 오픈소스로 공개했다.

도커는 효과적으로 해결할 수 없었던 많은 문제를 해결하기 위해 패키징됨과 동시에 유지 관리되는 툴이 됐다. 도커는 최고의 오픈소스로써 여가 시간을 활용하고 기술 부채를 극복하며 매일 학습할 수 있는 도전 의식을 불러 일으켰다. 도커뿐 아니라 지속적 통합, 지속적 배포, 패키징, 자동화, 사람들이 빠르고 파괴적인 기술 변화에 대응하는 방법을 알게 됐다.

도커는 매우 광범위하게 사용할 수 있는 툴이다. 리눅스를 사용해 소프트웨어를 실행하는 곳마다 도커가 영향을 줄 수 있다. 도커의 범위가 소프트웨어만큼 넓기 때문에 도커라

---

1   스컹크 웍스 팀이란 근본적인 혁신을 위해 고급, 비밀 프로젝트를 연구하고 개발하는 비교적 적은 사람들로 구성된 팀으로서 높은 수준의 자율성을 제공하고 관료주의에 방해받지 않는 조직을 말한다. 2차 세계 대전 당시 록히드의 스컹크 웍스 프로젝트에서 유래됐다. - 옮긴이

는 주제로 책을 집필하는 것은 어렵다. 도커 생태계는 소프트웨어 산업에서 근본적인 변화에서 발생하는 요구를 충족시키는 솔루션을 생산하는 데 정말 놀라운 속도로 진행된다. 그런 면에서 작업이 더욱 부담스럽게 느껴질 때도 있다. 시간이 지나면서 문제와 해결책의 형태가 점차 친숙해져 우리의 경험을 책으로 전달하려 많이 노력했다. 내용을 이해하면 특정 기술과 비즈니스 제약 조건의 해결책을 파악할 수 있을 것이다.

개발자 모임에서 소통하면서 도커를 기꺼이 수용하려는 조직은 상당히 빠르게 효과를 봤음을 알게 됐다. 이 책은 데스크톱, 데브옵스 파이프라인을 거쳐 도커를 사용해 상용 환경에 배포하는 방법을 다룬다. 완전히 '정통'이라고 보기는 어렵지만 엔지니어로서 실용성을 담아야 한다고 생각하며 글을 썼다. 물론 돈을 절약할 때도 매우 실용적이어야 한다. 책에 실린 모든 내용은 실무 현장에서 얻은 실제 교훈을 기반으로 쓴 것이니 좋은 정보를 많이 얻길 기대한다.

| 옮긴이 소개 |

김용환(knight76@gmail.com)

알티캐스트, 네이버, 라인, SK플래닛, 카카오를 거쳐 현재 카카오 커머스에서 개발자로 일하고 있다. 마흔 다섯 살의 평범한 개발자로 다양한 도전에서 에너지를 얻으며, 개발과 실무 경험을 블로그(http://knight76.tistory.com)에 기록하고 있다.

정보통신산업진흥원^{NIPA} 산하의 소프트웨어공학포털에 개발 관련 내용을 연재했으며, 여러 콘퍼런스와 세미나에서 그동안 쌓은 개발 지식을 발표하고 있다. 자신은 물론 누군가에게 도움이 될 수 있다는 생각으로 번역을 시작했는데, 어느덧 15번째 책이다.

요즘은 도커를 서비스로 활용하는 것뿐 아니라 툴, 테스팅, POC로 사용하는 경우가 많아졌습니다. 그만큼 도커는 점점 대중화되고 있습니다. 도커는 효과적으로 해결할 수 없었던 많은 문제를 해결하기 위해 패키징돼 유지 관리하는 툴로 사용 중입니다. 도커는 최고의 오픈소스로서 여가 시간을 활용하고 기술 부채를 극복하며 매일 학습하도록 도전하게 만듭니다.

우리는 도커의 내부 구조를 얼마나 이해하고 있을까요? 저는 도커로 파이썬, 스칼라/자바 애플리케이션을 쿠버네티스 클러스터에 배포하고 운영한 적이 있습니다. 당시 "도커를 깊이 알지 않아도 다 돌아가는구나."라고 생각했던 적도 있습니다. 하지만 결국 도커에 대한 얕은 지식으로 문제가 발생해 '삽질'할 때가 많았습니다. 단순히 커맨드만 안다고 도커를 이해했다고 말하기는 어려웠습니다.

이 책을 보고 나서 도커를 상대하는 것 그리고 쿠버네티스도 이해되기 시작했습니다. 도커의 단점을 파악하니 도커의 보안 이슈를 이해할 수 있었습니다. 또한 마라톤/메소스 및 쿠버네티스와 같은 오케스트레이션 툴도 제대로 보이기 시작해 앞으로 더 잘 사용하고 싶어졌습니다.

저는 도커가 개발자와 데브옵스에게 평생 친구가 될 것이라고 장담합니다. 점차 도커는 대중화될 것이고 곳곳에서 사용될 것입니다. 이 책으로 도커를 깊이 알아가는 기회가 되면 좋겠습니다.

이 책은 VM에서 전환하기, 시스템을 마이크로 서비스로 나누기, 영속성 볼륨, 고급 이미지 구축 기술, 지속적 통합, 셀레늄 테스트, etcd와 confd, 네트워크 시뮬레이션, 보안, 모니터링, 성능 및 디버깅 등과 같은 컨테이너와 관련된 실무 이슈를 해결하는 내용을 담고 있습니다.

상용 환경에서 도커를 다루기 위해 중요한 설정 관리 및 오케스트레이션 툴을 설명합니다. make와 같은 전통적인 유닉스 툴, 도커 컴포즈^{Docker Compose}, 헬리오스^{Helios}, 도커 스웜^{Swarm} 및 쿠버네티스^{Kubernetes}와 같은 도커 기본 툴을 사용해 도커 파일^{Dockerfile}을 관리하는 상세한 작업 예시를 소개합니다.

마지막으로 도커와 관련된 툴에 관한 버그와 단점을 실제로 작업을 수행할 수 있도록 실용적인 조언과 팁을 전합니다. 이 책은 도커 생태계에서 미래에 사용할 수 있는 툴과 기술을 확실하게 평가할 수 있는 능력을 제공하기 위해 실제 애플리케이션과 예시로 독자를 이해시키고자 합니다. 여러분도 도커에 몰입해 전체 소프트웨어 생명 주기 동안 흥미로운 소프트웨어 기술에 자극받길 바랍니다.

| 차례 |

13장 도커 플랫폼   433

도커는 아마도 가장 빠르게 성장하는 소프트웨어 프로젝트일 것이다. 2013년 3월 오픈 소스로 2020년 현재 약 56,000개의 깃허브 스타와 16,000개 이상의 포크를 얻고 있다. 레드햇^{Red Hat}, IBM, 마이크로소프트^{Microsoft}, 구글^{Google}, 시스코^{Cisco}, VMWare와 같은 큰 회사로부터 많은 풀 리퀘스트^{pull request}를 받고 있다.

도커를 사용하면 개방적이고 유연한 방법으로 소프트웨어를 구축하고 다양한 상황에서 안정적으로 일관성있게 배포할 수 있어 소프트웨어 회사의 목표를 달성하고 있다. 도커를 사용하면 새로운 프로그래밍 언어를 배운다거나 비싼 하드웨어를 구매하고, 애플리케이션을 빌드, 배포, 실행하기 위해 설치/설정하는 작업을 많이 할 필요가 없다.

이 책은 저마다 다른 상황에서 다양한 기술을 사용해 실제 도커 사용 예시를 보여준다. 다른 기술에 관한 지식 없이 도커의 기술을 설명하려고 최대한 노력했다.

1부, 2부에서 도커의 기초를 설명하는 것으로 시작해 단일 머신에서 도커를 개발하는 데 중점을 둔다. 3부에서는 데브옵스 파이프 라인에서 도커를 사용해 지속적 통합, 지속적 배포, 테스트를 다룬다. 4부에서는 오케스트레이션을 통해 도커 컨테이너를 확장 가능한 방법을 살펴본다. 마지막 16장에서는 상용 환경에 도커를 실행하는 환경을 다루며 표준 상용 환경 작업, 무엇이 잘못될 수 있고 어떻게 대처해야 할 지에 중점을 둔다.

도커는 광범위하고 유연하며 역동적인 툴이다. 도커 생태계에서 미래에 사용할 수 있는 툴과 기술을 확실하게 평가할 수 있는 능력을 제공하기 위해 실제 애플리케이션과 예시를 통해 중요한 개념을 전달하려고 노력했다.

도커가 우리의 삶을 더 편안하게 하고 심지어 재미있게 해주는 여러 방법을 이 책에 담아 즐거운 여행으로 느낄 수 있도록 글을 썼다. 도커에 몰입해 전체 소프트웨어 생명 주기 동안 흥미로운 많은 소프트웨어 기술을 독자에게 자극을 주는 방법을 이 책에 담았고 도커 핵심 기술을 독자가 공유할 수 있기를 바란다.

대상 독자

구조화된 코드를 개발하는 기능, 소프트웨어 개발 및 배포 프로세스 인식과 같은 기본적인 개발 기술과 개념을 이해하고 있다고 가정한다. 또한 핵심 소스 제어 저장소의 기본 지식과 TCP/IP, HTTP, 포트와 같은 네트워크 기본 사항도 알고 있다는 전제로 설명했다.

이 책의 구성

이 책은 16개 장이 5개의 부로 구성됐다.

- **1부 도커의 기초** 도커를 소개하고 기본 도커 커맨드를 실행할 수 있도록 도커 이해의 토대를 마련한다. 2장에서는 도커의 클라이언트-서버 아키텍처와 디버깅 방법을 설명한다. 디버깅은 도커 설정 문제를 식별할 때 유용하다.
- **2부 도커의 개발** 독자들이 도커에 익숙하도록 돕고 머신에서 도커를 최대한 활용하는 데 중점을 둔다. 3장에서는 도커를 실제로 쉽게 시작할 수 있도록 익숙한 가상 머신의 개념과 유사한 방식으로 도커의 기초를 설명한다. 4장, 5장, 6장에서는 도커 이미지를 빌드 및 실행, 도커를 관리하기 위해 매일 사용하는 도커 기술을 자세히 설명한다. 7장에서는 설정 관리 기술을 살펴보면서 도커 이미지를 심층적으로 빌드하는 주제를 살펴본다.
- **3부 도커와 데브옵스** 소프트웨어 빌드 및 테스트의 자동화에 도커를 사용하는 것부터 구축된 소프트웨어를 여러 장소로 배포하는 것까지 데브옵스 문맥에서 도커를 사용하는 부분을 다룬다. 3부에서 도커 컴포즈를 소개하고 네트워크 시뮬레이션 및 도커 네트워크 플러그인과 같은 고급 네트워크 주제를 다루는 도커 가상 네트워크를 설명하며 장을 마무리한다.
- **4부 단일 머신에서 클라우드까지의 오케스트레이션** 컨테이너 오케스트레이션 주제를 다룬다. 단일 호스트에서 단일 컨테이너를 실행하는 방법부터 '운영체제로서의 데이터 센터'에서 실행하는 도커 기반 플랫폼에서 컨테이너를 실행하는 방법까지 설

명한다. 13장은 도커 기반 플랫폼을 선택할 때 고려해야 할 부분을 추가로 다룬다. 도커 기반 플랫폼을 구현할 때 엔터프라이즈 아키텍트가 무엇을 생각하는 것인지에 대한 관점을 안내한다.

- **5부 상용 환경의 도커** 상용 환경에서 도커를 효과적으로 사용할 수 있는 여러 주제를 다룬다. 14장에서는 컨테이너 내부에서 실행 중인 프로세스를 보호하는 방법과 외부에 노출된 도커 데몬에 접근을 제한하는 방법을 설명하는 중요한 보안 주제를 알려준다. 15장, 16장에서 상용 환경에서 도커를 실행하기 위한 실용적인 정보를 자세히 알려준다. 15장에서는 로그 저장부터 자원 제한에 이르기까지 컨테이너 문맥에서 기존 시스템 관리자 지식을 적용하는 방법을 설명한다. 16장에서는 만날 수 있는 도커 문제를 살펴보고 도커 디버깅 및 해결할 수 있는 단계를 제공한다.
- 부록에서는 가상 머신 내부와 윈도우 OS를 포함해 다양한 방법으로 도커 설치, 사용 설정의 세부 사항을 포함한다.

소스 코드

이 책에는 많은 소스 코드 예제가 포함돼 있다. 소스 코드는 일반 텍스트와 분리하기 위해 다음과 같이 표기한다.

```
$ sudo mount -o loop partition.dump /mnt
$ sudo tar cf $(pwd)/img.tar -C /mnt .
$ sudo umount /mnt
```

이 책의 모든 예제는 제공되는 소스 코드에서 찾을 수 있다. 소스 코드는 깃허브(https://github.com/docker-in-practice/)에서 얻을 수 있다. 도커 허브의 이미지는 "dockerinpractice" 사용자 아래 https://hub.docker.com/u/dockerinpractice/에 존재하며 깃허브 저장소에서 자동 빌드된 이미지다.

에이콘출판사의 도서정보 페이지 http://www.acornpub.co.kr/book/docker-practice에서도 소스 코드를 내려받을 수 있다.

코드 목록 대부분은 독자가 따라야 할 터미널 세션과 커맨드의 해당 출력을 보여준다. 터미널 세션을 이해할 때의 유의사항을 설명한다. 길이가 긴 터미널 커맨드는 셸 라인이 연속되고 있다는 의미로 역 슬래시 문자(\)를 사용해 커맨드를 여러 줄로 나눌 수 있다. 커맨드를 터미널에서 입력하면 셸에서 동작할 것이지만 필요하다면 역 슬래시 문자를 생략하고 한 라인에 커맨드를 입력할 수도 있다. 출력 섹션이 토론에 유용한 추가 정보를 제공하지 않으면 일부 출력을 생략하거나 생략 부호 ([...])를 대신 사용할 수 있다.

북 포럼

이 책을 구입하면 매닝 출판사가 운영하는 사설 웹 포럼에 무료로 접속해 책에 관해 코멘트를 하거나 기술적인 질문을 하고 저자와 다른 독자들로부터 도움을 받을 수 있다. 포럼에 접속하려면 http://www.manning.com/books/docker-in-practice-second-edition을 방문한다. 또한 매닝의 포럼 및 행동 규범에 관한 자세한 내용은 https://forums.manning.com/forums/about에서 확인할 수 있다.

독자 간 그리고 독자와 저자 간 의미 있는 대화에 참여할 수 있는 장소를 제공하는 것은 매닝 출판사의 의무다. 저자 측에서 일정한 시간 동안 의무적으로 참여해야 하는 것은 아니고 저자의 자발적인 지원으로 이뤄질 뿐이다. 흥미로운 질문이 없다면 저자의 관심은 점점 사라질 것이다. 포럼과 이전 토론의 아카이브는 책이 출판되는 한 출판사 웹사이트에서 방문할 수 있을 것이다.

표지 그림

이 책의 표지 그림은 「크로아티아 셀체Selce, Croatia의 남자」다. 삽화는 2003년 크로아티아의 스플릿Split에 있는 민족 박물관Ethnographic Museum에서 출판된 니콜라 아르센노빅Nikola Arsenovic이 그린 19세기 중반 크로아티아 전통 의상의 앨범을 재현한 것이다.

스플릿의 민족 박물관의 좋은 사서에게서 삽화 책을 구했다(스플릿은 중세 중심 국가였던 로마 중심부에 위치했으며 서기 304년 경부터 지어진 디오클레티아누스Diocletian 황제의 은퇴 궁전의 폐

허가 있다). 삽화 책에 크로아티아 각 지역의 인물들을 정교하게 색칠한 삽화뿐 아니라 의상과 일상 생활에 관한 묘사가 포함돼 있다.

지난 200년 동안 복장 규정과 생활 방식이 바뀌었고 당시에 풍부했던 지역별 다양성이 사라졌다. 이제 몇 킬로미터 떨어진 작은 마을을 제외하고 다른 대륙의 주민을 구분하기 어렵다. 아마도 다양한 개인 생활, 빠른 기술을 생활에 적용하려는 욕구를 문화적 다양성과 거래한 것이 아닐까 생각해 본다.

매닝 출판사는 2세기 전의 다양한 지역 생활을 기반의 책 표지로 컴퓨터 사업의 창의성과 독창성을 기념하고 있다. 고서적과 오래된 수집품의 삽화를 책으로 되살리고 있다.

에이콘출판의 기틀을 마련하신 故 정완재 선생님 (1935-2004)

## Part 1

도커의 기초

1부에서는 도커를 사용하는 방법과 기본 내용을 다룬다.

1장은 이미지, 컨테이너, 계층과 같은 핵심 개념과 함께 도커의 유래를 설명한다. 도커 파일을 사용해 첫 번째 이미지를 직접 생성하며 1장을 마무리한다. 2장에서는 도커의 아키텍처를 더 깊이 이해할 수 있는 유용한 기술을 소개한다.

주요 컴포넌트를 차례로 살펴보면서 도커 데몬과 도커 클라이언트 간의 관계, 도커 레지스트리, 도커 허브를 설명한다. 1부를 모두 살펴보면 도커의 핵심 개념에 익숙해질 것임으로, 2부부터 다룰 내용에 확실한 기초가 생겨 유용한 기술을 시연할 준비가 되리라 생각한다.

1

도커 살펴보기

1장에서 다루는 내용

- 도커의 개요
- 도커 사용법과 시간과 비용을 절약할 수 있는 방법
- 도커 컨테이너와 이미지 간의 차이점
- 도커 계층 특징
- 도커로 to-do 애플리케이션을 빌드하고 실행하는 방법

도커는 '어디서든 애플리케이션을 빌드build, 배포ship, 실행run할 수 있는 플랫폼'이다. 도커는 매우 짧은 시간 동안 많은 발전을 이뤄 현재 소프트웨어의 가장 비용적인 측면 중 하나인 배포 문제를 해결하는 표준으로 인정받고 있다.

도커가 등장하기 전에는 개발 파이프 라인은 다양한 기술의 조합으로 구성됐다. '조합'이라 하면 보통 가상 시스템, 설정 관리 툴, 다양한 패키지 관리 시스템, 복잡한 의존 라이브러리 의존성과 같은 소프트웨어의 이동을 관리하기 위한 기술을 말한다. 전문 엔지니어가 모든 툴을 관리하고 유지해야 했고 대부분 자신만의 고유한 설정 방법을 갖고 있었다.

도커는 모든 것을 바꿨다. 도커를 통해 개발 프로세스에 관련된 여러 엔지니어가 효과적으로 하나의 언어를 말하고 함께 작업할 수 있게 됐다. 작업은 일반적인 파이프 라인을 통해 모든 대상에서 사용할 수 있는 단일 출력으로 진행된다. 그림 1.1에서 보는 것처럼 여러 가지 툴의 설정을 계속 유지할 필요가 없다.

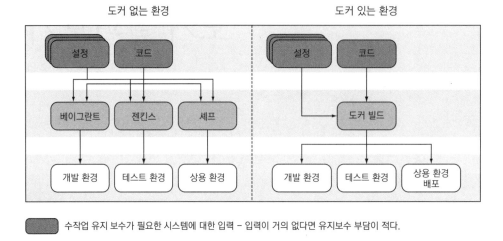

▲ **그림 1.1** 기존 개발 환경에서 유지 보수 부담을 덜어주는 도커 툴

기존 소프트웨어 스택이 잘 동작한다면 소프트웨어 스택을 바로 버릴 필요가 없다. 다른 사람이 사용할 수 있도록 도커 컨테이너에 패키징할 수 있다. 또한 컨테이너가 어떻게 작성됐는지 볼 수 있고 원한다면 세부사항도 자세히 볼 수 있다.

|참고| 이 책은 도커에 약간의 지식이 있는 중급 개발자 대상이어서 도커의 기본 내용을 잘 알고 있다면 2장으로 넘어가도 좋다. 도커가 가져다 주는 현실 세계의 도전을 보여주고 어떻게 극복할 수 있는지 보여주기 위함이다. 도커를 빠르게 다시 살펴볼 텐데 도커의 기본 내용을 더 완벽히 알고 싶다면 제프 니콜로프(Jeff Nickoloff)의 『Docker in Action, 2nd Edition』(Manning, 2019)을 참고하자.

1장에서는 도커의 정의, 도커를 사용하는 이유와 방법을 설명한다. 2장에서는 도커의 아키텍처를 보다 강력하게 소개하는 기술로 도커 아키텍처를 자세히 알아본다.

1.1 도커의 정의 및 사용 이유

도커를 직접 생성하기 전에 '도커'라는 이름이 나온 유래, 사용하는 이유 등을 살펴보자.

1.1.1 도커란 무엇인가?

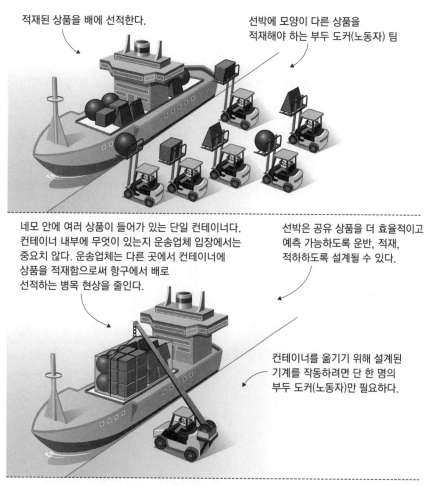

적재된 상품을 배에 선적한다.

선박에 모양이 다른 상품을 적재해야 하는 부두 도커(노동자) 팀

네모 안에 여러 상품이 들어가 있는 단일 컨테이너다. 컨테이너 내부에 무엇이 있는지 운송업체 입장에서는 중요치 않다. 운송업체는 다른 곳에서 컨테이너에 상품을 적재함으로써 항구에서 배로 선적하는 병목 현상을 줄인다.

선박은 공유 상품을 더 효율적이고 예측 가능하도록 운반, 적재, 적하하도록 설계될 수 있다.

컨테이너를 옮기기 위해 설계된 기계를 작동하려면 단 한 명의 부두 도커(노동자)만 필요하다.

▲ 그림 1.2 표준화된 컨테이너 이전과 이후의 선적

도커가 무엇인지 이해하려면 기술로 설명하기보다 은유로 시작하는 편이 쉽다. 도커를 은유로 표현하면 '강력함'이다. 도커의 어원은 배가 항구에 정박할 때 배 안으로 또는 배 밖으로 상품을 옮기는 부두 노동자를 가리킨다. 상자와 상품들이 저마다 크기와 모양이 달라서 비용 효율적인 방법으로 배로 선적할 수 있는 능력이 있는 숙련된 도커(노동자)는 높이 평가됐다(그림 1.2 참조). 상품을 옮길 사람을 고용하는 비용이 싸지는 않았지만 별다른 대안이 없었다.

소프트웨어 개발자라면 그림 1.2의 설명이 익숙할 것이다. 은유적으로 설명하면 이상한 모양의 소프트웨어를 다양한 크기로 배송할 때 많은 시간과 지적 에너지가 소비된다. 배송을 통해 다른 지역의 사용자나 회사에 판매될 것이다.

도커로 시간과 비용을 절약할 수 있는 방법을 보여준다.

그림 1.3은 도커를 사용하기 전에 소프트웨어를 여러 환경에 배포하려면 상당한 노력이 든다는 것을 보여준다. 여러 머신에 소프트웨어를 배포하기 위해 스크립트를 직접 실행하지 않더라도(그러나 많은 사람들이 여전히 배포 스크립트를 확실히 수행한다), 점점 더 빨리 움직이는 환경에서 자원이 부족한 상태를 관리하는 설정 관리 툴을 잘 다뤄야 했다. 이런 노력을 VM^{Virtual Machine}으로 캡슐화했다 하더라도 VM 배포 관리, VM 부팅할 때까지 대기, 생성한 자원 사용의 오버헤드를 관리하는 데 많은 시간을 써야 할 것이다.

도커를 사용하면 설정 작업이 자원 관리와 분리되어 배포 작업이 간단해진다. 즉, docker run을 실행하면 도커 환경 이미지를 다운로드하고 실행할 준비가 되며 자원을 적게 차지하고 컨테이너화해서 다른 자원을 방해하지 않는다.

컨테이너가 레드햇^{RedHat} 머신, 우분투^{Ubuntu} 머신, CentOS VM 이미지에 배포돼야 할지 걱정할 필요가 없다. 도커가 있는 이상 도커를 사용하는 것이 좋다.

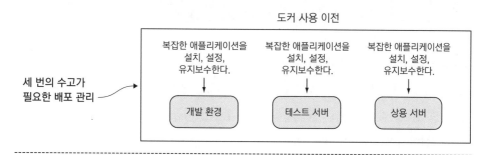

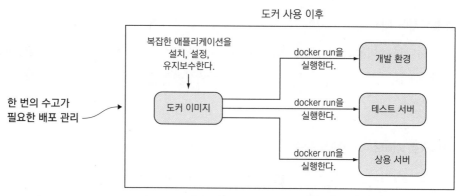

▲ **그림 1.3** 도커 사용 이전과 이후의 소프트웨어 전달

1.1.2 도커는 어디에 사용해야 유용할까?

몇 가지 중요한 실용적인 질문을 할 수 있다. 왜 도커를 사용할까? '왜'에 관해 짧게 대답하면 도커를 사용하면 적은 노력으로 비즈니스에서 많은 돈을 신속하게 절약할 수 있기 때문이다. 도커의 일부 사용 방법은 1.1.3절에서 다룰 것이다. 실제 업무 환경에서 모든 장점을 직접 경험했다.

가상 머신 대체

도커는 많은 상황에서 가상 머신^{VM}을 대체할 수 있다. 운영체제가 아닌 애플리케이션에만 관심이 있다면 도커가 VM을 대체할 수 있어서 운영체제를 걱정할 필요가 없다. 도커는 VM보다 스핀업$^{spin-up}$이 빠를 뿐 아니라 이동이 가볍다. 계층화된 파일 시스템으로 인해 변경사항을 다른 사람과 공유할 때 머신 간 이동이 쉽고 빠르다. 또한 커맨드 라인에

견고한 뿌리를 두고 있으며 스크립트 작성이 매우 쉽다.[1]

소프트웨어 프로토 타이핑하기

기존 설정을 방해하지 않거나 VM을 배포할 번거로움 없이 소프트웨어를 신속하게 시험할 때 도커는 밀리 초 단위로 샌드박스sandbox 환경을 제공할 수 있다. 도커의 자유로움은 직접 경험하지 않으면 이해하기 어렵다.

소프트웨어 패키징

도커 이미지는 리눅스 사용자에 의존성이 없기 때문에 소프트웨어를 패키징하는 좋은 방법이다. 이미지를 빌드할 수 있고 최신 리눅스 머신에서 JVM 없이도 자바를 실행할 수 있게 한다.

마이크로 서비스 아키텍처 적용

도커는 복잡한 시스템을 일련의 구성 가능한 컴포넌트로 분해할 수 있어서 서비스를 더 개별 방식으로 추론할 수 있게 한다. 소프트웨어 전체에 영향을 주지 않고 소프트웨어를 보다 쉽게 관리하고 추가할 수 있도록 소프트웨어를 재구성할 수 있다.

네트워크 모델링

하나의 머신에서 수백 개(심지어 수천 개)의 격리된 컨테이너를 사용할 수 있기 때문에 네트워크 모델링은 간단하다. 돈을 모두 쓰지 않고 실제 시나리오를 테스트하는 데 적합하다.

오프라인에서 풀 스택 생산성을 향상

시스템의 모든 부분을 도커 컨테이너로 묶을 수 있기 때문에 사용자의 노트북에서 시스템을 실행할 수 있도록 설정하고 심지어 오프라인일 때도 작업을 수행할 수 있다.

---

1   따라서 서버가 시작될 때 운영체제와 디스크가 모두 부팅돼야 한다. 스핀업이라는 용어는 디스크를 빨리 회전시켜 부팅할 수 있고 응답할 수 있게 하는 시작 시간을 의미한다. – 옮긴이

디버깅 오버헤드 감소

IT 업계에서는 전달될 소프트웨어를 두고 여러 팀 간의 복잡한 협상을 흔히 볼 수 있다. 깨진 라이브러리(문제가 있는 의존 라이브러리, 업데이트가 잘못 적용됐거나 잘못된 순서로 적용됐거나 전혀 수행되지 않은 이슈, 재현 불가능한 버그 등) 때문에 여러 팀과 토론을 한 경험이 많다. 여러분도 마찬가지일 거라 생각한다. 도커를 사용하면 알려진 속성을 가진 시스템에서 문제를 디버깅하고, 버그를 만들거나 환경 재현을 훨씬 단순하게 하며 제공된 호스트 환경과 분리된 문제를 디버깅하는 단계를 명확하게 표시(또는 문서화된 형태)할 수 있다.

소프트웨어 의존 라이브러리와의 접점을 문서화

다른 환경으로 이동할 준비가 된 이미지를 구조화된 방법으로 도커를 빌드함으로써 도커는 기본 시작 지점에서 명시적으로 소프트웨어 의존 라이브러리를 문서화해야 한다. 도커를 사용하지 않는다고 결정해도 다른 머신에 소프트웨어를 설치할 수 있도록 의존 라이브러리를 문서화하면 좋다.

지속적 전달을 활성화

지속적 전달CD, Continuous Delivery이란 변경이 발생할 때마다 변경 사항을 전달하는 소프트웨어 전달 패러다임이다. 시스템을 재구성한 후 자동화된(또는 부분 자동화된) 프로세스를 통해 상용 환경에 변경사항을 전달하는 파이프 라인을 기반으로 한다.

도커 빌드는 빌드 환경 상태를 확실히 제어할 수 있어서 기존 소프트웨어 구축 방법보다 재현 가능하고 복제도 할 수 있어 CD를 훨씬 쉽게 구현할 수 있다. 블루Blue/그린Green 배포('새로운' 배포와 '최근' 배포가 상용 환경에서 유지된다)와 피닉스Phoenix 배포(전체 시스템이 각 릴리스를 기반으로 재구성된다)와 같은 표준 CD 기술은 재현 가능한 도커 중심 빌드 프로세스로 구현하기가 쉽다.

도커의 기능을 알아봤다. 실제 예시로 들어가기 전에 몇 가지 핵심 개념을 살펴보자.

1.1.3 핵심 개념

그림 1.4로 도커의 핵심 개념을 알아본다.

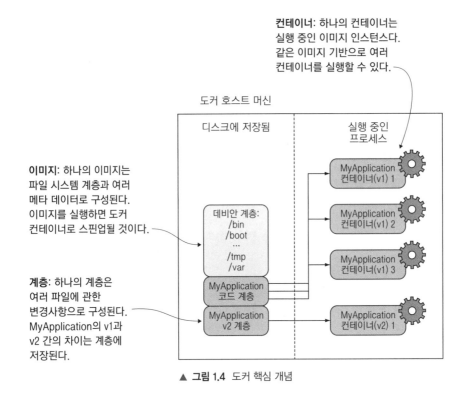

▲ **그림 1.4** 도커 핵심 개념

도커 커맨드를 실행하기 전에 이미지, 컨테이너, 계층의 개념을 명확하게 이해해야 한다.

컨테이너는 이미지로 정의된 시스템을 실행한다. 이미지는 하나 이상의 계층(또는 diff 결과)과 도커의 일부 메타 데이터로 구성된다.

도커의 핵심 커맨드를 살펴보자. 이미지를 컨테이너로 변환하고 이미지를 변경한 후 커밋한 새로운 이미지에 계층을 추가할 것이다. 1장 끝까지 살펴본다면 내용이 훨씬 더 명확해질 것이다. 모든 내용이 혼란스러울 수 있지만 걱정하지 말자.

핵심 도커 커맨드

도커의 중심 함수는 도커가 포함하는 모든 위치에서 소프트웨어를 빌드[build], 이동[ship], 실행[run]한다. 최종 사용자에게 도커는 사용자가 실행하는 커맨드 라인 프로그램이다. git(또는 소스 제어 툴)처럼 프로그램에는 다른 작업을 수행하는 하위 커맨드가 있다.

호스트에서 사용할 기본 도커 하위 커맨드를 표 1.1에 정리했다.

▼ 표 1.1 도커 하위 커맨드

커맨드	목적
docker build	도커 이미지를 빌드한다.
docker run	도커 이미지를 컨테이너로 실행한다.
docker commit	도커 컨테이너를 이미지로 커밋한다.
docker tag	도커 이미지에 태깅한다.

이미지와 컨테이너

도커에 익숙치 않다면 '컨테이너[container]'와 '이미지[image]'는 처음 접하는 용어일 수도 있다. 컨테이너와 이미지는 도커에서 가장 중요한 개념이어서 시간을 할애할 가치가 있다. 컨테이너와 이미지의 차이점을 명확히 알아두자.

그림 1.5에서는 하나의 기본 이미지에서 세 개의 컨테이너를 시작해 컨테이너와 이미지의 개념을 보여준다.

이미지와 컨테이너는 프로그램과 프로세스와 유사하다고 이해하는 방법이 있다. 프로세스가 '실행 중인 애플리케이션'과 같은 방식으로 도커 컨테이너는 도커 이미지로 실행될 수 있다.

객체 지향 원칙에 익숙하다면 이미지를 클래스로, 컨테이너를 객체로 보는 방법이 있다. 객체는 클래스의 구체적인 인스턴스화와 같은 방식으로 컨테이너는 이미지의 인스턴스화다. 하나의 이미지에서 여러 컨테이너를 생성할 수 있고 여러 컨테이너는 객체와 마찬가지로 각각 모두 격리된다. 객체에서 무엇을 변경하더라도 클래스 정의에는 영향을 미치지 않는다. 즉 완전히 서로 다른 것이다.

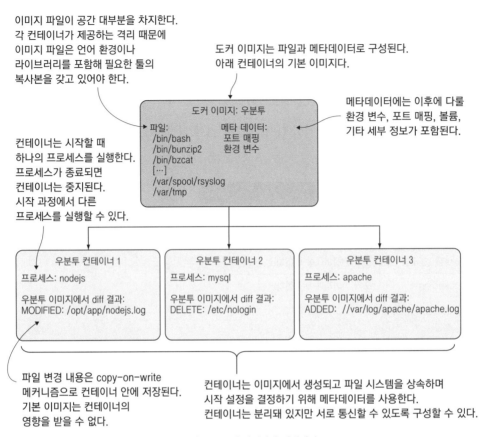

이미지 파일이 공간 대부분을 차지한다.
각 컨테이너가 제공하는 격리 때문에
이미지 파일은 언어 환경이나
라이브러리를 포함해 필요한 툴의
복사본을 갖고 있어야 한다.

도커 이미지는 파일과 메타데이터로 구성된다.
아래 컨테이너의 기본 이미지다.

메타데이터에는 이후에 다룰
환경 변수, 포트 매핑, 볼륨,
기타 세부 정보가 포함된다.

도커 이미지: 우분투

파일:
/bin/bash
/bin/bunzip2
/bin/bzcat
[…]
/var/spool/rsyslog
/var/tmp

메타 데이터:
포트 매핑
환경 변수

컨테이너는 시작할 때
하나의 프로세스를 실행한다.
프로세스가 종료되면
컨테이너는 중지된다.
시작 과정에서 다른
프로세스를 실행할 수 있다.

우분투 컨테이너 1

프로세스: nodejs

우분투 이미지에서 diff 결과:
MODIFIED: /opt/app/nodejs.log

우분투 컨테이너 2

프로세스: mysql

우분투 이미지에서 diff 결과:
DELETE: /etc/nologin

우분투 컨테이너 3

프로세스: apache

우분투 이미지에서 diff 결과:
ADDED: //var/log/apache/apache.log

파일 변경 내용은 copy-on-write
메커니즘으로 컨테이너 안에 저장된다.
기본 이미지는 컨테이너의
영향을 받을 수 없다.

컨테이너는 이미지에서 생성되고 파일 시스템을 상속하며
시작 설정을 결정하기 위해 메타데이터를 사용한다.
컨테이너는 분리돼 있지만 서로 통신할 수 있도록 구성할 수 있다.

▲ **그림 1.5** 도커 이미지와 컨테이너

1.2 도커 애플리케이션 빌드하기

도커로 간단한 'to-do' 애플리케이션 이미지를 생성해본다. 이미지를 생성하는 과정에서
도커 파일^{Dockerfile}, 이미지 재사용, 포트 노출, 빌드 자동화와 같은 주요 도커 기능을 재
빨리 살펴볼 것이다. 다음 10분 안에 다룰 내용은 다음과 같다.

- 도커 파일을 사용해 도커 이미지를 생성하는 방법
- 쉽게 참조할 수 있도록 도커 이미지에 태깅하는 방법
- 새로운 도커 이미지를 실행하는 방법

to-do 애플리케이션은 '할 일'을 추적하는 데 도움이 되는 애플리케이션이다. 빌드할 to-do 애플리케이션은 간단한 웹 인터페이스에서 제공되는 짧은 마킹 정보를 저장하고 표시한다.

to-do 애플리케이션을 개발하기 위해 해야 할 일을 그림으로 확인해본다.

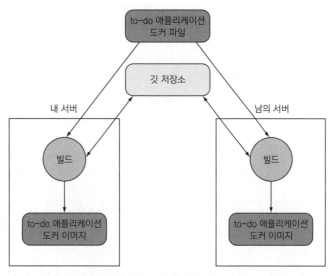

▲ **그림 1.6** 도커 애플리케이션 빌드

애플리케이션의 세부 내용은 중요치 않다. 사용자에게 제공할 작은 도커 파일을 통해 애플리케이션과 호스트 모두에서 같은 방식으로 애플리케이션을 안정적으로 빌드하고 실행하며 중지 및 시작할 수 있음을 보여줄 것이다. 애플리케이션의 의존 라이브러리를 걱정할 필요도 없다. 도커가 제공하는 핵심 요소로서 신뢰성 있게 재현되고 쉽게 관리되며 공유되는 개발 환경이다. 더 복잡하거나 모호한 설치 지침을 따르지 않아도 되고 지침도 잠재적으로 없어질 수 있다.

> |**참고**| to-do 애플리케이션은 책 전체에서 여러 번 등장한다. 예시로 사용하기에 매우 유용하므로 익숙해지도록 하자.

1.2.1 새로운 도커 이미지를 생성하는 방법

도커 이미지를 생성하는 네 가지의 표준 방법이 있는데 표 1.2로 살펴보자.

▼ 표 1.2 도커 이미지 생성 옵션

방법	설명	기술 확인
도커 커맨드 / 수작업	docker run으로 컨테이너를 실행하고 커맨드 라인에 이미지를 생성하기 위해 커맨드를 입력한다. docker commit을 사용해 새로운 이미지를 생성한다.	3장의 기술 15의 ''작업 저장' 접근 방식:값싼 소스 제어'를 참고한다.
도커 파일	알려진 기본 이미지를 빌드하고 제한된 단순 커맨드 집합을 사용해 빌드를 세분화한다.	뒤에서 다룰 것이다.
도커 파일과 설정 관리 (Configuration Management, CM) 툴	도커 파일과 동일하지만 더 정교한 CM 툴로 빌드 제어 권한이 전달한다.	7장의 기술 55, '셰프 솔로로 이미지 빌드하기'를 참고한다.
이미지와 파일 집합 가져오기	빈 이미지에서 필요한 파일을 포함한 TAR 파일을 가져온다.	3장의 기술 11, 'VM을 특정 컨테이너로 변환하기'를 참고한다.

'도커 커맨드/수작업' 생성 옵션은 개념을 증명할 때 설치 프로세스가 동작하는지 확인할 때 적합하다. 동시에 필요하면 같은 지점으로 돌아갈 수 있도록 단계마다 메모해야 한다.

이미지를 생성하는 단계를 정의하길 원할 때는 '도커 파일' 옵션을 사용한다. 더 복잡한 빌드에서, 특히 도커 파일의 기능이 이미지의 필요성을 충족시킬 정도로 정교하지 않으면 '도커 파일과 설정 관리' 옵션을 사용한다.

'이미지와 파일 집합 가져오기' 옵션은 이미지를 실행하는 데 필요한 파일 집합을 덮어쓰며 빈 이미지에서 빌드한다. 다른 곳에서 생성된 자체 내장 파일들을 가져오고 싶을 때는 유용하지만 대부분 거의 사용되지 않는다.

이제 도커 파일^{Dockerfile} 커맨드를 살펴본다. 그외 다른 방법은 이 책의 후반부에서 다루겠다.

1.2.2 도커 파일 작성하기

도커 파일은 일련의 커맨드가 포함된 텍스트 파일이다. 예시로 사용할 도커 파일을 다음과 같이 소개한다. 새 폴더를 만들고 폴더로 이동한 후 다음과 같이 'Dockerfile'이라는 도커 파일을 생성한다.

목록 1.1 todo 앱 도커 파일

```
FROM node ◄─── 기준 이미지를 정의한다.
LABEL maintainer ian.miell@gmail.com ◄─── 관리자에게 선언한다.                    to-do 애플리케이션을
RUN git clone -q https://github.com/docker-in-practice/todo.git ◄───             복제(clone)한다.
WORKDIR todo ◄─── 새롭게 복제된 디렉토리로 이동한다.
RUN npm install > /dev/null ◄─── 노드 패키지 관리자의 설치 커맨드(npm)을 실행한다.
EXPOSE 8000 ◄─── 빌드된 이미지의 컨테이너가 특정 포트에서 수신 대기(listen)하도록 지정한다.
CMD ["npm","start"] ◄─── 시작할 때 실행할 커맨드를 지정한다.
```

FROM 커맨드로 기본 이미지를 정의해 도커 파일을 시작한다. 예시는 Node.js 이미지를 사용하므로 Node.js 바이너리에 접근할 수 있다. 공식 Node.js 이미지를 node라 한다.

LABEL 커맨드로 관리자^{maintainer}를 선언한다. 이메일 주소 중 하나를 사용하고 있지만 이제는 본인의 도커 파일이므로 자신의 이메일로 바꿀 수 있다. 이 라인은 동작하는 도커 이미지를 생성하는 데 필요 없지만 이미지를 포함시키는 것이 좋다. 빌드는 노드 컨테이너의 상태를 상속 받았으므로 그 상태 위에서 작업할 준비가 됐다.

RUN 커맨드로 to-do 애플리케이션 코드를 복제한다. 복제^{clone} 커맨드를 사용해 컨테이너 안에서 git을 실행해 애플리케이션 코드를 다운로드한다. git은 기본 node 이미지 안에 설치됐지만 git이 항상 이미지에 존재한다고 가정해서는 안된다.

WORKDIR 커맨드를 사용해 새롭게 복제한 디렉토리로 이동한다. 따라서 마지막 WORKDIR 커맨드는 빌드 문맥$^{build\ context}$ 안에서 디렉토리를 변경할 뿐만 아니라 빌드된 이미지에서 컨테이너를 시작할 때 기본 디렉토리를 결정한다.

노드 패키지 관리자의 설치 커맨드(npm)을 실행한다. 애플리케이션의 의존 라이브러리를 설정한다. 설치 출력 로그는 관심이 없으므로 /dev/null로 전달한다.

빌드된 이미지의 컨테이너가 8000 포트에서 수신 대기해야 함을 알린다. 애플리케이션에서 8000 포트를 사용할 예정이므로 EXPOSE 커맨드를 사용해 도커에 의해 빌드된 이미지의 컨테이너가 8000 포트에서 수신 대기해야 함을 알린다.

CMD 커맨드를 사용해 컨테이너 시작 시 실행할 커맨드를 도커에 알린다.

간단한 예시를 통해 도커와 도커 파일의 주요 기능을 설명할 것이다. 도커 파일은 간단한 시퀀스로서 제한된 여러 커맨드가 정확한 순서로 실행된다. 실행된 커맨드 집합은 결과 이미지의 파일과 메타 데이터에 영향을 준다. RUN 커맨드는 애플리케이션을 확인하고 설치해서 파일 시스템에 영향을 주며 EXPOSE, CMD, WORKDIR 커맨드는 이미지의 메타 데이터에 영향을 준다.

1.2.3 도커 이미지 생성하기

도커 파일의 빌드 단계를 정의했다. 그림 1.7의 커맨드를 입력해 도커 이미지를 빌드한다.

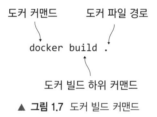

▲ **그림 1.7** 도커 빌드 커맨드

다음과 같은 형태로 출력된다.

```
                                                    도커는 docker build 커맨드 다음의 경로의
                                                    파일과 디렉토리를 도커 데몬에 업로드한다.
Sending build context to Docker daemon   2.048kB
Step 1/7 : FROM node ◄─── 각 빌드 단계에서 1부터 순차적으로 번호가 매겨지며 각 커맨드의 결과를 출력한다.
 ---> 2ca756a6578b ◄─── 각 커맨드를 실행하면 새로운 이미지가 생성되고 이미지 ID를 출력한다.
Step 2/7 : LABEL maintainer ian.miell@gmail.com
 ---> Running in bf73f87c88d6
 ---> 5383857304fc                      │ 공간을 절약하기 위해 각 중간
Removing intermediate container bf73f87c88d6 ◄─── 컨테이너를 제거한 후 진행된다.
Step 3/7 : RUN git clone -q https://github.com/docker-in-practice/todo.git
 ---> Running in 761baf524cc1
 ---> 4350cb1c977c
```

```
Removing intermediate container 761baf524cc1
Step 4/7 : WORKDIR todo
 ---> a1b24710f458
Removing intermediate container 0f8cd22fbe83
Step 5/7 : RUN npm install > /dev/null
 ---> Running in 92a8f9ba530a
npm info it worked if it ends with ok ◄──── 빌드할 때 디버그 정보를 출력한다(빌드 출력은 생략됐다).
[...]
npm info ok
 ---> 6ee4d7bba544
Removing intermediate container 92a8f9ba530a
Step 6/7 : EXPOSE 8000
 ---> Running in 8e33c1ded161
 ---> 3ea44544f13c
Removing intermediate container 8e33c1ded161
Step 7/7 : CMD npm start
 ---> Running in ccc076ee38fe
 ---> 66c76cea05bb
Removing intermediate container ccc076ee38fe
Successfully built 66c76cea05bb ◄──── 빌드의 최종 이미지 ID로 태킹할 준비가 됐다.
```

이제 특정 아이디 ID를 가진 도커 이미지를 갖는다(이전 예시를 보면 '66c76cea05bb'라는 이미지 ID를 볼 수 있지만 실제 실행하면 ID 값은 다를 수 있다). ID를 계속 참조하기가 번거로울 수 있어서 쉽게 참조할 수 있도록 태킹한다.

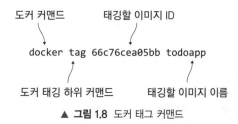

▲ 그림 1.8 도커 태그 커맨드

앞의 커맨드에서 66c76cea05bb 이미지 ID(또는 실제 실행한 이미지 ID)를 새로 태킹할 이미지 이름으로 바꾼다.

도커 파일에서 자체 도커 이미지 복사본을 빌드할 수 있다. 다른 사람이 정의한 환경을 재현 가능하다.

1.2.4 도커 컨테이너 실행하기

도커 이미지를 빌드하고 태깅했다. 이제 컨테이너로 실행할 수 있다.

목록 1.2 ToDo 애플리케이션 도커 출력하기

```
$ docker run -i -t -p 8000:8000 --name example1 todoapp
npm install
npm info it worked if it ends with ok
npm info using npm@2.14.4
npm info using node@v4.1.1
npm info prestart todomvc-swarm@0.0.1

> todomvc-swarm@0.0.1 prestart /todo
> make all


npm install
npm info it worked if it ends with ok
npm info using npm@2.14.4
npm info using node@v4.1.1
npm WARN package.json todomvc-swarm@0.0.1 No repository field.
npm WARN package.json todomvc-swarm@0.0.1 license should be a valid SPDX license expression
npm info preinstall todomvc-swarm@0.0.1
npm info package.json statics@0.1.0 license should be a valid SPDX license expression
npm info package.json react-tools@0.11.2 No license field.
npm info package.json react@0.11.2 No license field.
npm info package.json node-jsx@0.11.0 license should be a valid SPDX license expression
npm info package.json ws@0.4.32 No license field.
npm info build /todo
npm info linkStuff todomvc-swarm@0.0.1
npm info install todomvc-swarm@0.0.1
npm info postinstall todomvc-swarm@0.0.1
npm info prepublish todomvc-swarm@0.0.1
npm info ok
if [ ! -e dist/ ]; then mkdir dist; fi
cp node_modules/react/dist/react.min.js dist/react.min.js


LocalTodoApp.js:9:      // TODO: default english version
LocalTodoApp.js:84:             fwdList = this.host.get('/TodoList#'+listId); // TODO
fn+id sig
TodoApp.js:117:        // TODO scroll into view
```

docker run 하위 커맨드는 컨테이너를 시작한다.
-p 매개변수는 컨테이너의 8000 포트를 호스트 머신의 8000 포트에 매핑하고, --name 매개변수는 컨테이너에 고유한 이름을 부여하며 마지막 매개변수는 이미지 이름이다.

컨테이너를 시작하는 프로세스 출력이 터미널로 전송된다.

```
TodoApp.js:176:          if (i>=list.length()) { i=list.length()-1; } // TODO .length
local.html:30:    <!-- TODO 2-split, 3-split -->
model/TodoList.js:29:     // TODO one op - repeated spec? long spec?
view/Footer.jsx:61:      // TODO: show the entry's metadata
view/Footer.jsx:80:          todoList.addObject(new TodoItem()); // TODO create default
view/Header.jsx:25:      // TODO list some meaningful header (apart from the id)


npm info start todomvc-swarm@0.0.1

> todomvc-swarm@0.0.1 start /todo
> node TodoAppServer.js


Swarm server started port 8000
^Cshutting down http-server...   ◀──── CTRL+C를 눌러 프로세스와 컨테이너를 종료한다.
closing swarm host...
swarm host closed
npm info lifecycle todomvc-swarm@0.0.1~poststart: todomvc-swarm@0.0.1
npm info ok        ┌── ps -a 커맨드를 실행해 ID와 상태(프로세스와 같다)를 포함하는 컨테이너를 확인한다.
$ docker ps -a ◀──┘  컨테이너는 시작됐다가 종료됐지만 제거되지는 않았다.
CONTAINER ID  IMAGE    COMMAND     CREATED       STATUS PORTS  NAMES
b9db5ada0461  todoapp  "npm start" 2 minutes ago Exited (0) 2 minutes ago     example1
$ docker start example1 ◀──── 이번에는 백그라운드로 컨테이너를 재시작한다.
example1
$ docker ps
CONTAINER ID  IMAGE    COMMAND     CREATED       STATUS        PORTS
➥ NAMES
b9db5ada0461  todoapp  "npm start" 8 minutes ago Up 10 seconds  0.0.0.0:8000->8000/tcp
➥ example1 ◀──── ps 커맨드를 다시 실행해 변경된 상태를 확인한다.
$ docker diff example1 ◀──┐
C /root                   │  docker diff 하위 커맨드는 이미지가 컨테이너로 인스턴스로 생성된 이후에
C /root/.npm              └── 어떤 파일이 영향을 받았는지 보여준다.
C /root/.npm/_locks
C /root/.npm/anonymous-cli-metrics.json
C /todo ◀──── /todo 디렉토리가 변경됐다(맨 앞에 C로 표시된다).
 A /todo/.swarm ◀──── /todo/.swarm 디렉토리가 추가됐다(맨 앞에 A로 표시된다).
 A /todo/.swarm/_log
A /todo/dist
A /todo/dist/LocalTodoApp.app.js
A /todo/dist/TodoApp.app.js
A /todo/dist/react.min.js
C /todo/node_modules
```

docker run 하위 커맨드는 컨테이너를 시작한다. -p 매개변수는 컨테이너의 8000 포트를 호스트 머신의 8000 포트로 매핑해서 브라우저로 애플리케이션을 보려면 localhost: 8000으로 접속하면 된다. --name 매개변수는 편의상 나중에 참조할 수 있는 고유한 이름을 컨테이너에 제공한다. 마지막 매개변수는 이미지 이름이다. 컨테이너가 시작되면 CTRL+C를 눌러 프로세스와 컨테이너를 종료한다. ps 커맨드를 실행해 시작되었지만 제거되지 않은 컨테이너를 볼 수 있다.

각 컨테이너는 프로세스와 유사한 고유한 컨테이너 ID와 상태를 갖고 있다. 상태는 종료됐지만 재시작할 수 있다. 도커를 시작한 후 상태가 Up으로 변경된 것을 확인하고 컨테이너에서 호스트 머신로의 포트 매핑 정보가 표시된다.

docker diff 하위 커맨드는 이미지가 컨테이너로 인스턴스로 생성된 후에 어떤 파일이 영향을 받는지 보여준다. 이때 todo 디렉토리는 변경됐다(C). 나머지 파일들은 추가됐다 (A). 파일이 삭제됐음을 표시하는 경우(D)가 있지만 여기에는 없다.

살펴본 대로 도커가 환경을 '포함contain'한다는 것은 사용자가 여러 작업을 예상대로 수행할 수 있는 독립체로 취급할 수 있음을 의미한다. 따라서 도커는 폭넓은 능력을 발휘한다. 개발에서 상용 및 유지보수에 이르는 소프트웨어 수명주기에 영향을 미칠 수 있다. 도커로 할 수 있는 것을 실제를 설명하려고 한다.

다음으로 도커의 핵심 개념인 계층을 알아본다.

1.2.5 도커 계층화

도커 계층layer은 대규모 컨테이너를 사용할 때 일어나는 큰 문제를 관리하는 데 도움이 된다. 수백 또는 수천 개의 to-do 애플리케이션을 시작하려 할 때 어떤 일이 일어날지 상상해보자(애플리케이션마다 파일의 복사본이 필요하다).

일단 디스크 공간이 매우 빨리 부족해질 것이다. 기본적으로 도커는 필요한 디스크 공간을 줄이기 위해 Copy-On-Write 메커니즘을 내부적으로 사용한다(그림 1.9 참고). 실행 중인 컨테이너가 파일에 저장할 때마다 디스크의 새로운 영역에 파일을 복사해 변경사항을 기록한다. 도커의 커밋이 수행되면 새로운 디스크 영역이 고정돼 자체 식별자를 가진 계층에 저장된다.

그림 1.9는 도커 컨테이너가 어떻게 빨리 시작될 수 있는지를 부분적으로 설명한다. 도커 컨테이너는 모든 데이터가 이미지로 이미 저장됐으므로 복사할 필요가 없다.

> |팁| Copy-on-Write는 컴퓨터 분야에서 사용되는 표준 최적화 전략이다. 필요한 모든 데이터 집합을 복사하는 대신 템플릿에서 새로운 오브젝트(타입)를 생성할 때 변경된 데이터만 복사한다. 사용 사례에 따라 상당한 자원을 절약할 수 있다.

Copy-On-Startup 계층

Copy-On-Write 계층

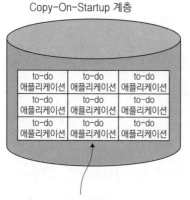

9개의 실행 중인 인스턴스를
디스크에 9개의 복사본을 포함하는
계층 없는 애플리케이션

각 블록은 원래 to-do 애플리케이션 이미지와
실행 중인 컨테이너의 파일 차이를 나타낸다.
디스크 공간을 훨씬 적게 사용한다.

▲ 그림 1.9 Copy-On-Startup과 Copy-On-Write

그림 1.10은 빌드한 to-do 애플리케이션의 세 개의 계층을 보여준다.

계층은 고정적이라 상위 계층에서 변경할 사항이 있으면 사용할 참조 이미지 위에만 빌드하면 된다. to-do 애플리케이션에서는 공개이고 사용 가능한 노드 이미지에서 빌드해 변경한 내용을 맨 위에 쌓아 올렸다.

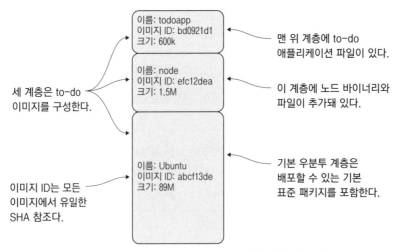

이름: todoapp
이미지 ID: bd0921d1
크기: 600k

맨 위 계층에 to-do
애플리케이션 파일이 있다.

세 계층은 to-do
이미지를 구성한다.

이름: node
이미지 ID: efc12dea
크기: 1.5M

이 계층에 노드 바이너리와
파일이 추가돼 있다.

이름: Ubuntu
이미지 ID: abcf13de
크기: 89M

기본 우분투 계층은
배포할 수 있는 기본
표준 패키지를 포함한다.

이미지 ID는 모든
이미지에서 유일한
SHA 참조다.

▲ **그림 1.10** 도커의 to-do 애플리케이션의 파일 시스템 계층

실행 중인 여러 프로세스가 공유 라이브러리를 메모리에서 공유할 수 있기 때문에 실행 중인 여러 컨테이너에서 세 계층을 모두 공유할 수 있다. 운영을 위한 중요한 기능으로서 디스크 공간의 부족함 없이 호스트 머신에서 다른 이미지를 기반으로 수많은 컨테이너를 실행할 수 있다.

유료 고객을 위한 실시간 서비스로 to-do 애플리케이션을 실행한다고 가정하자. 많은 사용자에게 서비스를 확장할 수 있다. 개발 중인 로컬 머신에서 다양한 환경을 동시에 실행할 수 있다. 이전보다 훨씬 더 많은 테스트를 동시에 실행할 수도 있다. 모든 것들이 계층으로 가능하다.

도커로 애플리케이션을 빌드하고 실행함으로써 도커가 작업 환경에 크게 영향을 준다는 것을 알게 됐다. 특정 환경을 재현하고 공유하며 다양한 장소에서 여러 환경을 제공함으로써 유연성과 더불어 개발 제어 기능을 사용할 수 있다.

요약

1장에서의 도커 경험이 없었다면 넘기 어려운 가파른 고개였을 테다. 짧은 시간에 많은 내용을 공부했다.

1장에서는 다음 내용을 배웠다.

- 도커 이미지가 무엇인지 이해한다.
- 도커 계층이 무엇인지, 유용하게 사용되는 이유를 이해한다.
- 기본 이미지에서 새로운 도커 이미지를 커밋할 수 있다.
- 도커 파일이 무엇인지 알게 된다.

다음 두 가지를 해낼 수 있다.

- 유용한 애플리케이션을 생성할 수 있다.
- 적은 노력으로 애플리케이션의 상태를 재현할 수 있다.

2장에서는 도커 동작의 동작 방식을 이해하는 데 도움을 주는 기술과 광범위한 도커 기술을 설명한다. 1장과 2장의 내용은 이 책의 나머지 부분의 기초가 된다. 개발 환경에서 상용 환경까지 설명하고 도커를 사용해 작업 환경을 향상시키는 방법을 다룬다.

2
도커 내부 이해하기

도커를 완벽히 이해하려면 도커 아키텍처를 파악해야 한다. 2장에서는 머신과 네트워크에 있는 도커의 주요 컴포넌트를 간략히 살펴본다. 도커를 이해할 수 있는 여러 기술을 다뤄볼 텐데 도커와 리눅스를 보다 효과적으로 사용할 수 있는 유용한 정보를 알아본다. 진보적인 최신 기술은 2장의 내용을 기반으로 담았으니 특히 주의 깊게 공부하길 권한다.

2.1 도커의 아키텍처

그림 2.1은 도커의 아키텍처를 정리한 것으로 2장의 핵심 컴포넌트다. 높은 수준의 관점에서 시작해 각 부분에 초점을 맞춰 도커의 아키텍처를 이해해 보자.

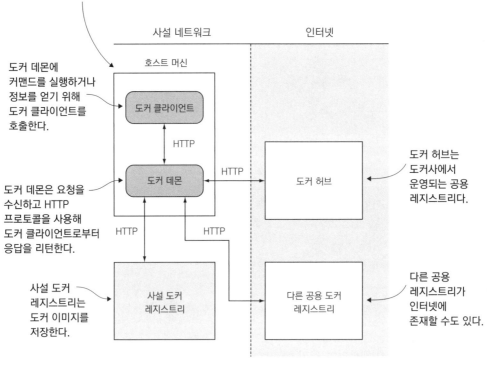

▲ **그림 2.1** 도커 아키텍처 개요

호스트 머신의 도커는 RESTful API를 갖고 있는 데몬과 해당 데몬과 통신하는 클라이언트, 두 부분으로 나뉜다. 그림 2.1에서는 도커 클라이언트와 데몬을 실행 중인 호스트 머신을 보여준다.

|**팁**| RESTful API는 GET, POST, DELETE와 같은 표준 HTTP 요청 타입을 사용해 자원과 오퍼레이션을 다른 이에게 보여준다. 자원으로는 이미지, 컨테이너, 볼륨 등이 있다.

도커 클라이언트를 사용해 도커 데몬에게서 정보를 얻거나 도커 데몬에 커맨드를 전달한다. 도커 데몬은 클라이언트의 요청을 수신하고 HTTP 프로토콜을 사용해 클라이언트에 응답을 리턴하는 서버다. 또한 HTTP 프로토콜을 사용해 도커 이미지를 주고 받는 다른 서비스에 관한 요청을 생성한다. 도커 데몬은 커맨드 라인 클라이언트나 연결 권한이 있는 다른 사용자의 요청을 수락한다. 또한 도커 데몬은 내부적으로 이미지와 컨테이너에 관리하는 책임이 있다. 반면 클라이언트는 여러분과 RESTful API 사이의 중개자 역할을 한다.

사설 도커 레지스트리는 도커 이미지를 저장하는 서비스다. 접근 권한을 가진 모든 도커 데몬에서 요청할 수 있다. 도커 레지스트리는 내부 네트워크에 있으며 공개적으로 접근할 수 없어서 비공개로 간주된다.

호스트 머신은 일반적으로 사설 네트워크에 위치한다. 도커 데몬은 요청을 받으면 도커 이미지를 검색하기 위해 인터넷을 호출한다.

도커 허브Docker Hub는 도커사Docker Inc.에서 운영하는 공용 레지스트리다. 다른 공용 레지스트리도 인터넷에 존재할 수 있고 도커 데몬은 해당 공용 레지스트리와 상호 작용할 수 있다.

1장에서 도커 컨테이너가 어디에서나 도커를 실행하고 공유할 수 있다고 했지만 항상 엄격하게 적용되지는 않는다. 실제로 도커 데몬이 머신에 설치될 때만 머신에 도커 컨테이너를 실행할 수 있다.

그림 2.1의 요점은 머신에서 도커를 실행할 때 머신에서 동작 중인 다른 프로세스와 상호 작용하거나, 네트워크나 인터넷에서 실행 중인 서비스와 상호 작용할 수도 있음을 보여준다. 도커 배포 방법을 이해했으므로 그림의 각 부분과 관련된 다양한 기술을 소개한다.

2.2 도커 데몬

도커 데몬(그림 2.2 참조)은 도커와 상호 작용하는 중심이므로 관련된 부분을 모두 이해하는 것이 가장 좋다. 도커 데몬은 머신에서 실행 중인 도커의 접근과 컨테이너, 이미지, 외부와 상호 작용하는 브로커의 상태를 제어한다.

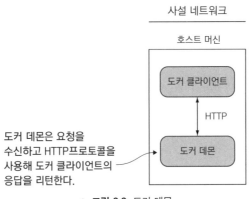

사설 네트워크

호스트 머신

도커 클라이언트

HTTP

도커 데몬

도커 데몬은 요청을
수신하고 HTTP프로토콜을
사용해 도커 클라이언트의
응답을 리턴한다.

▲ **그림 2.2** 도커 데몬

| **팁** | 데몬은 사용자가 직접 제어하지 않고 백그라운드에서 실행되는 프로세스다. 서버는 클라이언트의 요청을 받아들이고 요청을 수행하는 데 필요한 작업을 수행하는 프로세스다. 데몬은 종종 클라이언트에서 요청을 수락해 서버용 작업을 수행하는 서버다. 도커 커맨드는 클라이언트이며 도커데몬은 도커 컨테이너와 도커 이미지를 처리하는 서버의 역할을 한다.

도커는 실제로 데몬으로 실행되고 docker 커맨드를 사용한다. 도커와의 상호 작용이 웹서버와의 상호 작용처럼 작업을 수행하는 간단한 요청으로 제한된다는 것을 보여주는 두가지 기술을 살펴본다.

첫 번째는 사용자가 도커 데몬에 연결할 수 있게 하고 호스트 머신에서 작업을 수행하는것과 똑같이 작업할 수 있음을 보여주는 기술이다.

두 번째는 도커 컨테이너가 셸 세션이 아니라 데몬으로 관리되는 것을 보여주는 기술이다.

기술 1 ▶ 도커 데몬을 세상에 공개한다

도커 데몬은 호스트에서만 접근할 수 있지만 다른 사용자가 접근하면 좋은 충분한 이유가 있다. 사용자가 원격으로 디버깅하거나 데브옵스 워크플로우의 일부분으로 호스트 머신의 프로세스를 시작하려는 경우도 있기 때문이다.

> |**경고**| 도커 데몬은 강력하고 유용한 기술이지만 취약한 부분이 있다. 루트 접근 권한을 얻으려는 해커(도커 소캣을 마운트한 컨테이너 포함)가 도커 소캣을 악용할 수 있다.

문제

다른 사용자가 접근할 수 있도록 도커 서버의 포트를 공개하고 싶다.

해결책

도커 데몬을 시작할 때 TCP 주소를 공개한다.

도커의 접근 방식의 개요를 그림 2.3으로 나타냈다.

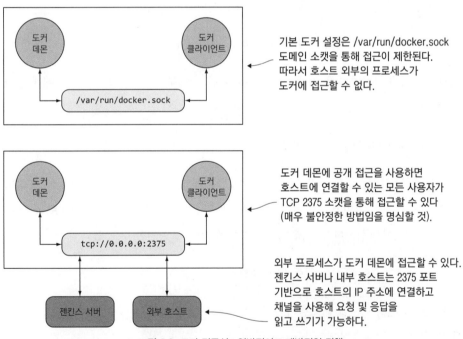

기본 도커 설정은 /var/run/docker.sock 도메인 소캣을 통해 접근이 제한된다. 따라서 호스트 외부의 프로세스가 도커에 접근할 수 없다.

도커 데몬에 공개 접근을 사용하면 호스트에 연결할 수 있는 모든 사용자가 TCP 2375 소캣을 통해 접근할 수 있다 (매우 불안정한 방법임을 명심할 것).

외부 프로세스가 도커 데몬에 접근할 수 있다. 젠킨스 서버나 내부 호스트는 2375 포트 기반으로 호스트의 IP 주소에 연결하고 채널을 사용해 요청 및 응답을 읽고 쓰기가 가능하다.

▲ **그림 2.3** 도커 접근성 : 일반적이고 개방적인 정책

도커 데몬을 실행하기 전에 먼저 실행 중인 도커 데몬을 종료해야 한다. 도커 데몬을 종료하는 방법은 운영체제에 따라 다르다(리눅스 운영체제를 사용하지 않는다면 부록 A를 참고한

다). 도커 데몬을 종료하는 방법을 모른다면 먼저 다음 커맨드를 수행한다.

```
$ sudo service docker stop
```

다음 메시지가 나타난다.

```
The service command supports only basic LSB actions (start, stop, restart,
try-restart, reload, force-reload, status). For other actions, please try
to use systemctl.
```

systemctl 시스템을 리눅스에서 사용 중이라면 다음 커맨드를 실행한다.

```
$ systemctl stop docker
```

systemctl 방법이 동작하면 커맨드의 결과가 표시되지 않을 것이다.

```
$ ps -ef | grep -E 'docker(d| -d| daemon)\b' | grep -v grep
```

도커 데몬이 중지되면 다음 커맨드를 사용해 수동으로 재시작하면 외부 사용자에게 공개
할 수 있다.

```
$ sudo docker daemon -H tcp://0.0.0.0:2375
```

다음 커맨드는 데몬^{docker daemon}으로 시작하고 -H 매개변수로 TCP 프로토콜을 사용하도
록 호스트 서버를 정의한다. 도커 데몬을 호스트의 모든 IP 인터페이스(0.0.0.0)로 도커 서
버 포트(2375)에서 실행한다. 외부에서 연결할 수 있는지 확인할 수도 있다.

```
$ docker -H tcp://<호스트 ip>:2375 <하위 커맨드>
```

DOCKER_HOST 환경 변수를 내보낼 수도 있다(sudo를 사용해 도커를 실행하고 싶다면 이 방법은 작
동하지 않는다. 해결하고 싶다면 '기술 41'을 참고한다).

```
$ export DOCKER_HOST=tcp://<호스트 ip>:2375
$ docker <하위 커맨드>
```

도커가 더 이상 기본 포트에서 수신 대기하지 않기 때문에 로컬 머신 내부에서 일부 작업을 수행해야 한다.

변경사항을 호스트에서 영구히 유지하도록 시동 시스템을 설정해야 한다. 수행하는 방법은 부록 B를 참조하자.

> |**경고**| 기술 1을 사용해 도커 데몬이 포트에서 수신 대기하도록 하는 경우 IP를 0.0.0.0으로 지정하면 모든 네트워크 인터페이스(공개 및 비공개)의 사용자가 접근할 수 있다는 점에 유의한다. 일반적으로 안전하지 않은 것으로 간주된다.

토론

DOCKER_HOST는 네트워크에 있는 모든 사용자들이 도커 툴에 쉽게 접근할 수 있는 방법이다. 안전한 사설 로컬 네트워크에 위치한 강력한 도커 전용 머신이 있다면 훌륭한 기술이라고 볼 수 있다. DOCKER_HOST는 대부분 프로그램들이 도커에 접근할 때 어디를 봐야할지 잘 알려주는 환경 변수다.

직접 도커 서비스를 중지하고 실행하는 다소 번거로운 작업 대신, 외부 포트에서 트래픽을 전달하는 socat 툴로 도커 소켓을 볼륨(기술 45)으로 마운팅해 결합할 수 있다. docker run -p 2375:2375 -v /var/run/docker.sock:/var/run/docker.sock sequenceid/socat을 실행하면 된다.

2장의 '기술 5'에서 관련 예시를 살펴볼 것이다.

기술 2 컨테이너를 데몬으로 실행하기

도커에 익숙해지면 도커를 사용한 다른 사례를 생각해 볼 수 있다. 그 중 첫 번째는 도커 컨테이너를 백그라운드background 서비스로 실행하는 방법이다.

도커 컨테이너를 소프트웨어 격리를 통해 예측 가능하고 동작 가능한 서비스로 실행시키는 것은 도커의 주요 사용 사례 중 하나다. 기술 2를 사용하면 운영에 적합한 방식으로 서비스를 관리할 수 있다.

문제

도커 컨테이너를 백그라운드에서 서비스로 실행하고 싶다.

해결책

docker run 커맨드에 -d 매개변수와 같은 컨테이너 매개변수를 사용해 서비스 특성을 정의할 수 있다.

대부분 프로세스처럼 도커 컨테이너는 기본적으로 포그라운드^{foreground}에서 실행된다. 백그라운드에서 도커 컨테이너를 실행할 수 있는 가장 확실한 방법은 표준 연산자나 제어 연산자를 사용하는 것이다. 이 방식은 잘 동작하더라도 터미널 세션에서 로그아웃하면 문제가 발생하기도 한다. 어쩔 수 없이 nohup 매개변수를 사용해 출력 파일을 포함하는 로컬 디렉토리에 특정 파일을 생성해야 할 수도 있는데, 도커 데몬의 기능을 사용하면 깔끔하다.

도커 데몬으로 실행하기 위해 -d 매개변수를 사용한다.

```
$ docker run -d -i -p 1234:1234 --name daemon ubuntu:14.04 nc -l 1234
```

docker run을 실행할 때 -d 매개변수를 사용하면 도커 컨테이너를 데몬으로 실행한다. -i 매개변수는 도커 컨테이너에 텔넷^{telnet} 세션과 상호 작용할 수 있는 기능을 제공한다. -p 매개변수로 컨테이너에서 호스트로 1234 포트를 연동한다. --name 매개변수를 사용하면 나중에 이름으로 참조할 수 있도록 컨테이너에 이름을 지정할 수 있다. 마지막으로 넷캣(netcat, nc 커맨드)으로 1234 포트에서 간단하게 수신 대기하는 에코 서버를 실행한다.

텔넷으로 도커에 연결한 후 메시지를 보내면 목록 2.1처럼 docker logs 커맨드를 사용해 컨테이너가 메시지를 수신했음을 알 수 있다.

목록 2.1 텔넷으로 컨테이너 넷캣 서버에 연결하기

```
$ telnet localhost 1234   ◀──── 텔넷 커맨드로 도커 컨테이너의 넷캣 서버에 연결한다.
Trying ::1...
Connected to localhost.
Escape character is '^]'.
```

```
hello daemon ◄──── 넷캣 서버에 보낼 텍스트 라인을 입력한다.
^] ◄──── 텔넷 세션을 종료하려면 Ctrl 키를 누른 후 리턴 키를 누른다.

telnet> q ◄──── 텔넷 프로그램을 종료하려면 q를 입력한 후 리턴 키를 누른다.
Connection closed.
$ docker logs daemon ◄──── docker logs 커맨드를 실행해 컨테이너 출력을 확인한다.
hello daemon
$ docker rm daemon ◄──── docker rm 커맨드로 도커 컨테이너를 정리한다.
daemon
$
```

도커 컨테이너를 데몬으로 실행하기가 무척 간단하다는 점을 알 수 있지만 운영 관점에서 보면 궁금증이 몇 가지 떠오른다.

- 실패하면 서비스는 어떻게 될까?
- 서비스가 종료되면 어떻게 될까?
- 서비스가 계속 반복해서 실패하면 어떻게 될까?

다행히도 도커는 각 질문의 매개변수를 제공한다.

> |참고| --restart 매개변수와 함께 -d를 자주 사용하지만 기술적으로는 -d를 항상 실행할 필요는 없다.

docker run 커맨드에 --restart 매개변수를 사용하면 도커 컨테이너가 종료(표 2.1 참고)될 때 따라야 할 정책(소위 '재시작 정책')을 적용할 수 있다 .

▼ 표 2.1 도커 재시작 매개변수 옵션

정책	설명
no	컨테이너가 종료될 때 재시작하지 않는다.
always	컨테이너가 종료될 때 항상 재시작한다.
unless-stopped	항상 재시작하지만 명시적으로 중지한다는 것을 기억해야 한다.
on-failure[:max-retry]	실패할 때만 재시작한다.

no 정책은 간단하다. 컨테이너가 종료될 때 재시작되지 않는다. no 정책이 기본값이다.

always 정책은 간단하지만 기억해두면 좋다.

```
$ docker run -d --restart=always ubuntu echo done
```

커맨드는 컨테이너를 데몬(-d)으로 실행하고 종료될 때 컨테이너를 항상 재시작한다 (--restart=always). 도커 컨테이너가 종료될 때 신속하게 완료하는 echo 커맨드를 실행한다.

커맨드를 실행한 다음 docker ps 커맨드를 실행하면 다음과 비슷한 결과가 표시된다.

```
$ docker ps
CONTAINER ID      IMAGE              COMMAND           CREATED
➡    STATUS                         PORTS             NAMES
69828b118ec3      ubuntu:14.04       "echo done"       4 seconds ago
➡        Restarting  (0) Less than a second ago        sick_brattain
```

docker ps 커맨드는 실행 중인 모든 컨테이너와 해당 컨테이너에 관한 정보를 다음과 같이 나열한다.

- 컨테이너가 생성된 시점(CREATED).
- 컨테이너의 현재 상태: 가끔 짧은 시간 동안에만 실행돼 Restarting일 것이다 (STATUS).
- 컨테이너의 이전 실행 종료 코드(STATUS 아래에도 있음): 0은 실행이 성공했음을 의미한다.
- 컨테이너 이름: 기본적으로 도커는 두 개의 임의의 단어를 연결하여 컨테이너의 이름을 설정한다. 이렇게 지은 이상한 이름들을 가끔 볼 수 있다(의미를 부여해 이름을 짓는 이유다).

또한 STATUS 컬럼을 보면 컨테이너가 1초도 되기 전에 종료됐고 재시작 중임을 알려준다. echo done 커맨드는 즉시 종료되고 도커는 컨테이너를 계속 재시작해야 하므로 이런 결과가 나타난다.

도커가 컨테이너 ID를 다시 사용한다는 점에 유의해야 한다. 재시작하면 변경되지 않아서 도커를 호출할 때 ps 결과에 하나의 항목만 있다.

unless-stopped로 지정하면 항상 always와 거의 똑같이 동작한다. 도커 컨테이너에 docker stop을 실행하면 둘 다 모두 재시작을 중지하지만 unless-stopped은 데몬이 재시작되면 (머신을 재시작한 경우) 중지된 상태를 유지되게 한다. 반면 always는 도커 컨테이너를 다시 실행한다.

마지막으로, on-failure 정책은 도커 컨테이너가 주요 프로세스에서 종료 코드를 0이 아닌 값(보통은 실패를 의미)을 리턴할 때만 재시작된다.

```
$ docker run -d --restart=on-failure:10 ubuntu /bin/false
```

커맨드는 컨테이너를 데몬(-d)으로 실행하고 재시작 시도 횟수에 제한을 설정한다 (--restart=on-failure:10). 설정한 제한 값을 초과하면 종료된다. 신속하게 완료되고 무조건 실패하는 간단한 커맨드(/bin/false)를 실행한다.

커맨드를 실행하고 잠시 기다린 후 docker ps -a를 실행하면 다음과 비슷한 결과가 표시된다.

```
$ docker ps -a
CONTAINER ID      IMAGE            COMMAND          CREATED
➥    STATUS                       PORTS            NAMES
b0f40c410fe3      ubuntu:14.04     "/bin/false"     2 minutes ago
➥    Exited (1) 25 seconds ago                     loving_rosalind
```

토론

백그라운드로 실행하는 서비스를 생성하면 백그라운드 서비스가 비정상적인 환경에서 중단되지 않게 하기가 어려울 때가 있다. 백그라운드 서비스가 즉시 보이지 않아 사용자는 무언가가 제대로 동작하지 않고 있음을 알아차리지 못할 수도 있다.

기술 2를 사용하면 환경과 재시작 처리로 인해 발생되는 서비스의 부수적인 복잡성을 생각하지 않아도 돼, 핵심 기능에 집중할 수 있다.

구체적인 예를 들면 같은 머신에서 여러 데이터베이스를 실행하기 위해 백그라운드 서비스를 사용할 수 있다. 따라서 해당 데이터베이스가 계속 실행할 수 있도록 터미널을 열어두거나 커맨드를 작성할 필요가 없다.

기술 3 ▶ 도커를 다른 파티션으로 이동하기

도커는 도커 컨테이너와 도커 이미지와 관련된 모든 데이터를 특정 디렉터리 아래에 저장한다. 잠재적으로 많은 이미지가 해당 디렉터리에 저장될 수 있어 디렉터리가 빠르게 커질 수 있다.

호스트 머신에 파티션이 여러 개 있으면(엔터프라이즈 리눅스 워크스테이션에서는 일반적이다) 호스트 디스크 공간이 더 빨리 부족해진다. 이때 도커가 실행되는 디렉터리를 이동할 수 있다.

문제

도커가 데이터를 저장하는 위치를 이동하고 싶다.

해결책

도커 데몬을 중지하고 -g 매개변수로 새 위치를 지정한 후 시작한다.

/home/dockeruser/mydocker 디렉터리에서 도커를 실행하고 싶다고 하자. 먼저 도커 데몬을 중지한다(도커 데몬을 중지하는 방법은 '부록 B'를 참고한다). 그리고 다음과 같은 커맨드를 실행한다.

```
$ dockerd -g /home/dockeruser/mydocker
```

디렉터리에 새로운 디렉터리와 파일 집합이 생성될 것이다. 해당 디렉터리는 도커의 내부 파일이니 위험할 때 사용될 수 있다.

커맨드가 이전 도커 데몬의 도커 컨테이너와 도커 이미지를 지운다는 것을 알아야 한다. 하지만 실망할 필요 없다. 실행 중이던 도커 프로세스를 종료하고 도커 서비스를 재시작하면 도커 클라이언트가 원래 위치로 되돌아 가고 컨테이너와 이미지가 리턴된다. 이동 작업을 영구적으로 수행하고 싶다면 호스트 머신의 시작 프로세스를 적절하게 설정해야 한다.

토론

제한된 디스크의 공간을 확보하는 명확한 사용 사례와 별도로, 도커 이미지와 도커 컨테이너를 엄격하게 분할하는 방법을 사용할 수 있다. 예를 들면 많은 소유자가 있는 여러 사설 도커 레지스트리에 접근할 수 있다면 개인 데이터를 다른 사람에게 실수로 전달하지 않도록 주의해야 한다.

2.3 도커 클라이언트

도커 클라이언트(그림 2.4 참조)는 도커 아키텍처에서 가장 간단한 컴포넌트다. 도커 클라이언트는 머신에서 docker run이나 docker pull과 같은 커맨드를 입력할 때 실행된다. 도커 클라이언트는 HTTP 요청을 통해 도커 데몬과 통신한다.

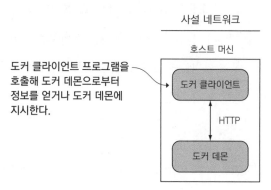

▲ **그림 2.4** 도커 클라이언트

2.3절에서는 도커 클라이언트와 도커 서버 간의 메시지를 엿들을 수 있는 방법을 살펴본다. 또한 도커 클라이언트로 브라우저를 사용하는 방법과 제4부에서 다룰 오케스트레이션의 기초 단계를 나타내는 포트 매핑과 관련된 몇 가지 기본 기술을 알아본다.

소캣으로 도커 API 트래픽을 모니터링하기

도커 커맨드가 예상대로 동작하지 않을 때가 있다. 대부분 커맨드 라인 매개변수를 모두 이해하지 못하더라도 도커 바이너리가 오래 전에 설치된 것처럼 심각한 설치 문제가 생기기도 한다. 통신 중인 도커 데몬과의 데이터 흐름을 확인하는 방법이 유용하다.

> |**참고**| 당황하지 말자. 소캣을 소개했다고 해서 도커를 자주 디버깅해야 한다거나 어떤 식으로든 불안정하다는 것을 뜻하지는 않는다. 소캣으로 모니터링하는 기술은 도커의 아키텍처를 이해하고 강력한 툴인 소캣을 소개하는 기본 내용을 포함한다. 수많은 곳에서 도커를 사용하다 보면 도커 버전에 차이가 발생한다. 여느 소프트웨어와 마찬가지로, 출시된 버전들마다 새로운 기능이나 매개변수가 추가돼 사용자가 곤란에 빠질 수 있다.

문제

도커 커맨드를 사용해 문제를 디버깅하고 싶다.

해결책

트래픽 분석 툴을 사용해 API 호출을 검사하고 직접 API를 작성한다.

요청과 서버 소캣 간에 프록시 유닉스 도메인 소캣을 추가하고 소캣을 통과하는 내용을 살펴본다(그림 2.5 참고). 분석 작업을 수행하려면 루트 권한이나 sudo 권한이 필요하다.

프록시를 생성하려면 소캣을 사용한다.

> |**팁**| 소캣은 거의 모든 타입의 두 데이터 채널 간에 데이터를 전달할 수 있는 강력한 커맨드다. 넷캣에 익숙하다면 굉장히 빠른 넷캣으로 생각할 수 있다. 소캣을 설치하려면 시스템의 표준 패키지 관리자를 사용한다.

```
$ socat -v UNIX-LISTEN:/tmp/dockerapi.sock,fork \
  UNIX-CONNECT:/var/run/docker.sock &
```

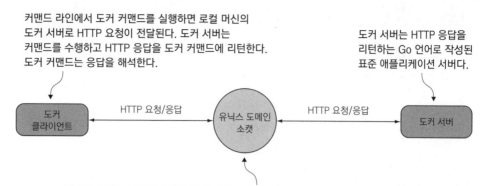

커맨드 라인에서 도커 커맨드를 실행하면 로컬 머신의
도커 서버로 HTTP 요청이 전달된다. 도커 서버는
커맨드를 수행하고 HTTP 응답을 도커 커맨드에 리턴한다.
도커 커맨드는 응답을 해석한다.

도커 서버는 HTTP 응답을
리턴하는 Go 언어로 작성된
표준 애플리케이션 서버다.

도커
클라이언트 ← HTTP 요청/응답 → 유닉스 도메인
소캣 ← HTTP 요청/응답 → 도커 서버

통신은 유닉스 도메인 소캣을 통해 이루어 진다. 유닉스 도메인 소캣은 TCP 소캣을 가지고
할 수 있는 것처럼 쓰고 읽을 수 있는 파일로서 동작한다. 포트를 할당하지 않고 HTTP를
사용해 다른 프로세스와 통신할 수 있고 파일 시스템 디렉토리 구조를 사용할 수 있다.

▲ **그림 2.5** 호스트의 도커 클라이언트-서버 아키텍처

소캣 커맨드의 -v는 데이터 흐름을 나타내는 읽을 수 있는 출력을 표시한다. `UNIX-LISTEN` 부분은 소캣이 유닉스 소캣에서 수신 대기하도록 알린다. `fork`는 첫 번째 요청 후에 소캣이 종료되지 않도록 하고 `UNIX-CONNECT`는 소캣에 도커의 유닉스 소캣에 연결하도록 알린다. `'&'`는 커맨드가 백그라운드에서 실행되도록 지정한다. 일반적으로 도커 클라이언트를 sudo로 실행할 때는 이전처럼 똑같이 작업해야 한다.

도커 데몬에 관한 요청이 이동하는 새로운 경로는 그림 2.6에서 살펴볼 수 있다. 각 방향으로 이동하는 모든 트래픽은 소캣으로 볼 수 있고 도커 클라이언트가 제공하는 출력과 함께 터미널에 로그가 생성된다.

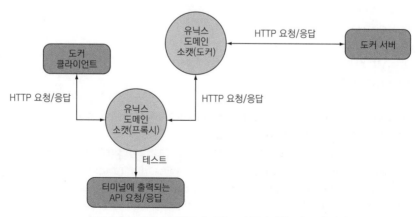

▲ **그림 2.6** 소캣이 프록시로 추가된 도커 클라이언트와 도커 서버

단순한 도커 커맨드의 출력은 다음과 비슷할 것이다.

```
$ docker -H unix:///tmp/dockerapi.sock ps -a ◄─── 요청과 응답을 보기 위한 실행 커맨드
> 2018/05/15 16:01:51.163427  length=83 from=0 to=82
GET /_ping HTTP/1.1\r
Host: docker\r
User-Agent: Docker-Client/17.04.0-ce (linux)\r
\r
<2018/05/15 16:01:51.164132  length=215 from=0 to=214
HTTP/1.1 200 OK\r
Api-Version: 1.28\r
Docker-Experimental: false\r
Ostype: linux\r
Server: Docker/17.04.0-ce (linux)\r
Date: Mon, 15 May2018 15:01:51 GMT\r
Content-Length: 2\r
Content-Type: text/plain; charset=utf-8\r
\r
OK>2018/05/15 16:01:51.165175  length=105 from=83 to=187 ◄
GET /v1.28/containers/json?all=1 HTTP/1.1\r
Host: docker\r
User-Agent: Docker-Client/17.04.0-ce (linux)\r
\r
<2018/05/15 16:01:51.165819  length=886 from=215 to=1100 ◄
HTTP/1.1 200 OK\r
Api-Version: 1.28\r
Content-Type: application/json\r
Docker-Experimental: false\r
Ostype: linux\r
Server: Docker/17.04.0-ce (linux)\r
Date: Mon, 15 May2018 15:01:51 GMT\r
Content-Length: 680\r
\r
[{"Id":"1d0d5b5a7b506417949653a59deac030ccbcbb816842a63ba68401708d55383e",
    "Names":["/example1"],"Image":"todoapp",
    "ImageID":"sha256:ccdda5b6b021f7d12bd2c16dbcd2f195ff20d10a660921db0ac5bff5ecd92bc2",
    "Command":"npm start","Created":1494857777,"Ports":[],"Labels":{},"State":"exited",
    "Status":"Exited (0) 45 minutes ago","HostConfig":{"NetworkMode":"default"},
    "NetworkSettings":{"Networks":{"bridge":{"IPAMConfig":null,"Links":null,
```

HTTP 요청은 여기서 시작하며
왼쪽에 오른쪽 꺾쇠 괄호가 있다.

HTTP 응답은 여기서 시작하며
왼쪽에 왼쪽 꺾쇠 괄호가 있다.

```
        "Aliases":null,"NetworkID":"6f327d67a38b57379afa7525ea63829797fd31a948b316fdf2ae03
65faeed632",
        "EndpointID":"","Gateway":"","IPAddress":"","IPPrefixLen":0,"IPv6Gateway":"",
        "GlobalIPv6Address":"","GlobalIPv6PrefixLen":0,"MacAddress":""}}},"Mounts":[]}]  ◀──
```

```
CONTAINER ID          IMAGE                 COMMAND               CREATED
1d0d5b5a7b50          todoapp               "npm start"           45 minutes ago
```

도커 서버로부터 받은
JSON 응답 콘텐츠

```
STATUS                      PORTS                 NAMES  ◀──
Exited (0) 45 minutes ago                         example1
```

사용자는 일반적으로 이전 JSON으로부터 도커
클라이언트가 해석할 수 있는 출력을 볼 수 있다.

도커 API의 성장과 발전에 따라 출력 결과는 달라질 수 있다. 커맨드를 실행할 때 결과의 최신 버전 번호와 json 출력이 다르게 표시되기도 한다. docker version 커맨드를 실행해 클라이언트 API 버전과 서버 API 버전을 확인할 수 있다.

> |경고| 이전 예시에서 소캣을 루트로 실행하면 루트가 dockerapi.sock 파일을 갖고 있어서 sudo
> 를 사용해 docker -H 커맨드를 실행해야 한다.

소캣을 사용하는 기술은 도커를 디버깅할 수 있을 뿐만 아니라 작업 중에 다른 네트워크 서비스를 디버깅할 수 있어 효과가 강력하다.

토론

여러 가지 사용 사례를 생각해 낼 수 있다.

- 소캣은 기능이 많고 수많은 프로토콜을 처리할 수 있다. 이전 예시에서는 socat이 유닉스 소캣에서 수신 대기하는 것을 보여 주지만 UNIX-LISTEN:… 매개변수 대신 TCP-LISTEN:2375,fork를 사용한다면 외부 포트에서 수신 대기할 수 있다. '기술 1' 의 간단한 버전처럼 동작한다. 이 방식을 사용하면 도커 데몬을 재시작할 필요가 없고(실행 중인 모든 컨테이너를 종료시킬 수 있다) 도커 데몬을 올렸다 내렸다 할 수 있다.

- 이전 방법은 설정하기 쉽고 일시적이어서 '기술 47'를 함께 사용해 동료가 실행한 컨테이너에 원격으로 접속해 이슈를 디버깅하는 데 도움이 된다. docker run 커맨드를 실행했던 같은 터미널에 참여하기 위해 docker attach 커맨드를 사용할 수 있어서 직접 공동으로 작업할 수 있다.

- 공유 도커 서버가 있다면('기술 1'에서 설명) 외부에 도커 데몬을 드러내고 도커의 로그를 원시 감사 로그로 사용될 수 있도록 소캣을 외부와 도커 소캣 사이에 브로커^{broker}로 설정할 수 있다. 따라서 모든 요청이 어디서 들어오고 무엇을 하는지 알 수 있다.

기술 5 ▶ 브라우저에서 도커 사용하기

신기술을 설명하기가 어려울 때는 간단하지만 효과적인 데모로 직접 보여주는 것이 훨씬 낫다. 도커를 처음 사용해 보는 사람들을 위해 브라우저에서 특정 도커 컨테이너와 상호 작용할 수 있는 기능을 갖춘 웹 페이지를 만들면 도커에 쉽게 다가갈 수 있다. 확실한 '감동'이 마음을 움직인다.

문제

사용자가 도커를 직접 설치하거나 이해하지 못하는 커맨드를 실행하지 않고도 도커의 강력한 기능을 보길 원한다.

해결책

개방형 포트와 CORS^{Cross-Origin-Resource Sharing}가 적용된 도커 데몬을 시작한 다음 선택한 웹 서버에 도커 터미널 저장소를 제공한다.

서버에서 포트를 개방하고 서버에서 호출을 받기 위해 웹 페이지에서 자바 스크립트를 사용하는 것이 REST API를 가장 보편적으로 사용한 예다. 도커는 REST API로 모든 상호 작용을 수행하기 때문에 같은 방식으로 도커를 제어할 수 있어야 한다. 처음에는 놀랍게 보일 수 있지만 이 제어 방식은 브라우저의 터미널을 통해 컨테이너와 상호 작용할 수 있는 모든 방법으로 확장될 것이다.

'기술 1'에서 데몬을 2375 포트로 시작하는 방법을 이미 살펴봤으므로 도커 데몬에 관해 자세히 설명하지 않을 것이다. CORS 내용도 다루기엔 너무 많아서 이 책에는 싣지 않겠다. CORS에 익숙치 않다면 본서 후세인^{Monsur Hossain}의 『CORS in Action』(Manning, 2014)을 참고하길 바란다. CORS는 현재 도메인에만 접근하도록 제한하는, 일반적인 자바 스크립트 제약을 조심스럽게 우회하는 메커니즘인데 데몬은 도커 터미널 페이지를 제공하는 서버의 주어진 포트로 수신 대기할 수 있다. 이 기능을 사용하려면 도커 데몬이 주어진 포트에서 수신 대기하도록 도커 데몬을 시작할 때 --api-enable-cors 옵션을 사용해야 한다.

전제 조건이 정리됐으므로 실행해보자. 먼저 코드를 다운로드한다.

```
git clone https://github.com/aidanhs/Docker-Terminal.git
cd Docker-Terminal
```

웹 서버를 실행해 파일을 제공한다.

```
python2 -m SimpleHTTPServer 8000
```

이전 커맨드는 파이썬에 내장된 모듈을 사용해 특정 디렉토리의 정적 파일을 제공한다. 간단한 웹 서버 기능이 있으며 마음껏 사용할 수 있다.

이제 브라우저에서 localhost:8000을 방문해 컨테이너를 시작할 수 있다.

그림 2.7은 도커 터미널이 어떻게 연결되는지 보여준다. 페이지는 로컬 컴퓨터에서 호스팅되며 모든 작업을 수행하기 위해 로컬 컴퓨터의 도커 데몬에 연결된다.

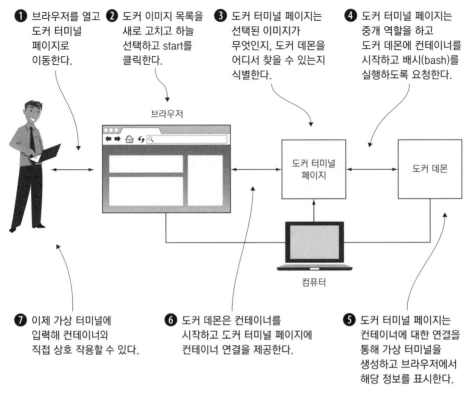

① 브라우저를 열고 도커 터미널 페이지로 이동한다.

② 도커 이미지 목록을 새로 고치고 하늘 선택하고 start를 클릭한다.

③ 도커 터미널 페이지는 선택된 이미지가 무엇인지, 도커 데몬을 어디서 찾을 수 있는지 식별한다.

④ 도커 터미널 페이지는 중개 역할을 하고 도커 데몬에 컨테이너를 시작하고 배시(bash)를 실행하도록 요청한다.

브라우저

도커 터미널 페이지

도커 데몬

컴퓨터

⑦ 이제 가상 터미널에 입력해 컨테이너와 직접 상호 작용할 수 있다.

⑥ 도커 데몬은 컨테이너를 시작하고 도커 터미널 페이지에 컨테이너 연결을 제공한다.

⑤ 도커 터미널 페이지는 컨테이너에 대한 연결을 통해 가상 터미널을 생성하고 브라우저에서 해당 정보를 표시한다.

▲ **그림 2.7** 도커 터미널 동작 방식

링크를 사람들에게 주고 싶다면 다음 내용을 알아야 한다.

- 링크를 전달 받은 사람은 어떤 종류의 프록시proxy도 사용해서는 안 된다. 프록시가 가장 일반적으로 발생하는 에러의 원인이다. 도커 터미널은 웹 소캣을 사용하는데 프록시를 사용하면 동작하지 않는다.

- localhost 링크를 전달하면 외부에서 해당 링크로 실행할 수 없다. 외부 IP 주소를 알려줘야 한다.

- 도커 터미널은 도커 API를 어디서 찾을 수 있는지 알고 있어야 한다. 도커 터미널은 사용자가 브라우저에 방문하는 주소를 기반으로 자동으로 수행해야 하지만 미리 알고 있어야 한다.

> |**팁**| 도커가 익숙하다면 기술 5에서 도커 이미지를 사용하지 않은 이유가 궁금할 텐데 도커를 처음 사용하는 독자에게는 복잡성을 주고 싶지 않았기 때문이다. 기술 5로 도커로 생성하는 방법은 숙제로 남긴다.

토론

원래 기술 5는 도커에 흥미를 일으키는 데모로 사용됐지만(여러 사람이 일회용 머신의 터미널 하나를 공유하거나, 터미널 멀티플렉서^{terminal multiplexer}에서도 설정하기가 어렵다), 도커와 전혀 관련이 없는 영역에서 흥미로운 애플리케이션을 발견할 수 있다. 커맨드 라인에서 소수의 교육생이 하는 작업을 모니터링하는 것을 예로 들 수 있다. 아무 것도 설치하지 않고 브라우저를 열면 언제든지 터미널에 연결할 수 있다.

이와 비슷하게 도커 터미널은 공동 작업을 진행할 때 장점이 있다. 과거에는 동료와 버그를 공유할 때 도커 컨테이너에 버그를 재현해 함께 추적할 수 있었다. 기술 5를 사용하면 '도커가 필요한 이유는 무엇인가?'라는 질문을 사전에 검토할 필요가 없다.

기술 6 ▶ 포트를 사용해 도커 컨테이너에 연결하기

도커 컨테이너는 처음부터 서비스를 실행하도록 설계됐다. 대부분 도커 컨테이너는 일종의 HTTP 서비스가 될 것이다. 도커 컨테이너의 상당 부분은 브라우저를 통해 접근할 수 있는 웹 서비스다.

도커 컨테이너가 브라우저를 통해 접근하면 문제가 생기기도 한다. 여러 도커 컨테이너가 내부에서 80 포트로 실행된다면 모두 호스트 머신의 80 포트로 접근할 수 없다. 기술 6은 컨테이너에서 포트를 매핑 및 노출시켜 일반적인 시나리오를 관리하는 방법을 보여준다.

문제

여러 도커 컨테이너 서비스를 호스트 머신의 사용 가능한 포트에 매핑 및 노출하고 싶다.

해결책

도커의 -p 매개변수를 사용해 컨테이너의 포트를 호스트 머신에 매핑한다.

예시에서는 tutum-wordpress 이미지를 사용한다. 호스트 머신에서 두 도커 컨테이너를 실행해 각각 다른 블로그를 제공한다고 가정하자.

도커 컨테이너가 필요하기 때문에 먼저 누군가는 도커 이미지를 준비해서 해당 이미지를 다운로드하고 시작해야 한다. 외부에서 도커 이미지를 다운로드하려면 docker pull 커맨드를 사용한다. 기본적으로 docker pull 커맨드를 실행할 때 도커 허브^{Docker Hub}의 도커 이미지를 다운로드한다.

```
$ docker pull tutum/wordpress
```

커맨드를 실행할 때 도커 이미지가 머신에 아직 없다면 자동으로 도커 허브에서 이미지를 검색한다.

첫 번째 블로그를 실행하려면 다음 커맨드를 사용한다.

```
$ docker run -d -p 10001:80 --name blog1 tutum/wordpress
```

docker run 커맨드는 퍼블리시^{publish} 매개변수(-p)를 사용해 컨테이너를 데몬(-d)으로 실행한다. 컨테이너 포트(80)에 매핑할 호스트 포트(10001)를 식별하고 컨테이너에 식별할 수 있는 이름을 부여한다(--name blog1 tutum/wordpress).

두 번째 블로그에서도 똑같이 수행한다.

```
$ docker run -d -p 10002:80 --name blog2 tutum/wordpress
```

커맨드를 실행해본다.

```
$ docker ps | grep blog
```

이전 커맨드 출력에서 두 블로그 컨테이너가 포트 매핑을 이루는 것을 알 수 있다.

```
$ docker ps | grep blog
9afb95ad3617   tutum/wordpress:latest   "/run.sh" 9 seconds ago   Up 9 seconds   3306/tcp,
```

```
0.0.0.0:10001->80/tcp  blog1
31ddc8a7a2fd  tutum/wordpress:latest  "/run.sh" 17 seconds ago  Up 16 seconds  3306/tcp,
0.0.0.0:10002->80/tcp  blog2
```

localhost:10001와 localhost:10002로 접근하면 도커 컨테이너에 접근할 수 있다.

작업을 마쳤을 때 도커 컨테이너를 제거하려면(계속 이 상태로 둔다면 다음 기술에서 컨테이너를 사용할 것이다) 다음 커맨드를 실행한다.

```
$ docker rm -f blog1 blog2
```

필요하다면 포트 할당을 직접 관리해 호스트에서 여러 개의 같은 이미지와 서비스를 실행할 수 있어야 한다.

> |팁| -p 매개변수를 사용할 때 어떤 포트가 호스트고 도커 컨테이너인지 쉽게 기억하지 못할 수 있다. 왼쪽에서 오른쪽으로 문장을 읽는 것과 같다고 생각한다면 사용자가 호스트(-p)에 연결하고 해당 호스트 포트는 도커 컨테이너 포트(host_port:container_port)로 전달된다고 이해하면 된다. SSH에서는 포트 포워딩(port forwarding) 커맨드와 같은 포맷이다.

토론

포트를 노출하는 것은 도커의 많은 사용 사례에서 매우 중요한 부분이며 이 책에서 여러 번 등장한다. 특히 서로 통신하는 도커 컨테이너가 일상인 오케스트레이션 섹션에서 포트 노출 내용을 계속 보게 될 것이다.

기술 80에서는 가상 네트워크를 소개하면서 내부와 호스트 포트를 올바른 도커 컨테이너 포트로 보내는 방법을 알아본다.

기술 7 ▶ 도커 컨테이너 간의 통신을 허용하기

포트를 노출해 도커 컨테이너를 호스트 네트워크에 개방하는 방법을 보여준다. 항상 호스트 머신이나 외부에 서비스를 노출하고 싶지는 않지만 도커 컨테이너 간에 서로 통신하게 하고 싶다.

기술 7은 외부 사용자가 내부 서비스에 접근할 수 없게 하는 도커의 사용자 정의 네트워크 기능을 사용하는 방법을 보여준다.

문제

내부 사용 목적으로 도커 컨테이너 간의 통신을 허용하고 싶다.

해결책

도커 컨테이너가 서로 통신할 수 있도록 사용자 정의 네트워크를 사용한다.

사용자 정의 네트워크는 간단하고 유연하다. 기술 6에서 수행한 도커 컨테이너로 실행 중인 두 개의 워드 프레스 블로그를 갖고 있다. 그래서 외부가 아닌 내부 컨테이너에서 어떻게 접근할 수 있는지 살펴볼 것이다.

먼저 사용자 정의 네트워크를 생성해야 한다.

```
$ docker network create my_network
0c3386c9db5bb1d457c8af79a62808f78b42b3a8178e75cc8a252fac6fdc09e4
```

커맨드를 실행하면 도커 컨테이너 통신을 관리할 수 있는 새로운 가상 네트워크가 시스템에 생성된다. 기본적으로 해당 네트워크에 연결하는 모든 도커 컨테이너는 이름을 사용해 서로를 알 수 있다.

다음으로 기술 6에서 실행 중인 blog1 및 blog2 도커 컨테이너가 있다고 가정하고 그 중 하나를 새로운 네트워크에 즉시 연결해 보자.

```
$ docker network connect my_network blog1
```

마지막으로 네트워크를 명시적으로 지정해 새로운 도커 컨테이너를 시작하고 블로그의 방문 페이지에서 처음 5 라인의 HTML을 가져올 수 있는지 확인해 보자.

```
$ docker run -it --network my_network ubuntu:16.04 bash
root@06d6282d32a5:/# apt update && apt install -y curl
[...]
root@06d6282d32a5:/# curl -sSL blog1 | head -n5
```

```
<!DOCTYPE html>
<html  lang="en-US" xml:lang="en-US">
<head>
        <meta name="viewport" content="width=device-width" />
        <meta http-equiv="Content-Type" content="text/html; charset=utf-8" />
root@06d6282d32a5:/# curl -sSL blog2
curl: (6) Could not resolve host: blog2
```

|팁| 도커 컨테이너에 이름을 지정하는 방법은 나중에 기억할 수 있는 호스트 이름을 참조할 수 있어 매우 유용하지만 꼭 필요한 방법은 아니다. 도커 컨테이너의 연결이 외부로만 나간다면 도커 컨테이너를 찾지 않아도 돼 도커 컨테이너에 이름을 지정할 필요가 없다. 호스트를 검색하고 싶은데 호스트 이름을 지정하지 않았다면(도커 이미지 ID의 이름이 호스트 이름으로 재정의되지 않는 한) 터미널 프롬프트나 docker ps 커맨드 출력으로 나열된 짧은 이미지 ID를 사용할 수 있다.

새로운 도커 컨테이너가 my_network에 연결된 블로그에 성공적으로 접근할 수 있었고 브라우저에서 블로그 페이지를 방문하면 페이지의 일부 HTML이 표시됐을 것이다. 반면에, 새로운 도커 컨테이너는 두 번째 블로그를 볼 수 없었다. my_network에 연결한 적이 없기 때문이다. 제대로 동작한 것이다.

토론

도커 컨테이너에서 서로의 이름을 찾을 수 있는 방법을 가질 것만을 요구하는 기술 7을 사용해 사설 네트워크의 클러스터에 임의의 도커 컨테이너를 설정할 수 있다. 기술 80에서는 도커 네트워크와 잘 통합하는 방법을 볼 수 있다. 기술 8은 훨씬 작게 시작해 단일 도커 컨테이너와 도커 컨테이너가 제공하는 서비스 사이에 명시적인 연결을 할 수 있다는 장점을 보여준다.

흥미로운 점은 blog1 도커 컨테이너의 최종 상태다. 모든 도커 컨테이너는 기본적으로 도커 브릿지bridge 네트워크에 연결돼 있어 my_network에 참여하라는 요청을 받았을 때 이미 해당 컨테이너는 네트워크에 추가된 상태다. 기술 80의 네트워크 모델을 실제 상황에서 사용할 수 있는 방법을 더 자세히 살펴본다.

포트 격리를 위해 도커 컨테이너 연결하기

기술 7에서 컨테이너가 사용자 정의 네트워크와 통신하는 방법을 살펴봤다. 그러나 도커의 연결[link] 매개변수를 사용해 도커 컨테이너 통신을 선언하는 오래된 방법이 있다. 권장할 만한 방법은 아니지만 오랫동안 도커의 일부였다. 특별한 경우를 대비해 알아두면 좋다.

문제

사용자 정의 네트워크를 사용하지 않고 컨테이너 간의 통신을 허용하고 싶다.

해결책

도커 컨테이너 간에 서로 통신하게 하려면 도커의 연결 기능을 사용한다.

워드 프레스 예시에서 MySQL 데이터베이스 계층을 wordpress 컨테이너에서 분리하고 포트 설정이나 네트워크를 생성하지 않고 서로 연결한다. 그림 2.8은 최종 상태를 간략히 보여준다.

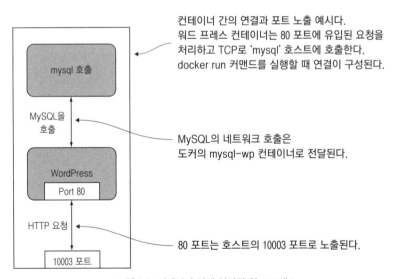

▲ **그림 2.8** 컨테이너 간에 연결된 워드 프레스

다음과 같은 순서로 컨테이너를 실행한다. 첫 번째 커맨드와 두 번째 커맨드 사이에 약 1분 간 일시 중지한다.

```
$ docker run --name wp-mysql \
  -e MYSQL_ROOT_PASSWORD=yoursecretpassword -d mysql

$ docker run --name wordpress \
  --link wp-mysql:mysql -p 10003:80 -d wordpress
```

먼저 MySQL 컨테이너에 wp-mysql이라는 이름을 지정하면 나중에 참고할 수 있다. 또한 MySQL 컨테이너가 데이터베이스를 초기화할 수 있도록 환경 변수를 제공해야 한다(-e MYSQL_ROOT_PASSWORD=yoursecretpassword). 두 컨테이너를 데몬(-d)으로 실행하고 공식 MySQL 이미지는 도커 허브를 사용한다.

두 번째 커맨드에서는 나중에 참조하기 위해 워드 프레스 이미지에 wordpress라는 이름을 지정한다. wp-mysql 컨테이너를 워드 프레스 컨테이너(--link wp-mysql:mysql)에 연결한다. 워드 프레스 컨테이너의 MySQL 서버에 관한 참조는 wp-mysql이라는 컨테이너로 보낸다. 또한 기술 6에서 설명한 것처럼 로컬 포트 매핑(-p 10003:80)을 사용하고 공식 워드 프레스 이미지에 관한 도커 허브 참조를 추가한다. 연결 기능은 연결된 컨테이너의 서비스가 시작되기를 기다리지 않기 때문에 커맨드 호출 사이에 잠깐 쉬어야 한다. 좀더 정확한 방법은 워드 프레스 컨테이너를 실행하기 전에 docker logs wp-mysql의 출력에서 'mysqid:ready for connections'를 찾는 것이다.

localhost:10003으로 접근하면 워드 프레스 화면이 나타나고 wordpress 인스턴스를 설정할 수 있다.

예시에서 중요한 부분은 두 번째 커맨드의 --link 매개변수다. 매개변수는 도커 컨테이너의 호스트 파일을 설정해 워드 프레스 컨테이너에서 MySQL 서버를 참조할 수 있고

'wp-mysql'이라는 이름의 컨테이너에 접근할 수 있다.

워드 프레스 컨테이너를 전혀 변경하지 않고도 다른 MySQL 컨테이너를 교체할 수 있다는 커다란 장점이 있다. 따라서 서비스의 설정 관리가 더 쉬워진다.

> |참고| 이미 존재하는 컨테이너 이름으로 매핑이 생성될 수 있도록 컨테이너는 올바른 순서로 시작해야 한다. 이 글을 쓸 당시에 컨테이너 간의 연결을 동적으로 해석하는 것은 도커의 기능이 아니다.

도커 파일의 EXPOSE 지침에 열거된 포트는 docker run 명령에 -P 매개변수(특정 포트로 게시되는 -p가 아닌 '모든 포트 게시')를 사용할 때도 사용된다.

이 방법으로 컨테이너를 연결하려면 도커 이미지를 빌드할 때 해당 포트를 노출해야 한다. 도커 이미지 빌드의 도커 파일에서 EXPOSE 커맨드를 사용해 수행된다. 도커 파일의 EXPOSE 지시문에 나열된 포트는 docker run 커맨드에 -P 매개변수(-P 매개변수는 모든 포트를 노출하는 반면 -p는 특정 포트를 노출함)를 사용할 때 사용된다.

특정 순서로 도커 컨테이너를 시작하는 도커 오케스트레이션의 간단한 예시를 살펴봤다. 도커 오케스트레이션orchestration은 도케 컨테이너 실행을 조정하는 프로세스로, 4부에서 깊이 있게 다룬다.

작업 부하를 별도의 컨테이너로 분리해 애플리케이션의 마이크로서비스 아키텍처를 생성하는 단계를 진행했다. 이때는 MySQL 컨테이너에서 작업을 수행할 수 있지만 워드 프레스 컨테이너는 변경하지 않은 상태로 두거나 반대의 경우도 마찬가지다. 실행 중인 서비스를 세분화해 제어할 수 있는 기능은 마이크로 서비스 아키텍처의 주요 운영 장점 중 하나다.

토론

컨테이너 집합의 정밀한 제어는 컨테이너를 교체하는 데 매우 간단하고 이해하기 쉬운 방법이어서 가끔 유용하다. 기술의 예시를 사용하면 다양한 MySQL 버전을 테스트할 수 있다. 워드 프레스 이미지는 mysql 링크를 찾기 때문에 교체 정보를 알 필요가 없다.

2.4 도커 레지스트리

도커 이미지를 생성한 후에는 다른 사용자와 공유할 수 있는데 여기서 도커 레지스트리 registry라는 개념이 등장한다.

그림 2.9의 세 개의 레지스트리의 위치는 다르다. 하나는 사설 네트워크에 있고 다른 하나는 공용 네트워크에 열려 있으며, 나머지 하나는 공공 네트워크에 있지만 도커 등록 사용자만 접근할 수 있다. 세 개의 레지스트리는 모두 같은 API로 동일한 기능을 수행한다. 도커 데몬이 레지스트리와 상호 교환 방식으로 통신하는 방법을 알고 있다.

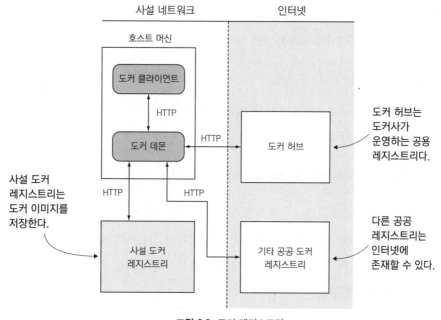

▲ **그림 2.9** 도커 레지스트리

도커 레지스트리를 사용하면 여러 사용자가 RESTful API를 사용해 중앙 저장소에서 이미지를 푸시하거나 다운로드할 수 있다.

레지스트리 코드는 도커 자체와 마찬가지로 오픈소스다. 많은 회사는 독점적인 이미지를 내부적으로 저장하고 공유하기 위해 개인 레지스트리를 설정한다. 도커사의 레지스트리를 자세히 살펴보기 전에 먼저 다음 내용을 다룰 것이다.

로컬 도커 레지스트리를 설정하기

사람들이 각자 만든 도커 이미지를 공개적으로 공유할 수 있는 도커사의 레지스트리 서비스가 있다는 것을 알았다. 개인용으로 이미지를 공유하고 싶다면 비용을 지불할 수 있다. 그러나 도커 허브를 사용하지 않고 이미지를 공유하려는 여러 이유가 있다. 회사 안에서 가능한 한 많은 업무를 유지해야 하거나, 도커 이미지가 커서 인터넷으로 전송하는 것이 너무 느려서 실험하는 동안 이미지를 비공개로 유지하고 비용을 지불하고 싶지는 않을 수 있다. 이유가 무엇이든 해결책은 간단하다.

문제

로컬 환경에서 도커 이미지 서버를 호스팅하는 방법을 알고 싶다.

해결책

로컬 네트워크에서 레지스트리 서버를 설정한다. 디스크 공간이 충분한 머신에서 다음 커맨드를 실행하면 된다.

```
$ docker run -d -p 5000:5000 -v $HOME/registry:/var/lib/registry registry:2
```

커맨드는 도커 레지스트리를 호스트의 5000 포트에서 사용할 수 있게 한다(-p 5000:5000). -v 매개변수를 사용해 레지스트리 폴더를 컨테이너의 $HOME/registry 대신 호스트(/var/lib/registry)에서 사용하게 한다. 따라서 레지스트리 파일은 호스트의/var/lib/registry 폴더에 저장된다.

도커 레지스트리에 접근하려는 모든 시스템에서 도커 데몬 옵션에 --insecure-registry HOSTNAME(옵션의 자세한 내용은 부록 B를 참조)을 추가한다(HOSTNAME은 새로운 레지스트리 서버의 호스트 이름이거나 IP 주소다). 이제 docker push HOSTNAME:5000/image:tag 커맨드를 실행할 수 있다.

$HOME/registry 디렉터리에 저장된 모든 데이터와 함께 로컬 레지스트리의 가장 기본적인 설정 레벨은 간단하다. 규모를 확장하거나 더 견고하게 하려면 깃허브(github.com/

docker/distribution/blob/v2.2.1/docs/storagedrivers.md)의 저장소는 아마존 S3에 데이터를 저장하는 것과 같은 몇 가지 옵션을 설명한다.

--insecure-registry 옵션이 궁금할 것이다. 도커의 보안성을 강화하기 위해 도커는 서명된 HTTPS 인증서만 사용할 때만 레지스트리에서 다운로드(pull)할 수 있도록 조치할 수 있다. 로컬 네트워크를 신뢰할 수 있기 때문에 이 부분을 설명하지 않았다. 말할 필요도 없이 인터넷을 통해 레지스트리와 상호 교환 작업을 진행할 때는 훨씬 신중해야 한다.

토론

레지스트리를 설정하기가 쉬워서 운영 방법이 많다. 회사에 여러 팀이 있다면 여유 장비에서 레지스트리를 설치해 도커 이미지 저장과 이동에 필요한 유동성을 부여할 것을 제안할 수 있다.

내부 IP 주소 범위가 있을 때 잘 동작한다. --insecure-registry 옵션은 안전하지 않은 IP 주소 범위를 지정하기 위해 10.1.0.0/16과 같은 CIDR 표기법을 허용한다. CIDR 표기법이 익숙치 않으면 네트워크 관리자에게 문의하는 것이 좋다.

2.5 도커 허브

도커 허브(그림 2.10 참조)는 도커사에서 유지 보수하는 레지스트리다. 도커 허브에는 다운로드와 실행할 준비가 된 수만 개의 도커 이미지가 있다. 모든 도커 사용자는 무료 계정과 공용 도커 이미지를 설정할 수 있다. 또한 사용자가 올리는 도커 이미지뿐 아니라 참조용으로 관리하는 공식 이미지도 포함한다.

도커 이미지는 사용자 인증으로 보호되며 깃허브와 마찬가지로 인기도를 알려주는 별star 시스템이 있다. 공식 이미지로 우분투나 CentOS와 같은 리눅스 배포판, Node.js와 같은 사전 설치된 소프트웨어 패키지, 워드 프레스와 같은 전체 소프트웨어 스택이 있다.

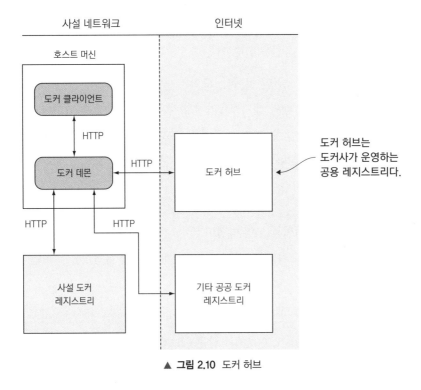

▲ **그림 2.10** 도커 허브

기술 10 ▶ 도커 이미지를 찾고 실행하기

도커 레지스트리는 깃허브와 비슷한 소셜 코딩 문화를 제공한다. 새로운 소프트웨어 애플리케이션을 시험해보고 싶거나 특정 용도로 사용되는 새로운 소프트웨어 애플리케이션을 찾고 싶다면 호스트 머신의 간섭, VM 배포와 설치 중에 발생한 이슈로 걱정할 필요 없이 도커 이미지를 테스트할 수 있다.

문제

도커 이미지로 애플리케이션이나 툴을 사용하고 싶다.

해결책

docker search 커맨드로 다운로드할 이미지를 찾고 실행한다.

Node.js 애플리케이션에 관심이 있다고 가정하자. 다음 예시에서 'node'와 일치하는 도커 이미지를 docker search 커맨드로 검색했다.

```
$ docker search node
NAME                          DESCRIPTION
➡ STARS       OFFICIAL    AUTOMATED
node                          Node.js is a JavaScript-based platform for...
➡ 3935        [OK]  ◄─── 도커 검색 결과는 별 개수에 따라 정렬된다.
nodered/node-red-docker       Node-RED Docker images.
➡ 57                          [OK]  ◄─── description은 이미지의 목적에 관한 업로드 설명이다.
strongloop/node               StrongLoop, Node.js, and tools.
➡ 38                          [OK]  ◄─── 도커 공식 이미지는 도커 허브가 신뢰할 수 있는 도커 이미지다.
kkarczmarczyk/node-yarn       Node docker image with yarn package manage...
➡ 25                          [OK]  ◄─── 자동화된 이미지는 도커 허브의 자동 빌드 기능으로 만들어진 도커 이미지다.
bitnami/node Bitnami          Node.js Docker Image
➡ 19                          [OK]
siomiz/node-opencv            _/node + node-opencv
➡ 10                          [OK]
dahlb/alpine-node             small node for gitlab ci runner
➡ 8                           [OK]
cusspvz/node Super            small Node.js container (~15MB) ba...
➡ 7                           [OK]
anigeo/node-forever           Daily build node.js with forever
➡ 4                           [OK]
seegno/node                   A node docker base image.
➡ 3                           [OK]
starefossen/ruby-node         Docker Image with Ruby and Node.js installed
➡ 3                           [OK]
urbanmassage/node             Some handy (read, better) docker node images
➡ 1                           [OK]
xataz/node                    very light node image
➡ 1                           [OK]
centralping/node              Bare bones CentOS 7 NodeJS container.
➡ 1                           [OK]
joxit/node                    Slim node docker with some utils for dev
➡ 1                           [OK]
bigtruedata/node              Docker image providing Node.js & NPM
➡ 1                           [OK]
1science/node                 Node.js Docker images based on Alpine Linux
➡ 1                           [OK]
```

```
domandtom/node          Docker image for Node.js including Yarn an...
➡ 0                     [OK]
makeomatic/node         various alpine + node based containers
➡ 0                     [OK]
c4tech/node             NodeJS images, aimed at generated single-p...
➡ 0                     [OK]
instructure/node        Instructure node images
➡ 0                     [OK]
octoblu/node            Docker images for node
➡ 0                     [OK]
edvisor/node            Automated build of Node.js with commonly u...
➡ 0                     [OK]
watsco/node             node:7
➡ 0                     [OK]
codexsystems/node       Node.js for Development and Production
➡ 0                     [OK]
```

이제 도커 이미지를 선택했다. docker pull 커맨드에 도커 이미지 이름을 포함하고 실행한다면 도커 이미지를 다운로드할 수 있다.

대조적으로 이미 로컬에 이미지를 저장돼 있다면 새로운 이미지가 없음을 확인하는 메시지를 출력한다. 사용자마다 출력이 다를 수 있다.

```
$ docker pull node ◀──── 도커 허브에서 node라는 이미지를 다운로드한다.
Using default tag: latest
latest: Pulling from library/node
5040bd298390: Already exists
fce5728aad85: Pull complete
76610ec20bf5: Pull complete
9c1bc3c30371: Pull complete
33d67d70af20: Pull complete
da053401c2b1: Pull complete
05b24114aa8d: Pull complete
Digest:
➡ sha256:ea65cf88ed7d97f0b43bcc5deed67cfd13c70e20a66f8b2b4fd4b7955de92297
Status: Downloaded newer image for node:latest ◀──┐ 도커가 새로운 이미지를 다운로드할 때
                                                    └ 결과 메시지가 나타난다.
```

-t 매개변수와 -i 매개변수를 사용해서 대화식으로 실행할 수 있다. -t 매개변수는 사용자의 tty 장치(터미널)를 생성하고 -i 매개변수는 도커 세션이 대화식임을 지정한다.

```
$ docker run -t -i node /bin/bash
root@c267ae999646:/# node
> process.version
'v7.6.0'
>
```

> |**팁**| 이전 docker run 커맨드를 실행할 때 –t –i를 –ti 또는 –it으로 바꾸면 키 입력을 줄일 수 있다. 책 전체에서 매개변수가 등장한다.

도커 이미지 관리자는 도커 이미지의 실행을 위한 구체적인 방법을 언급할 수 있다. 도커 허브(hub.docker.com) 웹사이트에서 이미지를 검색하면 이미지 페이지로 이동한다. 도커 허브의 Description 탭에서 더 많은 정보를 얻을 수 있다.

> |**경고**| 도커 이미지를 다운로드하고 실행하면 완전히 검증할 수 없는 코드가 실행되고 있다는 의미다. 신뢰할 수 있는 이미지를 사용하는 것이 상대적으로 안전하지만 인터넷을 통해 소프트웨어를 다운로드하고 실행할 때 100% 안전한 보안을 보장할 수 없다.

도커에 관한 지식과 경험을 얻어 도커 허브에서 사용할 수 있는 엄청난 자원을 활용할 수 있다. 도커 허브에는 수만 개의 도커 이미지를 사용해 보면서 배울 점이 많다. 즐겨보자.

토론

도커 허브는 훌륭한 자원이지만 가끔 느려지기도 한다. 최상의 결과를 얻으려면 도커 검색 커맨드를 가장 효과적으로 구성하는 방법을 결정해야 한다. 브라우저를 열지 않고도 검색 기능을 사용하면 도커 생태계의 관심 정보를 빠르게 파악할 수 있어 필요에 맞게 이미지를 문서화할 수 있다.

도커 이미지를 다시 빌드할 때 이따끔 도커 검색을 실행해 보자. 별 개수를 보면 도커 커뮤니티가 현재 사용 중인 도커 이미지와 새로운 도커 이미지를 수집하기 시작하는지 알수 있다.

요약

- 도커 데몬 API를 외부에 공개할 수 있고 HTTP 요청을 생성하기 위해 필요한 모든 방법을 사용할 수 있다. 웹 브라우저만 있으면 충분하다.
- 도커 컨테이너는 터미널을 점유하지 않는다. 백그라운드에서 도커 컨테이너를 시작할 수 있으며 점유하더라도 나중에 다시 터미널로 돌아올 수 있다.
- 이 책에서 추천하는 방식인 사용자 정의 네트워크를 사용해 컨테이너 간에 통신할 수 있다. 컨테이너 간의 연결은 컨테이너 간의 통신을 매우 명시적으로 제어한다.
- 도커 데몬 API가 HTTP 기반이기에 이슈가 있으면 네트워크 모니터링 툴로 쉽게 디버깅할 수 있다.
- 네트워크 호출을 디버깅하고 추적하는 데 매우 유용한 툴은 소캣이다.
- 도커 레지스트리를 구성하는 내용은 도커사의 범위가 아니다. 내부에서 무료로 도커 이미지를 저장을 위해 로컬 네트워크에서 직접 설정할 수 있다.
- 도커 허브는 미리 만들어진 이미지, 특히 도커사에서 공식적으로 제공하는 이미지를 찾고 다운로드할 수 있는 좋은 웹사이트다.

## Part 2

도커와 개발

1부에서는 예시를 통해 도커의 핵심 개념과 아키텍처를 살펴봤다.

2부에서는 도커의 내부를 살펴보고 도커를 사용하는 방법을 보여준다.

3장은 경량 가상 머신으로 도커를 사용하는 방법을 다룬다. 가상 머신과 도커 컨테이너 간에는 중요한 차이점이 있지만 도커를 사용하면 대부분 빠르게 개발할 수 있을 뿐 아니라 도커의 고급 사용법을 알기 전에 도커에 익숙해질 수 있는 효과적인 방법이다.

4장, 5장, 6장에서는 도커 컨테이너를 보다 효과적이고 효율적으로 빌드, 실행, 관리할 수 있는 20개가 넘는 기술을 다룰 것이다. 컨테이너를 빌드하고 실행하는 것 외에도 볼륨volume으로 데이터를 저장하고 도커 호스트를 순서대로 유지하는 방법을 살펴본다.

7장은 설정 관리의 중요한 영역을 다룬다. 도커 파일과 기존 설정 관리 툴을 사용해 도커 빌드를 제어할 수 있다. 이미지의 크기가 커지지 않도록 최소한의 도커 이미지 생성과 조정에 관해서도 설명한다. 2부 마지막에서 한 번만 사용하는 도커의 유용한 기술을 알고 도커를 데브옵스DevOps 문맥에서 사용할 준비를 끝낸다.

3

도커를 경량 가상 머신으로 사용하기

가상 머신$^{Virtual\ Machine,\ VM}$은 21세기부터 소프트웨어 개발과 배포에서 흔히 사용된다. 소프트웨어에 관한 머신의 추상화로 인터넷 시대의 소프트웨어와 서비스를 쉽고 싸게 이동하고 제어할 수 있다.

|팁| 가상 머신은 일반적으로 운영체제와 애플리케이션을 실행할 수 있도록 머신을 모방한 애플리케이션이다. 가상 머신은 사용할 수 있는 모든 호환 가능한 물리 머신에 배포될 수 있다. 최종 사용자는 소프트웨어가 물리 머신에 있는 것으로 알고 있는 반면 하드웨어를 관리하는 사용자는 대규모의 자원 할당에 집중할 수 있다.

도커는 VM 기술이 아니다. 도커는 머신의 하드웨어를 시뮬레이션하지 않고 운영체제를 포함하지 않는다. 도커 컨테이너는 기본적으로 특정 하드웨어 제한한다고 해서 제한되지 않는다. 도커가 가상화를 수행하면 머신이 아닌 서비스가 실행되는 환경을 가상화한다. 게다가 도커는 윈도우 소프트웨어(또는 다른 유닉스에서 파생된 운영체제에서 작성된 소프트웨어)를 쉽게 실행할 수 없다.

어떤 관점에서 보면 도커는 VM처럼 많이 사용할 수 있다. 인터넷 시대의 개발자와 테스터에게는 초기화 프로세스나 직접적인 하드웨어 상호 작용이 없다는 사실은 보통 중요치 않다. 주변 하드웨어와의 격리, 소프트웨어 제공의 세분화된 접근 방식과 같은 중요한 공통점이 있다.

3장에서는 이전에 VM을 사용했을 때와 마찬가지로 도커를 사용할 수 있는 시나리오를 설명한다. 도커를 사용하면 VM에 비해 확실한 기능 상의 장점은 얻을 수 없다. 하지만 도커로 인한 환경의 이동과 추적 속도, 편리성이 개발 파이프라인의 판도를 바꿀 수 있다.

3.1 VM에서 컨테이너로 변환하기

이상적으로 VM에서 컨테이너로 변환한다는 것은 VM 이미지를 배포하는 방식에서 도커 이미지에 대해 설정 관리 스크립트를 실행하는 방식으로 변경하는 정도로 간단한 작업이다. 어려운 상황에 있는 개발자를 위해 VM을 특정 컨테이너나 여러 컨테이너로 변환하는 방법을 다룬다.

기술 11 ▶ VM을 컨테이너로 변환하기

도커 허브에 사용 가능한 기본 이미지는 없다. 따라서 일부 리눅스 배포판을 비롯해 이미지를 사용해야 할 때마다 자체적으로 이미지를 생성해야 한다. 예를 들어 VM에 기존 애플리케이션 상태가 있다면 애플리케이션 상태를 도커 이미지 안에 둬 추가로 반복한다. 또는 도커 이미지에 있는 툴과 관련 기술을 사용해 도커 생태계의 장점을 활용할 수 있다.

처음부터 표준 설정 관리 툴(5장 참고)과 결합된 도커 파일과 같은 표준 도커 기술을 사용해 VM과 동등한 환경을 구축할 수 있다면 이상적이다. 그러나 실제로 많은 VM은 잘 관리되지 않는다. 사람들이 VM을 사용함에 따라 VM이 유기적으로 성장해서 발생했고 구조화된 방식으로 VM을 재작성하는 데 필요한 투자하지 않아도 된다.

문제

도커 이미지로 변환할 VM을 갖고 있다.

해결책

VM의 파일 시스템을 압축하고 복사하고 도커 이미지에 패키징한다.

먼저 VM을 두 개의 큰 그룹으로 나눈다.

- 로컬 VM: VM 디스크 이미지가 사용되며 머신에서 VM을 실행한다.
- 원격 VM: VM 디스크 이미지 스토리지이고 어딘가에서 VM을 실행한다.

도커 이미지를 생성하고 싶은 두 그룹의 VM에 관한 원칙은 같다. scratch 이미지의 /에 파일 시스템의 TAR을 복사하고 TAR 파일을 추가[ADD]한다.

> |팁| 도커 파일에서 COPY 커맨드와 달리 ADD 커맨드는 이미지에 TAR 파일을(gzip으로 압축된 파일과 기타 유사한 파일 타입을 포함)을 복사할 때 압축을 푼다.

> |팁| scratch 이미지는 아무 것도 포함하지 않는 비어 있는 이미지로, 이미지를 기반으로 빌드할 수 있다. 도커 파일로 전체 파일 시스템을 복사(또는 추가)하고 싶을 때 사용된다.

이제 로컬의 버추얼 박스[Virtualbox] VM이 있는 경우를 살펴본다.

시작하기 전에 다음을 수행한다.

1. qemu-nbd 툴을 설치한(우분투에서 qemu-utils 패키지의 일부이며 사용 가능하다).
2. VM 디스크 이미지의 경로를 식별한다.
3. VM을 종료한다.

VM 디스크 이미지가 .vdi 또는 .vmdk 포맷이라면 이 기술은 잘 동작한다. 다른 포맷은 혼합된 성공을 경험할 수 있다. 다음 코드는 VM 파일을 가상 디스크로 변환하는 방법을 보여준다. 코드는 VM 가상 디스크에서 모든 파일을 복사할 수 있다.

목록 3.1 VM 이미지의 파일 시스템 압축 풀기

```
$ VMDISK="$HOME/VirtualBox VMs/myvm/myvm.vdi"  ◀── VM 디스크 이미지에 변수를 설정한다.
$ sudo modprobe nbd  ◀── qemu-nbd가 필요로 하는 VM 디스크 이미지 모듈에 커널을 초기화한다.
$ sudo qemu-nbd -c /dev/nbd0 -r $VMDISK  ◀── VM 디스크를 가상 장치 노드에 연결한다.
$ ls /dev/nbd0p*  ◀── 디스크에 마운트할 파티션 번호를 나열한다.
/dev/nbd0p1 /dev/nbd0p2
$ sudo mount /dev/nbd0p2 /mnt  ◀── qemu-nbd를 사용해 선택한 파티션을 /mnt에 마운트한다.
$ sudo tar cf img.tar -C /mnt .  ◀── /mnt 디렉토리에서 img.tar라는 TAR 파일을 생성한다.
$ sudo umount /mnt && sudo qemu-nbd -d /dev/nbd0  ◀── qemu-nbd를 마운트 해제하고 정리한다.
```

> |참고| 마운트할 파티션을 선택하려면 sudo cfdisk /dev/nbd0을 실행해 사용할 수 있는지 확인한다. 어디서나 LVM을 볼 수 있다면 디스크에 중요한 파티셔닝 스키마가 있음을 알게 된다. 그리고 LVM 파티션을 마운트하는 방법을 더 조사해야 한다.

VM을 원격으로 유지한다면 다음 중 하나를 선택할 수 있다. VM을 종료하고 운영팀에 원하는 파티션의 덤프를 수행하도록 요청하거나 실행 중인 VM에서 TAR을 생성하는 것이다.

파티션 덤프를 얻었다면 매우 쉽게 마운트할 수 있다. 다음처럼 TAR 파일로 변환 가능하다.

목록 3.2 파티션 추출하기

```
$ sudo mount -o loop partition.dump /mnt
$ sudo tar cf $(pwd)/img.tar -C /mnt .
$ sudo umount /mnt
```

실행 중인 시스템에서 TAR 파일을 생성할 수 있는데 시스템에 로그인한 후 매우 간단하게 진행할 수 있다.

```
$ cd /
$ sudo tar cf /img.tar --exclude=/img.tar --one-file-system /
```

이제 scp를 사용해 다른 시스템으로 전송할 수 있는 파일 시스템 이미지의 TAR을 얻을
수 있다.

> **|경고|** 실행 중인 시스템에서 TAR를 생성하는 것이 가장 쉬운 옵션(종료, 소프트웨어 설치, 다른
> 팀에 요청)인 것 같지만 심각한 단점이 있다. 일관성 없는 상태에서 파일을 복사하면 새로운 도커
> 이미지를 사용할 때 문제가 발생할 수 있다. TAR 생성 방식을 선택한다면 최대한 많은 애플리케이
> 션과 서비스를 중지한다.

파일 시스템의 TAR을 얻으면 이미지에 TAR을 추가할 수 있는데, 프로세스의 가장 쉬운
단계이며 두 라인의 도커 파일로 설정된다.

목록 3.4 ADD를 사용해 도커 이미지에 압축 파일을 복사하기

```
FROM scratch
ADD img.tar /
```

docker build를 실행할 수 있다. 도커 이미지를 갖게 됐다.

> **|참고|** 도커는 ADD의 대안으로 docker import 커맨드를 사용할 수 있다. 즉 cat img.tar | docker
> import – 〈새로운 이미지 이름〉처럼 사용할 수 있다. 그러나 이전 도커 이미지에 추가하려면 도커
> 파일을 만들어야 해서 ADD를 사용하는 편이 훨씬 간단하다. 따라서 이미지 기록을 쉽게 볼 수 있다.

도커에 이미지가 있으므로 실험을 시작할 수 있다. 이때 새로운 이미지를 기반으로 새로
운 도커 파일을 생성해 파일과 패키지를 삭제하는 작업을 시도할 수 있다.

작업이 완료되고 결과에 만족하면 최신 이미지의 기초로 사용할 수 있는 새롭고 가벼운
TAR을 내보내기 위해 실행 중인 컨테이너에서 docker export를 사용할 수 있다. 그리고
원하는 이미지를 얻을 때까지 프로세스를 반복할 수 있다.

프로세스를 그림으로 살펴본다.

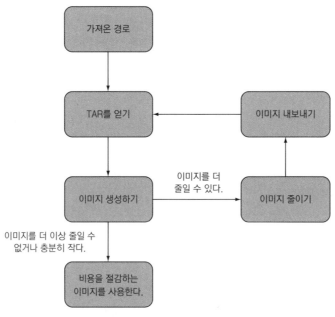

▲ **그림 3.1** 이미지를 줄이는 흐름도

토론

VM을 도커 이미지로 변환하는 것 외에 유용한 몇 가지 기본 원칙과 기술을 보여준다.

도커 이미지는 본질적으로 파일과 메타 데이터로 구성된다. scratch 이미지는 빈 파일 시스템으로 TAR 파일을 쌓을 수 있다. 관련 내용은 나중에 slim 도커 이미지를 볼 때 다시 설명할 것이다.

구체적으로 살펴보면 도커 이미지에 TAR 파일을 추가하는 방법과 qemu-nbd 툴을 사용하는 방법을 살펴봤다.

이미지를 얻게 되면 호스트처럼 이미지를 실행하는 방법을 알아야 한다. 도커 컨테이너는 보통 하나의 애플리케이션 프로세스만 실행하는데 다음 기술에서 다룬다.

도커 커뮤니티에서 논쟁이 많은 토론 영역 중 하나다. 처음부터 여러 프로세스를 실행해 호스트와 비슷하게 이미지를 실행하는 부분을 살펴볼 것이다.

일부 도커 커뮤니티에서 기술 12를 나쁜 유형으로 본다. 컨테이너는 가상 머신이 아니다 (컨테이너와 가상 머신간에 큰 차이점이 있다). 기술이 없는 척하는 것은 오히려 문제를 크게 만드는 일이라 생각한다.

부정적인 시각과 상관 없이 호스트와 같은 이미지를 실행하고 이와 관련된 몇 가지 이슈를 알아본다.

|참고| 호스트와 같은 이미지를 실행하면 도커가 유용하다는 내용으로 도커 반대자를 설득할 수 있다. 도커 반대자가 더 많이 사용할수록 도커 패러다임을 이해할 뿐 아니라 마이크로 서비스 접근 방식을 더욱 이해할 것이다. 도커를 도입한 회사에서 도커 단일화 방식이 개발 서버와 노트북 환경의 개발 환경을 포괄적이고 관리 가능한 환경으로 전환하는 훌륭한 방법이라는 것을 알게 됐다. 또한 도커를 테스트, 지속 통합, 에스크로, 데브옵스(DevOps) 작업 흐름으로 이동시키는 것은 간단했다.

|옮긴이의 팁| 에스크로란 상거래에 판매자와 구매자의 사이에 신뢰할 수 있는 중립적인 제삼자가 중개해 금전이나 물품을 거래를 하도록 하거나 거래하는 서비스를 말한다.

VM과 도커 컨테이너 간의 차이점

VM과 도커 컨테이너의 차이점은 다음과 같다.

- 도커는 애플리케이션 지향적인 반면 VM은 운영체제 지향적이다.
- 도커 컨테이너는 다른 도커 컨테이너와 운영체제를 공유한다. 반대로 각 VM은 하이퍼바이저 (hypervisor)가 관리하는 자체 운영체제를 갖고 있다.
- 도커 컨테이너는 여러 프로세스를 관리하지 않고 하나의 주요 프로세스를 실행하도록 설계됐다.

문제

여러 프로세스와 서비스가 설정된 컨테이너에서 일반적인 호스트와 같은 환경이 필요하다.

해결책

여러 프로세스를 실행하도록 설계된 기본 컨테이너를 사용한다.

호스트를 시뮬레이션하도록 설계된 이미지를 사용하고 필요한 애플리케이션을 배포할 것이다. 기본 도커 이미지는 여러 프로세스를 실행하도록 설계된 이미지인 phusion/baseimage 도커 이미지다.

첫 번째는 도커 이미지를 시작하고 docker exec를 사용해 도커 이미지에 접근하는 단계다.

목록 3.5 phusion baseimage 실행하기

```
                              백그라운드로 도커 이미지를 시작한다.
user@docker-host$ docker run -d phusion/baseimage ◀
3c3f8e3fb05d795edf9d791969b21f7f73e99eb1926a6e3d5ed9e1e52d0b446e ◀───  새 컨테이너의 ID를
                                                                       리턴한다.
user@docker-host$ docker exec -i -t 3c3f8e3fb05d795 /bin/bash ◀
root@3c3f8e3fb05d:/# ◀───── 시작된 컨테이너 터미널의 프롬프트       컨테이너 ID를 docker
                                                                 exec에 전달하고 대화식
                                                                 터미널을 연다.
```

코드를 살펴보면 docker run은 이미지의 기본 커맨드를 시작한다. 그후 새로 만든 컨테이너의 ID를 리턴하고 도커 이미지를 백그라운드로 시작한다.

컨테이너 ID를 docker exec에 전달한다. docker exec는 이미 실행 중인 컨테이너에서 새 프로세스를 시작하는 커맨드다. -i 매개변수는 새로운 프로세스와 상호 작용할 수 있게 하고 -t 매개변수는 컨테이너에서 터미널(/bin/bash)을 시작할 수 있도록 TTY를 설정할 것을 의미한다.

잠시 기다렸다가 프로세스 표를 보면 출력은 다음과 같다.

```
다른 모든 서비스를 실행하도록 설계된 간단한 init 프로세스
root@3c3f8e3fb05d:/# ps -ef  ◄──── 실행 중인 모든 프로세스를 나열하는 ps 커맨드를 실행한다.
UID  PID  PPID  C STIME TTY    TIME CMD
root   1    0  0 13:33 ?    00:00:00 /usr/bin/python3 -u /sbin/my_init
root   7    0  0 13:33 ?    00:00:00 /bin/bash  ◄──── docker exec에 의해 시작되고 셸로 동작하는 bash 프로세스
root 111    1  0 13:33 ?    00:00:00 /usr/bin/runsvdir -P /etc/service ◄──
root 112  111  0 13:33 ?    00:00:00 runsv cron
root 113  111  0 13:33 ?    00:00:00 runsv sshd
root 114  111  0 13:33 ?    00:00:00 runsv syslog-ng
root 115  112  0 13:33 ?    00:00:00 /usr/sbin/cron -f
root 116  114  0 13:33 ?    00:00:00 syslog-ng -F -p /var/run/syslog-ng.pid --no-caps
root 117  113  0 13:33 ?    00:00:00 /usr/sbin/sshd -D
root 125    7  0 13:38 ?    00:00:00 ps -ef  ◄──── 현재 실행 중인 ps 커맨드
```

runsvdir은 전달된
/etc/service 디렉토리에
정의된 서비스를 실행한다.

3개의 표준 서비스(cron, sshd, syslog)는 여기에서 runsv 커맨드로 시작된다.

컨테이너가 호스트처럼 시작되고 cron과 sshd와 같은 서비스를 초기화한다. 표준 리눅스 호스트를 초기화한 것과 비슷하게 보인다.

토론

도커를 처음 사용하는 엔지니어나 특정 상황에 유용한 엔지니어를 위한 첫 데모에서 유용하다. 다소 논란의 여지가 있는 아이디어라는 점도 참고하자.

그동안 컨테이너를 사용할 때 '컨테이너당 하나의 서비스'로 작업을 분리하는 데 사용되는 경향이 있었다. 호스트와 같은 이미지 접근법을 지지하는 사람들은 컨테이너가 실행되는 시스템에서 하나의 개별 기능을 수행할 수 있기 때문에 이 기술이 원칙을 위반하지 않는다고 주장한다.

최근 쿠버네티스Kubernetes의 포드Pod와 도커 컴포즈Docker Compose 개념의 인기가 높아지면서 호스트와 컨테이너는 상대적으로 중복될 수 있다. 기존의 init 서비스를 사용해 여러 프로세스를 관리하는 대신 하이 레벨에서 별도의 컨테이너들을 하나의 독립체로 결합시킬 수 있기 때문이다.

모놀리식 애플리케이션을 마이크로 서비스 컨테이너로 분리하는 방법인 기술 13을 살펴보자.

기술 13 ▶ 마이크로 서비스 컨테이너로 시스템 분리하기

지금까지 컨테이너를 전형적인 서버와 같은 모놀리식 독립체로 사용하는 방법을 살펴봤다. 시스템 아키텍처를 도커로 신속하게 이동할 수 있는 좋은 방법이라고 설명했다. 그러나 도커 세계에서는 일반적으로 컨테이너당 하나의 '서비스'가 실행될 때까지 가능한 한 시스템을 분할하고 모든 컨테이너를 네트워크로 연결하는 것이 가장 좋다고 생각한다.

컨테이너당 하나의 서비스를 사용하면 단일 책임 원칙single-responsibility principle을 통해 걱정을 쉽게 분리할 수 있기 때문이다. 하나의 컨테이너에서 하나의 작업을 수행한다면 다른 컴포넌트와의 상호 작용에 덜 신경쓰면서 컨테이너를 개발, 테스트, 상용 환경의 소프트웨어 개발 수명주기를 통해 컨테이너를 배치하기가 더 쉽다. 납기가 빨라지고 소프트웨어 프로젝트가 확장 가능해진다. 다만 운영에 큰 작업이 발생해서 사용 사례에 따라 가치가 있는지 여부를 고려해야 한다.

현재 어떤 접근 방식이 더 나은지의 논란은 차치하더라도 모범 사례 접근 방식은 명확한 장점이 있다. 알다시피 도커 파일을 사용할 때 실험과 재빌드는 훨씬 빠르다.

문제

애플리케이션을 별도의 관리가 쉬운 서비스들로 나누고 싶다.

해결책

각 개별 서비스 프로세스에 컨테이너를 생성한다.

도커 커뮤니티에는 '컨테이너당 하나의 서비스' 규칙을 얼마나 엄격하게 준수해야 할지에 관한 몇 가지 논란이 있다. 그중 정의에 관한 의견 차이 즉, '단일 프로세스나 필요를 충족시키기 위해 결합된 프로세스 집합인가?'가 있다. 시스템을 처음부터 재설계할 수 있는 능력을 고려할 때 마이크로 서비스는 가장 많이 택하는 방법이다. 그러나 때로는 실용성이 이상주의를 능가한다. 조직에서 도커를 평가할 때 도커를 가능한 쉽고 빠르게 동작시키려면 모놀리식 구현으로 사용해야 한다는 입장이었다.

도커 내부에서 모놀리식 구조를 사용하는 구체적인 단점 중 하나를 살펴보자. 목록 3.7은 데이터베이스, 애플리케이션, 웹 서버로 하나의 모놀리식 구조를 빌드하는 방법을 보여준다.

예시는 설명을 위해서 단순화했다. 직접 실행하려 해도 반드시 동작하지는 않는다.

목록 3.7 간단한 PostgreSQL, NodeJS, 엔진엑스 애플리케이션 설정하기

```
FROM ubuntu:14.04
RUN apt-get update && apt-get install postgresql nodejs npm nginx
WORKDIR /opt
COPY . /opt/                              # {*}
RUN service postgresql start && \
    cat db/schema.sql | psql && \
    service postgresql stop
RUN cd app && npm install
RUN cp conf/mysite /etc/nginx/sites-available/ && \
    cd /etc/nginx/sites-enabled && \
    ln -s ../sites-available/mysite
```

각 도커 파일의 커맨드는 이전 레이어 위에 하나의 새 레이어를 생성하지만 RUN 문에서 &&를 사용하면 여러 커맨드를 효과적으로 하나의 커맨드로 실행할 수 있다. 이 방법은 도커 이미지를 작게 유지할 수 있기 때문에 유용하다. 이런 식으로 설치 커맨드를 apt-get update와 같은 패키지 업데이트 커맨드를 실행하면 패키지가 설치될 때마다 업데이트된 패키지 캐싱에 저장될 것이다.

예시에서는 개념적으로 단순한 도커 파일이고 컨테이너 내부에서 필요한 모든 것을 설치한 다음 데이터베이스, 애플리케이션, 웹 서버를 설정한다. 아쉽게도 컨테이너를 빠르게 다시 빌드하려면 문제가 있다. 저장소의 모든 파일을 변경하면 캐싱을 다시 사용할 수 없어 {*}부터 시작해 모든 항목이 다시 빌드된다. 느린 단계(데이터베이스 생성 또는 npm install)가 도커 파일에 있다면 컨테이너를 다시 빌드하는 동안 잠시 기다릴 수 있다.

해결책은 COPY . /opt/ 커맨드를 애플리케이션의 개별 측면(데이터베이스와 애플리케이션, 웹 설정)으로 분리하는 것이다.

목록 3.8 모놀리식 애플리케이션을 위한 도커 파일

```
FROM ubuntu:14.04
RUN apt-get update && apt-get install postgresql nodejs npm nginx
WORKDIR /opt
COPY db /opt/db                                    -+
RUN service postgresql start && \                   |- 데이터베이스 설정
    cat db/schema.sql | psql && \                   |
    service postgresql stop                        -+
COPY app /opt/app                                  -+
RUN cd app && npm install                           |- 애플리케이션 설정
RUN cd app && ./minify_static.sh                   -+
COPY conf /opt/conf                                -+
RUN cp conf/mysite /etc/nginx/sites-available/ && \  +
    cd /etc/nginx/sites-enabled && \                |- 웹 설정
    ln -s ../sites-available/mysite                -+
```

이전 코드에서 COPY 커맨드는 두 개의 개별 커맨드로 분할된다. 즉 코드가 바뀔 때마다 데이터베이스가 다시 작성되지 않음을 의미한다. 코드가 전달되기 전에 변경되지 않은 파일에 캐싱을 다시 사용할 수 있기 때문이다. 불행히도 캐싱 기능은 매우 간단해서 스키마 스크립트가 변경될 때마다 컨테이너를 완전히 다시 빌드해야 한다. 문제를 해결할 수 있는 유일한 방법은 '목록 3.9'에서 '목록 3.11'까지와 같이 순차적인 설치 단계에서 벗어나 여러 개의 도커 파일을 생성하는 것이다.

목록 3.9 Postgres 서비스용 도커 파일

```
FROM ubuntu:14.04
RUN apt-get update && apt-get install postgresql
WORKDIR /opt
COPY db /opt/db
RUN service postgresql start && \
    cat db/schema.sql | psql && \
    service postgresql stop
```

```
FROM ubuntu:14.04
RUN apt-get update && apt-get install nodejs npm
WORKDIR /opt
COPY app /opt/app
RUN cd app && npm install
RUN cd app && ./minify_static.sh
```

```
FROM ubuntu:14.04
RUN apt-get update && apt-get install nginx
WORKDIR /opt
COPY conf /opt/conf
RUN cp conf/mysite /etc/nginx/sites-available/ && \
    cd /etc/nginx/sites-enabled && \
    ln -s ../sites-available/mysite
```

db, app, conf 디렉토리 중 하나가 변경될 때마다 하나의 컨테이너만 다시 빌드해야 한다. 세 개 이상의 많은 컨테이너가 있거나 시간 집약적인 설정 단계가 있을 때 특히 유용하다. 각 단계에 필요한 최소한의 파일을 추가하고 더 유용한 도커 파일 캐싱을 얻는 데 주의를 기울여야 한다.

app의 도커 파일(이전 세 개 중 두 번째)에서 npm install 작업은 package.json이라는 단일 파일로 정의된다. 따라서 도커 파일 계층 캐싱을 활용하기 위해 도커 파일을 변경하고 다음과 같이, 필요하면 느린 npm install 단계를 다시 빌드한다.

```
FROM ubuntu:14.04
RUN apt-get update && apt-get install nodejs npm
WORKDIR /opt
COPY app/package.json /opt/app/package.json
RUN cd app && npm install
COPY app /opt/app
RUN cd app && ./minify_static.sh
```

이제는 이전에 갖고 있던 하나의 도커 파일이 세 개의 도커 파일로 분리됐다.

토론

하나의 간단한 도커 파일을 복제된 여러 개의 도커 파일로 바꿨다. 같은 것은 없다. 도커 파일을 기본 이미지로 추가해 부분적으로 문제를 해결할 수 있지만 일부 복제는 드문 일이 아니다. 또한 이미지를 시작할 때 약간 복잡하다. Postgres 설정을 연결하고 변경할 수 있는 적절한 포트를 EXPOSE 단계에 추가하는 것 외에도 시작할 때마다 컨테이너를 연결해야 한다. 다행스럽게도 도커 컴포즈^{Docker Compose}라는 툴이 있다. 관련 내용은 기술 76에서 다룰 것이다.

VM을 얻어와 도커 이미지로 변환하고 호스트와 같은 컨테이너를 실행하고 모놀리식를 분리된 도커 이미지로 분리했다.

컨테이너에서 여러 프로세스를 실행하려면 실행에 도움이 되는 툴을 몇 가지 다룬다. 기술 14에서 툴 중 하나인 수퍼바이저^{Supervisord}를 설명한다.

기술 14 ▶ 컨테이너 서비스의 시작 관리하기

도커 컨테이너는 VM이 아니다. 도커 컨테이너와 VM의 주요 차이점 중 하나는 컨테이너가 하나의 프로세스를 실행하도록 설계됐다는 점이다. 프로세스가 종료되면 컨테이너도 종료되는데 초기 프로세스가 없다는 점에서 리눅스 VM(또는 다른 리눅스 OS)과 다르다.

init 프로세스는 리눅스 OS에서 실행되며 프로세스 ID가 1이다(init 프로세스의 상위 프로세스의 ID는 0이다). init 프로세스는 init이나 systemd라 한다. 어떻게 부르든 init 프로세스는 운영체제에서 실행 중인 다른 모든 프로세스를 관리한다.

도커를 실험할 때 여러 프로세스를 시작하고 싶을 것이다. 크론^{cron} 작업을 실행해 로컬 애플리케이션의 로그 파일을 정리하거나 컨테이너에 내부 멤캐시드^{memcached} 서버를 설정할 수 있다. 이 방식을 사용하면 하위 프로세스의 시작을 관리하기 위해 셸 스크립트를 작성할 수 있다. 실제로 init 프로세스 작업을 비슷하게 따라하고 싶을 텐데 그렇게 하지 않길 바란다. 이전부터 많은 사람들이 프로세스를 관리하면서 발생하는 많은 문제를 만났고 사전의 패키지가 저장된 시스템을 통해 문제를 해결했다.

컨테이너에서 여러 프로세스를 실행하고 싶은 이유가 무엇이든 바퀴를 다시 만드는 것이 중요하다.

문제

하나의 컨테이너에서 여러 프로세스를 관리하고 싶다.

해결책

수퍼바이저를 사용해 컨테이너의 프로세스를 관리한다.

톰캣^{Tomcat}과 아파치^{Apache} 웹 서버 모두를 실행하는 컨테이너를 배포하고, 프로세스 시작을 관리하는 수퍼바이저 애플리케이션(http://supervisord.org/)을 시작하고 실행하는 방법을 설명한다.

먼저 목록 3.13과 같이 새로운 빈 디렉토리에 도커 파일을 생성한다.

목록 3.13 수퍼바이저 도커파일의 예시

echo_supervisord_conf 유틸리티의 기본 수퍼바이저 설정 파일을 생성한다.

```
FROM ubuntu:14.04  ◄──── ubuntu:14.04로부터 시작한다.
ENV DEBIAN_FRONTEND noninteractive  ◄──── 세션이 비대화형임을 나타내는 환경 변수를 설정한다.
RUN apt-get update && apt-get install -y python-pip apache2 tomcat7 ◄
RUN pip install supervisor  ◄──── pip로 수퍼바이저를 설치한다.
RUN mkdir -p /var/lock/apache2
RUN mkdir -p /var/run/apache2
RUN mkdir -p /var/log/tomcat
RUN echo_supervisord_conf > /etc/supervisord.conf
ADD ./supervisord_add.conf /tmp/supervisord_add.conf  ◄
RUN cat /tmp/supervisord_add.conf >> /etc/supervisord.conf
RUN rm /tmp/supervisord_add.conf  ◄──── 더 이상 필요하지 않은 파일을 삭제한다.
CMD ["supervisord","-c","/etc/supervisord.conf"]  ◄──── 컨테이너 시작할 때 수퍼바이저만 실행하면 된다.
```

수퍼바이저 설치를 위한 python-pip, apache2, tomcat7을 설치한다.

애플리케이션을 실행하는 데 필요한 housekeeping 디렉토리를 생성한다.

아파치와 톰캣 수퍼바이저 설정을 이미지에 복사하고 기본 설정 복사를 준비한다.

아파치와 톰캣 수퍼바이저 설정을 수퍼바이저 설정 파일에 추가한다.

목록 3.14와 같이 시작해야 하는 애플리케이션을 알리는 수퍼바이저 설정이 필요하다.

```
[supervisord]  ◀───── supervisord의 전역 설정 섹션을 선언한다.
nodaemon=true  ◀──
                     컨테이너에서 포그라운드 프로세스로 실행할 예정이기 때문에
                     수퍼바이저 프로세스를 데몬으로 실행하지 않는다.
# 아파치
[program:apache2]  ◀───── 새 프로그램의 섹션 선언
command=/bin/bash -c "source /etc/apache2/envvars && exec /usr/sbin/apache2 -DFOREGROUND" ◀─

                                                         새로운 프로그램의 섹션 선언

# 톰캣
[program:tomcat]  ◀───── 새 프로그램의 섹션 선언
command=service start tomcat  ◀───── 섹션에서 선언한 프로그램을 시작하기 위한 커맨드
redirect_stderr=true
stdout_logfile=/var/log/tomcat/supervisor.log
stderr_logfile=/var/log/tomcat/supervisor.error_log          로깅과 관련된 설정
```

도커 파일을 사용하기 때문에 표준 단일 커맨드 도커 프로세스를 사용해 이미지를 빌드
한다. 해당 커맨드를 실행해 빌드를 수행한다.

```
docker build -t supervised .
```

이제 이미지를 실행할 수 있다.

컨테이너의 80 포트를 호스트의 9000 포트에 매핑하고 컨테이너에 이름을 지정한다.
이전에 빌드 커맨드로 태깅된 것처럼 실행 중인 이미지 이름을 지정한다.   수퍼바이저 프로세스를
                                                                              시작한다.
```
$ docker run -p 9000:80 --name supervised supervised  ◀─
2015-02-06 10:42:20,336 CRIT Supervisor running as root (no user in config file)  ◀─
2015-02-06 10:42:20,344 INFO RPC interface 'supervisor' initialized
2015-02-06 10:42:20,344 CRIT Server 'unix_http_server' running without any
➡ HTTP authentication checking
2015-02-06 10:42:20,344 INFO supervisord started with pid 1  ◀───── 수퍼바이저 프로세스를 시작한다.
2015-02-06 10:42:21,346 INFO spawned: 'tomcat' with pid 12      관리되는 프로세스를 시작한다.
2015-02-06 10:42:21,348 INFO spawned: 'apache2' with pid 13
2015-02-06 10:42:21,368 INFO reaped unknown pid 29
2015-02-06 10:42:21,403 INFO reaped unknown pid 30
```

```
2015-02-06 10:42:22,404 INFO success: tomcat entered RUNNING state, process
➡ has stayed up for > than 1 seconds (startsecs)
2015-02-06 10:42:22,404 INFO success: apache2 entered RUNNING state, process
➡ has stayed up for > than 1 seconds (startsecs)
```
　　　　　　　　　　　　　　　　　　수퍼바이저가 성공적으로 관리 프로세스를
　　　　　　　　　　　　　　　　　　　시작한 것으로 간주됐다.

localhost:9000에 접근하면 아파치 서버의 기본 페이지가 표시된다.

컨테이너를 정리하려면 다음 커맨드를 실행한다.

```
docker rm -f supervised
```

토론

기술은 수퍼바이저를 사용해 도커 컨테이너에서 여러 프로세스를 관리하는 한 가지 방법
을 보여준다.

수퍼바이저의 대안에 관심이 있다면 runit라는 것이 있다. runit은 기술 12에 설명된
Phusion 기본 이미지에 사용됐다.

3.2 작업을 저장하고 복원하기

어떤 사람들은 소스 제어 시스템에 커밋할 때까지 코드는 작성되지 않았다고 말한다. 항
상 컨테이너에 같은 태도를 갖는다고 큰 일이 생기지는 않는다. 스냅샷을 사용해 VM의
상태를 저장할 수도 있지만 도커는 기존 작업의 저장과 재사용을 장려하는 부분을 더욱
적극적으로 접근 방식을 사용한다.

여기서는 '작업 저장' 접근 방법, 태그 지정 방법, 도커 허브^{Docker Hub} 사용, 빌드의 특정
이미지 참조를 알아본다. 기본적인 작업들이어서 도커는 비교적 간단하고 신속하게 처리
한다. 도커 초보자에게는 여전히 혼란스러운 주제일 수 있으므로 전반적인 이해를 돕기
위한 단계를 설명한다.

모든 종류의 소프트웨어를 계속 개발해 왔기에 적어도 한번쯤은 "내 소프트웨어는 이전에 잘 동작했다고 확신한다."라고 말할 수도 있다. 냉정하게 말하면 아마도 사용했던 언어는 그만큼 다양하지 않았을 것이다. 간신히 코드를 개발해 마감 시간을 맞추거나 버그를 수정하는 것처럼 시스템을 좋은 상태(또는 더 나은 상태)로 복원할 수 없는 이유는 많이 부서진 키보드 때문이었을 것이다.

소스 제어가 여기에 크게 도움이 됐지만 특별히 발생하는 두 가지 문제가 있다.

- 소스는 '작업' 환경의 파일 시스템 상태를 반영하지 않을 수도 있다.
- 코드를 아직 커밋하고 싶지 않을 수도 있다.

첫 번째 문제는 두 번째 문제보다 더 중요하다. 깃^{git}과 같은 최신 소스 제어 툴을 사용해 잠깐 사용하고 버려도 되는 로컬 브랜치를 쉽게 생성할 수 있다. 하지만 전체 개발 파일 시스템의 상태를 캡처하는 것은 소스를 제어하려는 목적이 아니다.

도커는 소스 제어의 커밋 기능을 통해 컨테이너 개발 파일 시스템의 상태를 싸고 빠르게 저장할 수 있는 방법을 제공한다. 기술 15에서 관련 내용을 살펴본다.

문제

개발 환경의 상태를 저장하고 싶다.

해결책

컨테이너를 정기적으로 커밋해서 특정 시점의 상태를 복구할 수 있다.

1장의 to-do 애플리케이션을 변경한다고 가정하자. ToDoCorp의 CEO는 행복하지 않다. 그는 'Swarm+React - TodoMVC' 대신 'ToDoCorp의 ToDo App'을 표시하도록 브라우저 제목을 바꾸고 싶다.

변경 방법을 모르기 때문에 애플리케이션을 실행하고 파일을 변경해 어떤 일이 일어나는지 실험해 보는 것이 좋다.

```
$ docker run -d -p 8000:8000 --name todobug1 dockerinpractice/todoapp
 3c3d5d3ffd70d17e7e47e90801af7d12d6fc0b8b14a8b33131fc708423ee4372
$ docker exec -i -t todobug1 /bin/bash
```

docker run 커맨드는 컨테이너에서 수행할 to-do 애플리케이션을 백그라운드(-d)로 시작하고 호스트의 8000포트(-p 8000:8000)에 컨테이너의 8000 포트를 매핑하며 쉽게 참고하기 위한 호스트 이름으로 dobug1(--name todobug1)로 지정한다. 커맨드의 리턴 값은 컨테이너 ID다. 또한 커맨드에서 독자를 위해 개발되고 도커 허브에서 사용 가능한 dockerinpractice/todoapp 이미지를 사용했다.

두 번째 커맨드는 실행 중인 컨테이너에서 /bin/bash를 시작한다. todobug1이라는 이름을 사용하지만 컨테이너 ID를 사용할 수도 있다. -i는 exec를 대화식으로 실행하게 하고 -t는 exec가 터미널처럼 동작하게 한다.

이제 컨테이너에 들어와서 먼저 에디터editor를 설치한다. vim을 선호하므로 다음 커맨드를 사용했다.

```
apt-get update
apt-get install vim
```

> **|옮긴이의 참고|** apt-get update를 실행할 때 deb.debian.org 도메인에서 업데이트를 할 수 없다며 동작이 안 될 수 있다. 도메인이 바뀌어서 /etc/apt/sources.list를 아래와 같이 수정해야 한다.
>
> ```
> $ cat /etc/apt/sources.list
> deb http://archive.debian.org/debian/ jessie main
> deb-src http://archive.debian.org/debian/ jessie main
> deb http://security.debian.org jessie/updates main
> deb-src http://security.debian.org jessie/updates main
> ```
>
> Dockerfile에서 ubuntu14 이미지를 사용하는 경우라면 다음과 apt-get update를 호출하기 전에 다음 RUN 커맨드를 추가한다.
>
> ```
> RUN printf "deb http://archive.debian.org/debian/ jessie main\ndeb-src http://archive.
> debian.org/debian/ jessie main\ndeb http://security.debian.org jessie/updates main\
> ndeb-src http://security.debian.org jessie/updates main" > /etc/apt/sources.list
> ```

조금 노력한 끝에 변경해야 할 파일이 local.html이라는 것을 알게 됐다. 따라서 다음과 같이 5번째 라인을 변경한다.

```
<title>ToDoCorp's ToDo App</title>
```

CEO가 소문자가 더 새롭게 보인다며 제목을 소문자로 표시했으면 좋겠다는 말을 들었다. 어떤 방법으로든 준비를 해야 해서 지금의 상태로 커밋한다. 다른 터미널에서 다음 커맨드를 실행한다.

목록 3.17 컨테이너 상태를 커밋하기

```
$ docker commit todobug1  ◀──── 이전에 만든 컨테이너를 이미지로 변경한다.
ca76b45144f2cb31fda6a31e55f784c93df8c9d4c96bbeacd73cad9cd55d2970  ◀──
                                            커밋한 컨테이너의 새로운 이미지 ID
```

나중에 실행할 수 있는 이미지로 컨테이너를 커밋했다.

> |**참고**| 컨테이너를 커밋하는 것은 프로세스가 아닌 커밋 시점의 파일 시스템 상태만 저장한다. 도커 컨테이너는 VM이 아니라는 점을 기억하길 바란다. 독자의 환경 상태가 표준 파일을 통해 복구할 수 없는 실행 프로세스 상태에 의존한다면 도커는 필요에 따라 상태를 저장하지 않을 수 있다. 이때 개발 프로세스를 생성해 복구할 수 있게 한다.

다음으로 local.html을 사용할 수 있는 다른 값으로 변경한다.

```
<title>todocorp's todo app</title>
```

다시 커밋한다.

```
$ docker commit todobug1
071f6a36c23a19801285b82eafc99333c76f63ea0aa0b44902c6bae482a6e036
```

두 개의 이미지 ID(ca76b45144f2cb31fda6a31e55f784c93df8c9d4c96bbeacd73cad9cd55d2970 와 071f6a36c23a19801285b82eafc99333c76f63ea0aa0b44902c6bae482a6e036이 있지만 실제로

실행하면 다른 ID일 것이다)를 갖고 있다. CEO가 원하는 것으로 결정하기 위해 CEO 앞에서 이미지를 하나씩 올리고 어느 것을 사용할지 결정할 수 있다.

새로운 터미널을 열어 다음 커맨드를 실행한다.

```
                                      컨테이너의 포트 8000을 호스트의 포트 8001에 매핑하고
                                             처음 변경했던 이미지 ID로 변경한다.
$ docker run -p 8001:8000 \
ca76b45144f2cb31fda6a31e55f784c93df8c9d4c96bbeacd73cad9cd55d2970  ◀
$ docker run -p 8002:8000 \
071f6a36c23a19801285b82eafc99333c76f63ea0aa0b44902c6bae482a6e036  ◀
                                      컨테이너의 포트 8000을 호스트의 포트 8002에 매핑하고
                                             마지막으로 변경한 이미지 ID로 지정한다.
```

기술 15를 사용하면 http://localhost:8001에서는 대문자가 포함된 제목을 볼 수 있으며 http://localhost:8002에서는 소문자 제목을 볼 수 있을 것이다.

> |참고| 컨테이너 외부의 모든 의존성(예: 데이터베이스, 도커 볼륨, 호출한 다른 서비스)은 커밋 시 저장돼 있지 않다. 기술 15에는 외부 의존성이 없어서 걱정할 필요가 없다. 도커 커밋 기능과 개발 워크 플로우에서 사용될 수 있는 기능을 보여준다. 도커 사용자는 정형화된 커밋-태그 지정-푸시(commit-tag-push) 워크 플로우의 일부로만 도커 커밋을 사용하는 경향이 있다. 그러나 다른 용도로 도커 커밋을 사용할 수 있음을 기억하자.

기술 15는 애플리케이션을 설정하기 위해 다루기 힘든 여러 커맨드를 사용하려 할 때 유용하다. 컨테이너를 커밋할 때 성공하면 배시bash 세션 기록도 저장된다. 즉 시스템 상태를 되찾을 수 있는 일련의 단계를 사용할 수 있다. 이 방식은 많은 시간을 절약할 수 있다. 또한 새로운 기능을 실험하거나 작업이 완료됐는지 확실치 않을 때, 버그를 다시 생성했거나 깨진 상태로 가능한 한 돌아갈 수 있는지 원할 때 유용하다.

임의의 긴 문자열에 이미지를 참조하는 더 좋은 방법이 있는지 궁금할 것이다. 기술 16에서는 컨테이너를 이름으로 쉽게 참조할 수 있는 방법을 설명한다.

도커 태그 지정하기

커밋한 컨테이너의 상태를 저장했고 이미지 ID로 임의의 문자열을 사용할 수 있다. 엄청 긴 이미지 ID를 기억하고 관리하기는 분명 어렵다. 도커의 태그 지정 기능을 사용할 때 이미지를 읽을 수 있는 이름(태그)을 지정하고 이미지를 왜 생성했는지 상기하면 도움이 될 것이다.

기술 16을 제대로 이해하면 이미지를 한 눈에 무엇인지 알 수 있어 머신에서 이미지 관리를 훨씬 쉽게 할 수 있다.

문제

도커 커밋을 편리하게 참조하고 저장하고 싶다.

해결책

docker tag 커맨드를 사용해 커밋의 이름을 지정한다.

기본적인 형태로 도커 이미지에 태그 지정 방법은 간단하다.

목록 3.19 단순한 도커 태그 커맨드

```
$ docker tag \  ◀────── docker tag 커맨드              이름을 설정하고 싶은 이미지 ID
071f6a36c23a19801285b82eafc99333c76f63ea0aa0b44902c6bae482a6e036 \  ◀──
imagename  ◀────── 설정할 이미지 이름(imagename)
```

이미지를 다음과 같이 참조할 수 있는 이름이 생긴다.

docker run imagename

이미지 ID가 문자열과 숫자로 이루어진 임의의 문자열을 기억하는 것보다 훨씬 쉽다

다른 사람들과 이미지를 공유하고 싶다면 태그 지정을 더 많이 추가하면 된다. 태그 지정과 관련된 용어는 다소 혼란스러울 수 있다. 이미지 이름, 저장소와 같은 용어는 서로 바꾸어 사용된다. 표 3.1에 일부 용어를 정의한다.

▼ **표 3.1** 도커 태그 지정 용어

용어	의미
이미지	읽기 전용 계층
이름	이미지의 이름(예: todoapp)
태그 지정(tagging) 태그(tag)	태그 지정으로 사용될 때는 이미지에 이름을 부여하는 것을 의미하지만 태그로 사용될 때는 이미지 이름을 지정하는 수식자다.
저장소	컨테이너의 파일 시스템과 함께 생성한 태그 지정된 이미지의 모음이다.

표 3.1에서 가장 혼란스러운 용어는 '이미지'와 '저장소'일 것이다. '이미지'는 특정 컨테이너를 생성하는 계층 모음을 의미하기 위해 느슨하게 사용된다. 그러나 기술적으로 단일 이미지는 부모 계층를 재귀적으로 참조하는 단일 계층이다. 저장소가 호스팅된다는 것은 저장소가 도커 데몬이나 레지스트리에 저장됨을 의미한다. 게다가 단일 저장소는 컨테이너의 파일 시스템을 생성하는 태그를 지정한 이미지의 집합이다.

깃과 비유하면 도움이 될 것이다. 깃 저장소를 복제할 때 요청한 시점에 파일의 상태를 체크 아웃check out한다. 이 부분은 이미지와 유사하다. 저장소는 모든 커밋에서 파일의 전체 히스토리이며 초기 커밋으로 돌아갈 수 있다. 따라서 저장소의 처음 '계층'을 체크 아웃할 수 있다. 다른 '계층'(또는 커밋)은 모두 사용자가 복제한 저장소에 있다.

실제로 '이미지'와 '저장소'라는 용어는 대체로 상호 교환적으로 사용되므로 너무 걱정할 필요는 없다. 그러나 두 용어의 의미는 존재하며 비슷하게 사용된다는 점은 유의하자.

지금까지 이미지 ID에 이름으로 지정하는 방법을 살펴봤다. 혼란스럽겠지만 이름은 이미지의 '태그tag'가 아니다. 사람들이 종종 이름을 이미지의 '태그'라고 부른다. 이 책에서 '태그 지정'이라는 단어와 이미지 이름에 지정할 수 있는 '태그'를 구별한다. 태그를 사용하면 특정 버전의 이미지 이름을 지정할 수 있다. 같은 이미지의 여러 버전의 참조를 관리하기 위해 태그를 추가할 수 있다. 예를 들어 이미지에 버전 이름이나 커밋 날짜로 태그를 지정할 수 있다.

다중 태그를 포함하는 저장소의 좋은 예는 우분투 이미지다. 우분투 이미지를 가져온 다음 도커 이미지를 실행하면 목록 3.20과 비슷한 출력이 표시된다.

목록 3.20 여러 태그가 포함된 이미지

```
$ docker images
REPOSITORY        TAG        IMAGE ID        CREATED        VIRTUAL SIZE
ubuntu            trusty     8eaa4ff06b53    4 weeks ago    192.7 MB
ubuntu            14.04      8eaa4ff06b53    4 weeks ago    192.7 MB
ubuntu            14.04.1    8eaa4ff06b53    4 weeks ago    192.7 MB
ubuntu            latest     8eaa4ff06b53    4 weeks ago    192.7 MB
```

REPOSITORY 열에 'ubuntu'라 하는 호스팅된 계층 모음이 나열되는데, 이를 이미지라고 할 수 있다. 여기에 있는 TAG 열에 4개의 다른 이름(trusty, 14.04, 14.04.1, latest)이 나열돼 있다. Image ID 열에 같은 이미지 ID가 나열돼 있는데 태그 지정된 다른 이미지는 같기 때문이다.

목록 3.20은 같은 이미지 ID의 여러 태그를 포함하는 저장소를 가질 수 있음을 보여준다. 그러나 이론적으로 태그는 나중에 다른 이미지 ID를 가리킬 수 있다. 예를 들어 'trusty' 이미지에서 보안 업데이트를 진행했다면 소유자^{maintainer}는 이미지 ID를 새로운 커밋으로 변경하고 'trusty', '14.04.2', 'latest'태그를 지정할 수 있다.

태그를 지정하지 않으면 이미지의 태그 기본값은 'latest'이다.

> **|참고|** 'latest' 태그는 도커에서 특별한 의미가 없으며 태그 지정과 가져오기(pull)의 기본값이다. 'latest' 태그는 이미지에서 마지막으로 설정된 태그를 반드시 뜻하지 않는다. 이미지의 'latest' 태그는 오래된 버전을 의미할 수도 있지만 나중의 빌드 버전이 'v1.2.3'과 같은 특정 태그로 태그 지정될 수 있다.

토론

도커 이미지의 태그 지정을 살펴봤다. 태그 지정만 보면 비교적 간단하다. 진정한 도전과제는 도커 사용자 사이에서 느슨하게 사용하는 용어를 탐색하는 것이다. 사람들이 이미지를 이야기할 때 태그가 있는 이미지나 저장소를 참조할 수 있다는 점을 다시 강조할 필요가 있다. 특히 일반적인 실수는 이미지를 컨테이너로 얘기하는 것이다. 예를 들면 "그냥 컨테이너를 다운로드해서 실행하자."라고 말한다. 도커를 잠시 사용해 온 직장 동료들은 "컨테이너와 이미지의 차이점은 뭐죠?"라고 자주 물을 수 있다.

기술 17에서 도커 이미지 허브를 사용해 태그 지정된 이미지를 다른 사람들과 공유하는 방법을 설명한다.

기술 17 ▶ 도커 허브에서 이미지 공유하기

다른 사람들과 공유할 수 있다면 이미지의 이름을 설명하는 내용으로 태그 지정하면 매우 도움이 된다. 요구를 충족시키려면 도커는 이미지를 다른 장소로 쉽게 옮길 수 있는 기능을 제공해야 하는데, 도커사는 도커 허브$^{Docker\ Hub}$를 무료 공유 서비스로 생성하고 공유를 독려하고 있다.

> |참고| 기술 17을 따라 하려면 호스트 머신에서 docker login을 실행해 이전에 로그인한 도커 허브 계정이 있어야 한다. 계정을 설정하지 않았다면 http://hub.docker.com에서 설정할 수 있는데 사이트에서 지시에 따라 계정을 등록할 수 있다.

문제

도커 이미지를 공개적으로 공유하고 싶다.

해결책

이미지를 공유하기 위해 도커 허브 레지스트리를 사용한다.

태그 지정과 마찬가지로 레지스트리 주변 용어는 혼란스러울 수 있다. 표 3.2를 참고해 레지스트리 관련 용어의 사용 방법을 이해해보자.

▼ 표 3.2 도커 레지스트리 용어

용어	의미
사용자 이름	도커 레지스트리 사용자 이름
레지스트리	레지스트리는 이미지를 갖고 있다. 레지스트리는 이미지를 업로드하거나 다운로드할 수 있는 저장소다. 레지스트리는 공개나 사설일 수 있다.
레지스트리 호스트	도커 레지스트리가 실행 중인 호스트
도커 허브	기본 공개 레지스트리 호스트로서 hub.docker.com이다.
인덱스	레지스트리 호스트와 같은 용어로 앞으로 사용되지 않을 용어다.

살펴본 대로 원하는 만큼 이미지에 태그 지정할 수 있다. 태그 지정은 이미지를 '복사'해 이미지를 제어하는 데 유용하다.

도커 허브의 사용자 이름이 'adev'라고 가정하자. 다음 세 커맨드는 도커 허브의 debian: wheezy 이미지를 자신의 계정에 복사하는 방법을 보여준다.

목록 3.21 공개 이미지를 복사하고 도커 허브의 adev 계정으로 푸시하기

```
docker pull debian:wheezy  ◀──── 도커 허브에서 데비안 이미지를 가져온다.
docker tag debian:wheezy adev/debian:mywheezy1
docker push adev/debian:mywheezy1  ◀──── 새로 생성된 태그를 푸시한다.
```
사용자 이름(adev)과 태그(mywheezy1)로 wheezy 이미지로 태그 지정한다.

다운로드한 데비안 wheezy 이미지의 참조를 사용해 유지, 참조, 빌드할 수 있다.

푸시할 사설 저장소가 있다면 프로세스는 태그 앞에 레지스트리의 주소를 지정해야 한다는 점을 제외하고는 같다. http://mycorp.private.dockerregistry에서 제공되는 사설 저장소가 있다고 가정하자. 다음 목록은 이미지에 태그 지정하고 푸시한다.

목록 3.22 공개 이미지를 복사하고 adev의 사설 레지스트리로 푸시하기

```
docker pull debian  ◀──── 도커 허브에서 데비안 이미지를 가져온다.
docker tag debian:wheezy \
mycorp.private.dockerregistry/adev/debian:mywheezy1  ◀──
docker push mycorp.private.dockerregistry/adev/debian:mywheezy1  ◀──
```
레지스트리(mycorp.private.dockerregistry), 사용자 이름(adev), 태그 (mywheezy1) 정보를 사용해 wheezy 이미지를 태그 지정한다.

태그 지정과 푸시를 수행할 때 사설 레지스트리 서버의 주소가 필요하고 도커가 제대로 푸시됐는지 확인할 수 있음을 유의해야 한다.

이전 커맨드는 공개 도커 허브에 이미지를 푸시하지 않지만 사설 저장소에 푸시할 것이다. 따라서 도커 서비스 자원에 접근할 수 있는 모든 사람은 도커 이미지를 가져올 수 있다.

토론

이제 이미지를 다른 사람들과 공유할 수 있다. 다른 엔지니어가 직면한 업무, 아이디어, 문제를 공유할 수 있는 좋은 방법이다.

깃허브만이 유일한 공개 깃 서버가 아닌 것처럼 도커 허브는 공개적으로 사용 가능한 유일한 공개 도커 레지스트리가 아니다. 그러나 깃허브처럼 가장 인기가 좋다. 예를 들어 레드햇^{Redhat}에는 http://access.redhat.com/containers라는 허브가 있다.

다시 말해 깃 서버처럼 공개 및 사설 도커 레지스트리는 여러 기능과 한 가지 이상의 좋은 특징을 갖고 있다. 도커 레지스트리를 공개 또는 사설로 정해야 한다면 비용(구매, 가입, 유지 보수), API 준수, 보안 기능, 성능 등을 고려해야 한다.

기술 18에서는 특정 이미지를 참조하는 방법을 살펴본다. 사용 중인 이미지 참조가 불특정일 때 나타나는 문제를 피할 수 있다.

기술 18 ▶ 빌드의 특정 이미지를 참조하기

대부분 '노드'나 '우분투'처럼 빌드의 일반 이미지 이름을 문제 없이 참조할 수 있다.

이미지 이름을 참조하면 태그 이름은 동일하게 유지되더라도 이미지가 변경될 수 있는데 다소 역설적이다. 그러나 저장소 이름은 참고일 뿐이며 다른 기본 이미지를 가리키도록 변경될 수 있다. 보안 업데이트는 같은 태그를 사용해 취약한 이미지를 자동으로 다시 빌드할 수 있어 콜론 표기법(예: ubuntu:trusty)으로 태그를 지정해도 위험이 사라지지 않는다.

대부분 이미지 소유자들은 이미지 개선점을 찾을 수 있고 보안 취약점을 패치하는 작업은 일반적으로 좋은 방법이라 생각해, 가끔 문제가 발생할 수 있다. 단순히 이론적인 위험만은 아니다. 즉 이런 상황은 자주 발생했고 어려워진 디버깅으로 인해 지속적 배포 빌드가 중단된다. 도커 초기에는 가장 인기 있는 이미지에 정기적으로 패키지가 추가되거나 삭제됐다(한 번은 passwd 커맨드가 사라진 적이 있었다). 그리고 갑자기 이전에 동작했던 빌드가 실패한 적이 있다.

문제

빌드가 변경되지 않은 특정 이미지에서 기반인지 확인하고 싶다.

해결책

주어진 파일들로 빌드하는지 확실히 확인하려면 도커 파일에 특정 이미지 ID를 지정한다.

예를 들면 다음과 같다(어떤 경우에는 작동이 안 될 수 있다).

목록 3.23 특정 이미지 ID를 가진 도커 파일

```
FROM 8eaa4ff06b53 ◄─── 특정 이미지 ID에서 빌드한다.
RUN echo "Built from image id:" > /etc/buildinfo         이미지 내부에서 /etc/buildinfo 파일에
RUN echo "8eaa4ff06b53" >> /etc/buildinfo                데이터를 추가하는 여러 커맨드를 실행해
RUN echo "an ubuntu 14.4.01 image" >> /etc/buildinfo     새로운 이미지를 생성한다.
CMD ["echo","/etc/buildinfo"] ◄─── 도커가 실행할 때 빌드된 이미지에서
                                   /etc/buildinfo 파일에 저장된 정보를 출력한다.
```

이와 같이 특정 이미지(또는 계층) ID에서 빌드하려면 이미지 ID와 이미지의 데이터가 도커 데몬의 로컬에 저장돼야 한다. 도커 레지스트리는 도커 허브에서 사용할 수 있는 이미지 계층이나 따로 설정한 다른 레지스트리에서 이미지 ID를 찾기 위해 어떤 종류의 조회도 수행하지 않는다.

참조하는 이미지에 태그 지정이 추가될 필요가 없다. 로컬에 있는 이미지의 계층일 수 있다. 원하는 모든 계층에서 빌드를 시작할 수 있다. 따라서 도커 파일의 빌드를 분석하고 싶을 때 유용하다.

이미지를 원격으로 저장하려면 원격 레지스트리에서 사용자가 제어할 수 있는 저장소에 이미지를 태그 지정하고 푸시하는 것이 가장 좋다.

> **|경고|** 이전에 잘 작동하던 도커 이미지가 갑자기 작동하지 않을 때 정반대의 문제가 발생할 수 있다는 점을 상기해야 한다. 보통은 네트워크에서 뭔가가 바뀌었기 때문이다.
>
> 한 가지 기억에 남는 일은, 빌드가 어느 날 아침에 apt-get update 커맨드가 실행되지 않았다. 친한 시스템 관리자가 만들던 우분투의 특정 버전이 더 이상 지원되지 않는다는 것을 알기 전까지는 로컬 deb 캐시에 문제가 있다고 가정하고 성공하지 않고 디버깅을 시도했다. 즉 apt-get update 커맨드에 관한 네트워크 호출이 HTTP 에러를 리턴하고 있음을 의미한다.

토론

이론적으로 들릴지 모르겠지만 빌드하거나 실행하고 싶은 이미지의 구체적인 장점과 단점을 이해해야만 한다.

도커 이미지가 어떤 것인지, 어떤 도커 이미지를 다운로드했는지 명확히 모를 수 있어서 세심하게 작업한다면 작업 결과를 잘 예측할 수 있고 디버깅할 수 있다. 단점은 도커 이미지가 최신 정보가 아닐 수 있고 중요한 업데이트를 놓칠 수 있다는 점이다. 선호하는 도커 이미지의 상태는 특정 사용 사례와 도커 환경의 우선 순위에 따라 달라질 것이다.

3.3절에서는 지금까지 살펴본 내용을 적용해 실용적인 시나리오(2048 게임 이기기)에 적용할 것이다.

3.3 프로세스로서의 환경

도커를 보는 한 가지 방법은 환경을 프로세스로 관점을 바꾸는 것이다. VM은 같은 방식으로 처리될 수 있지만 도커는 훨씬 편리하고 효율적이다.

이를 설명하기 위해 컨테이너 상태를 신속하게 스핀-업, 저장, 재생성을 통해 다른 방법으로는 거의 불가능한 작업을 수행할 수 있는 방법을 보여줄 것이다. '2048 게임 이기기'를 예시로 설명한다.

기술 19   '게임 저장' 방식-2048 게임 이기기

도커가 쉽게 상태를 되돌릴 수 있는 방법을 보여 주는 등 약간의 안도감을 주기 위한 기술이다.

2048 게임은 보드에 번호를 매기는 중독성 있는 게임이다. 먼저 2048 게임을 자세히 알고 싶다면 http://gabrielecirulli.github.io/2048에 접속해 확인해 본다.

문제

필요에 의해 알려진 상태로 되돌리려면 컨테이너 상태를 정기적으로 저장하고 싶다.

해결책

2048 안에 살아 남을지 확신할 수 없을 때마다 docker commit을 사용해 '게임을 저장'할 것이다.

문제를 해결하려면 2048 안에 살아 남을지 확신할 수 없을 때마다 docker commit을 사용해 '게임을 저장'할 것이다.

VNC 서버와 파이어폭스를 포함된 도커 컨테이너에서 2048 게임을 진행할 수 있는 모놀리식 이미지를 생성했다.

도커 이미지를 사용하려면 VNC 클라이언트를 설치해야 한다. 인기 있는 구현에는 TigerVNC와 VNC 뷰어를 포함한다. VNC 클라이언트를 갖고 있지 않다면 호스트의 패키지 관리자에서 'vnc client'를 빠르게 검색하면 유용한 결과를 얻을 수 있다.

도커 컨테이너를 시작하려면 다음 커맨드를 실행한다.

목록 3.24 2048 컨테이너 시작하기

                                    imiell/win2048 이미지를 데몬으로 실행한다.

```
$ docker run -d -p 5901:5901 -p 6080:6080 --name win2048 \ imiell/win2048 ◀┘
$ vncviewer localhost:1 ◀──── 컨테이너의 GUI에 접근하기 위해 VNC를 사용한다.
```

먼저 준비한 imiell/win2048 이미지로부터 컨테이너를 실행한다. 백그라운드에서 컨테이너를 시작하고 호스트에서 두 포트(5901와 6080)를 열도록 지정한다. 두 포트는 컨테이너 내부에서 자동으로 시작되는 VNC 서버에서 사용된다. 나중에 쉽게 사용할 수 있도록 컨테이너에 이름(win2048)을 지정한다.

이제 VNC 뷰어를 실행할 수 있고(설치한 내용에 따라 실행 파일이 다를 수 있다) 로컬 머신에 연결한다. 컨테이너에서 적절한 포트를 노출했기에 로컬 호스트에 연결하면 실제로 컨테이너에 연결된다. 호스트에 표준 데스크톱 외에 X 디스플레이가 없으면 localhost 뒤에 :1을 붙이는 것이 적절하다. 이때 다른 번호를 선택하고 수동으로 VNC 포트를 5901를 지정하고 싶다면 VNC 뷰어 설명서를 참조한다.

> |옮긴이의 참고| 윈도우, 맥OS에서 컨테이너에 접근하려면 https://www.realvnc.com/en/connect/download/viewer/macos/에서 윈도우, 맥 OS용 VNC 클라이언트를 설치하고 클라이언트를 실행한다. VNC 클라이언트를 실행하고 localhost:5901에 접근한다.

VNC 서버에 연결하면 암호를 묻는 메시지가 나타난다. 도커 이미지의 VNC 암호는 'vncpass'이다. 그러면 파이어폭스 탭과 2048 테이블이 미리 로드된 윈도우가 나타난다. 윈도우를 클릭해 포커스를 줘 게임을 저장할 때까지 게임한다.

게임을 저장하려면 컨테이너를 커밋한 후에 태그를 지정한다.

목록 3.25 게임 상태를 커밋하고 태그 지정하기

```
$ docker commit win2048  ◀──── win2048 컨테이너를 커밋한다.
4ba15c8d337a0a4648884c691919b29891cbbe26cb709c0fde74db832a942083  ◀──── 커밋을 참조하는 태그
$ docker tag 4ba15c8d337 my2048tag:$(date +%s)  ◀──── 현재 시간을 정수로 갖는 커밋을 태그 지정한다.
```

win2048 컨테이너를 커밋해 이미지 ID를 생성했다. 해당 도커 이미지를 여러 개로 생성할 수 있으므로 고유한 이름을 지정하고 싶을 것이다. 이미지 이름의 일부로 date +%s 출력을 사용할 수 있다. 출력은 1970년 첫 날부터 계산된 초이며 고유한 값을 제공하면서 항상 증가하는 값이다(목적에 맞다). $(커맨드) 문법은 그 위치에서 커맨드의 출력을 대체한다. 원하면 date +%s을 수동으로 실행하고 그 결과를 이미지 이름의 일부로 붙일 수 있다.

게임에서 질 때까지 계속 게임할 수 있다. 이제 마법을 사용한다. 다음 커맨드를 사용하여 이전의 저장 상태로 돌아갈 수 있다.

```
$ docker rm -f win2048
$ docker run -d -p 5901:5901 -p 6080:6080 --name win2048 my2048tag:$mytag
```

`$mytag`는 도커 이미지 커맨드에서 선택한 태그다. 2048 게임을 완료할 때까지 `tag`, `rm`, `run`을 반복한다.

토론

기술이 재미있으면 좋겠다. 예시는 실제보다 재미있지만 환경이 복잡하고 작업이 다소 분석적이고 까다롭다면 기술 19는 더 효과적이다.

요약

- '정상적인' 호스트처럼 보이는 도커 컨테이너를 생성할 수 있다. 나쁜 관행이지만 비즈니스에 도움이 되거나 특정 사용 사례에 적합할 수 있다.
- 도커를 처음 시작할 때 VM을 도커 이미지로 변환하는 것이 상대적으로 쉽다.
- 이전 VM과 비슷한 작업을 모방하기 위해 컨테이너에서 서비스를 모니터링할 수 있다.
- 도커 커밋은 작업 중간에 작업을 저장할 수 있는 올바른 방법이다.
- 도커 이미지의 빌드 ID를 사용해 빌드할 특정 도커 이미지를 지정할 수 있다.
- 도커 허브에서 무료로 이미지 이름을 지정하고 공유할 수 있다.
- 도커의 커밋 기능을 사용하면 2048과 같은 게임에서 이길 수 있다.

4

이미지 빌드하기

4장에서 다루는 내용

- 이미지 생성 기본 내용
- 빠르고 안정적인 빌드를 수행할 수 있도록 도커 빌드 캐싱을 제어하기
- 이미지 빌드의 일부로 타임존 설정하기
- 호스트의 컨테이너에서 직접 커맨드를 실행하기
- 이미지 빌드에서 생성된 계층을 분석하기
- 이미지를 빌드하고 사용할 때 고급 ONBUILD 기능을 사용하기

도커 사용과 관련된 기본 내용을 넘어서려면 즐거운 마음으로 다 함께 사용할 수 있는 자체 빌드 도커 이미지를 생성하고 싶을 것이다. 4장에서는 이미지 생성에서 중요한 부분과 실수할 수 있는 실제 내용을 살펴볼 것이다.

4.1 이미지 빌드

도커 파일의 단순성이 시간을 매우 절약하더라도 혼동을 일으킬 수 있는 미묘한 점이 있다. ADD 커맨드부터 시작해 시간을 절약하는 기능을 자세히 살펴볼 것이다. 도커 빌드 캐싱, 도커 빌드 캐싱을 사용하는 부분, 도커 빌드 캐싱을 제어하는 방법도 알아본다.

전체 도커 파일 커맨드를 자세히 알고 싶다면 공식 도커 설명서(https://docs.docker.com)를 참조한다.

기술 20 ▶ ADD를 사용해 이미지에 파일을 추가하기

RUN 커맨드와 기본 셸, 기본 커맨드를 사용해 도커 파일에 파일을 추가할 수 있지만 빠르게 관리가 안 될 수 있다. 많은 파일을 번거롭지 않게 이미지에 저장해야 하는 필요성을 해결하기 위해 ADD 커맨드는 도커 파일 커맨드 목록에 추가한다.

문제

이미지에 TAR 파일을 다운로드해 간결하게 해당 파일을 풀고 싶다.

해결책

여러 파일을 TAR로 사용해 압축하고 도커 파일에서 ADD 커맨드를 사용한다.

mkdir add_example && cd add_example을 사용해 새로운 도커 빌드 환경을 생성한다. 그다음 TAR을 실행해 참조할 수 있는 이름을 지정한다.

목록 4.1 TAR 파일 다운로드하기

```
$ curl \
https://www.flamingspork.com/projects/libeatmydata/
➥ libeatmydata-105.tar.gz > my.tar.gz
```

다른 기술의 TAR 파일을 사용했지만 TAR 파일이 선호하는 파일일 수 있다.

목록 4.2 이미지에 TAR 파일 추가하기

```
FROM debian
RUN mkdir -p /opt/libeatmydata
ADD my.tar.gz /opt/libeatmydata/
RUN ls -lRt /opt/libeatmydata
```

docker build --no-cache .를 실행해 도커 파일을 빌드하면 출력은 다음과 같을 것이다.

```
$ docker build --no-cache .
Sending build context to Docker daemon 422.9 kB
Sending build context to Docker daemon
Step 0 : FROM debian
 ---> c90d655b99b2
Step 1 : RUN mkdir -p /opt/libeatmydata
 ---> Running in fe04bac7df74
 ---> c0ab8c88bb46
Removing intermediate container fe04bac7df74
Step 2 : ADD my.tar.gz /opt/libeatmydata/
 ---> 06dcd7a88eb7
Removing intermediate container 3f093a1f9e33
Step 3 : RUN ls -lRt /opt/libeatmydata
 ---> Running in e3283848ad65
/opt/libeatmydata:
total 4
drwxr-xr-x 7 1000 1000 4096 Oct 29 23:02 libeatmydata-105

/opt/libeatmydata/libeatmydata-105:
total 880
drwxr-xr-x 2 1000 1000    4096 Oct 29 23:02 config
drwxr-xr-x 3 1000 1000    4096 Oct 29 23:02 debian
drwxr-xr-x 2 1000 1000    4096 Oct 29 23:02 docs
drwxr-xr-x 3 1000 1000    4096 Oct 29 23:02 libeatmydata
drwxr-xr-x 2 1000 1000    4096 Oct 29 23:02 m4
-rw-r--r-- 1 1000 1000    9803 Oct 29 23:01 config.h.in
[...편집됨...]
-rw-r--r-- 1 1000 1000    1824 Jun 18  2012 pandora_have_better_malloc.m4
-rw-r--r-- 1 1000 1000     742 Jun 18  2012 pandora_header_assert.m4
-rw-r--r-- 1 1000 1000     431 Jun 18  2012 pandora_version.m4
 ---> 2ee9b4c8059f
Removing intermediate container e3283848ad65
Successfully built 2ee9b4c8059f
```

출력을 살펴보면 도커 데몬에 의해 TAR가 대상 디렉토리에 풀렸음을 알 수 있다(모든 파일의 확장된 출력이 편집됐다). 도커는 대부분의 표준 타입(.gz, .bz2, .xz, .tar)의 TAR 파일을 푼 것이다.

URL에서 TAR를 다운로드할 수는 있지만 로컬 파일 시스템에만 저장한다면 자동으로 파일을 푼다는 것을 잘 관찰해야 한다. 혼란을 초래할 수 있다.

다음 도커 파일로 이전 과정을 반복하면 TAR 파일을 다운로드하지만 TAR 파일이 풀리지 않는 부분을 알게 될 것이다.

목록 4.4 URL에서 TAR 파일을 직접 추가하기

```
FROM debian
RUN mkdir -p /opt/libeatmydata
ADD \  ◀──── URL을 사용해 인터넷에서 파일을 검색한다.
  https://www.flamingspork.com/projects/libeatmydata/libeatmydata-105.tar.gz \
  /opt/libeatmydata/  ◀────────────── 대상 디렉토리는 디렉토리 이름과 후행 슬래시로 표시된다. 후행 슬래시가
  RUN ls -lRt /opt/libeatmydata        없으면 다운로드한 파일의 파일 이름이 매개변수 이름의 파일로 처리된다.
```

다음은 도커를 빌드한 결과다.

```
Sending build context to Docker daemon 422.9 kB
Sending build context to Docker daemon
Step 0 : FROM debian
 ---> c90d655b99b2
Step 1 : RUN mkdir -p /opt/libeatmydata
 ---> Running in 6ac454c52962
 ---> bdd948e413c1
Removing intermediate container 6ac454c52962
Step 2 : ADD \
https://www.flamingspork.com/projects/libeatmydata/libeatmydata-105.tar.gz
 /opt/libeatmydata/
Downloading [=================================================>] \
419.4 kB/419.4 kB
 ---> 9d8758e90b64
Removing intermediate container 02545663f13f
Step 3 : RUN ls -lRt /opt/libeatmydata
 ---> Running in a947eaa04b8e
/opt/libeatmydata:
total 412
-rw------- 1 root root 419427 Jan  1  1970 \
libeatmydata-105.tar.gz  ◀──── libbeatmydata-105.tar.gz 파일을 다운로드하고 압축을
 ---> f18886c2418a            풀지 않은 채로 /opt/libeatmydata 디렉토리에 저장됐다.
```

```
Removing intermediate container a947eaa04b8e
Successfully built f18886c2418a
```

이전 도커 파일의 ADD 라인에 후행 슬래시가 없으면 매개변수 파일 이름으로 다운로드하고 저장된다는 점에 주의해야 한다. 후행 슬래시가 존재한다는 것은 파일을 다운로드하고 지정된 디렉토리에 배치해야 함을 의미한다.

새로운 모든 파일과 디렉토리는 루트[root](또는 컨테이너에서 그룹ID나 사용자 ID가 0인 사용자)의 소유다.

파일 이름의 공백

파일 이름에 공백이 있으면 ADD(또는 COPY) 커맨드에 쌍따옴표를 사용해야 한다.

```
ADD "space file.txt" "/tmp/space file.txt"
```

토론

ADD 도커 파일 커맨드는 매우 유용하며 활용할 수 있는 기능이 다양하다. 여러 도커 파일을 작성(이 책을 공부하면서 두 도커 파일을 작성한다)하려면 도커 파일의 공식 커맨드 문서를 읽어 보길 권한다. 이 책에는 도커 파일 커맨드를 일부만 자주 사용한다(이 책은 https://docs.docker.com/engine/reference/builder에서 18개의 커맨드를 설명한다).

사람들은 압축된 파일을 풀지 않은 채 압축 파일에 추가할 수 있는 방식을 묻는다. ADD 커맨드와 똑같이 생겼지만 어떠한 압축 파일도 풀지 말고 인터넷으로 다운로드되지 않는 COPY 커맨드를 사용하라고 조언한다.

기술 21 캐싱 없이 다시 빌드하기

도커 파일을 빌드할 때 캐싱 기능을 활용할 수 있다. 이미 빌드된 단계는 커맨드가 변경된 경우에만 다시 빌드된다. 목록 4.5는 1장의 to-do 애플리케이션을 다시 빌드한 결과를 보여준다.

```
$ docker build .
Sending build context to Docker daemon  2.56 kB
Sending build context to Docker daemon
Step 0 : FROM node
 ---> 91cbcf796c2c
Step 1 : MAINTAINER ian.miell@gmail.com
 ---> Using cache  ◀──── 캐싱을 사용하고 있음을 나타낸다.
  ---> 8f5a8a3d9240  ◀──── 캐싱된 이미지/계층 ID 지정한다.
 Step 2 : RUN git clone -q https://github.com/docker-in-practice/todo.git
 ---> Using cache
 ---> 48db97331aa2
Step 3 : WORKDIR todo
 ---> Using cache
 ---> c5c85db751d6
Step 4 : RUN npm install > /dev/null
 ---> Using cache
 ---> be943c45c55b
Step 5 : EXPOSE 8000
 ---> Using cache
 ---> 805b18d28a65
Step 6 : CMD npm start
 ---> Using cache
 ---> 19525d4ec794
Successfully built 19525d4ec794  ◀──── 최종 이미지는 '재빌드된 이미지'나 실제로 변한 것은 하나도 없다.
```

캐싱은 유용하고 시간을 절약하지만 항상 원하는 작업은 아니다.

가령 이전 도커 파일의 소스 코드를 변경해 깃 저장소로 푸시했다고 가정한다. git clone
커맨드는 변경되지 않았기 때문에 새로운 코드를 체크아웃하지 않을 것이다. 도커 빌드
관점에서 보면 기존과 같으므로 캐싱된 이미지는 재사용된다.

이 상황에서 캐싱을 사용하지 않고 이미지를 다시 빌드하려고 한다.

문제

캐싱을 사용하지 않고 도커 파일을 다시 빌드하고 싶다.

해결책

도커 이미지 캐싱을 사용하지 않고 다시 빌드하려면 docker build 커맨드에 --no-cache 플래그를 추가한다. 목록 4.6에서 이전 빌드 커맨드에 --no-cache를 실행한다.

목록 4.6 캐싱을 사용하지 않은 채 다시 빌드하도록 강제 실행하기

```
$ docker build --no-cache . ◄───┐  ─-no-cache 플래그를 사용해 캐싱된 계층을
                                 │  무시하고 도커 이미지를 다시 빌드한다.
 Sending build context to Docker daemon   2.56 kB
Sending build context to Docker daemon
Step 0 : FROM node
 ---> 91cbcf796c2c
Step 1 : MAINTAINER ian.miell@gmail.com
 ---> Running in ca243b77f6a1  ◄─── 이번에는 캐싱한다는 내용이 없다.
  ---> 602f1294d7f1  ◄─── 도커 이미지가 다시 빌드될 때에 이전 리스트와 다른 ID를 갖고 있다.
 Removing intermediate container ca243b77f6a1
Step 2 : RUN git clone -q https://github.com/docker-in-practice/todo.git
 ---> Running in f2c0ac021247
 ---> 04ee24faaf18
Removing intermediate container f2c0ac021247
Step 3 : WORKDIR todo
 ---> Running in c2d9cd32c182
 ---> 4e0029de9074
Removing intermediate container c2d9cd32c182
Step 4 : RUN npm install > /dev/null
 ---> Running in 79122dbf9e52
npm WARN package.json todomvc-swarm@0.0.1 No repository field.
 ---> 9b6531f2036a
Removing intermediate container 79122dbf9e52
Step 5 : EXPOSE 8000
 ---> Running in d1d58e1c4b15
 ---> f7c1b9151108
Removing intermediate container d1d58e1c4b15
Step 6 : CMD npm start
 ---> Running in 697713ebb185
 ---> 74f9ad384859
Removing intermediate container 697713ebb185
Successfully built 74f9ad384859  ◄─── 새로운 도커 이미지가 생성된다.
```

목록 4.6 출력을 보면 캐싱을 언급하지 않으며 각 계층 ID는 목록 4.5의 출력과 다르다.

비슷한 문제들이 여러 상황에서 발생할 수 있다. 처음에 도커 파일을 사용하다가 잠깐의 네트워크 순단 현상으로 특정 커맨드가 네트워크에서 뭔가를 제대로 검색하지 못했는데 커맨드에서는 에러가 발생하지 않아 당황했다. 계속 docker build 커맨드를 실행했지만 네트워크 순단 현상으로 발생한 버그는 사라지지 않았다. '나쁜' 이미지가 캐싱을 통해 생성된 것을 발견했다. 도커 캐싱의 동작 방식을 이해하지 못했기 때문이다. 결국 도커 캐싱의 동작 방식을 알아냈다.

토론

캐싱 삭제는 최종 도커 파일을 얻게 될 때 처음부터 끝까지 동작하는지 확인할 수 있는 유용한 무결성 검사다. 특히 도커 파일을 반복하는 동안 바뀔 수 있는 회사 내부 웹 리소스를 사용할 때 매우 유용하다. 도커 파일에서 ADD를 사용한다면 도커는 파일이 변경됐는지 확인하기 위해 매번 해당 파일을 다운로드하므로 변경이 발생하지 않는다. 하지만 도커가 그대로 유지될 것이라고 확신하고 나머지 도커 파일을 작성하려고 하면 캐싱 삭제는 지루한 작업이 된다.

기술 22 ▶ 캐싱 정리하기

--no-cache 플래그를 사용하면 캐싱 관련 문제를 해결할 수 있지만 때로는 더 세밀한 해결책을 원할 수도 있다. 예를 들어 빌드 시간이 오래 걸리면 특정 지점까지 캐싱한 후 새로운 이미지를 생성해 커맨드를 다시 실행할 때는 해당 캐싱을 무효화하고 싶을 수 있다.

문제

도커 파일에서 특정 빌드 지점에서 도커 빌드 캐싱을 무효화하고 싶다.

해결책

캐싱을 무효화하는 커맨드 뒤에 좋은 주석을 추가한다.

https://github.com/docker-in-practice/todo의 도커 파일(다음 출력의 Step 라인에 해당된다)로 빌드를 수행한 다음 도커 파일의 CMD를 포함하는 라인에 'bust the cache'라는 주석을 추가했다. 여기서 docker build를 다시 실행하면 결과를 볼 수 있다.

```
$ docker build .  ◀──── '정상'적인 도커 빌드
 Sending build context to Docker daemon  2.56 kB
Sending build context to Docker daemon
Step 0 : FROM node
 ---> 91cbcf796c2c
Step 1 : MAINTAINER ian.miell@gmail.com
 ---> Using cache
 ---> 8f5a8a3d9240
Step 2 : RUN git clone -q https://github.com/docker-in-practice/todo.git
 ---> Using cache
 ---> 48db97331aa2
Step 3 : WORKDIR todo
 ---> Using cache
 ---> c5c85db751d6
Step 4 : RUN npm install
 ---> Using cache
 ---> be943c45c55b
Step 5 : EXPOSE 8000
 ---> Using cache  ◀──── 캐싱은 여기까지 사용됐다.
   ---> 805b18d28a65
Step 6 : CMD ["npm","start"] #bust the cache  ◀──── 캐싱이 무효화됐지만 커맨드는 사실상 변경되지 않았다.
   ---> Running in fc6c4cd487ce
 ---> d66d9572115e  ◀──── 새로운 이미지가 생성됐다.
 Removing intermediate container fc6c4cd487ce
Successfully built d66d9572115e
```

앞의 속임수가 동작하는 이유는 도커가 라인에 공백 이외에 추가된 변경 내용을 마치 새로운 커맨드로 여겨 캐싱된 계층은 재사용되지 않았기 때문이다.

도커를 처음 봤을 때 했던 질문일지도 모르겠다. 도커 계층을 이미지에서 이미지로 옮겨서 깃의 변경 집합처럼 마음대로 병합할 수 있는지 궁금할 것이다. 현재 도커에서는 이미지에서 이미지로의 병합은 불가능하다. 특정 계층은 주어진 이미지에서만 설정된 변경으로 정의된다. 따라서 일단 캐싱이 사라지면 나중에 빌드에서 사용될 커맨드에 다시 캐싱

을 적용할 수 없다. 그래서 가능하면 도커 파일 상단에 더 가깝게 변경 가능성이 낮은 커맨드를 사용하는 것이 좋다.

토론

도커 파일을 처음 반복할 때 모든 커맨드를 별도의 계층으로 분할하는 것이 반복 속도에 매우 좋다. 이전 목록처럼 프로세스의 일부를 선택적으로 재실행할 수 있지만, 작은 최종 이미지를 생성할 때는 그다지 좋지 않기 때문이다. 도커가 갖고 있는 최대 42개 계층에 대해 꽤 복잡한 빌드를 갖는 일은 유별난 것은 아니다. 여러분이 만족하는 작업 빌드의 경우, 계층이 과도하게 많지 않게끔 상용 환경에서 언제든지 배포할 수 있는 이미지를 생성하는 기술 56의 단계를 살펴보길 바란다.

기술 23 빌드 매개변수를 이용해 지능적인 캐싱 정리하기

기술 22에서는 관련 라인을 변경하여 빌드 중간에서 캐싱을 정리할 수 있는 방법을 살펴 봤다.

기술 23에서 빌드 커맨드에서 캐싱이 정리되는지 여부를 제어하는 방법을 통해 한 단계 더 나아가게 될 것이다.

문제

빌드할 때 도커 파일을 편집하지 않고 언제든지 캐싱을 정리하고 싶다.

해결책

도커 파일의 ARG 지시어를 사용해 캐싱 정리를 활성화한다.

기술 23의 예시를 위해 https://github.com/docker-in-practice/todo의 도커 파일을 다시 사용할 것이고 도커 파일을 약간 바꿔본다.

npm install을 실행하기 전에 캐싱 정리를 제어하고 싶을 것이다. 왜 이렇게 해야 할까? 살펴본 대로 기본적으로 도커는 도커 파일의 커맨드가 바뀔 때만 캐싱을 정리한다. 하지만 업데이트된 npm 패키지를 사용할 수 있다고 가정하고 패키지를 확실히 설치할 수 있다고 하자. 한 가지 방법은(기술 22에서 살펴봤다) 라인의 내용을 수동으로 바꾸는 것이지만 도커 ARGS 지시자와 배시bash 기법을 사용하는 방법이 더 우아하다.

다음처럼 도커 파일에 ARG 라인을 추가한다.

목록 4.7 정리 가능한 캐싱을 포함한 간단한 도커 파일

```
WORKDIR todo
ARG CACHEBUST=no ◄──── ARG 지시자는 빌드에 관한 환경 변수를 설정한다.
RUN npm install
```

예시에서 ARG 지시자를 사용해 CACHEBUST 환경 변수를 설정했다. docker build 커맨드에 환경 변수가 설정되지 않았을 때는 기본적으로 'no' 값이 저장되도록 설정한다.

이제 일반적인 도커 파일을 빌드한다.

```
$ docker build .
Sending build context to Docker daemon    2.56kB
Step 1/7 : FROM node
latest: Pulling from library/node
aa18ad1a0d33: Pull complete
15a33158a136: Pull complete
f67323742a64: Pull complete
c4b45e832c38: Pull complete
f83e14495c19: Pull complete
41fea39113bf: Pull complete
f617216d7379: Pull complete
cbb91377826f: Pull complete
Digest: sha256:
➥ a8918e06476bef51ab83991aea7c199bb50bfb131668c9739e6aa7984da1c1f6
Status: Downloaded newer image for node:latest
 ---> 9ea1c3e33a0b
Step 2/7 : MAINTAINER ian.miell@gmail.com
 ---> Running in 03dba6770157
 ---> a5b55873d2d8
Removing intermediate container 03dba6770157
Step 3/7 : RUN git clone https://github.com/docker-in-practice/todo.git
 ---> Running in 23336fd5991f
Cloning into 'todo'...
```

```
---> 8ba06824d184
Removing intermediate container 23336fd5991f
Step 4/7 : WORKDIR todo
 ---> f322e2dbeb85
Removing intermediate container 2aa5ae19fa63
Step 5/7 : ARG CACHEBUST=no
 ---> Running in 9b4917f2e38b
 ---> f7e86497dd72
Removing intermediate container 9b4917f2e38b
Step 6/7 : RUN npm install
 ---> Running in a48e38987b04
npm info it worked if it ends with ok
[...]
added 249 packages in 49.418s
npm info ok
 ---> 324ba92563fd
Removing intermediate container a48e38987b04
Step 7/7 : CMD npm start
 ---> Running in ae76fa693697
 ---> b84dbc4bf5f1
Removing intermediate container ae76fa693697
Successfully built b84dbc4bf5f1
```

정확히 같은 docker build 커맨드로 다시 빌드하면 도커 빌드 캐싱이 사용되며 결과 이미
지는 변경되지 않음을 볼 수 있다.

```
$ docker build .
Sending build context to Docker daemon   2.56kB
Step 1/7 : FROM node
 ---> 9ea1c3e33a0b
Step 2/7 : MAINTAINER ian.miell@gmail.com
 ---> Using cache
 ---> a5b55873d2d8
Step 3/7 : RUN git clone https://github.com/docker-in-practice/todo.git
 ---> Using cache
 ---> 8ba06824d184
Step 4/7 : WORKDIR todo
 ---> Using cache
 ---> f322e2dbeb85
```

```
Step 5/7 : ARG CACHEBUST=no
 ---> Using cache
 ---> f7e86497dd72
Step 6/7 : RUN npm install
 ---> Using cache
 ---> 324ba92563fd
Step 7/7 : CMD npm start
 ---> Using cache
 ---> b84dbc4bf5f1
Successfully built b84dbc4bf5f1
```

이때 npm 패키지를 강제로 재구성할 것을 결정한다. 아마도 버그가 고쳐졌거나 최신 상태 인지 확인하고 싶을 것이다. 목록 4.7의 도커 파일에 추가한 ARG 변수가 사용된다. ARG 변수가 호스트에서 이전에 사용되지 않은 값으로 설정되면, 캐싱이 해당 지점부터 바인딩될 것이다.

docker build에 build-arg 플래그를 사용해 강제로 새로운 값을 배시 기법에 사용한다. 도커 빌드와 배시 기법을 사용해서 새로운 값을 적용한다.

```
$ docker build --build-arg CACHEBUST=${RANDOM} .    ◀──   build-arg 플래그를 사용해 도커 빌드를 실행한다.
 Sending build context to Docker daemon 4.096 kB          CACHEBUST 매개변수에 배시에서 생성된
Step 1/9 : FROM node                                      유사 난수(pseudo-random) 값을 설정한다.
 ---> 53d4d5f3b46e
Step 2/9 : MAINTAINER ian.miell@gmail.com
 ---> Using cache
 ---> 3a252318543d
Step 3/9 : RUN git clone https://github.com/docker-in-practice/todo.git
 ---> Using cache
 ---> c0f682653a4a
Step 4/9 : WORKDIR todo
 ---> Using cache
 ---> bd54f5d70700
Step 5/9 : ARG CACHEBUST=no   ◀──── ARG CACHEBUST=no 라인 자체가 변경되지 않았기 때문에 캐싱이 사용된다.
 ---> Using cache
 ---> 3229d52b7c33                  CACHEBUST 매개변수가 이전에 설정되지 않은 값으로 설정됐기
Step 6/9 : RUN npm install   ◀──    때문에 캐싱이 정리되고 npm install 커맨드가 다시 실행된다.
 ---> Running in 42f9b1f37a50
npm info it worked if it ends with ok
```

```
npm info using npm@4.1.2
npm info using node@v7.7.2
npm info attempt registry request try #1 at 11:25:55 AM
npm http request GET https://registry.npmjs.org/compression
npm info attempt registry request try #1 at 11:25:55 AM
[...]
Step 9/9 : CMD npm start
 ---> Running in 19219fe5307b
 ---> 129bab5e908a
Removing intermediate container 19219fe5307b
Successfully built 129bab5e908a
```

캐싱은 ARG 라인 자체가 아닌 ARG 라인 뒤의 라인에 바인딩된다는 점에 유의한다. 약간 혼동할 수 있는데 'Running in' 구문에 주목하자. 구문은 빌드 라인을 실행하기 위해 새로운 컨테이너가 생성됐음을 뜻한다.

${RANDOM} 매개변수가 사용된 것을 설명한다. 배시는 1~5자리 길이의 값을 쉽게 얻을 수 있는 예약된 변수 이름을 제공한다.

```
$ echo ${RANDOM}
19856
$ echo ${RANDOM}
26429
$ echo ${RANDOM}
2856
```

${RANDOM}은 고유한 값으로 특정 배시 스크립트를 실행하는 파일을 생성할 때 유용하다.

${RANDOM}을 사용하다가 같은 값으로 인해 충돌이 생길 수 있으니 다음처럼 훨씬 더 긴 무작위 숫자를 생성할 수도 있다.

```
$ echo ${RANDOM}${RANDOM}
434320509
$ echo ${RANDOM}${RANDOM}
1327340
```

배시(또는 RANDOM 변수를 사용할 수 있는 셸)를 사용하지 않는다면 RANDOM 변수를 사용하는 기술이 동작되지 않는다는 점에 유의한다. 대신 date 커맨드로 새로운 값을 생성할 수 있다.

```
$ docker build --build-arg CACHEBUST=$(date +%s) .
```

토론

기술 23은 도커를 사용할 때 유용한 내용을 입증했다. --build-args 플래그로 도커 파일에 값을 전달하고 언제든지 캐싱을 정리해 도커 파일을 바꾸지 않고 새로운 빌드를 생성하는 방법을 알 수 있다.

배시를 사용하면 RANDOM 변수와 도커 빌드뿐만 아니라 다른 맥락에서도 어떻게 사용하면 좋을지 알게 된다.

기술 24 ADD 커맨드로 캐싱을 지능적으로 정리하기

기술 23에서 빌드 중간에 원하는 지점에서 캐싱을 정리할 수 있는 방법을 살펴봤다. 그리고 --no-cache 플래그를 사용하면 캐싱을 완전히 무시한다는 것도 확인했다.

다음 단계로 넘어가서 필요할 때만 캐싱을 자동으로 정리할 수 있게 한다. 이렇게 하면 많은 시간과 컴퓨팅, 비용도 절약할 수 있다.

문제

원격 자원이 변경될 때 캐싱을 정리하고 싶다.

해결책

URL의 응답이 바뀔 때만 캐싱을 정리하려면 도커 파일의 ADD 커맨드를 사용한다.

초기에 도커 파일은 신뢰할 수 있다고 믿은 빌드 결과가 잘못된 것이라는 비판이 있었다. 실제로 도커의 창시자가 이 내용을 말한 적이 있다(http://mng.bz/B8E4).

특히 도커 파일에 다음과 같은 커맨드로 네트워크에 연결할 때 도커 빌드는 도커 데몬당 한 번은 커맨드를 수행할 것이다.

```
RUN git clone https://github.com/nodejs/node
```

깃허브의 코드는 언제나 바뀔 수 있지만 도커 데몬 입장에서는 이 빌드가 최신이다. 몇 년이 지나도 도커 데몬은 여전히 캐싱을 사용하고 있을 것이다.

이론적인 우려 같은 예시지만 많은 사용자들에게는 현재 부딪히는 문제다. 업무를 진행하다 이런 혼란스러운 상황을 많이 만났다. 해결책이 있는 독자도 있겠지만 많이 복잡하거나 큰 빌드일 수 있고 충분히 세밀하지 않을 수 있다.

지능적인 캐싱 정리 패턴

목록 4.8과 같은 도커 파일을 갖고 있다고 가정하자(실제로 동작하지 않는다. 원리를 보여주기 위한 도커 파일 패턴이다).

목록 4.8 도커 파일 예시

```
FROM ubuntu:16.04
RUN apt-get install -y git and many other packages ◀─── 미리 설치해야 할 설치 패키지를 설치한다.
RUN git clone https://github.com/nodejs/node ◀── 주기적으로 바뀌는 저장소의 소스를 복제한다.
WORKDIR node                                      (nodejs은 단지 하나의 예시)
RUN make && make install ◀── 다운로드한 프로젝트를 빌드하는 메이크(make)와
                             메이크 설치(make install)를 실행한다.
```

앞에서 도커 파일은 효율적인 빌드 프로세스를 생성하는 도전 과제를 제시한다. 매번 처음부터 모두 빌드하고 싶다면 해결책은 간단하다. --no-cache 매개변수를 사용해 도커 빌드를 생성한다. 빌드를 실행할 때마다 두 번째 라인에서 패키지 설치를 반복하는 것이 문제인데 대부분 불필요하다.

도전 과제는 git clone 직전에 캐싱을 정리함으로써 해결할 수 있다(기술 23에서 살펴봤다). 하지만 이 방법은 또 다른 문제가 있다. 만약 깃 저장소가 바뀌지 않았다면 잠재적으로 비용이 많이 들 수 있는 네트워크 전송을 수행하고 그다음에 잠재적으로 비용이 많이 드

는 make 커맨드를 수행한다. make 커맨드를 사용할 때 네트워크, 컴퓨팅, 디스크 자원을 모두 불필요하게 사용되고 있다.

문제를 해결하는 한 가지 방법은 기술 23을 사용하는 것이다. 기술 23에서 원격 저장소 가 변경됐다는 것을 알 때마다 새로운 값으로 빌드 매개변수를 전달하는 것을 살펴봤다. 그러나 이 기술은 변화가 있었는지 여부를 결정하기 위해 사람이 개입해야 하거나 수작 업이 필요하다.

여기서는 마지막 빌드 이후 자원이 변경됐는지 확인하는 커맨드와 캐싱을 정리하는 작업 을 해야 한다.

ADD 지시자—예상치 못한 이점

ADD 지시어를 입력한다.

기본 도커 파일 지시자이므로 이미 ADD를 잘 알고 있을 것이다. 보통 파일을 결과 이미지 에 추가하는 데 사용하지만 문맥에서 ADD의 두 가지 유용한 기능이 있다. ADD는 참조하는 파일의 내용을 캐싱하며 네트워크 자원을 매개변수로 사용할 수 있다. 웹 요청의 출력이 바뀔 때마다 캐싱을 정리할 수 있음 의미한다.

저장소를 복제할 때 ADD를 어떻게 활용할 수 있을까? 네트워크를 통해 참조하는 자원의 성 격에 따라 다르지만 저장소 자체가 바뀔 때 변경된 페이지를 갖는 자원이 많다. 자원 유형 마다 다를 수 있다. 일반적인 사용 사례에 따라 깃허브 저장소에 초점을 맞출 것이다.

깃허브 API는 여기에서 도움이 될 만한 유용한 자원을 제공한다. 가장 최근의 커밋에 JSON을 반환하는 저장소 URL이 있다. 새로운 커밋이 들어오면 응답의 내용이 바뀐다.

목록 4.9 캐싱을 정리하는 ADD 사용하기

```
FROM ubuntu:16.04
ADD https://api.github.com/repos/nodejs/node/commits ◀── 새 커밋이 수행될 때 변경되는 URL
➡ /dev/null ◀── 파일의 출력과 아무 상관 없기 때문에 해당 출력을 /dev/null로 보낸다.
RUN git clone https://github.com/nodejs/node ◀── git clone은 변화가 있을 때만 발생할 것이다.
 [...]
```

목록 4.9의 결과는 마지막 빌드 후 깃 저장소에 커밋이 일어날 때에만 캐시가 정리된다. 사람의 개입도 없고 일일이 확인하지 않아도 된다.

수시로 바뀌는 저장소에서 이 기술을 확인하고 싶다면 리눅스 커널 저장소를 사용해 보자.

```
FROM ubuntu:16.04                    이번에는 ADD 커맨드에 리눅스 커널 저장소를 사용한다.
ADD https://api.github.com/repos/torvalds/linux/commits /dev/null ◀
RUN echo "Built at: $(date)" >> /build_time ◀
                                     빌드 이미지에서 시스템 날짜를 출력해 마지막으로
                                     캐싱된 빌드가 실행된 시간을 표시한다.
```

특정 디렉토리를 생성하고 이전 코드를 도커 파일에 저장한 후 다음 커맨드를 정기적으로 실행한다면(예: 매 시간) 리눅스 깃 저장소가 변경될 때만 출력 날짜가 바뀐다.

```
$ docker build -t linux_last_updated . ◀── 도커 이미지를 빌드하고 linux_last_updated라는 이름을 지정한다.
$ docker run linux_last_updated cat /build_time ◀── 결과 이미지의 /build_time 파일 내용을 출력한다.
```

토론

기술 24는 필요할 때만 빌드하도록 의미있는 자동화 기술을 보여줬다.

또한 ADD 커맨드의 동작 방법의 세부 정보를 일부를 소개했다. '파일'은 네트워크 자원일 수 있다. 이전 빌드에서 파일(또는 네트워크 리소스)의 내용이 변경된다면 캐싱이 중단된다.

게다가 네트워크 자원이 참조하는 자원의 변경 여부를 알려줄 수 있는 관련 자원을 갖고 있음을 확인했다. 예를 들어 메인 깃허브 페이지를 참조해 변경사항이 있는지 확인할 수 있지만 페이지가 마지막 커밋(예: 웹 응답 시간이 페이지 소스가 묻히거나 각 응답의 고유한 참조 문자열이 있는 경우)보다 더 자주 바뀔 가능성이 있다.

깃허브에서는 살펴본 대로 API를 참조할 수 있다. 비트버킷BitBucket과 같은 다른 서비스도 비슷한 자원을 제공한다. 예를 들어 쿠버네티스 프로젝트는 어떤 릴리스가 안정적인지 나타내는 URL(https://storage.googleapis.com/kubernetesrelease/release/stable.txt)을 제공한다.

쿠버네티스 기반 프로젝트를 빌드할 때 해당 URL의 응답이 바뀔 때마다 도커 파일에 ADD 라인을 넣어 캐싱을 중단하면 될 것이다.

기술 25 ➤ 컨테이너에서 올바른 타임존 설정하기

완전한 운영체제를 설치한 적이 있다면 타임존 설정이 설정 과정의 일부라는 것을 알 수 있을 것이다. 컨테이너가 운영체제(또는 가상 시스템)가 아니더라도 프로그램에 설정된 타임존의 해석 방법을 알려주는 파일을 포함한다.

문제

컨테이너의 타임존을 올바르게 설정하고 싶다.

해결책

컨테이너의 localtime 파일을 원하는 타임존 링크로 교체한다.

목록 4.12는 문제가 발생하는 컨테이너를 보여준다. 어느 곳에서 실행하던 간에 컨테이너는 동일한 타임존을 보여줄 것이다.

목록 4.12 잘못된 타임존으로 시작하는 컨테이너

```
$ date +%Z  ◀──── 호스트의 표준 타임존을 표시하는 커맨드를 실행한다.
GMT  ◀──── 호스트의 타임존은 GMT이다.
$ docker run centos:7 date +%Z  ◀──── 컨테이너를 실행하고 컨테이너 안에서 날짜를 출력한다.
UTC  ◀──── 컨테이너의 타임존은 GMT이다.
```

컨테이너에는 타임존이 얻은 시간 값을 해석하기 위해 컨테이너에서 어느 타임존을 사용할지 결정하는 파일을 포함한다. 물론 호스트 운영체제가 사용된 실제 시간을 추적한다.

목록 4.13은 원하는 타임존의 설정 방법을 보여준다.

목록 4.13 centos:7의 기본 타임존을 교체하는 도커 파일

```
FROM centos:7  ◀── 방금 살펴본 센트OS 이미지에서 시작한다.
RUN rm -rf /etc/localtime  ◀── 기존 localtime 심볼링 링크 파일을 삭제한다.
RUN ln -s /usr/share/zoneinfo/GMT /etc/localtime  ◀─┐ /etc/localtime 링크를 원하는
CMD date +%Z  ◀─┐ 실행할 기본 커맨드로 컨테이너의          │ 타임존으로 교체한다.
              └─ 타임존을 표시한다.
```

목록 4.13의 주요 파일은 /etc/localtime이다. localtime은 컨테이너가 시간을 요청할 때 사용할 타임존을 알려주는 파일이다. localtime 파일이 존재하지 않으면(예: 최소 BusyBox 이미지는 localtime 파일이 없다) 기본 시간은 표준 UTC 시간이다.

목록 4.14는 이전 도커 파일을 빌드하는 결과를 보여준다.

목록 4.14 time-zone을 교체하는 도커 파일을 빌드하기

```
$ docker build -t timezone_change .  ◀── 컨테이너를 빌드한다.
 Sending build context to Docker daemon 62.98 kB
Step 1 : FROM centos:7
7: Pulling from library/centos
45a2e645736c: Pull complete
Digest: sha256:
➡ c577af3197aacedf79c5a204cd7f493c8e07ffbce7f88f7600bf19c688c38799
Status: Downloaded newer image for centos:7
 ---> 67591570dd29
Step 2 : RUN rm -rf /etc/localtime
 ---> Running in fb52293849db
 ---> 0deda41be8e3
Removing intermediate container fb52293849db
Step 3 : RUN ln -s /usr/share/zoneinfo/GMT /etc/localtime
 ---> Running in 47bf21053b53
 ---> 5b5cb1197183
Removing intermediate container 47bf21053b53
Step 4 : CMD date +%Z
```

```
 ---> Running in 1e481eda8579
 ---> 9477cdaa73ac
Removing intermediate container 1e481eda8579
Successfully built 9477cdaa73ac
$ docker run timezone_change ◀──── 컨테이너를 실행한다.
GMT ◀──── 지정된 타임존을 출력한다.
```

이런 방식으로 컨테이너 안에서만 사용할 타임존을 지정할 수 있다. 많은 애플리케이션은 설정에 의존하기 때문에 도커 서비스를 실행하면 드물지 않게 발생한다.

컨테이너 레벨의 시간 세분화가 해결할 수 있는 또 다른 문제가 있다. 여러분이 다국적 조직에서 근무하고 있고 전 세계의 데이터 센터에 기반을 둔 서버에서 다양한 애플리케이션을 실행한다면, 이미지의 타임존을 변경하고 서버가 입고될 때마다 적절한 시간을 알리는 데 매우 유용하고도 신뢰할 수 있는 기법이다.

토론

도커 이미지의 핵심은 컨테이너를 어디에서 실행하든 일관된 경험을 제공하는 것이지만 배포 위치에 따라 도커 이미지의 다양한 결과를 원한다면 주목할 내용이 있다.

서로 다른 위치에 있는 사용자들을 위해 CSV 스프레드 시트를 자동으로 생성하려 한다고 가정해 보자. 사용자들은 데이터 포맷에 기대할 수 있다. 가령 미국인은 mm/dd 포맷의 날짜를, 유럽인은 dd/mm 포맷의 날짜를, 중국인는 중국 고유의 문자 집합의 날짜를 예상할 것이다.

기술 26에서는 날짜와 시간을 locale 포맷으로 출력할 때 영향을 미치는 로케일 설정을 고려할 것이다.

기술 26 ▶ 로케일 관리하기

로케일은 타임존에 추가해 이미지를 빌드하거나 컨테이너를 실행할 때 관련된 도커 이미지의 또 다른 측면이다.

문제

애플리케이션을 빌드하거나 배포할 때 인코딩 오류가 발생하는 것을 보고 있다.

해결책

도커 파일에 언어 특수적인 환경 변수가 올바르게 설정됐는지 확인한다.

애플리케이션을 빌드할 때 인코딩 문제는 치명적일 수 있다.

도커에서 애플리케이션을 빌드할 때 발생하는 전형적인 인코딩 에러의 두 가지 예시를 살펴보자.

목록 4.15 일반적인 인코딩 오류

```
MyFileDialog:66: error: unmappable character for encoding ASCII

UnicodeEncodeError: 'ascii' codec can't encode character u'\xa0' in
➡ position 20: ordinal not in range(128)
```

에러로 인해 빌드나 애플리케이션이 죽을 수 있다.

인코딩이 도커랑 무슨 상관일까?

운영체제를 설치 및 설정할 때 타임존, 언어, 키보드 레이아웃 등을 어떻게 설정할지 안내를 받는다.

알다시피 도커 컨테이너는 완전한 운영체제가 아니며 애플리케이션 실행을 위한 최소 환경이다(점점 최소화되고 있다). 따라서 기본적으로 운영체제에서 사용하는 모든 설정이 함께 제공되지 않을 수 있다.

특히 데비안은 2011년에 로케일 패키지의 의존성을 삭제했다. 즉 데비안 이미지를 기반의 컨테이너에는 로케일 설정이 없음을 의미한다. 목록 4.16은 데비안 기반의 우분투 이미지의 기본 환경을 보여준다.

목록 4.16 우분투 컨테이너의 기본 환경

```
$ docker run -ti ubuntu bash
root@d17673300830:/# env
HOSTNAME=d17673300830
TERM=xterm
LS_COLORS=rs=0 [...]
HIST_FILE=/root/.bash_history
PATH=/usr/local/sbin:/usr/local/bin:/usr/sbin:/usr/bin:/sbin:/bin
PWD=/
SHLVL=1
HOME=/root
_=/usr/bin/envj
```

이미지에 LANG이나 이와 비슷한 LC_ 설정을 사용할 수 없다.

도커 호스트는 목록 4.17에 있다.

목록 4.17 도커 호스트 OS에 설정된 LANG 설정하기

```
$ env | grep LANG
LANG=en_GB.UTF-8
```

가장 선호하는 터미널 인코딩은 영국 영어로서 UTF-8로 인코딩된 텍스트임을 애플리케이션에 알리는 LANG 설정이 있다.

인코딩 이슈를 확인하기 위해 UTF-8로 인코딩된 영국 통화 기호(영국의 파운드 기호)를 포함하고 그 다음에 터미널 인코딩에 따라 파일 변경의 해석 방법을 보여주는 내부 파일을 생성할 것이다.

목록 4.18 UTF-8로 인코딩된 영국 통화 기호를 생성하고 표시하기

```
$ env | grep LANG
LANG=en_GB.UTF-8
$ echo -e "\xc2\xa3" > /tmp/encoding_demo   ◄──  echo에 -e 플래그와 함께 사용해 파일에
                                                  영국 파운드 기호(2바이트)를 저장한다.
$ cat /tmp/encoding_demo        cat을 사용해 파일 내용을 출력하면 파운드 기호가 보일 것이다.
£
```

UTF-8에서 파운드 기호는 2바이트다. echo -e에 \x를 사용해 2바이트를 출력하고 출력을 파일로 리디렉션한다. cat으로 파일의 내용을 출력하면 터미널은 2바이트를 읽고 출력을 파운드 기호로 해석한다.

이제 터미널 인코딩을 Western(ISO Latin 1) 인코딩(로컬 LANG도 설정)으로 변경하고 파일을 출력하면 상당히 다르게 보인다.

목록 4.19 영국 통화 기호로 인코딩 이슈를 보여주는 예시

```
$ env | grep LANG        이제 터미널에서 설정된 LANG 환경변수는
LANG=en_GB.ISO8859-1     Western (ISO Latin 1)로 설정된다.
$ cat /tmp/encoding_demo    두 개의 개별 문자를 표시할 때 두 바이트는
Â£                          다르게 해석될 수 있다.
```

\xc2 바이트는 글자 위에 곡선이 있는 대문자 A로, \xa3 바이트는 영국 파운드 기호로 해석된다.

> |**참고**| 디버깅과 암호 제어는 까다로운 부분으로서 실행 중인 애플리케이션의 상태, 설정한 환경변수, 실행 중인 애플리케이션, 확인 중인 데이터를 생성하는 모든 선행 요인의 조합에 따라 달라질 수 있다.

도커의 인코딩은 터미널에서 설정한 인코딩에 영향을 받을 수 있다. 도커로 돌아가서 우분투 컨테이너에서 기본적으로 설정된 인코딩 환경 변수가 없다는 점을 주목해야 한다. 그래서 호스트나 컨테이너에서 같은 커맨드를 실행할 때 다른 결과를 얻을 수 있다. 인코딩 관련 에러가 발견되면 도커 파일에 인코딩 설정이 필요하다.

도커 파일에서 인코딩 설정

데비안 기반 이미지의 인코딩을 어떻게 제어할 수 있는지 살펴본다. 데비안 기반 이미지를 선택한 이유는 인코딩 설정 문제를 겪을 가능성이 있기 때문이다. 목록 4.20에서 기본 환경 변수를 출력하는 간단한 이미지를 생성한다.

목록 4.20 도커 파일 예시를 설정하기

```
FROM ubuntu:16.04 ◀──── 데비안 기반의 기본 이미지를 사용한다.      패키지 인덱스 업데이트하고
RUN apt-get update && apt-get install -y locales ◀──┘            로컬 패키지를 설치한다.
RUN locale-gen en_US.UTF-8 ◀──── UTF-8로 인코딩된 미국 영어 로케일을 생성한다.
ENV LANG en_US.UTF-8 ◀──── LANG 환경 변수를 설정한다.
ENV LANGUAGE en_US:en ◀──── LANGUAGE 환경 변수를 설정한다.
CMD env ◀──── 기본 커맨드 env는 컨테이너의 환경 설정을 표시한다.
```

LANG와 LANGUAGE 변수의 차이점이 무엇인지 궁금할 수 있다. 간단히 말해서, LANG는 선호하는 언어와 인코딩에 대한 기본 설정이다. 또한 LANG은 애플리케이션이 더 구체적인 LC_* 설정을 찾을 때 기본값을 제공한다. LANGUAGE와 관련된 주요 설정을 사용할 수 없으면 LANGUAGE는 애플리케이션이 선호하는 순서를 가진 언어 목록을 제공하는 데 사용된다. man locale을 실행하면 더 많은 정보를 찾을 수 있다.

무엇이 바뀌었는지 살펴보자. 도커 이미지를 빌드하고 실행한다.

목록 4.21 encoding 이미지를 빌드 및 실행하기

```
$ docker build -t encoding . ◀──── 인코딩한 도커 이미지를 빌드한다.
 [...]
$ docker run encoding ◀──── 내장 도커 이미지를 실행한다.
 no_proxy=*.local, 169.254/16
 LANGUAGE=en_US:en ◀──── 환경에서 LANGUAGE 변수를 설정한다.
 HOSTNAME=aa9d6c8a3ff5
```

```
HOME=/root
HIST_FILE=/root/.bash_history
PATH=/usr/local/sbin:/usr/local/bin:/usr/sbin:/usr/bin:/sbin:/bin
LANG=en_US.UTF-8  ◀──── 환경에서 LANG 변수를 설정한다.
PWD=/
```

토론

기술 26은 이전 타임존 기술처럼 정기적으로 사람들을 곤란하게 하는 인코딩 문제를 설명한다. 도커 이미지를 빌드할 때 항상 인코딩 정보를 분명하게 하지 않기 때문에 인코딩 문제를 디버깅하는 데 시간을 낭비한다. 도커 이미지를 사용하는 다른 이들을 지원할 때 인코딩 설정을 염두에 둬야 한다.

기술 27 ▶ 도커 이미지 계층을 분석하기

도커 이미지를 빌드했다면 특정 파일이 어디에 추가됐는지, 빌드의 특정 지점에 어떤 상태였는지 알고 싶을 때가 있다. 왜냐하면 계층의 순서를 결정하고 각 ID를 검색한 후 ID로 각각 시작해야 하기 때문에 이미지 계층마다 접속하기가 번거롭기 때문이다.

기술 27에서 빌드의 각 계층을 순서대로 태그 지정을 수행하는 한 줄 짜리 코드를 소개한다. 도커 이미지를 생성하면서 번호를 하나씩 증가시켜서 알아야 할 내용이 무엇이든 찾아내야 한다.

문제

빌드의 각 단계를 쉽게 참고하고 싶다.

해결책

docker-in-practice/image-stepper 이미지를 사용해 이미지의 태그를 정렬한다.

다음 결과를 실행하는 스크립트를 보면 기술 27의 동작 방식을 이해하게 될 것이다. 그 후 결과를 쉽게 얻을 수 있도록 설정한 이미지를 살펴보자.

주어진 이미지^{myimage}의 모든 계층을 생성 순서대로 태그 지정하는 간단한 스크립트가 있다.

이미지의 도커 파일은 다음과 같다.

목록 4.22 여러 계층을 포함하는 이미지의 도커 파일

```
FROM debian ◀──── 기본 이미지로 데비안을 사용한다.
RUN touch /file1
RUN touch /file2
RUN touch /file3
RUN touch /file4
RUN touch /file5
RUN touch /file6       개별 계층의 10개의 파일을 생성한다.
RUN touch /file7
RUN touch /file8
RUN touch /file9
RUN touch /file10
CMD ["cat","/file1"] ◀──── cat으로 첫 번째 파일을 출력하는 사용자 정의 커맨드를 실행한다.
```

예시는 아주 간단한 도커 파일이지만 빌드의 어느 단계에 있는지 확실히 알 수 있을 것이다.

다음 커맨드를 사용해 도커 이미지를 빌드한다.

목록 4.23 myimage 이미지를 빌드하기

```
$ docker build -t myimage -q . ◀──── myimage로 태그 지정된 이미지에 조용한(-q) 플래그를 사용해 빌드한다.
sha256:b21d1e1da994952d8e309281d6a3e3d14c376f9a02b0dd2ecbe6cabffea95288 ◀─┐
                                            이미지 식별자만 유일하게 출력된다. │
```

이미지를 빌드하면 다음과 같은 스크립트를 실행할 수 있다.

목록 4.24 myimage의 각 계층을 숫자 순서대로 태그를 지정하기

```
#!/bin/bash
x=1 ◀──── 카운터 변수(x)를 1로 초기화한다.           도커 이미지의 히스토리를 알기 위해
 for id in $(docker history -q "myimage:latest" | ◀──── 루프를 실행한다.
➡ grep -vw missing ◀──── 누락(missing)된 것으로 표시되고 원격으로 빌드된 계층은 고려하지 않는다(아래 '참고' 확인).
➡ | tac) ◀──── tac 유틸리티를 사용해 docker history 커맨드가 출력하는 이미지 ID의 순서를 바꾼다.
```

```
      do
          docker tag "${id}" "myimage:latest_step_${x}"  ◄──── 루프의 각 반복에서 도커 이미지에
            ((x++))  ◄──── step 카운터를 증가시킨다.                  증분 숫자로 구성된 태그를 지정한다.
      done
```

이전 파일을 tag.sh로 저장하고 실행하면 이미지의 계층 순서마다 태그가 생성된다.

| **참고**| 태그를 지정하는 기술은 로컬에서 빌드된 도커 이미지에서만 사용할 수 있다. 자세한 내용은 기술 16의 '참고'를 확인하자.

목록 4.25 계층에 태그를 지정하고 보여주기

```
$ ./tag.sh  ◄──── 목록 4.24의 스크립트를 실행한다.   태그가 지정된 계층을 보기 위해 docker images에
$ docker images | grep latest_step  ◄──         간단한 grep을 함께 실행한다.

myimage    latest_step_12    1bfca0ef799d    3 minutes ago    123.1 MB
myimage    latest_step_11    4d7f66939a4c    3 minutes ago    123.1 MB
myimage    latest_step_10    78d31766b5cb    3 minutes ago    123.1 MB
myimage    latest_step_9     f7b4dcbdd74f    3 minutes ago    123.1 MB
myimage    latest_step_8     69b2fa0ce520    3 minutes ago    123.1 MB
myimage    latest_step_7     b949d71fb58a    3 minutes ago    123.1 MB     myimage 이미지를
myimage    latest_step_6     8af3bbf1e7a8    3 minutes ago    123.1 MB     빌드하는 단계다.
myimage    latest_step_5     ce3dfbdfed74    3 minutes ago    123.1 MB
myimage    latest_step_4     598ed62cabb9    3 minutes ago    123.1 MB
myimage    latest_step_3     6b290f68d4d5    3 minutes ago    123.1 MB
myimage    latest_step_2     586da987f40f    3 minutes ago    123.1 MB
myimage    latest_step_1     19134a8202e7    7 days ago       123.1 MB  ◄──
```
                           원본(이전) 기본 이미지도 larest_step_1로 태그가 지정됐다.

원칙을 알게 됐으니 일회용 스크립트를 도커화하는 방법, 일반적인 도커의 동작 방법을 알아본다.

| **참고**| 기술 27의 코드는 https://github.com/docker-in-practice/image-stepper에서 확인할 수 있다.

먼저 이전 스크립트를 매개변수를 받을 수 있는 스크립트로 변경한다.

```
#!/bin/bash
IMAGE_NAME=$1
IMAGE_TAG=$2
if [[ $IMAGE_NAME = '' ]]
then
    echo "Usage: $0 IMAGE_NAME [ TAG ]"
    exit 1
fi
if [[ $IMAGE_TAG = '' ]]
then
    IMAGE_TAG=latest
fi
x=1
for id in $(docker history -q "${IMAGE_NAME}:${IMAGE_TAG}" |
grep -vw missing | tac)
do
    docker tag "${id}" "${IMAGE_NAME}:${IMAGE_TAG}_step_$x"
    ((x++))
done
```

두 개의 매개변수(처리할 도커 이미지 이름과 지정하고 싶은 단계별 태그)를 사용할 수 있는 배시 스크립트를 정의한다.

목록 4.24의 매개변수가 대체된 스크립트

목록 4.26의 스크립트를 도커 파일에 배치하고 기본 ENTRYPOINT로 실행하는 도커 이미지에 포함할 수 있다.

```
FROM ubuntu:16.04  ◀——— 우분투를 기본 계층으로 사용한다.
RUN apt-get update -y && apt-get install -y docker.io  ◀——
ADD image_stepper /usr/local/bin/image_stepper  ◀——— 목록 4.26의 도커 이미지에 스크립트를 추가한다.
ENTRYPOINT ["/usr/local/bin/image_stepper"]  ◀——— 기본적으로 image_stepper 스크립트를 실행한다.
```

도커 클라이언트 바이너리를 얻기 위해 docker.io을 설치한다.

목록 4.27의 도커 파일은 목록 4.26의 스크립트를 실행하는 이미지를 생성한다. 목록 4.28의 커맨드는 도커 이미지를 실행하며 myimage를 매개변수로 전달한다

호스트에서 빌드된 일반 도커 이미지를 실행하는 반면, 해당 도커 이미지는 각 단계마다 태그를 생성함으로써 도커 이미지의 계층을 순서대로 쉽게 볼 수 있다.

docker.io 패키지에 의해 설치된 클라이언트 바이너리 버전은 호스트 머신의 도커 데몬 버전과 호환돼야 한다. 즉 클라이언트 버전이 도커 데몬 버전보다 더 새 버전이면 안 된다는 것을 의미한다.

목록 4.28 다른 이미지에 이미지 스티커 실행하기

목록 4.27에서 설치된 도커 클라이언트를 사용할 수 있도록 호스트의 도커 소켓을 마운트한다.

```
$ docker run --rm       ◀── image-stepper 도커 이미지를 컨테이너로 실행하고 실행이 완료되면 컨테이너를 삭제한다.
    -v /var/run/docker.sock:/var/run/docker.sock
    dockerinpractice/image-stepper◀──── 도커 허브에서 image-stepper 이미지를 다운로드한다.
    myimage  ◀──── 이전에 생성된 myimage 도커 이미지에 태그를 지정한다.
Unable to find image 'dockerinpractice/image-stepper:latest' locally
latest: Pulling from dockerinpractice/image-stepper
b3e1c725a85f: Pull complete
4daad8bdde31: Pull complete
63fe8c0068a8: Pull complete
4a70713c436f: Pull complete                                    docker run
bd842a2105a8: Pull complete                                    커맨드의 출력
1a3a96204b4b: Pull complete
d3959cd7b55e: Pull complete
Digest: sha256:
65e22f8a82f2221c846c92f72923927402766b3c1f7d0ca851ad418fb998a753
Status: Downloaded newer image for dockerinpractice/image-stepper:latest
$ docker images | grep myimage  ◀── docker images를 실행하고 방금 태그를 지정한 myimage를 찾는다.
myimage     latest          2c182dabe85c    24 minutes ago    123 MB
myimage     latest_step_12  2c182dabe85c    24 minutes ago    123 MB
myimage     latest_step_11  e0ff97533768    24 minutes ago    123 MB
myimage     latest_step_10  f46947065166    24 minutes ago    123 MB
myimage     latest_step_9   8a9805a19984    24 minutes ago    123 MB
myimage     latest_step_8   88e42bed92ce    24 minutes ago    123 MB
myimage     latest_step_7   5e638f955e4a    24 minutes ago    123 MB    도커 이미지에 태그를
myimage     latest_step_6   f66b1d9e9cbd    24 minutes ago    123 MB    지정한다.
myimage     latest_step_5   bd07d425bd0d    24 minutes ago    123 MB
myimage     latest_step_4   ba913e75a0b1    24 minutes ago    123 MB
myimage     latest_step_3   2ebcda8cd503    24 minutes ago    123 MB
myimage     latest_step_2   58f4ed4fe9dd    24 minutes ago    123 MB
myimage     latest_step_1   19134a8202e7    2 weeks ago       123 MB
$ docker run myimage:latest_step_8 ls / | grep file  ◀── 임의의 단계를 선택하고 루트 디렉토리의
                                                          파일을 나열하며 목록 4.27의 도커 파일에
                                                          서 생성된 파일을 목록 4.27에서 삭제한다.
```

```
file1
file2
file3
file4      표시된 파일은 해당 단계까지
file5      생성된 파일이다.
file6
file7
```

> |참고| 리눅스가 아닌 운영체제(예: 맥OS와 윈도우)에서는 도커 기본 설정에서 실행되는 폴더를
> 파일 공유 설정용으로 지정해야 한다.

기술 27은 빌드 안에서 특정 파일이 추가된 위치나 빌드의 특정 지점에서 파일 상태를
확인하는 데 유용하다. 빌드를 디버깅할 때 매우 효과적이다.

토론

기술 52에서 삭제된 비밀 정보 흔적이 있는 도커 이미지의 특정 계층 내부에 접근 가능
하다는 것을 보여주기 위해 기술 27을 사용한다.

기술 28 ONBUILD와 GOLANG

ONBUILD는 새로운 도커 사용자에게 많은 혼란을 줄 수 있는 지시자다. 기술 28은 두 라인
으로 구성된 도커 파일로 Go 애플리케이션을 빌드하고 실행해 실제 환경에서 ONBUILD 지
시자를 어떻게 사용할 수 있는지 살펴본다.

문제

애플리케이션에 필요한 도커 이미지 빌드 단계를 줄이고 싶다.

해결책

ONBUILD 커맨드를 사용해 이미지 빌드을 자동화하고 캡슐화encapsulation한다.

먼저 실행을 해보고 어떻게 동작하는지 설명할 것이다. 사용할 예시는 Go 깃허브 저장소인 outyet 프로젝트다. 예시를 이용한 작업은 Go 1.4를 사용할 수 있는지 알려주는 페이지를 리턴하는 웹 서비스를 설정하는 것이다.

이미지를 다음과 같이 빌드한다.

목록 4.29 outyet 이미지를 빌드하기

```
$ git clone https://github.com/golang/example ◀──── 깃 저장소를 복제한다.
$ cd example/outyet ◀──── outyet 디렉토리로 이동한다.
$ docker build -t outyet . ◀──── outyet 이미지를 빌드한다.
```

결과 이미지에서 컨테이너를 실행하고 제공된 웹 페이지를 검색한다.

목록 4.30 outyet 이미지를 실행하고 검증하기

```
                    ┌── ─publish 플래그는 도커에 컨테이너의 8080 포트를
$ docker run ◀──────┤    외부 8080 포트로 게시하도록 알린다.
⇒ --publish 8080:8080 ◀──── ─name 플래그는 컨테이너에서 작업하기 쉽도록 예측할 수 있는 이름을 지정한다.
⇒ --name outyet1 -d outyet ◀──── 컨테이너를 백그라운드에서 실행한다.
 $ curl localhost:8080 ◀──── curl을 사용해 컨테이너의 포트 출력을 확인한다.
 <!DOCTYPE html><html><body><center>
     <h2>Is Go 1.4 out yet?</h2>
     <h1>
         <a href="https://go.googlesource.com/go/+/go1.4">YES!</a>
     </h1>
</center></body></html>
```
컨테이너가 서비스하는
웹 페이지

Go 1.4를 사용할 수 있는지 알려주는 웹 페이지를 리턴하는 간단한 애플리케이션이다.

복제된 저장소를 둘러보면 도커 파일이 단 두 줄임을 알 수 있을 것이다!

목록 4.31 onyet 도커 파일

```
FROM golang:onbuild ◀──── Golang:onbuild 이미지에서 빌드를 시작한다.
EXPOSE 8080 ◀──── 8080 포트를 노출한다.
```

아직 혼란스럽다면, 좋다! golang:onbuild 이미지의 도커 파일을 살펴보면 더 이해할 수 있을 것이다.

목록 4.32 golang:onbuild 도커 파일

go app을 실행하기 위해 결과 이미지에 대한 커맨드를 go-wrapper를 호출하는 것으로 설정한다.

```
FROM golang:1.7  ◄──── golang:1.7 이미지를 기반으로 사용한다.
RUN mkdir -p /go/src/app  ◄──── 애플리케이션을 저장할 디렉토리를 생성한다.
WORKDIR /go/src/app  ◄──── 해당 디렉토리로 이동한다.
CMD ["go-wrapper", "run"]
ONBUILD COPY . /go/src/app  ◄──── 첫 번째 ONBUILD 커맨드는 도커 파일의 문맥에 있는 코드를 이미지에 복사한다.
ONBUILD RUN go-wrapper download
ONBUILD RUN go-wrapper install  ◄──── 세 번째 ONBUILD
```

두 번째 ONBUILD 커맨드는 go-wrapper 커맨드를 사용해 의존성 라이브러리를 다운로드한다.

도커 파일의 FROM 지시자 다음에 golang:onbuild 이미지를 사용한다면 golang:onbuild 이미지가 무엇을 수행할지 정의한다. 그 결과 도커 파일이 golang:onbuild 이미지를 기반으로 사용할 때 FROM 이미지가 다운로드되자마자 ONBUILD 커맨드가 실행된다. 이미지를 덮어쓰지 않았다면 결과 이미지가 컨테이너로 실행될 때 CMD가 실행될 것이다.

이제 의미있는 docker build 커맨드 출력을 볼 수 있다.

```
Step 1 : FROM golang:onbuild
 onbuild: Pulling from library/golang
 6d827a3ef358: Pull complete
 2726297beaf1: Pull complete
 7d27bd3d7fec: Pull complete
 62ace0d726fe: Pull complete
 af8d7704cf0d: Pull complete
 6d8851391f39: Pull complete
 988b98d9451c: Pull complete
 5bbc96f59ddc: Pull complete
 Digest: sha256:
➡ 886a63b8de95d5767e779dee4ce5ce3c0437fa48524aedd93199fb12526f15e0
 Status: Downloaded newer image for golang:onbuild
```

FROM 지시자가 실행돼 golang:onbuild 이미지가 다운로드된다.

```
# Executing 3 build triggers... ◄──── 도커 빌드는 ONBUILD 지시자를 실행한다는 의도를 나타낸다.
 Step 1 : COPY . /go/src/app ◄──── 첫 번째 ONBUILD 지시자는 도커 파일의 문맥에 있는 Go 코드를 빌드에 복사한다.
 Step 1 : RUN go-wrapper download ◄──── 두 번째 ONBUILD 지시자가 실행돼 go-wrapper를 다운로드한다.
 ---> Running in c51f9b0c4da8
+ exec go get -v -d ◄──── go-wrapper 호출은 셸에서 go get을 호출한다.
 Step 1 : RUN go-wrapper install ◄──── 애플리케이션을 설치하는 세 번째 ONBUILD 지시자가 실행된다.
 ---> Running in adaa8f561320
```

```
+ exec go install -v ◄─────── go-wrapper 호출은 설치하기 위해 셸을 호출한다.
 app
 ---> 6bdbbeb8360f
Removing intermediate container 47c446aa70e3        ONBUILD 커맨드의 결과로 빌드된
 Removing intermediate container c51f9b0c4da8        3개의 컨테이너는 삭제된다.
 Removing intermediate container adaa8f561320

 Step 2 : EXPOSE 8080 ◄────── 도커 파일의 두 번째 라인의 EXPOSE 지시자가 실행된다.
  ---> Running in 564d4a34a34b
 ---> 5bf1767318e5
Removing intermediate container 564d4a34a34b
Successfully built 5bf1767318e5
```

기술 28의 결과는 도커 이미지를 실행하는 데 필요한 코드만 포함하는 이미지를 쉽게 생
성할 수 있다. 빌드 툴을 도커 이미지에 저장하면 도커 이미지가 필요 이상으로 커질 뿐
만 아니라 실행 중인 컨테이너의 보안 공격 가능성이 커진다.

토론

도커와 Go는 현재 유행하는 기술이어서 어떻게 ONBUILD가 Go 바이너리를 빌드하는 데
사용될 수 있는지를 보여준다.

ONBUILD 도커 이미지의 다른 예시로 도커 허브에서 사용할 수 있는 node:onbuild와
python:onbuild 도커 이미지가 있다.

두 도커 이미지로 자체 ONBUILD 이미지를 구축할 수 있는 영감을 얻기를 바란다. 표준화
는 다른 팀 간의 임피던스 불일치impedance mismatch를 훨씬 더 줄이는 데 도움이 된다.

|**옮긴이의 참고**| 임피던스 불일치는 보통 기존 관계형 데이터베이스와 프로그래밍 언어 간의 데
이터 구조, 기능 등의 차이에서 나온 개념으로 출발했다. 점차 데이터베이스 운영자(DBA)와 개발
자 간의 문제 인식과 해결 방식 차이로 점차 넓혀가고 있으며 현재는 그 이상의 개념으로 팀 간의
문화, 기술, 이해도 등의 불일치를 얘기하는 용어로 널리 사용되고 있다.

요약

- 로컬 머신과 인터넷 파일을 이미지에 추가할 수 있다.
- 캐싱은 이미지를 생성하는 데 중요하다. 캐싱은 변덕스러운 구석이 있어 가끔 원하는 방향으로 도달하도록 조치를 취해야 한다.
- 빌드 매개변수를 사용하거나 ADD 지시자로 캐싱을 정리한다. no-cache 옵션을 사용해 캐싱을 완전히 무시할 수 있다.
- ADD 지시자는 빌드 이미지에 로컬 파일과 디렉토리를 주입하는 데 사용된다.
- 시스템 설정이 도커 내부에서 여전히 관련될 수 있다.
- 도커 이미지에 빌드의 각 단계에 태그를 지정하는 기술(기술 27)을 사용해 빌드 프로세스를 디버깅할 수 있다.
- 컨테이너에 타임존을 설정할 때, 특히 미국 이외의 회사나 다국적 기업 환경에서 매우 유용하다.
- ONBUILD 도커 이미지는 사용자 정의 빌드를 전혀 지정할 필요가 없어서 사용하기가 매우 쉽다.

5

실행 중인 컨테이너

도커를 사용할 때 컨테이너를 실행하지 않으면 제대로 이해할 수 없다. 도커의 모든 기능을 사용하려면 이해해야 할 내용들이 많다.

5장에서는 컨테이너 실행과 관련된 세부 내용과 구체적인 사용 사례를 살펴보고 볼륨을 사용하는 방법을 살펴본다.

5.1 실행 중인 컨테이너

이 책에서 실행 중인 컨테이너를 많이 다루지만 호스트에서 컨테이너를 실행하는 실용적인 기술은 바로 이해하기가 어렵다. GUI 애플리케이션의 동작 방법, 원격 시스템에서 컨테이너를 시작하는 방법, 컨테이너의 상태와 소스 이미지를 검사하는 방법, 컨테이너를 종료하는 방법, 원격 머신의 데몬 관리 방법, 와일드카드 DNS 서비스를 사용해 쉽게 테스트할 수 있는 방법을 살펴볼 것이다.

기술 29 도커에서 실행되는 GUI

기술 19에서 VNC 서버를 사용해 도커 컨테이너에서 서비스되는 GUI를 살펴봤다. 이 기술은 도커 컨테이너 안의 애플리케이션을 살펴볼 수 있는 방법이고 VNC 클라이언트에서만 사용해야 하는 독립형 애플리케이션이다.

데스크톱에서 GUI를 가볍고 잘 통합할 수 있는 실행 방법이 있긴 하나 사용자가 설정해야 할 사항이 많다. X 서버와의 통신을 관리하는 호스트의 디렉토리를 마운트해 컨테이너에 접근할 수 있다.

문제

일반 데스크톱 애플리케이션인 것처럼 컨테이너에서 GUI를 실행하고 싶다.

해결책

사용자 인증 정보와 프로그램으로 이미지를 생성하고 X 서버를 이미지에 바인드 마운트bind mount한다.

그림 5.1은 최종 설정의 동작 방식을 보여준다.

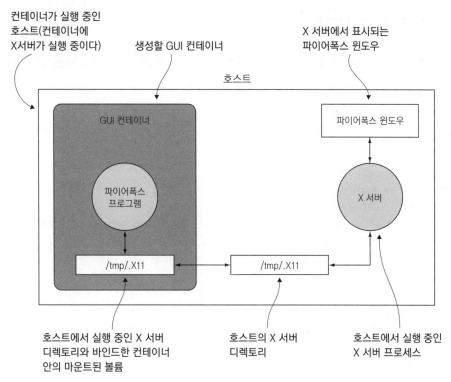

컨테이너가 실행 중인
호스트(컨테이너에
X서버가 실행 중이다)

생성할 GUI 컨테이너

X 서버에서 표시되는
파이어폭스 윈도우

호스트

GUI 컨테이너

파이어폭스 윈도우

파이어폭스
프로그램

X 서버

/tmp/.X11

/tmp/.X11

호스트에서 실행 중인 X 서버
디렉토리와 바인드한 컨테이너
안의 마운트된 볼륨

호스트의 X 서버
디렉토리

호스트에서 실행 중인
X 서버 프로세스

▲ **그림 5.1** 호스트의 X 서버와 통신하기

컨테이너는 호스트의 /tmp/.X11 디렉토리 마운트를 통해 호스트에 연결된다. 따라서 컨테이너는 호스트의 데스크톱에서 작업을 수행할 수 있다.

먼저 새로운 디렉토리를 생성하고 목록 5.1에 표시된 **id** 커맨드로 사용자 ID나 그룹 ID를 결정한다.

목록 5.1 디렉토리 설정과 사용자 세부 정보 확인하기

```
$ mkdir dockergui
$ cd dockergui
$ id  ◄──── 도커 파일에 필요한 사용자 정보를 얻는다.
 uid=1000(dockerinpractice) \  ◄──── 사용자 ID(uid)를 잘 적어둔다. 사용자 ID는 1000이다.
 gid=1000(dockerinpractice) \  ◄──── 그룹 ID(gid)를 잘 적어둔다. 그룹 ID는 1000이다.
 groups=1000(dockerinpractice),10(wheel),989(vboxusers),990(docker)
```

다음과 같이 'Dockerfile'을 생성한다.

목록 5.2 도커 파일 내부에서 파이어폭스 생성하기

```
FROM ubuntu:14.04

RUN apt-get update
RUN apt-get install -y firefox ◀─────┐  파이어폭스를 GUI 애플리케이션으로 설치한다.
                                     └  파이어 폭신 대신 원하는 어떤 애플리케이션으로도 바꿀 수 있다.

                                       도커 이미지에 호스트 그룹을 추가한다.
RUN groupadd -g GID USERNAME ◀──────   GID에 그룹 ID를 USERNAME에 사용자 이름으로 교체한다.
RUN useradd -d /home/USERNAME -s /bin/bash \
▶─m USERNAME -u UID -g GID
  USER USERNAME ◀────── 도커 이미지는 생성한 사용자로 실행돼야 한다. USERNAME를 사용자 이름으로 교체한다.
  ENV HOME /home/USERNAME ◀────── HOME 변수를 설정한다. USERNAME를 사용자 이름으로 교체한다.
  CMD /usr/bin/firefox ◀────── 기본적으로 시작할 때 파이어폭스를 실행한다.
도커 이미지에 사용자 계정을 추가한다.
USERNAME에 사용자 이름을, UID에 사용자 ID를, GID는 그룹 ID로 교체한다.
```

이제 도커 파일을 사용해 'gui'라는 태그를 지정해 빌드할 수 있다.

```
$ docker build -t gui .
```

다음과 같이 실행한다.

```
                                                        X 서버 디렉토리를 컨테이너에
$ docker run -v /tmp/.X11-unix:/tmp/.X11-unix \ ◀─────  바인드 마운트한다.
▶─h $HOSTNAME -v $HOME/.Xauthority:/home/$USER/.Xauthority \
  -e DISPLAY=$DISPLAY gui ◀────── 컨테이너에 적절한 자격 증명을 제공한다.
컨테이너의 DISPLAY 변수를 호스트에서 사용하는 것과 똑같이 설정해 프로그램이
어느 X 서버와 통신할 것인지 알 수 있게 한다.
```

파이어폭스 윈도우가 실행된 것을 볼 수 있다.

토론

기술 29를 사용해 데스크톱 작업과 개발 작업이 섞이는 부분을 방지할 수 있다. 예를 들어 파이어폭스를 사용하면 웹 캐시, 책갈피, 검색 히스토리 없이 테스트 목적으로 반복해서 애플리케이션이 어떻게 동작하는지 확인할 수 있다. 도커 이미지를 시작하고 파이어폭스를 실행할 경우 디스플레이를 열 수 없다는 에러 메시지가 표시되면 컨테이너가 호

스트의 그래픽 애플리케이션을 시작하는 방법은 기술 65를 참고한다.

게임을 포함해 도커에서 거의 모든 애플리케이션을 실행할 수 있다는 점을 이해해야 한다.

기술 30 컨테이너 검사하기

도커 커맨드는 도커 이미지와 컨테이너의 정보에 접근을 제공하지만 도커 객체의 내부 메타데이터도 더 알고 싶을 수 있다.

문제

컨테이너의 IP 주소를 찾고 싶다.

해결책

docker inspect 커맨드를 사용한다.

docker inspect 커맨드를 사용하면 IP 주소를 포함해 도커 내부 메타데이터를 JSON 포맷으로 확인할 수 있다. docker inspect 커맨드의 결과는 무척 길어서 이미지의 메타데이터의 일부분만 표시한다.

목록 5.3 특정 이미지에 docker inspect 커맨드를 실행했을 때의 결과 내용

```
$ docker inspect ubuntu | head
[{
    "Architecture": "amd64",
    "Author": "",
    "Comment": "",
    "Config": {
        "AttachStderr": false,
        "AttachStdin": false,
        "AttachStdout": false,
        "Cmd": [
            "/bin/bash"
$
```

이름이나 ID로 도커 이미지와 컨테이너를 검사할 수 있다. 분명히 메타데이터는 다를 것이다. 예를 들면 컨테이너에는 이미지에 결여될 '상태State'와 같은 런타임 필드가 있을 것이다(이미지에는 상태가 없다).

이때 호스트에서 컨테이너의 IP 주소를 확인하려면 docker inspect 커맨드에 format 매개변수를 사용할 수 있다.

목록 5.4 컨테이너의 IP 주소를 결정하기

```
docker inspect \ ◀──── docker inspect 커맨드
 --format '{{.NetworkSettings.IPAddress}}' \
0808ef13d450 ◀──── 검사할 도커 항목의 ID
```

> format 매개변수. 매개변수는 Go 템플릿(이 책에서는 설명하지 않음)을 사용해 출력을 형식화한다. format 매개변수 뒤의 IPAddress 필드는 docker inspect 출력의 NetworkSettings 필드를 얻는다.

기술 30은 인터페이스가 다른 도커 커맨드 인터페이스보다 더 안정적일 수 있을 때 자동화에 유용하다.

다음 커맨드는 실행 중인 모든 컨테이너의 IP 주소를 얻은 후 IP에 핑ping한다.

목록 5.5 실행 중인 컨테이너의 IP 주소를 얻은 후 각 IP 주소에 차례로 핑 수행하기

```
$ docker ps -q | \ ◀──── 실행 중인 모든 컨테이너의 컨테이너 ID를 얻는다.
 xargs docker inspect --format='{{.NetworkSettings.IPAddress}}' | \
 xargs -l1 ping -c1 ◀──── 각 IP 주소를 얻고 차례대로 핑을 실행한다.
 PING 172.17.0.5 (172.17.0.5) 56(84) bytes of data.
64 bytes from 172.17.0.5: icmp_seq=1 ttl=64 time=0.095 ms

--- 172.17.0.5 ping statistics ---
1 packets transmitted, 1 received, 0% packet loss, time 0ms
rtt min/avg/max/mdev = 0.095/0.095/0.095/0.000 ms
```

> 모든 컨테이너 ID에 docker inspect 커맨드를 실행해 IP 주소를 얻는다.

ping은 하나의 IP 주소만 받을 수 있기 때문에 추가 매개변수를 xargs에 전달해 각 개별 라인으로 커맨드를 실행하게 한다.

> **|팁|** 실행 중인 컨테이너가 없다면 docker run −d ubuntu sleep 1000 커맨드를 실행해 컨테이너를 실행시킨다.

토론

기술 47의 컨테이너를 검사하고 컨테이너에 접근하는 방법은 컨테이너가 동작하지 않는 이유를 알기 위해 디버깅할 때 가장 중요한 두 가지 방법이다. 컨테이너를 시작했는데 예기치 않은 동작이 일어났을 때 검사를 수행하면 도움이 된다. 제일 먼저 컨테이너를 검사해 도커에서 컨테이너의 포트와 볼륨 매핑이 제대로 수행됐지 확인해야 한다.

기술 31 ▶ 깨끗하게 컨테이너를 종료하기

컨테이너가 종료될 때 컨테이너의 상태가 중요하다면 docker kill과 docker stop 간의 차이를 이해하고 싶을 것이다. 데이터를 저장하기 위해 애플리케이션을 우아하게 종료해야 한다면 두 커맨드를 구별해야 한다.

문제

컨테이너를 깨끗하게 종료하고 싶다.

해결책

컨테이너를 깨끗하게 종료하려면 docker kill 대신 docker stop을 사용한다.

중요한 부분인데 docker kill은 표준 커맨드 커맨드 라인 kill 프로그램과 같은 방식으로 동작하지 않는다는 점을 이해해야 한다.

kill 프로그램에 별도로 알린 것이 없다면 지정된 프로세스에 TERM(시그널 값 15) 시그널을 전송해 동작한다. TERM 시그널는 프로그램이 종료돼야 함을 알리지만 강제로 프로그램을 종료하지 않는다. 대부분의 프로그램은 TERM 시그널을 받으면 어느 정도의 정리를 수행하지만 프로그램은 시그널을 무시하는 것을 포함해 원하는 것을 할 수 있다.

반면 KILL 시그널(시그널 값 9)는 지정된 프로그램을 강제로 종료시킨다.

혼란스럽게도 docker kill은 실행 중인 프로세스에 KILL 시그널을 사용하기 때문에 도커 안의 프로세스 종료를 처리할 수 없다. 즉 실행 중인 프로세스 ID를 포함하는 파일과 같은 남은 파일이 파일 시스템에 존재할 수 있다. 상태를 관리할 수 있는 애플리케이션의 성능에 따라 컨테이너를 다시 시작하면 문제가 발생하거나 발생하지 않을 수 있다.

더욱 혼란스러운 것은 docker stop 커맨드가 표준 kill 커맨드와 같은 역할을 해 TERM 시그널(표 5.1 참조)를 전송한다. 컨테이너가 멈추지 않으면 10초 동안 기다렸다가 KILL 시그널을 보낸다.

▼ **표 5.1** docker stop과 docker kill의 차이

커맨드	기본 시그널	기본 시그널 값
kill	TERM	15
docker kill	KILL	9
docker stop	TERM	15

kill을 사용할 때처럼 docker kill을 사용하지 않길 바란다. docker stop을 사용하는 습관을 갖는 편이 가장 좋다.

토론

docker stop을 사용하기를 권장하지만 docker kill은 --signal 매개변수를 통해 컨테이너로 전송되는 시그널을 선택할 수 있는 추가 설정이 있다. 이전에 살펴본 대로 기본값은 KILL이지만 TERM이나 덜 일반적인 유닉스 시그널 중 하나를 전송할 수도 있다.

컨테이너에서 시작할 애플리케이션을 작성할 때 USR1 시그널에 관심이 갈 수 있다. USR1은 애플리케이션에 애플리케이션이 원하는 부분을 수행할 수 있도록 명시적으로 예약된 시그널이다. 어떤 곳에서는 진행 정보나 동등한 정보를 출력하기 위해 사용될 수 있다. 적합하다고 생각하는 모든 곳에 USR1 시그널을 사용해도 된다. HUP는 인기 있는 시그널로써 설정 파일을 다시 읽고 '소프트 재시작^{soft restart}'을 수행하기 위해 서버와 오랫동안 실행하는 애플리케이션에 의해 해석된다. 물론 임의로 애플리케이션에 시그널을 보내기 전에 애플리케이션의 문서를 확인해야 한다.

| **옮긴이의 참고** | 소프트 재시작이란 HUP 시그널을 서버 프로세스에 보내 서버가 내부적으로 재시작하며 서버의 설정 파일을 다시 읽는 재시작 방식이다. 하드 스타트(hard restart)와 달리 프로세스가 종료되지 않는다.

기술 32 ▸ 도커 호스트에 배포하기 위해 도커 머신을 사용하기

로컬 머신에 어렵지 않게 도커를 설정했으리라 본다. 편의를 위해 사용할 수 있는 스크립트가 있거나 패키지 관리자에 적합한 소스를 추가하는 커맨드를 사용했을 텐데, 여러 호스트에 도커를 수동으로 설치할 때는 설치 작업이 다소 지루하다.

문제

머신의 별도 도커 호스트에 컨테이너를 실행하고 싶다.

해결책

도커 머신Docker Machine은 원격 머신의 도커 설치를 관리할 수 있는 도커의 공식 솔루션이다.

기술 32는 여러 외부 호스트에서 도커 컨테이너를 실행하고 싶을 때 유용하다. VM을 자체 물리 호스트 내부에서 실행할 수 있도록 배포함으로써 도커 컨테이너 간의 네트워킹을 테스트하고 VPS 공급자를 통해 보다 강력한 머신에 컨테이너를 배포할 수 있다. 또한 비정상 실험을 통해 호스트를 추적하고 여러 클라우드 공급업체에서 실행할 수 있는 선택권을 갖기 위해 배포할 수 있다. 이유가 무엇이건 간에 도커 머신은 사용자에게 답을 줄 것이다. 또한 도커 머신은 도커 스웜Docker Swarm과 같은 오케스트레이션 툴을 사용하기 위한 관문이기도 하다.

도커 머신은 대체로 편리한 프로그램이다. 외부 호스트를 배포하기 위해 잠재적인 어려운 커맨드를 감싸서 사용하기 쉬운 커맨드로 변환한다. 베이그란트Vagrant에 익숙하다면 도커 머신을 사용할 때 비슷한 느낌이 들 것이다. 도커 머신은 일관된 인터페이스를 통해 다른 머신 환경을 배포하고 관리하는 것이 훨씬 간단하다. 2장의 아키텍처 개요를 다시 생각해 보면 도커 머신을 보는 한 가지 방법은 하나의 도커 클라이언트에서 다른 도커 데몬을 관리하는 것이 쉽다고 생각할 수 있다(그림 5.2 참조).

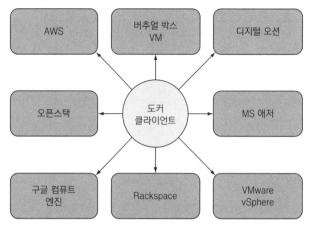

▲ **그림 5.2** 도커 머신을 외부 호스트의 클라이언트로 볼 수 있는 그림

그림 5.2의 도커 호스트 제공자 목록은 완벽하지 않으며 증가할 가능성이 높다. 이 글을 쓸 당시에는 다음과 같은 드라이버를 사용할 수 있어서 다음 도커 호스트 제공자를 배포할 수 있었다.

- 아마존 웹 서비스^{AWS, Amazon Web Services}
- 디지털 오션^{DigitalOcean}
- 구글 컴퓨트 엔진^{Google Compute Engine}
- IBM SoftLayer
- 마이크로소프트 애저^{Microsoft Azure}
- 마이크로소프트 Hyper−V
- 오픈스택^{OpenStack}
- 오라클 버추얼 박스^{Oracle VirtualBox}
- Rackspace
- VMware Fusion
- VMware vCloud Air
- VMware vSphere

머신에 배포할 때 반드시 지정해야 하는 옵션은 드라이버가 제공하는 기능에 따라 크게 달라진다. 가령 머신의 오라클 버추얼 박스 VM을 배포할 때 create 하위 커맨드를 사용하면 3개의 매개변수만 사용하면 되지만, 오픈스택을 배포할 때는 17개의 매개변수를 사용해야 한다.

> |참고| 도커 머신은 도커를 이용한 클러스터링 솔루션이 아니다. 도커 스웜과 같은 다른 툴은 도커에 클러스터링 기능을 수행하고 나중에 기능을 살펴볼 것이다.

설치

도커 머신을 설치하려면 직접 바이너리 파일을 다운로드해 설치한다. https://github. com/docker/machine/releases에서 다양한 아키텍처에 관한 다운로드 링크와 설치 지침을 확인할 수 있다.

> |참고| 바이너리 파일을 /usr/bin과 같은 표준 경로로 옮기고 싶을 것이다. 다운로드한 바이너리 파일에 아키텍처에 관한 긴 이름을 붙일 수 있기 때문에 표준 경로에 옮기기 전에 파일 이름을 변경하거나 docker-machine에 심볼링 링크로 연결돼 있는지 확인해야 한다.

도커 머신 사용

도커 머신이 제대로 동작하는지 확인하려면 먼저 작업할 수 있는 도커 데몬을 포함하는 VM을 생성한다.

> |옮긴이의 참고| 도커 머신이 제대로 동작하는 지 확인하려면 오라클의 버추얼 박스를 설치해야 한다. 버추얼 박스는 대부분의 패키지 매니저에서 많이 사용되고 있다.

docker-machine의 하위 커맨드 create를 사용해 새로운 호스트를 생성하고
—-driver 매개변수 다음에 호스트 타입을 지정한다. 호스트 이름을 host1로 지정했다.

```
$ docker-machine create --driver virtualbox host1 ◄
INFO[0000] Creating CA: /home/imiell/.docker/machine/certs/ca.pem
```

```
INFO[0000] Creating client certificate:
➥ /home/imiell/.docker/machine/certs/cert.pem
INFO[0002] Downloading boot2docker.iso to /home/imiell/.docker/machine/cache/
➥ boot2docker.iso...
INFO[0011] Creating VirtualBox VM...
INFO[0023] Starting VirtualBox VM...
INFO[0025] Waiting for VM to start...
INFO[0043] "host1" has been created and is now the active machine.  ◀──
INFO[0043] To point your Docker client at it, run this in your shell:

$(docker-machine env host1) ◀──
```

이제 도커 머신이 생성됐다.

커맨드를 실행해 DOCKER_HOST 환경 변수를 설정한다.
해당 환경 변수에 도커 커맨드가 실행될 기본 호스트를 설정한다.

베이그란트를 사용해 본 적이 있다면 이 부분에서 편안함을 느낄 것이다. 이전 커맨드를 실행해 도커를 관리할 수 있는 머신을 생성했다. 출력에 표시된 커맨드를 따라 실행하면 새로운 VM에 직접 SSH를 사용할 수 있다.

$()는 docker-machine env 커맨드의 출력을 얻고 현재 환경에 적용한다.
docker-machine env 커맨드는 커맨드 집합을 출력해 도커 커맨드의 기본 호스트를 설정하는 데 사용할 수 있다.

```
$ eval $(docker-machine env host1) ◀──
$ env | grep DOCKER ◀── 모든 환경 변수 이름에 DOCKER_가 붙는다.
DOCKER_HOST=tcp://192.168.99.101:2376 ◀── DOCKER_HOST 변수는 VM의 도커 데몬의 엔드 포인트다.
DOCKER_TLS_VERIFY=yes
DOCKER_CERT_PATH=/home/imiell/.docker/machine/machines/host1
DOCKER_MACHINE_NAME=host1
$ docker ps -a ◀──
CONTAINER ID    IMAGE    COMMAND    CREATED    STATUS    PORTS    NAMES
$ docker-machine ssh host1 ◀── ssh 하위 커맨드를 통해 새로운 VM에 직접 접근한다.
```

변수는 새로운 호스트에 관한 커넥션의 보안 측면을 처리한다.

이제 도커 커맨드는 이전에 사용한 호스트 머신이 아닌 사용자가 생성한 VM 호스트를 가리킨다. 새로운 VM에 어떠한 컨테이너도 생성한 적이 없기에 출력이 없다.

```
                        ##         .
                  ## ## ##        ==
               ## ## ## ##       ===
           /"""""""""""""""""\___/ ===
      ~~~ {~~ ~~~~ ~~~ ~~~~ ~~ ~ /  ===- ~~~
           _____ o           __/
             \    \         __/
              _____/

 _                 _   ____     _            _
| |__   ___   ___ | |_|___ \ __| | ___   ___| | _____ _ __
| '_ \ / _ \ / _ \| __| __) / _` |/ _ \ / __| |/ / _ \ '__|
| |_) | (_) | (_) | |_ / __/ (_| | (_) | (__|   <  __/ |
|_.__/ \___/ \___/ \__|_____,_|\___/ \___|_|\_\___|_|
```

```
Boot2Docker version 1.5.0, build master : a66bce5 - Tue Feb 10 23:31:27 UTC 2015
Docker version 1.5.0, build a8a31ef
docker@host1:~$
```

호스트 관리

하나의 클라이언트 머신에서 여러 도커 호스트를 관리할 때 어떤 일들이 일어나고 있는지 추적하기가 어려울 때가 있다. 도커 머신은 표 5.2와 같이 추적을 단순화하기 위해 다양한 관리 커맨드를 제공한다.

▼ 표 5.2 도커-머신 커맨드 목록

하위 커맨드	동작
create	새로운 머신을 생성한다.
ls	도커 호스트 머신을 출력한다.
stop	머신을 중지한다.
start	머신을 시작한다.
restart	머신을 중지하고 시작한다.
rm	머신을 종료한다.
kill	머신을 정리한다.
inspect	머신의 메타 데이터 정보를 JSON 포맷으로 보여준다.
config	머신에 연결하는 데 필요한 설정 정보를 보여준다.
ip	머신의 IP 주소를 보여준다.
url	머신의 도커 데몬의 URL을 보여준다.
upgrade	호스트의 도커 버전을 최신 버전으로 업그레이드한다.

다음 예시에서 두 대의 머신을 확인한다. 동작 중인 머신은 별표와 함께 표시된다. 별표는 머신의 상태와 관련이 있고 컨테이너나 프로세스의 상태와 비슷하다.

```
$ docker-machine ls
NAME    ACTIVE  DRIVER      STATE    URL                             SWARM
host1           virtualbox  Running  tcp://192.168.99.102:2376
host2   *       virtualbox  Running  tcp://192.168.99.103:2376
```

토론

커맨드 결과를 보면 머신을 프로세스로 변환한 것으로 볼 수 있다. 마치 도커 자체 환경이 프로세스로 바뀐 것처럼 보인다.

'여러 호스트에 분산된 컨테이너를 수동으로 관리할 수 있는 도커 머신 설정을 사용할까?'라고 생각할 수 있겠으나, 컨테이너를 수동으로 종료하고 코드를 변경하고 다시 빌드하고 재시작하는(이 책의 4부를 살펴보길 바란다) 지루한 일은 컴퓨터가 완벽하게 잘 할 수 있다. 기술 87에서 자동 컨테이너 클러스터를 생성할 수 있는 도커사의 공식 솔루션을 다룬다. 클러스터의 통합 뷰 개념을 좋아하고 컨테이너가 종료될 때 제어하고 싶다면 기술 84가 매력적일 것이다.

기술 33 ▶ 와일드카드 DNS

도커로 작업할 때는 보통 중앙 서비스나 외부 서비스를 참조해야 하는 컨테이너를 많이 운영한다. 이런 시스템을 테스트하거나 개발할 때 서비스에 정적 IP 주소를 사용한다. 그러나 오픈시프트와 같은 많은 도커 기반 시스템에서는 IP 주소가 충분하지 않다. 그런 애플리케이션은 DNS 조회가 있어야 한다.

서비스를 실행하는 호스트에서 /etc/hosts 파일을 수정하는 방법이 해결책이지만 항상 가능하지는 않다. 파일 수정에 접근 권한이 없을 수 있다. 따라서 어느 쪽도 항상 실용적이지 않다. 유지보수할 호스트가 너무 많다거나 다른 맞춤형 DNS 조회 캐시가 방해가 될 수 있다.

이때 '실제' DNS 서버를 사용하는 솔루션이 있다.

문제

특정 IP 주소에 DNS 해석 가능한 URL이 필요하다.

해결책

DNS 설정 없이 IP 주소를 URL로 해석하는 DNS로 NIP.IO 웹 서비스를 사용한다.

NIP.IO는 정말 간단하다. NIP.IO은 사용자의 IP 주소를 자동으로 URL로 바꾸는 웹 기반 서비스다. "http://IP.nip.io" 형태의 URL의 'IP' 섹션에 원하는 IP 주소를 바꾸기만하면 된다.

URL에서 확인할 IP 주소는 "10.0.0.1"이라 한다. URL은 아래처럼 보일 것이다.

   http://myappname.10.0.0.1.nip.io

여기 myappname은 애플리케이션의 기본 설정 이름이다. 10.0.0.1은 URL에서 해석할 IP 주소를 가리킨다. nip.io는 DNS 조회 서비스를 관리하는 인터넷의 '실제' 도메인이다.

myappname. 부분은 선택 사항이라 주어진 URL은 동일한 IP 주소로 해석된다.

   http://10.0.0.1.nip.io

토론

기술 33은 도커 기반의 서비스를 사용할 때뿐 아니라 모든 종류의 문맥에서 유용하다.

기술 33은 DNS 요청을 외부에 보내 사용자의 내부 IP 주소의 정보를 표시하기 때문에 상용 환경이나 적절한 UAT[User Acceptance Testing] 환경에 적합하지 않다. 하지만 개발 환경에서는 매우 편리한 툴이 될 수 있다.

서비스를 HTTPS로 사용 중이라면 사용하는 URL을 인증서에 제대로 적용했는지 확인해야 한다.

5.2 볼륨-영속성 이슈

컨테이너는 강력한 개념이지만 접근하고 싶은 모든 것을 캡슐화할 준비가 돼있지는 않다. 테스트용으로 연결하고 싶은 큰 클러스터에 저장되는 오라클 데이터베이스를 참고할 수 있다. 또는 쉽게 복제하기 어려운 바이너리가 이미 설치된 큰 레거시 서버를 이미 갖고 있기도 하다.

도커로 작업할 때 접근하고 싶은 대부분의 파일은 컨테이너 외부에 존재하는 데이터와 프로그램일 것이다. 이 책에서 정교한 컨테이너 패턴(데이터 컨테이너와 개발 툴 컨테이너)으로 호스트의 파일을 간단히 마운트mount할 것이다. 또한 SSH 연결만 필요로 하는 네트워크를 통해 원격으로 마운트할 수 있는 실용적인 예시를 소개하려 한다. 비트토렌트BitTorrent 프로토콜을 통해 다른 사용자들과 데이터를 공유하는 방법을 살펴볼 것이다.

볼륨은 도커의 핵심 부분이고 외부 데이터 참조 문제는 도커 생태계에서 급변하는 영역 중 하나다.

기술 34 〉 도커 볼륨: 영속성 이슈

컨테이너는 환경 파일 시스템의 상태를 캡슐화한다는 대단한 기능이 있다.

하지만 파일을 컨테이너에 저장하고 싶지 않을 때가 있다. 컨테이너 간에 공유하거나 별도로 관리하길 원하는 큰 파일이 있는데, 예로 컨테이너에서 접근하고 싶은 큰 중앙 집중식 데이터베이스가 있다. 그러나 다른(아마도 기존) 클라이언트도 새로 추가된 컨테이너와 함께 접근하기를 원할 수 있다.

해결책은 컨테이너의 수명 주기와 상관없이 파일을 관리할 수 있는 도커 메커니즘인 볼륨volume이다. 볼륨은 컨테이너가 '어디서나 배포될 수 있다'(예를 들어 마운트할 수 있는 호환 가능한 데이터베이스가 없는 곳에서 데이터베이스 의존 컨테이너를 배포할 수 없을 것이다)라는 철학에 반하는 것이지만, 실제 도커를 사용할 때 유용한 기능이다.

문제

컨테이너 안에서 호스트 파일에 접근하고 싶다.

해결책

컨테이너 안에서 호스트 파일에 접근하려면 도커 볼륨 매개변수를 사용한다. 그림 5.3은 호스트의 파일 시스템과 상호 작용하기 위한 볼륨 매개변수의 사용을 보여준다.

다음 커맨드는 컨테이너의 /var/data1에 호스트의 /var/db/tables 디렉토리를 마운트하라고 알린다. 그림 5.3의 컨테이너를 시작하기 위해 다음 커맨드를 실행할 수 있다.

```
$ docker run -v /var/db/tables:/var/data1 -it debian bash
```

-v 매개변수(또는 --volume)는 컨테이너의 외부 볼륨이 필요함을 나타낸다. -v 매개변수 다음에 콜론으로 구분된 두 개의 디렉토리 형태로 볼륨 명세를 제공한다(도커에 외부 /var/db/tables 디렉토리를 컨테이너의 /var/data1 디렉토리에 매핑하도록 알린다). 외부 디렉토리와 컨테이너 디렉토리 모두 존재하지 않는다면 두 디렉토리가 생성될 것이다.

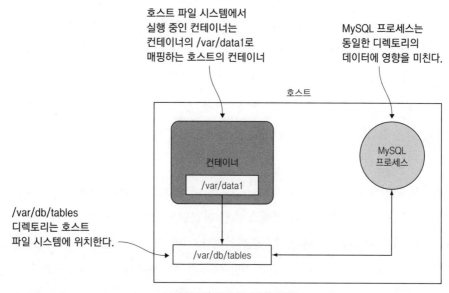

▲ **그림 5.3** 컨테이너 안의 볼륨

기존 디렉토리의 매핑에 주의한다. 디렉토리가 이미지에 이미 존재하더라도 컨테이너 디렉토리가 매핑될 것이다. 즉 컨테이너 안에서 매핑하고 있는 디렉토리가 사실상 사라지게 된다는 것을 뜻한다. 주요 디렉토리를 매핑하면 재미있는 일들이 일어날 것이다! 예를 들어 /bin 디렉토리에 비어 있는 디렉토리를 마운트해보길 바란다.

또한 볼륨이 도커 파일에서 지속되지 않는 것으로 가정된다는 점에 주의한다. 볼륨을 추가한 후 도커 파일에서 볼륨 디렉토리를 바꾸면 변경 내용이 결과 이미지에 반영되지 않는다.

> **|경고|** 호스트가 SELinux를 실행하면 어려움에 처할 수 있다. 호스트에 SELinux 정책이 적용되면 컨테이너에서 /var/db/tables 디렉토리에 파일을 저장할 수 없을 것이다. '허용 거부' 에러가 나타날 것이다. 문제를 해결하려면 시스템 담당자와 대화하거나(시스템 담당자가 있다면) 개발 목적으로 SELinux를 사용하지 않도록 해야 한다. SELinux의 자세한 내용은 기술 113을 참고한다.

토론

호스트의 파일을 컨테이너에 노출하는 것은 개별 컨테이너에서 실험할 때 수행하는 가장 일반적인 운영 작업 중 하나다. 컨테이너는 임시적이어야 하고 특정 컨테이너 안에 있는 일부 파일을 작업하는 데 상당한 시간이 걸린 후에 해당 컨테이너를 없애는 것은 너무 쉽다. 무슨 일이 있어도 파일이 안전하다고 확신하는 것이 좋다.

기술 114의 방법을 살펴보면 파일을 컨테이너에 복사하는 일반적인 오버헤드가 존재하지 않는다는 장점도 있다. 기술 77처럼 데이터베이스의 크기가 커지면 확실히 볼륨을 사용하는 방법이 좋다.

마지막으로 기술 45가 적용된 기술로 `-v /var/run/docker.sock:/var/run/docker.sock`를 사용하는 기술을 소개한다. 특수 유닉스 소켓 파일을 컨테이너에 노출하는 것으로서 중요한 기술임을 뒤에서 설명한다. 즉 볼륨 처리가 '일반' 파일에 국한되지 않는다는 것을 의미한다. 또한 더 특이한 파일 시스템 기반 사용 사례를 허용한다. 그러나 예를 들어 장치 노드에서 사용 권한 이슈가 발생하면 기술 93을 참고해 `--privileged` 매개변수를 사용하면 된다.

RESILO SYNC를 사용한 분산 볼륨

한 팀에서 도커로 실험할 때 팀 구성원 간에 대량의 데이터를 공유하고 싶은데 용량이 충분한 공유 서버 자원을 할당받지 못할 수도 있다. 그렇다면 필요할 때마다 다른 팀원들로부터 최신 파일을 복사하는 방법으로 해결해야 한다. 단 대규모의 팀에서는 사용할 수 없다. 해결책으로 필수 전용 자원 대신 공유 파일을 지원하는 분산 툴을 사용하는 방법이 있다.

문제

인터넷을 통해 호스트 간 볼륨을 공유하고 싶다.

해결책

레실리오^{Resilio}라는 기술을 사용해 인터넷으로 볼륨을 공유한다.

그림 5.4는 레실리오 기술을 사용한 볼륨 설정을 보여준다.

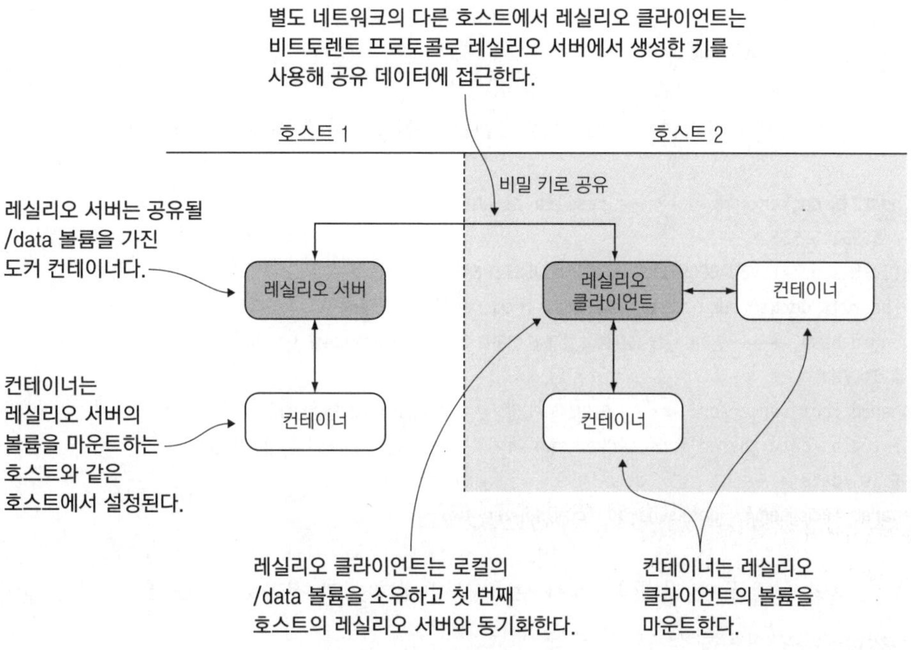

별도 네트워크의 다른 호스트에서 레실리오 클라이언트는 비트토렌트 프로토콜로 레실리오 서버에서 생성한 키를 사용해 공유 데이터에 접근한다.

호스트 1   호스트 2

비밀 키로 공유

레실리오 서버는 공유될 /data 볼륨을 가진 도커 컨테이너다.

레실리오 서버

레실리오 클라이언트

컨테이너

컨테이너는 레실리오 서버의 볼륨을 마운트하는 호스트와 같은 호스트에서 설정된다.

컨테이너

컨테이너

레실리오 클라이언트는 로컬의 /data 볼륨을 소유하고 첫 번째 호스트의 레실리오 서버와 동기화한다.

컨테이너는 레실리오 클라이언트의 볼륨을 마운트한다.

▲ **그림 5.4** 레실리오 사용하기

최종 결과는 복잡한 설정 없이 인터넷으로 편리하게 동기화된 볼륨(/data)이다.

주요 서버에서 다음 커맨드를 실행해 첫 번째 호스트에 컨테이너를 설정한다.

게시된 ctlc/btsync 이미지를 데몬 컨테이너로 실행하고
btsync 바이너리 파일을 호출하며 필요한 포트를 연다.

```
[host1]$ docker run -d -p 8888:8888 -p 55555:55555 \
 --name resilio ctlc/btsync
$ docker logs resilio  ◄──── 레실리오 컨테이너의 출력을 살펴보고 중요한 키를 히스토리한다.
 Starting btsync with secret: \
 ALSVEUABQQ5ILRS20QJKAOKCU5SIIP6A3  ◄──── 이 키를 히스토리한다. 실행 시 차이가 있을 것이다.
 By using this application, you agree to our Privacy Policy and Terms.
 http://www.bittorrent.com/legal/privacy
 http://www.bittorrent.com/legal/terms-of-use

 total physical memory 536870912 max disk cache 2097152
 Using IP address 172.17.4.121

[host1]$ docker run -i -t --volumes-from resilio \    ◄── 레실리오 서버의 볼륨을 사용해
 ubuntu /bin/bash                                          대화형 컨테이너를 실행한다.
$ touch /data/shared_from_server_one  ◄──── /data 볼륨에 파일을 추가한다.
 $ ls /data
shared_from_server_one
```

두 번째 서버에서 터미널을 열고 다음 커맨드를 실행하여 볼륨을 동기화한다.

```
[host2]$ docker run -d --name resilio-client -p 8888:8888 \
-p 55555:55555 \
ctlc/btsync ALSVEUABQQ5ILRS20QJKAOKCU5SIIP6A3 ◄── 호스트1에서 실행 중인 데몬에 의해 생성된 키를 사용해
                                                   레실리오 클라이언트 컨테이너를 데몬으로 시작한다.
 [host2]$ docker run -i -t --volumes-from resilio-client \
ubuntu bash  ◄──── 클라이언트 데몬에서 볼륨을 마운트하는 대화형 컨테이너를 시작한다.
 $ ls /data
shared_from_server_one  ◄──── 호스트1에서 생성된 파일이 호스트2로 전송된다.
 $ touch /data/shared_from_server_two  ◄──── 호스트2에 두 번째 파일이 생성된다.
 $ ls /data
shared_from_server_one   shared_from_server_two
```

호스트1의 실행 중인 컨테이너에서 보면 첫 번째 파일과 정확하게 호스트 간에 파일이
동기화됐음을 확인할 수 있다.

```
[host1]$ ls /data
shared_from_server_one   shared_from_server_two
```

토론

파일 동기화는 타이밍이 보장되지 않기 때문에 데이터가 동기화되길 기다려야 할 수도 있다. 특히 큰 파일일 때 그렇다.

경고

데이터가 인터넷으로 전송될 수 있고 사용자가 통제할 수 없는 프로토콜에 의해 처리되기 때문에 보안, 확장성, 성능 제약이 있다면 레실리오 기술을 의존하면 안 된다.

처음에 설명한 대로 기술 35에서 두 컨테이너 간에 동작하는 것을 시연했다. 또한 기술 35는 많은 팀 구성원이 수행해도 똑같이 수행돼야 한다. 버전 제어에 적합하지 않은 큰 파일의 명백한 사용 사례 외에 백업과 도커 이미지 자체도 포함될 수 있다. 기술 35가 기술 72와 같은 효율적인 압축 메커니즘을 함께 사용할 때 매우 유용하다.

충돌을 방지하려면 이미지가 항상 한 방향(예: 빌드 머신에서 많은 서버로)으로 이동하는지 확인하고 업데이트를 수행하기 위한 합의된 프로세스를 따르길 바란다.

기술 36 컨테이너의 배시 히스토리 유지하기

컨테이너 안에서 실험하고 끝낼 때 정리하면서 해방된 느낌이 든다. 편리한 부분인데 정리하면서 잊는 경우가 있다. 그중 하나가 컨테이너 안에서 실행한 일련의 커맨드다.

문제

컨테이너의 배시 히스토리를 호스트 히스토리와 함께 공유하고 싶다.

해결책

-e 매개변수, 도커 바운트, 배시 앨리애싱을 사용해 컨테이너의 배시 히스토리를 호스트와 자동으로 공유할 수 있다.

문제를 이해하기 위해 배시 히스토리를 잃어버리는 간단한 시나리오를 보여줄 것이다.

도커 컨테이너에서 실험하고 있다고 가정하자. 작업 도중에 흥미롭고 재사용할 수 있는 무언가를 수행한다. 예시에 간단한 echo 커맨드를 사용하지만 실제로는 echo 커맨드가 아니라 유용한 출력을 갖는 프로그램의 길고 복잡한 조합일 수 있다.

```
$ docker run -ti --rm ubuntu /bin/bash
$ echo my amazing command
$ exit
```

시간이 지나 이전에 실행했던 echo 커맨드를 다시 실행하고 싶을 수 있다. 불행히 echo 커맨드를 기억할 수 없고 스크롤할 터미널 세션도 없다. 습관적으로 호스트에서 배시 히스토리를 살펴보려 할 것이다.

```
$ history | grep amazing
```

배시 히스토리는 이제 막 삭제된 컨테이너 안에 보관돼 있지만 컨테이너가 반환된 호스트에는 어떤 배시도 저장돼 있지 않아서 이전 커맨드의 결과는 아무 것도 없다.

배시 히스토리를 호스트에 공유하려면 도커 이미지를 실행할 때 볼륨 마운트를 사용할 수 있다. 예를 들면 다음과 같다.

```
$ docker run -e HIST_FILE=/root/.bash_history \    ◀  배시가 수집한 환경 변수를 설정한다.
                                                       변수를 설정하면서 사용했던 배시 히스토리
                                                       파일이 마운트하려는 파일인지 알 수 있다.
  -v=$HOME/.bash_history:/root/.bash_history \     ◀  컨테이너의 루트의 배시 히스토리 파일을
  -ti ubuntu /bin/bash                               호스트의 배시 히스토리 파일에 매핑한다.
```

> |**팁**| 컨테이너의 배시 히스토리와 호스트 히스토리를 분리하고 싶다면 이전 -v 매개변수의 첫 번째 부분을 변경해야 한다.

매번 입력하려면 상당히 지루한 작업이므로 쉽게 사용하려면 ~/.bashrc 파일에 다음과 같은 앨리어스를 설정할 수 있다.

```
$ alias dockbash='docker run -e HIST_FILE=/root/.bash_history \
  -v=$HOME/.bash_history:/root/.bash_history
```

docker run 커맨드를 수행하고 싶다면 dockbash를 먼저 실행해야 해서 이 작업은 여전히 원활하지 않다. 원활한 환경을 위해 ~/.bashrc 파일에 다음을 추가한다.

목록 5.6 호스트 배시 히스토리를 자동으로 마운트하는 함수 앨리어스 지정하기

```
function basher() {  ◄──── 도커 커맨드를 처리하는 basher라는 배시 함수를 생성한다.
  if [[ $1 = 'run' ]]  ◄──── basher/docker의 첫 번째 매개변수가 'run'인지 확인한다.
  then
    shift  ◄──── 전달된 매개변수 목록에서 매개변수를 삭제한다.
    /usr/bin/docker run \  ◄──────────────────────
      -e HIST_FILE=/root/.bash_history \
      -v $HOME/.bash_history:/root/.bash_history "$@"  ◄──
  else
    /usr/bin/docker "$@"  ◄──── 원래 매개변수를 그대로 유지하면서 도커 커맨드를 실행한다.
  fi
}
alias docker=basher  ◄──┐
```

이전에 실행한 docker run 커맨드를 실행해 다음 도커 앨리어싱과 혼동하지 않도록 절대 경로의 도커 런타임을 호출한다. 함수를 구현하기 전에 호스트에서 'which docker' 커맨드를 실행해 절대 경로를 확인할 수 있다.

도커 런타임 다음에 'run' 매개변수를 전달한다.

커맨드 라인에서 docker 커맨드를 실행할 때 docker 커맨드는 basher 함수를 호출하도록 앨리어스로 지정된다. 즉 배시가 PATH에서 도커 바이너리 파일을 찾기 전에 docker 앨리어스 호출로 인식한다.

토론

다음에 배시 셸을 열어 docker run 커맨드를 실행하면 도커 컨테이너 안에서 실행되는 커맨드가 호스트의 배시 히스토리에 추가된다. 도커의 경로가 올바른지 확인한다. 예를 들어 /bin/docker에 존재할 수 있다.

> |**참고**| 배시 히스토리 파일을 변경하려면 호스트의 원래 배시 세션에서 로그아웃해야 한다. 이는 미묘한 배시 기능과 배시 기능이 메모리에 저장된 배시 히스토리를 어떻게 업데이트하는지에 기인한다. 내용이 의심스럽다면 모든 배시 세션을 종료한 후 최신 배시 히스토리가 존재하는지 확인하기 위해 새로 시작한다.

프롬프트를 포함하는 커맨드 라인 툴은 히스토리를 저장한다. 예를 들어 SQLite는 .sqlite_history 파일에 히스토리를 저장한다. 기술 102에 설명한 대로 도커에서 사용할 수 있는 통합 로깅 솔루션을 사용하고 싶지 않다면 애플리케이션에서 컨테이너의 외부 파일을 저장하게 한다. 로그 파일 관리log rotation과 같은 로깅의 복잡성을 알아두길 바란다. 단순한 로그 파일보다는 로그 디렉토리 볼륨을 사용하는 것이 더 간단할 수 있음을 의미한다.

호스트에서 볼륨을 많이 사용하면 컨테이너의 시작 관리가 까다로워질 수 있다. 또한 도커에서만 데이터를 관리할 수 있고 호스트에서 데이터에 접근할 수 없게 할 수도 있다. 데이터를 더욱 깨끗하게 관리하려면 데이터 전용 컨테이너 설계 패턴을 사용하는 방법이 있다.

문제

컨테이너 안에서 외부 볼륨을 사용하려고 하지만 도커에서만 파일에 접근하고 싶다.

해결책

데이터 컨테이너를 시작하고 다른 컨테이너를 실행할 때 --volumes-from 매개변수를 사용한다.

그림 5.5는 데이터 컨테이너 패턴의 구조와 동작 방법을 설명한다. 중요한 점은 두 번째 호스트에서 하는 작업이다. 다른 컨테이너는 데이터가 디스크의 어디에 존재하는지 알 필요가 없다는 것이다. 컨테이너는 데이터 컨테이너의 이름만 알면 된다. 따라서 도커 컨테이너의 이식성을 너 높일 수 있다.

호스트 디렉터리에 직접적으로 매핑하는 방식에 비해 파일에 관한 접근 관리를 도커가 관리한다는 것이 장점이다. 즉 도커가 아닌 프로세스에 의해 파일 내용이 영향 받을 가능성이 낮다.

> |참고| 사람들은 데이터 전용 컨테이너가 실행돼야만 하는지 혼란스러워한다. 그렇지 않다. 데이터 전용 컨테이너는 존재하기만 하면 된다. 호스트에서 컨테이너가 실행돼야 하고 삭제되지 않으면 된다.

호스트에는 세 개의 컨테이너를 운영하고 있다. 각 컨테이너를
실행할 때 --volume/-v 매개변수 다음에 호스트의 /var/db/tables
디렉토리를 가리키도록 했다. 여기에는 데이터 컨테이너가 없다.

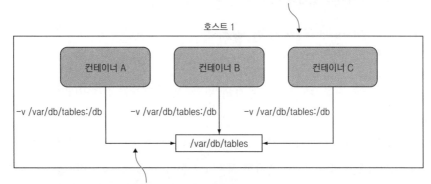

각 컨테이너에서 별도로 디렉토리를 마운트했다.
따라서 디렉토리의 위치가 변경되거나 마운트를
이동한다면 각 컨테이너별로 재설정을 수행한다.

호스트는 네 개의 컨테이너를 운영하고 있다.
이전 호스트의 세 개의 컨테이너는 모두 데이터
컨테이너를 가리키는 매개변수에서
--volumes-from 매개변수와 함께 실행된다.

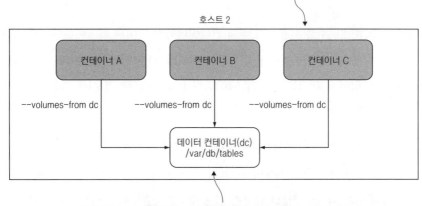

단일 데이터 컨테이너는 호스트의 볼륨을 마운트해 호스트의 데이터
마운트에 단일 책임 지점(single point of responsibility)을 생성한다.

▲ **그림 5.5** 데이터 컨테이너 패턴

기술 37을 사용하는 방법을 알기 위해 간단한 예시를 살펴보자.

먼저 데이터 컨테이너를 실행한다.

```
$ docker run -v /shared-data --name dc busybox \
  touch /shared-data/somefile
```

-v 매개변수는 볼륨을 호스트 디렉토리에 매핑하지 않기 때문에 컨테이너가 책임지는 범위에서 디렉토리를 생성한다. touch 커맨드를 통해 디렉토리에 단일 파일이 생성되고 컨테이너는 실행 중이다. 데이터 컨테이너를 사용하기 위해 데이터 컨테이너를 실행할 필요가 없다. 데이터 컨테이너 실행에 필요한 작지만 기능적인 busybox 이미지를 사용했다.

방금 생성한 파일에 접근하기 위해 다른 컨테이너를 실행한다.

```
$ docker run -t -i --volumes-from dc busybox /bin/sh
  / # ls /shared-data
  somefile
```

토론

--volumes-from 매개변수를 사용하면 현재 컨테이너에서 데이터 컨테이너의 파일을 마운트해 참조할 수 있다. 따라서 볼륨이 정의된 컨테이너 ID만 전달하면 된다. busybox 이미지에 bash가 없어서 dc 컨테이너의 /shared-data 디렉토리가 사용 가능한지 확인하려면 간단한 셸을 시작해야 한다.

지정한 데이터 컨테이너의 볼륨에서 읽고 저장할 수 있는 컨테이너를 모두 시작할 수 있다.

볼륨을 사용하기 위해 데이터 컨테이너 패턴을 사용할 필요는 없다. 사실 호스트 디렉토리에 간단하게 마운트하는 것보다 데이터 컨테이너를 사용하는 방법이 관리하기 더 어려울 수 있다. 그러나 호스트의 다른 프로세스가 오염되지 않도록 하고 도커에서 단일 지점으로 데이터를 관리하는 책임을 위임하고 싶을 때 데이터 컨테이너가 유용할 수 있다.

|경고| 애플리케이션이 여러 컨테이너에서 같은 데이터 컨테이너로 로깅한다면 고유한 파일 경로에 각 컨테이너 로그 파일이 저장되는지 확인하는 것이 중요하다. 그렇지 않으면 서로 다른 컨테이너가 로그 파일을 덮어쓰거나 잘려서 데이터가 손실되거나 엉킨 데이터를 사용할 수 있기 때문에 분석하기가 쉽지 않다. 비슷하게 데이터 컨테이너에서 —volumes-from을 호출한다면 컨테이너에서 잠재적으로 디렉토리를 덮어쓸 수 있게 허용하므로 이름이 충돌나지 않도록 주의한다.

데이터 컨테이너 패턴은 디스크 사용량이 많아 상대적으로 디버깅하기 어려울 수 있음을 인식해야 한다. 도커는 데이터 전용 컨테이너 안의 볼륨을 관리하고 마지막으로 참조하는 컨테이너가 종료될 때 볼륨을 삭제하지 않기 때문에 볼륨의 데이터는 유지된다. 따라서 원치 않는 데이터 손실을 방지하기 위한 것이다. 이 부분을 관리하는 방법을 기술 43에서 다룬다.

기술 38 ▶ SSHFS를 사용해 원격 볼륨 마운트하기

로컬 파일 마운팅을 살펴봤지만 원격 파일 시스템을 어떻게 마운트해야 할지 궁금할 것이다. 예를 들어 원격 서버에서 참고하는 데이터베이스를 공유해 마치 로컬 데이터베이스인 것처럼 처리하고 싶다고 가정하자.

이론적으로 호스트 시스템과 서버에 NFS를 설정한 후 NFS 디렉토리를 마운트해 파일 시스템에 접근하는 것이 가능하지만, SSH로 접근할 수 있는 한 사용자 대부분 서버에서 설정하지 않아도 처리할 수 있는 더 빠르고 간단한 방법이 있다.

|참고| 기술 38을 제대로 활용하려면 루트 권한이 필요하고 FUSE(리눅스의 "Filesystem in Userspace" 커널 모듈)가 설치돼 있어야 한다. 터미널에서 ls /dev/fuse를 실행해 fuse 파일이 존재 여부를 확인하고 설정없이 원격 디렉토리에 접근할 수 있는지 확인할 수 있다.

문제

서버 설정 없이 원격 파일 시스템을 마운트하고 싶다.

해결책

SSHFS라는 기술을 사용해 원격 파일 시스템을 마운트한다. 머신에서 마치 로컬인 것처럼 표시될 것이다.

기술 38은 SSH와 FUSE 커널 모듈을 사용해 파일 시스템에 표준 인터페이스를 제공하는 한편, 백그라운드에서는 SSH를 통해 모든 통신이 이뤄지도록 동작한다. 또한 SSHFS는 다양한 기능(예: 원격 파일 미리 읽기read-ahead)을 제공해 SSH로 연결된 파일이 로컬인 것처럼 느끼게 할 수 있다. 결론은 사용자가 원격 서버에 로그인하면 SSH로 연결된 파일을 로컬 파일처럼 볼 수 있다는 것이다. 그림 5.6은 관련 내용을 설명한다.

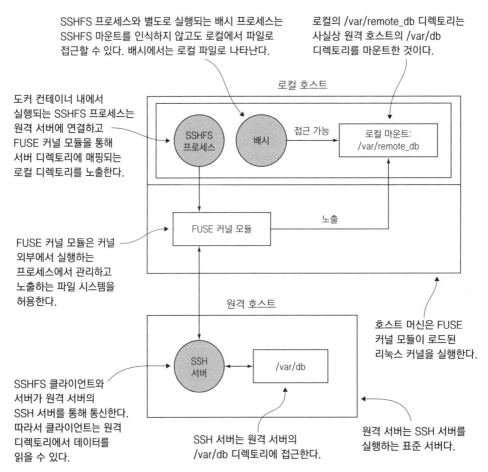

SSHFS 프로세스와 별도로 실행되는 배시 프로세스는 SSHFS 마운트를 인식하지 않고도 로컬에서 파일로 접근할 수 있다. 배시에서는 로컬 파일로 나타난다.

로컬의 /var/remote_db 디렉토리는 사실상 원격 호스트의 /var/db 디렉토리를 마운트한 것이다.

도커 컨테이너 내에서 실행되는 SSHFS 프로세스는 원격 서버에 연결하고 FUSE 커널 모듈을 통해 서버 디렉토리에 매핑되는 로컬 디렉토리를 노출한다.

로컬 호스트

SSHFS 프로세스

배시

접근 가능

로컬 마운트: /var/remote_db

FUSE 커널 모듈

노출

FUSE 커널 모듈은 커널 외부에서 실행하는 프로세스에서 관리하고 노출하는 파일 시스템을 허용한다.

원격 호스트

호스트 머신은 FUSE 커널 모듈이 로드된 리눅스 커널을 실행한다.

SSH 서버

/var/db

SSHFS 클라이언트와 서버가 원격 서버의 SSH 서버를 통해 통신한다. 따라서 클라이언트는 원격 디렉토리에서 데이터를 읽을 수 있다.

SSH 서버는 원격 서버의 /var/db 디렉토리에 접근한다.

원격 서버는 SSH 서버를 실행하는 표준 서버다.

▲ 그림 5.6 SSHFS를 사용한 원격 파일 시스템을 마운트하기

> |**경고**| 기술 38은 도커 볼륨 기능을 사용하지 않고 파일 시스템을 통해 파일을 볼 수 있지만, 컨테이너 레벨의 영속성을 제공하지 않는다. 원격 서버의 파일 시스템에서만 변경이 일어난다.

환경에 맞는 다음 커맨드를 실행한다.

첫 번째 단계는 호스트 머신에서 docker run 커맨드를 실행할 때 --privileged를 추가해 컨테이너를 시작하는 것이다.

```
$ docker run -t -i --privileged debian /bin/bash
```

도커 컨테이너가 실행되면 컨테이너에서 SSHFS를 설치하기 위해 apt-get update && apt-get install sshfs를 실행한다.

SSHFS가 성공적으로 설치되면 다음과 같이 원격 호스트에 접근할 수 있다.

```
$ LOCALPATH=/path/to/local/directory  ◀──── 원격 디렉토리에 마운트할 로컬 디렉토리를 선택한다.
$ mkdir $LOCALPATH  ◀──── 마운트할 로컬 디렉토리를 생성한다.
$ sshfs user@host:/path/to/remote/directory $LOCALPATH  ◀── 이 부분을 원격 호스트 사용자 이름, 원격
                                                             호스트 주소, 원격 경로로 교체한다.
```

방금 생성한 디렉토리의 원격 서버에서 경로 내용을 살펴볼 수 있다.

> |**팁**| 새로 생성한 디렉토리에 마운트하는 것은 가장 간단한 작업이다. 그러나 -o nonempty 옵션을 사용하면 파일을 갖고 있는 기존 디렉토리에 마운트할 수도 있다. 자세한 내용은 SSHFS 매뉴얼 페이지를 참고한다.

깨끗하게 원격 파일을 마운트 해제하려면 다음과 같이 fusermount 커맨드를 사용한다. 실제 사용할 때는 경로를 적절하게 교체한다.

```
fusermount -u /path/to/local/directory
containers (and on standard Linux machines) with minimal effort.
```

토론

최소한의 노력으로 컨테이너 내부와 표준 리눅스 머신에서 원격 마운트를 빠르게 수행할 수 있는 좋은 방법이다.

기술 38에서 SSHFS만 다뤘지만, SSHS를 잘 관리할 수 있다면 도커 안의 FUSE 파일 시스템에 멋진 세계가 열릴 것이다. Gmail에 데이터를 저장하는 것부터 많은 머신에 페타 데이터를 저장하는 분산 GlusterFS 파일 시스템까지 다양한 기회가 열려 있다.

기술 39 ▶ NFS를 사용해 데이터 공유하기

규모가 큰 회사에서는 NFS 공유 디렉토리를 이미 사용 중일 것이다. NFS는 중앙에서 관리하는 분산 파일 시스템으로서 파일을 처리하는 데 적합하다. 도커가 관심 받으려면 NFS 공유 파일에 접근할 수 있음을 강조하는 것이 매우 중요하다.

도커에서 바로 NFS를 지원하지 않는다. 모든 컨테이너에 NFS 클라이언트를 설치해 원격 디렉토리를 마운트하는 것이 모범 사례로 간주되지 않는다. 따라서 제한하는 접근 방법은 NFS 디렉토리를 직접 마운트하기보다 도커 친화적인 개념인 볼륨을 사용해 중계기 역할을 하는 하나의 컨테이너를 사용하는 것이다.

문제

NFS를 사용해 원격 파일 시스템에 원활하게 접근하고 싶다.

해결책

원격 NFS 파일 시스템을 접근할 때 인프라 데이터 컨테이너로 중계한다.

기술 38은 동작 중인 시스템 데이터를 관리하기 위해 데이터 컨테이너를 생성하는 기술 37을 기반으로 한다.

그림 5.7은 기술 38의 개념을 추상적으로 보여준다. NFS 서버는 내부 디렉토리를 /export 디렉토리로 노출해 호스트에 바인드 마운트^{bind-mount}한다. 그후 도커 호스트는 NFS 프로토콜을 사용해 /export 디렉토리를 /mnt 디렉토리에 마운트한다. 그러면 마운

트 디렉토리를 바인드 마운트하는 이른바 인프라 컨테이너가 생성된다.

그림 5.7을 처음 볼 때는 지나친 것으로 보일 수 있지만, 여러 도커 컨테이너를 사용 중일 때 간접적으로 참고할 수 있다는 장점이 있다. 도커 컨테이너에서 할 일은 이미 사전에 사용하기로 한 인프라 컨테이너의 볼륨을 마운트하는 것이다. 인프라를 책임지는 사람이라면 볼륨은 내부 배관, 가용성, 네트워크 등을 걱정할 수 있다.

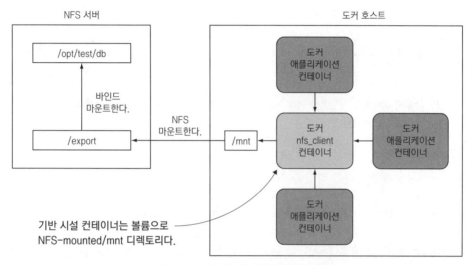

▲ **그림 5.7** NFS 접근을 중계하는 인프라 컨테이너

NFS를 자세히 설명하는 것은 이 책의 범위를 벗어난다. 기술 38에서 같은 호스트의 NFS 서버 컴포넌트를 도커 컨테이너로 갖게 함으로써 단일 호스트에서 공유를 설정하는 단계를 진행할 것이다. 우분투 14.04에서 공유 설정 단계를 확인했다.

mybigdb.db 파일을 포함하는 호스트의 /opt/test/db 디렉토리의 자료를 공유하고 싶다고 가정하자.

루트 사용자 계정으로 먼저 NFS 서버를 설치하고 디렉토리의 권한을 최대로 공개한 후 /export 디렉토리를 생성한다.

```
# apt-get install nfs-kernel-server
# mkdir /export
# chmod 777 /export
```

> |참고| 전체 공개 권한으로 NFS 공유를 생성했으나 상용 환경에서는 안전한 방법은 아니다. 사용 사례를 단순화하기 위해 NFS 공유 방법을 사용했다. NFS 보안은 이 책의 범위를 벗어나는 복잡하고 다양한 주제다. 도커와 보안을 자세한 알고 싶으면 14장을 참고한다.

/export 디렉토리에 /opt/test/db 디렉토리에 바인드 마운트한다.

```
# mount --bind /opt/test/db /export
```

이제 /export 디렉토리에서 /opt/test/db 디렉토리의 파일 내용을 볼 수 있어야 한다.

> |팁| 재부팅 이후에도 마운트를 계속 지속시키고 싶다면 /etc/fstab 파일에 /opt/test/db /export none bind 0 0을 추가한다.

/etc/exports 파일에 다음 라인을 추가한다.

```
/export        127.0.0.1(ro,fsid=0,insecure,no_subtree_check,async)
```

로컬에 127.0.0.1로 마운트한다. 현실 세계 시나리오에서는 192.168.1.0/24 같은 IP 주소 클래스로 설정한다. 이런 작업에 능숙하다면 127.0.0.1 대신 *를 사용해 모든 곳에서 접근할 수 있게 한다. 보안상 읽기 전용(ro)으로 마운트하지만 ro 대신 rw를 변경해 읽기–쓰기로 마운트할 수 있다. rw 작업을 수행하고 싶다면 async 플래그를 사용한 후에 no_root_squash를 추가할 필요가 있다. 그러나 작업을 진행하기 전에 보안 이슈가 없는지 다시 한 번 생각하길 바란다.

NFS로 /export 디렉토리를 /mnt 디렉토리로 마운트한다. /etc/exports에서 미리 정의된 파일 시스템을 익스포트한다. 변경사항을 확인하기 위해 NFS 서비스를 재시작한다.

```
# mount -t nfs 127.0.0.1:/export /mnt
# exportfs -a
# service nfs-kernel-server restart
```

인프라 컨테이너를 운영할 준비가 됐다.

```
# docker run -ti --name nfs_client --privileged
➡ -v /mnt:/mnt busybox /bin/true
```

권한 없이 또는 기반 구현 지식없이 접근하고 싶은 디렉토리를 접근한다.

```
# docker run -ti --volumes-from nfs_client debian /bin/bash
root@079d70f79d84:/# ls /mnt
myb
root@079d70f79d84:/# cd /mnt
root@079d70f79d84:/mnt# touch asd
touch: cannot touch `asd': Read-only file system
```

토론

여러 컨테이너에서 여러 사용자가 사용할 수 있는 접근 권한을 가진 공유 자원을 중앙 집중식으로 설치하면 개발 워크플로우를 훨씬 간단히 생성할 수 있다.

> **|팁|** NFS를 사용하는 컨테이너를 관리해야 할 때 컨테이너에 이름 생성 규칙을 사용하면 관리하기가 더 쉽다. 예를 들면 ──name nfs_client_opt_database_live와 같은 이름을 갖는 컨테이너는 /opt/database/live 경로를 노출한다는 뜻이다.

> **|팁|** 기술 40은 보안이 취약한 환경에 보안을 제공한다는 것을 기억하길 바란다. 나중에 살펴보겠지만 도커 실행 파일을 실제로 사용하는 계정은 호스트의 루트 권한을 갖는다.

접근을 중계하고 세부 내용을 구체화하는 인프라 컨테이너는 여러 면에서 네트워킹 서비스 탐색 툴과 같다. 서비스가 어떻게, 어디서 동작하는지는 중요하지 않다. 인프라 컨테이너 이름만 알면 된다.

공교롭게도 --volumes-from는 기술 35에서 살펴봤다. 접근이 호스트가 아닌 컨테이너 안에서 실행되는 인프라에서 중계되기 때문에 상세 내용은 조금 다르다. 그러나 가용한 볼륨을 참고하기 위해 볼륨 이름을 사용한다는 내용은 남아 있다.

기술 39의 예시처럼 제대로 설정됐다면 컨테이너 중 하나를 제외한다 해도 애플리케이션에서 파일을 찾을 때 기존처럼 어떠한 변경사항도 모를 것이다.

기술 40 ## 개발 툴 컨테이너

기술 39를 이해하면 프로그램 설치 및 설정 없이 자신만의 개발 환경을 다른 컴퓨터에서 구축할 수 있다. 훌륭한 개발 환경을 다른 사람들과 공유하고 싶을 때도 도커로 쉽게 생성할 수 있다.

문제

다른 사용자의 컴퓨터에서 나만의 개발 환경을 구축하고 싶다.

해결책

설정한 도커 이미지를 생성하고 이미지를 레지스트리에 저장한다.

시연을 위해 개발 툴 이미지 중 하나를 사용할 것이다. `docker pull dockerinpractice/docker-dev-tools-image`를 실행해 다운로드할 수 있다. 도커 파일을 검사하고 싶다면 https://github.com/docker-in-practice/docker-dev-tools-image에서 내려 받으면 된다.

개발 툴 컨테이너를 실행하는 것은 쉽다. `docker run -t -i docker-inpractice/docker-dev-tools-image`를 실행하면 개발 환경 셸이 나타날 것이다. 루트로 설정 파일을 읽을 수 있고 개발 툴 설정에 대한 조언이 있다면 알려주면 좋다.

기술 40의 실제 능력은 다른 무엇과 결합될 때 나타난다. 목록 5.7에서 호스트의 네트워크와 IPDC 스택을 사용해 GUI를 보여주고 호스트의 코드를 마운트하는 것을 볼 수 있다.

목록 5.7 GUI를 포함한 데브 툴 이미지를 실행하기

GUI 기반 애플리케이션을 시작할 수 있도록 X 서버 유닉스 도메인 소켓을 마운트한다(기술 29 참조).

```
docker run -t -i \
  -v /var/run/docker.sock:/var/run/docker.sock \   ◀── 호스트의 도커 데몬에 접근할 수 있도록
  -v /tmp/.X11-unix:/tmp/.X11-unix \                    도커 소켓을 마운트한다.
```

```
 -e DISPLAY=$DISPLAY \  ◀──── 호스트의 디스플레이를 사용하도록 컨테이너에 알리는 환경 변수를 설정한다.
▶──--net=host --ipc=host \
 -v /opt/workspace:/home/dockerinpractice \  ◀──── 작업 디렉토리를 컨테이너의 홈 디렉토리에 마운트한다.
 dockerinpractice/docker-dev-tools-image
```

컨테이너 환경 변수는 컨테이너의 네트워크 브릿지(network bridge)를 우회해
호스트의 프로세스 간 통신 파일에 대한 접근을 허용한다(기술 109 참고).

이전 커맨드는 호스트의 자원에 접근할 수 있는 환경을 제공한다.

- Network: 네트워크
- 도커 데몬(마치 호스트처럼 일반 도커 커맨드를 실행할 수 있음)
- (IPC) 파일즈: IPC$^{InterProcess\ Communication}$ 파일
- 필요하면 X 서버를 실행해 GUI 기반 애플리케이션을 시작할 수 있다.

> |참고| 호스트 디렉토리를 마운트할 때 중요한 디렉토리를 마운트하지 않도록 항상 주의해야 한
> 다. 자칫 잘못하면 중요한 디렉토리에 손상을 입힐 수 있다. 일반적으로 루트 디렉토리 밑의 디렉
> 토리를 마운트하지 않는 것이 가장 좋다.

토론

예시에서 X 서버에 접근하는 부분을 설명했다. X 서버를 적용할 수 있는 기술 29를 살펴
봐 두자.

호스트의 프로세스를 모니터링할 수 있는 개발 툴이 필요할 수 있다. 기술 109를 살펴보
면 시스템의 기본 일부 제약을 보는 권한을 부여하는 방법을 이해할 수 있다. 또한 기술
93은 기술 40과 관련된 중요한 기술 중 하나다. 컨테이너는 필요하지 않은 시스템 일부
자원을 볼 수 있기 때문에 보기 권한을 변경해야 할 수 있다.

요약

- 컨테이너 안에서 외부 데이터를 얻어야 한다면 볼륨에 접근해야 한다.
- SSHFS는 별도의 설정 없이 다른 머신에서 데이터에 간단히 접근할 수 있다.

- 도커에서 GUI 애플리케이션을 실행하려면 도커 이미지에 작은 공간만 있으면 된다.
- 데이터 위치를 추상화하지 않으면(구체화하려면) 데이터 컨테이너를 사용할 수 있다.

6

매일 도커 사용하기

6장에서 다루는 내용

- 컨테이너와 볼륨 공간 사용량을 다루기
- 컨테이너를 멈추지 않고 분리하기
- 도커 이미지 계보를 시각화하기
- 호스트에서 직접 컨테이너로 커맨드를 실행하기

복잡한 소프트웨어 프로젝트를 잘 운영하는 것처럼 도커를 원활하게 잘 활용하려면 도커에 관해 알아 둘 중요한 부분이 있다.

6장에서는 주요 기술과 더불어 외부 툴을 소개함으로써 궁금한 부분을 해소해 보려고 한다. 도커 툴 박스라고 생각하면 된다.

6.1 깔끔한 정리

이 책을 열심히 읽고 있다면 도커를 향한 열정으로 호스트에 수많은 컨테이너를 시작하고 다양한 이미지를 다운로드하고 있으리라 생각한다.

시간이 흐를수록 도커는 점점 더 많은 자원을 사용하게 되고 컨테이너와 볼륨 운영이 필요할 것이다. 6장에서는 컨테이너와 볼륨 운영 방법과 그 이유를 소개할 것이다. 커맨드 라인을 사용하고 싶지 않다면 도커 환경을 깔끔하고 깨끗하게 유지할 수 있는 시각화 툴을 소개할 것이다.

컨테이너를 실행하는 것은 매우 기쁜 일이지만 단일 커맨드를 포그라운드로 실행하는 것 이상을 해보고 싶으리라 생각한다. 실행 중인 컨테이너를 죽이지 않고 빠져나오는 방법과 실행 중인 컨테이너에서 커맨드를 실행하는 방법을 다룰 것이다.

기술 41 ▶ sudo 없이 도커 실행하기

도커 데몬은 루트 사용자 권한으로 머신의 백그라운드로 실행된다. 따라서 도커 데몬은 상당한 권한을 가진 채 사용자에게 노출된다. 결국 sudo를 사용해서 발생한 일이다. 이런 방법은 불편하기도 하고 일부 외부 도커 툴을 사용할 수 없을 수 있다.

문제

sudo를 사용하지 않고 docker 커맨드를 실행하고 싶다.

해결책

(공식적인 해결책) docker 그룹에 사용자 계정을 추가한다.

도커는 특정 사용자 그룹을 통해 도커 유닉스 도메인 소캣에 대한 사용 권한을 관리한다. 보안상의 이유로 운영체제에서는 시스템의 전체 루트 접근 권한을 효율적으로 관리하기 위해 기본적으로 해당 사용자 그룹에 사용자를 추가하지 않는다.

docker 그룹에 사용자를 추가한다면 사용자는 docker 커맨드를 사용할 수 있을 것이다.

```
$ sudo addgroup -a username docker
```

도커를 재시작하고 완전히 로그아웃했다가 다시 로그인하거나 또는 시스템을 재부팅하길 바란다. 이제 사용자가 도커를 실행하기 위해 sudo를 사용하거나 앨리어스를 설정할 필요가 없다.

토론

6장의 기술은 이 책 후반부에서 설명하는 여러 툴과 관련해 매우 중요한 기술이다. 컨테이너에서 시작하지 않는 것 말고 도커와 통신하려면 도커 소캣에 접근해야 하며, 여기서 설명한 대로 sudo를 비롯한 설정이 필요하다. 여기서 말하는 툴 중 하나는 기술 76에서 소개할 도커 컴포즈다. 도커 컴포즈는 도커사에서 지원하는 공식 툴이다.

<img src="기술42"> **기술 42 ▶ 컨테이너 정리하기**

새로운 도커 사용자가 자주 말하는 불만은 상태가 저마다 다른 시스템에 컨테이너를 많이 설치하기에는 시간이 부족하다는 것과 커맨드 라인으로 도커를 관리할 만한 표준 툴이 없다는 것이다.

문제

시스템의 컨테이너를 정리하고 싶다.

해결책

이전 컨테이너를 정리하는 커맨드를 실행하려면 앨리어스를 설정한다.

가장 간단한 방법은 모든 컨테이너를 삭제하는 것이다. 원하는 것이 확실할 때만 사용해야 하는 옵션이다.

다음 커맨드는 호스트 머신의 모든 컨테이너를 삭제한다.

```
$ docker ps -a -q | \          ◀── 실행 중이거나 중지된 모든 컨테이너 ID 목록을 얻는다.
  xargs --no-run-if-empty docker rm -f ◀── docker rm -f 커맨드를 실행해 컨테이너가
                                           실행 중이라도 삭제한다.
```

xargs를 간략히 설명하면 입력의 모든 라인을 다음 커맨드에 매개변수로 전달한다. 여기서 추가 매개변수인 --no-run-if-empty는 에러를 피하려면 이전 커맨드에서 출력이 없으면 커맨드를 실행하지 않게 한다.

실행 중인 컨테이너는 그대로 두고 종료된 컨테이너를 제거하려면 다음 도커 ps 커맨드를 실행해 필터링한다.

--filter 매개변수는 docker ps 커맨드에 어느 컨테이너를 리턴할 지 알려준다. 예시의 경우 종료된 컨테이너로 제한하고 있다. 리턴되지 않는 도커 컨테이너는 실행 중이거나 재시작 중인 컨테이너다.

```
docker ps -a -q --filter status=exited | \
  xargs --no-run-if-empty docker rm
```

이번에는 주어진 필터를 기반을 살펴보면, 도커 컨테이너가 실행 중이 아니라고 해서 강제로 도커 컨테이너를 삭제하지 않는다는 것을 보여준다.

중지된 모든 컨테이너를 삭제하는 것은 매우 흔한 사용 사례라서 도커에서는 모든 컨테이너를 삭제할 수 있는 특별히 커맨드, docker container prune를 추가했다. 그러나 이전 커맨드는 모든 컨테이너를 삭제하는 용도로만 제한되며, 컨테이너를 더 복잡하게 조작하려면 6장의 기술에서 설명한 커맨드를 참조하길 바란다.

더 고급스런 사용 사례 예시로 다음 커맨드는 에러 코드가 0이 아닌 값을 갖는 모든 컨테이너를 출력한다. 시스템에 많은 컨테이너가 있고 예상치 않게 종료된 모든 컨테이터를 검사하거나 삭제하는 것을 자동화하려면 다음 커맨드가 필요하다.

종료 코드가 0인 컨테이너를 찾아 정렬하고 comm에 파일로 전달한다.

comm 커맨드를 실행해 두 파일의 내용을 비교한다. comm 커맨드의 -3 매개변수는 두 파일 (예시에서는 종료 코드가 0인 컨테이너)을 비교해 모두 존재하는 라인은 출력하지 않는다.

```
comm -3 \
  <(docker ps -a -q --filter=status=exited | sort) \
  <(docker ps -a -q --filter=exited=0 | sort) | \
  xargs --no-run-if-empty docker inspect > error_containers
```

종료된 컨테이너 ID를 찾고 정렬 한 후 comm에 파일로 전달한다.

종료 코드가 0이 아닌 컨테이너에 docker inspect 커맨드를 실행하고 (comm 커맨드로 파이프 처리됨) error_containers 파일에 출력을 저장한다.

| **팁** | 이전에 보지 못한 '<(커맨드)' 구문이 있는데 프로세스 치환(process substitution)이라 한다. 커맨드의 출력을 파일로 처리해 다른 커맨드로 전달할 수 있다. 파이프 출력이 불가능한 경우에 유용하다.

예시가 다소 복잡하지만 다른 유틸리티를 결합함으로써 얻을 수 있는 기술을 보여준다. 정지된 모든 컨테이너 ID를 출력하고, 종료 코드가 0이 아닌 컨테이너(예상치 않은 방법으

로 종료된 컨테이너)만 찾는다. 앞의 예시를 따라하기가 어렵다면 각 커맨드를 따로 실행해 보고 커맨드 모두 이해해 두면 예시를 공부할 때 도움이 된다.

예시의 커맨드는 상용에 배포한 컨테이너 정보를 수집하는 데 유용하다. 커맨드를 cron 으로 실행함으로써 예상대로 종료된 컨테이너를 정리할 때 사용할 수 있다.

농담을 커맨드로 사용하기

커맨드를 앨리어스로 추가해 호스트에 로그인할 때마다 커맨드를 쉽게 실행할 수 있다. 이를 위해 ~/.bashrc 파일 끝에 다음 라인을 추가한다.

```
alias dockernuke='docker ps -a -q | \
xargs --no-run-if-empty docker rm -f'
```

로그인한 후 커맨드 라인에서 dockernuke를 실행하면 시스템에서 동작 중인 모든 도커 컨테이너 가 삭제된다.

앨리어스를 사용하면 시간을 놀랍게도 절약됨을 발견했다. 하지만 조심해야 한다. 이전에 설명한 대로 상용 환경에 배포된 컨테이너를 삭제하는 것이 너무 쉽기 때문이다. 그리고 실행 중인 컨테이너 를 삭제하지 않도록 주의를 기울일 수 있지만 잘 사용하던 데이터 전용 컨테이너를 삭제할 수 있다.

토론

이 책의 많은 기술에서 컨테이너 생성을 다루는데 특히, 기술 76은 도커 컴포즈를, 6장에 서는 오케스트레이션^orchestration을 설명한다. 결국 오케스트레이션은 여러 컨테이너를 관 리하는 방법이다. 여기서 다루는 커맨드는 각 기술을 이해한 후 새로 시작하기 위해 머신 (로컬 또는 원격)를 정리할 때 유용하다.

기술 43 ▷ 볼륨 정리하기

볼륨이 도커의 강력한 특징이지만 볼륨은 운영하는 데는 커다란 단점이 있다. 서로 다른 컨테이너 간에 볼륨을 공유할 수 있기 때문에 볼륨을 탑재한 컨테이너가 삭제돼도 볼륨 이 삭제되지 않는다. 그림 6.1에서 표시한 대로 시나리오를 가정하자.

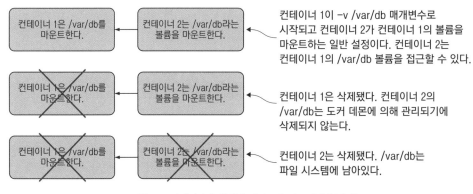

컨테이너 1이 -v /var/db 매개변수로
시작되고 컨테이너 2가 컨테이너 1의 볼륨을
마운트하는 일반 설정이다. 컨테이너 2는
컨테이너 1의 /var/db 볼륨을 접근할 수 있다.

컨테이너 1은 삭제됐다. 컨테이너 2의
/var/db는 도커 데몬에 의해 관리되기에
삭제되지 않는다.

컨테이너 2는 삭제됐다. /var/db는
파일 시스템에 남아있다.

▲ **그림 6.1** 컨테이너가 삭제될 때 /var/db는 어떻게 될까?

쉽다고 생각할지도 모른다. 실제로 '마지막에 참조하는 컨테이너가 삭제되면 볼륨을 삭제하라'고 도커에 알릴 수 있을 것이다. 이런 접근 방식은 가비지 콜렉션$^{Garbage\ Collection}$을 지원하는 프로그래밍 언어가 메모리에서 객체를 삭제할 때 사용하는 접근방식이다. 다른 객체가 참조하지 않을 때는 객체를 삭제할 수 있다.

그러나 도커는 가비지 콜렉션을 사용하면 실수로 의미있는 데이터를 잃어버릴 수 있다고 판단했을 것이고, 컨테이너를 삭제할 때 볼륨을 삭제해야 하는지를 사용자가 결정하는 것으로 진행했다. 따라서 이에 따른 부작용은 기본적으로 볼륨이 수동으로 삭제될 때까지 도커 데몬의 호스트 디스크에 남아 있다는 것이다. 볼륨이 데이터로 가득하면 디스크는 가득찰 것이다. 따라서 고립된 볼륨을 관리하는 방법을 잘 알아야 한다.

문제

고립된 도커가 호스트에 마운트돼 있기 때문에 디스크 공간을 너무 많이 사용하고 있다.

해결책

docker rm을 호출할 때는 -v 매개변수를 사용하거나 매개변수가 기억이 나지 않으면 docker volume 하위 커맨드를 사용해 볼륨을 삭제한다.

그림 6.1의 시나리오에서 항상 docker rm에 -v 매개변수를 추가하고 실행한 경우 /var/db가 삭제되는지 확인할 수 있다. -v 매개변수를 사용하면 다른 컨테이너가 볼륨을 아직

마운트되지 않는다면 연결된 볼륨을 삭제한다. 다행히 도커에서 다른 컨테이너에 마운트된 볼륨이 있는지 잘 알 수 있기에 심각하게 놀랄 일이 없다.

가장 간단한 방법은 컨테이너를 삭제할 때마다 -v를 입력하는 습관을 들이는 것이다. 볼륨을 삭제할지 여부를 제어할 수 있다. 그러나 이런 접근 방식의 문제는 볼륨을 항상 삭제하는 것을 원하지 않을 수 있다는 점이다. 볼륨에 많은 데이터를 저장하고 있다면 데이터를 잃어버리고 싶지 않을 가능성이 높다. 그리고 이런 습관이 생기면 자동으로 이어지게 될 가능성이 높다. 중요한 것은 자동화로 인해 볼륨이 자동 삭제됐음을 알아차릴 때는 이미 너무 늦었다는 것이다.

이런 시나리오에서는 많은 도커 작업을 진행하거나 타사 솔루션을 많이 사용한 뒤에 도커에 docker volume prune을 실행해 사용하지 않는 볼륨을 삭제할 수 있다.

볼륨이 사용 중인지 여부와 관계없이 머신에 존재하는 볼륨을 나열한다.

```
$ docker volume ls ◀─── 도커가 알고 있는 볼륨을 나열하는 커맨드를 실행한다.
DRIVER                 VOLUME NAME
local                  80a40d34a2322f505d67472f8301c16dc75f4209b231bb08faa8ae48f
➡ 36c033f
 local                 b40a19d89fe89f60d30b3324a6ea423796828a1ec5b613693a740b33
➡ 77fd6a7b
 local                 bceef6294fb5b62c9453fcbba4b7100fc4a0c918d11d580f362b09eb
➡ 58503014
$ docker volume prune ◀─── 사용하지 않는 볼륨을 삭제하는 커맨드를 실행한다.
WARNING! This will remove all volumes not used by at least one container.
Are you sure you want to continue? [y/N] y ◀─── 볼륨 삭제를 확인한다.
Deleted Volumes:
80a40d34a2322f505d67472f8301c16dc75f4209b231bb08faa8ae48f36c033f    삭제된 볼륨을
b40a19d89fe89f60d30b3324a6ea423796828a1ec5b613693a740b3377fd6a7b    확인한다.

Total reclaimed space: 230.7MB
```

자동 스크립트에서 y/n을 확인하는 프롬프트를 건너뛰려면 docker volume prune에 -f를 전달한다.

> |**팁**| 더 이상 컨테이너에서 참조하지 않는 비저장 볼륨에서 데이터를 복구하려면 docker volume
> inspect를 사용해 볼륨이 살아 있는 디렉토리를 검색한다(예시 :/var/lib/docker/volumes/). 그후
> 루트 사용자로 해당 디렉토리를 검색할 수 있다.

토론

컨테이너의 대용량 파일은 대개 호스트 시스템에서 마운트되고 도커의 데이터 디렉토리
에 저장되지 않기 때문에 볼륨 삭제 작업이 그리 자주 해야 할 일은 아닐 것이다. 그러나
특히 기술 37의 데이터 컨테이너를 자주 사용한다면 매주 볼륨을 삭제하는 것이 좋다.

기술 44 ▶ 컨테이너를 멈추지 않고 디태치하기

종종 상호 작용하는 셸을 갖는 도커에서 작업할 것이다. 하지만 도커 셸에서 나간다는 것
은 컨테이너의 주요 과정인데 컨테이너를 종료시킨다는 뜻이다. 컨테이너에서 빠져나올
수 있는 방법이 있다(원한다면 docker attach를 실행해 컨테이너에 다시 연결할 수 있다).

문제

컨테이너 상호 작용 셸에서 중간에 멈추지 않고 디태치^{detach}하고 싶다.

해결책

도커에 내장된 키 조합을 사용해 컨테이너 밖으로 나온다.

도커는 다른 애플리케이션에서 거의 쓰지 않으며 실수로 누르지도 않을 것 같은 단축키
로 유용하게 구현했다.

docker run -t -i -p 9005:80 ubuntu /bin/bash를 실행해 컨테이너를 시작한 후 엔진엑스
웹 서버를 설치했다고 가정하자. curl localhost:9005 커맨드를 사용해 실행 호스트에서
접근할 수 있는지 확인하고 싶다.

Ctrl+P를 누른 다음 Ctrl+Q를 누른다. 세 개의 키를 동시에 누르지 않는다.

> |참고| --rm과 분리 기능을 함께 사용한다면 커맨드로 컨테이너를 종료하거나 수동으로 도커 컨테이너를 중지하기 때문에 컨테이너가 종료하자마자 도커 컨테이너가 삭제될 것이다.

토론

기술 44는 컨테이너를 시작했지만 기술 2에서 살펴본 대로 백그라운드로 도커 컨테이너를 시작하는 것을 잊어버렸을 때 유용하다. 또한 컨테이너의 상태를 확인하거나 입력 사항이 있을 때 컨테이너에서 자유롭게 연결하거나 분리할 수 있다.

기술 45 ▶ 포테이너를 사용해 도커 데몬 관리하기

도커 예시를 보여줄 때 도커 컨테이너와 이미지가 어떻게 다른지 증명하기가 어려울 때가 있다. 터미널의 라인은 시각적이지 않다. 또한 도커 커맨드 라인 툴는 여러 개의 특정 컨테이너를 죽이고 삭제할 때 불편하다. 문제는 호스트의 이미지와 컨테이너를 관리할 수 있는 UI 툴을 통해 해결될 수 있다.

문제

CLI를 사용하지 않고 호스트의 도커 컨테이너 및 이미지를 관리하고 싶다.

해결책

도커의 핵심 공헌자 중 한 명이 만든 툴인 포테이노^{Portainer}를 사용한다.

포테이너는 도커 UI로 시작한다. https://github.com/portainer/portainer에서 소스를 확인할 수 있다. 미리 설치해야 할 라이브러리가 없어서 바로 실행할 수 있다.

```
$ docker run -d -p 9000:9000 \
-v /var/run/docker.sock:/var/run/docker.sock \
portainer/portainer -H unix:///var/run/docker.sock
```

이전 커맨드를 사용해 백그라운드에서 포테이너 컨테이너가 시작된다. http://localhost:9000에 접속하면 컴퓨터의 도커에 대한 정보를 한눈에 볼 수 있는 대시보드가 표시된다.

컨테이너 관리 기능은 이 책에서 가장 유용한 기능 중 하나다. Container 페이지로 이동하면 모든 도커 컨테이너를 표시하는 옵션과 함께 실행 중인 도커 컨테이너(포터이너 컨테이너 포함)가 나열된다. 이후에 도커 컨테이너에 대량 배치 작업을 수행하거나(예: 도커 컨테이너를 죽이는 등) 컨테이너 이름을 클릭해 컨테이너의 자세한 내용을 살펴보고 컨테이너와 관련된 개별 작업을 수행할 수 있다. 실행 중인 컨테이너를 삭제하는 옵션도 알 수 있다.

Image 페이지는 Container 페이지와 상당히 비슷해 보이는데 여러 이미지를 선택한 후 대량 배치 작업을 할 수도 있다. 이미지 ID를 클릭하면 이미지에서 컨테이너를 생성하고 이미지에 태그를 지정하는 것과 같은 흥미로운 옵션이 존재한다.

포케이너의 가장 뛰어난 최신 기능을 사용하고 싶겠지만 사실 포테이너는 공식 도커 기능보다 뒤쳐질 때가 있어서 커맨드 라인을 사용해야 할 때가 있다.

토론

포테이너는 도커에서 사용할 수 있는 기능이 많은 인터페이스이며 활발히 개발 중이다. 한 예시로 포테이너를 사용해 원격 머신을 관리할 수 있다. 기술 32를 기반으로 포테이너를 사용해 원격 머신에 컨테이너를 시작할 수 있다.

기술 46 ▶ 도커 이미지의 의존 그래프 생성하기

도커 파일 계층 시스템은 공간을 절약하고 소프트웨어를 훨씬 빨리 구축할 수 있는 강력한 개념이다. 하지만 많은 도커 이미지를 사용하기 시작하면, 도커 이미지가 어떻게 연관되어 있는지 이해하기 어렵다. docker images -a 커맨드를 실행하면 시스템의 모든 도커 계층 목록을 리턴하지만 계층 목록을 보고 도커 파일의 계층 관계를 쉽게 이해하기 어렵다. 그래피즈^{Graphviz}를 사용해 이미지 트리를 생성한다면 이미지 간의 관계를 시각화하면 이해하기가 훨씬 쉬워진다.

또한 복잡한 작업을 단순화하는 도커의 능력을 보여주는 예시가 있다. 호스트 머신에 이미지를 생성하려면 모든 컴포넌트를 설치하는, 에러가 발생하기 쉬운 긴 일련의 단계를 진행했으나 도커를 사용하면 실패할 가능성이 훨씬 적은 단일 포터블^{potable} 커맨드로 전환할 수 있다.

문제

호스트에 저장된 이미지의 트리를 시각화하고 싶다.

해결책

CenturyLink Labs 기반의 도커 이미지를 사용해 PNG를 출력하거나 웹 뷰를 얻을 수 있다. 도커 이미지에는 PNG 이미지 파일을 생성할 수 있는 그래피즈를 사용하는 스크립트를 포함한다.

기술 46은 dockerinpractice/docker-image-graph의 도커 이미지를 사용한다. 오래된 도커 이미지는 동작이 안 될 수 있으므로 다음 커맨드를 실행해 최신 상태를 확인한다.

목록 6.1 최신 docker-image-graph 이미지를 구축하기(선택 사항)

```
$ git clone https://github.com/docker-in-practice/docker-image-graph
$ cd docker-image-graph
$ docker build -t dockerinpractice/docker-image-graph
```

docker run에 도커 서버 소캣을 마운트해야 한다. 목록 6.2에서 알 수 있듯이 준비가 됐다.

목록 6.2 계층 트리의 이미지를 생성하기

```
$ docker run --rm \    ◀─── 이미지가 생성될 때 컨테이너를 삭제한다.
 ▶-v /var/run/docker.sock:/var/run/docker.sock \          이미지 이름을 지정해 결과물로
   dockerinpractice/docker-image-graph > docker_images.png ◀  PNG를 생성한다.
```
컨테이너 안에서 도커 서버에 접근할 수 있도록 도커 서버의 유닉스 도메인 소캣을 마운트한다.
도커 데몬의 기본값을 변경했다면 이 작업은 동작하지 않는다.

그림 6.2는 머신들 중 하나에서 나온 이미지 트리의 PNG를 보여준다. 그림에서 node와 golang:1.3 이미지는 공통 루트를, golang:runtime은 golang:1.3 이미지와 최상위 루트를 공유하고 있음을 알 수 있다. 중간 이미지는 ubuntu-upstart 이미지와 동일한 루트에서 생성된 것이다.

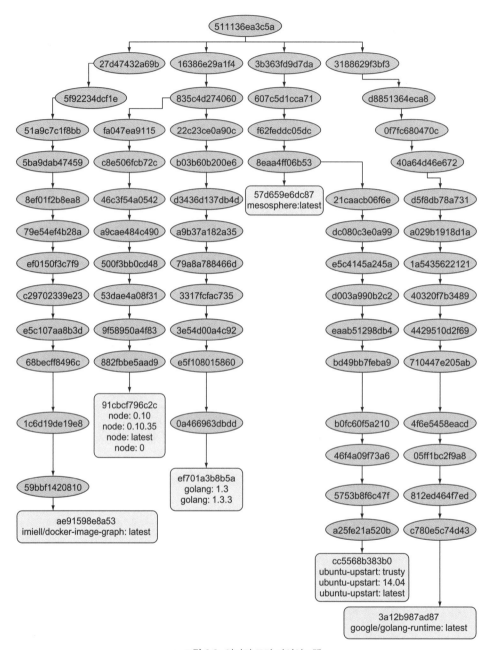

▲ **그림 6.2** 이미지 트리 다이어그램

트리의 최상위 루트 노드가 무엇인지 궁금할 것이다. 최상 루트 노드는 scratch 모의 이미지로써 크기는 정확히 0바이트다.

토론

많은 도커 이미지를 생성하기 시작할 때, 도커 이미지의 히스토리와 도커가 무엇을 기반으로 만들어졌는지를 추적하는 일은 꽤 부담이 된다. 크기를 최적화하기 위해 더 많은 계층을 공유해 제공 속도를 높여야 한다. 도커의 중간 이미지를 추적하도록 주기적으로 모든 도커 이미지를 내려받고 그래프를 생성하는 것이 좋다.

기술 47 ▶ 수동 작업: 컨테이너에서 커맨드 실행하기

도커 초기에는 외부에서 셸로 접근할 수 있도록 이미지에 SSH 서버를 추가한 이용자가 많았다. 이용자가 컨테이너를 VM으로 취급하고(그리고 컨테이너가 VM이 아니라는 것을 알고 있음) 필요하지 않은 시스템에 프로세스 오버헤드를 추가했기에 도커에 맞지 않았다.

그러나 많은 사람들은 일단 도커가 시작되면 도커 컨테이너에 들어갈 수 있는 쉬운 방법이 없다고 SSH 서버를 설치하지 않는 부분에 반대했다. 도커는 docker exec 커맨드를 도입했는데 일단 시작하면 컨테이너의 내부에 영향을 주고 검사하는 문제를 해결하는 데 훨씬 더 쉬워졌다. 여기서 docker exec 커맨드를 다룬다.

문제

실행 중인 컨테이너에서 커맨드를 수행하고 싶다.

해결책

docker exec 커맨드를 사용한다.

다음 커맨드는 백그라운드(-d 매개변수)에서 컨테이너를 실행한 후에 도커에 계속 자도록 한다(아무것도 하지 않는다). 커맨드의 이름은 sleeper이다.

```
docker run -d --name sleeper debian sleep infinity
```

컨테이너를 시작했으니 도커의 docker exec 커맨드를 사용해 컨테이너에 다양한 작업을 수행할 수 있다. 커맨드는 표 6.1에 적힌 세 가지 기본 모드를 갖는다.

▼ **표 6.1.** docker exec 모드

모드	설명
기본	도커 컨테이너의 커맨드를 커맨드 라인으로 동기로 실행한다.
데몬	도커 컨테이너에서 백그라운드로 커맨드를 실행한다.
데몬 상호 작용	커맨드를 실행하고 도커 데몬와 상호 작용할 수 있다.

먼저 기본 모드를 살펴보자. 다음 커맨드는 sleeper 컨테이너 안에서 echo 커맨드를 실행한다.

```
$ docker exec sleeper echo "hello host from container"
hello host from container
```

이전 커맨드의 구조는 docker run 커맨드와 매우 비슷하지만 이미지의 ID 대신 실행 중인 컨테이너의 ID를 제공한다는 점에 유의한다. echo 커맨드는 밖이 아닌 컨테이너 안의 echo 바이너리를 가리킨다.

데몬 모드는 백그라운드에서 커맨드를 실행한다. 터미널에서는 출력이 보이지 않는다. 따라서 로그 파일 정리와 같이 커맨드를 실행하고 잊어버리는 일반적인 관리 작업에 유용하다.

```
$ docker exec -d sleeper \   ◀─── docker run 커맨드에 -d 매개변수를 사용하면 백그라운드에서 데몬을 실행한다.
  find / -ctime 7 -name '*log' -exec rm {} \;  ◀─── 최근 7일 동안 변경되지 않고 'log'로
$ ◀─┐ 완료하는 데 걸리는 시간과 관계없이          끝나는 모든 파일을 삭제한다.
    └ 완료되는 대로 즉시 리턴한다.
```

마지막으로 대화형 모드다. 대화형 모드에서는 컨테이너 안에서 실행하고 싶은 커맨드를 실행할 수 있다. 대화형 모드를 사용하려면 일반적으로 대화형으로 실행되어야 할 셸을 지정한다. 예를 들어 다음 코드에서 bash로 지정한다.

```
$ docker exec -i -t sleeper /bin/bash
root@d46dc042480f:/#
```

-i와 -t 매개변수는 docker run 커맨드를 사용할 때와 똑같은 익숙한 동작을 수행한다. 두 매개변수는 커맨드의 결과를 대화형으로 진행하고 TTY 디바이스를 설정해 셸이 올바르게 작동하도록 한다. 이를 실행한 후 컨테이너 안에서 실행하라는 프롬프트를 보게 될 것이다.

토론

뭔가가 잘못될 때나 컨테이너가 무엇을 하고 있는지 알아내고자 디버깅할 때는 반드시 컨테이너에 접속해야 한다. 컨테이너의 프로세스는 보통 포그라운드에서 실행되기 때문에 셸 프롬프트에 접근할 수 없다. 따라서 '기술 44'에서 설명할 어태치^{attach}나 디태치^{detach}를 사용하지 못할 수 있다. docker exec는 컨테이너에서 실행하고 싶은 바이너리를 지정할 수 있기 때문에 컨테이너 파일 시스템에서 실제로 실행하고 싶은 바이너리를 가지고 있는 한 이슈가 아니다.

특히 '기술 58'을 이용해 하나의 바이너리로 하나의 컨테이너를 생성한다면 셸을 시작할 수 없을 것이다. 이때 docker exec를 낮은 부하로 '기술 57'을 적용할 수 있을 것이다.

기술 48 **도커 컨테이너 내부에 파일이 있는지 확인하기**

컨테이너를 생성할 때 도커 파일에 스크립트를 직접 작성하기보다는 셸 스크립트 안에 로직을 추가하고 도커 파일에 해당 셸 스크립트를 복사하는 것이 일반적이다. 또는 컨테이너가 실행될 때 사용될 스크립트를 컨테이너에서 갖고 있을 수 있다. 어느 쪽이든 스크립트에서 수행할 작업은 컨테이너 내부에서 사용하기 위해 신중히 사용자 정의를 설정하지만 '정상적인' 머신에서 실행될 경우 손해가 발생할 수 있다. 이런 상황에서는 컨테이너 밖에서 우발적으로 코드가 실행되지 않도록 안전장치를 마련해야 한다.

문제

사용자는 도커 컨테이너 안에서 파일이 어떻게 동작하는지 알아야 한다.

해법

/.dockerenv 파일이 존재하는지 확인한다. 파일이 존재한다면 도커 컨테이너에 있음을 의미한다.

/.dockerenv 파일의 존재 유무가 확실한 보증이 아니라는 점에 유의해야 한다. 누군가, 또는 어떤 툴이 /.dockerenv 파일을 삭제했다면 /.dockerenv 파일 확인이 잘못된 결과를 가져오는 시나리오가 발생할 수 있다. 이런 시나리오가 발생할 수 있다. 하지만 최악의 경우 잘못된 결과에 영향을 주지 않는 거짓 양성^{false positive}을 얻을 것이다. 도커 컨테이너 안에 작업하고 있지 않다고 여겨 제대로 코드를 실행하지 못하게 된다.

더 현실적인 시나리오는 문서화되지 않는 도커 기능이 도커의 최신 버전에서 변경되거나 삭제될 수 있다는 점이다. 또는 도커 기능이 처음 구현되기 전의 버전을 사용하고 있을 수 있다.

코드는 목록 6.3과 같이 시작 배시 스크립트의 일부이거나 시작 스크립트 코드의 나머지 부분일 수 있다.

목록 6.3 셸 스크립트가 컨테이너 외부에서 실행되는 경우에는 실패 처리하기

```bash
#!/bin/bash
if ! [ -f /.dockerenv ]
then
    echo 'Not in a Docker container, exiting.'
    exit 1
fi
```

물론 컨테이너 안에서 실행하고 있지 않다는 것을 결정하는 반대 로직을 사용할 수 있다.

목록 6.4 셸 스크립트가 컨테이너 내부에서 실행되는 경우에 실패 처리하기

```bash
#!/bin/bash
if [ -f /.dockerenv ]
then
    echo 'In a Docker container, exiting.'
    exit 1
fi
```

예시에서는 파일의 존재를 결정하기 위해 배시를 사용하지만 대부분의 프로그래밍 언어는 컨테이너(또는 호스트) 파일 시스템에서 파일의 존재를 확인하는 기능이 있다.

토론

이런 상황이 얼마나 자주 일어날지 궁금할 텐데 도커 포럼에서 정기적으로 다룰 정도로 자주 발생한다. 유효한 사용 사례인지 아니면 애플리케이션 설계에 뭔가 잘못됐는지에 대해 다소 격렬한 논쟁이 있는 문제다.

사용자가 도커 컨테이너에 있는지 여부에 따라 코드 경로를 바꿔야 하는 상황이 쉽게 생길 수 있다. 컨테이너를 생성하는 Makefile을 사용하면 문제를 해결할 수 있다.

요약

- sudo 없이 도커를 실행하도록 머신을 설정할 수 있다.
- 사용하지 않는 컨테이너와 볼륨을 내장 도커 커맨드로 정리할 수 있다.
- 외부 툴을 사용해 컨테이너 정보를 새로운 방법으로 보여줄 수 있다.
- docker exec 커맨드는 실행 중인 컨테이너에 들어갈 수 있다. 따라서 도커에 SSH 설치를 하지 않는 것이 옳다.

7

설정 관리:
순서대로 정리하기

7장에서 다루는 내용

- 도커 파일을 사용해 도커 이미지 빌드 방법을 관리하기
- 전통적인 설정 관리 툴을 사용해 도커 이미지 빌드하기
- 도커 이미지를 빌드하기 위해 필요한 비밀 정보를 활용하기
- 도커 이미지의 크기를 작게 해서 더 가볍고 빠르며 안전하게 전달하기

설정 관리는 환경을 안정적이고 예측 가능하도록 관리하는 기술이다. 세프^{Chef}, 푸펫^{Puppet}과 같은 설정 관리 툴은 여러 대의 머신을 관리하는 시스템 관리자의 부담을 완화한다. 도커는 소프트웨어 환경을 격리하고 이식성을 제공함으로써 장비의 부담을 어느 정도 덜어준다. 그렇다 하더라도 도커 이미지를 배포하려면 설정 관리 툴이 필요해 잘 알고 있어야 할 중요한 주제다.

7장을 통해 기존의 툴을 도커와 통합하는 방법, 계층에서 비밀 정보를 삭제하는 것과 같은 도커만의 이슈를 해결하는 방법, 최종 이미지를 최소화하는 방법을 알게 될 것이다. 또한 도커에 관한 경험을 쌓으면서 어떤 상황에서도 만족할 만한 설정을 저장하며 도커 이미지를 빌드할 수 있는 능력을 얻을 것이다.

7.1 설정 관리 및 도커 파일

도커 파일Dockerfile는 도커 이미지를 빌드하는 표준 방법이다. 도커 파일은 설정 관리의 의미 측면에서 혼란을 일으키는 부분이 있는데 특히 다른 설정 관리 툴에 경험이 있으면 더욱 그렇다.

- 도커 기본 이미지가 변경되면 어떻게 되는가?
- 설치 중인 패키지가 변경되고 재빌드되면 어떻게 되는가?
- 도커가 셰프, 푸펫, 앤서블Ansible을 대체하는가?

실제로 도커 파일을 매우 간단하게 작성할 수 있다. 도커 파일은 주어진 이미지를 기반으로 시작해 일련의 셸 커맨드와 도커의 메타 커맨드를 지정한 후 원하는 최종 이미지를 생성한다.

도커 파일은 도커 이미지를 배포하기 위해 단순하며 보편적인 언어를 제공한다. 이미지 안에서 원하는 최종 상태에 도달하기 위해 원하는 것은 무엇이든지 사용할 수 있다. 푸펫을 호출하거나 다른 스크립트로 복사하거나 전체 파일 시스템에 복사할 수 있다.

먼저 도커 파일을 사용하면서 부딪히는 난관과 기초적인 이슈를 다룬다.

기술 49 ENTRYPOINT로 신뢰할 수 있는 맞춤형 툴 생성하기

도커는 어디서나 커맨드를 실행할 수 있게 해준다. 커맨드 라인에서 실행되는 복잡한 맞춤형 커맨드나 스크립트를 미리 설정해 패키징된 툴로 포장할 수도 있다.

ENTRYPOINT 커맨드는 이런 부분을 대표하는 중요한 커맨드다. 도커 이미지를 사용할 수 있을 정도로 잘 캡슐화되고 명확하게 정의되며 유연한 툴로 생성할 수 있게 하는 방법을 알아본다.

문제

컨테이너가 실행할 커맨드를 정의하지만 커맨드의 매개변수는 사용자가 정의하게 하고 싶다.

해결책

도커 파일의 ENTRYPOINT 커맨드를 사용한다.

회사에서 일반적인 시스템 관리 업무로 오래된 로그 파일들을 정리하는 장면을 상상해보자. 에러가 발생하기 쉽고 실수로 잘못된 것을 삭제하기도 했다. 이때 도커 이미지로 문제가 발생할 위험을 줄일 수 있다.

다음 스크립트('clean_log' 이름으로 저장함)는 커맨드 라인 옵션으로 날짜 수, 지난 지 며칠을 전달하는 특정 날짜의 로그를 삭제한다. 원하는 이름으로 새로운 디렉토리를 생성하고 디렉토리로 이동한 다음 clean_log를 저장한다.

목록 7.1 clean_log 셸 스크립트

```
#!/bin/bash
echo "Cleaning logs over $1 days old"
find /log_dir -ctime "$1" -name '*log' -exec rm {} \;
```

로그 삭제는 /log_dir 디렉토리에서만 수행된다는 점에 유의한다. /log_dir 디렉토리는 런타임에 마운트할 때만 존재한다. 또한 매개변수가 clean_log 스크립트에 전달될 때 매개변수를 확인하지 않는다는 점을 눈치챘을 것이다. 이유를 살펴보면서 내용을 설명한다.

이미지를 생성하기 위해 같은 디렉토리에 도커 파일을 생성한다. 도커 파일에는 정의된 커맨드나 ENTRYPOINT 커맨드로 실행하는 스크립트가 포함돼 있다.

목록 7.2 clean_log 스크립트로 이미지 생성하기

```
FROM ubuntu:17.04
ADD clean_log /usr/bin/clean_log          ◀─── 이전 clean_log 스크립트를 이미지에 추가한다.
RUN chmod +x /usr/bin/clean_log
ENTRYPOINT ["/usr/bin/clean_log"]         ◀─── 이미지의 진입점을 clean_log 스크립트로 정의한다.
CMD ["7"]    ◀───── ENTRYPOINT 커맨드의 기본 매개변수를 정의한다(7일).
```

> |**팁**| 셸 형식(예: CMD /usr/bin/command)보다 CMD와 ENTRYPOINT의 배열 형식(예: CMD ['/usr/bin/command')을 선호한다. 셸 형식이 사용자가 제공하는 커맨드 앞에 자동으로 /bin/bash -c 커맨드가 붙어 있어 예기치 않은 동작을 초래할 수 있기 때문이다. 그러나 가끔은 셸 형식이 더 유용하다(기술 55 참조).

ENTRYPOINT와 CMD 커맨드를 혼란스러워 하곤 한다. 핵심은 docker run를 호출할 때 특정 커맨드를 제공해도 이미지가 시작될 때 항상 진입점이 실행된다는 점을 이해해야 한다. 특정 커맨드를 제공해도 CMD 커맨드에서 정의된 기본값으로 대체해 진입점에 매개변수를 추가한다. docker run 커맨드에 --entrypoint 매개변수를 명시적으로 전달하는 경우에만 진입점을 재정의할 수 있다. 즉 실행 중인 이미지에 /bin/bash 커맨드를 제공하면 셀로 진입하지 않고 clean_log 스크립트의 매개변수로 /bin/bash를 제공한다.

CMD 커맨드에 기본 매개변수를 정의한다는 것은 제공된 매개변수를 확인할 필요가 없다는 뜻이다. 다음은 도커 이미지를 빌드하고 해당 도커 이미지를 실행하는 방법이다.

```
docker build -t log-cleaner .
docker run -v /var/log/myapplogs:/log_dir log-cleaner 365
```

이미지를 빌드한 후 이미지를 호출한다. 스크립트에서 사용될 디렉토리로 /var/log/myapplogs를 마운트하고 365를 전달해 일주일이 아닌 1년 이상 된 로그 파일을 삭제한다. 날짜 수를 지정하지 않는 것처럼 이미지를 잘못 사용한다면 다음 에러 메시지가 표시된다.

```
$ docker run -ti log-cleaner /bin/bash
Cleaning logs over /bin/bash days old
find: invalid argument `-name' to `-ctime'
```

토론

상당히 작은 예시지만 기업에서 전체에 사용되는 스크립트를 중앙에서 관리하기 위해 사설 도커 레지스트리로 스크립트를 안전하게 운영·배포할 수 있는 방법을 사용한다고 가정할 수 있다.

기술 49에서 생성된 이미지를 도커 허브의 dockerinpractice/log-cleaner에서 살펴보고 사용할 수 있다.

프로그램 버전을 지정해 패키지 프로그램 변경을 방지하기

도커 파일은 문법이 간단하고 기능이 제한돼 빌드의 요구사항을 명확히 하는 데 크게 도움이 된다. 또한 이미지 생성에 안정성을 높일 수 있지만 계속 반복하는 빌드의 안정성을 보장할 수 없다. 패키지 관리 의존성이 바뀌는 문제를 해결하고 위험을 줄일 수 있는 접근법을 살펴볼 것이다.

기술 50은 "지금은 동작 안 하지만 어제는 동작했는데..."라고 말이 필요 없을 만큼 유용하다. 기존 설정 관리 툴을 사용한 적이 있다면 익숙한 기술이다. 도커 이미지 빌드는 서버 유지와는 근본적으로 상당히 다르지만 학습한 내용을 적용할 수 있다.

> |참고| 기술 50은 우분투와 같은 데비안 기반 이미지에만 효과가 있을 것이다. yum 사용자는 이 기술 대신 yum 패키지 관리자에서 동작시킬 수 있는 비슷한 기술을 발견할 수 있을 것이다.

문제

원하는 deb 패키지 버전을 확실히 지정하고 싶다.

해결책

설치하려는 시스템의 모든 의존 패키지의 버전 정보를 얻는 스크립트를 실행한다. 그후 도커 파일에 원하는 특정 버전을 설치한다.

버전을 확인하려면 apt-cache를 호출할 때 시스템에서 검증할 수 있다.

```
$ apt-cache show nginx | grep ^Version:
Version: 1.4.6-1ubuntu3
```

다음과 같이 도커 파일에 버전을 지정한다.

```
RUN apt-get -y install nginx=1.4.6-1ubuntu3
```

이 정도면 충분하다. nginx 버전의 모든 의존 라이브러리가 처음에 확인한 대로 의존 라이브러리가 모두 같은 버전인지 확인해야 한다.

매개변수에 --recurse 매개변수를 추가하면 모든 종속성 정보를 얻을 수 있다.

```
apt-cache --recurse depends nginx
```

이전 커맨드의 출력은 굉장히 길기 때문에 버전 요구사항의 목록을 얻기 어렵다. 다행히도 버전 요구사항을 쉽게 얻을 수 있는 도커 이미지가 있다. 모든 의존 라이브러리의 버전이 올바른지 확인하기 위해 도커 파일에 저장해야 하는 RUN 라인을 출력한다.

```
$ docker run -ti dockerinpractice/get-versions vim
RUN apt-get install -y \
vim=2:7.4.052-1ubuntu3 vim-common=2:7.4.052-1ubuntu3 \
vim-runtime=2:7.4.052-1ubuntu3 libacl1:amd64=2.2.52-1 \
libc6:amd64=2.19-0ubuntu6.5 libc6:amd64=2.19-0ubuntu6.5 \
libgpm2:amd64=1.20.4-6.1 libpython2.7:amd64=2.7.6-8 \
libselinux1:amd64=2.2.2-1ubuntu0.1 libselinux1:amd64=2.2.2-1ubuntu0.1 \
libtinfo5:amd64=5.9+20140118-1ubuntu1 libattr1:amd64=1:2.4.47-1ubuntu1 \
libgcc1:amd64=1:4.9.1-0ubuntu1 libgcc1:amd64=1:4.9.1-0ubuntu1 \
libpython2.7-stdlib:amd64=2.7.6-8 zlib1g:amd64=1:1.2.8.dfsg-1ubuntu1 \
libpcre3:amd64=1:8.31-2ubuntu2 gcc-4.9-base:amd64=4.9.1-0ubuntu1 \
gcc-4.9-base:amd64=4.9.1-0ubuntu1 libpython2.7-minimal:amd64=2.7.6-8 \
mime-support=3.54ubuntu1.1 mime-support=3.54ubuntu1.1 \
libbz2-1.0:amd64=1.0.6-5 libdb5.3:amd64=5.3.28-3ubuntu3 \
libexpat1:amd64=2.1.0-4ubuntu1 libffi6:amd64=3.1~rc1+r3.0.13-12 \
libncursesw5:amd64=5.9+20140118-1ubuntu1 libreadline6:amd64=6.3-4ubuntu2 \
libsqlite3-0:amd64=3.8.2-1ubuntu2 libssl1.0.0:amd64=1.0.1f-1ubuntu2.8 \
libssl1.0.0:amd64=1.0.1f-1ubuntu2.8 readline-common=6.3-4ubuntu2 \
debconf=1.5.51ubuntu2 dpkg=1.17.5ubuntu5.3 dpkg=1.17.5ubuntu5.3 \
libnewt0.52:amd64=0.52.15-2ubuntu5 libslang2:amd64=2.2.4-15ubuntu1 \
vim=2:7.4.052-1ubuntu3
```

어떤 시점부터 특정 라이브러리 버전이 사라진다면 빌드가 실패할 것이다. 빌드가 실패하면 어느 패키지가 변경됐는지 확인하고 바뀐 내용을 확인해 특정 이미지의 요구에 적합한지 확인할 수 있다.

예시에서는 ubuntu:14.04 이미지를 사용하고 있다고 가정한다. 다른 종류의 데비안을 사용하고 있다면 저장소를 포크^{fork}하고 도커 파일의 FROM 커맨드를 변경한 후 빌드한다.

저장소는 https://github.com/docker-in-practice/get-versions.git이다.

이 기술은 빌드의 안정성에 도움을 줄 수 있지만 보안성 관점에서는 아무런 도움이 되지 않는다. 왜냐하면 여전히 직접 통제할 수 없는 저장소에서 패키지를 다운로드하고 있기 때문이다.

토론

기술 50은 텍스트 편집기에서 작업한 그대로 정확히 동작함을 보장하는 노력 같지만, 실제 패키지 변경 사항으로 인해 엄청나게 어려운 버그를 일으킬 수 있다. 라이브러리와 애플리케이션의 빌드는 하루가 지나도 미묘한 방식으로 움직여서 무슨 일이 벌어졌는지 알아내는 통에 하루를 날릴 수도 있다.

도커 파일에서 버전을 최대한 고정시키면 두 가지 중 하나가 발생하는지 확인할 수 있다. 하나는 빌드가 성공하고 소프트웨어가 어제와 같은 방식으로 동작하거나 소프트웨어의 일부가 변경돼 빌드하지 못해 개발 파이프라인을 다시 테스트해야 한다. 두 번째 경우에는 무엇이 바뀌었는지 안다면 변화에 따른 실패를 해결하기가 쉽다.

지속적인 빌드와 통합을 수행할 때 변수가 줄어 들면 디버깅에 소요되는 시간이 줄어든다. 결국 사업 비용과 연관된 것으로 해석할 수 있다.

기술 51 **perl -p -i -e를 사용해 텍스트를 대체하기**

도커 파일 이미지를 빌드할 때 여러 파일의 텍스트를 자주 대체하게 된다. 수많은 해결책이 있지만 도커 파일에서 특히 유용하게 사용되는 특이한 기술을 소개한다.

문제

빌드할 때 파일의 특정 라인을 변경하고 싶다.

해결책

`perl -p -i -e` 커맨드를 사용한다.

다음과 같은 이유로 perl 커맨드를 권장한다.

- sed -i(비슷한 구문을 가진 커맨드고 효과가 같다)와는 달리 perl 커맨드는 파일 중 하나에 문제가 발생하더라도 여러 파일에 동작한다. 즉 패키지에 나중에 디렉토리가 추가되고 '*' 글로브globe 패턴의 디렉토리를 순회하며 실행할 때 갑자기 종료될 위험을 염려하지 않아도 된다는 것이다.
- sed와 마찬가지로 검색할 때 앞의 슬래시를 대체하고 커맨드를 다른 문자로 바꿀 수 있다.
- 기억하기 쉽다(perl 커맨드를 'perl pie' 커맨드라 부른다).

> |참고| 기술 51은 독자가 정규 표현식을 이해하고 있다고 전제한다. 정규 표현식에 익숙하지 않다면 이해를 도울 웹사이트가 많으니 참고하자.

perl 커맨드의 대표적인 예시는 다음과 같다.

```
perl -p -i -e 's/127\.0\.0\.1/0.0.0.0/g' *
```

매개변수별로 내용을 설명한다.

perl 커맨드에서 -p 매개변수는 Perl에 보이는 모든 라인을 처리하는 루프를 가정하라고 요청한다. -i 매개변수는 Perl에 일치하는 라인을 제자리에서 변경하도록 요청한다. -e 매개변수는 Perl에 제공된 문자열을 Perl 프로그램에서 처리하도록 요청한다. s 수식자는 입력에서 일치하는 문자열을 검색하고 대체하라는 perl 커맨드다. 여기서 127.0.0.1은 0.0.0.0으로 대체된다. g 수식자는 주어진 라인의 첫 번째뿐 아니라 일치하는 모든 부분을 변경하게 한다. 마지막으로 별표(*)는 디렉토리의 모든 파일에 적용한다는 의미다.

perl 커맨드는 도커 컨테이너에 매우 일반적인 동작을 수행한다. 수신 대기 주소로 사용되는 표준 로컬 호스트 IP 주소(127.0.0.1)를 '임의' IPv4 주소(0.0.0.0)를 나타내는 주소로 대체한다. 0.0.0.0 주소에서 수신 대기하기 때문에 로컬 호스트 IP에 접근하는 많은 애플리케이션을 제한한다. 호스트(컨테이너 입장에서는 호스트가 외부 머신으로 보임)에서 애플리케이션에 접근할 것이기 때문에 설정 파일의 주소를 '임의' 주소로 변경하고 싶을 때가 많을 것이다.

> |팁| 포트가 열려 있음에도 불구하고 호스트 머신에서 도커 컨테이너 내부의 애플리케이션에 접근할 수 없다면 애플리케이션 설정 파일에서 0.0.0.0으로 수신하도록 주소를 변경하고 재시작하는 것이 의미가 있다. 로컬 호스트로 접근하는 것이 아니기 때문에 애플리케이션이 접근을 거절하고 있는 것일 수도 있다. 이미지를 실행할 때 --net=host(기술 109에서 다룰 예정)를 사용하면 이 가설을 확인하는 데 도움이 될 것이다.

perl -p -i -e(그리고 sed)은 슬래시를 이스케이핑escaping하는 것이 애매할 때 다른 문자를 사용해 앞에 있는 슬래시를 대체할 수 있다는 장점이 있다.

아파치Apache 사이트의 기본 파일에 일부 지시자를 추가하는 스크립트 중 하나를 실제 예시로 든다. 아래의 이상한 커맨드를

```
perl -p -i -e 's/\/usr\/share\/www\/\/var\/www\/html/g' /etc/apache2/*
```

다음처럼 사용할 수 있다.

```
perl -p -i -e 's@/usr/share/www@/var/www/html/@g' /etc/apache2/*
```

드물긴 하지만 /와 @ 문자를 모두 찾거나 대체하고 싶다면 |나 #와 같은 다른 문자를 사용할 수 있다.

토론

기술 52는 도커뿐 아니라 많은 곳에 적용할 수 있는 팁으로 사용자의 지식 창고에서 꺼내 사용할 수 있다.

비교적 쉬운 기술이어서 도커 파일뿐 아니라 많은 범위의 애플리케이션에 적용할 수 있다.

이미지를 평탄화하기

도커 파일의 설계와 도커 이미지의 생성 결과는 최종 이미지가 도커 파일의 각 단계에서 데이터 상태를 포함한다. 이미지를 빌드하는 과정에서 빌드가 작동할 수 있도록 비밀 파일을 복사해야 한다. 비밀 파일은 SSH 키, 인증서, 암호 파일 등이다. 이미지를 커밋하기 전에 비밀 파일은 최종 이미지의 상위 계층에 존재하기 때문에 사실상 보호되지 않는다. 따라서 악의를 가진 사용자가 도커 이미지에서 쉽게 해당 비밀 파일을 추출할 수 있다.

문제를 해결하는 한 가지 방법은 결과 이미지를 평탄화^{flattening}하는 것이다.

문제

도커 이미지의 계층 기록 정보에서 비밀 정보를 삭제하고 싶다.

해결책

먼저 도커 이미지로 도커 컨테이너를 인스턴스화한다. 그후 내보낸 다음 가져와서 원래 이미지 ID로 태그를 지정한다.

기술을 시험해보려면 매우 중요한 비밀 파일이 포함된 새 디렉토리에 간단한 도커 파일을 생성한다. `mkdir secrets && cd secrets`를 실행하고 새 디렉토리에 생성한 후 목록 7.3의 커맨드를 도커 파일에 적용한다.

목록 7.3 비밀 파일을 복사하고 삭제하는 도커 파일

```
FROM debian
RUN echo "My Big Secret" >> /tmp/secret_key  ◀──── 도커 이미지에 비밀 정보를 포함하는 파일을 생성한다.
 RUN cat /tmp/secret_key  ◀──┐  비밀 파일에 뭔가를 저장한다. 도커 파일에 파일의 내용을 출력한다.
▶RUN rm /tmp/secret_key     │  SSH를 통해 다른 서버에 전달하거나 도커 이미지 안에서 비밀 정보를 암호화할 수 있다.
비밀 파일을 삭제한다.
```

`docker build -t mysecret .`를 실행해 도커 파일을 빌드하고 태그를 지정한다.

도커 이미지를 빌드한 후 `docker history` 커맨드를 사용해 최종 도커 이미의 계층을 확인할 수 있다.

```
$ docker history mysecret  ◀── 생성한 도커 이미지의 이름에 docker history 커맨드를 실행한다.
IMAGE          CREATED       CREATED BY                                        SIZE
55f3c131a35d 3 days ago /bin/sh -c rm /tmp/secret_key  ◀── 비밀 키를 삭제한 계층이다.
5b376ff3d7cd 3 days ago /bin/sh -c cat /tmp/secret_key               0 B      ┐ 비밀 키를 추가한
5e39caf7560f 3 days ago /bin/sh -c echo "My Big Secret" >> /tmp/se 14 B ◀── ┘ 계층이다.
c90d655b99b2 6 days ago /bin/sh -c #(nop) CMD [/bin/bash]            0 B
30d39e59ffe2 6 days ago /bin/sh -c #(nop) ADD file:3f1a40df75bc567 85.01 MB
 511136ea3c5a 20 months ago                                        0 B  ◀──  스크래치(scratch)
데비안 파일 시스템에 추가된 계층이다.                                          (빈) 계층
해당 계층은 도커 기록 중 크기가 큰 계층이라는 것을 주목한다.
```

공용 저장소에서 이미지를 다운로드했다고 가정하자. 계층 기록을 검사한 후 다음 커맨드를 실행해 비밀 정보를 표시할 수 있다.

```
$ docker run 5b376ff3d7cd cat /tmp/secret_key
My Big Secret
```

여기서 특정 계층에서 cat 커맨드로 비밀 키를 보게 한다. 비밀 키는 특정 계층의 다음 계층에서 삭제됐다. 보다시피 비밀 파일에 접근할 수 있다.

비밀 파일을 포함하는 '위험한' 컨테이너를 갖게 됐고 컨테이너가 해킹되면 비밀 파일의 내용이 공개될 수 있음을 알게 됐다. 도커 이미지를 안전하게 생성하려면 이미지를 평탄화해야 한다. 즉 이미지에서 같은 데이터를 유지하려면 중간 계층화 정보를 삭제해야 한다. 평탄화 작업을 수행하려면 먼저 도커 이미지에 간단한 커맨드를 실행하는 도커 컨테이너로 실행한다. 그리고 도커 이미지를 컨테이너로 내보낸 다음 결과 최종 도커 이미지를 다시 가져와 태그를 지정해야 한다.

```
                                        ┌ 도커 컨테이너를 꼭 실행 중인 상태로 유지할 필요가 없어
$ docker run -d mysecret /bin/true ◀──  도커 컨테이너가 빨리 종료되도록 간단한 커맨드를 실행한다.
 28cde380f0195b24b33e19e132e81a4f58d2f055a42fa8406e755b2ef283630f
$ docker export 28cde380f | docker import - mysecret ◀──  docker export에 매개변수로 컨테이너 ID를 추가해
$ docker history mysecret                               실행한다. docker export의 결과로 파일 시스템 콘
IMAGE          CREATED        CREATED BY  SIZE          텐츠의 TAR 파일을 출력한다. 그리고 TAR 파일을
fdbeae08751b  13 seconds ago              85.01 MB      얻고 파일 시스템 콘텐츠로부터 이미지를 생성하는
                                                        docker import 커맨드로 파이프 처리된다.
이제 docker history 출력을 살펴보면 최종 파일들이 포함된 계층 하나만 표시된다.
```

docker import 커맨드의 - 매개변수는 커맨드의 표준 입력으로부터 TAR 파일을 읽는다는 것을 의미한다. docker import의 마지막 매개변수는 가져온 도커 이미지에 태그를 지정하는 방법을 의미하는데, 이때는 이전 태그를 덮어쓰는 것이다. 도커 이미지에는 단 하나의 계층만 있기 때문에 비밀 파일을 갖고 있는 계층 기록이 없기 때문이다. 이제 도커 이미지에서 비밀 파일을 추출할 수 없다.

토론

기술 52는 7.3절처럼 이 책의 여러 부분에서 재사용할 수 있을 정도로 유용한 기술이다.

기술 52를 사용할 생각이 있다면 다중 계층 도커 이미지의 장점, 즉 계층 캐싱 및 다운로드 시간이 사라질 수 있다는 점을 고려해야 한다. 이 기술을 회사에서 사용하기 위해 신중하게 계획한다면 도커 이미지에 잘 적용할 수 있을 것이다.

기술 53 에일리언을 사용해 외부 패키지 관리하기

도커 파일 예시에서 데비안 기반의 이미지를 사용하지만 소프트웨어 개발의 현실은 특정 도커 이미지만 사용하지 않는다. 다행히 이런 현실을 잘 돕는 툴이 있다.

문제

외부 배포판에서 패키지를 설치하고 싶다.

해결책

에일리언alien이라는 툴을 사용해 패키지를 변환한다. 에일리언은 도커 이미지에 내장돼 있어서 기술의 일부로 사용한다.

에일리언은 표 7.1의 다양한 포맷의 패키지 파일을 변환하도록 설계된 커맨드 라인 유틸리티다. 독자들이 한 번 이상은 경험해 봤을 내용인데 CentOS에서 .deb 파일과 레드햇 기반이 아닌 시스템에서 .rpm 파일과 같은 외부 패키지 관리 시스템의 패키지를 설치하고 싶었을 것이다.

확장자	설명
.deb	데미안 패키지
.rpm	레드햇 패키지 관리
.tgz	TAR로 압축(gzip)된 슬랙웨어
.pkg	솔라리스 PKG 패키지
.slp	스탬퍼드(Stampede) 패키지

|참고| 에일리언은 솔라리스(Solaris)와 스탬퍼드(Stampede) 패키지를 완전히 지원하지 못한다. 솔라리스에는 솔라리스 특유의 소프트웨어가 필요하며 스탬퍼드는 버려진 프로젝트다.

이 책을 쓰면서 에일리언을 데비안 기반이 아닌 배포판에 설치하는 것이 약간 성가셨다. 도커를 설명하는 책이기에 당연히 도커 이미지의 포맷으로 변환 툴을 설명한다. 또한 에일리언은 기술 49의 `ENTRYPOINT` 커맨드를 사용해 에일리언을 더욱 간편하게 사용할 수 있다.

에일리언에 기술 62에 사용될 eatmydata 패키지를 다운로드하고 변환해 보자.

```
$ mkdir tmp && cd tmp  ◀── 작업할 빈 디렉토리를 생성한다.
$ wget \
http://mirrors.kernel.org/ubuntu/pool/main/libe/libeatmydata
➥ /eatmydata_26-2_i386.deb  ◀── 변환할 패키지 파일을 다운로드한다.
$ docker run -v $(pwd):/io dockerinpractice/alienate  ◀──
Examining eatmydata_26-2_i386.deb from /io
eatmydata_26-2_i386.deb appears to be a Debian package
  eatmydata-26-3.i386.rpm generated
eatmydata-26.slp generated
eatmydata-26.tgz generated
===============================================
/io now contains:
eatmydata-26-3.i386.rpm
eatmydata-26.slp
eatmydata-26.tgz
eatmydata_26-2_i386.deb
```

현재 디렉토리를 도커 컨테이너의 /io 경로에 마운트하면서 dockerinpractice/alienate 이미지를 실행한다. 도커 컨테이너는 해당 디렉토리를 검사해 발견되는 모든 유효한 파일을 변환하려고 할 것이다.

도커 컨테이너에서 에일리언 래퍼 스크립트를 실행하고 그 결과를 알린다.

```
===================================================
$ ls -1 ◄───── 디렉토리의 파일이 RPM, 슬랙웨어 TGZ, 스탬퍼드 파일로 변환됐다.
eatmydata_26-2_i386.deb
eatmydata-26-3.i386.rpm
eatmydata-26.slp
eatmydata-26.tgz
```

다운로드할 패키지의 URL을 전달해 직접 docker run 커맨드에서 변환하게 할 수도 있다.

```
$ mkdir tmp && cd tmp
$ docker run -v $(pwd):/io dockerinpractice/alienate \
http://mirrors.kernel.org/ubuntu/pool/main/libe/libeatmydata
➡ /eatmydata_26-2_i386.deb
wgetting http://mirrors.kernel.org/ubuntu/pool/main/libe/libeatmydata
➡ /eatmydata_26-2_i386.deb
--2015-02-26 10:57:28--  http://mirrors.kernel.org/ubuntu/pool/main/libe
➡ /libeatmydata/eatmydata_26-2_i386.deb
Resolving mirrors.kernel.org (mirrors.kernel.org)... 198.145.20.143,
➡ 149.20.37.36, 2001:4f8:4:6f:0:1994:3:14, ...
Connecting to mirrors.kernel.org (mirrors.kernel.org)|198.145.20.143|:80...
  connected.
HTTP request sent, awaiting response... 200 OK
Length: 7782 (7.6K) [application/octet-stream]
Saving to: 'eatmydata_26-2_i386.deb'

    0K .......                    100% 2.58M=0.003s

2015-02-26 10:57:28 (2.58 MB/s) - 'eatmydata_26-2_i386.deb' saved
➡ [7782/7782]

Examining eatmydata_26-2_i386.deb from /io
eatmydata_26-2_i386.deb appears to be a Debian package
eatmydata-26-3.i386.rpm generated
eatmydata-26.slp generated
eatmydata-26.tgz generated
===================================================
/io now contains:
eatmydata-26-3.i386.rpm
eatmydata-26.slp
eatmydata-26.tgz
```

```
eatmydata_26-2_i386.deb
========================================================
$ ls -1
eatmydata_26-2_i386.deb
eatmydata-26-3.i386.rpm
eatmydata-26.slp
eatmydata-26.tgz
```

컨테이너에서 에일리언을 직접 실행하려면 다음과 같이 컨테이너를 시작한다.

```
docker run -ti --entrypoint /bin/bash dockerinpractice/alienate
```

> |**경고**| 에일리언은 가장 효과적인 툴이지만 패키지를 잘 설치한다는 보장은 없다.

토론

도커가 많이 사용되면서 한동안 잠잠했던 '배포판 전쟁distro wars'을 첨예하게 불러 일으켰다. 대부분 회사들은 패키징 시스템에 신경 쓸 필요가 없는 레드햇이나 데비안 기반 배포판을 사용했다. 요즘에는 'alien' 배포판을 기반으로 하는 도커 이미지 도입 요청을 자주 받고 있다.

'외부' 패키지가 더 친근한 포맷으로 전환될 수 있기 때문에 이 기술이 도움이 된다. 보안을 다루는 14장에서 다시 설명할 것이다.

7.2 기존 설정 관리 툴과 도커를 함께 사용하기

기존 설정 관리 툴과 도커 파일을 함께 사용하는 방법을 살펴본다.

기존 설정 관리 툴을 make와 함께 사용해 보자. 도커 이미지를 배포하기 위해 셰프 솔로로 기존 셰프 스크립트를 사용하는 방법과 이미지를 빌드하는 데 도움이 되도록 생성된 셸 스크립트 프레임워크를 살펴볼 것이다.

기존 방식 : 도커에 make를 사용하기

어느 순간 도커 파일이 많아 빌드가 제한받을 때가 있다. 예를 들어 docker build를 실행하는 데 제한 받는다면 어떤 출력 파일도 생성할 수 없고 도커 파일에 변수를 가질 수 없다.

추가 툴의 요구사항은 많은 툴(일반적인 셸 스크립트 포함)로 해결할 수 있다. 기술 54에서는 도커에 어떻게 오래된 make 툴을 함께 사용할 수 있는지 알아본다.

문제

docker build를 실행할 때 추가 작업을 하고 싶다.

해결책

오래 전에 사용한 make 툴을 사용한다.

make는 하나 이상의 입력 파일을 받아 출력 파일을 생성하는 툴이지만 작업을 실행하는 데 사용된다. 예시(모든 들여쓰기는 탭(tab)이어야 함)를 참조한다.

목록 7.4 간단한 Makefile

> 기본적으로 모든 대상(target)은 태스크(task)에 의해 생성될 파일 이름이라 가정한다. .PHONY는 파일이 아닌 태스크 이름을 가리키는 특별한 대상으로, 가짜의 의미가 있다.

```
.PHONY: default createfile catfile ◀
default: createfile
createfile: x.y.z ◀──── createfile은 x.y.z 태스크에 의존하는 가짜 태스크다.
catfile: ◀──── catfile은 하나의 커맨드를 실행하는 가짜 태스크다.
      cat x.y.z

x.y.z: ◀──── x.y.z는 두 개의 커맨드를 실행하고 대상 x.y.z 파일을 생성하는 파일 작업이다.
      echo "About to create the file x.y.z"
      echo abc > x.y.z
```

관례상 Makefile의 첫 번째 대상이 '기본값'이다. make가 명시적 대상 없이 실행될 경우 Makefile 파일의 첫 번째 대상을 선택한다. '기본값'이 유일한 종속성으로 'createfile'를 실행한다는 것을 알 수 있다.

> |**경고**| Makefile의 모든 들여쓰기는 탭이어야 하며 대상의 각 커맨드는 다른 셸에서 실행된다(따라서 환경 변수가 전달되지 않는다).

Makefile이라는 파일에 이전 내용이 있으면 `make createfile`과 같은 커맨드를 사용해 특정 대상을 호출할 수 있다.

Makefile에서 몇 가지 유용한 패턴을 살펴보자. 이야기할 나머지 대상들은 가짜다. 도커 빌드를 자동으로 실행하기 위해 파일 교환 추적 기능을 사용하기가 어렵기 때문이다. 도커 파일은 계층 캐시를 사용해서 빌드가 빠르다.

첫 번째 단계는 도커 파일을 실행하는 것이다. Makefile은 셸 커맨드로 구성돼 도커 파일을 실행하기가 쉽다.

목록 7.5 이미지 빌드용 Makefile

```
base:
    docker build -t corp/base .
```

이전 태스크에서 일반적인 변화(예시: 컨텍스트를 삭제하기 위해 파일을 `docker build`에 파일로 파이프 처리하는 경우나 `-f`를 사용해 다른 이름의 도커 파일을 사용할 때)를 적용할 때 필요에 따라 기본 이미지를 자동으로 빌드하는 `make`의 의존성 기능을 사용할 수 있다(FROM에서 사용). 예를 들어 여러 저장소를 repos라는 하위 디렉토리에 체크 아웃(또한 make로 쉽게 생성 가능)하면 목록 7.6과 같이 대상을 추가할 수 있다.

목록 7.6 특정 하위 디렉토리에 이미지 빌드에 사용되는 Makefile

```
app1: base
    cd repos/app1 && docker build -t corp/app1 .
```

이 기능은 기본 이미지를 다시 빌드해야 할 때마다 도커는 모든 저장소를 포함하는 빌드 문맥을 업로드한다는 단점이 있다. 빌드 문맥 TAR 파일을 도커에 명시적으로 전달해 문제를 해결할 수 있다.

목록 7.7 특정 파일 집합으로 이미지 빌드에 사용되는 Makefile

```
base:
    tar -cvf - file1 file2 Dockerfile | docker build -t corp/base -
```

앞서 명시적인 의존 표현은 디렉토리에 빌드와 무관한 파일이 많이 있다면 빠른 속도로 수행될 것이다. 모든 빌드 의존 라이브러리를 다른 디렉토리에 유지하려면 이전 대상을 약간 수정할 수 있다.

목록 7.8 이름이 바뀐 경로를 사용해 특정 파일 집합을 사용하는 이미지 빌드 Makefile

```
base:
    tar --transform 's/^deps\///' -cf - deps/* Dockerfile | \
        docker build -t corp/base -
```

여기서 dps 디렉토리의 모든 파일을 빌드 문맥에 추가한다. tar의 --transform 옵션(리눅스의 최신 tar 버전에서 사용 가능하다)을 사용해 파일 이름에 'deps/' 있으면 제거한다. deps 와 도커 파일을 따로 docker build 커맨드가 실행될 수 있는 디렉토리에 저장해 docker build 커맨드를 실행하는 게 좋다. 유용한 방법이지만 빌드 과정이 더 복잡해져 사용하기 전에 항상 주의 깊게 생각해야 한다.

변수 대체는 비교적 간단한 문제지만(이전에 --transform과 동일함) 대체 변수를 하기 전에 신중하게 생각하길 바란다. 도커 파일은 빌드를 쉽게 재현하기 위해 일부러 변수를 지원하지 않는다.

여기에서 make에 전달된 변수를 사용하고 sed를 사용해 대체하면 원하는 대로 변수를 전달하고 대체할 수 있다.

목록 7.9 기본 도커 파일 변수를 대체하는 이미지 빌드에 사용되는 Makefile

```
VAR1 ?= defaultvalue
base:
    cp Dockerfile.in Dockerfile
    sed -i 's/{VAR1}/$(VAR1)/' Dockerfile
    docker build -t corp/base .
```

base 대상이 실행될 때마다 도커 파일이 다시 생성된다. 또한 base 대상에 sed -i 라인을 추가해 변수 치환이 더 많이 일어나게 한다. VAR1의 기본값을 재정의하려면 make VAR1=newvalue base를 실행한다. 변수에 슬래시가 포함된다면 sed -i 's#{VAR1}#$(VAR1)#'

Dockerfile과 같이 다른 sed 분리자를 선택해야 할 것이다.

마지막으로 도커를 빌드 툴로 사용했다면 도커에서 파일을 다시 가져오는 방법을 알아야한다. 사용 사례에 따라 여러 가능성을 소개할 것이다.

목록 7.10 이미지에서 파일을 복사하기 위한 Makefile

```
singlefile: base
    docker run --rm corp/base cat /path/to/myfile > outfile
multifile: base
    docker run --rm -v $(pwd)/outdir:/out corp/base sh \
        -c "cp -r /path/to/dir/* /out/"
```

singlefile 대상을 보면 특정 파일에 cat을 실행하고 파이프를 통해 출력을 새로운 파일로 연결한다. 파일의 올바른 소유자를 자동으로 설정하는 장점이 있지만 둘 이상의 파일을 처리할 때는 번거롭다. multifile 대상에서는 컨테이너에 볼륨을 마운트하고 특정 디렉토리의 모든 파일을 볼륨으로 복사한다. 파일에 올바른 소유자를 설정하기 위해 chown 커맨드로 소유권 문제를 해결할 수 있지만 sudo로 호출해야 해결할 수 있다.

예시의 도커 프로젝트는 소스에서 도커를 빌드할 때 볼륨 마운트 방식을 사용한다.

토론

도커와 같이 비교적 새로운 기술을 설명하는 책에 make처럼 오래된 툴이 등장하는 것은 좀 이상하게 보일지도 모른다. 앤트^{Ant}나 메이븐^{Maven}과 같은 새로운 빌드 툴을 왜 사용하지 않는 걸까?

답은 모든 결점에도 불구하고 make는 중요한 툴이라는 것이다.

- 금방 사라지지 않을 것 같다.
- 잘 문서화돼 있다.
- 매우 유연하다.
- 널리 사용 중이다.

새로운 빌드 툴에 버그나 생겼거나 충분치 않은 문서(또는 문서화되지 않은) 및 제한사항으로 많은 시간을 보냈었다. 또한 시스템의 의존 라이브러리를 설치하려고 노력해보니 결국 make의 기능이 여러 번 도움이 됐다. 또한 다른 빌드 툴이 사라지거나 소유주가 유지보수를 중단되는 상황이 와도 make는 향후 5년까지는 충분히 사용 가능하다.

기술 55 ▶ 세프 솔로로 이미지 빌드하기

도커를 처음 대하는 사람들이 혼동하는 것 중 하나는 도커 파일이 유일하게 지원되는 설정 관리 툴인지 여부와 기존의 설정 관리 툴을 도커 파일에 잘 통합해야 하는지 여부다. 이들 중 어느 것도 사실이 아니다.

도커 파일은 단순하고 휴대할 수 있는 도커 이미지 배포 수단으로 설계됐지만 다른 설정 관리 툴이 대신할 수 있을 만큼 유연하다. 즉 터미널에서 실행할 수 있다면 도커 파일로 실행할 수 있다는 것이다.

이를 보여주기 위해 도커 파일에서 가장 인정받고 있는 설정 관리 툴인 세프로 시작하고 실행하는 방법을 보여 줄 것이다. 세프와 같은 툴을 사용하면 도커 이미지를 설정하는 데 필요한 작업량을 줄일 수 있다.

> |**참고**| 세프를 잘 알고 있다면 이 기술을 살펴 볼 필요가 없지만 세프가 처음인 사용자는 어느 정도 세프에 익숙해져야 쉽게 따라할 수 있다. 전체 설정 관리 툴을 다루는 방법은 다른 설정 관리 책을 참고하길 바란다. 세프를 자세히 공부하면 기술 55를 통해 세프의 기본을 잘 이해할 수 있다.

문제

세프를 사용해 설정 작업을 줄이고 싶다.

해결책

세프를 컨테이너에 설치하고 컨테이너에서 세프 솔로^{Chef Solo}를 사용해 모든 애플리케이션을 도커 파일 안에 배포하는 레시피를 실행한다.

배포할 내용은 간단히 'Hello World!'를 보여주는 아파치 웹사이트다. 애플리케이션을 배포함으로써 세프 설정 방법을 살펴본다.

세프 솔로는 외부 세프 서버 설정이 필요 없다. 세프에 익숙하다면 세프 서버에 연결할 수 있도록 기존 스크립트를 쉽게 활성화할 수 있다.

예시에서 세프 생성 과정을 살펴본다. 동작하는 코드를 다운로드하려면 깃 저장소를 사용해 다음 커맨드를 실행한다.

```
git clone https://github.com/docker-in-practice/docker-chef-solo-example.git
```

'Hello World!'를 출력하는 아파치 웹 서버를 설정하는 간단한 일부터 시작할 것이다. 사이트는 mysite.com에서 제공되며 이미지에 mysiteuser 사용자로 설정될 것이다.

시작하려면 특정 디렉토리를 생성하고 세프 설정에 필요한 파일로 설정한다.

목록 7.11 세프 설정에 필요한 파일 생성하기

```
$ mkdir chef_example
$ cd chef_example
$ touch attributes.json ◀──── 도커 이미지(또는 세프 용어로 노드(node))의 변수를 정의하는 세프 속성 파일이다.
                               세프 속성 파일에 도커 이미지의 실행 목록의 레시피와 기타 정보를 포함한다.
$ touch config.rb ◀──── 세프 설정 파일 – 세프 설정에 일부 기본 변수를 설정한다.
$ touch Dockerfile ◀──── 도커 이미지를 빌드할 도커 파일
$ mkdir -p cookbooks/mysite/recipes ◀──── 도커 이미지 빌드에 대한 세프 커맨드을
$ touch cookbooks/mysite/recipes/default.rb      저장하는 기본 레시피 디렉토리를 생성한다.
$ mkdir -p cookbooks/mysite/templates/default ◀──── 동적으로 설정한 콘텐츠의 템플릿을 생성한다.
$ touch cookbooks/mysite/templates/default/message.erb
```

먼저 attributes.json를 생성한다.

목록 7.12 attributes.json

```
{
        "run_list": [
                "recipe[apache2::default]",
                "recipe[mysite::default]"
        ]
}
```

attributes.json 파일은 실행할 레시피를 설명한다. apache2 레시피는 공용 저장소에서 검색될 것이다. mysite 레시피도 공용 저장소에 저장돼 있다.

그후 목록 7.13처럼 config.rb에 일부 기본 정보를 입력한다.

목록 7.13 config.rb

```
base_dir        "/chef/"
file_cache_path base_dir + "cache/"
cookbook_path   base_dir + "cookbooks/"
verify_api_cert true ◄───┐  config.rb 파일은 기본 위치 정보를 설정하고 관련 없는
                         │  에러를 보이지 않도록 verify_api_cert 설정을 추가한다.
```

이제 본론으로 들어가 '도커 이미지의 세프 레시피'를 알아보자. end에 의해 종료될 각 스탠자^{stanza}는 세프 자원을 정의한다.

목록 7.14 cookbooks/mysite/recipes/default.rb

```
user "mysiteuser" do ◄────── 사용자를 생성한다.
    comment "mysite user"
    home "/home/mysiteuser"
    shell "/bin/bash"
end


directory "/var/www/html/mysite" do ◄────── 웹 콘텐츠에 관한 특정 디렉토리를 생성한다.
    owner "mysiteuser"
    group "mysiteuser"
    mode 0755
    action :create
end
                                        웹 디렉토리에 배치할 파일을 정의한다.
                                        파일은 'source' 속성에 정의된
template "/var/www/html/mysite/index.html" do ◄──── 템플릿에서 생성된다.
    source "message.erb"
    variables(
        :message => "Hello World!"
    )
    user "mysiteuser"
    group "mysiteuser"
    mode 0755
```

```
end

web_app "mysite" do ◄─────── 아파치 웹 애플리케이션을 정의한다.
    server_name "mysite.com"
    server_aliases ["www.mysite.com","mysite.com"] ◄─┐ 웹 디렉토리에 배치할 파일을 정의한다.
    docroot "/var/www/html/mysite"                     파일은 'source' 속성에 정의된
    cookbook 'apache2'                                 템플릿에서 생성된다.
end
```

웹사이트 내용은 템플릿 파일에 포함돼 있다. 템플릿 파일에는 세프에서 config.rb의
"Hello World!" 메시지를 대체하는 한 줄이 포함돼 있다. 그후 세프는 template 대상(/
var/www/html/mysite/index.html)에 대체 파일을 작성한다. 대체 파일에서 다루지 않은
템플릿 언어를 사용한다.

목록 7.15 cookbooks/mysite/templates/default/message.erb

```
<%= @message %>
```

마지막으로 도커 파일을 작성한다. 목록 7.16에서 표시한 것처럼 세프 사전 요구사항을
설정하고 도커 이미지를 설정하기 위해 세프를 실행한다.

목록 7.16 도커 파일(Dockerfile)

```
FROM ubuntu:14.04

RUN apt-get update && apt-get install -y git curl

RUN curl -L \
https://opscode-omnibus-packages.s3.amazonaws.com/ubuntu/12.04/x86_64
➡ /chefdk_0.3.5-1_amd64.deb \        세프를 다운로드하고 설치한다. 다운로드한 세프 버전이 제대로 동작하지
-o chef.deb                          않는다면 이전에 살펴본 docker-chef-solo-example 최신 코드(https://
RUN dpkg -i chef.deb && rm chef.deb ◄ github.com/docker-in-practice/docker-chef-solo-example.git)를
                                     확인하자. 이제 세프의 최신 버전이 필요할 수 있기 때문이다.

COPY . /chef ◄─────── 작업 디렉토리의 파일을 도커 이미지의 /chef 디렉토리에 복사한다.
WORKDIR /chef/cookbooks
RUN knife cookbook site download apache2      cookbooks 디렉토리로 이동해 세프의 knife
RUN knife cookbook site download iptables     유틸리티를 사용해 apache2과 apache2
RUN knife cookbook site download logrotate    관련 툴을 TAR로 다운로드한다.
```

```
RUN /bin/bash -c 'for f in $(ls *gz); do tar -zxf $f; rm $f; done'    ◄── 다운로드한 타르볼(tarball)
                                                                            파일을 추출하고 그들을
                                                                            제거한다.

RUN chef-solo -c /chef/config.rb -j /chef/attributes.json    ◄──    세프 커맨드를 실행해 도커 이미지를
                                                                    설정한다. 이전에 설명한 attributes.json
                                                                    속성과 config.rb 설정 파일을 함께
                                                                    제공한다.

CMD /usr/sbin/service apache2 start && sleep infinity    ◄──
                   도커 이미지의 기본 커맨드를 정의한다. sleep infinity 커맨드는
                   서비스 커맨드가 종료되더라도 컨테이너가 종료되지 않게 한다.
```

도커 이미지를 빌드하고 실행할 준비가 됐다.

```
docker build -t chef-example .
docker run -ti -p 8080:80 chef-example
```

지금 http://localhost:8080을 호출하면 "Hello World!" 메시지를 볼 것이다.

|**경고**| 도커 허브(Docker Hub)를 사용하고 있고 세프 빌드 시간이 오래 걸린다면 세프 빌드 타임
아웃이 발생할 수 있다. 이런 일이 발생하면 제어하는 머신에서 빌드를 실행할 수 있거나 지원받는
서비스에 지불하거나 도커 파일의 각 개별 빌드 단계의 소요 시간을 줄이기 위해 각 빌드 단계를
작게 나눈다.

사소한 예시이지만 접근법을 사용할 때의 장점은 명확하다. 설정 관리 툴에서 비교적 간
단한 설정 파일을 사용하면 도커 이미지를 세밀하게 원하는 상태로 만들 수 있다.

세밀한 설정을 잊을 수 있다기 보다 값을 변경해도 아무 영향이 없음으로 이해해야 한다.
특히 세부적인 내용에 너무 많이 관여할 필요가 없는 프로젝트에 이 접근법을 적용하면
많은 시간과 노력을 절약할 수 있다.

토론

기술 55의 목적은 도커 파일의 개념과 특히 세프와 앤서블과 같은 설정 관리 툴(경쟁 툴)
간의 혼란을 보완하는 것이다.

도커는 패키징 툴이다. 도커는 예측 가능하고 패키징하는 방법으로 빌드 프로세스의 결
과를 제시할 수 있다. 도커를 빌드하는 선택은 여러분에게 달려 있다. 세프, 푸펫, 앤서

블, Makefile, 셸 스크립트를 사용하거나 다른 언어나 툴을 사용해 개발할 수 있다.

세프, 푸펫을 사용하지 않는 사람 대부분 도커 이미지 빌드를 좋아하지 않는 이유는 주로 도커 이미지가 단일 목적의 단일 프로세스 툴로써 빌드되는 경향이 있기 때문이다. 하지만 처리할 수 있는 설정 스크립트를 갖고 있다면 재사용하지 않겠는가?

7.3 작은 크기의 이미지가 아름답다

많은 이미지를 생성하고 여기 저기에서 해당 도커 이미지를 사용하면 도커 이미지의 크기 문제가 발생한다. 도커의 이미지 계층을 사용하면 문제 해결에 도움이 되지만 도커 저장소에 있는 많은 이미지로 인해 도커 이미지를 실용적으로 관리할 수 없다. 이런 경우 이미지를 가능한 한 작은 크기로 줄이는 모범 사례를 참고해야 한다. 7.3절에서는 이와 관련된 내용과 표준 유틸리티 이미지를 크기 순서로 줄일 수 있는 방법을 설명한다. 작은 크기의 도커 이미지가 네트워크에서 전달될 수 있을 것이다.

기술 56 ▶ 이미지를 작게 만드는 방법

외부에서 도커 이미지를 받았고 도커 이미지를 작게 만들고 싶다고 하자. 가장 간단한 접근 방법은 동작하는 이미지부터 시작해 불필요한 파일을 삭제하는 것이다.

일반 설정 관리 툴은 명시적으로 지시하지 않는 한 삭제하지 않는다. 대신 동작되지 않는 상태에서 시작되고 새로운 설정과 파일을 추가한다. 따라서 특정 목적을 위해 제작된 눈송이(snowflake) 시스템이 생성된다. 시간이 지나면서 설정이 바뀌어 새로운 서버에 설정 관리 툴을 실행할 경우 얻을 수 있는 것과 매우 다르게 보이기도 한다. 도커의 계층화와 가벼운 특징 때문에 이 과정을 역행해 계층을 삭제하는 실험을 할 수 있다.

> **|옮긴이의 참고|** 눈송이란 처음 서버를 설치했을 때의 운영 환경과 작업한 설정이 시간이 지나면서 약간 달라지는 현상을 의미한다.

문제

도커 이미지를 더 작게 생성하고 싶다.

해결책

다음 단계를 따라하며 불필요한 패키지와 문서 파일을 삭제해 이미지 크기를 줄인다.

1. 도커 이미지를 실행한다.

2. 도커 컨테이너를 접속한다.

3. 불필요한 파일을 삭제한다.

4. 컨테이너를 새로운 이미지로 커밋한다('기술 15' 참조).

5. 이미지를 평탄화한다('기술 52' 참조).

마지막 두 단계는 책의 앞부분에서 다뤄 여기서는 처음 세 단계만 알아본다.

어떻게 동작하는지 설명하기 위해 기술 49에서 생성된 도커 이미지를 더 작게 생성해 본다.

먼저 도커 이미지를 컨테이너로 실행한다.

```
docker run -ti --name smaller --entrypoint /bin/bash \
  dockerinpractice/log-cleaner
```

도커 이미지는 데비안 기반 이미지여서 어떤 패키지가 필요한지를 확인하는 것으로 시작한다. `dpkg -1 | awk '{print $2}'`를 실행하면 시스템에 설치된 패키지 목록을 볼 수 있다.

적절한 `apt-get purge -y package_name`을 실행하는 패키지를 살펴본다. "You are about to do something potentially harmful"(잠재적으로 유해한 작업을 하려고 하는 중이다)라는 무서운 메시지가 표시되면 Enter를 눌러 계속 진행한다.

안전하게 삭제할 수 있는 모든 패키지를 삭제했으면 다음 커맨드를 실행해 적절한 캐시를 정리한다.

```
apt-get autoremove
apt-get clean
```

apt-get 커맨드는 도커 이미지의 공간을 줄이는 비교적 안전한 방법이다.

도커 이미지 문서를 삭제해 더 많은 공간을 줄일 수 있다. 예를 들어 `rm -rf /usr/share/doc/* /usr/share/man/* /usr/share/info/*`를 실행하면 필요하지 않은 파일이 삭제될 것이다. 직접 필요 없는 바이너리와 라이브러리에 `rm`을 실행한 후 다음 단계로 넘어간다.

필요 없는 공간은 /var 디렉토리로, 임시 데이터나 프로그램 실행에 필수적이지 않은 데이터를 포함하고 있다.

다음 커맨드는 .log 접미사가 있는 모든 파일을 삭제한다.

```
find /var | grep '\.log$' | xargs rm -v
```

이제 예전보다 훨씬 더 작은 이미지를 갖게 될 것이다. 커밋할 준비가 됐다.

토론

약간의 수작업으로 dockerinpractice/log-cleaner 원본 이미지를 수십 MB 크기로 상당히 쉽게 내려 받을 수 있다. 원한다면 도커 이미지를 더 작게 만들 수도 있다. 도커의 계층화 때문에 기술 52에서 설명한 대로 도커 이미지를 내보내고 가져와야 한다. 그렇지 않으면 이미지의 전체 크기에 삭제된 파일이 포함된다는 점을 기억하길 바란다.

기술 59는 이미지 크기를 크게 줄일 수 있는 훨씬 효과적인 방법이지만 위험한 면이 있다.

> **|팁|** 여기에 설명된 커맨드의 예시는 https://github.com/docker-in-practice/log-cleaner-purged에서 유지되며 도커 허브에서 dockerinpractice/log-cleaner-purged 도커 이미지를 내려 받을 수 있다.

기술 57 **BusyBox 및 Alpine이 포함된 작은 도커 이미지**

리눅스가 나타난 이래 저전력이나 비용이 싼 컴퓨터에 내장할 수 있는 작고 사용 가능한 OS는 늘 있었다. 다행히도 여러 OS 프로젝트는 이미지 크기가 중요한 곳에 사용될 수 있도록 작은 도커 이미지를 만들도록 용도 변경됐다.

문제

작고 기능이 많은 도커 이미지를 원한다.

해결책

사용자 정의 이미지를 생성할 때는 BusyBox나 Alpine과 같은 작은 기본 이미지를 사용한다.

사용자 정의 도커 이미지는 빠르게 변하고 있는 영역이다. 최소한의 리눅스 기반 이미지에 사용되는 인기 있는 두 이미지는 BusyBox와 Alpine이며 각각 다른 특징이 있다.

가볍지만 유용한 이미지로 BusyBox를 추천한다. 다음 커맨드로 BusyBox 이미지를 시작하면 놀라운 일이 발생한다.

```
$ docker run -ti busybox /bin/bash
exec: "/bin/bash": stat /bin/bash: no such file or directory2015/02/23 >
09:55:38 Error response from daemon: Cannot start container >
73f45e34145647cd1996ae29d8028e7b06d514d0d32dec9a68ce9428446faa19: exec: >
"/bin/bash": stat /bin/bash: no such file or directory
```

BusyBox는 너무 가벼워서 bash가 없다! 대신 BusyBox는 POSIX 호환 셸을 사용한다. POSIX 호환 셸은 사실상 bash나 ksh와 같이 더 진보된 셸의 제한된 버전이다.

```
$ docker run -ti busybox /bin/ash
/ #
```

BusyBox 이미지는 2.5MB 미만이 됐다.

> |경고| BusyBox는 약간의 불편함이 있는데 tar의 경우 GNU tar로 생성된 TAR 파일을 푸는 데 어려움이 있다.

간단한 툴을 필요로 하는 작은 스크립트를 작성할 때는 좋다. 그러나 툴을 직접 설치해 뭔가를 실행하고 싶을 때는 좋지 않은데 BusyBox는 패키지 관리 기능이 없기 때문이다.

BusyBox 유지보수자가 BusyBox에 패키지 관리 기능을 추가하고 있다. 예를 들어 progrium/busybox는 BusyBox 중 가장 작은 컨테이너로서 현재 5MB 미만의 크기를 갖고 있다. 그러나 opkg가 있다면 절대적인 최소치의 이미지 크기를 유지하면서 일반적인 패키지를 쉽게 설치할 수 있다. bash가 없다면 다음과 같이 설치할 수 있다.

```
$ docker run -ti progrium/busybox /bin/ash
/ # opkg-install bash > /dev/null
/ # bash
bash-4.3#
```

이전처럼 커밋했다면 도커 이미지 크기는 6MB가 된다.

다른 흥미로운 도커 이미지(작은 크기를 가진 도커 표준 이미지)로 gliderlabs/alpine이 있다. gliderlabs/alpine 이미지는 BusyBox와 비슷하지만 https://pkgs.alpinelinux.org/packages에서 찾아볼 수 있는 패키지다.

도커는 패키지 설치가 쉽도록 설계됐다. 구체적인 예로 250MB가 넘는 이미지를 생성하는 도커 파일은 다음과 같다.

목록 7.17 우분투에 mysql-client 설치하기

```
FROM ubuntu:14.04
RUN apt-get update -q \
&& DEBIAN_FRONTEND=noninteractive apt-get install -qy mysql-client \
&& apt-get clean && rm -rf /var/lib/apt
ENTRYPOINT ["mysql"]
```

> |팁| apt-get install 전에 DEBIAN_FRONTEND=noninteractive를 사용하면 설치 중에 어떠한 입력을 요구하지 않는다. 커맨드를 실행할 때 질문에 대한 응답을 쉽게 제어할 수 없는 도커 파일 환경에서 매우 유용하다.

대조적으로 다음은 36MB가 조금 넘는 이미지가 넘는 것을 보여준다.

```
FROM gliderlabs/alpine:3.6
RUN apk-install mysql-client
ENTRYPOINT ["mysql"]
```

토론

지난 몇 년 동안 이 영역에서 많은 개발이 진행됐다. Alpine 기본 도커 이미지는 BusyBox 보다 서서히 인기가 많아지자 도커사의 지원을 받으며 도커의 표준처럼 사용되고 있다.

게다가 많은 '표준' 기본 이미지는 크기를 줄이고 있다. 이 책이 나올 때쯤에 데비안 이미지 표준은 원래 이미지보다 훨씬 작은 약 100MB다.

해결해야 문제가 아닌 데도 이미지의 크기를 작게 하는 것이나 더 작은 기본 이미지를 사용한 점을 두고 많은 토론이 있다. 돈을 적게 버는 이론적인 장점을 얻기보다 기존의 병목 현상을 극복하는 데 돈과 노력을 투자하는 편이 더 낫다는 의미로 빗댈 수 있다.

기술 58 ▶ 최소 컨테이너의 Go 모델

중복 파일을 제거해 동작 중인 컨테이너를 정리하는 것도 좋지만 다른 방법이 있다. 즉 의존 라이브러리 없이 최소의 바이너리로 컴파일하는 것이다.

이 작업은 근본적으로 설정 관리 작업을 최소화하는 것이다. 배포해야 할 파일이 하나고 패키지가 하나도 필요 없다면 상당한 양의 설정 관리 툴이 중복된다.

문제

어떤 외부 의존 라이브러리 없이 바이너리 도커 이미지를 빌드하고 싶다.

해결책

정적 연결 바이너리를 빌드한다. 즉 실행을 시작할 때 어떠한 시스템 라이브러리를 로드하려고 하지 않는다.

정적 연결 바이너리 빌드의 유용함을 증명하기 위해서 우선 작은 C 프로그램으로 작은 Hello World 이미지를 만들고 더 유용한 애플리케이션을 소개할 것이다.

매우 작은 Hello World 바이너리

매우 작은 Hello World 바이너리를 생성하려면 먼저 새로운 디렉토리와 도커 파일을 목록 7.19와 같이 생성한다.

목록 7.19 Hello 도커 파일

```
FROM gcc  ◀──── gcc 이미지는 컴파일용 이미지다.                    한 줄짜리 간단한 C 프로그램을
RUN echo 'int main() { puts("Hello world!"); }' > hi.c   생성한다.
RUN gcc -static hi.c -w -o hi  ◀──── −static flag로 프로그램을 컴파일하고
                                      −w로 경고가 출력되지 않게 한다.
```

이전 도커 파일에서는 의존 라이브러리가 없는 간단한 Hello World 프로그램을 컴파일한다. 목록 7.20처럼 도커 이미지를 빌드하고 컨테이너에서 바이너리를 꺼낼 수 있다.

목록 7.20 이미지에서 바이너리 축출하기

```
'hi' 바이너리을 복사하기 위해 간단한 커맨드로 도커 이미지를 실행한다.
 $ docker build -t hello_build .  ◀──── 연결 바이너리를 포함하는 도커 이미지를 빌드한다.
 $ docker run --name hello hello_build /bin/true
 $ docker cp hello:/hi hi  ◀──── docker cp 커맨드로 'hi' 바이너리를 복사한다.
 $ docker rm hello
 hello                         정리: 더 이상 필요 없다.
 $ docker rmi hello_build
  Deleted: 6afcbf3a650d9d3a67c8d67c05a383e7602baecc9986854ef3e5b9c0069ae9f2
 $ mkdir -p new_folder  ◀──── 'new_folder'라는 새로운 디렉토리를 생성한다.
 $ mv hi new_folder  ◀──── 'new_folder' 디렉토리로 'hi' 바이너리를 복사한다.
 $ cd new_folder  ◀──── 디렉토리를 새로운 디렉토리로 변경한다.
```

정적 빌드 바이너리를 빌드하고 해당 바이너리를 새로운 디렉토리로 옮겼다.

다른 목록처럼 다른 도커 파일을 생성한다.

```
FROM scratch ◄──── 0 바이트 scratch 이미지를 사용한다.
ADD hi /hi ◄──── 'hi' 바이너리를 도커 이미지에 추가한다.
CMD ["/hi"] ◄──── 기본적으로 이미지에서 'hi' 바이너리를 실행하게 한다.
```

목록 7.22처럼 도커 이미지를 빌드하고 실행한다.

```
$ docker build -t hello_world .
Sending build context to Docker daemon 931.3 kB
Sending build context to Docker daemon
Step 0 : FROM scratch
 --->
Step 1 : ADD hi /hi
 ---> 2fe834f724f8
Removing intermediate container 01f73ea277fb
Step 2 : ENTRYPOINT /hi
 ---> Running in 045e32673c7f
 ---> 5f8802ae5443
Removing intermediate container 045e32673c7f
Successfully built 5f8802ae5443
$ docker run hello_world
Hello world!
$ docker images | grep hello_world
hello_world     latest     5f8802ae5443   24 seconds ago   928.3 kB
```

빌드 및 실행한 이미지의 크기는 1MB 이하다.

작은 Go 웹 서버 이미지

Go 웹 서버 이미지는 비교적 작은 이미지이나 Go로 개발된 프로그램에 같은 원칙을 적용할 수 있다. Go 언어는 정적 바이너리를 빌드하기가 상대적으로 쉽다는 점이 흥미롭다.

제대로 동작하는지 알기 위해 https://github.com/docker-in-practice/go-web-server에 Go 언어로 간단한 웹 서비스를 개발했다.

목록 7.23의 도커 파일을 통해 간단한 웹 서버를 빌드한다.

도커 빌드는 golang 이미지의 버전에서 동작한다.
도커 빌드가 실패한다면 해당 버전은 더 이상 존재하지 않음을 의미한다.

```
FROM golang:1.4.2
RUN CGO_ENABLED=0 go get \
 -a -ldflags '-s' -installsuffix cgo \
 github.com/docker-in-practice/go-web-server
CMD ["cat","/go/bin/go-web-server"]
```

`go get`은 주어진 URL의 소스 코드를 가져오고 로컬에서 컴파일한다.
CGO_ENABLED 환경 변수는 0으로 설정해 크로스 컴파일이 되지 않게 한다.

◀── Go 컴파일러에 여러 플래그를 설정해 정적 컴파일과 크기를 줄인다.

◀── Go 웹 서버의 소스 코드의 저장소

◀── 기본적으로 이미지를 실행할 때 결과를 출력하게 한다.

빈 디렉토리에 도커 파일을 저장하고 빌드하면 프로그램을 포함하는 도커 이미지를 얻게 된다. 왜냐하면 실행 파일을 출력하기 위해 도커 이미지의 기본 커맨드를 지정했기 때문이다. 목록 7.24처럼 도커 이미지를 실행해야 하고 호스트에서 특정 파일에 출력을 보내야 한다.

```
$ docker build -t go-web-server .
$ mkdir -p go-web-server && cd go-web-server
$ docker run go-web-server > go-web-server
$ chmod +x go-web-server
$ echo Hi > page.html
```

◀── 도커 이미지를 빌드하고 태그를 지정한다.

바이너리를 저장하기 위해 새로운 디렉토리를 생성하고 해당 디렉토리로 이동한다.

◀── 바이너리 실행 파일을 실행한다.

◀── 서버에서 보여줄 웹 페이지를 생성한다.

도커 이미지를 실행하고 특정 파일로 바이너리 출력을 리디렉션한다.

'hi' 바이너리를 라이브러리 의존성이 없는 바이너리로 얻었고 파일 시스템에 접근할 수 있다. 0바이트 scratch 이미지에서 도커 파일을 생성하고 이전과 마찬가지로 해당 이미지에 바이너리를 추가한다.

```
FROM scratch
ADD go-web-server /go-web-server
ADD page.html /page.html
ENTRYPOINT ["/go-web-server"]
```

◀── scratch 도커 이미지에 정적 바이너리를 추가한다.

◀── 웹 서버에서 보여주기 위해 특정 페이지를 추가한다.

◀── 이미지에서 실행할 기본 프로그램으로 정적 바이너리로 설정한다.

도커 이미지를 빌드하고 실행한다. 결과 이미지는 4MB가 조금 넘는다.

```
$ docker build -t go-web-server .
$ docker images | grep go-web-server
go-web-server    latest    de1187ee87f3   3 seconds ago    4.156 MB
$ docker run -p 8080:8080 go-web-server -port 8080
```

http://localhost:8080에 접근할 수 있다. 8080 포트가 이미 사용 중이면 코드의 8080을 임의 포트로 변경 가능하다.

토론

하나의 바이너리에 여러 애플리케이션을 포함할 수 있다면 도커를 활용한다. 도커에 바이너리를 여러 번 복사해서 실행할 수 있지만 다음을 잃게 된다. 유념하자.

- 도커 생태계의 모든 컨테이너 관리 툴
- 포트, 볼륨, 레이블과 같은 중요한 애플리케이션 정보가 있는 도커 이미지의 메타데이터
- 도커에 운영 능력을 제공하는 격리

구체적인 예로 etcd는 기본적으로 정적 바이너리다. 기술 74에서 살펴볼 예정인데 같은 프로세스가 여러 머신에서 어떻게 동작하고 쉽게 배포되는지 쉽게 확인할 수 있도록 특정 컨테이너에서 시연해 본다.

기술 59 ▶ 컨테이너를 가볍게 하기 위해 inotifywait 사용하기

컨테이너를 실행할 때 참조될 파일이 무엇인지 확인하는 멋진 툴인 inotifywait를 사용해 컨테이너를 가볍게 만들어 본다.

inotifywait는 매우 극단적인 선택으로서 상용 환경에 사용하면 매우 위험할 수 있다. 그러나 실제로 사용하지 않더라도 시스템을 배워간다는 관점에서 의미가 있다. 설정 관리에서는 애플리케이션이 올바로 동작하는 데 필요한 부분을 이해해야 한다.

문제

도커 컨테이너에 가장 작은 개수의 파일 및 사용 권한을 적게 주고 싶다.

해결책

inotify를 사용해 프로그램에서 접근하는 파일을 모니터링한 후 사용하지 않는 것으로 보이는 파일을 삭제한다.

높은 수준에서는 특정 컨테이너의 특정 커맨드를 실행할 때 어떤 파일에 접근하고 있는지 알아야 한다. 컨테이너 파일 시스템에서 모든 파일을 삭제한다면 이론적으로 필요한 모든 정보를 갖게 된다.

기술 56에서 log-cleaner-purged 이미지를 사용해 본다. 다음 inotify-tools를 설치하고 어느 파일에 접근했는지 보고하는 `inotifywait`를 실행한다. 그후 이미지의 entrypoint(log_clean 스크립트)를 시뮬레이션한다. 끝으로 생성된 파일 보고서를 사용해 접근하지 않는 모든 파일을 삭제할 것이다.

목록 7.27 inotifywait로 모니터링해서 수동 설치 단계를 수행하기

지켜보고 싶은 디렉토리를 지정한다. /tmp를 모니터링하면 /tmp/inotifywaitout.txt에
무한 루프가 발생하기 때문에 /tmp를 모니터링하지 않는다.

```
[host]$ docker run -ti --entrypoint /bin/bash \          ◀── 도커 이미지의 기본 entrypoint를 덮어쓴다.
  --name reduce dockerinpractice/log-cleaner-purged       ◀── 컨테이너에 나중에 참고할 수 있도록 이름을 지정한다.
$ apt-get update && apt-get install -y inotify-tools      ◀── inotify-tools 패키지를 설치한다.
$ inotifywait -r -d -o /tmp/inotifywaitout.txt \          ◀── inotifywait를 실행할 때 재귀(-r) 모드, 데몬(-d) 모드,
  /bin /etc /lib /sbin /var                                   outfile이라는 접근 파일 목록을 얻는다(-o 매개변수로 지정).
  inotifywait[115]: Setting up watches.  Beware: since -r was given, this >
may take a while!
inotifywait[115]: Watches established.                                       /usr 디렉토리의 하위
$ inotifywait -r -d -o /tmp/inotifywaitout.txt /usr/bin /usr/games \  ◀──    디렉토리에 inotifywait를
  /usr/include /usr/lib /usr/local /usr/sbin /usr/share /usr/src            다시 호출한다.
inotifywait[118]: Setting up watches.  Beware: since -r was given, this >   /usr 디렉토리에 inotifywait
may take a while!                                                            에서 처리할 매우 많은
inotifywait[118]: Watches established.                                       파일이 존재하며 각각 개별
$ sleep 5       ◀── inotifywait가 잘 동작할 수 있도록 sleep을 실행해 적절한 시간을 준다.    디렉토리로 지정해야 한다.
$ cp /usr/bin/clean_log /tmp/clean_log          │ 사용 중인 것으로 표시되도록 하기 위해 사용해야 할
$ rm /tmp/clean_log                             │ 스크립트 파일에 접근할 뿐 아니라 커맨드를 실행한다.
```

```
$ bash
$ echo "Cleaning logs over 0 days old"
$ find /log_dir -ctime "0" -name '*log' -exec rm {} \;
$ awk '{print $1$3}' /tmp/inotifywaitout.txt | sort -u > \
/tmp/inotify.txt
$ comm -2 -3 \
  <(find /bin /etc /lib /sbin /var /usr -type f | sort) \
  <(cat /tmp/inotify.txt) > /tmp/candidates.txt
$ cat /tmp/candidates.txt | xargs rm
$ exit
$ exit
```

스크립트가 실행할 수 있도록 배시 셸을 시작하고 스크립트의 커맨드를 실행한다. 호스트의 실제 로그 디렉토리를 마운트하지 못해서 해당 스크립트의 실행은 실패할 것이다.

inotifywait 로그의 결과에서 파일 이름 목록을 생성하는 awk 툴을 사용해 해당 파일 목록을 유일하고 정렬된 목록으로 변환한다.

접근하지 못한 모든 파일을 삭제한다.

시작한 배시 셸을 종료하고 컨테이너를 종료한다.

comm 툴을 사용해 접근하지 않은 파일 시스템의 파일 목록을 출력한다.

다음 내용을 알 수 있다.

- 접근한 파일이 무엇인지 보기 위해 여러 파일에 모니터링한다.
- 스크립트의 실행을 시뮬레이션하기 위해 모든 커맨드를 실행한다.
- 꼭 필요한 스크립트에 접근하기 위해 커맨드와 rm 커맨드를 실행한다.
- 실행하는 동안 접근하지 않은 모든 파일 목록을 얻는다.
- 접근하지 않는 파일을 모두 삭제한다.

도커 컨테이너를 평탄화해 새로운 도커 이미지를 생성하고 도커 이미지가 잘 동작하는지 확인한다.

목록 7.28 도커 이미지를 평탄화하고 실행하기

```
$ ID=$(docker export reduce | docker import -)
$ docker tag $ID smaller
$ docker images | grep smaller
smaller   latest   2af3bde3836a   18 minutes ago   6.378 MB
$ mkdir -p /tmp/tmp
$ touch /tmp/tmp/a.log
$ docker run -v /tmp/tmp:/log_dir smaller \
/usr/bin/clean_log 0
Cleaning logs over 0 days old
$ ls /tmp/tmp/a.log
ls: cannot access /tmp/tmp/a.log: No such file or directory
```

도커 이미지를 평탄화하고 ID를 변수 'ID'를 저장한다.

새롭게 평탄화한 도커 이미지를 'smaller' 태그로 지정한다.

도커 이미지가 이전 크기에서 10% 보다 작게 생성된다.

새 디렉토리와 파일 검사용 로그 디렉토리를 시뮬레이션할 파일을 생성한다.

파일 검사 디렉토리에 새로 생성한 이미지를 실행하고 생성된 파일이 삭제됐는지 확인한다.

도커 이미지를 잘 작동시키면서 크기를 96MB에서 약 6.5MB로 줄였다. 상당히 절약했다!

> |경고| 기술 59는 CPU 오버 클로킹처럼 부주의함에 대한 최적화가 아니다. 범위가 매우 제한된 애플리케이션이어서 이런 특별한 예시가 동작한다. 그러나 중요한 비즈니스 애플리케이션은 파일 접근 방법에 대해 더 복잡하고 동적이 될 가능성이 높다. 애플리케이션이 실행할 때 접근하지 못한 파일을 쉽게 삭제할 수 있지만 파일을 특정 시점에 필요할 수 있다.

나중에 필요할 수도 있는 파일을 삭제해 이미지가 잠재적으로 깨질까 걱정된다면 사용하지 않는 매우 큰 파일 목록을 얻기 위해 /tmp/candidates.txt 파일을 다음처럼 사용한다.

```
cat /tmp/candidates.txt | xargs wc -c | sort -n | tail
```

애플리케이션에서 필요하지 않은 큰 파일을 삭제할 수 있다. 따라서 이런 부분도 잘 다룰 수 있을 것이다.

토론

기술 59를 도커 기술로 설명했지만 다른 문맥에서 적용될 '일반적으로 유용한' 기술의 범주에 속한다. 무슨 일이 발생하는지 모르는 부분을 디버깅할 때 즉, 어느 파일이 참조되는지 볼 때 매우 유용하다. strace가 이런 작업에서 옵션이 될 수 있지만 어떤 면에서 inotifywait는 목적에 사용되기 쉽다.

일반적인으로 특정 도커 컨테이너의 공격을 줄일 수 있는 맥락에서 기술 96에서도 사용된다.

기술 60 〉 큰 크기의 이미지가 아름다울 수 있다

7.3절에서 도커 이미지를 작은 크기로 유지하는 내용을 다뤘지만 반드시 작은 크기가 더 나은 것은 아니라는 점을 기억하자. 앞에서 다룬 대로 상대적으로 큰 모놀리식 이미지가 작은 이미지보다 효율적일 수 있다.

문제

도커 이미지 때문에 디스크 공간 사용과 네트워크 대역폭을 줄이고 싶다.

해결책

회사에서 사용할 보편적이고 큰 크기의 모놀리식 기본 이미지를 생성한다.

모순 같지만 큰 모놀리식 이미지는 디스크 공간과 네트워크 대역폭을 절약할 수 있다.

도커 컨테이너가 실행 중일 때 도커가 Copy-On-Write 메커니즘을 사용하는 것을 다시 기억하자. 즉 수백 개의 Ubuntu 컨테이너가 실행 중일 수 있지만 각 컨테이너가 시작할 때 적은 양의 추가 디스크 공간만 사용함을 의미한다.

그림 7.1처럼 도커 서버에 서로 다른 작은 이미지를 갖고 있다면 필요한 모든 것을 가진 모놀리식 이미지를 갖고 있는 것보다 더 많은 디스크 공간을 사용할 수도 있다.

공유 라이브러리의 원칙이 생각났는지 모르겠다. 여러 애플리케이션에서 공유 라이브러리를 한 번에 로드할 수 있기에 필요한 프로그램을 실행하는 데 필요한 디스크와 메모리의 양이 줄어든다. 같은 방식으로 한 번만 다운로드하면 필요한 모든 것을 포함해서 회사의 공유 기본 이미지는 공간을 절약할 수 있다. 여러 이미지에서 이전에 필요한 프로그램과 라이브러리는 이제 한 번만 필요하다.

팀 간에 모놀리식 중앙 관리 이미지를 공유한다면 장점이 있다. 도커 이미지의 유지 관리를 중앙 집중화하고 개선 사항을 공유할 수 있으며 빌드 관련 문제를 한 번만 해결하면 된다.

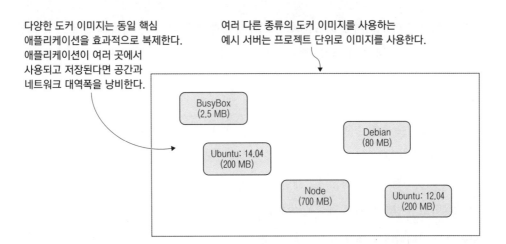

다양한 도커 이미지는 동일 핵심 애플리케이션을 효과적으로 복제한다. 애플리케이션이 여러 곳에서 사용되고 저장된다면 공간과 네트워크 대역폭을 낭비한다.

여러 다른 종류의 도커 이미지를 사용하는 예시 서버는 프로젝트 단위로 이미지를 사용한다.

특별한 경우를 위한 작은 맞춤 이미지와 모놀리식 기업 이미지를 사용하는 예시 서버. 전체 공간과 대역폭을 낮게 사용한다.

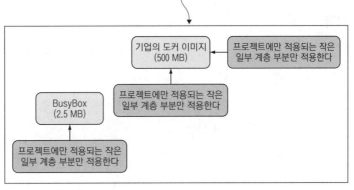

▲ **그림 7.1** 크기가 작고 개수가 많은 기본 이미지 vs 크기가 크지만 개수가 작은 기본 이미지

기술 60을 채택한다면 지켜봐야 할 부분이 있다.

- 먼저 기본 도커 이미지는 믿을 수 있어야 한다. 일관되게 동작하지 않는다면, 사용자는 해당 도커 이미지를 사용하지 않는 것이다.
- 기본 이미지의 변경사항을 추적하기 위해 어딘가 그 내용을 작성해야 한다. 따라서 사용자가 문제점을 디버깅할 수 있도록 추적 정보가 투명해야 한다.
- 회사의 기본 이미지를 변경할 때 혼란을 줄이기 위해 회귀 테스트가 필수적이다.

- 기본 도커 이미지에 코드를 추가할 때 주의해야 한다. 기본 이미지에 코드가 추가 된다면 제거하기가 어렵고 이미지의 크기가 빠르게 커질 수 있다.

토론

개인적으로 기술 60을 적용해 600개의 훌륭한 개발 회사에 커다란 영향을 끼쳤다. 개발 팀은 핵심 애플리케이션의 월단위 빌드를 통해 큰 이미지로 합쳐지고 해당 이미지를 내 부 도커 레지스트리에 저장했다.[1] 개발팀은 회사의 기본 도커 이미지를 기반으로 빌드하 고 필요하면 추가로 맞춤형 계층을 생성한다.

모놀리식 컨테이너의 추가 세부 사항을 설명한 기술 12를 살펴 두자. 특별히 여러 프로 세스를 실행하는 것으로 설계된 phusion/base 도커 이미지를 설명한 부분을 찾아 보자.

요약

- ENTRYPOINT는 도커 컨테이너에 런타임 매개변수를 설정해서 시작할 수 있게 하는 또 다른 방법이다.
- 도커 이미지를 평탄화하는 것은 도커 이미지의 계층에서 빌드에 포함된 비밀 파 일을 유출하지 않기 위함이다.
- alien을 사용하면 선택한 기본 이미지에 외부 패키지를 통합할 수 있다.
- make와 같은 전통적인 빌드 툴뿐 아니라 세프처럼 최신 툴이 여전히 도커 세계 에서 자리를 잡고 있다.
- 도커 이미지를 줄이기 위해 기본 이미지를 작게 하거나 작업에 맞는 언어를 사용 해 불필요한 파일을 삭제할 수 있다.
- 도커 이미지의 크기가 가장 중요한 이슈라고 생각한다면 고려할 가치가 있다.

---

1   핵심 애플리케이션을 담당하는 개발 조직에서 개발한 도커 이미지 코드를 매달 합치는 것을 의미한다. – 옮긴이

Part 3

도커와 데브옵스

이제 도커를 개발 환경을 넘어서 소프트웨어 배포 단계에서 사용할 수 있다. 빌드와 테스트 자동화는 데브옵스 운동의 초석이다. 소프트웨어 배포 수명주기, 배포, 실제 환경 테스트 자동화를 통해 도커 성능을 소개한다.

8장에서는 지속적 통합을 제공하고 개선하는 기술과 소프트웨어를 신뢰성 및 확장성 있게 배포하는 방법을 설명한다.

9장은 지속적 배포에 중점을 둔다. 지속적 배포가 무엇인지 설명하고 도커를 사용해 개발 파이프 라인을 개선하는 방법을 살펴본다.

10장은 도커의 네트워크 모델을 최대한 활용해 여러 컨테이너 서비스를 생성하는 방법, 실제 네트워크를 시뮬레이션하는 방법, 필요에 따른 네트워크 생성 방법을 설명한다.

3부에서 개발 환경의 도커를 상용 환경에 실행하는 부분을 조망하는 관점을 공부한다.

8

지속적 통합: 개발 파이프라인의 속도 높이기

8장에서 다루는 내용

- 도커 허브 워크 플로우를 CI 툴로 사용하기
- I/O가 많은 빌드 속도를 높이기
- 자동화 테스트로 셀레늄 사용하기
- 도커내에서에서 젠킨스 실행하기
- 도커를 젠킨스 슬레이브로 사용하기
- 개발자 팀과 함께 사용 가능한 컴퓨팅을 확장하기

8장에서는 도커로 지속적 통합 즉, CI^{Continuous Integration}를 활성화하고 향상시키는 다양한 기술을 살펴 본다.

도커가 자동화에 사용되도록 잘 적용하는 방법을 이해해야 한다. 도커는 가벼우면서도 다른 곳으로 환경을 이식할 수 있어 CI의 핵심 요소가 될 수 있다. 8장의 기술은 사업을 위한 CI 프로세스를 실현하는 데 매우 중요하다.

8장을 마치면 도커가 CI 프로세스를 보다 빠르고 안정적으로 재현할 수 있음을 이해하게 될 것이다. 셀레늄^{Selenium}과 같은 테스트 툴을 사용하고 젠킨스^{Jenkins} 스웜^{Swarm} 플러그인으로 빌드 용량을 확장함으로써 CI 프로세스에서 도커를 더욱 효과적으로 활용할 수 있는 방법을 알아본다.

> |참고| 지속적 통합(Continuous Integration, CI), 즉 CI는 개발 파이프 라인의 속도를 높이는 데 사용되는 소프트웨어 수명주기 전략이다. 기존 코드가 크게 바뀔 때마다 테스트를 자동으로 실행함으로써 배포될 소프트웨어의 기본 수준의 안정성을 제공한다. 따라서 CI는 소프트웨어를 더 빠르고 안정적으로 제공한다.

8.1 도커 허브의 자동 빌드

도커 허브의 자동 빌드 기능은 도커 파일^{Dockerfile}이 포함된 깃 저장소를 가리키면 도커 허브는 이미지를 작성하고 다운로드할 수 있는 프로세스를 처리한다(기술 10에서 잠깐 나온 적이 있다) 깃 저장소에서 변경이 일어날 때마다 이미지 재빌드가 실행돼 CI 프로세스의 일부로서 매우 유용하다.

기술 61 ▶ 도커 허브 워크 플로우 사용하기

기술 61은 도커 허브 워크 플로우를 소개한다. 도커 허브 워크 플로우는 도커 이미지가 재빌드하게 하는 기술이다.

> |참고| 8.1절의 내용을 따라하려면 깃허브나 비트버킷(Bitbucket) 계정에 연결된 docker.com 계정이 필요하다. 아직 계정이 없다면 github.com나 bitbucket.org의 홈페이지에서 설명서를 확인하길 바란다.

문제

코드가 변경될 때 도커 이미지를 자동으로 테스트하고 변경사항을 적용하고 싶다.

해결책

도커 허브 저장소를 설정하고 코드에 저장소를 연결한다.

도커 허브 빌드는 복잡하지 않지만 여러 단계가 필요하다.

1. 깃허브나 비트버킷에 저장소를 생성한다.

2. 새로운 깃 저장소를 복제한다.

3. 깃 저장소에 코드를 추가한다.

4. 소스를 커밋한다.

5. 깃 저장소에 푸시한다.

6. 도커 허브에 새로운 저장소를 생성한다.

7. 도커 허브에 새로운 저장소에 깃 저장소를 연결한다.

8. 도커 허브 빌드가 완료될 때까지 기다린다.

9. 소스에 변경한 내용을 커밋하고 푸시한다.

10. 두 번째 도커 허브 빌드가 완료될 때까지 기다린다.

|**참고**| 깃과 도커 모두 '저장소(repository)'라는 용어를 사용해 프로젝트를 나타낸다. 저장소라는 이름이 혼란스러울 수 있는데, 이 책에서 깃 저장소와 도커 저장소를 함께 사용하지만 같은 의미는 아니다.

깃허브나 비트버킷에서 저장소 생성

깃허브나 비트버킷에 새로운 저장소를 생성한다. 원하는 이름을 생성할 수 있다.

새로운 깃 저장소 복제

새로운 깃 저장소를 호스트 머신에 복제한다. 깃 프로젝트 홈페이지에서 관련 커맨드를 사용할 수 있다.

깃 저장소에 코드 추가

이제 프로젝트에 코드를 추가해야 한다.

원하는 도커 파일을 추가할 수 있지만 목록 8.1에 동작하는 예시를 소개한다. 간단한 개발 툴 환경을 나타내는 두 개의 파일로 구성돼 있다. 선호하는 툴을 설치하고 배시 버전을 출력한다.

목록 8.1 간단한 개발 툴을 포함하는 컨테이너 도커 파일

```
FROM ubuntu:14.04
ENV DEBIAN_FRONTEND noninteractive
RUN apt-get update
RUN apt-get install -y curl
RUN apt-get install -y nmap
RUN apt-get install -y socat
RUN apt-get install -y openssh-client
RUN apt-get install -y openssl
RUN apt-get install -y iotop
RUN apt-get install -y strace
RUN apt-get install -y tcpdump
RUN apt-get install -y lsof
RUN apt-get install -y inotify-tools
RUN apt-get install -y sysstat
RUN apt-get install -y build-essential
RUN echo "source /root/bash_extra" >> /root/.bashrc
ADD bash_extra /root/bash_extra
CMD ["/bin/bash"]
```

유용한 패키지를 설치한다.

source bash_extra 결과를 루트의 bashrc 라인에 추가한다.

ADD를 사용해 소스의 bash_extra를 컨테이너로 복사한다.

참조한 bash_extra 파일을 추가하고 다음 내용을 파일에 추가한다.

```
bash --version
```

bash_extra 파일은 예시를 위한 것으로써 컨테이너가 시작할 때 읽히는 배시 파일을 생성할 수 있다는 것을 보여준다. bash_extra 파일은 사용하고 있는 배시의 버전을 셸에 표시하지만 셸을 원하는 상태로 설정하는 모든 종류를 포함할 수 있다.

소스 커밋

소스 코드를 커밋하려면 다음 커맨드를 사용한다.

```
git commit -am "Initial commit"
```

깃 저장소 푸시

다음 커맨드를 사용해 소스를 깃 서버에 푸시할 수 있다.

```
git push origin master
```

도커 허브에 새로운 저장소 생성

도커 허브에 해당 프로젝트의 저장소를 생성한다. https://hub.docker.com으로 이동해 로그인한다. Create를 클릭하고 Create Automated Build를 선택한다.

처음에만 계정 연결 과정을 진행해야 한다. 도커 허브의 계정을 깃 서비스와 연결하라는 메시지를 볼 것이다. 깃 서비스를 선택하고 지침에 따라 계정을 연결한다. 통합할 때 도커 사에 대한 전체 또는 그 이상의 제한적 접근을 제공할지를 선택해야 한다. 더 제한된 접근을 선택한다면 나머지 단계에서 수행해야 할 추가 작업을 식별하기 위해 서비스의 공식 문서를 읽어야 한다.

도커 허브 저장소를 깃 저장소에 연결

깃 서비스를 선택할 수 있는 화면이 나타날 것이다. 사용하는 소스 코드 서비스(깃허브나 비트버킷)를 선택하고 제공된 목록에서 새로운 저장소를 선택한다.

빌드 설정 옵션이 있는 페이지를 보게 될 것이다. 기본값을 그대로 두고 맨 아래에 있는 Create Repository 버튼을 누른다.

도커 허브 빌드가 완료될 때까지 대기

링크가 작동했다고 설명하는 페이지가 나타날 것이다. 빌드 세부 정보 링크를 클릭한다.

그후 빌드의 세부사항을 보여주는 페이지가 나온다. Builds History 아래에, 첫 번째 빌드의 항목이 있을 것이다. 목록이 보이지 않으면 버튼을 눌러 빌드를 수동으로 실행해야 한다. 빌드 ID 옆의 상태Status 필드에 '대기 중Pending', '완료Finished', '빌드 중Building', '에러Error'가 표시될 것이다. 모두 잘 동작한다면 '대기 중', '완료', '빌딩 중' 상태가 나타난다. 에러가 뜨면 빌드 ID를 클릭해 에러가 무엇인지 확인한다.

> |**참고**| 빌드가 시작되려면 시간이 걸리므로 기다리는 동안 얼마 정도 '대기 중(Pending)' 상태가 뜨기도 한다.

Refresh를 클릭해 주기적으로 때까지 빌드가 완성됐는지 확인할 수 있다. 일단 빌드가 끝나면 docker pull 커맨드를 사용해 빌드 완료 페이지의 최상단 이미지를 내려받을 수 있다.

소스 코드에 변경사항을 추가한 후 커밋하고 푸시하기

로그인할 때 환경 정보를 더 표시하려 할 때는 실행 중인 배포판의 공지 내용을 출력하고 싶을 것이다. bash_extra에 다음 라인을 추가해 프로젝트 세부 사항을 출력한다.

```
bash --version
cat /etc/issue
```

그후 4단계와 5단계에서 한 것처럼 커밋하고 푸시한다.

두 번째 도커 허브 빌드가 완료될 때까지 기다리기

빌드 페이지로 돌아가면 Builds History 아래에 새 라인이 나타날 것이고 8단계처럼 빌드를 진행할 수 있다.

> |**팁**| 빌드에 에러가 발생하면 이메일이 전송되고, 정상이면 전송되지 않는다. 일단 도커 허브 워크 플로우에 익숙해지면 이메일을 받았을 때만 확인하면 된다.

이제 도커 허브 워크 플로우를 사용할 수 있게 되면 점점 익숙해져 도크 허브 워크 플로우가 빌드를 최신 상태로 유지하고 수작업으로 도커 파일을 재빌드의 부하를 줄일 수 있어 매우 중요함을 깨닫게 된다.

토론

도커 허브는 전형적인 이미지 저장소여서 CI 프로세스 중에 이미지를 푸시하면 더 쉬운 작업(예를 들면 이미지를 외부에 이미지를 배포하는 것)을 할 수 있다. 빌드 프로세스를 직접 실행할 필요가 없고 빌드가 신뢰할 수 있는 서버에서 수행됨을 알려주는 도커 허브 목록에 확인 표시를 할 수 있다.

빌드에 추가적인 신뢰를 준다면 기술 70의 도커 계약을 준수하는 것을 의미한다. 기술 113에서 특정 머신이 도커 빌드에 어떻게 영향을 줄 수 있는지 살펴본다. 따라서 완전히 독립적인 시스템을 사용하면 최종 결과의 신뢰도가 높아진다.

8.2 보다 효율적인 빌드

CI란 소프트웨어에 빌드를 자주 진행해 테스트를 자주 하는 것을 의미한다. 도커를 사용하면 CI를 더 쉽게 제공할 수 있지만 컴퓨팅 자원에 부하가 늘어나기도 한다.

디스크 I/O, 네트워크 대역폭, 자동화 테스트 측면에서 부하를 완화할 수 있는 방법을 살펴본다.

기술 62 ▶ eatmydata를 사용해 I/O가 높은 빌드의 속도를 향상시키기

도커는 자동화 빌드에 매우 적합하다. 따라서 시간이 흐르면 디스크 I/O가 높은 빌드를 많이 수행할 것이다. 젠킨스 작업, 데이터베이스 재구축 스크립트, 대용량 코드를 체크아웃하는 등 모두 디스크에 큰 부하를 주는 작업이 많을 텐데, 부하에도 불구하고 시간을 절약하고 자원 경쟁으로 인한 많은 오버헤드를 최소화해 속도를 향상시킬 것이다.

기술 62는 최대 1~3배의 속도 개선을 보여 줬고 실제로 이를 경험했으니 무시하지 않길 바란다.

문제

I/O가 높은 빌드의 속도를 향상시키고 싶다.

해결책

eatmydata는 시스템 콜 데이터를 저장하고 데이터 변경을 유지하는 데 필요한 작업을 무시해 데이터를 초고속으로 생성하는 프로그램이다. eatmydata는 안전성 이슈가 있어서 정상적 환경에서 사용하는 것을 권장하지 않지만, 저장에 관한 설계가 없는 환경에서는 테스트할 때 상당히 유용하다.

eatmydata를 설치하기

eatmydata를 컨테이너에 설치하려면 다음과 같은 여러 옵션을 사용한다.

- 데비안 기반 배포판을 사용 중이면 `apt-get install`로 쉽게 설치할 수 있다.
- RPM 기반 배포판을 사용 중이면 RPM을 웹에서 검색한 후 `rpm --install`로 다운로드해 설치한다. rpmfind.net과 같은 웹사이트를 참고하면 좋다.
- 최후의 수단으로 컴파일러를 설치했다면 목록 8.2처럼 직접 다운로드하고 컴파일할 수 있다.

목록 8.2 eatmydata 컴파일 및 설치하기

```
$ url=https://www.flamingspork.com/projects/libeatmydata
➥ /libeatmydata-105.tar.gz ◀──── Flamingspork.com은 eatmydata 애플리케이션을 유지하는 웹사이트다.
$ wget -qO- $url | tar -zxf - && cd libeatmydata-105 ◀─┐ 이 버전을 다운로드할 수 없으면 웹사이트에서
$ ./configure --prefix=/usr ◀──┐                         105보다 큰 번호로 업데이트됐는지 확인한다.
┌─▶ $ make                      │ /usr/bin이 아닌 다른 위치에
    $ sudo make install ◀──┐      eatmydata 실행 파일을 설치하려면
│                          │      prefix를 사용해 설치될 디렉토리를 변경한다.
│                          │
│                          eatmydata를 설치한다.
eatmydata 실행 파일을 빌드한다.  이 단계에는 루트 권한이 필요하다.
```

eatmydata 사용하기

패키지나 소스 코드에서 libeatmydata를 이미지에 설치하면 커맨드를 실행하기 전에 다음처럼 eatmydata의 내부 스크립트를 실행한다.

```
docker run -d mybuildautomation eatmydata /run_tests.sh
```

그림 8.1은 eatmydata가 처리 시간을 절약하는 방법을 높은 수준으로 보여준다.

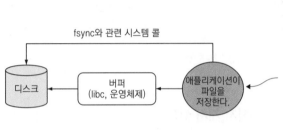

보통 애플리케이션에서 파일이 디스크에 잘 저장됐는지 보장하는 두 가지 방법이 있다. 첫 번째는 운영체제가 저장이 이뤄졌는지 확인하는 방법이다. 디스크에 저장할 준비가 될 때까지 데이터를 캐싱할 것이다. 두 번째 방법은 다양한 시스템 콜 조합을 사용해 강제로 디스크에 데이터가 저장되게 한다. 따라서 파일이 저장될 때까지 커맨드는 리턴되지 않는다. 데이터 무결성에 신경 쓰는 애플리케이션은 강제로 시스템 콜을 호출하는 경향이 있다.

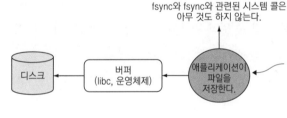

eatmydata는 시스템 콜을 강제로 실행하지 않는다. 시스템 콜을 사용하는 애플리케이션은 더 빨리 동작하지만 시스템 콜을 강제로 실행하지 않은 애플리케이션은 정지해서 디스크 저장이 완료될 때까지 기다릴 필요가 없다. 애플리케이션이 갑자기 종료되면 데이터에 일관성이 없고 복구되지 않을 것이다.

▲ **그림 8.1** 애플리케이션이 eatmydata를 사용(위) 및 미사용해(아래) 디스크에 저장하는 방법

|**경고**| eatmydata는 데이터가 디스크에 안전하게 저장되는 것을 보장하는 단계를 건너뛴다. 따라서 애플리케이션에서 보면 데이터가 디스크에 아직 저장되지 않을 수 있다는 위험성이 있다. 테스트 중일 때 데이터는 일회용이어서 보통 문제가 되지 않지만 데이터가 중요한 환경의 속도를 높이고 싶다면 eatmydata를 사용하지 않아야 한다.

도커 컨테이너를 시작하기 위해 `eatmydata docker run ...`를 실행하면, 호스트에 eatmydata를 설치하거나 도커 소캣을 마운트했을 때 도커 클라이언트/서버 아키텍처의 영향을 받지 않는다.

토론

사용 사례는 다양하지만 즉시 적용할 수 있는 곳은 기술 68이다. CI 작업의 데이터 무결성은 늘 중요하다. 실패할 경우에는 로그에만 관심이 있다.

관련 기술로는 기술 77이 있다. 데이터베이스는 데이터 무결성이 정말로 중요한 소프트웨어다(어떤 소프트웨어도 전력 손실이 있는 순간에도 데이터를 잃지 않도록 설계된다). 그러나 테스트나 실험만 하고 있다면 필요 없는 오버헤드가 된다.

기술 63 ▶ 빠르게 빌드할 수 있도록 패키지 캐시 설정하기

도커는 개발, 테스트, 상용 서비스를 재구축 작업을 자주 반복해서 네트워크를 많이 사용하는 지점으로 빠르게 다가갈 수 있다. 인터넷에서 패키지 파일을 다운로드하는 것 때문인데, 단일 머신에서조차 오버헤드로 느릴 수 있고 비용이 많이 들기도 한다. 기술 63은 apt와 yum을 포함하는 패키지 다운로드를 위한 로컬 캐시 설정 방법을 보여준다.

문제

네트워크 I/O를 줄여 빌드 속도를 높이고 싶다.

해결책

패키지 관리자에 관한 스퀴드^{Squid} 프록시를 설치한다. 그림 8.2에 기술 63이 작용하는 방법을 보여준다.

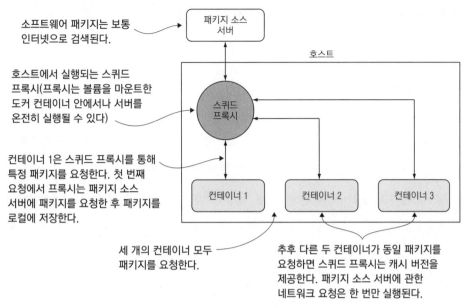

소프트웨어 패키지는 보통
인터넷으로 검색된다.

패키지 소스
서버

호스트

호스트에서 실행되는 스퀴드
프록시(프록시는 볼륨을 마운트한
도커 컨테이너 안에서나 서버를
온전히 실행될 수 있다)

스퀴드
프록시

컨테이너 1은 스퀴드 프록시를 통해
특정 패키지를 요청한다. 첫 번째
요청에서 프록시는 패키지 소스
서버에 패키지를 요청한 후 패키지를
로컬에 저장한다.

컨테이너 1

컨테이너 2

컨테이너 3

세 개의 컨테이너 모두
패키지를 요청한다.

추후 다른 두 컨테이너가 동일 패키지를
요청하면 스퀴드 프록시는 캐시 버전을
제공한다. 패키지 소스 서버에 관한
네트워크 요청은 한 번만 실행된다.

▲ **그림 8.2** 스퀴드 프록시를 사용한 패키지 캐시

패키지 요청은 먼저 로컬 스퀴드 프록시로 전달된다. 처음에는 인터넷을 통해서 패키지를 요청하기 때문에 각 패키지에 관한 요청은 인터넷으로만 이뤄져야 한다. 수백 개의 컨테이너를 갖고 있다면 인터넷에서 커다란 패키지를 내려받을 때 많은 시간과 비용을 절약할 수 있다.

|**참고**| 호스트 설정시 네트워크 설정 문제가 발생할 때가 있는데 판단할 수 있는 조언을 다음 절에 설명한다. 다만 어떻게 진행해야 할지 확실하지 않으면 네트워크 관리자에게 도움을 구해야 한다.

데비안

데비안 패키지(apt나 .deb이라고도 함)는 사전 패키지 버전이 있어서 설정이 더 간단하다.

데비안 기반 호스트에서 다음 커맨드를 실행한다.

```
sudo apt-get install squid-deb-proxy
```

텔넷을 사용해 8000 포트로 서비스가 시작됐는지 확인한다.

```
$ telnet localhost 8000
Trying ::1...
Connected to localhost.
Escape character is '^]'.
```

출력이 보이면 Ctrl+]을 누른 다음 Ctrl+d를 눌러 종료한다. 출력이 보이지 않으면 스쿼드가 제대로 설치되지 않았거나 비표준 포트에 설치됐을 수 있다.

스쿼드 프록시를 사용하도록 컨테이너를 설정하려면 다음 예시를 참조한다. 컨테이너의 관점에서 보면 실행될 때마다 호스트의 IP 주소가 변경될 수 있음을 잘 알아야 한다. 호스트 IP가 실행될 때마다 바뀌기 때문에 새 소프트웨어를 설치하기 전에 도커 파일을 컨테이너에서 실행할 스크립트로 변환할 수 있다.

목록 8.3 apt 프록시를 사용하기 위해 데비안 이미지를 설정하기

컨테이너의 관점에서 호스트의 IP 주소를 결정하려면 route 커맨드를 실행하고
awk를 사용해 출력에서 관련 IP 주소를 추출한다(기술 67 참조).

```
FROM debian
RUN apt-get update -y && apt-get install net-tools   ◀──── route 툴이 설치됐는지 확인한다.
RUN echo "Acquire::http::Proxy \"http://$( \
route -n | awk '/^0.0.0.0/ {print $2}' \
  ):8000\";" \   ◀──── 8000 포트는 호스트 머신의 스쿼드 프록시에 연결하기 위해 사용된다.
> /etc/apt/apt.conf.d/30proxy
RUN echo "Acquire::http::Proxy::ppa.launchpad.net  DIRECT;" >> \
    /etc/apt/apt.conf.d/30proxy
CMD ["/bin/bash"]
```
echo를 적절한 IP 주소와 설정을 출력한 라인은 apt의 프록시 설정 파일에 추가된다.

yum

호스트에서 패키지 관리자로 squid 패키지를 설치해 스쿼드가 설치됐는지 확인한다.

더 큰 캐시 공간을 생성하려면 스쿼드 설정을 바꿔야 한다. /etc/squid/squid.conf 파일을 열고 #cache_dir ufs /var/spool/squid로 시작하는 주석 라인을 cache_dir ufs /var/spool/squid 10000 16 256으로 변경한다. 10,000MB의 공간이 생성되므로 충분할 것이다.

3128 포트에 연결해 서비스를 시작한다.

```
$ telnet localhost 3128
Trying ::1...
Connected to localhost.
Escape character is '^]'.
```

출력이 보이면 Ctrl+]을 누른 다음 Ctrl+d를 눌러 종료한다. 출력이 보이지 않으면 스퀴드
가 제대로 설치되지 않았거나 비표준 포트에 설치됐을 수 있다.

스퀴드 프록시를 사용하도록 컨테이너를 설정하려면 다음 예시를 참조한다. 컨테이너의
관점에서 보면 실행할 때마다 호스트의 IP 주소가 변경될 수 있음을 잘 알아야 한다. 호
스트 IP가 실행할 때마다 변경하기 때문에 새 소프트웨어를 설치하기 전에 도커 파일을
컨테이너에서 실행할 스크립트로 변환할 수 있다.

목록 8.4 yum 프록시를 사용해 CentOS 이미지를 설정하기

컨테이너의 관점에서 호스트의 IP 주소를 결정하려면 route 커맨드를
실행하고 awk를 사용해 출력에서 관련 IP 주소를 추출한다.

```
FROM centos:centos7
RUN yum update -y && yum install -y net-tools  ◀── route 툴이 설치됐는지 확인한다.
RUN echo "proxy=http://$(route -n | \
awk '/^0.0.0.0/ {print $2}'):3128" >> /etc/yum.conf  ◀── 3128 포트는 호스트 머신의 스퀴드
                                                          프록시에 연결하기 위해 사용된다.
RUN sed -i 's/^mirrorlist/#mirrorlist/' \
etc/yum.repos.d/CentOS-Base.repo
RUN sed -i 's/^#baseurl/baseurl/' \          가능하다면 캐시 누락이 발생하지 않도록 미러 목록을 제거하고
/etc/yum.repos.d/CentOS-Base.repo            기본 URL만 사용한다. 패키지를 가져오기 위해 URL 집합을
                                             한 번만 찾기 때문에 캐시 파일을 더 많이 찾을 수 있다.
RUN rm -f /etc/yum/pluginconf.d/fastestmirror.conf  ◀── 더 이상 필요하지 않으므로
RUN yum update -y  ◀──                                   fastestmirror 플러그인을 삭제한다.
CMD ["/bin/bash"]
                   미러가 잘 동작하는지 확인한다. yum update를 실행할 때
                   설정 파일의 미러 목록에 더 이상 사용되지 않는 정보가
                   있을 수 있다. 그래서 첫 번째 업데이트를 수행하면 느리다.
```

이렇게 두 개의 컨테이너를 설정하고 두 개의 대형 패키지를 차례로 설치하면 두 번째 설
치 때는 첫 번째 설치 때보다 훨씬 더 빨리 패키지를 다운로드하는 것을 알게 된다.

호스트가 아닌 컨테이너에서 스퀴드 프록시를 실행할 수 있는지 살펴봤는데 관련 내용은 여기에서 다루지 않았다. 컨테이너 안에서 스퀴드 프록시를 동작하게 하려면 더 많은 단계가 필요하다. 이와 관련된 내용과 컨테이너 안에서 스퀴드 프록시를 자동으로 사용하는 방법을 알고 싶다면 https://github.com/jpetazzo/squid-in-a-can를 참고한다.

기술 64 컨테이너 내의 헤드리스 크롬

테스트는 CI의 중요한 부분이다. 대부분의 유닛 테스트 프레임워크는 문제 없이 도커 안에서 실행될 것이다. 그러나 때로는 여러 마이크로서비스가 올바르게 협력하는지 확인하는 것부터 웹사이트의 프론트엔드 기능이 여전히 작동하는지 확인하는 데까지 많은 테스트가 필요하기도 하다. 웹사이트의 프론트엔드를 방문하려면 브라우저가 필요하다. 프론트엔드를 테스트하기 위해 컨테이너 안에서 브라우저를 시작한 다음, 프로그래밍 방식으로 제어할 수 있는 방법이 필요하다.

문제

GUI 없이 컨테이너 안에서 크롬 브라우저를 테스트하고 싶다.

해결책

이미지에서 Node.js의 Puppeteer 라이브러리를 사용해 크롬 작업을 자동화한다.

Puppeteer 라이브러리는 구글 크롬 개발 팀에서 유지하고 있으며, 테스트 목적으로 크롬에 관해 스크립트를 작성할 수 있다. '헤드리스^{headless}'라는 단어는 GUI를 작업할 때 GUI가 필요하지 않다는 뜻이다.

|참고| 헤드리스 크롬(Headless Chrome) 도커 이미지는 깃허브 저장소(https://github.com/docker-in-practice/docker-puppeteer)에서 유지된다. 또한 docker pull dockerinpractice/docker-puppeteer를 실행해 도커 이미지에 접근한다.

목록 8.5는 Puppeteer를 시작하는 데 필요한 모든 소프트웨어를 포함하는 이미지를 생성하는 도커 파일을 보여준다.

목록 8.5 Puppeteer 도커 파일

```
FROM ubuntu:16.04 ◄── 우분투 기본 이미지로 시작한다.
RUN apt-get update -y && apt-get install -y \
    npm python-software-properties curl git \
    libpangocairo-1.0-0 libx11-xcb1 \
    libxcomposite1 libxcursor1 libxdamage1 \
    libxi6 libxtst6 libnss3 libcups2 libxss1 \
    libxrandr2 libgconf-2-4 libasound2 \
    libatk1.0-0 libgtk-3-0 vim gconf-service \
    libappindicator1 libc6 libcairo2 libcups2 \
    libdbus-1-3 libexpat1 libfontconfig1 libgcc1 \
    libgdk-pixbuf2.0-0 libglib2.0-0 libnspr4 \
    libpango-1.0-0 libstdc++6 libx11-6 libxcb1 \
    libxext6 libxfixes3  libxrender1 libxtst6 \
    ca-certificates fonts-liberation lsb-release \
    xdg-utils wget
```
필요한 모든 소프트웨어를 설치한다.
대부분 크롬이 컨테이너 안에서 동작하는 데 필요한 디스플레이 라이브러리다.

```
RUN curl -sL https://deb.nodesource.com/setup_8.x | bash - ◄── 최신 Node.js 버전을 설정한다.
RUN apt-get install -y nodejs ◄── Ubuntu Node.js 패키지를 설치한다.
RUN useradd -m puser ◄── 루트가 아닌 사용자인 'puser'를 생성해 라이브러리를 실행하게 한다.
USER puser ◄── 노드가 저장할 모듈 디렉토리를 생성한다.
RUN mkdir -p /home/puser/node_modules ◄── NODE_PATH 환경 변수를 node_module 디렉토리로 설정한다.
ENV NODE_PATH /home/puppeteer/node_modules ◄── 현재 작업 디렉토리를 노드 모듈 경로로 설정한다.
WORKDIR /home/puser/node_modules ◄── Puppeteer 의존 라이브러리인 웹 팩을 설치한다.
RUN npm i webpack ◄── Puppeteer 모듈 코드를 복제한다.
RUN git clone https://github.com/GoogleChrome/puppeteer ◄── Puppeteer 코드 디렉토리로 이동한다.
WORKDIR /home/puser/node_modules/puppeteer ◄── Puppeteer Node.js 라이브러리를 설치한다.
RUN npm i . ◄── Puppeteer 예시 디렉토리로 이동한다.
WORKDIR /home/puser/node_modules/puppeteer/examples
RUN perl -p -i -e \
    "s/puppeteer.launch\(\)/puppeteer.launch({args: ['--no-sandbox']})/" *
CMD echo 'eg: node pdf.js' && bash
```
유용한 echo 커맨드를 추가해 배시로 컨테이너를 시작한다.

컨테이너 안에서 실행할 때 보안 설정을 위해 Puppeteer 시작 매개변수로 no-sandbox를 추가한다.

다음 커맨드로 도커 파일을 빌드한다.

```
$ docker build -t puppeteer .
```

그리고 다음과 같이 실행한다.

```
$ docker run -ti puppeteer
eg: node pdf.js
puser@03b9be05e81d:~/node_modules/puppeteer/examples$
```

터미널에서 node pdf.js를 실행하라는 제안이 표시된다.

pdf.js 파일에 Puppeteer 라이브러리를 사용해 수행할 수 있는 간단한 예시 스크립트가
포함돼 있다.

목록 8.6 pdf.js

```
puppeter.launch 함수를 사용해 브라우저를 시작한다.
await 키워드를 사용하면 브라우저의 시작이 완료될 때까지 코드가 일시 중지된다.

                          기술적으로 허용되지만 안전하지 않은 작업을 찾아내는
                          엄격(strict) 모드로 자바스크립트 인터프리터를 실행하기
  'use strict';  ◄────
  const puppeteer = require('puppeteer');  ◄──── Puppeteer 라이브러리를 임포트한다.
  (async() => {  ◄──── 코드가 실행될 비동기 블록을 생성한다.
  ► const browser = await puppeteer.launch();
     const page = await browser.newPage();  ◄──
     await page.goto(                          newPage 함수를 사용해 브라우저가 사용 가능한
                                               페이지(브라우저 탭과 동일)를 대기하게 한다.
       'https://news.ycombinator.com', {waitUntil: 'networkidle'}
►);
     await page.pdf({
       path: 'hn.pdf',      page.pdf 함수를 사용해 현재 탭의
       format: 'letter'     PDF 파일을 문자 포맷으로 생성하고
     });                    hn.pdf 파일을 호출한다.
     await browser.close();  ◄──── 브라우저를 닫고 브라우저의 종료가 완료될 때까지 대기한다.
  })();  ◄──── 비동기 블록으로 리턴하는 함수를 호출한다.
page.goto 함수를 사용해 해커스 뉴스 웹사이트(https://news.ycombinator.com)를 열고
네트워크 트래픽이 없을 때까지 기다린 후 계속 진행한다.
```

Puppeteer 사용자는 간단한 앞의 예시를 넘어 다양하게 Puppeteer을 사용할 수 있다.
Puppeteer API를 자세히 설명하는 것은 이 기술의 범위를 벗어난다. API를 자세히 살펴
보고 기술 64를 적용하려면 깃허브 페이지(https://github.com/GoogleChrome/puppeteer/
blob/master/docs/api.md)의 Puppeteer API 설명서를 살펴보자.

토론

기술 64는 도커를 사용해 특정 브라우저를 테스트하는 방법을 보여준다. 다음 기술 65는 기술 64를 두 가지 방법으로 넓힐 수 있다. 여러 브라우저에서 동작하는 인기 있는 테스트 셀레늄을 사용하는 방법, 기술 64에서 사용된 헤드리스 방법이 아닌 그래픽 윈도우에서 브라우저 실행을 볼 수 있도록 X11의 일부 기능과 경합하는 방법, 이렇게 두 가지로 확장할 수 있다.

기술 65   도커에서 셀레늄 테스트 실행하기

도커 사용 사례 중 그래픽 애플리케이션을 실행하는 예시를 자세히 다루지 않았다. 3장에서 '게임 저장하기' 개발 접근 방식에서 VNC로 컨테이너에 연결하는 데 사용했지만(기술 19) 세련되지 않다. 윈도우는 VNC 뷰어 윈도우에 포함돼 있어서 데스크톱 상호 작용이 약간 제한될 수 있다. 셀레늄을 사용해 그래픽 테스트를 작성할 수 있는 방법을 설명해 데스크톱 대안을 살펴본다. 그리고 도커 이미지를 사용해 CI 워크 플로우의 일부로서 테스트하는 방법을 알아본다.

문제

CI 프로세스에서 그래픽 프로그램을 실행하면서 동일한 그래픽 프로그램을 사용자의 화면으로 표시하고 싶다.

해결책

X11 서버 소캣을 공유해 사용자 화면에서 프로그램을 보고 CI 프로세스에서 xvfb를 사용한다.

컨테이너를 시작하려면 컨테이너 볼륨에 마운트된 윈도우를 표시하려면 X11이 사용하는 유닉스 소캣을 갖고 있는지, 윈도우를 어떤 화면에 표시해야 할지 설정해야 한다. 호스트에 다음 커맨드를 실행해 두 정보가 어떻게 기본값으로 설정됐는지 확인할 수 있다.

```
~ $ ls /tmp/.X11-unix/
X0
~ $ echo $DISPLAY
:0
```

첫 번째 커맨드는 X11 서버 유닉스 소캣이 뒷부분에서 가정한 곳에서 실행 중인지 확인한다. 두 번째 커맨드는 X11 소캣을 찾기 위해 사용되는 환경변수를 확인한다. 두 커맨드의 출력이 실제 출력과 일치하지 않으면 이 기술의 커맨드의 일부를 바꿀 수 있다.

이제 머신 설정을 확인했으므로 컨테이너에서 실행 중인 애플리케이션이 컨테이너 외부에 문제 없이 표시되도록 해야 한다. 악의를 가진 누군가가 컴퓨터에 접속해 화면의 통제권을 얻은 후 잠재적인 키 입력을 저장하는 것을 조심해야 한다. 기술 29에서 관련 내용을 간략히 봤지만 기술의 동작 방식이나 대안은 다루지 않았다.

X11은 X 소캣을 사용하기 위해 컨테이너를 인증하는 다양한 방법을 갖고 있다. 먼저 .Xauthority 파일을 살펴본다. 이 파일은 홈 디렉토리에 존재해야 한다. 또한 각 호스트가 연결하기 위해 사용해야만 하는 '비밀 쿠키'를 갖고 호스트 이름을 포함한다. 도커 컨테이너를 머신과 같은 호스트 이름으로 지정하고 컨테이너 외부에서 똑같은 사용자 이름으로 접근하면 기존의 .Xauthority 파일을 사용할 수 있다.

목록 8.7 Xauthority가 활성화된 화면으로 컨테이너를 시작하기

```
$ ls $HOME/.Xauthority
/home/myuser/.Xauthority
$ docker run -e DISPLAY=$DISPLAY -v /tmp/.X11-unix:/tmp/.X11-unix \
    --hostname=$HOSTNAME -v $HOME/.Xauthority:$HOME/.Xauthority \
    -it -e EXTUSER=$USER ubuntu:16.04 bash -c 'useradd $USER && exec bash'
```

도커가 소캣에 접근할 수 있는 두 번째 방법은 훨씬 더 직관적인 방법이지만 X가 제공하는 모든 보호 기능을 비활성화하기 때문에 보안 이슈가 있다. 아무도 컴퓨터에 접근할 수 없으면 허용 가능한 해결책이 될 수 있지만 .Xauthority 파일을 먼저 사용할 수 있도록 항상 사용하도록 노력해야 한다. xhost를 실행해 다음 단계를 수행한 후 다시 보안을 유지하게 해야 한다. 즉 도커 컨테이너에 아무도 접근하지 못하게 한다.

```
$ xhost +
access control disabled, clients can connect from any host
$ docker run -e DISPLAY=$DISPLAY -v /tmp/.X11-unix:/tmp/.X11-unix \
    -it ubuntu:16.04 bash
```

목록 8.8의 첫 번째 라인은 X에 대한 모든 접근 제어를 비활성화하고 두 번째 라인은 컨
테이너를 실행한다. 따라서 호스트 이름을 설정하거나 X 소캣과 별도로 마운트할 필요가
없다.

일단 컨테이너를 시작했으면 컨테이너가 제대로 동작하는지 확인한다. .Xauthority를
생성하려면 다음 커맨드를 실행한다.

```
root@myhost:/# apt-get update && apt-get install -y x11-apps
[...]
root@myhost:/# su - $EXTUSER -c "xeyes"
```

또는 xhost 경로에 접근할 때 누구나 접근하게 하려면 약간 다른 커맨드를 사용할 수
있다.

```
root@ef351febcee4:/# apt-get update && apt-get install -y x11-apps
[...]
root@ef351febcee4:/# xeyes
```

이제 X가 동작하는지 확인할 수 있는 고전적인 애플리케이션이 시작될 것이다. 커서를
화면에서 움직일 때 두 눈이 커서를 따라가는 것을 볼 수 있다. VNC와 달리 애플리케이
션이 데스크톱에 통합돼 있어 여러 번 xeyes를 시작하면 여러 윈도우가 표시된다는 점에
유의한다.

셀레늄을 시작하자. 셀레늄은 브라우저 작업을 자동화할 수 있는 기능을 가진 툴로 보통
웹사이트 코드를 테스트하는 데 사용된다. 브라우저가 실행되려면 그래픽 화면이 필요하
다. 자바에서 셀레늄이 가장 많이 사용되지만 이 책에서는 더 많이 상호 작용하기 위해
파이썬을 사용한다.

목록 8.9에서 우선 파이썬, 파이어폭스^{Firefox}, 파이썬 패키지 매니저를 설치한 후 파이썬 패키지 매니저로 셀레늄 파이썬^{Selenium Python} 패키지를 설치한다. 셀레늄이 파이어폭스를 제어하는 데 사용하는 '드라이버' 바이너리도 다운로드한다. 그 다음 파이썬 REPL이 시작되고 셀레늄 라이브러리를 사용해 파이어폭스 인스턴스를 생성한다.

단순성을 유지하기 위해 xhost 경로만 포함할 것이다. Xauthority 경로로 이동하려면 파이어폭스에서 프로필 설정을 저장할 수 있도록 사용자 홈 디렉토리를 생성해야 한다.

목록 8.9 셀레늄 요구사항 설치 및 브라우저 시작하기

```
root@myhost:/# apt-get install -y python2.7 python-pip firefox wget
[...]
root@myhost:/# pip install selenium
Collecting selenium
[...]
Successfully installed selenium-3.5.0
root@myhost:/# url=https://github.com/mozilla/geckodriver/releases/download
➥ /v0.18.0/geckodriver-v0.18.0-linux64.tar.gz
root@myhost:/# wget -qO- $url | tar -C /usr/bin -zxf -
root@myhost:/# python
Python 2.7.6 (default, Mar 22 2014, 22:59:56)
[GCC 4.8.2] on linux2
Type "help", "copyright", "credits" or "license" for more information.
>>> from selenium import webdriver
>>> b = webdriver.Firefox()
```

코드를 실행하면 파이어폭스가 시작돼 화면에 나타난다.

이제 셀레늄으로 실험을 수행할 수 있다. 깃허브 팔로워를 이용한 예시 코드는 다음과 같다. 여기서 무슨 일이 일어나고 있는지 이해하기 위해서는 CSS 선택자의 기본을 이해가 필요하다. 깃허브 웹사이트가 자주 바뀌므로 다음 코드가 올바르게 동작하지 않는다면 수정해야 할 수 있다.

```
>>> b.get('https://github.com/search')
>>> searchselector = '#search_form input[type="text"]'
>>> searchbox = b.find_element_by_css_selector(searchselector)
>>> searchbox.send_keys('docker-in-practice')
```

```
>>> searchbox.submit()
>>> import time
>>> time.sleep(2) # page의 자바스크립트가 실행될 수 있도록 기다린다
>>> usersxpath = '//nav//a[contains(text(), "Users")]'
>>> userslink = b.find_element_by_xpath(usersxpath)
>>> userslink.click()
>>> dlinkselector = '.user-list-info a'
>>> dlink = b.find_elements_by_css_selector(dlinkselector)[0]
>>> dlink.click()
>>> mlinkselector = '.meta-item a'
>>> mlink = b.find_element_by_css_selector(mlinkselector)
>>> mlink.click()
```

예시를 보면 커맨드를 사용해 파이어폭스로 전환한다. 그리고 깃허브의 docker-in-practice 저장소를 탐색하고 저장소 링크를 클릭한다. 컨테이너에서 파이썬을 사용해 커맨드를 작성하고 있고 컨테이너에서 동작 중인 파이어폭스 윈도우에 영향을 주는 것을 데스크톱에서 볼 수 있음이 주요 장점이다.

예시를 사용해 테스트 디버깅에 유용하면서도 동일한 도커 이미지를 사용해 CI 파이프라인에 어떻게 통합할 수 있을까? CI 서버에는 보통 그래픽 화면이 없기에 자체 X 서버 소캣을 마운트하지 않고 작업을 수행해야 한다. 그러나 파이어폭스에는 여전히 X 서버가 필요하다.

이런 상황을 해결하기 위해 xvfb와 같이 유용한 툴이 있다. xvfb는 애플리케이션에서 사용할 수 있는 X 서버를 실행하는 것처럼 보여준다. 따라서 모니터링은 필요하지 않다.

xvfb가 어떻게 동작하는지 보려면 xvfb를 설치하고 컨테이너를 커밋하고 selenium이란 이름의 태그를 지정한 후 테스트 스크립트를 생성한다.

목록 8.10 셀레늄 테스트 스크립트를 생성하기

```
>>> exit()
root@myhost:/# apt-get install -y xvfb
[...]
root@myhost:/# exit
$ docker commit ef351febcee4 selenium
d1cbfbc76790cae5f4ae95805a8ca4fc4cd1353c72d7a90b90ccfb79de4f2f9b
```

```
$ cat > myscript.py << EOF
from selenium import webdriver
b = webdriver.Firefox()
print 'Visiting github'
b.get('https://github.com/search')
print 'Performing search'
searchselector = '#search_form input[type="text"]'
searchbox = b.find_element_by_css_selector(searchselector)
searchbox.send_keys('docker-in-practice')
searchbox.submit()
print 'Switching to user search'
import time
time.sleep(2) # wait for page JS to run
usersxpath = '//nav//a[contains(text(), "Users")]'
userslink = b.find_element_by_xpath(usersxpath)
userslink.click()
print 'Opening docker in practice user page'
dlinkselector = '.user-list-info a'
dlink = b.find_elements_by_css_selector(dlinkselector)[99]
dlink.click()
print 'Visiting docker in practice site'
mlinkselector = '.meta-item a'
mlink = b.find_element_by_css_selector(mlinkselector)
mlink.click()
print 'Done!'
EOF
```

dlink 변수를 할당할 때 미묘한 차이(0이 아닌 99번 위치로 표시된다)가 있음을 확인한다. 'Docker in Practice'라는 텍스트가 포함된 100번째 결과를 얻으려고 하면 에러가 발생할 것이다. 따라서 도커 컨테이너가 0이 아닌 상태로 종료되고 CI 파이프라인에서 에러가 발생하게 될 것이다.

실행해 보자.

```
$ docker run --rm -v $(pwd):/mnt selenium sh -c \
"xvfb-run -s '-screen 0 1024x768x24 -extension RANDR'\
python /mnt/myscript.py"
Visiting github
```

```
Performing search
Switching to user search
Opening docker in practice user page
Traceback (most recent call last):
  File "myscript.py", line 15, in <module>
    dlink = b.find_elements_by_css_selector(dlinkselector)[99]
    IndexError: list index out of range
$ echo $?
1
```

가상 X 서버에서 실행되는 파이썬 테스트 스크립트를 실행하는 자체 제거 컨테이너를 실행한 경우 예상대로 실패해 0이 아닌 종료 코드를 반환했다.

> |참고| sh -c "command string here"는 도커가 CMD 값을 기본적으로 처리하는 방식에 따른 불행한 결과물이다. 특정 도커 파일에 이미지를 빌드하면 sh -c를 삭제하고 xvfb-run -s '-screen 0 1024x768x24 -extension RANDR'를 진입점으로 설정한다. 따라서 테스트 커맨드를 이미지 매개변수로 전달할 수 있다.

토론

도커는 유연한 툴로써 처음부터 놀랄 만한 용도(여기서는 그래픽 애플리케이션)로 사용할 수 있다. 게임을 포함한 모든 그래픽 애플리케이션을 도커 안에서 실행하는 사람도 있다.

이 책에서는 그렇게까지 하지는 않을 것이다(기술 40에서 개발자 툴을 사용해 적용해 본다). 도커를 놀라운 사용 사례로 적용할 수 있다. 부록 A에서는 윈도우용 도커를 설치한 후 윈도우에서 그래픽 리눅스 애플리케이션을 실행하는 방법을 설명한다.

8.3 CI 프로세스의 지속적 통합

팀 간에 일관된 개발 프로세스가 있다면 빌드 프로세스도 일관돼야 한다. 임의로 빌드했을 때 실패한다면 도커를 사용하는 장점이 없다.

따라서 전체 CI 프로세스를 컨테이너로 처리하는 것이 맞다. 빌드가 반복할 수 있을 뿐만 아니라 중요한 설정 요소를 빠뜨릴 염려 없이 CI 프로세스를 어디든 실행할 수 있다(추후 많은 좌절감을 느끼면서 발견할 수 있다).

기술 66에서는 젠킨스(가장 널리 사용되는 CI 툴)를 사용하겠지만 다른 CI 툴에도 같은 기술이 적용돼야 한다. 이 책의 기술에는 필수적이지 않아서 젠킨스를 많이 다루지는 않으며 표준 시험과 빌드도 그러하다.

기술 66 ▶ 도커 컨테이너 안에서 젠킨스 마스터 실행하기

젠킨스 마스터를 컨테이너에 추가하면 슬레이브에서 똑같이 작업하는 것만큼 많은 장점은 없지만(기술 66 참조) 불변 이미지인 도커를 만족스럽게 느낄 것이다. 잘 알려진 젠킨스 마스터 설정과 플러그인을 커밋할 수 있다는 점에서 실험의 부담을 상당히 덜어준다.

문제

쉽게 설치할 수 있는 젠킨스 서버를 원한다.

해결책

서버를 실행하기 위해 공식 젠킨스 도커 이미지를 사용한다.

젠킨스를 도커 컨테이너 안에서 실행하면 간단한 호스트 설치보다 몇 가지 장점이 있다. 또한 "젠킨스 서버 설정에 손대지 마요!"라든가 "누가 내 젠킨스 서버를 건드렸지?"라고 우는 소리를 사무실에서 들을 수 없다. 업그레이드와 변화를 체감하려면 실행 중인 컨테이너에 docker export를 실행해 젠킨스 상태를 복제해 본다. 그러면 백업이 쉬워지고 이식성도 높아진다.

기술 66에서 공식 젠킨스 도커 이미지로 젠킨스에서 도커 빌드를 수행하는 것처럼, 도커 소켓에 접근할 수 있는 능력이 필요한 기술을 좀더 쉽게 사용할 수 있도록 조금 수정할 것이다.

> |**참고**| 이 책의 젠킨스 관련 예제는 깃허브에서 다운로드할 수 있다.
>
> git clone https://github.com/docker-in-practice/jenkins.git.

> |**참고**| 젠킨스 이미지와 젠킨스 이미지를 실행하는 커맨드는 이 책에서 젠킨스 관련 기술의 서버로 사용될 것이다.

서버 빌드하기

먼저 서버에 필요한 플러그인 목록을 jenkins_plugins.txt 라는 파일에 저장할 것이다.

```
swarm:3.4
```

이와 같이 아주 짧은 목록은 젠킨스의 Swarm 플러그인(도커 스웜$^{Docker Swarm}$과는 관련이 없음)으로 설정돼 있는데 Swarm 플러그인은 여러 기술에서 사용될 것이다.

목록 8.11은 젠킨스 서버를 빌드하기 위한 도커 파일을 보여준다.

목록 8.11 젠킨스 서버 빌드

```
FROM jenkins ◀──── 공식 젠킨스 이미지를 기본 이미지로 사용한다.
COPY jenkins_plugins.txt /tmp/jenkins_plugins.txt ◀──── 설치할 플러그인 목록을 복사한다.
RUN /usr/local/bin/plugins.sh /tmp/jenkins_plugins.txt ◀──── 플러그인을 서버에서 실행한다.
USER root
RUN rm /tmp/jenkins_plugins.txt          루트 사용자로 로그인하고 플러그인 파일을 삭제한다.
RUN groupadd -g 999 docker          호스트 머신과 동일한 그룹 ID를 가진 컨테이너에 도커 그룹을
RUN addgroup -a jenkins docker      추가한다(도커 그룹 번호는 다를 수 있다).
USER jenkins ◀──── 컨테이너의 젠킨스 사용자로 다시 로그인한다.
```

공식 젠킨스 이미지에 정의된 시작 커맨드를 상속할 계획이므로 CMD나 ENTRYPOINT 커맨드를 적용하지 않는다.

도커의 그룹 ID는 호스트 머신마다 다를 수 있다. 도커의 그룹 ID를 보려면 다음 커맨드를 실행해 로컬 그룹 ID를 확인한다.

```
$ grep -w ^docker /etc/group
docker:x:999:imiell
```

도커 그룹 값이 999와 다르면 다른 값으로 변경한다.

> |**경고**| 젠킨스 도커 컨테이너 안에서 도커를 실행하고 싶다면 그룹 ID는 반드시 젠킨스 서버 환경
> 과 슬레이브 환경에서 일치해야 한다. 또한 서버를 이동할 때 잠재적인 이식성 문제가 발생할 수
> 있다(기본 서버 설치 시 동일한 문제가 발생할 수 있음). 동적으로 설정하기보다 빌드 시간에 도커
> 그룹을 설정해야 해서 환경변수는 도움이 되지 않을 것이다.

시나리오에서 이미지를 빌드하려면 다음 커맨드를 실행한다.

```
docker build -t jenkins_server .
```

서버 실행하기

다음 커맨드를 사용해 도커에서 서버를 실행할 수 있다.

```
docker run --name jenkins_server -p 8080:8080 \    ◀──── 호스트의 8080 포트에 젠킨스 서버 포트를 연다.
 -p 50000:50000 \    ◀──── 젠킨스 '빌드 슬레이브' 서버에 접속하려면 컨테이너에 50000포트가 열려 있어야 한다.
 -v /var/run/docker.sock:/var/run/docker.sock \    ◀──── 컨테이너 안에서 도커 데몬과 상호 작용할 수
▶─ -v /tmp:/var/jenkins_home \                              있도록 도커 소캣을 마운트한다.
 -d \    ◀──── 서버를 데몬으로 실행한다.
 jenkins_server
파일 사용 권한 에러가 발생하지 않도록 호스트 시스템의 /tmp에 젠킨스 애플리케이션 데이터를 마운트한다.
상용 환경에서 마운트 기능을 사용한다면 사용자가 저장할 수 있는 디렉토리를 마운트한 후 실행한다.
```

http://localhost:8080에 접속한다면 젠킨스 설정 인터페이스를 확인할 수 있을 것이다.
링크를 따라가다가 첫 번째 단계에서 암호를 입력하기 위해 docker exec(기술 12에서 설명
함)를 사용할 것이다.

플러그인을 이미 설치해서 암호 입력을 완료하면 젠킨스 서버를 시작할 준비가 됐다(설치
프로세스 중에 선택한 옵션에 따라 여러 플러그인을 한 번에 설치한다). Manage Jenkins > Manage
Plugins > Installed로 이동해 Swarm 플러그인이 설치돼 있는지 확인한다.

토론

도커 데몬에 접근하는 방법을 설명한 기술 45에서 수행한 대로 젠킨스 미스터에서 도커 소켓을 마운트할 수 있다. 기술 45를 사용하면 호스트에서 컨테이너를 실행해 내장된 마스터 슬레이브에서 도커 빌드를 수행할 수 있다.

> |참고| 기술 66 관련 코드는 깃허브(https://github.com/docker-in-practice/jenkins)에서 확인할 수 있다.

기술 67 복잡한 개발 환경을 컨테이너화하기

도커의 이식성과 경량성으로 인해 CI 슬레이브(CI 마스터가 빌드를 수행하기 위해 연결하는 머신)를 확실하게 선택할 수 있다. 도커 CI 슬레이브는 VM 슬레이브(VM 슬레이브는 베어 메탈bare-metal 빌드 머신에서 훨씬 더 발전)보다 한 단계 도약한 것이다. 도커 CI 슬레이브를 사용하면 단일 호스트에서 사용하는 것처럼 다양한 환경에서 빌드를 수행한다. 오염되지 않은 빌드를 보장할 수 있도록 개발 환경을 내리고 다시 올려 깨끗한 환경을 보장한다. 또한 익숙한 도커 툴을 사용해 빌드 환경을 관리할 수 있다.

CI 슬레이브를 단지 또 다른 도커 컨테이너로 취급할 수 있다는 점은 특히 흥미롭다. 도커 CI 슬레이브에서 불가사의하게 실패한 빌드가 있는가? 도커 이미지를 다운로드해 직접 빌드한다.

문제

젠킨스 슬레이브를 확장하고 수정하고 싶다.

해결책

도커를 사용해 도커 이미지에서 슬레이브의 설정을 캡슐화하고 배포한다.

중앙 집중화한 IT 기능을 포함하는 무거운 젠킨스 슬레이브(종종 서버와 같은 호스트에 있음)를 설정해 유용하게 잘 사용하는 회사나 조직이 많다. 그러나 시간이 경과하고 팀에서 코

드 프로젝트를 확장하고 분산하면서 작업이 실행되도록 설치, 업데이트해야 하는 소프트
웨어가 점점 더 많아지고 있다.

그림 8.3은 이 시나리오의 단순화된 버전을 보여준다. 수백 개의 소프트웨어 패키지와
새로운 여러 요청으로 인해 인프라 팀에게 과도한 골머리를 싸매고 있다고 상상해 보자.

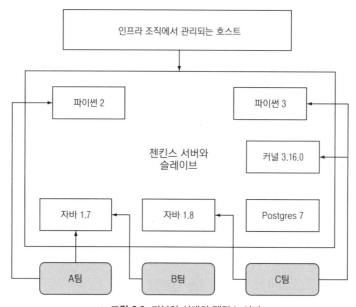

▲ **그림 8.3** 과부하 상태의 젠킨스 서버

|**참고**| 기술 67은 컨테이너에서 젠킨스 슬레이브를 실행하는 필수 요소들을 보여주기 위해 생성
됐다. 이 기술은 이식성이 좀 떨어지지만 이해하기 더 쉽다. 일단 8장의 모든 기술을 이해하면 좀
더 이식성이 높은 설정을 할 수 있을 것이다.

교착 상태는 시스템 담당자는 특정 그룹이 실행한 빌드를 깨뜨리지 않도록 다른 그룹의
설정 관리 스크립트를 업데이트하는 것을 꺼려하는 것을 말한다. 따라서 업데이트 속도
가 느려질수록 팀은 더욱 당황할 것이다.

여러 팀에서 이전처럼 똑같은 하드웨어를 사용해 전용 젠킨스 슬레이브에서 기본 이미지
를 사용할 수 있도록 도커 해결책을 제시한다. 필수적인 공유 툴로 도커 이미지를 생성할

수 있고 필요에 맞게 도커 이미지를 변경할 수 있다.

한 공헌자가 도커 허브에 자체 참고 슬레이브를 업로드했다. 도커 허브에 'jenkins slave'를 검색하면 젠킨스 슬레이브를 찾을 수 있다. 목록 8.12는 작은 젠킨스 슬레이브 도커 파일이다.

목록 8.12 최소한의 젠킨스 슬레이브 도커 파일

```
FROM ubuntu:16.04
ENV DEBIAN_FRONTEND noninteractive
RUN groupadd -g 1000 jenkins_slave
RUN useradd -d /home/jenkins_slave -s /bin/bash \          젠킨스 슬레이브 사용자와 그룹을 생성한다.
-m jenkins_slave -u 1000 -g jenkins_slave
RUN echo jenkins_slave:jpass | chpasswd ◄──────── 젠킨스 사용자 패스워드를 'jpass'를 설정한다.
RUN apt-get update && apt-get install -y \          더 복잡한 설정 환경에서는 다른 인증 방법을 사용할 수 있다.
openssh-server openjdk-8-jre wget iproute2 ◄──── 젠킨스 슬레이브에 필요한 소프트웨어를 설치한다.
RUN mkdir -p /var/run/sshd          젠킨스 슬레이브가 시작할 때 컨테이너의 관점에서
CMD ip route | grep "default via" \          호스트 머신의 IP를 출력하고 SSH 서버를 시작한다.
| awk '{print $3}' && /usr/sbin/sshd -D
```

슬레이브 이미지를 빌드하고 jenkins_slave라는 이름으로 태그를 지정한다.

```
$ docker build -t jenkins_slave
```

다음 커맨드를 실행한다.

```
$ docker run --name jenkins_slave -ti -p 2222:22 jenkins_slave
172.17.0.1
```

젠킨스 서버를 실행할 필요가 있다

만약 호스트에서 젠킨스 서버가 실행되고 있지 않으면 기술 67을 사용해 젠킨스를 설정한다. 다음 커맨드를 실행한다.

```
$ docker run --name jenkins_server -p 8080:8080 -p 50000:50000 \
dockerinpractice/jenkins:server
```

로컬 컴퓨터에서 젠킨스를 실행했다면 http://localhost:8080을 통해 젠킨스 서버를 확인할 수 있다. 젠킨스를 사용하기 전에 설정 작업을 수행한다.

젠킨스 서버에 접속하면 그림 8.4과 같은 환영 페이지가 표시된다.

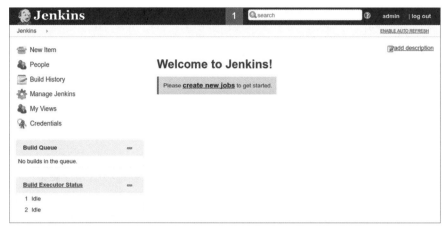

▲ 그림 8.4 젠킨스 홈페이지

Build Executor Status 〉 New Node를 클릭해 슬레이브를 추가하고 그림 8.5처럼 mydockerslave라는 이름을 가진 Permanent Agent라는 노드 타입을 추가한다.

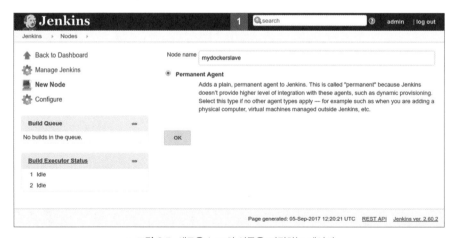

▲ 그림 8.5 새로운 노드의 이름을 지정하는 페이지

OK를 클릭하고 그림 8.6처럼 젠킨스 슬레이브를 설정한다.

- Remote Root Directory에 /home/jenkins_slav를 설정한다.

- Label에 dockerslave라고 설정한다.

- Launch Slave Agents Via SSH 옵션이 선택됐는지 확인한다.

- Host에 컨테이너에서 보는 라우트 IP 주소를 설정한다.

- 사용자 자격을 추가하기 위해 **Add**를 클릭해 사용자 이름에는 'jenkins_slave'를, 암호에는 'jpass'라고 설정한다. 목록에서 사용자 자격을 선택한다.

- Host Key Verification Strategy에 Manually Trusted Key Verification Strategy (처음 접속할 때 SSH 키를 받음) 또는 Non Verifying Verification Strategy(SSH 호스트 키 확인을 하지 않음)를 설정한다.

- Port 필드를 지정하기 위해 **Advanced**를 클릭하고 **2222**로 설정한다.

- **Save**를 클릭한다.

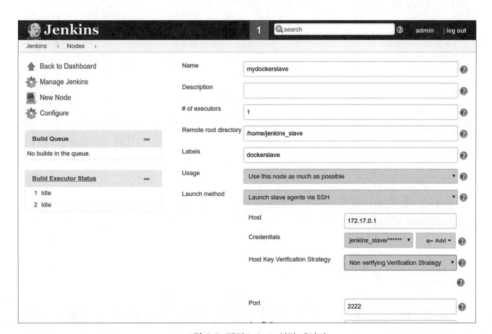

▲ **그림 8.6** 젠킨스 노드 설정 페이지

새로운 슬레이브를 클릭하고 **Launch Slave Agent**(자동으로 실행되지 않음)를 클릭한다. 몇 분 후 슬레이브 에이전트가 온라인으로 표시돼 확인해야 한다.

다시 홈페이지로 돌아가 왼쪽 상단에 Jenkins를 클릭하고 New Item를 클릭한다. 'test'라는 이름의 Freestyle Project을 생성하고 Build 섹션에 들어가 Add Build Step > Execute Shell에 클릭한 후 echo done 커맨드를 저장한다. 위로 스크롤해서 Restrict Where Project Can Be Run의 체크박스를 선택하고 Label Expression을 'dockerslave'로 설정한다. Label에서 슬레이브를 잘 인식한다면 도커 슬레이브에 제대로 연결된 것을 의미한다. 잡을 생성하기 위해 Save를 클릭한다.

Build Now를 클릭해 왼쪽 아래에 표시된 '#1'링크를 클릭한다. 그리고 Console Output을 클릭하면 다음과 같은 화면이 표시된다.

```
Started by user admin
Building remotely on mydockerslave (dockerslave)
➥ in workspace /home/jenkins_slave/workspace/test
[test] $ /bin/sh -xe /tmp/jenkins5620917016462917386.sh
+ echo done
done
Finished: SUCCESS
```

이제 됐다! 성공적으로 젠킨스 슬레이브를 생성했다.

사용자 정의 슬레이브를 생성해 본다. 남은 일은 슬레이브 이미지의 도커 파일을 변경하는 것이다. 다음 예시를 실행한다.

|**참고**| 기술 67과 관련된 코드는 깃허브 저장소(https://github.com/docker-in-practice/jenkins)에서 확인할 수 있다.

토론

기술 67은 기술 12와 같이 가상 머신처럼 동작하는 컨테이너를 생성하는 방법을 보여주지만 젠킨스 통합 복잡성이 추가된다. 특히 컨테이너 안에서 도커 소켓을 마운트하고 도커 클라이언트 라이브러리를 설치해 도커 빌드를 수행하면 유용하다. 도커 소켓을 마운트하는 부분을 알고 싶다면 기술 45를 참고한다. 그리고 자세한 설치 내용은 부록 A를 확인하자.

젠킨스의 Swarm 플러그인으로 CI를 확장하기

환경을 재현할 수 있다는 부분이 무척 큰 장점이지만, 빌드 용량은 사용 가능한 전용 빌드 머신 대수에 영향을 받는다. 도커 슬레이브의 유연성을 기대하고 다른 환경에서 적용하면 실망하게 된다. 팀이 성장하면서 용량이 문제가 될 수 있다.

문제

CI 컴퓨팅을 개발 작업 속도에 따라 확장시키고 싶다.

해결책

젠킨스의 Swarm 플러그인과 도커 Swarm 슬레이브를 사용해 젠킨스 슬레이브를 동적으로 배포한다.

> |참고| 젠킨스 Swarm 플러그인은 알아둘 만하다. 젠킨스의 Swarm 플러그인은 도커 Swarm 플러그인과 전혀 관련이 없다. 이름만 같을 뿐이지 완전 다르다. 8장에서 두 플러그인을 같이 다루지만 순수한 우연의 일치다.

젠킨스 작업을 실행하는 데 필요한 자원으로 한 대 이상의 젠킨스 서버를 사용하는 CI 모델을 갖고 있는 중소기업이 많다. 그림 8.7에서 CI 모델을 설명한다.

그림 8.7 방식은 한동안은 잘 동작하지만 CI 프로세스가 더 많이 포함되면 종종 용량 이슈가 발생한다. 젠킨스 부하는 대부분 소스 제어에 대한 체크인으로 실행돼 더 많은 개발자가 체크인하면 부하가 증가한다. 바쁜 개발자들이 빌드 결과를 기다려야 할 때마다 운영 팀에 불만 건수가 폭발적이다. 그림 8.8처럼 사람들의 코드 체크인을 감당할 수 있는 젠킨스 슬레이브를 많이 갖게 되면 깔끔하게 해결할 수 있다.

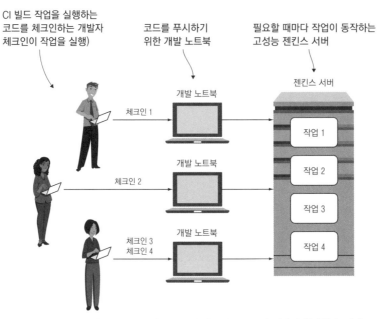

CI 빌드 작업을 실행하는
코드를 체크인하는 개발자
체크인이 작업을 실행)

코드를 푸시하기
위한 개발 노트북

필요할 때마다 작업이 동작하는
고성능 젠킨스 서버

젠킨스 서버

개발 노트북

체크인 1

작업 1

개발 노트북

체크인 2

작업 2

작업 3

체크인 3
체크인 4

개발 노트북

작업 4

▲ **그림 8.7** 이전 젠킨스 서버 – 하나의 개발 장비에서는 문제 없지만 확장할 수 없다.

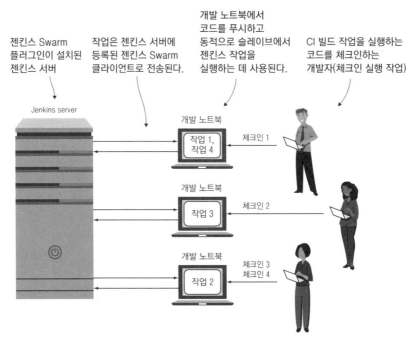

젠킨스 Swarm
플러그인이 설치된
젠킨스 서버

작업은 젠킨스 서버에
등록된 젠킨스 Swarm
클라이언트로 전송된다.

개발 노트북에서
코드를 푸시하고
동적으로 슬레이브에서
젠킨스 작업을
실행하는 데 사용된다.

CI 빌드 작업을 실행하는
코드를 체크인하는
개발자(체크인 실행 작업)

Jenkins server

개발 노트북

작업 1,
작업 4

체크인 1

개발 노트북

작업 3

체크인 2

개발 노트북

작업 2

체크인 3
체크인 4

▲ **그림 8.8** 이후 젠킨스 서버 – 팀에 맞게 컴퓨팅 규모를 확장한다.

목록 8.13에 표시된 도커 파일은 젠킨스 Swarm 클라이언트 플러그인이 설치된 도커 이미지를 생성한다. 또한 젠킨스 Swarm 서버 플러그인을 포함한 젠킨스 마스터가 작업을 연결하고 실행할 수 있게 한다. 그리고 일반적인 젠킨스 슬레이브 도커 파일과 같은 방식으로 시작한다.

목록 8.13 도커 파일

```
FROM ubuntu:16.04
ENV DEBIAN_FRONTEND noninteractive
RUN groupadd -g 1000 jenkins_slave
RUN useradd -d /home/jenkins_slave -s /bin/bash \
-m jenkins_slave -u 1000 -g jenkins_slave
RUN echo jenkins_slave:jpass | chpasswd
RUN apt-get update && apt-get install -y \
openssh-server openjdk-8-jre wget iproute2
RUN wget -O /home/jenkins_slave/swarm-client-3.4.jar \          ◀── 젠킨스 Swarm 플러그인을 다운로드한다.
 https://repo.jenkins-ci.org/releases/org/jenkins-ci/plugins/swarm-client/3.4/swarm-
client-3.4.jar
COPY startup.sh /usr/bin/startup.sh      ◀── 시작 스크립트를 컨테이너에 복사한다.
RUN chmod +x /usr/bin/startup.sh      ◀── 시작 스크립트에 실행 권한을 설정한다.
ENTRYPOINT ["/usr/bin/startup.sh"]      ◀── 시작 스크립트를 기본 커맨드로 설정한다.
```

목록 8.14는 이전 도커 파일에 복사된 시작 스크립트다.

목록 8.14 startup.sh

```
      스크립트 호출 환경에 JENKINS_IP가 설정되지 않으면 호스트 IP를 젠킨스 서버 IP로 사용한다.
  #!/bin/bash
  export HOST_IP=$(ip route | grep ^default | awk '{print $3}')      ◀── 호스트의 IP 주소를 지정한다.
▶ export JENKINS_IP=${JENKINS_IP:-$HOST_IP}
  export JENKINS_PORT=${JENKINS_PORT:-8080}      ◀── 젠킨스 기본 포트를 8080으로 지정한다.
  export JENKINS_LABELS=${JENKINS_LABELS:-swarm}      ◀── 슬레이브에 대한 젠킨스 레이블을
                                                          'swarm'으로 지정한다.
  export JENKINS_HOME=${JENKINS_HOME:-$HOME}      ◀──
  echo "Starting up swarm client with args:"       기본적으로 젠킨스 홈 디렉토리를 jenkins_slave
  echo "$@"                                         사용자 홈 디렉토리로 설정한다.
  echo "and env:"
  echo "$(env)"
  set -x      ◀── 여기에서 스크립트 결과의 일부로 출력되는 커맨드를 로깅한다.
   java -jar \      ◀── 젠킨스 Swarm 클라이언트를 실행한다.
```

```
/home/jenkins_slave/swarm-client-3.4.jar \
 -sslFingerprints '[]' \
 -fsroot "$JENKINS_HOME" \    ◄─── 루트 디렉토리로 젠킨스 홈 디렉토리를 지정한다.
 -labels "$JENKINS_LABELS" \  ◄─── 작업을 실행할 때 클라이언트를 식별할 수 있는 레이블을 지정한다.
 -master http://$JENKINS_IP:$JENKINS_PORT "$@"  ◄─── 젠킨스 서버의 슬레이브를 지정한다.
```

대부분 이전 스크립트는 마지막에 자바 호출 환경을 설정하고 출력한다. 자바 호출은 Swarm 클라이언트를 실행한다. Swarm 클라이언트는 머신에서 -fsroot 매개변수에 지정된 디렉토리를 동적 젠킨스 슬레이브의 루트로 변경한다. -labels 매개변수는 실행 작업에 관한 레이블을 지정하며 -master 매개변수는 젠킨스 서버를 지정한다. echo가 포함된 라인은 매개변수와 환경 설정에 관한 디버깅 정보를 제공한다.

컨테이너를 빌드하고 실행하는 것은 현재 익숙한 패턴을 실행하는 간단한 문제다.

```
$ docker build -t jenkins_swarm_slave .
$ docker run -d --name \
jenkins_swarm_slave jenkins_swarm_slave \
-username admin -password adminpassword
```

username과 password는 슬레이브 생성 권한을 포함하는 젠킨스 인스턴스 계정이어야 한다. admin 계정을 사용할 때도 동작하지만 다른 계정으로 생성할 수도 있다.

머신에 슬레이브를 설치했기 때문에 젠킨스 작업을 실행할 수 있다. 젠킨스 작업을 정상으로 설정하고 Restrict Where This Project Can Be Run 섹션의 label expression에 swarm을 추가한다(기술 67 참고).

> |경고| 젠킨스 작업은 조금 번거로워서 실행 시 노트북에 부정적인 영향을 줄 수 있다. 젠킨스 작업이 무겁다면 작업에 레이블을 설정하거나 Swarm 클라이언트를 설정할 수 있다. 예를 들어 작업의 레이블을 4CPU8G로 설정하면 메모리가 8GB이고 4CPU 시스템에서 실행되는 Swarm 컨테이너와 일치시킬 수 있다.

기술 68은 도커 개념을 나타낸다. 예측 가능하고 이식성이 높은 환경을 여러 호스트에 분배함으로써 비싼 서버의 부하를 줄이고 필요한 설정을 최소화할 수 있다.

이 기술은 성능을 고려하지 않고 배포할 수 없지만, 개발자의 컴퓨터 자원을 작업에 맞는 자원 규모로 사용해 비싼 하드웨어를 필요로 하지 않고 개발 조직의 효율성을 높일 수 있는 여지가 많다.

토론

모든 PC에 감독 시스템 서비스를 설치해 젠킨스 작업을 자동화할 수 있다(기술 82 참고).

> |참고| 기술 68과 관련된 코드는 깃허브 저장소(https://github.com/docker-in-practice/jenkins)에서 볼 수 있다.

기술 69 ▶ 컨테이너화한 젠킨스 서버를 안전하게 업그레이드하기

상용 환경에서 젠킨스를 사용해 젠킨스 서버의 보안과 기능 변경을 수행할 때가 있다.

도커를 사용하지 않는 전용 호스트에서는 보통 패키지 관리를 통해 서버가 관리된다. 도커를 사용하면 서버의 문맥을 데이터로부터 분리할 수 있어서 업그레이드가 약간 더 복잡해진다.

문제

젠킨스 서버를 안전하게 업그레이드하고 싶다.

해결책

젠킨스 서버를 업그레이드할 수 있는지 확인하기 위해 젠킨스 업데이터^{updater} 이미지를 실행한다. 이 기술은 여러 부분으로 구성된 도커 이미지로 제공된다.

먼저 이미지를 빌드하는 도커 파일을 간략하게 살펴볼 것이다. 도커 파일에서는 도커 클라이언트가 포함된 젠킨스 라이브러리 업그레이드를 관리하는 스크립트를 추가한다.

도커 이미지는 호스트에 도커 항목을 마운트하는 도커 커맨드로 실행되는데 젠킨스 업그레이드를 관리할 수 있다.

도커 파일

도커 파일부터 시작한다.

목록 8.15 젠킨스 라이브러리를 업데이트하는 도커 파일

```
FROM docker  ◀──── 도커 표준 라이브러리 이미지를 사용한다.   │ jenkins_updater.sh 스크립트를 추가한다
ADD jenkins_updater.sh /jenkins_updater.sh  ◀──┘ (다음에서 설명할 것이다).
RUN chmod +x /jenkins_updater.sh  ◀──── jenkins_updater.sh 스크립트에 실행 권한을 추가한다.
ENTRYPOINT /jenkins_updater.sh  ◀──── jenkins_updater.sh 스크립트를 도커 이미지의 기본 진입점으로 지정한다.
```

도커 파일은 실행할 수 있는 도커 이미지의 젠킨스를 백업하기 위한 요구사항을 포함한다. 도커 파일에서 docker 표준 라이브러리 이미지를 사용해 도커 클라이언트가 컨테이너 안에서 실행되게 한다. 컨테이너는 목록 8.16에서 스크립트를 실행해 호스트에서 필요한 젠킨스 업그레이드를 관리한다.

> |**참고**| 도커 데몬 버전이 docker 도커 이미지의 버전과 다르다면 문제가 발생할 수 있으니 같은 버전을 사용하자.

jenkins_updater.sh

컨테이너 안에서 업그레이드를 관리하는 셸 스크립트다.

목록 8.16 젠킨스를 백업하고 재시작하기 위한 셸 스크립트

젠킨스가 컨테이너가 종료될 때 기존 젠킨스 컨테이너의 이름을
'jenkins.bak.'과 분 단위의 현재 시간을 합친 문자열로 변경한다.

```
                      도커 이미지에 sh만 사용할 수 있기 때문에 스크립트에서는 sh 셸을 사용한다
                      (/bin/bash 셸을 사용하지 않는다).
#!/bin/sh  ◀──┘
set -e  ◀──── 스크립트의 커맨드 중 하나라도 실행에 실패하면 스크립트는 실패 처리할 것이다.
set -x  ◀──── 스크립트에서 실행하는 모든 커맨드는 표준 출력으로 로깅한다.
if ! docker pull jenkins | grep up.to.date  ◀── 'docker pull jenkins'의 결과에서 'up to date'가
then                                             포함돼 있지 않을 때만 실행된다.
    docker stop jenkins  ◀──── 업그레이드할 때 가장 먼저 젠킨스 컨테이너를 종료시킨다.
    docker rename jenkins jenkins.bak.$(date +%Y%m%d%H%M)
    cp -r /var/docker/mounts/jenkins_home \             젠킨스 컨테이너의 상태 디렉토리를
        /var/docker/mounts/jenkins_home.bak.$(date +%Y%m%d%H%M)   백업 디렉토리에 복사한다.
```

```
    docker run -d \  ◄────── 젠킨스를 시작하고 데몬으로 실행하기 위해 도커 커맨드를 실행한다.
      --restart always \  ◄────── 젠킨스 컨테이너를 항상 재시작 상태로 변경한다.
  ┌──► -v /var/docker/mounts/jenkins_home:/var/jenkins_home \
  │   --name jenkins \  ◄────── 컨테이너 이름을 'jenkins'로 설정해 우연히 동시에 두 컨테이너가 뜨지 않도록 한다.
  │   -p 8080:8080 \  ◄────── 컨테이너의 8080포트를 호스트의 8080포트로 노출한다.
  │   jenkins  ◄────── 도커 커맨드에서 젠킨스 이미지 이름으로 운영할 수 있다.
  fi
  │
호스트 디렉토리의 젠킨스 상태 볼륨을 마운트한다.
```

스크립트에서 docker pull 커맨드를 사용해 도커 허브에서 젠킨스를 다운로드한다. 결과
에서 'up to date' 문을 포함하면 docker pull | grep … 커맨드는 true를 리턴한다. 그러
나 결과에서 'up to date'가 없다면 업그레이드하지 않을 것이다. 따라서 if 문장에서 if
뒤에 뒤에 ! 기호를 사용해 부정을 의미한 것이다.

결과적으로 최신 latest 젠킨스 이미지를 다운로드한 경우에만 if 블록 코드가 시작된다.
if 블록 안에서 실행 중인 젠킨스 컨테이너가 중지되고 이름이 바뀐다. 업그레이드가 동
작하지 않고 이전 버전으로 복원해야 한다면 삭제하기보다 이름을 변경한다. 롤백 전략
외에도 젠킨스 상태를 포함하는 호스트의 마운트 폴더도 백업한다.

마지막으로 최신 젠킨스 다운로드 이미지는 docker run 커맨드를 사용해 시작한다.

> |참고| 취향에 따라 호스트 마운트 폴더나 실행 중인 젠킨스 컨테이너의 이름을 변경한다.

젠킨스 이미지가 호스트의 도커 데몬에 어떻게 연결돼 있는지 궁금하다면 기술 66을 사
용해 도커 이미지를 실행한다.

jenkins-updater 이미지 호출하기

다음 커맨드는 이전에 작성된 도커 이미지(도커 이미지에 셸 스크립트가 포함된 이미지)를 사
용해 젠킨스 업그레이드를 수행한다.

호스트의 도커 소캣을 컨테이너로 마운트함으로써 도커 커맨드가 컨테이너 안에서도 동작하게 한다.

```
docker run ◄──── docker run 커맨드
    --rm \ ◄──── 컨테이너가 작업을 완료하면 컨테이너를 삭제한다.
    -d \ ◄──── 백그라운드로 컨테이너를 실행한다.
    -v /var/lib/docker:/var/lib/docker \ ◄──── 호스트의 도커 데몬 디렉토리를 컨테이너에 마운트한다.
  ► -v /var/run/docker.sock:/var/run/docker.sock \
    -v /var/docker/mounts:/var/docker/mounts ◄──── 젠킨스 데이터가 저장된 호스트의 도커 마운트 디렉토리를
                                                  마운트해서 jenkins_updater.sh는 파일을 복사하게 한다.
  ► dockerinpractice/jenkins-updater
```
실행될 이미지로 dockerinpractice/jenkins-updater 이미지를 지정한다.

업그레이드를 자동화하기

crontab에 다음과 같이 한 라인으로 된 커맨드를 적용할 수 있다. 호스트에서 실행할 수 있다.

```
0 * * * * docker run --rm -d -v /var/lib/docker:/var/lib/docker -v
➡ \ /var/run/docker.sock:/var/run/docker.sock -v
➡ \ /var/docker/mounts:/var/docker/mounts dockerinpractice/jenkins-updater
```

> |참고| 커맨드를 살펴보면 crontab에서 새로운 라인을 무시하지 않도록 백 슬래시를 앞에 위치하게 했다. 따라서 모두 한 라인이다.

걱정할 필요 없이 crontab 항목은 젠킨스 업그레이드를 안전하게 관리할 수 있다.

오래된 백업 컨테이너와 볼륨 마운트 정리를 자동화하는 작업은 연습 문제로 남긴다.

토론

기술 68은 책 전체에서 볼 예시 일부를 소개한 것이다. 젠킨스뿐 아니라 이와 유사한 상황에서 적용할 수 있는 기술이다.

먼저 핵심 도커 이미지를 호스트의 도커 데몬과 통신하는 데 사용한다. 도커를 관리하기 위해 이식성이 좋은 스크립트를 작성할 수 있다. 오래된 볼륨을 제거하거나 도커 데몬의 활동을 보고하기 위해 스크립트를 작성하고 싶을 수 있다.

구체적으로 말하면 새로운 도커 이미지가 있으면 기존 이미지를 업데이트하기 위해 `if`
블록 패턴을 사용한다. 보통 보안상의 이유나 작은 규모로 업그레이드할 때 도커 이미지
를 업데이트한다.

버전 업그레이드를 하다 어려움에 처할까 고민이라면 이미지 태그에 'latest'를 지정하지
않아도 된다. 버전 번호를 추적하는 다양한 태그를 갖고 있는 이미지가 많다. 예를 들어
`exampleimage` 이미지는 `exampleimage:lates`를 갖고 있지만 `example-image:v1.1`와
`exampleimage:v1` 태그도 있다. 언제든지 업데이트될 수 있지만 `:v1.1` 태그는 `:latest` 태그
보다 새로운 버전으로 이동할 가능성이 적다. `:latest` 태그는 새로운 `:v1.2` 태그(업그레이
드 단계가 필요할 수 있음)와 같은 버전으로 이동하거나 `:v2.1` 태그로 옮길 수 있다. 태그의
새로운 주요 버전 2는 업그레이드에 지장을 줄 수 있는 변경이 포함된다는 것을 의미한다.

도커 업그레이드를 위한 롤백 전략을 간략하게 설명한다. 볼륨 마운트를 사용한 컨테이
너와 데이터 분리로 인해 업그레이드 안정성에 불안감이 생길 수 있다. 서비스가 동작했
던 시점에 이전 컨테이너 및 데이터의 사본을 유지하면 에러가 발생할 때 쉽게 복구할 수
있다.

데이터베이스 업그레이드와 도커

데이터베이스 업그레이드는 안정성 문제를 특히 고려해야 한다. 데이터베이스를 새로운
버전으로 업그레이드할 때 데이터 구조나 데이터베이스 데이터 스토리지 변경 여부를 고
려해야 한다. 새 버전의 도커 이미지를 컨테이너로 실행하는 것만으로 충분치 않다. 데이
터베이스가 보고 있는 데이터의 버전을 알 수 있을 만큼 영리하고 이에 맞게 업그레이드
할 수 있다면 업그레이드가 더 편할 것이다.

업그레이드 전략에 많은 요소가 관련될 수 있다.

어떤 애플리케이션은 어떤 상황이라도 정상이라고 판단할 수 있다. 예를 들면 이전 젠킨
스 예시에서 볼 수 있듯이 성공하든 실패하든 다시 실행해서 성공하게 하는 낙관적인 접
근 방법을 허용할 수 있다.

반면 어떤 애플리케이션은 무조건 100% 사용 가능한 상태가 돼야 하고 어떤 종류의 실패도 허용하지 않을 수 있다.

이때는 단순히 'docker pull을 실행해서 잘 동작하겠지' 하며 기대하기보다 완벽한 테스트 정책을 포함하는 업그레이드 계획과 플랫폼에 관한 깊은 지식이 있어야 한다.

도커에서 업그레이드 문제를 제거할 수 없지만 버전을 지정한 도커 이미지의 불변성 도커 이미지를 쉽게 추론할 수 있다. 또한 도커는 호스트 볼륨에서 상태를 백업하는 방법 및 예측 가능한 상태를 쉽게 테스트하는 방법을 통해 장애에 대비할 수 있다. 도커가 하는 작업을 관리하고 이해한다면 업그레이드 과정에 대한 통제력과 확실성을 높일 수 있다.

요약

- 코드가 바뀔 때마다 자동으로 빌드할 수 있도록 도커 허브 워크 플로우를 사용할 수 있다.
- eatmydata와 패키지 캐시를 사용해 빌드 속도를 크게 높일 수 있다.
- 프록시에서 시스템 패키지를 캐시하면 빌드의 속도를 크게 높일 수 있다.
- 도커 안에서 GUI 테스트(예: 셀레늄)를 실행할 수 있다.
- 젠킨스와 같은 CI 플랫폼은 자체 컨테이너에서 운영될 수 있다.
- 도커 CI 슬레이브는 환경을 완전히 제어할 수 있다.
- 도커와 젠킨스 Swarm 플러그인을 사용하면 전체 팀 빌드를 수행할 수 있다.

9

지속적 배포:
도커 원칙에 완벽히 적합

일관된 CI 프로세스를 적용하면 모든 빌드의 품질을 점검할 수 있다고 확신할 것이다. 다음은 CI 프로세스를 사용자에게 모든 좋은 품질의 빌드 결과물을 배포하는 것을 보게 하는 단계로 지속적 배포^{Continuous Delivery}라 한다.

9장에서 'CI 파이프라인'의 결과로 빌드 산출물을 처리하는 프로세스인 'CD 파이프라인'을 설명한다. CI와 CD를 구분하기가 명확하지는 않지만 CD 파이프라인은 빌드 프로세스 중에 초기 테스트를 통과한 최종 이미지를 갖고 있을 때 시작하는 것으로 생각하면 된다. 그림 9.1는 CD 파이프라인을 통해 도커 이미지가 상용 환경에 도달할 때까지 어떻게 발전할 수 있는지 설명한다.

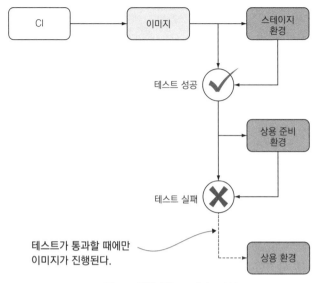

▲ **그림 9.1** 일반적인 CD 파이프라인

마지막 단계를 반복하면 좋다. CI 프로세스에서 나온 이미지는 CD 프로세스에서 최종이자 불변이어야 한다. 따라서 도커는 불변 이미지와 상태 캡슐화로 이를 쉽게 적용할 수 있어서 도커를 사용하면 CD 프로세스의 단계 하나를 줄일 수 있다.

9장을 살펴보면 도커의 불변성이 CD 전략에 완벽한 요소인지 충분히 이해할 수 있다. 도커는 모든 조직에서 데브옵스^{DevOps} 전략의 핵심이 될 것이다.

9.1 CD 파이프라인에서 다른 팀과 상호 작용하기

도커 개발과 운영 사이의 관계를 어떻게 변화시키는지 살펴볼 것이다.

소프트웨어 개발에서 가장 큰 문제는 기술이 아니다. 보통 역할과 전문 지식을 기준으로 팀을 나누는 관행이 있는데 이로 인해 의사소통 장벽과 고립이 발생하기도 한다. CD 파이프라인이 성공하려면 개발 환경에서 테스트 및 상용 환경에 이르기까지 CD 프로세스의 모든 단계에서 여러 팀의 참여가 필요하다. 모든 팀에 하나의 기준점을 두는 구조를 제공함으로써 이런 상호 작용을 완화하는 데 도움이 될 수 있다.

도커 계약: 충돌을 감소하기

도커에는 단일 애플리케이션을 포함하는 컨테이너와 관련된 입력과 출력을 쉽게 표현할 수 있도록 하는 목표가 있는데 다른 사람들과 작업할 때 명확함을 제공할 수 있다. 의사 소통은 협업의 중요한 부분이다. 따라서 도커를 단일 참조점으로 제공함으로써 도커를 불신하는 사람들을 설득할 수 있을 것이다.

문제

협력 팀의 결과물을 명확하게 전달하여 전달 파이프 라인의 충돌을 줄이고 싶다.

해결책

팀 간에 깨끗한 배포를 제공하려면 도커 계약을 사용한다.

기업의 초창기는 수평적이고 빠른 조직이라 '전체 시스템을 파악'한 능력 있는 개인을 자주 발견했으나 기업 규모가 커지면서 점점 더 체계적인 여러 팀이 서로 다른 책임과 역량을 갖게 된다. 내가 일했던 회사에서 이를 직접 보았다.

기술 투자가 이루어지지 않으면 성장하는 팀이 다른 팀과 충돌이 발생한다. 복잡성이 증가하면서 '특정 팀에서 릴리스의 일부를 완료한 후 거의 의사 소통 없이 다음 팀으로 전달'할 때 불평이 생기고 버그가 포함된 업그레이드는 관련자 모두에게 익숙한 일상이 된다. "내 머신에서는 잘 동작하고 있다고!"라는 말들이 관련된 개발자를 낙담시키기도 한다. 그림 9.2에서는 이런 상황을 간단히 나타냈다.

그림 9.2의 작업 흐름에 익숙한 구조에서는 여러 문제점이 발생한다. 즉 모두 상태 관리의 어려움으로 이어진다. 테스트 팀은 운영 팀이 설정한 것과 다른 머신에서 테스트할 수 있다. 이론적으로 모든 환경의 변경사항을 주의 깊게 문서화해야 하고 문제가 발생하면 롤백돼야 하며 일관성을 유지해야 한다. 불행히도 회사의 압박과 사람들의 비협조적인 태도라는 장애물을 넘어 꾸준히 목표를 향해 나아간다면 바뀌는 환경을 경험할 것이다.

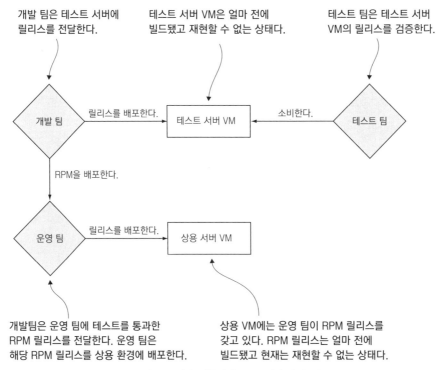

개발 팀은 테스트 서버에
릴리스를 전달한다.

테스트 서버 VM은 얼마 전에
빌드됐고 재현할 수 없는 상태다.

테스트 팀은 테스트 서버
VM의 릴리스를 검증한다.

개발 팀 — 릴리스를 배포한다. → 테스트 서버 VM ← 소비한다. — 테스트 팀

RPM을 배포한다.

운영 팀 — 릴리스를 배포한다. → 상용 서버 VM

개발팀은 운영 팀에 테스트를 통과한
RPM 릴리스를 전달한다. 운영 팀은
해당 RPM 릴리스를 상용 환경에 배포한다.

상용 VM에는 운영 팀이 RPM 릴리스를
갖고 있다. RPM 릴리스는 얼마 전에
빌드됐고 현재는 재현할 수 없는 상태다.

▲ **그림 9.2** 이전: 전형적인 소프트웨어 작업 흐름

기존의 해결책으로 VM과 RPM이 있다. VM을 사용하면 다른 팀에 완벽한 머신과 같은 형태를 제공함으로써 환경 위험의 표면적을 줄일 수 있다. 단점은 VM은 팀에서 효율적으로 조작하기 어려운 상대적인 모놀리식 객체라는 것이다. RPM은 소프트웨어를 출시할 때 의존 라이브러리를 정의하는 데 도움이 되는 표준 애플리케이션 패키징 방법을 제공한다. 그러나 RPM은 설정 관리 이슈를 제거하지 않으며 동료 팀에서 생성한 RPM을 출시하면 인터넷에서 실전 테스트를 거친 RPM을 사용하는 것보다 에러가 발생하기 쉽다.

도커 계약

도커 이미지가 경계선이자 교환 단위로 팀들 사이의 깨끗한 분리선을 제공하는 방법으로 도커에서 해결책을 내놓았는데, 그림 9.3의 도커 계약[Docker Contract]이라는 방법이다.

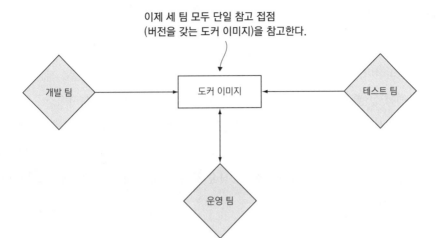

이제 세 팀 모두 단일 참고 접점
(버전을 갖는 도커 이미지)을 참고한다.

개발 팀 → 도커 이미지 ← 테스트 팀

운영 팀

▲ **그림 9.3** 이후: 도커 계약

도커를 사용하면 모든 팀의 기준점은 훨씬 깨끗하다. 재현할 수 없는 상태에서 무질서한 모놀리식 가상(또는 실제) 머신을 다루기보다 모든 팀은 테스트 환경이든 상용 환경이든 개발 환경이든 같은 코드를 이야기하고 있다. 코드에서 데이터를 깨끗하게 분리할 수 있어서 문제가 데이터나 코드 변경 때문에 발생한 것인지 쉽게 추측할 수 있다.

도커는 상당히 안정적인 리눅스 API를 환경으로 사용하기 때문에, 소프트웨어를 전달하는 팀들은 팀에서 원하는 어떤 방식으로든 소프트웨어와 서비스를 빌드할 때 훨씬 더 많은 자유를 갖고 있다. 그리고 다양한 환경에서는 리눅스 API가 예측 가능하게 실행될 것이라는 사실에 안전하다. 도커가 실행되는 맥락을 무시할 수 있음을 의미하지는 않지만 이슈가 발생하는 환경적 차이의 위험을 줄여준다.

단일 참고 접점이 있어서 다양한 운영 효율성이 발생한다. 모든 팀에서는 알려진 출발점에서 이슈를 설명하고 재현할 수 있기 때문에 버그 재현이 훨씬 쉬워진다. 업그레이드할 때 변경사항을 배포하는 팀이 책임을 진다. 간단히 말해 상태는 변경하는 사람들에 의해 관리된다. 이런 모든 장점은 통신 오버헤드를 크게 줄이고 팀이 업무를 처리할 수 있도록 한다. 또한 통신 오버헤드가 줄어들어 마이크로 서비스 아키텍처로 전환하는 데 도움이 된다. 이는 단순한 이론적인 장점이 아니다. 500명이 넘는 개발자가 일하는 회사에서 개선하는 것을 직접 봤고 도커 기술 회의에서도 자주 토의하는 주제다.

기술 70은 새로운 세계에서 기술들을 어떻게 적용할 수 있는지 식별하기 위해 사용되는 전략을 설명한다. 또한 이 책을 배우면서 잘 기억해야 하는 기술이다. 가령 기술 76은 상용 환경에서 실행되는 것과 똑같이 컨테이너 간에 통신하는 마이크로 서비스 기반 애플리케이션을 실행하는 방법, 내부 설정 파일을 매번 수정하지 않고 애플리케이션에 변화를 주는 방법을 설명한다. 여러 환경에서 외부 URL 또는 변경되지 않는 부분이 있을 때 기술 85는 서비스 검색 정보를 제공한다. 기술 85는 여러 설정 파일을 단일 소스로 변환하는 좋은 방법이다.

9.2 도커 이미지를 쉽게 배포하기

CD를 구현할 때 가장 먼저 발생하는 문제는 빌드 프로세스의 출력을 적절한 위치로 이동하는 것이다. CD 파이프 라인의 모든 단계에서 단일 저장소를 사용할 수 있으면 문제가 해결된 것 같다. 그러나 CD의 주요 기술은 다루지 않는다.

CD에 숨겨진 주요 아이디어는 빌드 승격^{build promotion}이다. 즉 파이프라인의 각 단계(사용자 인수 테스트, 통합 테스트, 성능 테스트)는 이전 단계가 성공했을 때만 다음 단계로 넘어갈 수 있다. 여러 저장소를 사용하면 빌드 단계가 통과될 때만 다음 저장소에서 사용할 수 있게 함으로써 승격된 빌드만 사용하도록 보장할 수 있다.

도커 이미지를 여러 저장소 간에, 심지어 저장소 없이 도커 객체를 공유하는 방법을 살펴본다.

기술 71 저장소 이미지를 수동으로 미러링하기

가장 간단한 이미지 미러링 시나리오는 두 저장소에서 높은 대역폭 연결을 갖는 머신을 포함하는 경우다. 일반적인 도커 기능을 사용해 이미지를 복사할 수 있다.

문제

두 저장소 간에 이미지를 복사하고 싶다.

해결책

이미지를 전송하려면 도커에서 표준 docker pull과 docker push 커맨드를 사용한다.

해결책으로 다음을 포함한다.

- 저장소에서 이미지를 다운로드한다.
- 이미지의 태그를 재지정한다.
- 재지정된 이미지를 푸시한다.

test-registry.company.com에 도커 이미지가 있는데 해당 도커 이미지를 stage-registry.company.com로 옮기고 싶다면 절차는 다음과 같이 간단하다.

목록 9.1 테스트 저장소에서 스테이징 저장소로 도커 이미지를 전송하기

```
$ IMAGE=mygroup/myimage:mytag
$ OLDREG=test-registry.company.com
$ NEWREG=stage-registry.company.com
$ docker pull $OLDREG/$MYIMAGE
[...]
$ docker tag -f $OLDREG/$MYIMAGE $NEWREG/$MYIMAGE
$ docker push $NEWREG/$MYIMAGE
$ docker rmi $OLDREG/$MYIMAGE
$ docker image prune -f
```

절차에서 주목할 만한 세 가지 중요한 장점이 있다.

1. 새로운 도커 이미지에 강제로 태그를 지정했다. 즉 머신에 똑같은 이름을 가진 오래된 도커 이미지(계층 캐싱 목적)는 이미지 이름을 잃게 돼 새로운 이미지에 원하는 이름의 태그를 지정할 수 있다.

2. 이름이 사라진 이미지를 모두 제거한다. 계층 캐싱은 배포 속도를 높이는 데 매우 유용하지만 사용하지 않는 이미지 계층을 남겨두면 디스크 공간을 빠르게 사용할 수 있다. 일반적으로 오래된 계층은 시간이 지남에 따라 사용되지 않고 더 쓸모 없는 상태가 된다.

3. docker login으로 새로운 저장소에 로그인해야 할 수 있다.

도커 이미지는 이제 새로운 저장소에서 CD 파이프라인의 후속 단계에서 사용할 수 있다.

토론

기술 71은 도커 태그 지정의 간단한 요점을 보여준다. 즉 태그 자체에는 도커 저장소의 정보가 포함된다.

일반적으로 기본 저장소(docker.io의 도커 허브)에서 도커 이미지를 다운로드해서 대부분 도커 이미지는 사용자에게 숨겨져 있다. 도커 저장소를 작업할 때 올바른 위치에 도커 이미지를 업로드하려면 저장소 위치가 저장소 이름으로 명시적으로 지정돼야 한다. 따라서 도커 태그 지정과 관련된 문제가 발생한다.

기술 72 ▶ 제한된 연결 상태로 이미지 전송하기

계층화를 사용한다 하더라도 도커 이미지를 업로드하고 다운로드하는 작업은 대역폭이 많이 사용하는 프로세스다. 무료로 제공하는 광대역 연결 세계에서는 도커 이미지 업로드 및 다운로드가 문제가 되지 않지만 현실적으로 데이터 센터 간의 낮은 대역폭 연결이나 비싼 대역폭을 측정해야 할 때가 있다. 이때는 차이를 전달하기보다 효율적인 방법을 찾아야 한다. 그렇지 않으면 하루에 여러 번 파이프 라인을 실행할 수있는 CD가 이상적이다.

이상적인 해결책은 도커 이미지의 평균 크기를 줄여 기존 압축 방법보다 훨씬 작게 만드는 툴을 사용하는 것이다.

문제

두 컴퓨터 사이에 낮은 대역폭 연결이 있는 도커 이미지를 복사하고 싶다.

해결책

도커 이미지를 내보내고 데이터 덩어리로 분할한 후 전송한다. 그리고 반대편에서 해당 데이터 덩어리를 재조합한 이미지를 읽는다.

작업을 진행하기 하기 전에 새로운 툴인 bup을 도입할 것이다. bup은 매우 효율적인 중복 제거 기능^{deduplication}, 즉 데이터가 반복적으로 사용되는 데이터를 인식하고 데이터를 한 번만 저장하는 기능을 갖춘 백업 툴이다. bup은 비슷한 파일들이 포함된 아카이브 파일에서 특히 잘 작동한다. 파일은 도커를 사용해 이미지를 내보낼 수 있도록 해주는 포맷을 갖고 있다.

기술 72에서는 dbup('Docker bup'의 줄임말)이라는 이미지를 생성했고 도커 이미지를 중복 제거하기 위해 bup을 쉽게 사용할 수 있다. 예시 코드 다음 부분은 https://github.com/docker-in-practice/dbup에서 확인할 수 있다.

예시를 설명하면 ubuntu:14.04.1 이미지에서 ubuntu:14.04.2로 업그레이드할 때 얼마나 많은 대역폭을 절약할 수 있는지 살펴볼 것이다. 실제로 각 계층 위에 여러 계층이 있으며 도커는 하위 계층이 변경한 후에는 완전히 재전송한다는 것을 기억하길 바란다. 이와는 대조적으로 기술 72는 상당한 유사성을 인식하고 다음 예시에서 볼 수 있는 것보다 훨씬 더 큰 절약 기능을 제공할 것이다.

첫 번째 단계에서는 네트워크를 통해 전송되는 양을 확인할 수 있도록 두 이미지를 모두 다운로드한다.

목록 9.2 두 Ubuntu 이미지를 검사 및 저장하기

```
$ docker pull ubuntu:14.04.1 && docker pull ubuntu:14.04.2
[...]
$ docker history ubuntu:14.04.1
IMAGE         CREATED      CREATED BY                             SIZE
ab1bd63e0321 2 years ago /bin/sh -c #(nop) CMD [/bin/bash]      0B
<missing>    2 years ago /bin/sh -c sed -i 's/^#\s*\(deb.*universe\... 1.9kB
<missing>    2 years ago /bin/sh -c echo '#!/bin/sh' > /usr/sbin/po... 195kB
<missing>    2 years ago /bin/sh -c #(nop) ADD file:62400a49cced0d7... 188MB
<missing>    4 years ago                                        0B
$ docker history ubuntu:14.04.2
IMAGE         CREATED      CREATED BY                             SIZE
44ae5d2a191e 2 years ago /bin/sh -c #(nop) CMD ["/bin/bash"]    0B
<missing>    2 years ago /bin/sh -c sed -i 's/^#\s*\(deb.*universe\... 1.9kB
<missing>    2 years ago /bin/sh -c echo '#!/bin/sh' > /usr/sbin/po... 195kB
```

```
<missing>      2 years ago /bin/sh -c #(nop) ADD file:0a5fd3a659be172... 188MB
$ docker save ubuntu:14.04.1 | gzip | wc -c
65973497
$ docker save ubuntu:14.04.2 | gzip | wc -c
65994838
```

각 이미지의 마지막 계층(ADD) 라인의 크기가 전체 크기의 대부분을 차지한다. 그리고 해당 마지막 계층에서 ADD로 추가된 파일이 다름을 확인할 수 있다. 새로운 이미지를 push 커맨드로 올릴 때 전체 이미지의 크기로 전송할 것이다. 또한 도커 저장소는 gzip 압축을 사용해 계층을 전송해서 `docker history` 대신 `docker save`로 크기를 측정했다. 초기 배포와 다음에 배포할 때 모두 65MB가 전송되고 있다.

시작하려면 두 가지, 즉 저장소로 사용되는 bup 데이터 풀을 저장하는 특정 디렉토리, dockerinpractice/dbup 이미지가 필요하다. 계속해서 이미지를 bup 데이터 풀에 추가할 수 있다.

목록 9.3 두 Ubuntu 이미지를 bup 데이터 풀에 저장하기

```
$ mkdir bup_pool
$ alias dbup="docker run --rm \
    -v $(pwd)/bup_pool:/pool -v /var/run/docker.sock:/var/run/docker.sock \
    dockerinpractice/dbup"
$ dbup save ubuntu:14.04.1
Saving image!
Done!
$ du -sh bup_pool
74M      bup_pool
$ dbup save ubuntu:14.04.2
Saving image!
Done!
$ du -sh bup_pool
96M      bup_pool
```

두 번째 도커 이미지를 bup 데이터 풀에 추가하면 도커 이미지 크기가 약 20MB 증가했다. ubuntu:14.04.1을 추가한 후 디렉토리를 다른 머신(아마도 rsync와 동일)에 동기화한 후 다시 디렉토리를 동기화하면 20MB만 전송될 것이다(이전에는 65MB였다).

```
$ dbup load ubuntu:14.04.1
Loading image!
Done!
```

저장소 간 전송 프로세스는 다음과 같다.

1. 호스트1에서 docker pull

2. 호스트1에서 dbup save

3. host1에서 host2로 rsync

4. host2에서 dbup load

5. host2에서 docker push

기술 72는 이전에는 불가능했던 많은 가능성을 열어준다. 이제 낮은 대역폭 연결을 통해 모든 새로운 계층을 전송하는 데 걸리는 시간을 걱정할 필요없이 계층을 재배열하고 통합할 수 있다.

토론

모범 사례를 따르고 애플리케이션 코드를 마지막 단계에 추가해야 할 때 bup가 도움이 된다. 코드 대부분 변경되지 않고 데이터 풀의 다른 부분만 추가한다는 것을 알 수 있다.

데이터베이스 파일과 같은 데이터 풀은 매우 클 수 있지만 bup은 큰 데이터 풀을 매우 잘 수행할 것이다. 기술 77처럼 볼륨을 사용하지 않고 컨테이너 내부에서 데이터베이스를 사용하기로 결정할 때 유용하다. 데이터베이스를 내보내는 작업이나 백업은 증분 전송에 일반적으로 매우 효율적이지만 데이터베이스의 실제 저장 스토리지마다 크게 다를 수 있으며 rsync와 같은 툴을 가끔 사용하지 않아도 될 때가 있다.

또한 dbup은 이미지의 전체 히스토리를 얻는다. 롤백하기 위해 3개의 전체 이미지 사본을 저장할 필요가 없다. 필요할 때 데이터 풀에서 꺼낼 수 있다. 불행히도 더 이상 원하지 않는 이미지 풀을 청소할 수 있는 방법이 없어 매번 데이터 풀을 삭제해야 한다.

dbup가 즉시 필요로 하지는 않지만 대역폭 관련 청구 비용이 늘어날 수 있다는 점을 기억하자.

기술 73 ▶ 도커 객체를 TAR 파일로 공유하기

TAR 파일은 리눅스에서 파일을 이동할 수 있는 고전적인 방법이다. 도커 저장소가 없고 앞으로도 도커 저장소를 설치할 계획이 없다면 도커를 TAR 파일로 생성할 수 있고 수동으로 전달할 수 있다. 여기서 커맨드의 입력과 출력을 설명할 것이다.

문제

저장소를 사용하지 않은 채 다른 사람과 도커 이미지 및 컨테이너를 공유하고 싶다.

해결책

docker export나 docker save를 사용해 TAR 파일을 생성한 후 SSH를 통해 docker import 나 docker load를 통해 얻을 수 있다.

평상시처럼 커맨드를 사용한다면 커맨드 간의 차이를 파악하기 어려울 수 있어서 잠시 시간을 내어 다음 커맨드를 수행해 본다. 표 9.1에 커맨드의 입력과 출력을 요약했다.

▼ **표 9.1** 도커 export 및 import 커맨드와 save 및 load 커맨드 간의 차이

커맨드	결과 유형	사용처	소스 유형
export	TAR 파일	컨테이너 파일 시스템	컨테이너
import	도커 이미지	플랫 파일 시스템	TAR 파일
save	TAR 파일	도커 이미지(기록 정보 포함)	이미지
load	도커 이미지	도커 이미지(기록 정보 포함)	TAR 파일

* 플랫(flat) 파일 시스템 – 하위 디렉토리 없이 파일들을 포함하는 하나의 디렉토리를 의미한다 – 옮긴이

docker export와 docker import 커맨드는 플랫 파일 시스템에서 동작한다. docker export 커맨드는 컨테이너 상태를 구성하는 TAR 파일을 생성한다. 도커와 마찬가지로 프로세스 실행 상태는 저장되지 않는다. 즉 파일만 저장한다. docker import 커맨드는 TAR 파일에서 기록이나 메타 데이터가 없는 도커 이미지를 생성한다.

docker import와 docker export 커맨드는 대칭적이지 않다. 즉 docker import 및 docker export 커맨드만 사용해서는 기존 컨테이너에서 컨테이너를 생성할 수 없다. 비대칭은 유용하다. docker export는 이미지를 TAR 파일로 내보내고 docker import는 모든 계층 기록과 메타 데이터를 '삭제'하기에 비대칭이 유용할 수 있다. 기술 52에서 설명한 이미지 평탄화 접근 방식과 같다.

TAR 파일로 내보내거나 저장하려 한다면 기본적으로 표준 출력으로 전송되기에 다음처럼 파일로 저장한다.

```
docker pull debian:7:3
[...]
docker save debian:7.3 > debian7_3.tar
```

방금 생성한 것처럼 TAR 파일을 네트워크로 안전하게 전송할 수 있다. 전송 전에 미리 gzip으로 압축할 수도 있다. 다른 사람들이 TAR 파일을 사용해 이미지를 그대로 가져올 수 있다. 접근 권한이 있으면 이메일이나 scp로 전송할 수 있다.

```
$ scp debian7_3.tar example.com:/tmp/debian7_3.tar
```

한 단계 더 나아가 다른 사용자의 도커 데몬에 직접 이미지를 전송할 수 있다(SSH 권한을 갖고 있다고 가정).

목록 9.5 SSH를 통해 도커 이미지를 직접 보내기

```
docker save debian:7.3 | \  ◀──── 데비안 7.3 버전의 이미지를 풀어 파이프 연결을 통해 ssh 커맨드로 전달된다.
 ssh example.com \  ◀──── 원격 머신인 example.com에서 특정 커맨드를 실행한다.
  docker load -  ◀── ┌ 제공된 TAR 파일을 가져와 모든 기록이 포함된 이미지를 생성한다.
                     └ 대시는 표준 입력을 통해 TAR 파일이 전달되고 있음을 의미한다.
```

도커 이미지의 기록을 삭제하고 싶다면 load 대신 import를 사용할 수 있다.

목록 9.6 계층이 삭제된 도커 이미지를 SSH로 직접 전송하기

```
docker export $(docker run -d debian:7.3 true) | \
    ssh example.com docker import
```

| **참고** | docker import와 달리 docker load는 TAR 파일이 표준 입력을 통해 전달되고 있음을 나타내는 대시를 사용하지 않는다.

토론

기술 52의 docker export와 docker import를 기억할 것이다. 기술 52에서 하위 계층에 숨겨있는 비밀 파일을 제거하는 데 사용되는 도커 이미지 평탄화를 살펴봤다. 도커 이미지를 다른 사람에게 전송하는 경우 하위 계층에서 비밀 파일에 접근할 수 있어 고려해야 한다. 최상위 이미지 계층에서 공개 키를 삭제하지만 하위 계층에서 공개 키가 남아 있다. 다른 사람들이 해당 공개 키를 사용할 수 있다는 것을 알기 때문에 하위 계층을 제거해야 한다.

도커 이미지를 많이 전송해야 한다면 기술 9의 내용을 살펴보고 도커 저장소를 설정하고 임시 응변적인 작업을 진행한다.

9.3 환경마다 도커 이미지를 설정하기

9장의 소개에서 언급한 대로 CD의 핵심 중 하나는 '어디서나 동일한 작업을 수행하는 것'이라는 개념이 있다. 도커를 사용하지 않는다면 빌드를 한 번 수행한 결과인 배포 파일을 모든 곳에서 사용하는 것을 의미한다. 도커 세계에서는 모든 곳에서 똑같은 이미지를 사용함을 의미한다.

그러나 환경은 모두 같지 않다. 예를 들어 외부 서비스의 URL이 다를 수 있다. '정상적인' 애플리케이션은 환경 변수를 사용해 해당 URL 이슈를 해결할 수 있다(많은 머신에 적용하기 쉽지 않다는 점을 주의한다). 같은 해결 방법으로 도커에 명시적으로 변수를 전달해도 효과가 있지만 더 좋은 방법이 있다.

도커 이미지는 어디서나 배포할 수 있도록 설계됐지만 애플리케이션이 실행하는 동안 애플리케이션의 동작에 영향을 주기 위해 배포 후에 약간의 추가 정보를 전달하고 싶다. 또한 도커를 실행하는 머신은 변경되지 않은 상태로 유지돼야 해서 외부 정보(환경 변수를 사용하는 것보다 더 적합하게 만든 작업)가 필요하다.

문제

컨테이너를 실행할 때 외부 설정 정보가 필요하다.

해결책

분산 키/값 저장소인 etcd를 설치해 컨테이너 설정에 영향을 미친다.

etcd는 정보를 갖고 있으며 복원력이 있는 다중 노드 클러스터를 지원한다. 기술 73에서 etcd 클러스터를 생성하고 etcd 프록시를 통해 etcd 클러스터를 접근하는 방법을 살펴본다.

| **참고** | etcd에서 저장된 각 값은 작게 유지돼야 한다. 즉 512KB 이하의 값을 저장하는 것이 좋다. 예상대로 etcd가 여전히 작동하는지 확인하기 위해 벤치마킹을 고려해야 한다. 벤치마킹의 제한이 etcd에만 고유한 것이 아니다. Zookeeper와 Consul과 같은 키/값 저장소도 적용할 수 있도록 잘 기억하는 것이 좋다.

---

etcd 클러스터 노드는 서로 통신할 필요가 있기 때문에 첫 번째 단계는 외부 IP 주소를 파악하는 것이다. 만약 여러 머신에서 etcd 노드를 실행할 예정이라면 각 노드에 대한 외부 IP가 필요할 것이다.

목록 9.7 로컬 머신의 IP 주소 식별하기

```
$ ip addr | grep 'inet ' | grep -v 'lo$\|docker0$'
    inet 192.168.1.123/24 brd 192.168.1.255 scope global dynamic wlp3s0
    inet 172.18.0.1/16 scope global br-0c3386c9db5b
```

커맨드를 살펴보면 루프백 및 도커를 제외한 모든 IPv4 인터페이스를 찾는다. 결과의 첫 번째 라인(첫 번째 IP 주소)은 찾고 싶은 라인이고 로컬 네트워크 시스템을 나타낸다. 확실하지 않으면 다른 머신에서 ping으로 확인한다.

이제 세 대의 노드 클러스터로 시작할 수 있고 모두 같은 머신에서 실행할 수 있다. 다음 매개변수처럼 포트 설정에 유의한다. 클러스터 노드와 컨테이너의 이름처럼 각 라인마다 노출될 포트를 목록 9.8처럼 변경한다.

목록 9.8 세 대의 노드로 구성된 클러스터를 설정하기

모든 노드가 같은 머신에 있어 각 노드가 다른 노트와 연결돼야 하므로
클러스터 포트는 서로 달라야 한다.

```
$ IMG=quay.io/coreos/etcd:v3.2.7
$ docker pull $IMG                          클러스터 정의에 머신의 외부 IP 주소를 사용해
[...]                                       노드가 다른 노드와 통신할 수 있게 한다.
$ HTTPIP=http://192.168.1.123  ◄─── 머신의 외부 IP 주소
$ CLUSTER="etcd0=$HTTPIP:2380,etcd1=$HTTPIP:2480,etcd2=$HTTPIP:2580" ◄
$ ARGS="etcd"
$ ARGS="$ARGS -listen-client-urls http://0.0.0.0:2379"    클라이언트의 요청을 처리할 수 있는 포트.
$ ARGS="$ARGS -listen-peer-urls http://0.0.0.0:2380"  ◄── 클러스터의 다른 노드와 통신하기 위한 수신
$ ARGS="$ARGS -initial-cluster-state new"                 대기 포트. $CLUSTER에서 포트를 지정했다.
$ ARGS="$ARGS -initial-cluster $CLUSTER"
$ docker run -d -p 2379:2379 -p 2380:2380 --name etcd0 $IMG \
$ARGS -name etcd0 -advertise-client-urls $HTTPIP:2379 \
    -initial-advertise-peer-urls $HTTPIP:2380
912390c041f8e9e71cf4cc1e51fba2a02d3cd4857d9ccd90149e21d9a5d3685b
$ docker run -d -p 2479:2379 -p 2480:2380 --name etcd1 $IMG \
$ARGS -name etcd1 -advertise-client-urls $HTTPIP:2479 \
    -initial-advertise-peer-urls $HTTPIP:2480
446b7584a4ec747e960fe2555a9aaa2b3e2c7870097b5babe65d65cffa175dec
$ docker run -d -p 2579:2379 -p 2580:2380 --name etcd2 $IMG \
    $ARGS -name etcd2 -advertise-client-urls $HTTPIP:2579 \
    -initial-advertise-peer-urls $HTTPIP:2580
3089063b6b2ba0868e0f903a3d5b22e617a240cec22ad080dd1b497ddf4736be
$ curl -L $HTTPIP:2579/version
{"etcdserver":"3.2.7","etcdcluster":"3.2.0"}
$ curl -sSL $HTTPIP:2579/v2/members | python -m json.tool | grep etcd
            "name": "etcd0",
            "name": "etcd1",    클러스터에서 현재 연결된 노드
            "name": "etcd2",
```

클러스터를 시작하고 하나의 노드에서 응답을 받았다. 커맨드에서 'peer(동료 노드)'를 언급한 것은 etcd 노드가 서로 찾아 통신하는 방법을 제어하기 위함이다. 'client^{클라이언트}'는 애플리케이션이 etcd에 접속할 수 있는 방법을 정의하기 위해서다.

목록 9.9 etcd 클러스터의 복원력을 테스트하기

```
$ curl -L $HTTPIP:2579/v2/keys/mykey -XPUT -d value="test key"
{"action":"set","node": >
{"key":"/mykey","value":"test key","modifiedIndex":7,"createdIndex":7}}
$ sleep 5
$ docker kill etcd2
etcd2
$ curl -L $HTTPIP:2579/v2/keys/mykey
curl: (7) couldn't connect to host
$ curl -L $HTTPIP:2379/v2/keys/mykey
{"action":"get","node": >
{"key":"/mykey","value":"test key","modifiedIndex":7,"createdIndex":7}}
```

코드를 보면 etcd2 노드에 키를 추가한 후 etcd2를 종료한다. 그러나 etcd는 종료된 노드의 정보를 다른 노드로 자동으로 복제해 정보를 제공한다. 코드를 보면 5초 동안 일시 정지했지만 etcd는 일반적으로 다른 노드로 1초 이내에 복제한다. 이제 docker start etcd2를 실행해 etcd2를 사용 가능한 상태로 변경한다. 복구되는 사이에 바뀐 모든 내용이 etcd2로 복제된다.

etcd의 데이터가 여전히 사용 가능함을 알 수 있지만 연결할 다른 노드를 수동으로 선택해야 하는 것은 다소 불편하다. 다행히 etcd는 이슈에 해결책을 갖고 있다. 프록시^{proxy} 모드에서 노드를 시작할 수 있다. 즉 데이터를 복제하지 않는다. 오히려 요청을 다른 노드로 전달한다.

목록 9.10 etcd 프록시 사용하기

```
$ docker run -d -p 8080:8080 --restart always --name etcd-proxy $IMG \
    etcd -proxy on -listen-client-urls http://0.0.0.0:8080 \
    -initial-cluster $CLUSTER
037c3c3dba04826a76c1d4506c922267885edbfa690e3de6188ac6b6380717ef
$ curl -L $HTTPIP:8080/v2/keys/mykey2 -XPUT -d value="t"
```

```
{"action":"set","node": >
{"key":"/mykey2","value":"t","modifiedIndex":12,"createdIndex":12}}
$ docker kill etcd1 etcd2
$ curl -L $HTTPIP:8080/v2/keys/mykey2
{"action":"get","node": >
{"key":"/mykey2","value":"t","modifiedIndex":12,"createdIndex":12}}
```

노드의 절반 이상이 오프라인 상태일 때 etcd가 어떻게 동작하는지 실험할 수 있는 여유를 갖게 됐다.

목록 9.11 노드가 절반 이상 중단된 상태에서 etcd 사용하기

```
$ curl -L $HTTPIP:8080/v2/keys/mykey3 -XPUT -d value="t"
{"errorCode":300,"message":"Raft Internal Error", >
"cause":"etcdserver: request timed out","index":0}
$ docker start etcd2
etcd2
$ curl -L $HTTPIP:8080/v2/keys/mykey3 -XPUT -d value="t"
{"action":"set","node": >
{"key":"/mykey3","value":"t","modifiedIndex":16,"createdIndex":16}}
```

etcd는 절반 이상의 노드를 사용할 수 없다면 읽기를 허용하지만 쓰기를 막는다.

목록 9.12처럼 클러스터의 각 노드에서 etcd 프록시를 시작해 중앙 설정 정보를 검색할 수 있는 특사 컨테이너^{ambassador container} 역할을 수행할 수 있음을 알 수 있다.

목록 9.12 특사 컨테이너에 etcd 프록시 사용하기

```
$ docker run -it --rm --link etcd-proxy:etcd ubuntu:14.04.2 bash
root@8df11eaae71e:/# apt-get install -y wget
root@8df11eaae71e:/# wget -q -O- http://etcd:8080/v2/keys/mykey3
{"action":"get","node": >
{"key":"/mykey3","value":"t","modifiedIndex":16,"createdIndex":16}}
```

> |팁| 특사 컨테이너는 많은 도커 사용자가 사용 있는 소위 '도커 패턴'이다. 특사 컨테이너를 애플리케이션 컨테이너와 일부 외부 서비스 중간에 배치해 요청을 처리하도록 한다. 프록시와 비슷하지만 실제 외교부의 특사와 같이 어떤 상황에 특정한 요구사항을 처리하기 위해 사용된다.

모든 환경에서 etcd를 실행하면 특정 환경에서 머신을 생성할 때 etcd-proxy 컨테이너의 링크로 시작하면 된다. 머신에 관한 모든 CD 빌드에서 환경에 올바른 설정을 사용한다. 기술 74는 etcd에서 제공하는 설정으로 서비스 중지 없이 업그레이드를 수행하는 방법을 보여준다.

토론

특사 컨테이너는 기술 8에 도입된 링크를 사용한다. 기술 8에서 살펴본 대로 링크는 도커 세계에서 다소 선호도가 떨어진 상태다. 똑같이 구현할 수 있는 기존 방법으로 다룰 가상 네트워크에 이름 있는 컨테이너를 사용할 수 있다. 기술 80에서 다룰 것이다.

개발 세계에 일관된 관점을 제공하는 키/값 서버 클러스터를 보유하는 것은 많은 시스템에서 설정 파일을 관리하는 데 있어 큰 발전이다. 기술 70에 설명된 도커 계약을 이행하는 데 도움이 된다.

9.4 실행 중인 컨테이너를 업그레이드하기

매일 상용 환경에 배포하는 부분을 이상적으로 구현하려면 배포 프로세스의 마지막 단계(이전 애플리케이션을 종료하고 새로운 애플리케이션을 시작하는 작업)에서 서비스 중지 없이 배포를 줄여야 한다. 배포가 1시간 정도로 진행된다면 하루에 4번 이상 배포할 필요가 없다.

컨테이너는 고립된 환경을 제공하기 때문에 이미 많은 문제들이 완화됐다. 예를 들어 같은 작업 디렉토리를 사용하고 서로 충돌하는 두 버전의 애플리케이션을 걱정할 필요가 없다. 새로운 코드를 사용해 다시 시작하지 않고 일부 설정 파일을 다시 읽어 새로운 값을 선택할 때 고민하지 않아도 된다.

컨네이너에도 단점이 있다. 컨테이너에서 파일을 바로 변경하기가 간단하지 않아서 설정 파일만 변경하는 부드러운 재시작^soft-restart이 어렵다. 그 결과 설정 파일을 변경하든 수천 개의 코드 라인을 변경하든, 항상 동일한 업그레이드 프로세스를 수행하는 것이 가장 좋은 방법이라는 것을 알게 됐다.

웹 기반 페이스^{face} 애플리케이션에서 서비스 중지 없는 배포라는 최고의 표준을 달성하는 업그레이드 프로세스를 살펴보자.

기술 75 confd를 사용해 서비스 중지 없이 전환하기

호스트에 컨테이너가 함께 존재할 수 있기 때문에 컨테이너를 제거하고 새로운 컨테이너를 시작하는 간단한 전환 방식을 단 몇 초 만에 수행할 수 있다(그리고 유사하게 빠른 롤백을 허용한다).

대부분의 애플리케이션에서는 전환 방식이 충분히 빠를 수 있지만 시작 시간이 길거나 고가용성^{HA} 요구사항이 있는 애플리케이션에는 다른 접근 방식이 필요하다. 애플리케이션 자체로 특별하게 취급해야 하는 복잡한 과정이지만 웹 페이싱 애플리케이션은 먼저 고려해야 할 방법이 있다.

문제

서비스 중지 없이 웹 기반 페이스 애플리케이션을 업그레이드할 수 있어야 한다.

해결책

호스트에서 엔진엑스^{nginx}와 함께 confd를 사용해 2단계 전환을 수행한다.

엔진엑스는 중요한 내장 기능을 갖춘 매우 인기있는 웹 서버다. 서버 연결을 끊지 않고 설정 파일을 다시 로드할 수 있다. 중앙 데이터 저장소(예: etcd)에서 정보를 검색하고 이에 따라 설정 파일을 변경할 수 있는 툴인 confd와 함께 사용하면 최신 설정으로 etcd를 업데이트하고 그 밖의 모든 사항을 처리할 수 있다.

> |참고| 아파치 HTTP 서버와 HAProxy도 서비스 중지 없는 재시작 기능을 제공한다. 기존 설정 전문 지식이 있으면 nginx 대안으로 아파치 HTTP 서버와 HAProxy를 사용할 수 있다.

첫 번째 단계는 결국 변경될 이전 애플리케이션 역할을 하는 애플리케이션을 시작하는 것이다. 그래서 우분투 운영체제에 파이썬과 내장 웹 서버를 예로 사용할 것이다.

```
$ ip addr | grep 'inet ' | grep -v 'lo$\|docker0$'
    inet 10.194.12.221/20 brd 10.194.15.255 scope global eth0
$ HTTPIP=http://10.194.12.221
$ docker run -d --name py1 -p 80 ubuntu:14.04.2 \
  sh -c 'cd / && python3 -m http.server 80'
e6b769ec3efa563a959ce771164de8337140d910de67e1df54d4960fdff74544
$ docker inspect -f '{{.NetworkSettings.Ports}}' py1
map[80/tcp:[{0.0.0.0 32768}]]
$ curl -s localhost:32768 | tail | head -n 5
<li><a href="sbin/">sbin/</a></li>
<li><a href="srv/">srv/</a></li>
<li><a href="sys/">sys/</a></li>
<li><a href="tmp/">tmp/</a></li>
<li><a href="usr/">usr/</a></li>
```

HTTP 서버가 성공적으로 시작됐다. inspect 커맨드의 필터 기능을 사용해 컨테이너 내부를 가리키는 호스트의 포트 정보를 얻는다.

etcd가 실행 중인지 확인한다. 이 기술은 여전히 기술 74과 같은 작업 환경에 있다고 가정한다. 간단히 etcd와 상호 작용하기 위해 etcdctl('etcd controller'의 줄임말)을 사용한다.

```
$ IMG=dockerinpractice/etcdctl
$ docker pull dockerinpractice/etcdctl
[...]
$ alias etcdctl="docker run --rm $IMG -C \"$HTTPIP:8080\""
$ etcdctl set /test value
value
$ etcdctl ls
/test
```

예시에서는 준비한 etcdctl 도커 이미지를 다운받고 이전에 설치한 etcd 클러스터를 항상 연결하기 위해 앨리어스를 설정한다. 이제 nginx를 시작한다.

```
$ IMG=dockerinpractice/confd-nginx
$ docker pull $IMG
[...]
$ docker run -d --name nginx -p 8000:80 $IMG $HTTPIP:8080
ebdf3faa1979f729327fa3e00d2c8158b35a49acdc4f764f0492032fa5241b29
```

도커 이미지는 confd를 사용해 etcd에서 정보를 검색하고 설정 파일을 자동으로 업데이
트하는 이미지로서 이전에 준비한 것이다. 컨테이너에 전달하는 매개변수는 컨테이너에
etcd 클러스터에 연결할 수 있는 위치를 알려준다. 불행히도 아직 애플리케이션을 찾을
수 있는 위치을 알려주지 않아 로그에 에러가 가득할 것이다.

적절한 위치 정보를 etcd에 추가한다.

```
$ docker logs nginx
Using http://10.194.12.221:8080 as backend
2015-05-18T13:09:56Z ebdf3faa1979 confd[14]: >
ERROR 100: Key not found (/app) [14]
2015-05-18T13:10:06Z ebdf3faa1979 confd[14]: >
ERROR 100: Key not found (/app) [14]
$ echo $HTTPIP
http://10.194.12.221
$ etcdctl set /app/upstream/py1 10.194.12.221:32768
10.194.12.221:32768
$ sleep 10
$ docker logs nginx
Using http://10.194.12.221:8080 as backend
2015-05-18T13:09:56Z ebdf3faa1979 confd[14]: >
ERROR 100: Key not found (/app) [14]
2015-05-18T13:10:06Z ebdf3faa1979 confd[14]: >
ERROR 100: Key not found (/app) [14]
2015-05-18T13:10:16Z ebdf3faa1979 confd[14]: >
ERROR 100: Key not found (/app) [14]
2015-05-18T13:10:26Z ebdf3faa1979 confd[14]: >
INFO Target config /etc/nginx/conf.d/app.conf out of sync
2015-05-18T13:10:26Z ebdf3faa1979 confd[14]: >
```

```
INFO Target config /etc/nginx/conf.d/app.conf has been updated
$ curl -s localhost:8000 | tail | head -n5
<li><a href="sbin/">sbin/</a></li>
<li><a href="srv/">srv/</a></li>
<li><a href="sys/">sys/</a></li>
<li><a href="tmp/">tmp/</a></li>
<li><a href="usr/">usr/</a></li>
```

etcd에서 업데이트가 발생하면 confd는 업데이트를 읽고 nginx 설정 파일에 적용한다.
따라서 간단한 파일 서버로 사용할 수 있다. confd가 10초 마다 업데이트를 확인하도록
설정돼 sleep 커맨드가 포함된다. 내부적으로는 confd-nginx 컨테이너에서 실행되는
confd 데몬은 etcd 클러스터의 변경사항을 폴링한다. 변경사항이 감지되면 컨테이너 안
의 템플릿을 사용해 nginx 설정을 재생성한다.

/ 대신 /etc를 제공하기로 결정했다고 가정하자. 이제 두 번째 애플리케이션을 시작하고
애플리케이션을 etcd에 추가한다. 두 개의 백엔드가 있어 각 백엔드로부터 응답을 받을
수 있는지 확인한다.

목록 9.17 nginx에서 두 백엔드 웹 서비스를 설정하기 위해 confd 사용하기

```
$ docker run -d --name py2 -p 80 ubuntu:14.04.2 \
  sh -c 'cd /etc && python3 -m http.server 80'
9b5355b9b188427abaf367a51a88c1afa2186e6179ab46830715a20eacc33660
$ docker inspect -f '{{.NetworkSettings.Ports}}' py2
map[80/tcp:[{0.0.0.0 32769}]]
$ curl -s $HTTPIP:32769 | tail | head -n 5
<li><a href="udev/">udev/</a></li>
<li><a href="update-motd.d/">update-motd.d/</a></li>
<li><a href="upstart-xsessions">upstart-xsessions</a></li>
<li><a href="vim/">vim/</a></li>
<li><a href="vtrgb">vtrgb@</a></li>
$ echo $HTTPIP
http://10.194.12.221
$ etcdctl set /app/upstream/py2 10.194.12.221:32769
10.194.12.221:32769
$ etcdctl ls /app/upstream
/app/upstream/py1
/app/upstream/py2
```

```
$ curl -s localhost:8000 | tail | head -n 5
<li><a href="sbin/">sbin/</a></li>
<li><a href="srv/">srv/</a></li>
<li><a href="sys/">sys/</a></li>
<li><a href="tmp/">tmp/</a></li>
<li><a href="usr/">usr/</a></li>
$ curl -s localhost:8000 | tail | head -n 5
<li><a href="udev/">udev/</a></li>
<li><a href="update-motd.d/">update-motd.d/</a></li>
<li><a href="upstart-xsessions">upstart-xsessions</a></li>
<li><a href="vim/">vim/</a></li>
<li><a href="vtrgb">vtrgb@</a></li>
```

처리 과정을 보면 새로운 컨테이너를 etcd에 추가하기 전에 컨테이너가 제대로 동작하는
지 확인했다(그림 9.4 참고). 바로 etcd의 /app/upstream/py1 키에 새로운 컨테이너를 덮
어 쓸 수도 있다. 따로따로 접근할 수 있는 백엔드가 존재할 때 유용하다.

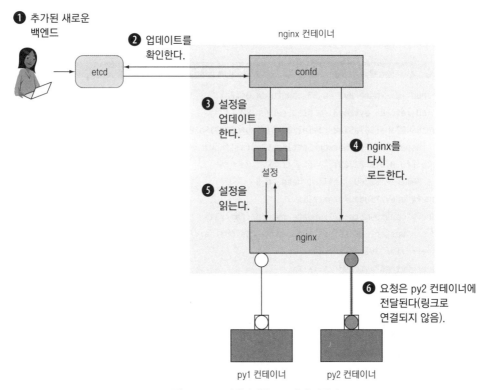

▲ **그림 9.4** py2 컨테이너를 etcd에 추가하기

두 단계 전환 방식의 두 번째 단계는 이전 백엔드 및 컨테이너를 삭제하는 것이다.

목록 9.18 이전 업스트림 주소를 삭제하기

```
$ etcdctl rm /app/upstream/py1
PrevNode.Value: 192.168.1.123:32768
$ etcdctl ls /app/upstream
/app/upstream/py2
$ docker rm -f py1
py1
```

새로운 애플리케이션이 실행 중이다. 어느 시점에서도 사용자가 애플리케이션에 접근할 수 없으며 엔진엑스를 다시 로드하기 위해 웹 서버 시스템에 수동으로 연결할 필요가 없다.

토론

confd는 웹 서버를 설정하는 기능 이상으로 확장해서 사용할 수 있다. 외부 값을 기반으로 업데이트돼야 하는 텍스트가 포함된 파일이 있다면 confd를 사용하는 것이 좋다. conf는 디스크에 저장된 설정 파일과 SPOT$^{single-point-of-truth}$ etcd 클러스터 간의 유용한 연결자다.

> |옮긴이의 참고| SPOT이란 모든 데이터가 한 곳에서만 업데이트되도록 정보 모델 및 관련 데이터 스키마를 구성하는 방법이다. 그리고 여러 노드에 위치한 데이터에 전파됨으로써 데이터에 일관성을 갖는 방식을 의미한다. https://en.wikipedia.org/wiki/Single_source_of_truth를 참고한다.

앞에서 설명한 대로 etcd는 큰 값을 저장하도록 설계되지 않았다. confd와 etcd를 함께 사용해야 할 이유도 없다. 가장 인기 있는 키/값 저장소에 사용할 수 있는 많은 통합 솔루션이 있으므로 유용한 솔루션이 있으면 굳이 사용하지 않아도 된다.

기술 86에서 상용 환경의 도커를 다룰 때 서비스의 백엔드 서버의 업데이트를 수동으로 수행하지 않는 방법을 다룰 것이다.

요약

- 도커는 개발 팀과 운영 팀 간의 계약에 훌륭한 기반을 제공한다.
- 저장소 간에 도커 이미지를 이동하면 CD 파이프라인에서 빌드물이 얼마나 이동했는지를 제어할 수 있다.
- bup은 도커 이미지 계층이 할 수 있는 것보다 훨씬 이미지를 작게 만들어 이미지 전송할 때 대역폭을 많이 사용하지 않도록 할 수 있다.
- 도커 이미지를 TAR 파일로 이동하거나 공유할 수 있다.
- etcd는 환경의 중앙 설정 저장소로 사용할 수 있다.
- confd와 nginx를 조합해 서비스 중지 없는 배포를 수행할 수 있다.

10

네트워크 시뮬레이션: 불편함 없는 실제와 비슷한 환경 테스트

10장에서 다루는 내용

- 도커 컴포즈 사용하기
- 복잡한 네트워크에서 애플리케이션 테스트하기
- 도커 네트워크 드라이버 살펴보기
- 도커 호스트 간의 원활한 통신을 위해 네트워크 생성하기

데브옵스 워크 플로우의 일부로 네트워크를 사용해야 한다. 로컬 memcache 컨테이너의 위치를 확인하거나 다른 호스트에서 실행되는 도커 컨테이너를 함께 연결하려 할 때 조만간 더 넓은 네트워크가 필요하다.

10장을 읽고 나면 도커 컴포즈를 사용해 컨테이너를 하나의 단위로 관리하고 도커의 가상 네트워크 툴로 네트워크를 시뮬레이션하고 관리하는 방법을 알게 된다. 10장은 도커 컨테이너 오케스트레이션orchestration[1] 및 서비스 검색을 소개하는 첫 장이다. 4부에서 그 내용을 자세히 살펴본다.

---

1   도커 컨테이너 오케스트레이션이란 컨테이너 배포 관리를 의미하는 전문용어다. - 옮긴이

10.1 컨테이너 통신: 링크 수동 작업을 넘어서기

기술 8에서는 컨테이너를 링크로 연결하는 방법을 살펴봤고 컨테이너 의존성을 명확히 설명했다. 불행히도 링크에는 단점이 많다. 각 컨테이너를 시작할 때 링크를 수동으로 지정하고 컨테이너를 올바른 순서로 시작해야 하며 링크의 루프는 사용 금지되며, 링크를 교체할 수 있는 방법이 없다(특정 컨테이너가 죽으면 모든 의존 컨테이너를 다시 시작해 링크를 생성해야 한다). 무엇보다도 더 이상 사용되지 않는 기능이다.

도커 컴포즈는 복잡한 링크 설정을 대체하는 가장 보편적인 대안인데 지금 살펴본다.

기술 76 ▶ 간단한 도커 컴포즈 클러스터

도커 컴포즈는 fig이라는 툴로 시작했다. 현재 fig는 사용되지 않고 있지만 여러 컨테이너를 시작할 때 힘들지 않게 링크, 볼륨, 포트를 적절한 매개변수로 여러 컨테이너를 시작하기 위한 독립적인 툴이다. 도커사는 fig의 기능이 상당히 좋다고 판단해 fig를 인수하고 공들여 개선한 후 새로운 이름으로 출시했다.

바로 기술 76이 도커 컴포즈^{Docker Compose}다. 도커 컴포즈는 도커 컨테이너 오케스트레이션 중 하나다.

문제

호스트 시스템에서 연결된 컨테이너를 제어하고 싶다.

해결책

다중 컨테이너 도커 애플리케이션을 정의하고 실행하는 툴인 도커 컴포즈를 사용한다.

복잡한 셸 스크립트나 Makefile을 사용해 컨테이너 시작 커맨드를 연결하는 대신 애플리케이션의 시작을 선언한 후 단일 커맨드로 애플리케이션을 시작하는 것이다.

> |**참고**| 도커 컴포즈가 설치돼 있다고 가정한다. 최신 정보는 공식 문서 (http://docs.docker.com/compose/install)를 참조한다.

기술 76에서는 에코 서버와 클라이언트를 사용해 가능한 간단하게 유지하려 한다. 클라이언트는 친숙한 "Hello world!" 메시지를 5초마다 에코 서버로 보낸 다음 메시지를 다시 받는다.

> |**팁**| 기술 76의 소스 코드는 https://github.com/docker-in-practice/docker-compose-echo
> 에서 확인할 수 있다.

다음 커맨드는 서버 이미지를 생성하는 데 필요한 작업할 디렉토리를 생성한다.

```
$ mkdir server
$ cd server
```

목록 10.1의 코드처럼 서버의 도커 파일을 생성한다.

목록 10.1 도커 파일 - 단순한 에코 서버

```
.FROM debian
RUN apt-get update && apt-get install -y nmap    ◄──── 여기서 사용되는 ncat 프로그램을 제공하는
                                                         nmap 패키지를 설치한다.
CMD ncat -l 2000 -k --exec /bin/cat    ◄──── 도커 이미지를 시작할 때 기본적으로 ncat 프로그램을 실행한다.
```

-l 2000 매개변수는 ncat에 2000 포트에서 수신 대기하게 한다. -k 매개변수는 다중 클라이언트 연결을 동시에 수락하고 클라이언트가 연결을 닫은 후에도 계속 실행해 더 많은 클라이언트가 연결할 수 있게 한다. 마지막 매개변수인 --exec /bin/cat은 들어오는 연결에 ncat이 /bin/cat을 실행한다. 연결을 통해 들어오는 모든 데이터를 실행 중인 프로그램으로 전달한다.

그후 다음 커맨드를 사용해 도커 파일을 빌드한다.

```
$ docker build -t server .
```

이제 서버에 메시지를 보내는 클라이언트 이미지를 설정할 수 있다. 새로운 디렉토리를 생성하고 해당 디렉토리에 client.py 파일과 도커 파일을 저장한다.

```
$ cd ..
$ mkdir client
$ cd client
```

목록 10.2처럼 간단한 파이썬 프로그램을 에코 서버 클라이언트로 사용한다.

목록 10.2 client.py – 단순한 에코 클라이언트

```
import socket, time, sys  ◀─── 필요한 파이썬 패키지를 임포트한다.
while True:
    s = socket.socket(socket.AF_INET, socket.SOCK_STREAM)  ◀─── 소캣 객체를 생성한다.
    s.connect(('talkto',2000))  ◀─── 'talkto' 서버의 2000 포트에 연결하기 위해 소캣을 사용한다.
    s.send('Hello, world\n')  ◀─── 소캣에 줄바꿈 문자가 포함된 문자열을 전송한다.
  ▶ data = s.recv(1024)
    print 'Received:', data  ◀─── 수신된 데이터를 표준으로 출력한다.
    sys.stdout.flush()  ◀─── 메시지가 들어오는 대로 메시지를 볼 수 있도록 표준 출력 버퍼를 플러시한다.
    s.close()  ◀─── 소캣 객체를 닫는다.
    time.sleep(5)  ◀─── 5초 동안 기다리고 반복한다.
```
데이터를 수신하기 위해 1024바이트의 버퍼를 생성하고
메시지를 수신할 때 데이터를 데이터 변수에 할당한다.

클라이언트의 도커 파일은 간단하다. 도커 파일에는 파이썬을 설치하고, client.py 파일을 추가한 후 목록 10.3처럼 시작할 때 client.py 파일을 기본적으로 실행한다.

목록 10.3 도커 파일 – 단순 에코 클라이언트

```
FROM debian
RUN apt-get update && apt-get install -y python
ADD client.py /client.py
CMD ["/usr/bin/python","/client.py"]
```

다음 커맨드로 클라이언트를 빌드한다.

```
docker build -t client .
```

도커 컴포즈의 가치를 입증하기 위해 다음 컨테이너를 수동으로 실행한다.

```
docker run --name echo-server -d server
docker run --name client --link echo-server:talkto client
```

클라이언트 및 서버 컨테이너에 관한 작업을 완료한 후 Ctrl+C를 실행해 종료하고 두 컨테이너를 삭제한다.

```
docker rm -f client echo-server
```

간단한 예시에서도 많은 일이 잘못될 수 있다. 클라이언트를 먼저 시작하면 애플리케이션이 시작되지 않는다. 컨테이너를 제거하지 않으면 재시작할 때 문제가 발생한다. 컨테이너 이름을 잘못 지정하면 에러가 발생한다. 컨테이너와 클라이언트-서버 아키텍처가 더 복잡해지면서 이런 오케스트레이션 문제가 늘어날 것이다.

도커 컴포즈는 도커 컨테이너의 시작과 설정에 관한 오케스트레이션을 간단한 텍스트 파일로 캡슐화함으로써 시작 및 종료 커맨드의 기본 요소를 관리한다.

도커 컴포즈는 YAML 파일을 사용한다. 새로운 디렉토리에 이 항목을 생성한다.

```
cd ..
mkdir docker-compose
cd docker-compose
```

YAML 파일의 내용은 목록 10.4에 표시된다.

목록 10.4 docker-compose.yml – 도커 컴포즈의 에코 서버와 클라이언트 YAML 파일

실행 중인 서비스의 참조 이름은 식별자다. 이때는 에코 서버와 에코 클라이언트다.

```
version: "3"  ◀──── 도커 컴포즈 파일은 명세서 버전 3을 따른다.
 services:
┌─echo-server:
│    image: server  ◀──── 각 섹션에서 이미지를 정의해야 한다. 여기선 클라이언트와 서버 이미지다.
│    expose:  ◀──── 에코 서버의 2000 포트를 다른 서비스에 노출한다.
│    - "2000"
│
└─client:
     image: client  ◀──── 각 섹션은 사용된 이미지를 정의해야 한다. 여기서는 클라이언트와 서버 이미지다.
 ┌▶ links:
 │   - echo-server:talkto
```

에코 서버의 링크를 정의한다. 클라이언트에서 'talkto'의 참조가 에코 서버로 전송된다.
매핑은 실행 중인 컨테이너의 /etc/hosts 파일을 동적으로 설정하면 된다.

docker-compose.yml의 문법은 이해하기 꽤 쉽다. 즉 각 서비스는 service 키 다음에 이름으로 지정하며 service 키 아래에 추가된 섹션에 설정을 명시한다. 각 설정 항목은 이름 뒤에 콜론이 있고 항목의 속성을 같은 라인이나 다음 라인, 즉 같은 들여쓰기 레벨에서 대시로 시작하는 라인에 지정한다.

여기서 이해할 수 있는 설정의 핵심 항목은 클라이언트 정의의 links다. links는 도커 컴포즈가 시작 순서를 처리한다는 점을 제외하면 docker run 커맨드가 링크를 설정하는 것과 같은 방식으로 생성된다. 실제로 대부분 도커 커맨드 라인의 매개변수는 docker-compose.yml 문법과 직접적인 유사점이 있다.

예시에서 image: 문을 사용해 각 서비스에 사용되는 이미지를 정의했다. 하지만 build: 문에서 도커 파일의 경로를 정의함으로써 동적으로 필요한 이미지를 다시 빌드하기 위해 docker-compose를 사용할 수 있다. 도커 컴포즈에서 빌드를 수행한다.

> |**팁**| YAML 파일은 간단한 문법을 가진 텍스트 설정 파일이다. http://yaml.org에 접근하면 YAML 문법을 더 많이 알 수 있다.

모든 인프라 설정이 끝나 애플리케이션 실행이 쉽다.

```
$ docker-compose up
Creating dockercompose_server_1...
Creating dockercompose_client_1...
Attaching to dockercompose_server_1, dockercompose_client_1
client_1 | Received: Hello, world
client_1 |
client_1 | Received: Hello, world
client_1 |
```

> |**팁**| 도커 컴포즈를 시작할 때 "Couldn't connect to Docker daemon at http+unix://var/run/docker.sock—is it running?"와 같은 문구가 보이는 에러가 발생한다면 sudo로 도커 컴포즈를 실행해야 하면 해결된다.

충분히 확인했으면 Ctrl+C를 여러 번 눌러 애플리케이션을 종료한다. 컨테이너가 삭제되는 것에 걱정 없이 같은 커맨드로 다시 실행하면 된다. 재실행하면 'Creating'이 아닌 'Recreating'이 출력된다는 점에 유의한다.

토론

앞에서 sudo를 사용해야 할 때가 있음을 언급했다. sudo를 사용하면 도커 데몬과 상호 작용하는 툴을 훨씬 더 쉽게 사용할 수 있다. 필요하다면 기술 41을 다시 참고하길 바란다.

도커사는 도커 컴포즈가 상용 환경, 단일 머신(10장에서 설명), swarm 모드로 여러 머신에 배포할 수 있다고 광고한다. swarm 모드는 기술 87에서 설명할 것이다.

이제 도커 컴포즈를 다루게 되었으니 docker-compose를 사용하는 실제 시나리오와 복잡한 시나리오를 배워 본다. socat과 볼륨, 링크 대체 기술을 사용해 호스트 머신에서 실행 중인 SQLite 인스턴스에 서버와 유사한 기능을 추가한다.

기술 77 ▶ 도커 컴포즈를 사용하는 SQLite 서버

SQLite에는 기본적으로 TCP 서버 개념이 전혀 없다. 기술 77은 이전 기술을 기반으로 도커 컴포즈를 사용해 TCP 서버 기능을 수행 기능을 제공한다.

기술 77은 특히 이전에 다룬 툴과 개념을 기반으로 한다.

- 볼륨
- 소켓으로 프록시 사용하기
- 도커 컴포즈

또한 링크를 대체하는 네트워크를 소개할 것이다.

> |참고| 기술 77을 사용하려면 호스트에 SQLite의 버전 3을 설치해야 한다. 또한 SQLite 서버와 상호 작용 중에 라인 편집을 쉽게 하려면 rlwrap을 설치하면 편리하다(선택 사항). rlwrap 패키지는 표준 패키지 관리자를 통해 무료로 설치할 수 있다.

기술 77의 코드는 https://github.com/docker-in-practice/docker-compose-sqlite에서 다운로드할 수 있다.

문제

도커를 사용해 호스트의 외부 데이터를 참조하는 복잡한 애플리케이션을 효율적으로 개발하고 싶다.

해결책

도커 컴포즈를 사용한다.

그림 10.1은 기술 77의 아키텍처 개요를 보여준다. 상위 레벨에서는 두 개의 도커 컨테이너가 실행된다. 첫 번째 도커 컨테이너는 SQLite 클라이언트의 실행을 담당하고 다른 도커 컨테이너는 클라이언트에 관한 별도의 TCP 연결을 프록시로 사용된다. SQLite를 실행하는 컨테이너는 호스트에 노출되지 않고 프록시 컨테이너가 노출된다는 것에 유의하길 바란다. 이런 종류의 책임 분리는 마이크로서비스 아키텍처의 일반적인 특징이다.

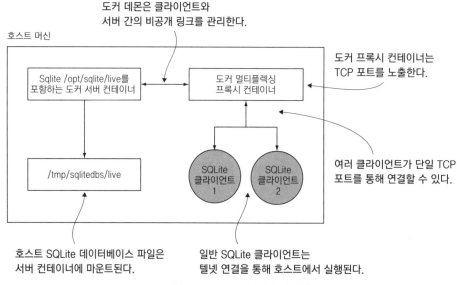

▲ **그림 10.1** SQLite 서버의 동작 방식

모든 노드에서 같은 이미지를 사용할 것이다. 목록 10.5에서 도커 파일을 설정한다.

목록 10.5 일체형 SQLite 서버, 클라이언트, 프록시 도커 파일

```
FROM ubuntu:14.04
RUN apt-get update && apt-get install -y rlwrap sqlite3 socat  ◀──┐ 필요한 애플리케이션을
                                                                   │ 설치한다.
EXPOSE 12345  ◀──── 노드가 도커 데몬을 통해 통신할 수 있도록 12345 포트를 노출한다.
```

목록 10.5는 컨테이너를 시작하는 방법을 정의하는 docker-compose.yml을 보여준다.

목록 10.6 SQLite 서버와 프록시의 docker-compose.yml

```
version: "3"
services:
  server:  ◀──── 서버와 프록시 컨테이너를 정의한다.
    command: socat TCP-L:12345,fork,reuseaddr >
EXEC:'sqlite3 /opt/sqlite/db',pty  ◀──── SQLite 호출의 출력을 TCP 포트에 연결하는 socat 프록시를 생성한다.
    build: .  ◀──── 현재 디렉터리의 도커 파일로부터 이미지를 빌드한다.
    volumes:  ◀──── SQLite db 테스트 파일을 컨테이너의 /opt/sqlite/db에 마운트한다.
    - /tmp/sqlitedbs/test:/opt/sqlite/db
    networks:
    - sqlnet  ◀──── 두 서비스 모두 sqlnet이라는 도커 네트워크의 일부가 될 것이다.

  proxy:  ◀──── 서버와 프록시 컨테이너를 정의한다.              ┌ 데이터를 12346 포트에서
    command: socat TCP-L:12346,fork,reuseaddr TCP:server:12345 ◀┤ 서버 컨테이너의 12345
    build: .  ◀──── 현재 디렉터리의 도커 파일로부터 이미지를 빌드한다. │ 포트로 전달하는 socat
    ports:  ◀──── 호스트의 12346 포트를 연다.                        │ 프록시를 생성한다.
    - 12346:12346                                              └
    networks:
    - sqlnet  ◀──── 두 서비스 모두 sqlnet이라는 도커 네트워크의 일부가 될 것이다.
  networks:  ◀──── 도커 컴포즈 파일에 컨테이너가 가입할 수 있는 네트워크 목록을 정의한다.
    sqlnet:
    driver: bridge
```

서버 컨테이너의 socat 프로세스는 12345 포트에서 수신 대기하고 `TCP-L:12345,fork,` `reuseaddr` 매개변수에서 지정한 대로 다중 연결을 허용한다. 그래서 의사 터미널^{pseudo-}^{terminal}을 프로세스에 할당한다. 클라이언트 컨테이너의 socat 프로세스는 서버 컨테이너와 같은 수신 동작을 할 수 있지만(다른 포트는 제외) 유입된 연결에 대한 응답으로 무언가를 실행하는 대신 SQLite 서버의 TCP 연결을 설정한다.

이전 기술과 눈에 띄는 차이점 중 하나는 링크가 아닌 네트워크를 사용한다는 점이다. 네트워크는 도커 안에서 새로운 가상 네트워크를 생성할 수 있다. 도커 컴포즈는 기본적으로 항상 새로운 'bridge' 가상 네트워크를 사용한다. 도커 컴포즈 설정을 보면 'bridge' 가상 네트워크를 명시적으로 지정했다. 새로운 bridge 네트워크에서 서비스 이름을 사용해 컨테이너에 접근할 수 있어서 링크를 사용할 필요가 없다(서비스 앨리어스를 사용하고 싶다면 여전히 사용할 수 있다).

하나의 컨테이너에서 수행할 수 있지만 서버/프록시 컨테이너 환경에서는 각 컨테이너가 하나의 작업을 담당하기에 시스템의 아키텍처를 더 쉽게 확장할 수 있다. 서버는 SQLite 연결을 여는 역할을, 프록시는 서비스를 호스트 시스템에 노출시키는 역할을 한다.

목록 10.7은(https://github.com/docker-in-practice/docker-compose-sqlite 저장소의 원본을 단순화함) 호스트 시스템에서 test, live라는 SQLite 데이터베이스 2개를 생성한다.

```
#!/bin/bash
echo "Creating directory"
SQLITEDIR=/tmp/sqlitedbs
rm -rf $SQLITEDIR          ◀───── 이전에 실행했던 디렉토리를 삭제한다.
 if [ -a $SQLITEDIR ]     ◀───── 이전 디렉토리가 존재하면 에러를 발생시킨다.
 then
    echo "Failed to remove $SQLITEDIR"
    exit 1
fi
mkdir -p $SQLITEDIR
cd $SQLITEDIR
echo "Creating DBs"
echo 'create table t1(c1 text);' | sqlite3 test   ◀── t1 테이블을 가진 test DB를 생성한다.
 echo 'create table t1(c1 text);' | sqlite3 live  ◀── t1 테이블을 가진 live DB를 생성한다.
 echo "Inserting data"                              'test' 문자열을 포함하는 로우(row)를
echo 'insert into t1 values ("test");' | sqlite3 test  ◀──┘ 테이블에 추가한다.
 echo 'insert into t1 values ("live");' | sqlite3 live  ◀──┐
cd - > /dev/null 2>&1     ◀───── 이전 디렉토리로 돌아간다.   'live' 문자열을 포함하는 로우(row)를
 echo "All done OK"                                          테이블에 추가한다.
```

예시를 실행하려면 목록 10.8에 표시된 대로 데이터베이스를 설정하고 docker-compose up을 실행한다.

```
$ chmod +x setup_dbs.sh
$ ./setup_dbs.sh
$ docker-compose up
Creating network "tmpnwxqlnjvdn_sqlnet" with driver "bridge"
Building proxy
Step 1/3 : FROM ubuntu:14.04
14.04: Pulling from library/ubuntu
[...]
Successfully built bb347070723c
Successfully tagged tmpnwxqlnjvdn_proxy:latest
[...]
Successfully tagged tmpnwxqlnjvdn_server:latest
[...]
Creating tmpnwxqlnjvdn_server_1
Creating tmpnwxqlnjvdn_proxy_1 ... done
Attaching to tmpnwxqlnjvdn_server_1, tmpnwxqlnjvdn_proxy_1
```

그후 다른 터미널에서 SQLite 데이터베이스에 여러 세션을 생성하기 위해 텔넷을 실행할 수 있다.

커맨드 라인에 관한 편집 및 기록(history) 기능을 사용하기 위해 rlwrap을 통해 텔넷을 사용하고 프록시에 연결한다.

```
$ rlwrap telnet localhost 12346  ◄─┘
Trying 127.0.0.1...
Connected to localhost.       텔넷 연결에 관한 출력이다.
Escape character is '^]'.
SQLite version 3.7.17  ◄──── 여기에서 SQLite에 연결한다.
Enter ".help" for instructions
sqlite> select * from t1;  ◄──── sqlite 프롬프트에 관해 SQL 커맨드를 실행한다.
select * from t1;
test
sqlite>
```

서버에서 테스트 DB를 라이브live DB로 전환하려면 docker-compose.yml의 볼륨 라인을 변경해 설정을 바꾼다.

예를 들면 다음과 같은 라인은

```
- /tmp/sqlitedbs/test:/opt/sqlite/db
```

다음 라인으로 바꾼다.

```
- /tmp/sqlitedbs/live:/opt/sqlite/db
```

그후 다음 커맨드를 실행한다.

```
$ docker-compose up
```

> |경고| SQLite 클라이언트의 멀티플렉싱 기능을 사용해 일부 기본 테스트를 수행했지만 모든 부하에서 서버의 데이터 무결성이나 성능을 보장하지 않는다. SQLite 클라이언트는 모든 부하를 받으면서 동작되도록 설계되지 않았다. 멀티플렉싱 기능을 소개한 목적은 바이너리를 노출하는 일반적인 방법을 보여주기 위한 것이다.

기술 77은 도커 컴포즈가 비교적 까다롭고 복잡한 작업을 수행할 수 있고 강력하면서도 간단한 방법을 사용하는 것을 설명한다. 이 기술에서 SQLite를 사용해 컨테이너와 연결하고, 프록시를 사용해 SQLite 호출을 호스트 데이터에서 처리하게 해 서버와 같은 기능을 제공했다. 도커 컴포즈의 YAML 설정을 사용하면 컨테이너 복잡성을 관리하리가 훨씬 쉽다. 따라서 컨테이너 오케스트레이션의 까다로운 이슈 때문에 에러가 발생하기 쉬운 수동 프로세스가 아닌, 소스로 제어할 수 있는 더욱 안전하고 자동화된 프로세스로 올바르게 바꿀 수 있다. 기술 77은 도커 오케스트레이션 여정의 시작이며, 이 책의 4부에서 더 많은 내용을 확인할 수 있다.

토론

도커 컴포즈의 depend_on 기능이 있는 네트워크를 사용하면 시작 순서를 제어해 링크

기능을 효과적으로 에뮬레이션할 수 있다. 도커 컴포즈에서 사용 가능한 모든 기능을 알고 싶다면 공식 문서(https://docs.docker.com/compose/compose-file/)을 살펴보길 바란다.

도커 가상 네트워크를 자세히 알아보려면 기술 80을 보자. 기술 80에서 도커 컴포즈가 가상 네트워크를 설정하기 위해 내부 동작 방식의 세부 내용을 다룰 것이다.

10.2 도커를 사용해 실제 환경의 네트워크 단순화하기

인터넷으로 검색할 때 어떻게 해서든지 전세계에서 정보를 찾아 화면에 보고 싶어 한다. 가끔 인터넷이 느려지거나 연결이 끊어지기라도 하면 ISP를 저주하는 것도 드문 일이 아니다.

연결해야 할 애플리케이션을 포함한 이미지를 빌드할 때 어느 컴포넌트를 어디에 연결해야 하는지, 전체 설정이 어떻게 보이는지 확실히 파악하고 싶을 것이다. 여전히 인터넷처럼 속도가 느리고 연결이 끊어질 수 있다. 데이터 센터를 운영하는 대기업조차도 신뢰할 수 없는 네트워킹과 애플리케이션으로 인해 문제가 발생하기도 한다.

현실에서 부딪히는 문제를 결정하는 데 도움이 되는 방법을 살펴본다.

기술 78 ▷ Comcast를 사용해 문제 네트워크를 시뮬레이션하기

많은 컴퓨터에 애플리케이션을 배포할 때 완벽한 네트워크 조건을 원할 것이다. 그러나 현실은 패킷 손실, 연결 끊김, 네트워크 파티션 발생, 특히 상용 클라우드 공급자의 이슈 등 골치 아픈 일이 발생한다.

실제 환경에서 머리 아픈 네트워크 상황이 발생하기 전에 스택의 동작 방법을 확인하기 위해 스택을 테스트하는 것이 좋다. 외부 서비스에서 상당한 대기 시간이 발생하면 고가용성을 위해 설계된 애플리케이션이 중단되지 말아야 한다.

문제

개별 컨테이너에 다양한 네트워크 조건을 적용하고 싶다.

해결책

Comcast(ISP가 아닌 네트워킹 툴)를 사용한다.

Comcast(https://github.com/tylertreat/Comcast)는 리눅스 시스템에서 네트워크 인터페이스를 변경해 비정상적인(아니면 전형적인) 상황을 적용하기 위한 재미있는 이름의 툴이다.

도커는 컨테이너를 생성할 때마다 가상 네트워크 인터페이스도 생성하는데, 모든 컨테이너의 IP 주소가 다르고 서로 핑^{ping}을 수행할 수 있는 방법이다.

표준 네트워크 인터페이스가 있는 한 네트워크 인터페이스 이름을 찾을 수 있어서 Comcast를 사용할 수 있는데 직접 사용해보면 쉽게 알 것이다.

목록 10.10에서 Comcast, Comcat를 실행하기 위한 모든 준비 작업, 추가한 작업이 포함된 도커 이미지를 보여준다.

목록 10.10 Comcast 도커 이미지를 실행하기 위해 준비하기

```
$ IMG=dockerinpractice/comcast
$ docker pull $IMG
latest: Pulling from dockerinpractice/comcast
[...]
Status: Downloaded newer image for dockerinpractice/comcast:latest
$ alias comcast="docker run --rm --pid=host --privileged \
-v /var/run/docker.sock:/var/run/docker.sock $IMG"
$ comcast -help
Usage of comcast:
  -cont string
        Container ID or name to get virtual interface of
  -default-bw int
        Default bandwidth limit in kbit/s (fast-lane) (default -1)
  -device string
        Interface (device) to use (defaults to eth0 where applicable)
  -dry-run
        Specifies whether or not to actually commit the rule changes
  -latency int
        Latency to add in ms (default -1)
  -packet-loss string
        Packet loss percentage (e.g. 0.1%)
```

```
    -stop
          Stop packet controls
    -target-addr string
          Target addresses, (e.g. 10.0.0.1 or 10.0.0.0/24 or ⟩
10.0.0.1,192.168.0.0/24 or 2001:db8:a::123)
    -target-bw int
          Target bandwidth limit in kbit/s (slow-lane) (default -1)
    -target-port string
          Target port(s) (e.g. 80 or 1:65535 or 22,80,443,1000:1010)
    -target-proto string
          Target protocol TCP/UDP (e.g. tcp or tcp,udp or icmp) (default ⟩ "tcp,udp,icmp")
    -version
          Print Comcast's version
```

여기서 추가한 부분은 가상 인터페이스의 이름을 찾지 않고 도커 컨테이너를 참조하는 -cont 옵션을 제공하는 부분이다. 도커 컨테이너에 더 많은 권한을 부여하기 위해 docker run 커맨에 특수 플래그를 추가해야 했다. Comcast에 자유롭게 네트워크 인터페이스를 확인하고 변경사항을 적용할 수 있다.

기존 Comcast과의 차이점을 확인하려면 먼저 일반적인 네트워크 연결 상태를 확인한다. 새로운 터미널을 열고 다음 커맨드를 실행하여 기본 네트워크 성능에 대한 기대치를 설정한다.

```
$ docker run -it --name c1 ubuntu:14.04.2 bash
root@0749a2e74a68:/# apt-get update && apt-get install -y wget
[...]
root@0749a2e74a68:/# ping -q -c 5 www.example.com
PING www.example.com (93.184.216.34) 56(84) bytes of data.

--- www.example.com ping statistics ---
5 packets transmitted, 5 received, 0% packet loss, ⟩
time 4006ms ◀─── 머신과 www.example.com 간의 연결은 패킷 손실없이 안정적이다.
rtt min/avg/max/mdev = 86.397/86.804/88.229/0.805 ms
root@0749a2e74a68:/# time wget -o /dev/null https://www.example.com

real    0m0.379s ◀─── www.example.com의 HTML 홈페이지를 다운로드하는 데 걸린 총 시간은 약 0.7 초다.
user    0m0.008s
www.example.com의 평균 왕복 시간은 약 100ms이다.
```

```
sys     0m0.008s
root@0749a2e74a68:/#
```

작업을 완료하면 컨테이너를 실행한 상태로 두면 다음과 같은 네트워크 조건을 적용할 수 있다.

```
$ comcast -cont c1 -default-bw 50 -latency 100 -packet-loss 20%
Found interface veth62cc8bf for container 'c1'
sudo tc qdisc show | grep "netem"
sudo tc qdisc add dev veth62cc8bf handle 10: root htb default 1
sudo tc class add dev veth62cc8bf parent 10: classid 10:1 htb rate 50kbit
sudo tc class add dev veth62cc8bf parent 10: classid 10:10 htb rate 1000000kbit
sudo tc qdisc add dev veth62cc8bf parent 10:10 handle 100: netem delay 100ms loss 20.00%
sudo iptables -A POSTROUTING -t mangle -j CLASSIFY --set-class 10:10 -p tcp
sudo iptables -A POSTROUTING -t mangle -j CLASSIFY --set-class 10:10 -p udp
sudo iptables -A POSTROUTING -t mangle -j CLASSIFY --set-class 10:10 -p icmp
sudo ip6tables -A POSTROUTING -t mangle -j CLASSIFY --set-class 10:10 -p tcp
sudo ip6tables -A POSTROUTING -t mangle -j CLASSIFY --set-class 10:10 -p udp
sudo ip6tables -A POSTROUTING -t mangle -j CLASSIFY --set-class 10:10 -p icmp
Packet rules setup...
Run `sudo tc -s qdisc` to double check
Run `comcast --device veth62cc8bf --stop` to reset
```

커맨드는 서로 다른 세 가지 조건을 적용한다. 세 가지 조건은 모든 목적지에 50KBps 대역폭 제한(전화로 데이터 통신하던 시절), 추가된 100ms 대기 시간(내장된 지연 시간 외), 20%의 패킷 손실 백분율이다.

Comcast는 먼저 컨테이너에 적합한 가상 네트워크 인터페이스를 식별한다. 여러 표준 리눅스 커맨드 라인 네트워킹 유틸리티를 호출해 트래픽 규칙을 적용해 실행 중인 작업을 나열한다. 컨테이너가 어떻게 반응하는지 살펴볼 것이다.

```
root@0749a2e74a68:/# ping -q -c 5 www.example.com
PING www.example.com (93.184.216.34) 56(84) bytes of data.

--- www.example.com ping statistics ---
5 packets transmitted, 2 received, 60% packet loss, time 4001ms
rtt min/avg/max/mdev = 186.425/189.429/195.008/3.509 ms
```

```
root@0749a2e74a68:/# time wget -o /dev/null https://www.example.com

real    0m1.993s
user    0m0.011s
sys     0m0.011s
```

성공했다. ping을 통해 추가된 100ms의 대기 시간을 알게 됐고 wget의 타이밍은 대략 예상보다 5배 이상 느려진다(대역폭 제한, 대기 시간 추가, 패킷 손실은 모두 시간에 영향을 미친다). 그러나 패킷 손실에는 이상한 점이 있는데 손실이 예상보다 3배 더 크다. ping이 패킷을 전송할 때 패킷 손실이 정확한 20%가 아님을 알아야 한다. ping 개수를 50으로 늘리면 예상한 것보다 결과 손실이 훨씬 큼을 알 수 있다.

적용된 규칙은 모든 네트워크 인터페이스를 사용하는 모든 네트워크 연결에 적용된다. 따라서 호스트와 내부 컨테이너의 연결이 포함된다.

이제 규칙을 제거하도록 Comcast에 알릴 것이다. Comcast는 아쉽게도 아직 개별 조건을 추가하거나 삭제할 수 없다. 네트워크 인터페이스에서 변경이 필요하면 네트워크 인터페이스에서 규칙을 완전히 제거하고 다시 추가해야 한다. 일반 컨테이너 네트워크 작업을 되돌리려면 규칙을 없애야 한다. 컨테이너를 종료해도 컨테이너를 제거할 필요는 없다. 도커가 가상 네트워크 인터페이스를 삭제하면 컨테이너도 자동으로 삭제된다.

```
$ comcast -cont c1 -stop
Found interface veth62cc8bf for container 'c1'
[...]
Packet rules stopped...
Run `sudo tc -s qdisc` to double check
Run `comcast` to start
```

더 깊이 들어가려면 리눅스 트래픽 제어 툴을 사용할 수 있고 사용할 커맨드에 많은 예시들을 생성하기 위해 Comcast에 -dry-run 옵션을 줘 사용할 수도 있다. 모든 가능성을 완전히 처리할 수 있는 방법은 기술 범위 밖이다. 그러나 하고 싶은 기술을 컨테이너에 넣고 네트워크에 연결한 후 설정할 수 있을 것이다.

토론

더 구현해서 Comcast의 컨테이너 대역폭을 수동으로 제어하는 것 이상으로 사용할 수 없다. 가령 btsync(기술 35)와 같은 툴을 사용했지만 사용 가능한 대역폭을 제한해 연결을 다 사용하지 못하게 하는 것은 아니다. Comcast를 다운로드하고 컨테이너에 저장한 후 컨테이너 시작할 때 대역폭을 줄이는 ENTRYPOINT(기술 49)을 설정한다.

이를 진행하려면 Comcast의 의존 라이브러리(https://github.com/docker-in-practice/docker-comcast/blob/master/Dockerfile에서 도커 파일의 alpine 이미지 목록에 있음)를 설치하고 도커 컨테이너에 최소한 네트워크 관리 기능을 제공해야 한다. 기술 93을 자세히 읽어보길 바란다.

기술 79 ▶ Blockade를 사용해 네트워크 이슈를 시뮬레이션하기

Comcast는 많은 애플리케이션을 포함한 훌륭한 툴이지만 해결하지 못하는 중요한 사례가 있다. 컨테이너에 네트워크 조건을 어떻게 일괄적으로 적용할 수 있는가? 수십 개의 컨테이너에 수동으로 Comcast를 실행하는 것도 어려운데, 수백 개의 컨테이너에 Comcast를 실행하는 것은 생각할 수도 없다. 특히 컨테이너와 관련된 문제인데 컨테이너 실행 비용이 너무 저렴하기 때문에, 컨테이너가 아닌 수백 개의 VM을 포함하는 단일 머신에서 대규모 네트워크 시뮬레이션을 실행하려면 메모리 부족과 같은 더 큰 문제가 발생한다.

많은 머신으로 네트워크를 시뮬레이션할 때 네트워크 파티션과 같은 특정 규모의 네트워크 장애가 발생할 수 있다. 네트워크로 연결된 머신 그룹이 둘 이상으로 분할돼 분리된 부분의 모든 머신이 서로 통신할 수 있지만 다른 부분과는 통신할 수 없게 된다. 연구에 따르면 네트워크 파티션은 특히, 소비자 대상 클라우드에서 생각보다 많이 발생한다.

도커 마이크로 서비스 경로를 사용하면 이런 문제가 급격히 완화된다. 그리고 실험할 수 있는 툴을 갖추는 것이 서비스가 처리하는 방식을 이해하는 데 중요하다.

문제

네트워크 파티션 생성을 포함해 대량의 컨테이너의 네트워크 조건 설정을 조정하고 싶다.

해결책

'네트워크 장애 및 파티션 테스트'를 위해 Dell의 팀에서 만든 오픈소스 소프트웨어인 Blockade(https://github.com/worstcase/blockade)을 사용한다.

Blockade는 컨테이너 시작 방법과 적용할 조건을 정의하고 현재 디렉토리의 설정 파일 (blockade.yml)을 읽어 동작한다. 조건을 적용하기 위해 필요한 유틸리티가 설치된 다른 이미지를 다운로드할 수 있다. 전체 설정 세부 사항은 Blockade 설명서에 나와있다. 따라서 여기에서는 필수적으로 알아야 하는 내용만 다룬다.

먼저 blockade.yml 파일을 생성한다.

> **목록 10.11 blockade.yml 파일**

```
containers:
  server:
    container_name: server
    image: ubuntu:14.04.2
    command: /bin/sleep infinity

  client1:
    image: ubuntu:14.04.2
    command: sh -c "sleep 5 && ping server"

  client2:
    image: ubuntu:14.04.2
    command: sh -c "sleep 5 && ping server"

network:
  flaky: 50%
  slow: 100ms
  driver: udn
```

컨테이너는 두 클라이언트가 연결하는 서버를 나타낸다. 실제로 클라이언트 애플리케이션을 포함하는 데이터베이스 서버와 같을 수 있고 모델링하고 싶은 컴포넌트 개수를 제한할 이유가 없다. Blockade 설정 파일을 yml 파일로 모델링할 수 있다(기술 76 참조).

여기에서 네트워크 드라이버를 udn으로 지정했다. udn을 사용하면 Blockade가 도커 컴포즈의 동작을 모방할 수 있다(기술 77). 그래서 컨테이너 이름으로 컨테이너가 서로 핑을 실행할 수 있는 새로운 가상 네트워크를 생성한다. 마지막에는 Blockade가 기본적으로 자체 서버를 생성하기에 서버의 container_name을 명시적으로 지정해야 했다. sleep 5 커맨드는 클라이언트를 시작하기 전에 서버가 실행 중인지 확인하는 것이다. Blockade와 함께 링크를 사용하려면 컨테이너가 올바른 순서로 시작되게 한다. 지금은 network 섹션을 걱정할 필요가 없다. 바로 살펴보자.

평소와 같이 Blockade를 사용하는 첫 단계는 이미지를 다운로드하는 것이다.

```
$ IMG=dockerinpractice/blockade
$ docker pull $IMG
latest: Pulling from dockerinpractice/blockade
[...]
Status: Downloaded newer image for dockerinpractice/blockade:latest
$ alias blockade="docker run --rm -v \$PWD:/blockade \
-v /var/run/docker.sock:/var/run/docker.sock $IMG"
```

이전 기술과 비교할 때 docker run에 대한 일부 매개변수(--privileged, --pid=host)가 누락됐음을 알 수 있다. Blockade는 다른 컨테이너를 사용해 네트워크를 제어하기에 권한 자체가 필요하지 않다. 또한 현재 디렉토리를 컨테이너에서 마운트하는 매개변수를 알아두자. 매개변수를 통해 Blockade가 blockade.yml에 접근하고 숨겨진 디렉토리에 상태를 저장할 수 있다.

> |참고| 네트워크로 연결된 파일 시스템에서 실행 중이라면 처음 Blockade을 시작할 때 사용 권한 문제가 발생할 수 있다. 도커가 숨겨진 상태 디렉토리를 루트 권한으로 생성하려고 시도하지만 네트워크로 연결된 파일 시스템은 생성 요청에 협조하지 않기 때문에 문제가 발생한다. 해결책은 로컬 디스크를 사용하는 것이다.

이제 Blockade를 실행할 수 있다. blockade.yml을 저장한 디렉토리가 정상적인지 확인한다.

```
$ blockade up
NODE      CONTAINER ID    STATUS  IP          NETWORK  PARTITION
client1   613b5b1cdb7d    UP      172.17.0.4  NORMAL
client2   2aeb2ed0dd45    UP      172.17.0.5  NORMAL
server    53a7fa4ce884    UP      172.17.0.3  NORMAL
```

> |참고| 시작할 때 Blockade는 가끔, 없는 proc 디렉토리의 파일에 암호화 에러를 발생시킬 수 있다. 먼저 확인해야 할 것은 시작할 때 컨테이너가 즉시 종료돼 Blockade가 네트워크 상태를 확인해야 한다. 또한 Blockade —c 옵션(컨테이너 내부의 현재 디렉토리의 하위 디렉토리에만 설정 파일을 사용자 지정 경로로 지정하는 옵션)을 사용하고 싶은 유혹을 이겨내야 한다.

설정 파일에 정의된 모든 컨테이너가 시작됐고 시작된 컨테이너에서 유용한 정보를 확인할 수 있다. 이제 기본 네트워크 조건을 적용하자. 새로운 터미널(docker logs -f 613b5b1cdb7d)에 클라이언트1의 로그를 보고 변경할 때 어떤 일이 발생하는지 확인한다.

```
$ blockade flaky --all ◄─── 모든 컨테이너의 네트워크를 끊는다(패킷을 버린다).
$ sleep 5 ◄─── 다음 커맨드를 지연시켜 이전 한 번만 적용하고 일부 출력을 저장한다.
$ blockade slow client1 ◄─── client1 컨테이너의 네트워크를 느리게 한다(패킷에 지연을 추가한다).
$ blockade status ◄─── 컨테이너의 상태를 확인한다.
NODE      CONTAINER ID    STATUS  IP          NETWORK  PARTITION
client1   613b5b1cdb7d    UP      172.17.0.4  SLOW
client2   2aeb2ed0dd45    UP      172.17.0.5  FLAKY
server    53a7fa4ce884    UP      172.17.0.3  FLAKY
$ blockade fast --all ◄─── 모든 컨테이너가 정상으로 동작하도록 되돌린다.
```

flaky과 slow 커맨드는 설정 파일(목록 10.11)의 network 섹션에 정의된 값을 사용한다. 따라서 커맨드 라인에서 제한을 지정할 수 없다. 원한다면 컨테이너가 실행되는 동안 blockade.yml을 수정한 후 컨테이너에 새로운 제한을 선택적으로 적용할 수 있다. 컨테이너가 느리고 무질서한 네트워크가 아니라 느리거나 무질서한 네트워크에 있을 수 있다는 점에 유의한다. 제한 사항 외에도 수백 개의 컨테이너를 실행하는 편리성이 상당히 중요하다.

client1에서 로그를 살펴 보면 다른 커맨드가 언제 적용되는지 확인할 수 있다.

```
                    icmp_seq은 순차(패킷이 손실지 않름)적이고 time(작은 지연)은 낮다.
64 bytes from 172.17.0.3: icmp_seq=638 ttl=64 time=0.054 ms  ◄
64 bytes from 172.17.0.3: icmp_seq=639 ttl=64 time=0.098 ms
64 bytes from 172.17.0.3: icmp_seq=640 ttl=64 time=0.112 ms         icmp_seq는 숫자 건너 뛰기를 시작한다.
64 bytes from 172.17.0.3: icmp_seq=645 ttl=64 time=0.112 ms  ◄      flaky 커맨드가 영향을 쳤다.
64 bytes from 172.17.0.3: icmp_seq=652 ttl=64 time=0.113 ms
64 bytes from 172.17.0.3: icmp_seq=654 ttl=64 time=0.115 ms         time은 갑자기 크게 뛰었다.
64 bytes from 172.17.0.3: icmp_seq=660 ttl=64 time=100 ms  ◄        slow 커맨드가 영향을 쳤다.
64 bytes from 172.17.0.3: icmp_seq=661 ttl=64 time=100 ms
64 bytes from 172.17.0.3: icmp_seq=662 ttl=64 time=100 ms
64 bytes from 172.17.0.3: icmp_seq=663 ttl=64 time=100 ms
```

지금까지 다룬 Comcast 기능은 모두 유용하며 Comcast 기반의 스크립트를 작성할 수 있다. 이제 Blockade의 중요한 기능, 네트워크 파티션을 살펴본다.

```
$ blockade partition server client1,client2
$ blockade status
NODE      CONTAINER ID    STATUS   IP           NETWORK  PARTITION
client1   613b5b1cdb7d    UP       172.17.0.4   NORMAL   2
client2   2aeb2ed0dd45    UP       172.17.0.5   NORMAL   2
server    53a7fa4ce884    UP       172.17.0.3   NORMAL   1
```

커맨드를 보면 세 개의 노드를 두 개의 컨테이너에 넣었다. 하나에 서버를, 다른 하나에 두 클라이언트를 뒀다. 서버와 클라이언트 간에 통신할 수 있는 방법이 없었다. 모든 ping 패킷이 손실되고 있기 때문에 client1의 로그를 보면 아무 것도 하지 않고 있다는 것을 보게 된다. 그러나 클라이언트 간에는 여전히 서로 통신할 수 있으며 클라이언트 간에 ping 패킷을 보내 확인할 수 있다.

```
$ docker exec 613b5b1cdb7d ping -qc 3 172.17.0.5
PING 172.17.0.5 (172.17.0.5) 56(84) bytes of data.

--- 172.17.0.5 ping statistics ---
3 packets transmitted, 3 received, 0% packet loss, time 2030ms
rtt min/avg/max/mdev = 0.109/0.124/0.150/0.018 ms
```

'패킷 손실 없음', '낮은 지연'을 보면 좋은 연결인 것 같다. 파티션과 기타 네트워크 조건은 독립적으로 동작하기에 애플리케이션이 파티션될 때 패킷 손실을 확인할 수 있다.

정의할 수 있는 파티션의 개수에 제한이 없어 복잡한 시나리오로 마음껏 테스트할 수 있다.

토론

Blockade와 Comcast가 제공할 수 있는 기능보다 더 많은 기능이 필요하다면 둘을 결합한다. Blockade는 파티션을 생성하고 컨테이너를 무겁게 시작하는 데 좋다. Blockage에 Comcast를 추가하면 개별 컨테이너와 모든 컨테이너의 네트워크 연결을 세밀하게 제어할 수 있다.

또한 Blockade의 도움말을 살펴보는 것이 좋다. Blockade는 여러 조건으로 임의의 컨테이너에 영향을 주는 카오스chaos 기능과 커맨드의 --random 매개변수와 같은 유용한 기능을 제공한다. 따라서 컨테이너가 임의로 종료될 때 애플리케이션이 어떻게 반응하는지 알 수 있다. 넷플릭스의 카오스 몽키Chaos Monkey를 들어 본 적이 있는가? Blockade는 카오스 몽키를 더 작은 규모로 흉내내는 툴이다.

10.3 도커와 가상 네트워크

도커의 핵심 기능은 모두 격리에 관한 것이다. 9장에서 프로세스와 파일 시스템을 분리하는 장점을 여럿 보여줬다. 10장에서는 네트워크 격리를 살펴볼 것이다.

네트워크 격리에 두 가지 측면이 있다.

- **개별 샌드박스**individual sandbox : 개별 컨테이너는 다른 컨테이너(또는 호스트)에 영향을 주지 않고 수신 대기할 수 있는 IP 주소와 포트 집합이 있다.
- **그룹 샌드박스**group sandbox : 개별 샌드박스의 논리적인 확장이다. 격리된 모든 컨테이너는 개인 네트워크로 그룹핑되어 있어 머신이 동작하는 네트워크에 간섭하지 않고 회사 네트워크 관리자의 분노를 유발하지 않는다.

두 기술은 네트워크 격리의 두 가지 측면에 실제적인 예시를 제공한다.

Comcast는 각 컨테이너에 규칙을 적용하기 위해 개별 샌드 박스를 제어하는 반면 Blockade의 파티셔닝은 개인 컨테이너 네트워크를 완전히 감독함으로써 개별 파티션으로 나눌 수 있는 능력에 의존했다. 내부는 그림 10.2와 약간 비슷하다.

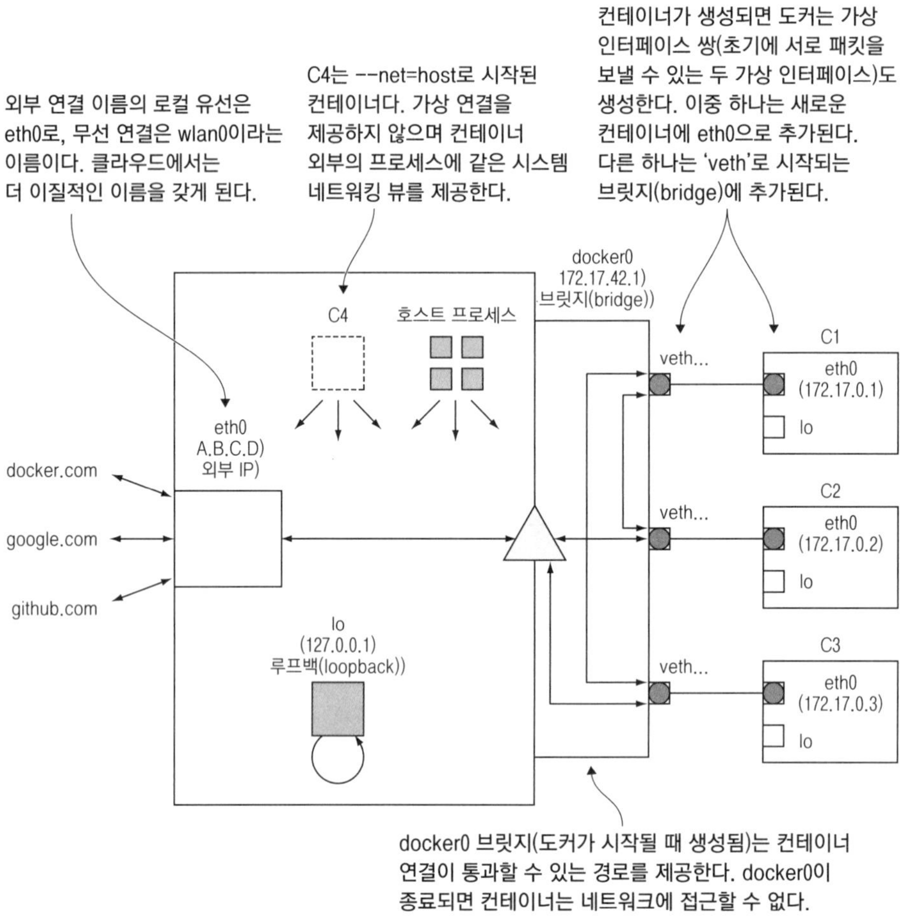

외부 연결 이름의 로컬 유선은 eth0로, 무선 연결은 wlan0이라는 이름이다. 클라우드에서는 더 이질적인 이름을 갖게 된다.

C4는 --net=host로 시작된 컨테이너다. 가상 연결을 제공하지 않으며 컨테이너 외부의 프로세스에 같은 시스템 네트워킹 뷰를 제공한다.

컨테이너가 생성되면 도커는 가상 인터페이스 쌍(초기에 서로 패킷을 보낼 수 있는 두 가상 인터페이스)도 생성한다. 이중 하나는 새로운 컨테이너에 eth0으로 추가된다. 다른 하나는 'veth'로 시작되는 브릿지(bridge)에 추가된다.

docker0
172.17.42.1)
브릿지(bridge))

C4   호스트 프로세스

eth0
A.B.C.D)
외부 IP)

docker.com
google.com
github.com

veth...   C1
eth0
(172.17.0.1)
lo

veth...   C2
eth0
(172.17.0.2)
lo

veth...   C3
eth0
(172.17.0.3)
lo

lo
(127.0.0.1)
루프백(loopback))

docker0 브릿지(도커가 시작될 때 생성됨)는 컨테이너 연결이 통과할 수 있는 경로를 제공한다. docker0이 종료되면 컨테이너는 네트워크에 접근할 수 없다.

▲ **그림 10.2** 호스트 머신의 내부 도커 네트워킹

브릿지의 동작 방식의 정확한 세부 사항은 중요하지 않다. 브릿지는 컨테이너 간의 플랫 네트워크flat network를 생성하고 요청을 외부에 외부 연결로 전달한다.[2]

2　플랫 네트워크란 비용, 유지 관리, 관리를 줄이기 위한 컴퓨터 네트워크 설계 방식으로써 장치를 별도의 스위치 대신 단일 스위치에 연결하여 컴퓨터 네트워크의 라우터와 스위치 개수를 줄이는 방식이다. 즉 중간 단계 없이 직접 통신할 수 있는 방식을 말한다. 계층적 네트워크와 달리 플랫 네트워크는 스위치를 사용해 물리적으로 분리되지 않는다. – 옮긴이

도커사는 사용자의 피드백을 받아 사용자가 도커의 네트워킹 기능을 확장하기 위한 플러그인 시스템인 네트워크 드라이버$^{network\ driver}$를 사용해 사용자 정의 가상 네트워크를 생성할 수 있는 모델로 변경했다. 플러그인은 기본으로 탑재돼 있거나 외부 회사에 의해 제공되고 네트워크를 연결하는 데 필요한 모든 작업을 수행해 사용자가 네트워크를 계속 사용할 수 있도록 해야 한다.

새로 생성한 네트워크는 추가 그룹 샌드 박스로 생각할 수 있다. 일반적으로 샌드 박스 내부를 접근할 수 있게 하지만 샌드 박스 간의 통신은 허용하지 않는다. 실제로는 네트워크 동작의 세부 사항은 드라이버에 따라 다르다.

기술 80 ▸ 다른 도커 가상 네트워크 생성하기

사람들이 자체 가상 네트워크를 생성할 수 있는 방법을 처음 배울 때 일반적인 반응은 이렇다. 어떻게 기본 도커 브릿지의 복사본을 만들 수 있는지, 여러 컨테이너가 통신할 수 있지만 어떻게 다른 컨테이너와 격리될 수 있게 하는지를 묻는 것이다. 도커사는 사용자가 정의한 가상 네트워크를 일반적인 요청일 것일 것이라는 것을 깨달았고, 초기 실험 배포 버전에서 가상 네트워크의 첫 번째 기능 중 하나로 구현했다.

문제

가상 네트워크를 생성할 수 있는 도커사의 해결책을 원한다.

해결책

docker network 커맨드의 하위 커맨드를 사용해 고유한 사용자 정의 가상 네트워크를 생성한다.

내장 '브릿지' 드라이버는 가장 일반적으로 사용되는 드라이버다. 브릿지 드라이버는 공식적으로 지원돼 기본 내장 브릿지의 새 복사본을 만들 수 있다. 기술 80에서는 기본 브릿지가 아닌 브릿지에서 컨테이너의 이름으로 핑을 실행할 수 있다는 점을 배운다.

docker network ls 커맨드를 사용해 기본으로 제공하는 네트워크 목록을 볼 수 있다.

```
$ docker network ls
NETWORK ID          NAME              DRIVER            SCOPE
100ce06cd9a8        bridge            bridge            local
d53919a3bfa1        host              host              local
2d7fcd86306c        none              null              local
```

커맨드 결과를 보면 컨테이너가 항상 머신에 연결할 수 있는 세 개의 네트워크를 볼 수 있다. bridge 네트워크에는 컨테이너가 기본적으로 브릿지의 다른 컨테이너와 대화할 수 있는 기능이 있다. host 네트워크는 컨테이너를 시작할 때 --net=host를 사용 시 발생하는 작업을 지정한다(컨테이너는 네트워크를 머신에서 실행 중인 일반 프로그램으로 간주한다). none은 루프백 인터페이스만 있는 컨테이너인 --net=none에 해당한다.

컨테이너가 자유롭게 통신할 수 있는 새로운 플랫 네트워크를 제공하는 새로운 bridge 네트워크를 추가한다.

```
$ docker network create --driver=bridge mynet
770ffbc81166d54811ecf9839331ab10c586329e72cea2eb53a0229e53e8a37f
$ docker network ls | grep mynet
770ffbc81166         mynet               bridge              local
$ ip addr | grep br-
522: br-91b29e0d29d5: <NO-
    CARRIER,BROADCAST,MULTICAST,UP> mtu 1500 qdisc noqueue state DOWN group default
    inet 172.18.0.1/16 scope global br-91b29e0d29d5
$ ip addr | grep docker
5: docker0: <NO-
    CARRIER,BROADCAST,MULTICAST,UP> mtu 1500 qdisc noqueue state DOWN group default
    inet 172.17.0.1/16 scope global docker0
```

일반 도커 브릿지보다 여러 IP 주소 범위를 사용하는 새로운 네트워크 인터페이스를 생성했다. 브릿지의 경우 새로운 네트워크 인터페이스 이름은 현재 br-로 시작하지만 나중에 변경될 수 있다.

네트워크에 연결된 두 컨테이너를 시작할 것이다.

```
$ docker run -it -d --name c1 ubuntu:14.04.2 bash ◀──┐ 이름이 c1인 컨테이너를 시작한다.
 87c67f4fb376f559976e4a975e3661148d622ae635fae4695747170c00513165      (기본 브릿지 기반)
```

```
$ docker network connect mynet c1 ◀──── mynet 네트워크에 컨테이너 c1을 연결한다.
$ docker run -it -d --name c2 \
--net=mynet ubuntu:14.04.2 bash ◀──── mynet 네트워크 내부에 c2라는 컨테이너를 생성한다.
0ee74a3e3444f27df9c2aa973a156f2827bcdd0852c6fd4ecfd5b152846dea5b
$ docker run -it -d --name c3 ubuntu:14.04.2 bash ┐ 이름이 c3인 컨테이너를 시작한다.
                                                  │ (기본 브릿지 기반)
```

커맨드는 컨테이너에서 네트워크에 연결하는 두 가지 방식을 보여준다. 첫 번째 방식은
컨테이너를 시작한 다음 서비스를 연결한다. 두 번째 방식은 한 번에 컨테이너를 생성과
동시에 연결한다.

두 방식 간에 차이점이 있다. 첫 번째 방식은 시작할 때 기본 네트워크(일반적으로 도커 브
릿지다. 그러나 도커 데몬의 매개변수를 사용해 네트워크를 사용자 정의가 가능하다)에 연결한 후
새로운 인터페이스를 추가하면 인터페이스가 mynet에 접속할 수 있다. 두 번째는 바로
mynet에 연결할 것이다. 일반 도커 브릿지에 있는 모든 컨테이너는 mynet에 접속할 수
없을 것이다.

연결 테스트를 수행한다. 먼저 컨테이너의 IP 주소를 살펴본다.

```
$ docker exec c1 ip addr | grep 'inet.*eth' ◀┐ c1의 인터페이스와 IP 주소를 나열한다.
     inet 172.17.0.2/16 scope global eth0     │ 하나는 기본 브릿지, 다른 하나는 mynet다.
     inet 172.18.0.2/16 scope global eth1
$ docker exec c2 ip addr | grep 'inet.*eth' ◀──── mynet 내의 c2 인터페이스와 IP 주소를 나열한다.
     inet 172.18.0.3/16 scope global eth0
$ docker exec c3 ip addr | grep 'inet.*eth'
     inet 172.17.0.3/16 scope global eth0 ◀──── 기본 브릿지의 c3 인터페이스와 IP 주소를 나열한다.
```

이제 연결 테스트를 수행할 수 있다.

```
$ docker exec c2 ping -qc1 c1 ◀──── 컨테이너 2에서 컨테이너 1의 이름에 대해 핑을 시도한다(성공).
 PING c1 (172.18.0.2) 56(84) bytes of data.

--- c1 ping statistics ---
1 packets transmitted, 1 received, 0% packet loss, time 0ms
rtt min/avg/max/mdev = 0.041/0.041/0.041/0.000 ms
$ docker exec c2 ping -qc1 c3        ┐ 컨테이너 2에서 컨테이너 3의 이름과 IP 주소에
 ping: unknown host c3               │ 핑을 시도한다(실패).
$ docker exec c2 ping -qc1 172.17.0.3
```

```
 PING 172.17.0.3 (172.17.0.3) 56(84) bytes of data.

--- 172.17.0.3 ping statistics ---
1 packets transmitted, 0 received, 100% packet loss, time 0ms
$ docker exec c1 ping -qc1 c2 ◀── 컨테이너 1에서 컨테이너 2의 이름에 대해 핑을 시도한다(성공).
 PING c2 (172.18.0.3) 56(84) bytes of data.

--- c2 ping statistics ---
1 packets transmitted, 1 received, 0% packet loss, time 0ms
rtt min/avg/max/mdev = 0.047/0.047/0.047/0.000 ms
$ docker exec c1 ping -qc1 c3          컨테이너 1에서 컨테이너 3의 이름과 IP 주소에
 ping: unknown host c3                 핑을 시도한다(실패, 성공).
$ docker exec c1 ping -qc1 172.17.0.3
 PING 172.17.0.3 (172.17.0.3) 56(84) bytes of data.

--- 172.17.0.3 ping statistics ---
1 packets transmitted, 1 received, 0% packet loss, time 0ms
rtt min/avg/max/mdev = 0.095/0.095/0.095/0.000 ms
```

정말 많은 일들이 벌어지고 있다. 다음은 주요 장점이다.

- 새로운 브릿지에서는 컨테이너는 IP 주소와 이름으로 다른 컨테이너에 핑을 실행할 수 있다.
- 기본 브릿지에서는 컨테이너가 IP 주소로 서로 핑을 실행할 수 있다.
- 여러 브릿지를 사용하는 컨테이너는 소속돼 있는 모든 네트워크에서 컨테이너에 접근할 수 있다.
- 컨테이너는 IP 주소를 사용하더라도 브릿지를 통해 전혀 서로 접근할 수 없다.

컨테이너끼리 서로 이름으로 핑ping을 보낼 수 있는 기능을 제공하기 위해 브릿지 생성 기능이 도커 컴포즈를 사용한 기술 77과 Blockade를 사용한 기술 79에서 사용됐다. 이는 상당히 복잡한 네트워크를 모델링할 수 있는 매우 유연한 기능이다.

예를 들어 내부와 외부 네트워크 사이에 존재하고 외부 네트워크에 접근할 수 있는 침입 차단 소프트웨어가 설치된 배스천 호스트bastion host로 실험해 볼 수 있다. 애플리케이션 서비스를 새로운 브릿지에 배포하고 기본 브릿지와 새로운 브릿지를 모두 연결된 컨테이

너를 통해서만 서비스를 노출함으로써, 사용자 머신에서 격리된 상태를 유지하면서 다소 현실적인 침투 테스트를 시작할 수 있다.

기술 81 Weave를 사용해 서브스트레이트 네트워크 설정하기

서브스트레이트 네트워크substrate network는 다른 네트워크 위에 구축된 소프트웨어 레벨의 네트워크 계층이다. 실제로 볼 때는 로컬 네트워크인 것처럼 보이지만 내부적으로는 다른 네트워크 기반 위에서 통신하는 네트워크다. 즉 성능 측면에서 네트워크는 로컬 네트워크보다 안정성이 떨어질 수 있지만 사용 관점에서 보면 매우 편리하다. 마치 같은 방에 있는 것처럼 완전히 다른 위치에 있는 노드와 통신할 수 있다.

도커 컨테이너에서 서브스트레이트 네트워크는 특히 흥미롭다. 컨테이너는 네트워크를 통해 호스트를 연결하는 것과 같은 방식으로 호스트 간에 원활하게 연결될 수 있다. 이렇게 하면 단일 호스트에 얼마나 많은 컨테이너를 사용할 수 있는지 계획을 세울 필요가 없다.

문제

호스트 간에 컨테이너끼리 원활한 통신을 희망한다.

해결책

Weave Net(기술 81의 뒷 부분에서는 Weave라 언급)을 사용해 컨테이너가 로컬 네트워크에 있는 것처럼 서로 대화할 수 있는 네트워크를 설정한다.

이를 위해 설계된 툴인 Weave(https://www.weave.works/oss/net/)로 서브스트레이트 네트워크의 원리를 시연한다. 그림 10.3은 일반적인 Weave 네트워크의 개요를 보여준다.

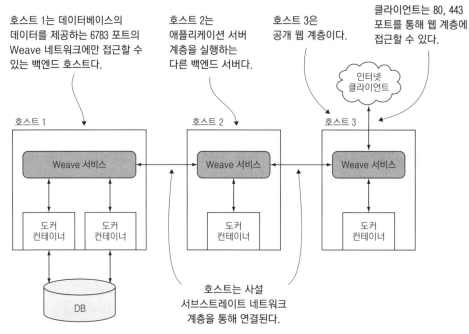

호스트 1는 데이터베이스의 데이터를 제공하는 6783 포트의 Weave 네트워크에만 접근할 수 있는 백엔드 호스트다.

호스트 2는 애플리케이션 서버 계층을 실행하는 다른 백엔드 서버다.

호스트 3은 공개 웹 계층이다.

클라이언트는 80, 443 포트를 통해 웹 계층에 접근할 수 있다.

인터넷 클라이언트

호스트 1   호스트 2   호스트 3

Weave 서비스   Weave 서비스   Weave 서비스

도커 컨테이너   도커 컨테이너   도커 컨테이너   도커 컨테이너

DB

호스트는 사설 서브스트레이트 네트워크 계층을 통해 연결된다.

▲ **그림 10.3** 일반적인 Weave 네트워크

그림 10.3에서 호스트 1은 호스트 3에 접근할 수 없지만 마치 로컬로 연결된 것처럼 Weave 네트워크를 통해 서로 통신할 수 있다. Weave 네트워크는 공개적으로 개방되지 않는다. Weave 아래에서 시작되는 컨테이너만 Weave 네트워크를 사용할 수 있다. 따라서 각 경우마다 네트워크 토폴로지를 똑같이 생성할 수 있어서 서로 다른 환경에서의 코드 개발, 테스트, 배포가 비교적 단순하게 한다.

Weave 설치하기

Weave는 단일 바이너리 파일이다. 설치 내용은 https://www.weave.works/docs/net/latest/install/installing-weave/에 있다.

이전 링크(그리고 편의상 아래에 열거) 내용은 효과가 있었다. Weave 네트워크의 일부가 되고자 하는 모든 호스트에 Weave를 설치해야 한다.

```
$ sudo curl -L git.io/weave -o /usr/local/bin/weave
$ sudo chmod +x /usr/local/bin/weave
```

Weave 설정하기

예시를 진행하려면 두 대의 호스트가 필요하다. host1와 host2라고 부를 것이다. 핑을 사용하여 서로 통신할 수 있는지 확인한다. Weave를 시작하는 첫 번째 호스트의 IP 주소가 필요할 것이다.

호스트의 공용 IP 주소를 빠르게 얻는 방법은 브라우저로 https://ifconfig.co/로 이동하거나 curl https://ifconfig.co를 실행하는 것이다. 그러나 열려 있는 인터넷을 통해 두 호스트를 연결하려면 방화벽을 열어야 할 수도 있음을 유의하자. 올바른 IP 주소를 선택하면 경우 로컬 네트워크에서 Weave를 실행할 수도 있다.

> |**팁**| Weave를 사용하다가 방화벽 문제가 발생한다면 네트워크 방화벽 이슈일 가능성이 높다. 확실하지 않으면 네트워크 관리자에게 문의한다. 특히 TCP/UDP 6783 포트와 UDP 6784 포트를 열어야 한다.

첫 번째 호스트에서 첫 번째 Weave 라우터를 실행할 수 있다.

```
host1$ curl https://ifconfig.co  ◀──── host1의 IP 주소를 결정한다.
 1.2.3.4
host1$ weave launch  ◀──┐  host1에서 Weave 서비스를 시작한다. 각 호스트에서 Weave 서비스가
 [...]                   │  실행되야 하며 서브스트레이트 네트워크를 관리하기 위해 백그라운드에서
                         └  실행할 도커 컨테이너를 다운로드하고 실행할 것이다.
▶host1$ eval $(weave env)
 host1$ docker run -it --name a1 ubuntu:14.04 bash  ◀──── 컨테이너를 시작한다.
 root@34fdd53a01ab:/# ip addr show ethwe  ◀──── Weave 네트워크에서 컨테이너의 IP 주소를 검색한다.
 43: ethwe@if44: <BROADCAST,MULTICAST,UP,LOWER_UP> mtu 1376 qdisc noqueue
⇒ state UP group default
    link/ether 72:94:41:e3:00:df brd ff:ff:ff:ff:ff:ff
    inet 10.32.0.1/12 scope global ethwe
       valid_lft forever preferred_lft forever
```
Weave를 사용하기 위해 셸에 도커 커맨드를 설정한다. 셸을 닫거나 새로 열면
Weave 커맨드를 다시 실행해야 할 것이다.

Weave는 컨테이너에 추가 인터페이스 ethwe를 추가해 Weave 네트워크의 IP 주소를 제공한다.

host2에서도 비슷한 단계를 수행할 수 있지만 Weave에 host1의 위치를 알려준다.

```
host2$ sudo weave launch 1.2.3.4  ◀━━━  host2에서 루트 계정으로 Weave 서비스를 시작한다. 이번에는 첫 번째
                                         호스트의 공용 IP 주소를 추가해 다른 호스트에 연결할 수 있다.
host2$ eval $(weave env)  ◀━━━  Weave 서비스에 적합하게 환경을 설정한다.
host2$ docker run -it --name a2 ubuntu:14.04 bash  ┐
root@a2:/# ip addr show ethwe                      ┘ host1에서도 동일하게 실행한다.
553: ethwe@if554: <BROADCAST,MULTICAST,UP,LOWER_UP> mtu 1376 qdisc noqueue
➡ state UP group default
    link/ether fe:39:ca:74:8a:ca brd ff:ff:ff:ff:ff:ff
    inet 10.44.0.0/12 scope global ethwe
       valid_lft forever preferred_lft forever
```

host2의 유일한 차이점은 Weave에 host1의 Weave로 연결해야 한다는 것이다(IP 주소 또는 호스트 이름으로 지정되고 선택적으로 포트(:port)를 붙이기도 한다. 따라서 host2가 host1에 접근할 수 있다).

연결 테스트하기

모든 설정이 완료됐다. 컨테이너가 서로 통신할 수 있는지 테스트할 수 있다. host2에서 컨테이너를 테스트할 것이다.

```
root@a2:/# ping -qc1 10.32.0.1  ◀━━━  서버의 할당된 IP주소에 핑을 수행한다.
PING 10.32.0.1 (10.32.0.1) 56(84) bytes of data.

--- 10.32.0.1 ping statistics ---
1 packets transmitted, 1 received, 0% packet loss, time 0ms  ◀━━━  핑 결과는 성공적이다.
rtt min/avg/max/mdev = 1.373/1.373/1.373/0.000 ms
```

핑이 성공적으로 수행되면 두 호스트에서 자체 할당된 사설 네트워크의 연결이 성공적임을 의미한다. 컨테이너 이름이나 사용자 정의 브릿지를 사용해 핑을 수행할 수 있다.

| **팁** | ICMP 프로토콜(핑에서 사용) 메시지가 방화벽으로 차단되어 전달되지 않을 수 있다. 핑이 동작하지 않으면 다른 호스트의 6783 포트로 통신 연결이 되는지 확인할 수 있다.

토론

서브스트레이트 네트워크는 때때로 혼란스러운 네트워크와 방화벽 세계에서 질서를 부여하는 강력한 툴이다. 심지어 부분적으로 분리된 네트워크를 통해 트래픽을 지능적으로 라우팅할 수 있다. 예를 들면 호스트 B는 호스트 A와 호스트 C와 통신할 수 있지만 호스트 A와 호스트 C는 통신할 수 없게 할 수 있다. 이 내용은 기술 80에서 살펴봤다. 즉 이런 복잡한 네트워크 설정은 배스천 호스트의 전체적인 관점은 보안을 위해 격리하기 위해 사용된다는 점을 명심하자.

모든 기능에 비용이 든다. Weave 네트워크가 가끔 '기본' 네트워크보다 현저히 느리다는 보고가 올라온다. 그리고 네트워크의 플러그인 모델이 모든 사용 사례를 다루지는 않기 때문에 백그라운드에서 추가 머신을 관리해야 한다.

Weave 네트워크에는 시각화부터 쿠버네티스^{Kubernetes}와의 통합에 이르기까지 많은 추가 기능을 포함한다(기술 88에서는 쿠버네티스를 도커 오케스트레이터로 소개한다). Weave Net 개요(https://www.weave.works/docs/net/latest/overview/)를 자세히 살펴보고 Weave 네트워크를 최대한 활용하길 바란다.

여기서 내장 오버레이 네트워크^{overlay network} 플러그인을 다루지 않았다. 사용 사례에 따라 Swarm 모드(기술 87)를 사용하거나 전역으로 접근 가능한 키/값 저장소(기술 74에서 etcd를 소개)를 설정해야 하지만 위브를 대체할 수 있는 것으로 연구할 가치가 있다.

요약

- 도커 컴포즈를 사용해 도커 컨테이너 클러스터를 설정할 수 있다.
- Comcast와 Blockade는 안 좋은 네트워크에서 컨테이너를 테스트하는 데 유용한 툴이다.

- 도커 가상 네트워크는 링크의 대안이다.
- 도커에서 가상 네트워크를 사용해 네트워크를 수동으로 모델링할 수 있다.
- Weave Net은 여러 호스트의 컨테이너를 연결할 때 유용하다.

Part 4

단일 머신에서 클라우드까지의 오케스트레이션

4부에서는 오케스트레이션의 필수 영역을 다룬다. 같은 환경에서 여러 컨테이너를 실행할 때 컨테이너를 일관되고 안정적인 방식으로 관리하는 방법을 생각해야 한다. 현재 가장 많이 사용하는 툴을 살펴본다.

11장은 오케스트레이션의 중요성을 설명한다. 컨설^{Consul}과 레지스트레이터^{Registrator}로 네트워크에서 서비스 탐색을 사용하는 시스템을 포함하는 단일 호스트 기반 도커 관리 구축 방법을 다룬다.

12장은 클러스터로 구성한 도커 환경을 살펴본다. 가장 인기 있는 오케스트레이터인 쿠버네티스를 살펴보기 전에 도커 스웜$^{Docker Swarm}$을 먼저 간략하게 살펴본다. 그후 도커로 AWS 서비스를 로컬에서 시뮬레이션하는 방법을 설명한다. 마지막으로 메소스^{Mesos}에서의 도커 프레임워크 구축 방법을 다룬다.

13장은 도커 기반 플랫폼을 결정할 때 고려할 수 있는 요소를 자세히 설명한다. 분석을 통해 생각을 체계화하고 더 나은 결정을 내리는 데 도움이 될 것이다.

11

컨테이너 오케스트레이션 입문

11장에서 다루는 내용

- systemd를 사용해 단순 도커 서비스를 관리하기
- 헬리오스를 사용해 다중 호스트 도커 서비스를 관리하기
- 서비스 탐색에 필요한 하시코프(Hashicorp)의 컨설 사용하기
- 레지스트레이터를 이용해 서비스 등록하기

도커 기반의 기술은 한동안 다른 형태로 존재했지만 도커는 기술 산업의 관심을 끄는 해결책이 되고 있다. 도커의 높은 인지도를 통해 툴 생태계가 활성화되는 최초의 작업을 수행함으로써 여러 사람들이 생태계에 들어와 도커에 다시 기여하는 순환이 계속됐다.

특히 오케스트레이션에 관해서는 명백하다. 11장에서 기여한 회사 이름 목록을 보고 나면 모든 사람들이 일을 수행하는 방법에 나만의 의견으로 나만의 툴을 개발했다고 생각했던 것에 후회할 수도 있다.

생태계가 도커의 엄청난 장점이긴 하지만(이 책에서 그렇게 많이 설명한 이유이기도 함), 사용할 수 있는 많은 오케스트레이션 툴은 초보자와 전문가 모두에게 압도적이다. 11장에서는 가장 주목할 만한 툴을 살펴보면 높은 수준의 기능을 사용하고 있는데, 프레임워크를

평가할 때 더 나은 정보를 얻을 것이다.

오케스트레이션 툴의 계보를 나열하는 방법은 여러 가지가 있다. 그림 11.1은 도커 사용자에게 익숙한 툴을 보여준다. 트리의 루트에는 컨테이너를 시작하는 가장 일반적인 방법인 docker run이 있다.

도커에 영감받은 모든 솔루션은 docker run에서 나온 계보라 할 수 있다. 그림 11.1의 왼쪽 트리에는 컨테이너 그룹을 단일 엔티티로 취급하는 툴이다. 중간 트리는 systemd 파일과 service 파일 기반으로 컨테이너 관리에 중점을 둔 툴을 보여준다. 마지막으로 오른쪽 트리는 개별 컨테이너를 그대로 취급한다. 좀 더 아래로 이동하면 여러 호스트에서 작업하거나 수동 컨테이너를 배포할 때의 지루함을 없애는 툴을 소개한다.

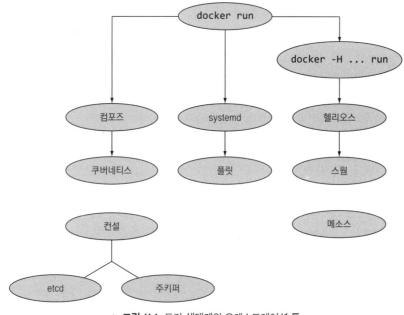

▲ **그림 11.1** 도커 생태계의 오케스트레이션 툴

그림 11.1에서 볼 때 고립돼 보이는 두 영역, 즉 메소스Mesos와 컨설Consul/etcd/주키퍼Zookeeper 그룹이 보일 것이다. 메소스는 흥미로운 경우다. 메소스는 도커 이전부터 존재했고 메소스의 도커 지원 기능은 핵심 기능 외 추가된 기능이다. 메소스는 잘 동작하지

만 다른 툴에서 사용자가 원하는 기능을 보고 싶을 때에는 신중하게 사용해야 한다. 컨설, etcd, 주키퍼는 오케스트레이션 툴이 아니며 오케스트레이션에 중요한 보완재로서 서비스 탐색 기능을 제공한다.

11장과 12장은 도커 오케스트레이션 생태계를 살펴볼 것이다. 11장에서는 매우 세분화된 제어 기능을 제공한다. 따라서 컨테이너를 수동으로 관리하는 작업을 줄일 수 있는 툴을 소개한다. 단일 호스트와 여러 호스트에서 도커 컨테이너를 관리하는 방법과 컨테이너가 배포된 위치 정보를 저장하고 검색하는 방법을 살펴볼 것이다. 그리고 13장에서 많은 세부사항을 추상화할 수 있는 완벽한 해결책을 살펴본다.

11장, 12장을 읽을 때 각 오케스트레이션 툴에서 한 걸음 물러서서 툴이 어떤 시나리오에 유용한지 생각해 보자. 특정 툴이 어떤 시나리오에 적합한지 여부를 명확히 하는 데 좋다. 오케스트레이션 툴을 시작하기 위해 예시로 알아본다.

단일 호스트 내부에서 천천히 시작해 본다.

11.1 간단한 단일 호스트 도커

로컬 머신의 컨테이너를 관리하기는 꽤 고통스럽다. 오래 실행되는 컨테이너를 관리하기 위해 제공하는 도커 기능은 비교적 초기 단계고 링크와 공유 볼륨을 포함하는 컨테이너를 시작하는 것은 답답할 정도로 수동적인 과정이기 때문이다.

10장에서 링크 관리를 쉽게 수행하기 위해 도커 컴포즈를 사용하는 부분을 살펴봤다. 다른 문제점을 다루면서 단일 머신에서 오래 실행되는 컨테이너를 견고하게 관리하는 방법을 살펴볼 것이다.

기술 82 systemd를 사용해 호스트 컨테이너를 관리하기

기술 82에서 systemd를 사용해 간단한 도커 서비스를 설정하는 방법을 소개한다. systemd에 익숙하다면 10장은 비교적 쉽게 따라할 수 있을 것이다. 10장에서는 독자가 systemd에 대한 사전 지식이 없다고 가정한다.

도커를 제어하기 위해 systemd를 사용하는 것은 이미 systemd를 사용하는 운영팀이 있는 성숙한 회사에서 유용하다.

문제

호스트에서 도커 컨테이너 서비스의 실행을 관리하고 싶다.

해결책

systemd를 사용해 컨테이너 서비스를 관리한다.

systemd는 페도라에서 SysV init 스크립트를 대체하는 시스템 관리 데몬이다. systemd는 마운트 지점부터 프로세스, 원샷 스크립트[1]에 이르기까지 모든 것을 개별적인 '단위unit'를 지정해 시스템 서비스를 관리한다. 일부 시스템(이 글을 작성할 당시에 젠투Gentoo를 예로 들 수 있음)은 systemd 설치와 활성화에 문제가 있을 수 있지만, 다른 배포판과 운영체제로 확산되면서 인기가 높아지고 있다. 다른 사람들이 독자와 비슷한 systemd 설정을 경험해 본 적이 있는지 알아 볼만한 가치가 있다.

기술 82에서는 1장의 to-do 애플리케이션을 실행해 systemd에서 관리될 수 있는 컨테이너 시작 방법을 소개할 것이다.

systemd 설치

호스트 시스템에 systemd가 없으면(systemctl status를 실행해 일관성 있는 응답을 받는지 살펴보고 확인할 수 있다) 표준 패키지 관리자를 사용해 호스트 OS에 직접 설치할 수 있다.

사용자의 호스트 시스템에 systemd를 설치하기가 불편하면 목록 11.1처럼 베이그란트로 systemd을 지원하는 VM을 권장한다. 여기서 관련 내용을 간단히 다루겠지만 베이그란트 설치에 관한 자세한 내용은 부록 C를 참고한다.

---

1   원샷(one-shot) 스크립트란 여러 동작을 실행하고 즉시 종료되는 스크립트를 의미한다. 실제 서비스는 아니고 실행되는 프로세스는 존재하지 않는다. 일반적으로 설정을 정의하고 종료 동작으로 형태로 사용된다. – 옮긴이

```
$ mkdir centos7_docker
                         새로운 디렉토리를 생성하고 이동한다.
$ cd centos7_docker
$ vagrant init jdiprizio/centos-docker-io ◄
                                              베이그란트 환경으로 사용할 폴더를 초기화하고
$ vagrant up ◄──── VM을 올린다.              베이그란트 이미지를 지정한다.
$ vagrant ssh ◄──── VM의 SSH에 접근한다.
```

|참고| 이 글을 작성할 당시에 jdiprizio/centos-docker-io는 사용하기 적절하고 사용할 수 있는 VM 이미지다. 이 내용을 읽을 쯤에는 더 이상 사용할 수 없을 수 있다. 그 때는 다른 이미지 이름으로 바꿔 사용하길 바란다. HashiCorp의 'Discover Vagrant Boxes'(https://app.vagrantup.com/boxes/search)('box'는 Vagrant가 VM 이미지를 참고하기 위해 사용하는 용어)에서 검색할 수 있다. 이미지를 찾기 위해 'docker centos'로 검색했다. 새로운 VM을 시작하기 전에 커맨드 라인에 vagrant box add 커맨드를 실행해 새로운 VM을 다운로드하는 방법을 알아내야 할 수도 있다.

systemd 기반의 간단한 도커 애플리케이션을 설정하기

이제 systemd와 docker가 설치된 머신이 있으니 1장의 to-do 애플리케이션을 실행할 수 있다.

systemd는 간단한 INI 파일 포맷의 설정 파일을 읽으면서 동작한다.

|팁| INI 파일은 섹션, 속성, 값으로 구성된 기본 구조를 가진 단순한 텍스트 파일이다.

목록 11.2처럼 root계정으로 /etc/systemd/system/todo.service에 서비스 파일을 생성해야 한다. todo.service 파일에서 'todo'라는 이름의 도커 컨테이너를 실행하기 위해 systemd에 호스트의 8000포트를 사용하게 한다.

```
[Unit] ◄──── Unit 섹션은 systemd 객체의 일반적인 정보를 정의한다.
Description=Simple ToDo Application
After=docker.service ◄──── 도커 서비스가 시작된 후 유닛을 시작한다.
Requires=docker.service ◄──── 유닛을 성공적으로 실행하려면 도커 서비스가 실행 중이어야 한다.
[Service] ◄──── Service 섹션은 systemd 서비스 유닛 타입에 맞는 설정 정보를 정의한다.
```

```
  Restart=always ◀━━━ 서비스가 종료되면 항상 서비스를 다시 시작한다.
  ExecStartPre=/bin/bash \
-c '/usr/bin/docker rm -f todo || /bin/true'
  ExecStartPre=/usr/bin/docker pull dockerinpractice/todo ◀━━┐  컨테이너를 실행하기 전에 이미지가
  ExecStart=/usr/bin/docker run --name todo \               └  다운로드됐는지 확인한다.
-p 8000:8000 dockerinpractice/todo ◀━━━ ExecStart는 서비스가 시작될 때 실행될 커맨드를 정의한다.
  ExecStop=/usr/bin/docker rm -f todo ◀━━━ ExecStop은 서비스가 중지될 때 실행될 커맨드를 정의한다.

  [Install] ◀━━━ Install 섹션에는 유닛을 활성화할 때 시스템 정보를 포함한다.
  WantedBy=multi-user.target ◀━━━ 다중 사용자 대상 스테이지에 진입할 때 유닛을 시작하도록 시스템에 알린다.
ExecStartPre 서비스에서 유닛이 시작되기 전에 실행될 커맨드를 정의한다.
도커 컨테이너를 시작하기 전에 도커 컨테이너를 확실히 제거하고 항상 재시작한다.
```

설정 파일은 systemd가 프로세스를 관리할 수 있는 간단한 선언적 스키마를 제공하므로
의존성 관리의 세부 사항은 systemd 서비스에 맡겨야 한다. 즉 사용자가 세부사항을 무
시할 수 있다는 것을 의미하지는 않지만 도커 프로세스(또는 다른 프로세스)를 관리하도록
많은 툴을 마음대로 사용할 수 있게 한다.

> |참고| 도커는 기본적으로 컨테이너 재시작 정책을 설정하지 않지만 사용자가 설정한 모든 정책
> 이 대부분의 프로세스 관리자와 충돌한다는 점에 유의한다. 프로세스 관리자를 사용하는 경우에
> 재시작 정책을 설정하지 않게 한다.

새로운 유닛을 활성화하려면 systemctl enable 커맨드를 호출하면 된다. 시스템이 부팅
될 때 유닛을 자동으로 시작하게 하려면 multi-user.target.wants systemd 디렉토리에
symlink를 생성할 수도 있다. 작업이 완료되면 systemctl start를 실행해 유닛을 시작할
수 있다.

```
$ systemctl enable /etc/systemd/system/todo.service
$ ln -s '/etc/systemd/system/todo.service' \
'/etc/systemd/system/multi-user.target.wants/todo.service'
$ systemctl start todo.service
```

그후 시작될 때까지 기다린다. 문제가 있으면 결과로 알려줄 것이다.

새로 시작한 유닛이 정상인지 확인하려면 systemctl status 커맨드를 사용한다. 유닛의 정보를 출력할 것이다. 예를 들어 유닛이 실행된 시간, 프로세스 ID, 프로세스의 수많은 로그 라인을 출력할 것이다. 이때 Swarm server started port 8000라고 뜬 것을 보았다면 좋은 신호다.

```
[root@centos system]# systemctl status todo.service
todo.service - Simple ToDo Application
   Loaded: loaded (/etc/systemd/system/todo.service; enabled)
   Active: active (running) since Wed 2015-03-04 19:57:19 UTC; 2min 13s ago
  Process: 21266 ExecStartPre=/usr/bin/docker pull dockerinpractice/todo \
(code=exited, status=0/SUCCESS)
  Process: 21255 ExecStartPre=/bin/bash -c /usr/bin/docker rm -f todo || \
/bin/true (code=exited, status=0/SUCCESS)
  Process: 21246 ExecStartPre=/bin/bash -c /usr/bin/docker kill todo || \
/bin/true (code=exited, status=0/SUCCESS)
 Main PID: 21275 (docker)
   CGroup: /system.slice/todo.service
           ??21275 /usr/bin/docker run --name todo
➥ -p 8000:8000 dockerinpractice/todo

Mar 04 19:57:24 centos docker[21275]: TodoApp.js:117:         \
// TODO scroll into view
Mar 04 19:57:24 centos docker[21275]: TodoApp.js:176:         \
if (i>=list.length()) { i=list.length()-1; } // TODO .length
Mar 04 19:57:24 centos docker[21275]: local.html:30:     \
<!-- TODO 2-split, 3-split -->
Mar 04 19:57:24 centos docker[21275]: model/TodoList.js:29:         \
// TODO one op - repeated spec? long spec?
Mar 04 19:57:24 centos docker[21275]: view/Footer.jsx:61:       \
// TODO: show the entry's metadata
Mar 04 19:57:24 centos docker[21275]: view/Footer.jsx:80:         \
todoList.addObject(new TodoItem()); // TODO create default
Mar 04 19:57:24 centos docker[21275]: view/Header.jsx:25:        \
// TODO list some meaningful header (apart from the id)
Mar 04 19:57:24 centos docker[21275]: > todomvc-swarm@0.0.1 start /todo
Mar 04 19:57:24 centos docker[21275]: > node TodoAppServer.js
Mar 04 19:57:25 centos docker[21275]: Swarm server started port 8000
```

이제 8000 포트를 통해 서버에 접근할 수 있다.

토론

기술 82의 원칙을 systemd 이상에 적용할 수 있고 다른 init 시스템을 포함한 대부분의 프로세스 관리자에 유사한 방법으로 구성할 수 있다. 관심이 있다면 도커 기술을 활용해 시스템(아마도 PostgreSQL 데이터 베이스)에서 실행 중인 기존 서비스를 대체할 수 있다.

기술 83에서는 기술 77에서 생성된 SQLite 서버를 systemd에서 구현해 systemd 기술을 더 알아볼 것이다.

기술 83 ▶ 호스트 컨테이너의 시작을 오케스트레이션하기

systemd는 도커 컴포저와 달리 상용 환경에 적용할 준비가 된 성숙한 기술이다. 기술 83에서는 systemd를 사용한 도커 컴포저와 유사한 로컬 오케스트레이션 기능을 구축하는 방법을 보여줄 것이다.

> |참고| 기술 83을 적용하다 문제가 생기면 도커 버전을 업그레이드해야 한다. 도커 1.7.0 버전 이상을 사용해야 잘 동작한다.

문제

상용 환경의 한 호스트에서 복잡한 컨테이너 오케스트레이션을 관리하고 싶다.

해결책

systemd를 의존 서비스와 함께 사용해 컨테이너를 관리한다.

복잡한 시나리오에서의 systemd 사용 방법을 보여주기 위해 기술 77의 SQLite TCP 서버 예시를 다시 구현할 것이다. 그림 11.2는 계획된 systemd 서비스 유닛 설정의 의존성을 나타낸다.

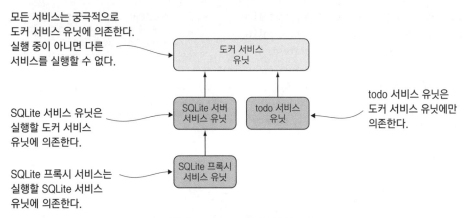

모든 서비스는 궁극적으로
도커 서비스 유닛에 의존한다.
실행 중이 아니면 다른
서비스를 실행할 수 없다.

도커 서비스
유닛

SQLite 서비스 유닛은
실행할 도커 서비스
유닛에 의존한다.

SQLite 서버
서비스 유닛

todo 서비스
유닛

todo 서비스 유닛은
도커 서비스 유닛에만
의존한다.

SQLite 프록시 서비스는
실행할 SQLite 서비스
유닛에 의존한다.

SQLite 프록시
서비스 유닛

▲ **그림 11.2** systemd 유닛 의존성 그래프

그림 11.2의 스키마는 기술 77의 도커 컴포즈 예시와 유사하다. 둘 간의 중요한 차이점은 SQLite 서비스가 단일 모놀리식 엔티티로 취급되는 대신 각 컨테이너가 개별 엔티티라는 점이다. 시나리오에서는 SQLite 프록시와 SQLite 서버와 독립적으로 각각 중지할 수 있다.

SQLite 서버 서비스의 목록은 다음과 같다. 도커 서비스에 따라 다르지만 이전 기술의 to-do 예시와 차이가 있다.

목록 11.3 /etc/systemd/system/sqliteserver.service

```
[Unit] ◀──── Unit 섹션은 systemd 객체에 대한 일반적인 정보를 정의한다.
Description=SQLite Docker Server
After=docker.service ◀──── 도커 서비스가 시작된 후 해당 유닛을 시작한다.
Requires=docker.service ◀──── 유닛을 성공적으로 실행하기 위해 도커 서비스가 실행 중이어야 한다.

[Service]
Restart=always
ExecStartPre=-/bin/touch /tmp/sqlitedbs/test
ExecStartPre=-/bin/touch /tmp/sqlitedbs/live
ExecStartPre=/bin/bash \
 -c '/usr/bin/docker kill sqliteserver || /bin/true'
ExecStartPre=/bin/bash \
 -c '/usr/bin/docker rm -f sqliteserver || /bin/true'
ExecStartPre=/usr/bin/docker \
```

도커 서비스가 시작되기 전에 SQLite 데이터베이스 파일이 존재하는지 확인한다. touch 커맨드 앞의 대시는 커맨드에서 에러 코드를 리턴하면 시작이 실패한다는 것을 systemd에 알린다.

ExecStartPre는 유닛이 시작되기 전에 실행될 커맨드를 정의한다. 유닛을 시작하기 전에 도커 컨테이너가 제거되게 하려면 ExecStartPre에 망설임 없이 위치하면 된다.

```
pull dockerinpractice/docker-compose-sqlite
ExecStart=/usr/bin/docker run --name sqliteserver \
 -v /tmp/sqlitedbs/test:/opt/sqlite/db \
dockerinpractice/docker-compose-sqlite /bin/bash -c \
'socat TCP-L:12345,fork,reuseaddr \
EXEC:"sqlite3 /opt/sqlite/db",pty'
ExecStop=/usr/bin/docker rm -f sqliteserver

[Install]
WantedBy=multi-user.target
```

← ExecStart는 서비스가 시작될 때 실행될 커맨드를 정의한다. systemd가 ExecStart 라인을 실행하기에 혼동하지 않도록 socat 커맨드로 /bin/bash –c호출로 감쌌다.

← ExecStop은 서비스가 중지될 때 실행될 커맨드를 정의한다.

컨테이너를 실행하기 전에 도커 이미지가 다운로드됐는지 확인한다.

|**팁**| systemd에서는 절대 경로를 사용해야 한다.

SQLite 프록시 서비스 목록을 보여준다. 목록 11.3과의 중요한 차이점은 프록시 서비스 는 정의한 서버 프로세스에 의존적이고 다시 도커 서비스에 의존적이다.

목록 11.4 /etc/systemd/system/sqliteproxy.service

```
[Unit]
Description=SQLite Docker Proxy
After=sqliteserver.service
Requires=sqliteserver.service

[Service]
Restart=always
ExecStartPre=/bin/bash -c '/usr/bin/docker kill sqliteproxy || /bin/true'
ExecStartPre=/bin/bash -c '/usr/bin/docker rm -f sqliteproxy || /bin/true'
ExecStartPre=/usr/bin/docker pull dockerinpractice/docker-compose-sqlite
ExecStart=/usr/bin/docker run --name sqliteproxy \
 -p 12346:12346 --link sqliteserver:sqliteserver \
dockerinpractice/docker-compose-sqlite /bin/bash \
 -c 'socat TCP-L:12346,fork,reuseaddr TCP:sqliteserver:12345'
ExecStop=/usr/bin/docker rm -f sqliteproxy

[Install]
WantedBy=multi-user.target
```

← 프록시 유닛은 이전에 정의된 sqliteserver 서비스가 실행된 이후에 실행돼야 한다.

← 프록시 서버 인스턴스가 실행하기 전에 sqliteserver 서버 인스턴스가 실행돼야 한다.

← 컨테이너를 실행한다.

두 개의 설정 파일을 통해 systemd의 제어 아래 SQLite 서비스를 설치와 실행의 토대를 마련했다. 이제 다음 서비스를 사용할 수 있다.

```
$ sudo systemctl enable /etc/systemd/system/sqliteserver.service
$ ln -s '/etc/systemd/system/sqliteserver.service' \
'/etc/systemd/system/multi-user.target.wants/sqliteserver.ser'
$ sudo systemctl enable /etc/systemd/system/sqliteproxy.service
$ ln -s '/etc/systemd/system/sqliteproxy.service' \
'/etc/systemd/system/multi-user.target.wants/sqliteproxy.service'
```

그리고 SQLite 서비스를 시작한다.

```
$ sudo systemctl start sqliteproxy
$ telnet localhost 12346
[vagrant@centos ~]$ telnet localhost 12346
Trying ::1...
Connected to localhost.
Escape character is '^]'.
SQLite version 3.8.2 2013-12-06 14:53:30
Enter ".help" for instructions
Enter SQL statements terminated with a ";"
sqlite> select * from t1;
select * from t1;
test
```

SQLite 프록시 서비스는 실행할 SQLite 서버 서비스에 의존적이어서 프록시만 시작하면 의존 서비스가 자동으로 시작된다는 점에 유의한다.

토론

로컬 머신에서 오랫동안 실행 중인 애플리케이션을 관리할 때 의존 서비스의 관리 문제를 해결해야 한다. 예를 들어 웹 애플리케이션은 서비스로서 백그라운드에서 실행될 것으로 예상할 수 있지만 데이터베이스와 웹 서버에 의존할 수도 있다. 이 내용이 익숙할 수도 있는데, 기술 13에서 웹-앱-db 구조를 다뤘다.

기술 76에서 의존성과 같은 구조를 설정하는 방법을 보여줬다. 그러나 systemd과 같은 툴은 한동안 이런 문제를 해결해 왔고 도커 컴포즈가 제공하지 않는 유연성을 제공할 수도 있다. 가령 서비스 파일을 작성한 후에는 원하는 모든 파일을 시작할 수 있고 systemd 에서는 도커 데몬 자체를 시작하더라도 의존 서비스를 시작할 수 있다.

11.2 여러 호스트에 도커를 수동으로 실행하기

머신에 도커 컨테이너를 상당히 복잡하게 배치하는 것에 익숙해졌을 것이다. 이제 더 크게 생각을 할 때다. 큰 규모로 도커를 사용하기 위해 여러 호스트로 구성하는 환경을 살펴본다.

11장의 나머지 부분에서는 헬리오스를 사용해 여러 호스트 환경을 수동으로 실행해 여러 호스트의 도커 개념을 설명한다. 12장에서 도커를 여러 호스트에서 수동으로 실행하는 것과 같은 자동화되고 정교한 방법을 알아본다.

기술 84 ▶ 헬리오스를 사용해 여러 호스트에 도커를 수동으로 실행하기

여러 머신에 애플리케이션을 배포하는 모든 제어 권한을 넘겨주는 것은 위험할 수 있다. 따라서 수동 접근 방식을 사용하면 위험하지 않을 것이다.

헬리오스는 주로 고정 인프라를 갖추고 있고 중요한 서비스에 도커를 사용하는 데 관심이 있으며 관리자가 배포하는 것에 관심을 갖는 회사에서 이상적인 솔루션이다.

문제

컨테이너를 사용해서 여러 도커 호스트를 배포할 수 있지만 실행 장소를 수동으로 제어하고 싶다.

해결책

Spotify의 헬리오스 툴을 사용해서 다른 호스트의 컨테이너를 세밀하게 관리한다.

헬리오스는 현재 상용 서버를 관리하기 위해 Spotify에서 사용하는 툴이며, 시작하기도 쉽고 안정적이다. 헬리오스를 사용하면 여러 호스트에 도커 컨테이너를 배포 및 관리할 수 있다. 또한 실행할 대상과 실행 위치를 지정하는 데 사용할 수 있는 단일 커맨드 라인 인터페이스와 현재 재생 상태를 살펴볼 수 있는 기능도 제공한다.

여기서 간단히 헬리오스를 소개한다. 단순하게 도커 내부의 단일 노드에 모두 실행할 예정이니 걱정하지 않아도 된다. 여러 호스트에서 도커가 실행되는 것처럼 명확할 것이다. 헬리오스의 하이 레벨 아키텍처는 그림 11.3에 설명한다.

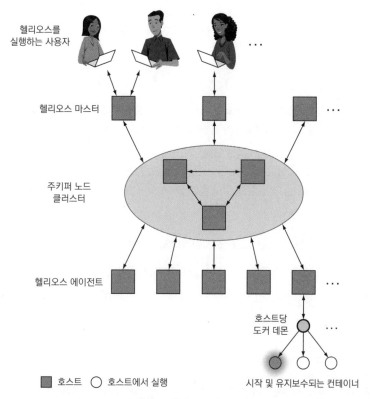

▲ **그림 11.3** 헬리오스 설치 조감도

헬리오스를 실행할 때 한 가지 서비스 즉, 주키퍼를 추가해야 한다. 헬리오스는 주키퍼를 사용해 모든 호스트의 상태를 추적하고 마스터와 에이전트 사이의 통신 채널로 활용한다.

| **팁** | 주키퍼는 자바로 개발된 경량 분산 데이터베이스로서 설정 정보 저장에 최적화돼 있다. 또한 아파치 오픈소스 소프트웨어 제품 중 하나다. 주키퍼 기능은 etcd와 유사하다(9장에서 다뤘고 11장에서 다시 살펴본다).

기술 84를 통해 주키퍼가 확장성과 신뢰성을 모두 얻을 수 있도록 여러 노드에 데이터를 분산 저장한다는 점을 기억해야 한다. 9장의 etcd 설명과 비슷한 내용이라 친숙할 것이다. 두 툴은 거의 비슷한 기능을 갖고 있다.

기술 84에서 사용할 단일 주키퍼 인스턴스를 시작하려면 다음 커맨드를 실행한다.

```
$ docker run --name zookeeper -d jplock/zookeeper:3.4.6
cd0964d2ba18baac58b29081b227f15e05f11644adfa785c6e9fc5dd15b85910
$ docker inspect -f '{{.NetworkSettings.IPAddress}}' zookeeper
<*co>172.17.0.9
```

> |참고| 특정 노드에서 주키퍼 인스턴스가 시작될 때 포트를 노출해 다른 호스트에서 주키퍼 인스턴스에 접근할 수 있게 하고 볼륨을 사용해 데이터를 유지하고 싶다.
>
> 사용해야 할 포트와 디렉토리의 자세한 내용은 도커 허브의 도커 파일(https://hub.docker.com/r/jplock/zookeeper/dockerfile/)을 참고한다. 또한 여러 노드에서 주키퍼를 실행하고 싶을 텐데 주키퍼 클러스터를 구성하는 것은 기술 84의 범위에서 벗어난다.

주키퍼가 저장한 데이터는 zkCli.sh을 사용해 대화식이나 입력 파이프로 확인할 수 있다. zkCli.sh를 처음 실행할 때 많은 로그가 출력되지만 커맨드를 실행할 수 있는 대화형 프롬프트가 나타날 것이다. 그리고 프롬프트에서 주키퍼 데이터가 저장된 파일 트리와 같은 구조를 살펴볼 수 있을 것이다.

```
$ docker exec -it zookeeper bin/zkCli.sh
Connecting to localhost:2181
2015-03-07 02:56:05,076 [myid:] - INFO  [main:Environment@100] - Client ›
environment:zookeeper.version=3.4.6-1569965, built on 02/20/2014 09:09 GMT
2015-03-07 02:56:05,079 [myid:] - INFO  [main:Environment@100] - Client ›
environment:host.name=917d0f8ac077
2015-03-07 02:56:05,079 [myid:] - INFO  [main:Environment@100] - Client ›
environment:java.version=1.7.0_65
2015-03-07 02:56:05,081 [myid:] - INFO  [main:Environment@100] - Client ›
environment:java.vendor=Oracle Corporation
[...]
2015-03-07 03:00:59,043 [myid:] - INFO
➥ [main-SendThread(localhost:2181):ClientCnxn$SendThread@1235] -
➥ Session establishment complete on server localhost/0:0:0:0:0:0:0:1:2181,
➥ sessionid = 0x14bf223e159000d, negotiated timeout = 30000
```

```
WATCHER::

WatchedEvent state:SyncConnected type:None path:null
[zk: localhost:2181(CONNECTED) 0] ls /
[zookeeper]
```

주키퍼 클라이언트는 아무 문제없이 실행 중이다. 현재 주키퍼에 저장되고 있는 정보는 주키퍼 내부 정보뿐이다. 주키퍼 클라이언트 프롬프트를 열어두자. 이후에 진행하면서 다시 사용할 것이다.

헬리오스는 다음과 같은 세 부분으로 나뉜다.

- **마스터**master: 주키퍼에서 변경하기 위한 인터페이스로 사용된다.
- **에이전트**agent: 모든 도커 호스트에서 실행되며 주키퍼 기반의 컨테이너를 시작 및 중지하며 상태를 다시 알린다.
- **커맨드 라인 툴**: 마스터에 요청하는 데 사용된다.

그림 11.4는 단일 호스트에서 헬리오스를 설치한 최종 시스템에서 어떻게 내부 컴포넌트가 함께 연계돼 있는지 보여준다(화살은 데이터 흐름을 나타낸다).

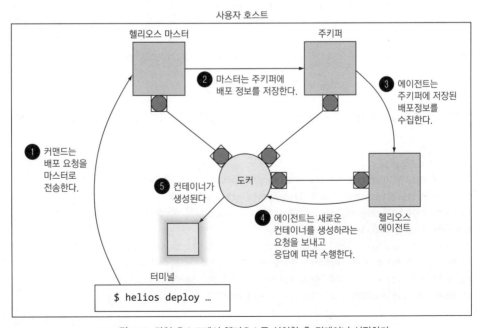

▲ **그림 11.4** 단일 호스트에서 헬리오스를 설치한 후 컨테이너 시작하기

주키퍼가 실행 중이다. 이제 헬리오스를 시작할 것이다. 이전에 시작한 주키퍼 노드의 IP 주소를 지정해 마스터를 실행해야 한다.

```
$ IMG=dockerinpractice/docker-helios
$ docker run -d --name hmaster $IMG helios-master --zk 172.17.0.9
896bc963d899154436938e260b1d4e6fdb0a81e4a082df50043290569e5921ff
$ docker logs --tail=3 hmaster
03:20:14.460 helios[1]: INFO  [MasterService STARTING] ContextHandler: >
Started i.d.j.MutableServletContextHandler@7b48d370{/,null,AVAILABLE}
03:20:14.465 helios[1]: INFO  [MasterService STARTING] ServerConnector: >
Started application@2192bcac{HTTP/1.1}{0.0.0.0:5801}
03:20:14.466 helios[1]: INFO  [MasterService STARTING] ServerConnector: >
Started admin@28a0d16c{HTTP/1.1}{0.0.0.0:5802}
$ docker inspect -f '{{.NetworkSettings.IPAddress}}' hmaster
172.17.0.11
```

주키퍼의 새로운 정보를 확인한다.

```
[zk: localhost:2181(CONNECTED) 1] ls /
[history, config, status, zookeeper]
[zk: localhost:2181(CONNECTED) 2] ls /status/masters
[896bc963d899]
[zk: localhost:2181(CONNECTED) 3] ls /status/hosts
[]
```

헬리오스 마스터가 자기 노드를 마스터로 등록하는 것을 포함해 여러 새로운 설정을 생성한 것으로 보인다. 불행히도 아직 호스트가 없다.

현재 호스트의 도커 소캣을 사용해 컨테이너를 시작할 에이전트를 시작하면 호스트가 생길 것이다.

```
$ docker run -v /var/run/docker.sock:/var/run/docker.sock -d --name hagent \
dockerinpractice/docker-helios helios-agent --zk 172.17.0.9
5a4abcb271070d0171ca809ff2beafac5798e86131b72aeb201fe27df64b2698
$ docker logs --tail=3 hagent
03:30:53.344 helios[1]: INFO  [AgentService STARTING] ContextHandler: >
Started i.d.j.MutableServletContextHandler@774c71b1{/,null,AVAILABLE}
03:30:53.375 helios[1]: INFO  [AgentService STARTING] ServerConnector: >
Started application@7d9e6c27{HTTP/1.1}{0.0.0.0:5803}
```

```
03:30:53.376 helios[1]: INFO  [AgentService STARTING] ServerConnector: >
Started admin@2bceb4df{HTTP/1.1}{0.0.0.0:5804}
$ docker inspect -f '{{.NetworkSettings.IPAddress}}' hagent
172.17.0.12
```

다시 한 번 주키퍼를 확인한다.

```
[zk: localhost:2181(CONNECTED) 4] ls /status/hosts
[5a4abcb27107]
[zk: localhost:2181(CONNECTED) 5] ls /status/hosts/5a4abcb27107
[agentinfo, jobs, environment, hostinfo, up]
[zk: localhost:2181(CONNECTED) 6] get /status/hosts/5a4abcb27107/agentinfo
{"inputArguments":["-Dcom.sun.management.jmxremote.port=9203", [...]
[...]
```

/status/hosts에 하나의 항목이 포함돼 있음을 알 수 있다. 호스트의 주키퍼 디렉토리에
들어가면 헬리오스가 호스트에 저장하는 내부 정보가 나타난다.

> |참고| 여러 호스트에서 실행 중인 경우 --name $(hostname -f)를 헬리오스 마스터와 에이전트
> 모두에 매개변수로 전달한다. 마스터는 5801 포트와 5802 포트를, 에이전트는 5803 포트와 5804
> 포트를 노출해야 한다.

헬리오스를 더 쉽게 작업할 수 있다.

```
$ alias helios="docker run -i --rm dockerinpractice/docker-helios \
helios -z http://172.17.0.11:5801"
```

앨리어스에서 헬리오스를 실행하는 것은 원하는 동작을 수행하기 위해 컨테이너를 시작
한다. 즉 올바른 헬리오스 클러스터를 시작한다는 것을 뜻한다. 커맨드 라인 인터페이스
는 주키퍼가 아닌 헬리오스 마스터를 가리킬 필요가 있다는 점에 유의한다.

이제 모두 준비됐다. 헬리오스 클러스터와 쉽게 상호 작용하는 예시를 소개한다.

```
$ helios create -p nc=8080:8080 netcat:v1 ubuntu:14.04.2 -- \
sh -c 'echo hello | nc -l 8080'
Creating job: {"command":["sh","-c","echo hello | nc -l 8080"], >
```

```
"creatingUser":null,"env":{},"expires":null,"gracePeriod":null, >
"healthCheck":null,"id": >
"netcat:v1:2067d43fc2c6f004ea27d7bb7412aff502e3cdac", >
"image":"ubuntu:14.04.2","ports":{"nc":{"externalPort":8080, >
"internalPort":8080,"protocol":"tcp"}},"registration":{}, >
"registrationDomain":"","resources":null,"token":"","volumes":{}}
Done.
netcat:v1:2067d43fc2c6f004ea27d7bb7412aff502e3cdac
```

```
$ helios jobs
JOB ID            NAME    VERSION HOSTS COMMAND              ENVIRONMENT
netcat:v1:2067d43 netcat  v1      0     sh -c "echo hello | nc -l 8080"
```

헬리오스는 작업^{job} 개념을 기반으로 구축돼 있다. 실행될 모든 작업은 실행될 호스트로 전송되기 전에 작업으로 표현된다. 적어도 헬리오스가 컨테이너를 시작하기 위해 알아야 할 기본 사항으로 실행할 커맨드, 모든 포트, 볼륨, 환경을 포함한 이미지가 필요하다. 또한 상태 확인, 만료일, 서비스 등록을 포함한 여러 고급 옵션을 필요할 수 있다.

커맨드는 8080 포트에서 수신 대기하는 작업을 생성하고 8080 포트에 처음 연결하자마자 'hello'를 출력한 후 종료한다.

helios hosts를 사용해 작업 배포에 사용할 수 있는 호스트를 나열한 다음 실제로 helios deploy를 사용해서 배포를 수행할 수 있다. 그러면 helios status 커맨드를 실행하면 작업이 성공적으로 시작된 것을 알 수 있다.

```
$ helios hosts
HOST          STATUS        DEPLOYED RUNNING CPUS MEM  LOAD AVG MEM USAGE >
OS                          HELIOS  DOCKER
5a4abcb27107.Up 19 minutes 0        0       4    7 gb 0.61     0.84      >
Linux 3.13.0-46-generic 0.8.213 1.3.1 (1.15)
$ helios deploy netcat:v1 5a4abcb27107
Deploying Deployment{jobId=netcat:v1: >
2067d43fc2c6f004ea27d7bb7412aff502e3cdac, goal=START, deployerUser=null} >
on [5a4abcb27107]
5a4abcb27107: done
$ helios status
JOB ID            HOST          GOAL  STATE   CONTAINER ID PORTS
netcat:v1:2067d43 5a4abcb27107.START RUNNING b1225bc      nc=8080:8080
```

헬리오스 서비스가 제대로 동작하는지 확인한다.

```
$ curl localhost:8080
hello
$ helios status
JOB ID            HOST        GOAL  STATE          CONTAINER ID PORTS
netcat:v1:2067d43 5a4abcb27107.START PULLING_IMAGE b1225bc      nc=8080:8080
```

curl 결과를 보면 서비스가 동작하고 있음을 확실히 알 수 있다. helios status 결과를 보면 흥미로운 정보를 보여준다. 작업을 정의할 때 작업이 'hello'를 출력한 후 작업을 종료하도록 했다. 이전 helios status 출력을 보면 PULLING_IMAGE 상태가 표시된다는 점에 주목하자. 헬리오스 상태는 헬리오스가 작업을 관리하는 상태를 의미한다. 호스트에 작업을 배포한다면 헬리오스는 해당 작업을 동작을 계속하도록 유지한다. 여기서 보는 헬리오스 상태는 헬리오스가 작업을 시작 과정을 처리하다 우연히 이미지를 다운로드하는 상태에 있음을 알리는 것이다.

마지막으로 사용하지 않는 작업을 정리해야 한다.

```
$ helios undeploy -a --yes netcat:v1
Undeploying netcat:v1:2067d43fc2c6f004ea27d7bb7412aff502e3cdac from >
[5a4abcb27107]
5a4abcb27107: done
$ helios remove --yes netcat:v1
Removing job netcat:v1:2067d43fc2c6f004ea27d7bb7412aff502e3cdac
netcat:v1:2067d43fc2c6f004ea27d7bb7412aff502e3cdac: done
```

모든 노드에 작업 삭제(필요하면 자동으로 더 이상 작업이 재시작이 되지 않도록 종료)를 요청한다. 그후 작업 자체를 삭제한다. 즉 더 이상 노드에 배포할 수 없다는 의미다.

토론

헬리오스는 여러 호스트에 컨테이너를 배포할 수 있는 간단하고 신뢰할 수 있는 솔루션이다. 나중에 소개할 여러 기술과 달리 적절한 배포 장소를 결정하는 기능은 없다. 헬리오스는 매우 간단한 형태로 정확히 원하는 장소에서 컨테이너를 시작한다.

그러나 단순성은 자원 제한, 동적 확장 등과 같은 고급 배포 시나리오 관점에서 맞지 않아서 상용 배포 환경에 쿠버네티스(기술 88)와 같은 툴을 통해 원하는 동작을 실행할 수 있을 것이다.

11.3 서비스 탐색

11장에서는 서비스 탐색을 오케스트레이션의 또 다른 측면으로 언급했다. 수백 대의 머신에 애플리케이션을 배포할 수 있지만 어떤 애플리케이션이 어디에 있는지 알 수 없다면 실제로 사용할 수 없다.

서비스 탐색은 오케스트레이션 영역에서 완벽하지 않지만 경쟁자가 여전히 많다. 경쟁자 모두 약간 다른 기능들을 제공하는 것만으로 도움이 되지 않는다.

서비스 탐색과 관련해 좋은 기능으로 일반 키/값 저장소와 편리한 인터페이스를 통해 서비스 엔드 포인트를 탐색하는 방법(예, DNS)이 있다. SkyDNS(여기서 설명하지 않음)는 후자의 예시다. 실제로 SkyDNS는 필요한 정보를 저장하기 위해 etcd를 사용한다.

기술 85 ▸ 컨설로 서비스 탐색하기

etcd는 매우 인기 있는 툴이지만 특별한 경쟁자로 컨설이 있다. etcd와 비슷한 툴이어서 이상하다고 생각할 것이다(주키퍼는 etcd와 비슷한 기능이 있지만 다른 언어로 구현된다). 반면에 컨설은 서비스 탐색과 상태 확인과 같은 추가 기능이 있어서 차별점이 있다. 가볍게 보면 컨설은 etcd, SkyDNS, Nagios가 하나로 합쳐진 것처럼 보이는 툴이다.

문제

정보를 분산하고 내부 서비스를 탐색하며 여러 컨테이너를 모니터링하고 싶다.

해결책

각 도커 호스트에서 서비스 디렉토리와 통신 설정 시스템을 제공하기 위해 컨설과 컨테이너를 함께 시작한다.

컨설은 많은 독립 서비스를 조율하기 위한 툴이다. 작업을 다른 툴에서 수행할 수 있지만 한 장소에서 설정하는 것이 유용하다. 하이 레벨 관점에 보면 컨설은 다음 기능을 제공한다.

- **서비스 설정**: etcd, 주키퍼와 같은 작은 값을 저장하고 공유하는 키/값 저장소다.
- **서비스 탐색**: SkyDNS와 같이 서비스를 등록할 수 있는 API와 API를 탐색할 수 있는 DNS 엔드 포인트가 있다.
- **서비스 모니터링**: Nagios와 같은 상태 확인을 등록하기 위한 API가 있다.

기능마다 묶여 있지 않아서 세 기능을 모두, 일부 또는 한 가지로 사용할 수 있다. 기존 모니터링 인프라가 있다면 컨설로 교체할 필요가 없다.

기술 85에서는 컨설의 서비스 탐색 및 서비스 모니터링 측면을 다루지만 키/값 스토리지는 다루지 않는다. etcd와 컨설 간의 비슷한 점을 9장(기술 74와 기술 75)에서 잘 다루고 있다. 자세한 내용은 컨설 공식 문서를 참고하길 바란다.

그림 11.5는 일반적인 컨설 설정을 보여준다.

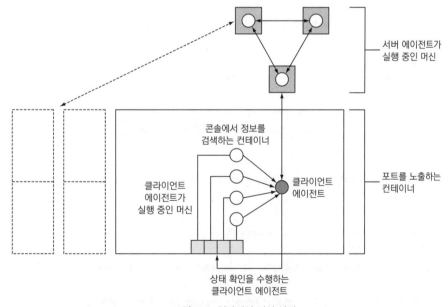

서버 에이전트가
실행 중인 머신

콘솔에서 정보를
검색하는 컨테이너

클라이언트
에이전트가
실행 중인 머신

클라이언트
에이전트

포트를 노출하는
컨테이너

상태 확인을 수행하는
클라이언트 에이전트

▲ **그림 11.5** 일반적인 컨설 설정

컨설에 저장된 데이터는 서버 에이전트^{server agent}의 책임이다. 서버 에이전트는 일치된 저장 정보를 형성할 책임이 있다. 이 개념은 대부분 분산 데이터 스토리지 시스템에 존재한다. 즉 서버 에이전트의 절반 이하를 잃게 되면 데이터를 복구할 수 있는 것이 보장된다(기술 74의 etcd를 사용한 예시를 참조). 서버는 매우 중요하고 더 많은 자원 요구사항이 있어서 전용 시스템에 보관하는 것이 일반적인 선택이다.

> |**참고**| 기술 85의 커맨드는 컨테이너 내부에 컨설 데이터 디렉토리(/data)를 유지하지만 일반적으로 데이터 디렉토리를 백업해 서버 볼륨으로 지정하는 것이 좋다.

컨설과 상호 작용하려는 모든 머신은 클라이언트 에이전트를 실행한다. 클라이언트 에이전트는 요청을 서버로 전달하고 상태를 확인한다.

컨설을 실행하는 첫 번째 단계는 서버 에이전트를 시작하는 것이다.

```
c1 $ IMG=dockerinpractice/consul-server
c1 $ docker pull $IMG
[...]
c1 $ ip addr | grep 'inet ' | grep -v 'lo$\|docker0$\|vbox.*$'
    inet 192.168.1.87/24 brd 192.168.1.255 scope global wlan0
c1 $ EXTIP1=192.168.1.87
c1 $ echo '{"ports": {"dns": 53}}' > dns.json
c1 $ docker run -d --name consul --net host \
-v $(pwd)/dns.json:/config/dns.json $IMG -bind $EXTIP1 -client $EXTIP1 \
-recursor 8.8.8.8 -recursor 8.8.4.4 -bootstrap-expect 1
88d5cb48b8b1ef9ada754f97f024a9ba691279e1a863fa95fa196539555310c1
c1 $ docker logs consul
[...]
        Client Addr: 192.168.1.87 (HTTP: 8500, HTTPS: -1, DNS: 53, RPC: 8400)
       Cluster Addr: 192.168.1.87 (LAN: 8301, WAN: 8302)
[...]
==> Log data will now stream in as it occurs:

   2015/08/14 12:35:41 [INFO] serf: EventMemberJoin: mylaptop 192.168.1.87
[...]
   2015/08/14 12:35:43 [INFO] consul: member 'mylaptop' joined, marking >
```

```
health alive
    2015/08/14 12:35:43 [INFO] agent: Synced service 'consul'
```

컨설을 DNS 서버로 사용할 것이다. 컨설이 읽는 설정 디렉토리에 53 포트(DNS 프로토콜의 등록 포트)에 수신 대기하도록 dns.json 파일을 추가했다. 그후 이전 기술에서 알게 된 커맨드를 사용해 다른 에이전트와 통신하거나 클라이언트 요청을 듣기 위해 머신의 외부 IP 주소를 찾으려고 시도한다.

> |참고| IP 주소 0.0.0.0은 보통 애플리케이션이 머신에서 사용 가능한 모든 인터페이스를 수신해야 함을 나타낸다. 일부 리눅스 배포판의 DNS 캐싱 데몬은 127.0.0.1에서 수신 대기하므로 0.0.0.0:53으로 수신을 받도록 허용되지 않기에 참고하길 바란다.

docker run 커맨드에 다음과 같은 세 가지 참고 사항이 있다.

- --net host를 사용해 컨테이너가 독립적인 네트워크 영역을 갖지 않아서 호스트와 네트워크를 함께 사용하게 한다. 도커 세계에서는 옵션을 이상하게 보지만 여기에서는 커맨드 라인에 최대 8개의 포트를 노출한다. 개인적인 취향이지만 여기서는 사용할 수 있다. 또한 UDP 통신의 잠재적인 문제를 무시하는 데 도움이 된다. 직접 경로를 사용하려면 DNS 포트를 설정할 필요가 없다. 호스트에서 기본 컨설 DNS 포트(8600)를 53 포트로 표시할 수 있다.
- 두 recursor 매개변수는 컨설에 요청한 주소를 모른다면 어느 DNS 서버를 검색해야 하는지 알고 싶을 때 사용한다.
- -bootstrap-expect 1 매개변수는 컨설 클러스터가 하나의 에이전트로만 동작한다는 것을 의미하므로 장애에 견고하지 않다. 보통 -bootstrap-expect 1 매개변수는 클러스터의 필수 서버들이 조인(join)할 때까지 클러스터가 시작되지 않도록 3이상으로 설정한다. 서버 에이전트를 추가하려면 -join 매개변수를 추가한다.

두 번째 머신으로 이동해 클라이언트 에이전트를 시작하고 에이전트를 클러스터에 추가한다.

```
c2 $ IMG=dockerinpractice/consul-agent
c2 $ docker pull $IMG
[...]
c2 $ EXTIP1=192.168.1.87
c2 $ ip addr | grep docker0 | grep inet
    inet 172.17.42.1/16 scope global docker0
c2 $ BRIDGEIP=172.17.42.1
c2 $ ip addr | grep 'inet ' | grep -v 'lo$\|docker0$'
    inet 192.168.1.80/24 brd 192.168.1.255 scope global wlan0
c2 $ EXTIP2=192.168.1.80
c2 $ echo '{"ports": {"dns": 53}}' > dns.json
c2 $ docker run -d --name consul-client --net host \
-v $(pwd)/dns.json:/config/dns.json $IMG -client $BRIDGEIP -bind $EXTIP2 \
-join $EXTIP1 -recursor 8.8.8.8 -recursor 8.8.4.4
5454029b139cd28e8500922d1167286f7e4fb4b7220985ac932f8fd5b1cdef25
c2 $ docker logs consul-client
[...]
    2015/08/14 19:40:20 [INFO] serf: EventMemberJoin: mylaptop2 192.168.1.80
[...]
    2015/08/14 13:24:37 [INFO] consul: adding server mylaptop >
(Addr: 192.168.1.87:8300) (DC: dc1)
```

모든 클라이언트 서비스(HTTP, DNS 등)가 도커 브릿지 IP 주소에서 수신하도록 구성됐다. 컨테이너에서 컨설로부터 정보를 탐색할 수 있도록 알려진 주소를 제공하고 머신 내부에서만 컨설을 노출시켜 다른 머신에서 클라이언트 에이전트를 통해 서버 에이전트로 가는 느린 경로를 택하지 않고 서버 에이전트에 직접 접근하게 한다. 브릿지 IP 주소가 모든 호스트에서 일치하게 하려면 도커 데몬에 관한 --bip 매개변수를 참조한다.

이전처럼 외부 IP 주소를 탐색할 수 있고 IP에 클러스터 통신에 연결했다. -join 매개변수는 초기에 클러스터를 탐색할 IP를 컨설에 알려준다. 클러스터 형성을 세밀하게 관리하는 것을 걱정하지 않아도 된다. 두 에이전트가 초기에 서로 통신하면 클러스터의 다른 에이전트를 찾는 정보를 서로 전송하며 통신하는데, 가십[gossip] 프로토콜이라 한다. 마지막으로 -recursor 매개변수는 등록된 서비스가 아닌 DNS 요청에 대해 업스트림 DNS 서버에 질의하도록 업스트림 DNS 서버 주소를 컨설에 알린다.

에이전트가 클라이언트 시스템의 HTTP API를 사용해 서버에 연결됐는지 확인하자. 사용할 API 호출의 응답으로 클라이언트 에이전트가 현재 클러스터에 있다고 여기는 멤버목록을 받는다. 빨리 변경되는 큰 클러스터에서는 항상 클러스터의 멤버가 일치하지는 않는데 이에 관한 API가 존재한다.

```
c2 $ curl -sSL $BRIDGEIP:8500/v1/agent/members | tr ',' '\n' | grep Name
[{"Name":"mylaptop2"
{"Name":"mylaptop"
```

컨설 인프라가 구축됐고 서비스를 등록하고 탐색할 수 있는 방법을 확인하자. 등록하는일반적인 프로세스는 애플리케이션이 초기화한 후 로컬 클라이언트 에이전트에 API 호출을 한다. 클라이언트 에이전트가 정보를 서버 에이전트에 알리도록 요구하는 것이다. 예를 들어 등록 단계를 수동으로 진행한다.

```
c2 $ docker run -d --name files -p 8000:80 ubuntu:14.04.2 \
python3 -m http.server 80
96ee81148154a75bc5c8a83e3b3d11b73d738417974eed4e019b26027787e9d1
c2 $ docker inspect -f '{{.NetworkSettings.IPAddress}}' files
172.17.0.16
c2 $ /bin/echo -e 'GET / HTTP/1.0\r\n\r\n' | nc -i1 172.17.0.16 80 \
| head -n 1
HTTP/1.0 200 OK
c2 $ curl -X PUT --data-binary '{"Name": "files", "Port": 8000}' \
$BRIDGEIP:8500/v1/agent/service/register
```

```
c2 $ docker logs consul-client | tail -n 1
   2015/08/15 03:44:30 [INFO] agent: Synced service 'files'
```

여기서 컨테이너에 간단한 HTTP 서버를 설정한다. 호스트에 8000 포트를 노출시키고
컨테이너가 동작하는지 확인했다. 그후 서비스 정의를 등록하기 위해 curl과 컨설 HTTP
API를 사용했다. 이때 절대적으로 필요한 것은 서비스 이름뿐인데 포트는 컨설 문서에
나열된 다른 필드와 함께 모두 선택 사항이다. ID 필드를 언급할 가치가 있는데 기본적
으로 서비스 이름을 사용하지만 서비스 이름은 모든 서비스에서 고유해야 한다. 서비스
의 여러 인스턴스를 한 번에 지정하고 싶다면 인스턴스를 연결해 명시하면 된다.

이전 컨설의 로그 라인을 살펴보면 서비스가 동기화^{Synced}돼 있는지 알 수 있다. 따라서
서비스 DNS 인터페이스를 통해 서비스 정보를 확인할 수 있다. 서비스 정보는 서버 에이
전트로부터 받았기에 서비스가 컨설 목록으로 받아들여졌음을 확인하는 역할을 한다. dig
커맨드를 사용해 서비스 DNS 정보를 절의하고 해당 DNS 정보가 있는지 확인한다.

서버 에이전트 DNS로부터 파일 서비스(files.service.consul)의 IP 주소를 찾는다. DNS 서비스는
컨설 클러스터에 없는 임의의 시스템에서 사용할 수 있으므로 서비스 탐색으로부터 혜택을 받을 수 있다.

```
c2 $ EXTIP1=192.168.1.87
c2 $ dig @$EXTIP1 files.service.consul +short
192.168.1.80
c2 $ BRIDGEIP=172.17.42.1
c2 $ dig @$BRIDGEIP files.service.consul +short    ◀      클라이언트 에이전트 DNS에서 파일 서비스의
192.168.1.80                                              IP 주소를 찾는다. $BRIDGEIP를 사용해 실패
                                                          한다면 $EXTIP1로 시도하면 된다.
c2 $ dig @$BRIDGEIP files.service.consul srv +short  ◀    클라이언트 에이전트 DNS에서 파일
1 1 8000 mylaptop2.node.dc1.consul.                        서비스의 SRV 레코드를 요청한다.
c2 $ docker run -it --dns $BRIDGEIP ubuntu:14.04.2 bash  ◀  로컬 클라이언트 에이전트를 유일한 DNS
root@934e9c26bc7e:/# ping -c1 -q www.google.com    ◀       서버로 사용하도록 설정된 컨테이너를 시작한다.
PING www.google.com (216.58.210.4) 56(84) bytes of data.   외부 주소를 조회하는 기능이
                                                           여전히 작동하는지 확인한다.

--- www.google.com ping statistics ---
1 packets transmitted, 1 received, 0% packet loss, time 0ms
rtt min/avg/max/mdev = 25.358/25.358/25.358/0.000 ms        컨테이너 내부에서 서비스 탐색이
root@934e9c26bc7e:/# ping -c1 -q files.service.consul  ◀    자동으로 동작하는지 확인한다.
PING files.service.consul (192.168.1.80) 56(84) bytes of data.

--- files.service.consul ping statistics ---
```

```
1 packets transmitted, 1 received, 0% packet loss, time 0ms
rtt min/avg/max/mdev = 0.062/0.062/0.062/0.000 ms
```

> |참고| SRV 레코드는 DNS(프로토콜, 포트, 기타 항목을 포함)가 서비스 정보를 전달하는 방식이
> 다. 예시의 응답을 살펴보면 포트 번호를 확인할 수 있고 IP 주소 대신 서비스를 제공하는 시스템
> 의 정식 호스트 이름을 전달받을 수도 있다.

고급 사용자는 도커 데몬 자체에 --dns 매개변수와 --bip 매개변수를 설정한다면 수동으
로 --dns 매개변수를 설정하지 않아도 된다. 그러나 컨설 에이전트의 기본값을 재정의해
야 하거나 예기치 않게 동작하며 종료될 수 있다.

기술 80에서 설명한 컨설 DNS 서비스와 도커 가상 네트워크 사이의 유사점은 흥미롭다.
둘 다 사용자가 읽을 수 있는 이름으로 컨테이너를 탐색할 수 있게 해주고 도커는 오버레
이 네트워크의 여러 노드에서 탐색 작업을 수행할 수 있는 내장된 기능이 있다. 중요한
차이점은 컨설이 도커 외부에 존재하기 때문에 기존 시스템과 통합하기가 더 쉽다.

하지만 컨설은 흥미로운 특징인 '상태 확인health check'이 있다.

상태 확인은 커다란 주제라서 컨설 공식 문서를 살펴보면 이해가 쉽다. 여기에서는 모니
터링 스크립트만 살펴볼 것이다. 스크립트는 특정 커맨드를 실행하고 커맨드의 리턴 값을
기반으로 상태를 설정한다. 성공은 0, 경고는 1, 중요하면 다른 값을 지정한다. 서비스를
처음 정의할 때나 별도의 API를 호출할 때 상태 확인을 등록할 수 있다.

```
c2 $ cat >check <<'EOF'       ◀─── 서비스의 HTTP 상태 코드가 '200 OK'인지 확인하는 확인 스크립트를 생성한다.
 #!/bin/sh                         스크립트로 전달된 서비스 ID에서 서비스 포트를 매개변수로 조회한다.
set -o errexit
set -o pipefail

SVC_ID="$1"
SVC_PORT=\
"$(wget -qO - 172.17.42.1:8500/v1/agent/services | jq ".$SVC_ID.Port")"
wget -qsO - "localhost:$SVC_PORT"
echo "Success!"
EOF
```

```
c2 $ cat check | docker exec -i consul-client sh -c \
'cat > /check && chmod +x /check'  ◄────── 확인 스크립트를 컨설 에이전트 컨테이너에 복사한다.
 c2 $ cat >health.json <<'EOF'  ◄
 {                                      컨설 HTTP API로 보낼 상태 확인 정의를 생성한다. 서비스 ID는
  "Name": "filescheck",                 ServiceID 필드와 스크립트 커맨드 라인 모두에 지정해야 한다.
  "ServiceID": "files",
  "Script": "/check files",
  "Interval": "10s"
}
EOF
c2 $ curl -X PUT --data-binary @health.json \
172.17.42.1:8500/v1/agent/check/register  ◄────── 상태 확인 JSON을 컨설 에이전트에 제출한다.
c2 $ sleep 300  ◄────── 서버 에이전트와 통신하는 점검 출력을 기다린다.
c2 $ curl -sSL 172.17.42.1:8500/v1/health/service/files | \
python -m json.tool | head -n 13  ◄────── 등록한 점검에 관한 상태 확인 정보를 얻는다.
 [
    {
        "Checks": [
            {
                "CheckID": "filescheck",
                "Name": "filescheck",
                "Node": "mylaptop2",
                "Notes": "",
                "Output": "/check: line 6: jq: not \
found\nConnecting to 172.17.42.1:8500 (172.17.42.1:8500)\n",
                "ServiceID": "files",
                "ServiceName": "files",
                "Status": "critical"
            },
c2 $ dig @$BRIDGEIP files.service.consul srv +short  ◄────── files 서비스를 찾는다. 출력 결과는 없다.
c2 $
```

> **|참고|** 실행할 때마다 상태 확인 출력이 변경될 수 있으므로(예: 타임스탬프) 컨설은 상태가 변경
> 될 때나 5분 주기(주기 설정 가능)로 점검 출력을 서버와 동기화한다. 상태 값이 심각한 값이라면
> (이때는 초기 상태 변경이 없음) 출력을 받기까지, 주기 시간만큼 기다려야 한다.

10초마다 files 서비스의 상태 확인이 실행되도록 추가했지만 확인 결과, 서비스가 심각한 것으로 나타났다. 그래서 컨설은 DNS에서 리턴한 항목에서 자동으로 실패한 엔드포인트를 제거함으로써 엔드포인트를 보지 않게 한다. 특히 상용 환경의 여러 백엔드 서비스에서 서버를 자동으로 제거하는 데 유용하다.

발생하는 문제의 근본 원인은 컨테이너 안에서 컨설을 실행할 때 알아야 원인이기도 하다. 또한 컨테이너 내부에서 모든 점검을 실행하기에 점검 스크립트를 컨테이너에 복사해야 하므로 필요한 커맨드가 컨테이너에 설치돼 있는지 확인해야 한다. 특별한 경우에 이미지에 계층을 추가하는 것이 올바른 접근 방식이지만 수동 설치해야 한다. jq 커맨드(JSON에서 정보를 추출하는 데 유용한 유틸리티)가 누락될 수 있다.

```
c2 $ docker exec consul-client sh -c 'apk update && apk add jq'
fetch http://dl-4.alpinelinux.org/alpine/v3.2/main/x86_64/APKINDEX.tar.gz
v3.2.3 [http://dl-4.alpinelinux.org/alpine/v3.2/main]
OK: 5289 distinct packages available
(1/1) Installing jq (1.4-r0)
Executing busybox-1.23.2-r0.trigger
OK: 14 MiB in 28 packages
c2 $ docker exec consul-client sh -c \
'wget -qO - 172.17.42.1:8500/v1/agent/services | jq ".files.Port"'
8000
c2 $ sleep 15
c2 $ curl -sSL 172.17.42.1:8500/v1/health/service/files | \
python -m json.tool | head -n 13
[
    {
        "Checks": [
            {
                "CheckID": "filescheck",
                "Name": "filescheck",
                "Node": "mylaptop2",
                "Notes": "",
                "Output": "Success!\n",
                "ServiceID": "files",
                "ServiceName": "files",
                "Status": "passing"
            },
```

알파인 리눅스(기술 57 참조) 패키지 매니저를 사용해 이미지에 jq를 설치했다. 이전에 스크립트에서 실패했던 라인을 수동으로 실행해 작동하는지 확인했고 다시 실행될 때까지 기다렸다. 이제 성공할 것이다.

상태 확인 스크립트를 사용해 애플리케이션을 모니터링하는 데 필요한 필수 설정 정보를 얻었다. 터미널에서 일련의 커맨드를 실행해 상태를 확인할 수 있다면, 터미널 대신 컨설로 상태를 자동으로 확인할 수 있다. 또한 HTTP 상태로 제한하지 않는다. 운이 좋으면 HTTP 엔드포인트에서 리턴하는 상태 코드를 확인하고자 기다리는 자신을 발견할 것이다. 컨설의 세 가지 유형의 상태 확인 중 하나만 수행하는 일반적인 작업이다. 따라서 위에서 설명한 예시처럼 상태 확인 스크립트를 실행할 필요가 없다.

마지막 유형의 상태 확인, 생존 시간$^{Time\ to\ Live}$, 애플리케이션과의 깊은 통합이 필요하다. 상태는 주기적으로 정상 상태가 되도록 설정돼야 한다. 그렇지 않으면 자동으로 실패로 설정된다. 이러한 세 가지 유형의 상태 확인을 결합하면 시스템 위에 종합적인 모니터링을 구축할 수 있는 힘을 얻을 수 있다.

기술 85를 잘 사용하기 위해 서버 에이전트 이미지를 포함할 수 있는 컨설 웹 인터페이스를 살펴볼 것이다. 클러스터의 현재 상태에 대한 유용한 통찰력을 제공한다. 서버 에이전트의 외부 IP 주소의 8500 포트, 예시의 경우 $EXTIP1:8500을 방문해 정보를 얻을 수 있다. 서버 에이전트 호스트에 있을 때 localhost 또는 127.0.0.1으로의 접근은 동작하지 않을 수 있음을 기억하자.

토론

기술 85에서 많은 것을 다뤘다. 컨설은 커다란 주제다. 다행히 기술 74에서 etcd를 사용한 키/값 스토어를 활용 방법을 얻는 지식으로 다른 키/값 스토어(예, 컨설)로 전송할 수 있다. 서비스 탐색 지식은 DNS 인터페이스를 제공하는 다른 툴(예, SkyDNS)로 전송할 수 있다.

호스트 네트워크 스택을 사용하고 외부 IP 주소를 사용하는 것과 관련된 미묘한 점도 전송할 수 있다. 여러 노드에서 검색해야 하는 대부분 컨테이너형 분산형 툴에는 유사한 문제가 있어서 이러한 잠재적인 문제에 유의하자.

지금까지 살펴본 컨설(및 모든 서비스 탐색 도구)에는 서비스 항목의 생성과 삭제를 관리해야 하는 부담이 있다는 단점이 있다. 애플리케이션에 통합하면 다양한 구현과 함께 잘못될 수 있는 부분도 여럿 발견할 것이다.

통합은 완전히 제어할 수 없는 애플리케이션에서도 동작할 수 없어서 데이터베이스 등을 시작할 때 래퍼^{wrapper} 스크립트를 작성해야 한다.

문제

컨설에서 서비스 항목과 상태 확인을 수동으로 관리하고 싶지 않다.

해결책

레지스트레이터를 사용한다.

기술 86은 기술 85를 기반으로 구축되며 이전에 설명한 것처럼 두 개의 컨설 클러스터를 사용할 수 있다고 가정한다. 또한 두 컨설 클러스터에 서비스가 없다고 가정해 처음부터 다시 시작하기 위해 컨테이너를 다시 생성하자.

레지스트레이터(http://gliderlabs.com/registrator/latest/)는 컨설 서비스를 관리하는 복잡성을 상당 부분 제거한다. 레지스트레이터는 컨테이너의 시작 및 중지, 노출된 포트 및 컨테이너 환경 변수 기반의 서비스를 등록하는 서비스를 본다. 레지스트레이터가 어떻게 동작하는지 보려면 실행해 보는 방법이 가장 쉽다.

클라이언트 에이전트와 함께 머신에 있을 것이다. 앞에서 설명한 것처럼 서버 에이전트를 제외한 어떤 컨테이너도 다른 컴퓨터에서 실행돼서는 안 된다.

레지스트레이터를 시작할 때 필요한 커맨드는 다음과 같다.

```
$ IMG=gliderlabs/registrator:v6
$ docker pull $IMG
[...]
$ ip addr | grep 'inet ' | grep -v 'lo$\|docker0$'
    inet 192.168.1.80/24 brd 192.168.1.255 scope global wlan0
```

```
$ EXTIP=192.168.1.80
$ ip addr | grep docker0 | grep inet
    inet 172.17.42.1/16 scope global docker0
$ BRIDGEIP=172.17.42.1
$ docker run -d --name registrator -h $(hostname)-reg \
-v /var/run/docker.sock:/tmp/docker.sock $IMG -ip $EXTIP -resync \
60 consul://$BRIDGEIP:8500 # if this fails, $EXTIP is an alternative
b3c8a04b9dfaf588e46a255ddf4e35f14a9d51199fc6f39d47340df31b019b90
$ docker logs registrator
2015/08/14 20:05:57 Starting registrator v6 ...
2015/08/14 20:05:57 Forcing host IP to 192.168.1.80
2015/08/14 20:05:58 consul: current leader  192.168.1.87:8300
2015/08/14 20:05:58 Using consul adapter: consul://172.17.42.1:8500
2015/08/14 20:05:58 Listening for Docker events ...
2015/08/14 20:05:58 Syncing services on 2 containers
2015/08/14 20:05:58 ignored: b3c8a04b9dfa no published ports
2015/08/14 20:05:58 ignored: a633e58c66b3 no published ports
```

처음의 두 커맨드는 도커 이미지를 다운로드^{docker pull}하고 외부 IP 주소를 찾는다. 외부 IP가 익숙해 보인다. IP 주소를 레지스트레이터가 알게 돼 레지스트레이터는 서비스가 어떤 IP 주소를 사용하는지 알 수 있다. 레지스트레이터가 컨테이너 시작 및 중지를 자동으로 알릴 수 있도록 도커 소캣이 마운트돼 있다.

또한 레지스트레이터에 컨설 에이전트에 연결하는 방법과 모든 컨테이너에 60초마다 새로 고침하도록 요청했다. 레지스트레이터는 자동으로 컨테이너 변경사항을 통지받기 때문에 마지막 설정은 레지스트레이터가 업데이트를 누락할 가능성을 방지한다.

레지스트레이터가 실행 중이어서 첫 번째 서비스를 등록하는 것은 매우 쉽다.

```
$ curl -sSL 172.17.42.1:8500/v1/catalog/services | python -m json.tool
{
    "consul": []
}
$ docker run -d -e "SERVICE_NAME=files" -p 8000:80 ubuntu:14.04.2 python3 \
-m http.server 80
3126a8668d7a058333d613f7995954f1919b314705589a9cd8b4e367d4092c9b
$ docker inspect 3126a8668d7a | grep 'Name.*/'
    "Name": "/evil_hopper",
```

```
$ curl -sSL 172.17.42.1:8500/v1/catalog/services | python -m json.tool
{
    "consul": [],
    "files": []
}
$ curl -sSL 172.17.42.1:8500/v1/catalog/service/files | python -m json.tool
[
    {
        "Address": "192.168.1.80",
        "Node": "mylaptop2",
        "ServiceAddress": "192.168.1.80",
        "ServiceID": "mylaptop2-reg:evil_hopper:80",
        "ServiceName": "files",
        "ServicePort": 8000,
        "ServiceTags": null
    }
]
```

서비스를 등록할 때 레지스트레이터에 어떤 서비스 이름을 사용할지 환경 변수를 전달해야 한다. 기본적으로 레지스트레이터는 슬래시 후와 태그 앞에 있는 컨테이너 이름 기반의 이름을 사용한다. "mycorp.com/myteam/myimage:0.5"는 "myimage"라는 이름을 가지고 있을 것이다. 유용한 이름인지 원하는 이름으로 지정할지는 사용자의 명명 규칙에 따른다.

나머지 값은 무척 많다. 레지스트레이터는 수신 대기 중인 포트를 발견해 컨설에 추가한 다음 컨테이너를 찾을 수 있는 주소를 쉽게 알 수 있도록 서비스 ID를 설정했다. 서비스 ID가 설정된 이유는 레지스트레이터 컨테이너에서 호스트 이름을 설정했기 때문이다.

토론

레지스트레이터는 활발히 사용되는 컨테이너를 포함해 빠르게 변화하는 환경에 잘 대응하는 훌륭한 툴이다. 서비스 생성 점검이 생성되는 것을 걱정할 필요가 없다.

레지스트레이터는 서비스 세부사항 외에 태그, 포트당 서비스 이름(여러 포트를 포함한 경우), 상태 확인(컨설을 데이터 스토리지로 사용하는 경우)을 포함해 많은 환경 정보를 수집할 것이다.

세 가지 타입의 컨설 상태 확인은 JSON에서 환경 점검 세부 사항을 지정해 활성화할 수 있다. http://gliderlabs.com/registrator/latest/user/backends/#컨설에서 'Registrator Backends' 문서의 'Consul' 부분에 자세한 내용이 있다. 기술 85에서 컨설의 간략한 소개를 살펴보길 바란다.

요약

- systemd 유닛은 단일 머신에서 컨테이너 실행을 제어하는 데 유용하다.
- 의존성은 systemd 유닛으로 표현할 수 있으며 시작할 때 조정할 수 있다.
- 헬리오스는 상용 환경에 사용할 수 있으며, 단순하고 다중 호스트에서 오케스트레이션할 수 있는 솔루션이다.
- 컨설은 동적 서비스 탐색을 허용하며 서비스의 정보를 저장할 수 있다.
- 레지스트레이터는 컨테이너 기반 서비스를 자동으로 컨설에 등록할 수 있다.

12

도커를 운영체제로 구성된
데이터 센터

12장에서 다루는 내용

- 오케스트레이션을 위해 공식 도커 솔루션을 사용하는 방법
- 메소스를 사용해 도커 컨테이너를 관리하는 방법
- 도커 오케스트레이션 생태계의 영향력 있는 솔루션, 쿠버네티스와 오픈시프트

11장의 그림 11.1을 다시 보자. 생산성을 높이기 위해 나뭇가지를 따라 내려가면 세부 내용을 정리할 수 있는 툴을 계속 살펴본다. 이중 대부분은 여러 대의 머신에 배포하는 것을 염두에 두고 설계됐지만 한 대의 머신에 배포하기 위한 용도는 아니다.

12장의 마지막에는 사용자 환경에서 사용할 수 있는 사례를 명확히 하기 위해 각 툴의 시나리오를 생각해 본다. 다음 예시로 출발해 본다.

12.1 여러 호스트에서 실행되는 도커

도커 컨테이너를 대상 머신로 옮기고 시작하는 가장 좋은 과정에 관해 논쟁이 있다. 유명한 회사들은 자신만의 방법들을 만들어 세상에 내놓았다. 어떤 툴을 사용할지 결정할 수

있다면 툴의 많은 장점을 활용할 수 있다.

여러 호스트에서 실행되는 도커는 IT 세계에서 빠르게 다루는 주제다. 도커를 다루는 여러 오케스트레이션 툴의 동작을 살펴 보고 새로운 툴로 옮길지 여부를 고려할 때 주의를 기울일 것을 권고한다. 상당한 안정성이나 추진력(또는 둘 다)이 있는 툴을 선택하려고 노력했다.

기술 87 도커 스웜 모드를 사용한 강력한 도커 클러스터

클러스터를 완벽하게 제어한다는 것은 좋지만 세밀한 관리가 필요하지 않을 때도 있다. 사실 복잡한 요구사항이 없는 여러 애플리케이션이 있다면 어디서나 실행할 수 있다는 도커의 특징을 최대한 활용할 수 있다. 클러스터에 컨테이너를 배포할 때 클러스터가 실행할 위치를 결정하도록 할 수 있다.

연구소가 계산적으로 집약적인 문제를 해결하기 위해 덩어리로 나눌 수 있다면 스웜 모드가 유용하다. 스웜 모드는 클러스터 머신에서 연구소의 문제를 매우 쉽게 실행할 수 있게 해줄 것이다.

문제

도커가 설치된 여러 호스트가 있다. 실행 위치를 세밀하게 관리할 필요 없이 컨테이너를 시작하고 싶다.

해결

도커를 오케스트레이션할 수 있도록 도커 내장된 기능인 스웜 모드를 사용한다.

도커 스웜 모드는 여러 호스트로 구성된 클러스터를 단일 도커 데몬처럼 처리할 수 있고 서비스를 배포할 수 있는 도커사의 공식 솔루션이다. docker run과 상당히 비슷한 커맨드 라인을 갖고 있다. 스웜 모드는 도커와 함께 사용할 수 있는 공식 도커 툴로부터 진화했고 도커 데몬 자체에 통합됐다. 인터넷에서 도커 스웜의 오래된 참조를 볼 수 있는데 도커 스웜은 오래된 툴이다.

도커 스웜은 여러 노드로 이뤄져 있다. 각 노드는 관리자^{manager} 또는 작업자^{worker}다. 관리자 및 작업자 역할은 유연해서 언제든지 스웜 안에서 바뀔 수 있다. 관리자는 사용 가능한 노드에 관한 서비스 배포를 오케스트레이션하는 반면, 작업자에서만 컨테이너를 실행한다. 관리자도 컨테이너를 실행할 수 있지만 변경하는 방법도 알게 될 것이다.

관리자 노드가 시작되면 스웜 상태를 초기화한 다음, 스웜에 추가하기 위해 추가 노드에서 들어오는 연결을 수신 대기한다.

> |참고| 스웜에 사용되는 도커의 모든 버전은 적어도 1.12.0 버전 이상이어야 한다. 모든 버전을 정확히 똑같이 하거나 버전 비호환성으로 인해 문제가 발생하지 않도록 해야 한다.

먼저 새로운 스웜을 생성하자.

```
h1 $ ip addr show | grep 'inet ' | grep -v 'lo$\|docker0$' # get external IP
    inet 192.168.11.67/23 brd 192.168.11.255 scope global eth0
h1 $ docker swarm init --advertise-addr 192.168.11.67
Swarm initialized: current node (i5vtd3romfl9jg9g4bxtg0kis) is now a
manager.

To add a worker to this swarm, run the following command:

    docker swarm join \
    --token SWMTKN-1-4blo74l0m2bu5p8synq3w4239vxr1pyoa29cgkrjonx0tuid68
➡ -dhl9o1b62vrhhi0m817r6sxp2 \
    192.168.11.67:2377
```

새로운 스웜이 생성됐고 호스트 h1의 도커 데몬을 관리자로 설정했다.

이제 새로 생성된 스웜을 조사할 수 있다.

```
h1 $ docker info
[...]
Swarm: active
 NodeID: i5vtd3romfl9jg9g4bxtg0kis
 Is Manager: true
 ClusterID: sg6sfmsa96nir1fbwcf939us1
```

```
  Managers: 1
  Nodes: 1
  Orchestration:
   Task History Retention Limit: 5
  Raft:
   Snapshot Interval: 10000
   Number of Old Snapshots to Retain: 0
   Heartbeat Tick: 1
   Election Tick: 3
  Dispatcher:
   Heartbeat Period: 5 seconds
  CA Configuration:
   Expiry Duration: 3 months
  Node Address: 192.168.11.67
  Manager Addresses:
   192.168.11.67:2377
[...]
h1 $ docker node ls
ID                              HOSTNAME  STATUS  AVAILABILITY  MANAGER STATUS
i5vtd3romfl9jg9g4bxtg0kis *  h1        Ready   Active        Leader
```

관리자가 시작된 후 다음 커맨드를 실행해 다른 호스트의 도커 데몬을 작업자로 결합할 수 있다.

```
h2 $ docker swarm join \
    --token SWMTKN-1-4blo74l0m2bu5p8synq3w4239vxr1pyoa29cgkrjonx0tuid68
➡ -dhl9o1b62vrhhi0m817r6sxp2 \
    192.168.11.67:2377
This node joined a swarm as a worker.
```

h2가 클러스터 작업자로 추가됐다. 두 호스트에서 docker info를 실행하면 Nodes 값이 2개로 늘어났음을 알 수 있으며 docker node ls를 실행하면 두 노드 정보가 출력된다.

마지막으로 컨테이너를 시작한다. 스웜 모드의 컨테이너를 바라보는 관점에서 이해되지 않은 특징이 있는데 이를 '서비스 배포'라 한다. 서비스를 배포하기 전에 관리자에 노드의 가용성^{availability}을 drain으로 설정한다. 기본적으로 모든 관리자는 컨테이너를 실행할 수 있지만 기술 87에서는 원격 머신 스케줄링 기능을 예시로 사용할 예정이다. 그래서 관리자가 바로 사용하지 않도록 노드의 가용성을 제한할 수 있다. 특정 노드의 가용성에 drain을 설정하면 노드에 존재하는 컨테이너가 다른 노드로 재배포되고 새로운 서비스가 실행되지 않는다.

```
h1 $ docker node update --availability drain i5vtd3romfl9jg9g4bxtg0kis
h1 $ docker service create --name server -d -p 8000:8000 ubuntu:14.04 \
        python3 -m http.server 8000
vp0fj8p9khzh72eheoye0y4bn
h1 $ docker service ls
ID              NAME      MODE         REPLICAS  IMAGE        PORTS
vp0fj8p9khzh    server    replicated   1/1       ubuntu:14.04 *:8000->8000/tcp
```

여기에서 주목할 부분이 많다. 스웜은 자동으로 컨테이너를 시작할 머신을 선택한다는 점이 가장 중요하다. 여러 작업자가 있고 관리자는 부하 분산을 기반으로 특정 머신을 선택할 것이다. 또한 docker run과 익숙한 docker service create에 사용되는 매개변수를 알고 있을 것이다. 공식 문서에서 커맨드의 여러 매개변수를 읽어두면 좋다. 예를 들어 docker run의 --volume 매개변수 형식은 --mount 매개변수 형식과 다르기에 공식 문서를 보길 바란다.

서비스가 실행 중인지 확인해 보자.

```
h1 $ docker service ps server
ID              NAME       IMAGE         NODE  DESIRED STATE  CURRENT STATE
➡           ERROR  PORTS
mixc9w3frple    server.1   ubuntu:14.04  h2    Running        Running 4
minutes ago
h1 $ docker node inspect --pretty h2 | grep Addr
 Address:               192.168.11.50
h1 $ curl -sSL 192.168.11.50:8000 | head -n4
<!DOCTYPE HTML PUBLIC "-//W3C//DTD HTML 4.01//EN"
➡ "http://www.w3.org/TR/html4/strict.dtd">
<html>
<head>
<meta http-equiv="Content-Type" content="text/html; charset=ascii">
```

스웜 모드에는 기본적으로 활성화된 라우팅 메시^{routing mesh}라는 추가 기능이 있다. 라우팅 메시는 스웜의 각 노드가 포트를 공개한 스웜 안의 모든 서비스의 요청을 처리할 수 있는 것처럼 보이게 한다. 따라서 모든 수신 연결은 적절한 노드로 전달된다.

가령 h1 관리자 노드로 다시 돌아가면(h1 관리자 노드의 가용성이 drain이어서 서비스를 실행하고 있지 않음) h1 관리자 노드는 여전히 8000 포트에서 다음과 같은 요청에 응답한다.

```
h1 $ curl -sSL localhost:8000 | head -n4
<!DOCTYPE HTML PUBLIC "-//W3C//DTD HTML 4.01//EN"
➥ "http://www.w3.org/TR/html4/strict.dtd">
<html>
<head>
<meta http-equiv="Content-Type" content="text/html; charset=ascii">
```

한 노드의 주소를 알고 있으면 모든 서비스에 매우 쉽게 접근할 수 있다. 따라서 간단한 형태의 서비스 탐색에 특히 유용하다.

일단 스웜을 종료하면 모든 서비스를 중지하고 클러스터를 삭제할 수 있다.

```
$ docker service rm server
server
$ docker swarm leave
Error response from daemon: You are attempting to leave the swarm on a >
node that is participating as a manager. Removing the last manager erases >
all current state of the swarm. Use `--force` to ignore this message.
$ docker swarm leave --force
Node left the swarm.
```

예시에서 살펴본 것처럼 스웜 모드는 특정 노드에서 마지막 관리자를 종료한다면 스웜의 모든 정보를 잃게 돼 경고를 보낼 것이다. 따라서 --force를 사용하면 경고가 발생하지 않는다. 모든 작업자 노드에서 docker swarm leave를 실행해야 한다.

토론

도커의 스웜 모드를 간단히 알아봤다. 여기서 다루지 않은 내용이 많은데, 예를 들어 스웜을 초기화한 후 도움말 텍스트에 추가하려는 마스터를 스웜에 연결하는 기능이 언급된 것을 알 수 있다. 마스터 추가 기능은 복원력에 유용하다. 추가적으로 관심 가질 만한 주제는 서비스 설정 정보(기술 74의 etcd)를 저장하는 기능, 컨테이너 배포를 안내하기 위한 제약조건, 장애가 발생할 때 롤백rollback을 진행해 컨테이너를 업그레이드하는 방법 정보 등이다. 자세한 내용은 스웜 공식 문서(https://docs.docker.com/engine/swarm/)을 참고한다.

기술 88 쿠버네티스 클러스터 사용하기

지금까지 두 가지 극단적 오케스트레이션 접근법을 살펴봤다. 헬리오스를 사용한 보수적인 접근법과 도커 스웜을 사용해 훨씬 자유롭게 형태 접근하는 방법이다. 그러나 사용자와 회사에서는 좀 더 정교한 접근법을 기대할 것이다.

회사에서의 사용자 정의 오케스트레이션의 필요성은 다양한 방법으로 충족될 수 있지만 많이 사용되는 오케스트레이션 툴이 있다. 보통은 특정 회사, 예컨대 구글이 도커 오케스트레이션 툴을 만드는 것을 알고 있을 것이라 기대한다.

문제

여러 호스트에 도커 서비스를 관리하고 싶다.

해결책

쿠버네티스와 쿠버네티스의 강력한 추상화를 사용해 많은 컨테이너를 관리한다.

구글이 만든 툴인 쿠버네티스는 애플리케이션과 상태 간의 관계를 어떻게 정리할 것인지의 명확한 지침과 모범 사례를 선호하는 기업을 위한 것이다. 쿠버네티스는 특정 구조를 기반으로 하는 동적 인프라를 관리하기 위해 특별히 설계된 툴을 사용할 수 있게 한다.

그림 12.1에서 쿠버네티스의 고급 아키텍처를 간단히 살펴보자.

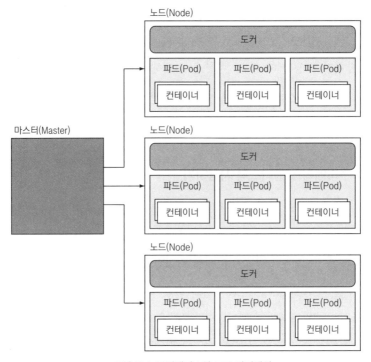

▲ **그림 12.1** 쿠버네티스의 고급 아키텍처

쿠버네티스는 마스터 노드^{Master-Node} 아키텍처를 갖고 있다. 마스터는 클러스터에서 실행할 항목에 관한 명령을 수신하고 자원을 할당해야 한다. 각 노드는 노드에 설치된 도커와 노드에서 실행 중인 파드(Pod, 컨테이너 집합)를 관리하는 큐블릿^{kubelet} 서비스를 포함한다. 클러스터 정보는 분산 키/값 데이터 저장소인 etcd에서 관리된다(기술 74 참고). 지금까지 쿠버네티스의 내부 구조를 설명했다.

> |**팁**| 나중에 쿠버네티스를 다시 설명할 것이다. 지금은 너무 걱정할 필요는 없다. 파드는 관련된 컨테이너의 집합이다. 도커 컨테이너의 관리와 유지보수를 쉽게 관리하기 위한 개념이다.

쿠버네티스의 최종 목표는 원하는 실행 구조를 간단히 선언하면 쿠버네티스는 클러스터에 사용자의 요구를 충족시키는 컨테이너를 실행한다. 기술 88은 특정 커맨드를 실행해 간단한 서비스를 지정된 크기로 확장하는 방법을 볼 수 있다.

> |**참고**| 쿠버네티스는 구글에서 개발됐는데 확장하는 컨테이너를 관리할 수 있다. 구글은 10년 넘게 컨테이너를 운영했고 도커가 인기를 끌자 컨테이너 오케스트레이션 시스템을 개발하기로 결정했다. 쿠버네티스는 구글의 풍부한 경험에서 얻은 교훈을 기반으로 한다. 쿠버네티스는 'K8s'로도 알려져 있다.

쿠버네티스는 빠르게 변화하는 오픈소스 솔루션이다. 쿠버네티스의 설치, 설정, 특징을 완벽히 설명하려면 이 책의 범위를 벗어난다. 여기서는 쿠버네티스의 핵심 개념에 초점을 맞추고 간단한 서비스를 설정하는 방법을 설명한다.

쿠버네티스 설치

미니큐브^{Minikube}를 사용해 호스트에 쿠버네티스를 직접 설치해 단일 노드 클러스터를 제공하거나, VM으로 관리되는 다중 노드 클러스터를 베이그란트로 설치할 수 있다. 기술 88에서는 전자에 초점을 두고 있다. 후자는 최신 버전의 쿠버네티스에 사용할 올바른 옵션을 식별하기 위한 연구가 가장 적합하다.

로컬에서 쿠버네티스를 사용하는 방법은 미니큐브 공식 문서(https://kubernetes.io/docs/tasks/tools/install-minikube/)를 따라 호스트에 단일 노드 클러스터를 설치하길 권한다.

미니큐브는 로컬 환경에서 개발 과정을 쉽게 진행하기 위해 생성된 쿠버네티스 프로젝트의 전문 툴이지만 현재는 조금 제한되어 있다. 좀 더 규모 있게 사용하고 싶다면 베이그란트로 다중 노드 쿠버네티스 클러스터를 설정하는 가이드를 찾을 것을 추천한다. 설정은 쿠버네티스 버전에 따라 바뀔 수 있기 때문에 여기서는 구체적인 조언은 하지 않겠다 (하지만 이 책을 작성할 때에는 https://github.com/Yolean/kubeadm-vagrant가 사용할 만한 출발점이다).

쿠버네티스를 설치했다면 여기서 따라할 수 있다. 다음 출력은 다중 노드 클러스터를 기반으로 한다. 먼저 단일 컨테이너를 생성하고 쿠버네티스를 이용해 규모를 확장할 것이다.

단일 컨테이너를 확장하기

쿠버네티스를 관리하는 데 사용되는 커맨드는 kubectl다. 실행 하위 커맨드를 사용해 특정 이미지를 파드 안의 컨테이너로 실행한다.

'todo'는 실행 중인 파드 이름이며 시작할 이미지를 '--image'
플래그 다음에 지정한다. 예시에서는 1장의 too 이미지를 사용한다.

kubectl의 'get pods' 하위 커맨드는 모든 파드를
나열한다. 'todo'에만 관심이 있어서 결과에서
grep을 사용해 todo 파드와 헤더를 출력한다.

```
$ kubectl run todo --image=dockerinpractice/todo
$ kubectl get pods | egrep "(POD|todo)"
  POD          IP  CONTAINER(S)  IMAGE(S)  HOST        >
  LABELS          STATUS    CREATED      MESSAGE
  todo-hmj8e                           10.245.1.3/  >      'todo-hmj8e'는 파드 이름이다.
  run=todo  Pending   About a minute
```

레이블은 'run' 라벨과 같이 파드에 연결된 키/값 쌍이다. 파드의 상태는 'Pending(진행 중)'으로 쿠버네티스가
파드를 실행할 준비를 하고 있음을 의미하는데 도커 허브에서 이미지를 다운로드하고 있을 가능성이 가장 높다.

쿠버네티스는 run 커맨드(이전 예시의 todo) 다음에 이름을 받는다. 그래서 파드 사이에서 이름으로 충돌되지 않도록 주어진 이름에 대시를 추가하고 임의의 문자열을 추가해 파드 이름을 선택한다.

todo 이미지가 다운로드될 때까지 몇 분 정도 기다리면 todo 애플리케이션 상태가 'Running(실행 중)'으로 변경됐음을 알게 될 것이다.

```
$ kubectl get pods | egrep "(POD|todo)"
POD          IP           CONTAINER(S)  IMAGE(S)           >
HOST              LABELS        STATUS    CREATED         MESSAGE
todo-hmj8e  10.246.1.3                                     >
10.245.1.3/10.245.1.3  run=todo  Running   4 minutes
                   todo          dockerinpractice/todo  >
                                 Running   About a minute
```

이번에는 IP, CONTAINER(S), IMAGE(S) 열이 채워진다. IP 열은 파드의 주소를 알려주고(이때 10.246.1.3), 컨테이너 열은 파드의 컨테이너당 하나의 행을 갖고 있다(여기서는 오직 하나의 행만 있다).

IP 주소와 포트를 직접 입력해 컨테이너(todo)가 실제로 작동하고 있고 요청을 처리하는지 테스트할 수 있다.

```
$ wget -qO- 10.246.1.3:8000
<html manifest="/todo.appcache">
[...]
```

이 시점까지 도커 컨테이너를 직접 운영하는 것과 큰 차이를 보지 못했을 것이다. 쿠버네
티스의 장점을 얻으려면 resize 오케스트레이션 커맨드를 실행해 서비스를 확장한다.

```
$ kubectl resize --replicas=3 replicationController todo
resized
```

커맨드는 클러스터 전체에서 실행 중인 todo 애플리케이션의 세 개의 인스턴스가 동작하
도록 todo 복제 컨트롤러^{replication controller}를 사용한다는 것을 쿠버네티스에 알린다.

> |**팁**| 복제 컨트롤러는 클러스터 전체에서 올바른 수의 파드가 실행되고 있는지 확인하는 쿠버네
> 티스 서비스다.

kubectl get pods 커맨드를 실행해 todo 애플리케이션의 추가 인스턴스가 시작됐는지 확
인할 수 있다.

```
$ kubectl get pods | egrep "(POD|todo)"
POD          IP          CONTAINER(S)  IMAGE(S)                    >
HOST                     LABELS          STATUS   CREATED         MESSAGE
todo-2ip3n   10.246.2.2                                           >
10.245.1.4/10.245.1.4    run=todo  Running   10 minutes
                         todo            dockerinpractice/todo    >
                                         Running   8 minutes
todo-4os5b   10.246.1.3                                           >
10.245.1.3/10.245.1.3    run=todo  Running   2 minutes
                         todo            dockerinpractice/todo    >
                                         Running   48 seconds
todo-cuggp   10.246.2.3                                           >
10.245.1.4/10.245.1.4    run=todo  Running   2 minutes
                         todo            dockerinpractice/todo    >
                                         Running   2 minutes
```

쿠버네티스는 resize 커맨드와 todo 복제 컨트롤러를 사용해 올바른 수의 파드가 시작되도록 보장했다. 한 호스트에 두 파드(10.245.1.4)와 다른 호스트에 한 파드(10.245.1.3)를 배포했다는 점에 유의한다. 쿠버네티스의 기본 스케줄러에는 여러 노드에 파드를 배포하는 알고리즘이 있다.

> **|팁|** 스케줄러는 작업이 실행돼야 하는 장소와 때를 결정하는 소프트웨어다. 예를 들어 리눅스 커널에는 다음에 실행할 태스크를 결정하는 스케줄러가 있다. 스케줄러의 종류는 매우 간단한 것부터 믿을 수 없을 정도로 복잡한 것까지 다양하다.

쿠버네티스를 이용해 여러 호스트에서 컨테이너를 더욱 쉽게 관리할 수 있는 방법을 알아보고 있다. 파드의 핵심 개념인 쿠버네티스를 자세히 공부한다.

파드 사용하기

파드[Pod]는 어떤 방식으로든 함께 작동하고 자원을 공유하도록 설계된 컨테이너의 집합이다.

파드별로 자체 IP 주소가 있으며 같은 볼륨과 네트워크 포트 범위를 공유한다. 파드의 컨테이너는 localhost를 공유해서 컨테이너는 배포된 위치에 상관없이 사용 가능한 다양한 서비스에 의존할 수 있다.

그림 12.2는 특정 볼륨을 공유하는 두 컨테이너를 보여준다. 그림 12.2의 컨테이너 1은 공유 볼륨에서 데이터 파일을 읽는 웹 서버일 수 있고 차례로 컨테이너 2가 업데이트할 수 있다. 따라서 두 컨테이너 모두 상태를 저장하지 않으며 공유 볼륨에 상태를 저장한다.

그림 12.2에서 볼 수 있는 분리 책임 설계는 서비스의 각 부분을 각각 관리함으로써 마이크로 서비스 접근 방식을 사용할 수 있도록 한다. 다른 컨테이너를 고려할 필요 없이 파드를 포함하는 컨테이너를 업그레이드할 수 있다.

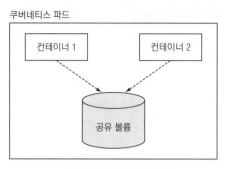

쿠버네티스 파드

컨테이너 1   컨테이너 2

공유 볼륨

▲ **그림 12.2** 컨테이너 파드

다음 파드 사양은 랜덤 데이터(simplewriter)를 5초마다 파일에 저장하는 컨테이너, 같은
파일을 읽는 다른 컨테이너를 포함하는 복합 파드를 정의한다. 파일은 볼륨(pod-disk)을
통해 공유된다.

목록 12.1 complexpod.json

```
{
  "id": "complexpod",          ◀── 엔티티에 이름을 부여한다.
  "kind": "Pod",               ◀── 객체의 타입을 지정한다.
  "apiVersion": "v1beta1",
  "desiredState": {            │ 파드의 사양은 'designedState'와
    "manifest": {              │ 'manifest' 속성에서 정의한다.
      "version": "v1beta1",
      "id": "complexpod",      ◀── 엔티티에 이름을 지정한다.
      "containers": [{         ◀── 파드의 컨테이너 세부 정보는 JSON 배열에 저장된다.
        "name": "simplereader",
        "image": "dockerinpractice/simplereader",
        "volumeMounts": [{     ◀── 각 컨테이너의 볼륨
          "mountPath": "/data",    마운트 지점을 지정한다.
          "name": "pod-disk"   ◀──
        }]             볼륨 마운트 이름은 파드 명세의
      },{              'volumes'라고 정의한 이름을 가리킨다.
        "name": "simplewriter",
        "image": "dockerinpractice/simplewriter",
        "volumeMounts": [{     ◀── 각 컨테이너의 볼륨 마운트 지점을 지정한다.
          "mountPath": "/data",  ◀──
```

쿠버네티스에
JSON 버전을
지정한다.

각 컨테이너에는 참조 이름이 있고
도커 이미지는 'imafe' 속성으로 지정된다.

마운트 경로는 컨테이너의 파일 시스템에 마운트된 볼륨의 경로다.
마운트 경로는 각 컨테이너에서 다른 위치로 지정될 수 있다.

마운트 경로는 컨테이너의 파일 시스템에 마운트된 볼륨 경로다.
마운트 경로는 각 컨테이너마다 다른 위치로 설정될 수 있다.

```
            "name": "pod-disk"  ◄──── 볼륨 마운트 이름은 파드 명세의 'volumes'라고 정의한 이름을 가리킨다.
          }]
        }],
      "volumes": [{  ◄──── 'volumes' 속성은 파드에서 사용할 볼륨을 정의한다.
          "name": "pod-disk",  ◄──── 이전 'volumeMounts' 항목에서 볼륨 이름을 참고한다.
          "emptydir": {}  ◄──── 파드의 생명 주기를 공유하는 임시 디렉토리
        }]
    }
  }
}
```

파드 명세를 로드하려면 목록 12.1의 파일(complexpod.json)을 생성하고 다음 커맨드를 실행한다.

```
$ kubectl create -f complexpod.json
pods/complexpod
```

이미지를 다운로드할 때까지 1분 정도를 기다린 후 kubectl log 커맨드에 첫 번째 파드와 관심 있는 컨테이너를 지정하면 컨테이너의 로그 출력을 볼 수 있다.

```
$ kubectl log complexpod simplereader
[2015-08-04T21:03:36.535014550Z] '? U
[2015-08-04T21:03:41.537370907Z] h(^3eSk4y
[2015-08-04T21:03:41.537370907Z] CM(@
[2015-08-04T21:03:46.542871125Z] qm>5
[2015-08-04T21:03:46.542871125Z] {Vv_
[2015-08-04T21:03:51.552111956Z] KH+74      f
[2015-08-04T21:03:56.556372427Z] j?p+!\
```

토론

여기서는 쿠버네티스의 기능과 잠재력 일부만 살펴봤지만 쿠버네티스로 무엇을 할 수 있는지, 도커 컨테이너를 어떻게 쉽게 오케스트레이션하는지 알 수 있었다.

기술 89에서 쿠버네티스의 많은 특징을 직접 사용해 본다. 또한 기술 90과 기술 99에서 쿠버네티스 엔진으로 사용하는 오픈시프트^{OpenShift} 오케스트레이션을 설명한다.

파드 안에서 쿠버네티스 API 접근하기

파드는 쿠버네티스의 클러스터 일부로 실행되고 있다는 사실조차 모른 채 각각 독립적으로 동작한다. 그러나 쿠버네티스는 풍부한 API를 제공하고 컨테이너에 접근 권한을 부여함으로써 컨테이너가 쿠버네티스 클러스터 자체를 관리할 수 있을 뿐 아니라 내부 모니터링 및 유연한 사용을 가능케 한다.

문제

파드 안에서 쿠버네티스 API에 접근하고 싶다.

해결책

curl을 사용해 컨테이너에 제공되는 인증 정보를 사용해 파드 안의 컨테이너에서 쿠버네티스 API에 접근한다.

쿠버네티스 API를 소개하는 것은 이 책에서 조금만 다루지만 살펴볼 만한 유용한 API가 많이 포함돼 있다. 여기서는 다음을 다룬다.

- kubectl 커맨드
- 쿠버네티스 파드 시작하기
- 쿠버네티스 파드 접근하기
- 쿠버네티스 안티 패턴
- 베어러^{Bearer} 토큰
- 쿠버네티스 시크릿^{secret}
- 쿠버네티스의 다운워드 API^{Downwards API}

쿠버네티스 클러스터가 존재하지 않는다면?

쿠버네티스 클러스터에 접근할 수 없다면 여러 옵션이 있다. 사용한 만큼 비용을 내는 쿠버네티스 클러스터를 제공하는 클라우드 공급자가 많다. 그러나 가장 작은 의존성으로 쿠버네티스를 사용하고 싶다면 비용 지출이 필요 없는 미니큐브(마지막 기술에 언급)를 사용하길 추천한다.

미니큐브 설치 방법의 자세한 내용은 미니큐브 문서(https://kubernetes.io/docs/tasks/tools/install−minikube/)를 참조한다.

파드 생성하기

먼저 kubectl 커맨드로 새 ubuntu 파드 안에 컨테이너를 생성한 후, 커맨드 라인으로 해당 컨테이너 안에 있는 셸에 접근할 것이다(kubectl run 예시는 파드와 컨테이너 사이에 1대1 관계를 유지하고 있지만 파드는 보통 이보다 더 유연하다).

목록 12.2 컨테이너 생성 및 설정하기

kubectl 커맨드는 −it 매개변수 다음에 파드의 이름을 'ubuntu'로 지정하고 익숙한 ubuntu:16.04
이미지를 사용한다. 그리고 파드 및 컨테이너가 종료되면 다시 시작하지 않게 한다.

```
$ kubectl run -it ubuntu --image=ubuntu:16.04 --restart=Never
If you don't see a command prompt, try pressing enter.
root@ubuntu:/# apt-get update -y && apt-get install -y curl
[...]
root@ubuntu:/
```

엔터 키를 누르지 않으면 kubectl가 터미널에 프롬프트를 보여주지 않을 수 있음을 보여준다.

설치가 끝나면 프롬프트가 나타난다.

엔터 키를 누르면 볼 수 있는 컨테이너 안의 프롬프트가 보인다.
이제 컨테이너의 패키지 시스템을 업데이트하고 curl을 설치한다.

지금 kubectl 커맨드로 생성한 컨테이너에 있고 curl을 설치했다.

> |**경고**| 셸에서 파드를 접근하고 수정하는 것은 쿠버네티스의 안티 패턴으로 간주된다. 여기에서는 파드를 사용하는 방법보다는 파드 안에서 무엇이 가능한지를 보여주기 위해 kubectl을 사용한다.

목록 12.3 파드에서 쿠버네티스 API 접근하기

curl 커맨드로 쿠버네티스 API에 접근한다. curl의 −k 매개변수를 사용해 클라이언트에 인증서를 배포하지 않은 채
실행할 수 있다. 그리고 −X 매개변수를 통해 API로 통신하는 데 사용되는 HTTP 메서드를 GET으로 지정한다.

```
root@ubuntu:/# $ curl -k -X GET \
  -H "Authorization: Bearer \
  $(cat /var/run/secrets/kubernetes.io/serviceaccount/token)" <3> \
  https://${KUBERNETES_PORT_443_TCP_ADDR}:${KUBERNETES_SERVICE_PORT_HTTPS}
{
  "paths": [
    "/api",
    "/api/v1",
```

−H 매개변수를 사용해 요청 HTTP 헤더에 인증 토큰을 추가한다.

접속할 URL은 파드 내부에서 사용 가능한 환경변수로 구성된다.

API의 기본 응답은 사용할 수 있는 api 주소를 나열한다.

```
    "/apis",
    "/apis/apps",
    "/apis/apps/v1beta1",
    "/apis/authentication.k8s.io",
    "/apis/authentication.k8s.io/v1",
    "/apis/authentication.k8s.io/v1beta1",
    "/apis/authorization.k8s.io",
    "/apis/authorization.k8s.io/v1",
    "/apis/authorization.k8s.io/v1beta1",
    "/apis/autoscaling",
    "/apis/autoscaling/v1",
    "/apis/autoscaling/v2alpha1",
    "/apis/batch",
    "/apis/batch/v1",
    "/apis/batch/v2alpha1",
    "/apis/certificates.k8s.io",
    "/apis/certificates.k8s.io/v1beta1",
    "/apis/extensions",
    "/apis/extensions/v1beta1",
    "/apis/policy",
    "/apis/policy/v1beta1",
    "/apis/rbac.authorization.k8s.io",
    "/apis/rbac.authorization.k8s.io/v1alpha1",
    "/apis/rbac.authorization.k8s.io/v1beta1",
    "/apis/settings.k8s.io",
    "/apis/settings.k8s.io/v1alpha1",
    "/apis/storage.k8s.io",
    "/apis/storage.k8s.io/v1",
    "/apis/storage.k8s.io/v1beta1",
    "/healthz",
    "/healthz/ping",
    "/healthz/poststarthook/bootstrap-controller",
    "/healthz/poststarthook/ca-registration",
    "/healthz/poststarthook/extensions/third-party-resources",
    "/logs",
    "/metrics",
    "/swaggerapi/",
    "/ui/",
    "/version"
  ]
}
```

```
root@ubuntu:/# curl -k -X GET -H "Authorization: Bearer $(cat
➡ /var/run/secrets/kubernetes.io/serviceaccount/token)"              이번에는 /version 경로로
➡ https://${KUBERNETES_PORT_443_TCP_ADDR}:                          다시 요청한다.
➡ ${KUBERNETES_SERVICE_ORT_HTTPS}/version
{
  "major": "1",   ◄────── /version 요청의 응답은 실행 중인 쿠버네티스 버전을 지정한다.
  "minor": "6",
  "gitVersion": "v1.6.4",
  "gitCommit": "d6f433224538d4f9ca2f7ae19b252e6fcb66a3ae",
  "gitTreeState": "dirty",
  "buildDate": "2017-06-22T04:31:09Z",
  "goVersion": "go1.7.5",
  "compiler": "gc",
  "platform": "linux/amd64"
}
```

목록 12.3에 많은 새로운 API가 포함됐지만, 어떠한 설정 없이 동적으로 쿠버네티스 파드 안에서 해당 API를 사용할 수 있다.

목록 12.3의 요점은 파드 안에서 사용자가 정보를 이용함으로써 파드가 쿠버네티스 API에 접근할 수 있다는 것이다. 정보 항목을 다운워드 API라 한다. 현재 다운워드 API는 파드에 노출된 환경변수와 파일이라는 두 가지 등급의 데이터로 구성돼 있다.

예시에서 사용된 파일은 쿠버네티스 API과 통신할 때 인증 토큰용으로 사용된다. 인증 토큰은 /var/run/secrets/kubernetes.io/serviceaccount/token 파일에서 사용할 수 있다. 목록 12.3에서 cat 커맨드로 파일을 받아 HTTP 헤더의 일부인 Authorization에 제공한다. Authorization 헤더 값으로 Bearer 타입을, cat의 결과를 베어러Bearer 토큰으로 지정한다. 따라서 curl의 -H 매개변수는 다음과 같다.

```
-H "Authorization: Bearer
➡ $(cat /var/run/secrets/kubernetes.io/serviceaccount/token)"
```

> **|참고|** 베어러 토큰은 지정된 토큰만 제공하면 되는 인증 방법이다. 다른 식별은 필요 없다(예시, 사용자 이름/암호). 베어러 쉐어(Bearer shares)는 비슷한 원칙에 따라 사용되는데, 여기서 베어러 쉐어는 팔 수 있는 권리가 있는 사람을 의미한다. 현금도 같은 방식으로 작용한다. 영국 지폐에는 'I promise to pay the bearer on demand the sum of …(소비자가 요구 시 …파운드를 지불할 것을 약속합니다)'라는 문구가 적혀 있다.

다운워드 API 항목은 쿠버네티스의 시크릿secret의 한 형태다. 모든 시크릿은 쿠버네티스 API로 생성할 수 있고 특정 파드의 특정 파일로 노출될 수 있다. 동작 방식을 통해 도커 이미지와 쿠버네티스 파드나 배포 설정으로부터 시크릿을 분리할 수 있다. 즉 개방된 항목과 별도로 권한을 처리할 수 있다.

토론

기술 89는 쿠버네티스 기반 지식을 많이 다루고 있어 알아둘 만하다. 특히 쿠버네티스 파드에서 쿠버네티스의 API와 상호 작용하는 부분은 기억해야 한다. 애플리케이션은 클러스터 주변에서 진행되는 활동을 모니터링 및 작업을 쿠버네티스 안에서 실행할 수 있다. 예를 들어 새로 생성된 파드의 API를 보고, 파드의 동작 정보를 조사하며 동작 정보 데이터를 다른 곳에 저장하는 인프라 파드를 갖기도 한다.

역할 기반 접근 제어RBAC, Role-Based Access Control는 이 책의 범위를 벗어난다. 그러나 클러스터의 모든 사용자가 RBAC 접근을 원하지 않아 보안에 영향을 미칠 수 있다. 따라서 쿠버네티스 일부 API에 접근하려면 베어러 토큰 이상의 정보가 필요하다.

보안과 관련한 고려사항 때문에 기술 89의 절반은 쿠버네티스가, 다른 절반은 보안과 관련이 있다. 어느 쪽이든 기술 89는 API가 어떻게 작동하는지, 어떻게 API가 잠재적으로 악용될 수 있는지를 이해하는 데 도움이 될 것이다. 쿠버네티스를 '실제로' 사용하려는 사람들에게 중요한 기술이다.

기술 90 ▷ 오픈시프트를 사용해 로컬에서 AWS API 실행하기

로컬을 개발할 때 가장 큰 이슈 중 하나는 다른 서비스의 애플리케이션을 테스트하는 것이다. 도커는 해당 서비스를 컨테이너에 넣을 수 있어 애플리케이션 테스트를 진행할 수 있다. 그러나 외부의 많은 서비스를 일일이 테스트할 수 있다는 점에서 미해결 상태로 할 수 있다.

보통 테스트 API 인스턴스를 가져 문제를 해결할 수 있다. 그러나 테스트 API 인스턴스는 가끔 거짓으로 응답할 때가 있어서, 애플리케이션이 서비스를 중심으로 구축된 경우라면 완벽한 기능 테스트가 불가능하다. 가령 애플리케이션 업로드 위치를 AWS S3로 사용하고 싶다고 가정한다면 애플리케이션 업로드를 테스트하는 데 비용이 많이 들 것이다.

문제

AWS와 같은 API를 로컬에서 사용하고 싶다.

해결책

로컬스택LocalStack을 설정하고 AWS 서비스와 같은 툴을 로컬에서 사용할 수 있다.

미니시프트Minishift를 사용해 오픈시프트 시스템을 설정하고 LocalStack을 실행한다. 오픈시프트는 레드햇이 지원하는 쿠버네티스 기반 솔루션으로서 쿠버네티스의 상용 배포 구축에 적합한 추가 기능을 제공한다.

기술 90에서 다음을 배운다.

- 오픈시프트의 경로 생성
- 보안 문맥 제약 조건
- 오픈시프트와 쿠버네티스의 차이점
- 공용 도커 이미지를 사용해 AWS 서비스 테스트

> |참고| 기술 90을 쓰려면 미니시프트를 설치해야 한다. 미니시프트는 기술 89에서 본 미니큐브와
> 비슷하다. 차이점은 오픈시프트 설치 내용뿐이다(기술 99에서 포괄적으로 다룬다).

로컬스택

로컬스택은 비용이 발생하지 않은 채 AWS API로 개발할 수 있도록 완벽한 AWS API 집합을 제공하는 것을 목표로 하는 프로젝트다. 실제로 AWS에서 코드를 실행하기 전에 로컬스택으로 사용해 코드를 테스트하면 잠재적으로 시간과 돈을 낭비하지 않는다.

로컬스택은 로컬 머신에서 다음과 같은 핵심 클라우드 API를 사용할 수 있다.

- API 게이트웨이: http://localhost:4567

- 키네시스^{Kinesis}: http://localhost:4568
- 다이나모 DB: http://localhost:4569
- 다이나모 DB 스트림: http://localhost:4570
- 일래스틱서치: http://localhost:4571
- S3: http://localhost:4572
- 파이어호스^{Firehose}: http://localhost:4573
- 람다^{Lambda}: http://localhost:4574
- SNS: http://localhost:4575
- SQS: http://localhost:4576
- 레디시프트^{Redshift}: http://localhost:4577
- ES(일래스틱서치 서비스): http://localhost:4578
- SES: http://localhost:4579
- 라우트53: http://localhost:4580
- 클라우드 포메이션^{CloudFormation}: http://localhost:4581
- 클라우드 워치^{CloudWatch}: http://localhost:4582

로컬 스택은 도커 컨테이너나 머신에서 실행되는 것을 기본으로 지원한다. 로컬 스택은 파이썬 AWS SDK인 Boto로 개발된 모킹^{Mocking} 프레임워크인 Moto를 기반으로 만들어 졌다.

오픈시프트 클러스터 안에서 실행할 때 로컬스택은 이처럼 많은 AWS API 환경을 실행 할 수 있는 기능을 제공한다. 그후 각 서비스 집합마다 고유한 엔드포인트를 생성할 수 있고 서로 분리할 수 있다. 또한 클러스터 스케줄러가 서비스를 처리하기 때문에 자원 사용의 걱정을 줄일 수 있다. 로컬스택은 로컬에서만 동작하기 때문에 사용하는 방법을 배운다.

미니시프트 설정 확인

미니시프트를 설정했다고 가정한다. 미니시프트 공식 문서(https://docs.openshift.org/latest/minishift/getting-started/index.html)에서 시작하는 방법을 살펴봐야 한다.

```
$ eval $(minishift oc-env)
$ oc get all
No resources found.
```

기본 보안 문맥 제약 변경

보안 문맥 제약[SCC, Security Context Constraints]은 도커 컨테이너의 기능을 세밀하게 제어할 수 있는 오픈시프트의 개념이다. SSC는 SELinux 컨텍스트를 제어하고(기술 100 참고) 실행 중인 컨테이너의 성능을 떨어뜨릴 수 있으며(기술 93 참고) 파드를 실행할 수 있는 사용자를 결정할 수 있다.

SCC를 변경하려면 기본값인 제약(restricted) SCC를 바꿔야 한다. 또한 별도의 SCC를 생성해 특정 프로젝트에 적용할 수도 있지만, 직접 사용해 볼 수도 있다.

제약 SCC를 변경하려면 먼저 클러스터 관리자가 돼야 한다.

```
$ oc login -u system:admin
```

다음 커맨드로 제약 SCC를 변경한다.

```
$ oc edit scc restricted
```

그러면 제약 SCC의 정의를 보게 된다.

이때 두 가지를 수행해야 한다.

- (루트[root] 사용자라면) 컨테이너를 모든 사용자로 실행할 수 있도록 허용하기
- 사용자의 기능을 setuid 및 setgid로 제한하지 않도록 SCC를 방지하기

RunAsAny 허용하기

로컬스택 컨테이너는 기본적으로 루트로 실행되지만 보안상의 이유로 오픈시프트는 컨테이너가 루트로 실행되는 것을 기본적으로 허용하지 않는다. 대신 매우 높은 범위 안에서 UID를 선택해 실행한다. UID는 UID에 매핑된 문자열인 사용자 계정과 달리 숫자라

는 점에 유의한다.

작업을 단순화하고 로컬 컨테이너를 루트로 실행하려면 다음 라인을 변경한다.

```
runAsUser:
 type: MustRunAsRange
```

다음과 같이 변경한다.

```
runAsUser:
 type: RunAsAny
```

작업을 통해 UID 범위 안에 없는 임의의 사용자 계정으로 컨테이너를 실행할 수 있다.

SETUID 및 SETGID 기능 허용하기

로컬스택을 시작하면 일래스틱캐시^{ElastiCache}를 시작하는 다른 사용자가 필요하다. 일래스틱캐시 서비스를 루트 사용자로 시작할 수 없다. 문제를 해결하기 위해 로컬스택의 su로 컨테이너의 로컬스택 사용자로 바꿔 커맨드를 실행한다. 제약 SCC는 사용자나 그룹 ID를 바꾸는 작업을 명시적으로 허용하지 않아 명시적으로 변경하려면 제약을 제거해야 한다. 다음 라인을 삭제해 제약 작업을 수행한다.

```
- SETUID
- SETGID
```

파일 저장

앞의 두 단계를 완료했다면 파일을 저장한다.

호스트 이름을 메모한다. 다음 커맨드를 실행한다.

```
$ minishift console --machine-readable | grep HOST | sed 's/^HOST=\(.*\)/\1/'
```

이제 미니시프트 인스턴스에 접근할 수 있는 호스트 이름을 얻을 수 있다. 호스트 이름은 나중에 변경해야 해서 호스트 이름을 메모한다.

파드 배포

로컬스택을 배포하는 것은 앞의 커맨드를 실행하는 것만큼 쉽다.

```
$ oc new-app localstack/localstack --name="localstack"
```

> |**참고**| 로컬스택 이미지를 자세히 보려면 https://github.com/localstack/localstack에서 확인한다.

localstack/localstack 이미지를 가져오고 오픈시프트 애플리케이션을 생성해 내부 서비스(로컬스택의 도커 이미지의 도커 파일의 노출 포트를 기반)를 설정하고 파드에서 컨테이너를 실행해 다양한 다른 관리 작업을 수행할 수 있다.

경로 생성

외부에서 서비스에 접근하려면 오픈시프트 경로를 만들어 오픈시프트 네트워크 안의 서비스에 접근하기 위한 외부 주소를 생성해야 한다. 예를 들어 SQS 서비스의 경로를 생성하려면 route.yaml과 파일을 목록 12.5와 같이 생성한다.

목록 12.5 route.yaml

```
apiVersion: v1          ◀──── yaml 파일의 상단에서 쿠버네티스 API 버전을 지정한다.
kind: Route             ◀──── 생성한 객체 종류(kind)를 'Route'로 지정한다.
metadata:               ◀──── 메타데이터 섹션에는 경로 자체의 사양보다는 경로 정보가 포함돼 있다.
  name: sqs             ◀──── 경로 이름을 지정한다.
spec:                   ◀──── 스펙 섹션은 경로의 세부사항을 명시한다.
  host: sqs-test.HOST.nip.io  ◀──── 호스트는 매핑할 경로 URL로서 클라이언트가 연결할 URL을 의미한다.
  port:                          포트 섹션은 'to' 섹션에 지정된 서비스에서 경로를 식별한다.
    targetPort: 4576-tcp
  to:                   ◀──── 'to' 섹션은 요청이 라우팅될 위치를 식별한다.
    kind: Service              이때 로컬 스택 서비스를 기반으로 두고 있다.
    name: localstack
```

다음 커맨드를 실행해 경로를 생성한다.

```
$ oc create -f route.yaml
```

커맨드는 방금 생성한 yaml 파일에서 경로를 생성한다. 설정할 각 서비스마다 작업을 반복한다.

oc get all을 실행하면 오픈시프트 프로젝트에서 생성된 항목을 볼 수 있다.

첫 번째 목록은 이미지 스트림이다. 로컬이나 원격 이미지의 상태를 추적하는 객체다.

```
$ oc get all ◄── 오픈시프트 프로젝트에서 가장 중요한 항목을 리턴한다.
NAME DOCKER REPO TAGS UPDATED
is/localstack 172.30.1.1:5000/myproject/localstack latest 15 hours ago
NAME REVISION DESIRED CURRENT TRIGGERED BY          두 번째 목록은 파드를 클러스터로 배포하는
dc/localstack 1 1 1 config,image(localstack:latest)  방법을 지정하는 배포 설정이 나열된다.
NAME DESIRED CURRENT READY AGE    세 번째 목록은 실행 중인 파드의 복제
rc/localstack-1 1 1 1 15          특성을 지정하는 복제 설정이다.
NAME HOST/PORT PATH SERVICES PORT TERMINATION WILDCARD ◄── 네 번째 목록은 프로젝트에 설정된 경로다.
routes/sqs sqs-test.192.168.64.2.nip.io localstack 4576-tcp None
NAME CLUSTER-IP EXTERNAL-IP PORT(S) AGE
svc/localstack 172.30.187.65   4567/TCP,4568/TCP,4569/TCP,4570/TCP,4571/TCP
➡ 4572/TCP,4573/TCP,4574/TCP,4575/TCP,4576/TCP,4577/TCP,4578/TCP,
➡ 4579/TCP,4580/TCP,4581/TCP,4582/TCP,8080/TCP 15h
NAME READY STATUS RESTARTS AGE        마지막 목록에 프로젝트의 파드가 나열된다.
po/localstack-1-hnvpw 1/1 Running 0 15h
```

다섯 번째 목록은 서비스다. 여기서 도커 파일의 노출 포트가 서비스에 노출되는 것을 볼 수 있다.

기술적으로 프로젝트 안에서 사용 가능한 모든 객체는 아니지만 oc get all 커맨드는 실행 중인 애플리케이션에 가장 중요한 객체를 보여준다.

SQS와 같은 AWS 서비스는 코드를 테스트하기 위한 URL 엔드포인트로 접근할 수 있다.

서비스 접근하기

호스트에서 서비스를 실행할 수 있다. SQS 스트림을 생성하는 예시는 다음과 같다.

aws 클라이언트는 새로 생성된 엔드포인트에 연결하기 위해 사용되며, 키네시스에 내부 스트림을 나열하도록 요청한다.

```
$ aws --endpoint-url=http://kinesis-test.192.168.64.2.nip.io kinesis
➡ list-streams
  {
    "StreamNames": []    JSON 출력은 스트림이 존재하지 않음을 나타낸다.
  }
$ aws --endpoint-url=http://kinesis-test.192.168.64.2.nip.io kinesis
```

```
➡ create-stream --stream-name teststream --shard-count 2
$ aws --endpoint-url=http://kinesis-test.192.168.64.2.nip.io kinesis
➡ list-streams ◀──── 다시 키네시스 스트림의 목록을 요청한다.
{
  "StreamNames": [
  "teststream"        JSON 출력은 'teststream'이라는
                      스트림이 존재함을 나타낸다.
  ]
}
```
aws 클라이언트를 다시 호출해 샤드 개수가 2인 'teststream'이라는 SQS 스트림을 생성한다.

|**참고**| aws 클라이언트는 키네시스 작업을 하는 데 필요한 설치 툴이다. 대안으로 API 엔드포인트에 직접 curl을 실행할 수 있지만 권장하지 않는다. 또한 AWS 키와 기본 리전을 설정하고 aws configure를 실행한 것을 가정한다. 로컬 스택은 실제 AWS 인증을 수행하지 않으므로 지정된 실제 값은 중요하지 않다.

여기서 특정 타입의 로컬 스택 서비스만 다뤘지만 이 기술은 시작 부분에서 나열한 다른 서비스로 쉽게 확장할 수 있다.

토론

기술 90을 알면 오픈시프트(그리고 오픈시프트를 기반을 둔 쿠버네티스) 기능이 뛰어난 지 느낄 수 있다. 유용한 애플리케이션을 엔드포인트와 처리된 모든 내부 배선을 사용하는 것은 도커가 제공하는 휴대성의 약속의 실현이며, 데이터 센터까지 확장할 수 있는 개념이다.

오픈시프트를 사용할 때 시간이 더 걸릴 수 있지만 로컬스택의 여러 인스턴스가 같은 오픈시프트 클러스터에서 빨리 구축할 수 있다. AWS API 테스트는 오픈시프트 클러스터의 크기와 테스트 요구에 따라 더 많은 자원을 사용하지 않고도 병렬로 수행할 수 있다. 모두가 코드여서 AWS 코드베이스의 각 커밋에 관해 이야기할 로컬스택 인스턴스를 동적으로 스핀 업 및 스핀다운하도록 연속 통합이 설정될 수 있다.

기술 90은 쿠버네티스의 다양한 측면을 설명할 뿐 아니라 오픈시프트와 같은 솔루션이 기능을 확장하기 위해 쿠버네티스 기반으로 구축될 수 있음을 보여줘 특별하다. 예컨대 보안 문맥 제약은 오픈시프트 개념이며(쿠버네티스에도 보안 문맥 개념이 있음), 경로routes는 쿠

버네티스 기반의 오픈시프트 개념에서 시작됐지만 결국 쿠버네티스에서 직접 구현됐다. 시간이 지나면서 오픈시프트에서 개발된 기능은 점차 쿠버네티스의 일부가 되고 있다.

오픈시프트는 사용자가 컨테이너를 안전하게 운영할 수 있는 플랫폼이다. 기술 99에서 오픈시프트를 다시 한 번 살펴본다.

기술 91 · 메소스에서 프레임워크 개발하기

오케스트레이션 기능을 가진 수많은 솔루션을 조사할 때 쿠버네티스의 대안으로 메소스를 발견했을 지도 모르겠다. '메소스는 프레임워크의 프레임워크'과 '쿠버네티스를 메소스 기반에서 실행할 수 있다'와 같은 내용들이 인터넷에 떠돈다.

가장 적절한 비유로 메소스를 데이터 센터에 커널을 제공하는 것으로 생각하면 된다. 따라서 메소스만으로는 어떠한 유용한 작업을 실행할 수 없고 메소스의 가치는 시작(init) 시스템과 애플리케이션을 결합할 때 생긴다.

메소스를 쉽게 설명해 보겠다. 모든 머신을 제어하고 마음대로 애플리케이션을 시작하고 중지할 수 있는 패널 앞에 원숭이를 앉힌다고 가정하자. 당연히 특정 상황에서 원숭이가 해야 할 일, 애플리케이션을 시작해야 하는 시기 등 매우 명확한 지시 목록을 알려줘야 한다. 여러분이 해당 목록을 직접 작성할 수도 있다. 지시 목록을 생성하는 데 시간이 조금 걸리겠지만 저렴한 비용으로 원숭이에게 시킬 수 있다.

메소스는 원숭이다.

메소스는 상용 오케스트레이션 솔루션을 자체 구축한 경험이 있는 매우 동적이고 복잡한 인프라를 갖춘 회사에 이상적이다. 따라서 오케스트레이션을 자체적으로 구축한 경험이 없다면 메소스를 사용하는 데 시간을 허비하기보다는 기존 솔루션을 사용하는 것이 나을 수 있다.

문제

애플리케이션과 작업의 시작을 제어할 수 있는 여러 규칙이 있다. 그리고 원격 시스템에서 수동으로 시작하고 상태를 추적하지 않은 채 제어하고 싶다.

해결책

자원 관리의 추상화를 제공하는 유연하고 강력한 툴인 메소스를 사용한다.

메소스는 여러 머신에 자원 관리 추상화를 제공하는 완성된 소프트웨어다. 들어봤던 기업들이 상용 환경에 실험한 결과, 메소스를 안정적이고 신뢰할 수 있게 됐다.

| **참고** | 메소스에서 도커가 제대로 동작하려면 도커 API 버전은 도커 1.6.2 이상이 필요하다.

그림 12.3은 상용 메소스의 일반적인 설정을 보여준다.

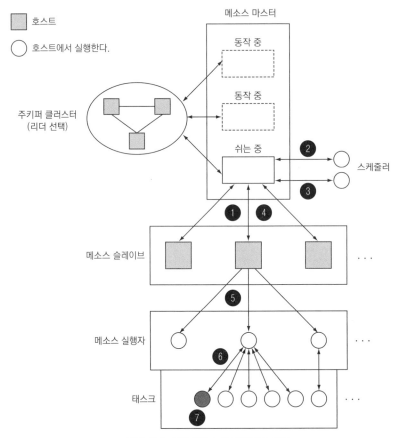

▲ **그림 12.3** 상용 메소스의 일반적인 설정

그림을 참조하면 작업을 시작할 때 기본 메소스 수명주기가 어떻게 보이는지 확인할 수 있다.

❶ 슬레이브는 노드에서 실행돼 자원 가용성을 추적하고 마스터에게 계속 알린다.

❷ 마스터는 하나 이상의 슬레이브에서 가용 자원 정보를 수신하고 스케줄러에 자원을 제공한다.

❸ 스케줄러는 마스터로부터 자원 제안을 받아 작업을 실행할 위치를 결정하고 해당 위치를 마스터에게 다시 전달한다.

❹ 마스터는 작업 정보를 적절한 슬레이브에 전달한다.

❺ 각 슬레이브는 작업 정보를 노드의 기존 실행자에 전달하거나 새로운 작업을 시작한다.

❻ 실행자는 작업 정보를 읽고 노드에서 작업을 시작한다.

❼ 작업이 실행된다.

메소스 프로젝트는 마스터와 슬레이브뿐만 아니라 기본 셸 실행자를 제공한다. 스케줄러(원숭이 예시에 설명한 '지시 목록')와 선택적인 사용자 정의 실행자로 구성된 프레임워크(또는 어플리케이션)를 제공하면 된다.

외부의 많은 프로젝트는 메소스에 들어갈 수 있는 프레임워크를 제공한다(다음 기술에서 외부 프로젝트 중 하나를 자세히 살펴볼 것이다). 그러나 메소스에 도커를 적용하는 부분을 완벽히 활용할 수 있는 방법을 완전히 이해하기 위해 단 하나의 스케줄러로 구성된 자체 프레임워크를 생성해 본다. 애플리케이션을 시작할 때 매우 복잡한 로직이 있다면 메소스에 도커를 적용하는 것을 마지막에 선택할 수 있다.

> |참고| 메소스에 도커를 사용할 필요는 없지만 이 책은 도커를 주제로 삼으므로 조금 설명한다. 메소스는 유연해서 여기서 다루지 않는 메소스 관련 내용이 많다. 여기서는 메소스를 한 대의 머신에 운영하겠지만 최대한 현실에서 사용하는 것처럼 유지하고 잘 동작하려면 무엇을 해야 하는지 설명할 것이다.

메소스의 생명주기 중에 도커가 어디에 위치하는지 아직 설명하지 않았다. 퍼즐의 마지막 부분은 메소스가 컨테이너라이저^{containerizer} 기능을 제공해 실행자나 작업(또는 둘 다)을 분리할 수 있다는 점이다. 도커가 메소스에서 사용할 수 있는 유일한 툴은 아니지만 메소스를 처음 시작하는 데 도움이 되는 도커 관련 기능을 제공해서 메소스에서 도커를 사용하는 것이 매우 인기 있다.

예시에서는 기본 실행자를 사용하고 있어서 실행 중인 작업만 컨테이너라이저 기능을 적용한다. 각 작업에서 코드를 동적으로 로드 및 실행하는 것과 관련돼 특정 언어 환경만 실행하는 사용자 정의 실행자가 있다면 실행자를 대신 컨테이너라이저 기능을 사용하는 것을 고려할 수 있다. 가령 매우 작은 작업의 JVM을 시작하는 오버헤드를 줄이기 위해 코드를 바로 로드하고 실행하는 실행자로 실행 중인 JVM을 사용할 수 있다.

그림 12.4는 도커를 이용한 새로운 작업이 생성될 때 예시의 뒷부분에서 어떤 일이 벌어질지 보여준다.

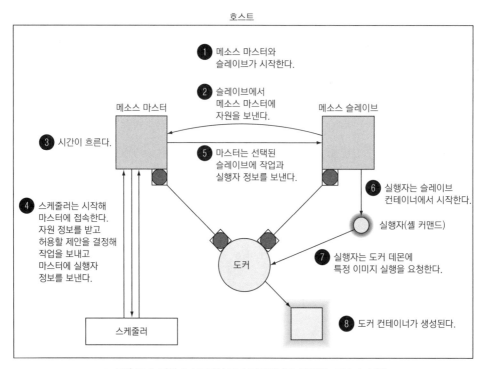

▲ **그림 12.4** 단일 호스트에서 도커 컨테이너를 시작하는 메소스 설정

설명은 여기서 멈추고 실행해 보자. 먼저 마스터를 시작해야 한다.

```
$ docker run -d --name mesmaster redjack/mesos:0.21.0 mesos-master \
--work_dir=/opt
24e277601260dcc6df35dc20a32a81f0336ae49531c46c2c8db84fe99ac1da35
$ docker inspect -f '{{.NetworkSettings.IPAddress}}' mesmaster
172.17.0.2
$ docker logs -f mesmaster
I0312 01:43:59.182916    1 main.cpp:167] Build: 2014-11-22 05:29:57 by root
I0312 01:43:59.183073    1 main.cpp:169] Version: 0.21.0
I0312 01:43:59.183084    1 main.cpp:172] Git tag: 0.21.0
[...]
```

마스터를 시작할 때 로그가 많이 발생하지만 빨리 로깅이 멈추는 것을 발견할 수 있다. 다른 컨테이너를 시작할 때 어떤 일이 일어나는지 볼 수 있도록 해당 터미널을 열어 두자.

> **|참고|** 보통 메소스를 설정할 때 여러 메소스 마스터(하나의 활성 및 여러 백업)와 함께 주키퍼 클러스터를 갖게 한다. 설정은 메소스 사이트(http://mesos.apache.org/documentation/latest/ high-availability)의 '메소스 고가용성 모드(Mesos High-Availability Mode)' 페이지에 설명돼 있다. 또한 외부 통신을 위해 5050 포트를 노출하고 work_dir 폴더를 볼륨으로 사용해 영구 정보를 저장해야 할 수도 있다.

이제는 슬레이브가 필요한데 약간 손이 가는 작업이다. 메소스 정의 중 작업에 자원 제한을 거는 기능이 있는데 슬레이브가 프로세스를 자유롭게 검사하고 관리할 수 있다. 그 결과 슬레이브를 실행하는 커맨드에 컨테이너 내부에서 볼 수 있는 많은 외부 시스템 상세 정보가 필요하다.

```
$ docker run -d --name messlave --pid=host \
  -v /var/run/docker.sock:/var/run/docker.sock -v /sys:/sys \
  redjack/mesos:0.21.0 mesos-slave \
  --master=172.17.0.2:5050 --executor_registration_timeout=5mins \
  --isolation=cgroups/cpu,cgroups/mem --containerizers=docker,mesos \
```

```
   --resources="ports(*):[8000-8100]"
1b88c414527f63e24241691a96e3e3251fbb24996f3bfba3ebba91d7a541a9f5
$ docker inspect -f '{{.NetworkSettings.IPAddress}}' messlave
172.17.0.3
$ docker logs -f messlave
I0312 01:46:43.341621 32398 main.cpp:142] Build: 2014-11-22 05:29:57 by root
I0312 01:46:43.341789 32398 main.cpp:144] Version: 0.21.0
I0312 01:46:43.341795 32398 main.cpp:147] Git tag: 0.21.0
[...]
I0312 01:46:43.554498 32429 slave.cpp:627] No credentials provided. >
Attempting to register without authentication
I0312 01:46:43.554633 32429 slave.cpp:638] Detecting new master
I0312 01:46:44.419646 32424 slave.cpp:756] Registered with master >
master@172.17.0.2:5050; given slave ID 20150312-014359-33558956-5050-1-S0
[...]
```

이때 메소스 마스터 터미널에서 다음과 같은 라인에서 시작되는 활동 로그를 살펴보자.

```
I0312 01:46:44.332494     9 master.cpp:3068] Registering slave at >
slave(1)@172.17.0.3:5051 (8c6c63023050) with id >
20150312-014359-33558956-5050-1-S0
I0312 01:46:44.333772     8 registrar.cpp:445] Applied 1 operations in >
134310ns; attempting to update the 'registry'
```

두 로그의 출력을 보면 슬레이브가 시작돼 마스터와 연결돼 있음을 보여준다. 로그가 표시되지 않으면 슬레이브를 중지하고 슬레이브에서 마스터 IP 주소를 다시 확인한다. 프레임워크에서 작업을 시작하지 않아 이유가 궁금해, 디버깅하다가 연결된 슬레이브가 마스터에 연결되지 않았음을 안다면 꽤 실망스럽다.

어쨌든 목록 12.7의 커맨드를 보면 내용이 많다. run 다음과 redjack/mesos:0.21.0 이전의 매개변수는 모두 도커 매개변수이며 주로 슬레이브 컨테이너에 많은 외부 정보를 전달한다. mesos-slave 다음의 매개변수는 더 흥미롭다. 먼저 master 매개변수는 슬레이브에 마스터(또는 주키퍼 클러스터)가 어디 있는지 알려준다.

다음 세 개의 매개변수, executor_registration_timeout, isolation, containerizers는 모두 도커와 함께 작업할 때 항상 적용돼야 하는 메소드 매개변수 설정이다. 마지막으로 제일 중요한 것! 메소스의 슬레이브들에게 어떤 포트가 자원으로 제공될 수 있는지를 알려야 한다. 보통 메소스는 31000~32000을 제공하지만 좀 더 낮고 기억에 남는 것을 원한다.

쉬운 단계는 지났고 메소스를 설정하는 마지막 단계, 스케줄러를 생성한다.

다행히도 사용할 수 있는 예시 프레임워크를 준비했다. 시험해 보고, 어떻게 작동하는지 알아보자. 두 개의 `docker logs -f` 커맨드를 마스터 및 슬레이브 컨테이너에서 열어 통신 내용을 볼 수 있도록 한다.

다음 커맨드는 깃허브에서 예시 프레임워크 소스를 깃허브에서 다운로드하고 실행하는 것이다.

목록 12.8 예시 프레임워크 다운로드 및 실행하기

```
$ git clone https://github.com/docker-in-practice/mesos-nc.git
$ docker run -it --rm -v $(pwd)/mesos-nc:/opt redjack/mesos:0.21.0 bash
# apt-get update && apt-get install -y python
# cd /opt
# export PYTHONUSERBASE=/usr/local
# python myframework.py 172.17.0.2:5050
I0312 02:11:07.642227    182 sched.cpp:137] Version: 0.21.0
I0312 02:11:07.645598    176 sched.cpp:234] New master detected at >
master@172.17.0.2:5050
I0312 02:11:07.645800    176 sched.cpp:242] No credentials provided. >
Attempting to register without authentication
I0312 02:11:07.648449    176 sched.cpp:408] Framework registered with >
20150312-014359-33558956-5050-1-0000
Registered with framework ID 20150312-014359-33558956-5050-1-0000
Received offer 20150312-014359-33558956-5050-1-00. cpus: 4.0, mem: 6686.0, >
ports: 8000-8100
Creating task 0
Task 0 is in state TASK_RUNNING
[...]
Received offer 20150312-014359-33558956-5050-1-05. cpus: 3.5, mem: 6586.0, >
ports: 8005-8100
Creating task 5
Task 5 is in state TASK_RUNNING
Received offer 20150312-014359-33558956-5050-1-06. cpus: 3.4, mem: 6566.0, >
```

```
ports: 8006-8100
Declining offer
```

메소스 이미지에 깃 저장소를 마운트했음을 눈치했을 것이다. 깃 저장소에 필요한 메소스 라이브러리 모두를 포함하고 있다. 불행히도 다른 방법으로 메소스 라이브러리를 설치하는 방식은 조금 어렵다.

`mesos-nc` 프레임워크는 사용할 수 있는 모든 호스트에서, 8000부터 8005까지의 사용할 수 있는 모든 포트에서 `echo 'hello <작업-id>' | nc -l <포트>` 커맨드를 실행하도록 설계됐다. 넷캣(nc 커맨드를 넷캣^{netcat}이라 부른다)의 동작 방식으로 인해 curl, 텔넷^{telnet}, nc, 브라우저로 '서버'에 접속하자마자 즉시 종료된다. 새로운 터미널에서 `curl localhost:8003` 커맨드를 실행해 확인할 수 있다. 예상되는 응답을 리턴할 것이고, 메소스 로그에는 종료된 작업을 대체하는 작업 생성 정보를 보여줄 것이다. `docker ps`를 실행해 도커 작업을 추적할 수도 있다.

메소스가 할당된 자원을 추적하고 작업이 종료될 때 사용할 수 있는 것으로 표시하는 부분을 주목하자. 특히 `localhost:8003`에 접근했을 때 `Received offer` 라인을 자세히 살펴보자. 포트의 사용이 해제된 새로운 포트 범위를 포함해 두 개의 포트 범위(연결되지 않은 포트)를 볼 수 있다.

```
Received offer 20150312-014359-33558956-5050-1-045. cpus: 3.5, mem: 6586.0, >
ports: 8006-8100,8003-8003
```

> |**경고**| 메소스 슬레이브는 모든 도커 컨테이너에 접두사 'mesos-'로 시작하는 이름을 붙인다. 이 이름을 가진 컨테이너는 슬레이브가 자유롭게 자원을 관리할 수 있는 것으로 가정한다. 따라서 컨테이너 이름 지을 때 조심해야 한다. 그렇지 않으면 메소스의 슬레이브가 컨테이너를 종료할 수 있다.

프레임 코드에 도전해 보고 싶다면 프레임워크 코드(myframework.py)를 소개한다. 잘 설계된 코드다. 몇 가지 고급 설계를 살펴본다.

```
class TestScheduler
(mesos.interface.Scheduler):
[...]
    def registered(self, driver, frameworkId, masterInfo):
[...]
    def statusUpdate(self, driver, update):
[...]
    def resourceOffers(self, driver, offers):
[...]
```

모든 메소스 스케줄러는 기본 메소스 스케줄러 클래스를 상속한다. 그리고 프레임워크가 이벤트에 반응할 수 있도록 메소스가 적절한 지점에서 호출할 수 있는 여러 가지 메소드를 구현한다. 코드를 보면 3개의 스케줄러를 구현했지만 이중 2개는 선택사항이며 소개용으로 추가 로깅을 위해 구현됐다. 구현해야 하는 메소드는 resourceOffers다.

resourceOffers 메소드가 언제 작업을 시작할 수 있는지 모르는 프레임워크에는 별로 의미가 없다. 메소스가 사용하려고 하는 메소드와 충돌만 나지 않으면 원하는 목적에 따라 init, _makeTask와 같은 메소드를 자유롭게 추가할 수 있다. 반드시 메소스 공식 문서(http://mesos.apache.org/documentation/latest/app-framework-development-guide/)를 읽어보길 바란다.

|팁| 자체 프레임워크를 작성해야 한다면 메소드와 구조에 관련된 메소스 문서를 살펴봐야 한다. 이 책을 쓸 때 유일하게 작성 문서로 자바 언어만 있었다. 프레임워크 구조를 깊이 살펴보기 위해 출발점을 찾는 독자들은 메소스 소스 코드의 include/mesos/mesos.proto 파일부터 살펴본다면 깊이 알 수 있을 것이다.

주요 메소드인 ResourceOffers를 더 자세히 살펴본다. ResourceOffers는 제안을 거절하거나 작업을 시작할 것이라는 결정을 내리는 메소스다. 그림 12.5는 메소스에서 프레임워크의 resourceOffers를 호출한 후의 실행 흐름을 나타낸다(일반적으로 프레임워크에서 자원을 사용할 수 있기 때문이다).

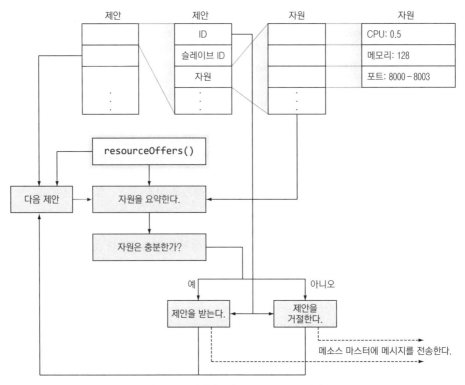

▲ **그림 12.5** 프레임워크의 resourceOffers 실행 흐름

resourceOffers에 제안 목록이 제공되고 제안 목록의 제안은 각 메소스 슬레이브에 일치한다. 제안에는 슬레이브에서 시작될 작업의 사용 가능한 자원에 관한 세부 정보가 포함된다. 그리고 resourceOffers를 구현할 때 제안 정보로 실행하려는 작업을 시작하는 데 가장 적절한 슬레이브를 식별한다. 작업을 시작하면 메소스 마스터에게 메시지를 전송하고 그림 12.3에 설명한 생명 주기로 진행된다.

토론

resourceOffers의 유연성을 제대로 알아둬야 한다. 작업을 시작하는 결정은 선택하는 기준에 따라 달라질 수 있다. 이런 유연성은 부담이 될 수 있어서 낮은 수준의 세부사항을 정리하고 메소스의 사용을 단순화할 수 있도록 미리 생성된 프레임워크가 있다. 기술 95에서 프레임워크 하나를 다룬다.

메소스에 관해 더 자세한 내용을 알고 싶다면 로저 이그나치오[Roger Ignazio]의 『Mesos in Action』(Manning, 2016)을 살펴보면 도움이 될 것이다. 기술 95에서 도커를 메소스에 쉽게 설치하고 사용하는 방법을 설명했다.

기술 92 ▶ 마라톤을 이용해 메소스를 세밀하게 제어하기

지금까지 살펴본 바로 매우 단순한 프레임워크이라도 메소스와 함께 생각해야 할 것이 많다. 제대로 배포될 애플리케이션에 의존할 수 있다는 점이 매우 중요하다. 프레임워크의 버그는 새로운 애플리케이션을 배포할 수 없게 할 뿐 아니라 모든 서비스를 중단시키기도 한다.

더 확장할수록 위험성은 점점 높아진다. 신뢰할 수 있는 동적 배포 코드를 작성하는 데 익숙치 않으면 메소스에서는 매우 안정적으로 관리할 수 있지만, 사내 내부 프레임워크는 원하는 만큼 신뢰할 수 없을 수 있어 테스트를 통해 안정성을 높여야 한다.

마라톤[Marathon]은 내부 배포 툴이 없는 회사에 적합하고 다소 동적인 환경에서 도커 컨테이너를 배포할 수 있는 사용하기 쉬운 툴이다.

문제

자체 프레임워크를 작성하는 데 시간이 걸리지 않고 메소스의 기능을 이용할 수 있는 믿을 만한 방법이 필요하다.

해결책

생산성을 더 빨리 얻을 수 있도록 간단한 인터페이스를 제공하는 메소스 상위 계층의 마라톤을 사용한다.

마라톤은 메소스피어[Mesosphere] 사에서 오랜 기간에 걸쳐 애플리케이션을 관리하기 위해 개발된 아파치 메소스의 프레임워크다. 마케팅 자료에 따르면, 메소스가 커널일 때 서버에서 마라톤을 init이나 upstart 데몬으로 실행할 수 있다고 설명돼 있다.

메소스 마스터, 메소스 슬레이브, 마라톤을 하나씩 사용해 특정 컨테이너를 시작할 수 있다. 데모로 사용하기에 유용하지만 상용 마라톤에 배포하기에 적합하지 않다. 상용 환경에 마라톤을 설치하려면 메소스의 마스터와 슬레이브뿐 아니라 주키퍼 인스턴스(기술 84)도 필요하다. 이제 마라톤 컨테이너를 실행해 보자.

```
$ docker inspect -f '{{.NetworkSettings.IPAddress}}' mesmaster
172.17.0.2
$ docker inspect -f '{{.NetworkSettings.IPAddress}}' messlave
172.17.0.3
$ docker inspect -f '{{.NetworkSettings.IPAddress}}' zookeeper
172.17.0.4
$ docker pull mesosphere/marathon:v0.8.2
[...]
$ docker run -d -h $(hostname) --name marathon -p 8080:8080 \
mesosphere/marathon:v0.8.2 --master 172.17.0.2:5050 --local_port_min 8000 \
--local_port_max 8100 --zk zk://172.17.0.4:2181/marathon
accd6de46cfab65572539ccffa5c2303009be7ec7dbfb49e3ab8f447453f2b93
$ docker logs -f marathon
MESOS_NATIVE_JAVA_LIBRARY is not set. Searching in /usr/lib /usr/local/lib.
MESOS_NATIVE_LIBRARY, MESOS_NATIVE_JAVA_LIBRARY set to >
'/usr/lib/libmesos.so'
[2015-06-23 19:42:14,836] INFO Starting Marathon 0.8.2 >
(mesosphere.marathon.Main$:87)
[2015-06-23 19:42:16,270] INFO Connecting to Zookeeper... >
(mesosphere.marathon.Main$:37)
[...]
[2015-06-30 18:20:07,971] INFO started processing 1 offers, >
launching at most 1 tasks per offer and 1000 tasks in total
➥ (mesosphere.marathon.tasks.IterativeOfferMatcher$:124)
[2015-06-30 18:20:07,972] INFO Launched 0 tasks on 0 offers, >
declining 1 (mesosphere.marathon.tasks.IterativeOfferMatcher$:216)
```

마라톤은 메소스처럼 상당히 많은 로그를 발생시키지만 메소스와 마찬가지로 상당히 빨리 멈춘다. 여기서 자원을 제공할 때 고려할 점과 자원으로 무엇을 해야 할지를 결정하는, 자체 프레임워크를 작성해 본다. 아직 아무것도 시작하지 않았기 때문에 어떠한 동작이 일어나는지 알 수 없다. 로그를 보면 declining 1이 출력된다.

마라톤은 훌륭한 웹 인터페이스도 함께 제공하며 8080 포트를 노출한다. http://localhost:8080을 방문하면 마라톤 웹 인터페이스를 볼 수 있다.

마라톤을 살펴본다. 새로운 애플리케이션을 생성하자. 먼저 용어를 명확히 하면 마라톤 세계의 'app'은 정확히 같은 정의를 가진 하나 이상의 작업 그룹을 의미한다.

시작하려는 애플리케이션 정의에 사용하는 대화상자를 나타나게 하려면 마라톤 웹의 오른쪽 위에 위치한 New App 버튼을 누른다. ID를 'marathon-nc'로 설정하고 CPU, 메모리, 디스크 공간을 기본값으로 둔다(mesos-nc 프레임워크에 노출된 자원 제한에 맞춤). 커맨드에 echo "hello $MESOS_TASK_ID" | nc -l $PORT0을 설정한다(작업을 실행할 때 사용될 수 있는 환경변수를 사용한다-숫자 0). 수신 대기할 포트를 설정하기 위해 Ports 필드를 8000으로 설정한다. 다른 필드는 건너 뛸 것이다. Create를 클릭한다.

새로 정의한 애플리케이션이 웹 인터페이스에 보일 것이다. 상태는 '배포 중^{Deploying}'으로 짧게 표시된 다음 '실행 중^{Running}'으로 표시된다. 애플리케이션이 시작될 것이다.

애플리케이션^{Apps} 목록의 '/marathon-nc' 항목을 클릭하면 애플리케이션의 고유 ID가 나타난다. 다음 코드처럼 REST API에서 전체 설정을 얻을 수 있다. 또한 메소스 슬레이브 컨테이너에 curl을 실행해 애플리케이션이 실행 중인지 확인할 수 있다. REST API에서 리턴한 전체 설정을 추후 유용하게 사용할 수 있다. 예시에서는 설정을 app.json에 저장한다.

```
$ curl http://localhost:8080/v2/apps/marathon-nc/versions
{"versions":["2015-06-30T19:52:44.649Z"]}
$ curl -s \
http://localhost:8080/v2/apps/marathon-nc/versions/2015-06-30T19:52:44.649Z \
> app.json
$ cat app.json
{"id":"/marathon-nc", >
"cmd":"echo \"hello $MESOS_TASK_ID\" | nc -l $PORT0",[...]
$ curl http://172.17.0.3:8000
hello marathon-nc.f56f140e-19e9-11e5-a44d-0242ac110012
```

curl을 사용해 애플리케이션에 요청하면 'hello'를 포함한 출력이 나타난다. 문자열은 마라톤 웹 인터페이스의 고유 ID와 일치한다. 하지만 빨리 확인해야 한다. curl 커맨드를 실행하면 앱이 종료되고 마라톤이 다시 시작해 웹 인터페이스의 고유한 ID가 바뀐다. 확인을 완료했으면 Destroy App 버튼을 클릭해 marathon-nc를 제거한다.

잘 동작한다. 그러나 마라톤으로 도커 컨테이너를 오케스트레이션하지 못했다는 것을 알아차렸을 것이다. 애플리케이션이 컨테이너 안에 있지만 자체 컨테이너가 아니라 메소스의 슬레이브 컨테이너에서 실행됐다. 마라톤 문서를 읽어보면 도커 컨테이너에서 작업을 생성하는 것은 사용자 정의 프레임워크를 작성할 때처럼 더 많은 설정이 필요하다는 점을 알게 된다.

다행히도 이전에 실행한 메소스 슬레이브에서 설정을 모두 갖추고 있어 마라톤 옵션, 특히 애플리케이션 옵션을 바꾸면 된다. 예시에서 마라톤 API의 응답을 app.json으로 저장했는데 json 파일을 마라톤 설정에 적용해 도커를 사용할 수 있다. 여기서 텍스트 편집기와 같은 효과를 얻는 jq 툴을 사용할 것이다.

```
$ JQ=https://github.com/stedolan/jq/releases/download/jq-1.3/jq-linux-x86_64
$ curl -Os $JQ && mv jq-linux-x86_64 jq && chmod +x jq
$ cat >container.json <<EOF
{
  "container": {
    "type": "DOCKER",
    "docker": {
      "image": "ubuntu:14.04.2",
      "network": "BRIDGE",
      "portMappings": [{"hostPort": 8000, "containerPort": 8000}]
    }
  }
}
$ # app.json과 container.json 상세를 합친다
$ cat app.json container.json | ./jq -s add > newapp.json
```

새로운 애플리케이션 정의를 마라톤 API에 전달해 마라톤이 시작하는 것을 볼 수 있다.

```
$ curl -X POST -H 'Content-Type: application/json; charset=utf-8' \
--data-binary @newapp.json http://localhost:8080/v2/apps
{"id":"/marathon-nc", >
"cmd":"echo \"hello $MESOS_TASK_ID\" | nc -l $PORT0",[...]
$ sleep 10
$ docker ps --since=marathon
CONTAINER ID  IMAGE          COMMAND           CREATED           >
STATUS             PORTS              NAMES
284ced88246c  ubuntu:14.04  "\"/bin/sh -c 'echo  About a minute ago  >
Up About a minute  0.0.0.0:8000->8000/tcp  mesos- >
1da85151-59c0-4469-9c50-2bfc34f1a987
$ curl localhost:8000
hello mesos-nc.675b2dc9-1f88-11e5-bc4d-0242ac11000e
$ docker ps --since=marathon
CONTAINER ID  IMAGE          COMMAND           CREATED           >
STATUS             PORTS              NAMES
851279a9292f  ubuntu:14.04  "\"/bin/sh -c 'echo  44 seconds ago  >
Up 43 seconds                0.0.0.0:8000->8000/tcp  mesos- >
37d84e5e-3908-405b-aa04-9524b59ba4f6
284ced88246c  ubuntu:14.04  "\"/bin/sh -c 'echo  24 minutes ago  >
Exited (0) 45 seconds ago                  mesos-1da85151-59c0-
➡ 4469-9c50-2bfc34f1a987
```

기술 92에서 사용자 지정 프레임워크를 살펴보고 메소스는 애플리케이션이 실행되는 도
커 컨테이너를 실행했다. curl 커맨드를 실행하면 애플리케이션과 컨테이너가 종료되고
새로운 컨테이너가 자동으로 시작됐다.

토론

기술 92에서 살펴본 마라톤의 사용자 정의 프레임워크와 마라톤 사이에 중요한 차이점
이 있다. 사용자 정의 프레임워크에서는 자원 제안의 허용을 매우 세밀하게 제어함으로
써 수신 대기할 개별 포트를 선택할 수 있었다. 반면 마라톤에서는 같은 동작을 하게 하
려면 각 슬레이브를 설정해야 했다.

사용자 정의 프레임워크와 대조적으로 마라톤은 상태 점검, 이벤트 알림 시스템, REST
API를 포함해 마라톤을 사용할 때 에러가 발생하기 쉬운 많은 기능들을 내장하고 있다.

이 기능은 작은 기능이 아니다. 하지만 마라톤을 사용할 때 마라톤을 사용하는 첫 번째 사람이 아니라는 확신으로 운영할 수 있다. 그 외 사용자 정의 프레임워크보다 마라톤 지원을 받는 것이 훨씬 더 쉽고 마라톤 문서가 메소스의 문서보다 더 접근성이 좋다.

마라톤 설치 및 사용 방법 등 기본 내용을 살펴봤지만 마라톤에는 흥미로운 내용들이 많아 그 내용으로 메소스의 프레임워크을 시작할 수 있다. 잠재적으로 사용자 정의 프레임워크를 포함해서 시작할 수 있다. 메소스는 컨테이너 오케스트레이션을 수행항 수 있는 좋은 품질의 툴이고 마라톤에서 메소스를 기반으로 사용 가능한 계층을 제공한다.

요약

- 도커 스웜 모드를 머신에 적용해 클러스터 단위로 서비스를 시작할 수 있다.
- 메소스에 사용자 정의 프레임워크를 작성하면 컨테이너 스케줄링을 세밀하게 제어할 수 있다.
- 메소스의 꼭대기에 있는 마라톤 프레임워크는 메소스의 힘을 이용할 수 있는 간단한 방법을 제공한다.
- 쿠버네티스는 상용 품질의 오케스트레이션 툴이며, 활용할 수 있는 API를 갖고 있다.
- 오픈시프트는 일부 AWS 서비스의 로컬 버전을 설정하는 데 사용할 수 있다.

13
도커 플랫폼

13장에서 다루는 내용
- 도커 플랫폼을 결정하는 요소
- 도커를 결정할 때 필요한 고려사항
- 2020년 현재 도커사 현황

13장의 제목을 보고 갸우뚱했을 것 같다. 12장에서 이미 쿠버네티스와 메소스와 같은 도커 플랫폼을 다뤘기 때문일 것이다.

쿠버네티스와 메소스는 도커를 실행할 수 있는 플랫폼이지만 이 책에서는 도커 컨테이너의 운영을 구조적으로 실행하고 관리할 수 있는 제품(또는 통합 기술 세트)을 의미하는 플랫폼을 사용하고 있다. 13장은 순수하게 기술적인 측면보다는 '인프라적'인 것이라고 보면 된다.

이 책을 쓸 때의 도커 플랫폼은 다음과 같다.

- AWS 파게이트^{Fargate}
- AWS ECS^{Elastic Container Service}

- AWS EKS^{Elastic Kubernetes Service}

- Azure AKS^{Azure Kubernetes Service}

- 오픈시프트

- 도커 데이터 센터

- 네이티브 쿠버네티스

> |참고| 네이티브(Native) 쿠버네티스는 선호하는 기본 인프라에서 자체 클러스터를 실행하고 관리하는 것을 의미한다. 자체 데이터 센터의 전용 하드웨어나 클라우드 공급 업체의 VM에서 네이티브 쿠버네티스를 실행해 본다.

플랫폼을 결정할 때 어떤 플랫폼을 선택할지, 조직 전체의 도커 결정을 검토할 때 고려해야 할 사항을 정확히 알기가 어렵다. 13장에서는 플랫폼을 합리적 결정을 위한 안내 사항을 전한다. 쿠버네티스보다 오픈시프트를 선택하는 이유나 쿠버네티스보다 AWS ECS으로 결정해야 하는지 이유를 이해하는 데 도움이 될 것이다.

13장은 세 부분으로 구성됐다. 첫 번째는 도커를 선택하려는 조직에서 어떤 기술이나 솔루션이 적합한지 결정하는 요소를 다룬다. 두 번째는 도커를 결정할 때 고려해야 할 분야를 설명한다. 세 번째는 2020년 현재 외부 업체의 상황을 살펴본다.

도커를 여러 조직에 적용해본 경험이 있고 수많은 컨퍼런스에서 도커를 결정할 때 겪는 어려움을 발표한 적이 있다. 개인적인 경험을 떠올려 보면 도커를 결정하면서 조직에서 직면하고 있는 도전의 조합이 독특하기는 하지만, 컨테이너를 살펴보기 전에 먼저 이해하고 결정해야 할 규칙과 도전 단계가 있다는 점을 알게 됐다.

13.1 조직의 결정 요소

도커를 플랫폼으로 결정하는 조직의 주요 요소를 개략적으로 설명한다. 그림 13.1은 플랫폼을 결정하는 요소와 요소 간의 상호관계를 보여준다.

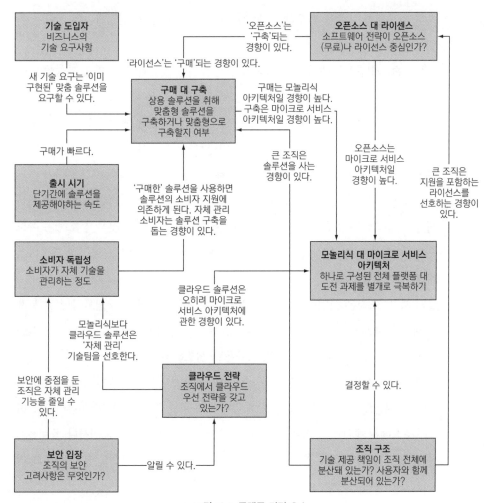

▲ 그림 13.1 플랫폼 결정 요소

플랫폼을 결정하는 요소를 자세히 공부하기 전에 요소와 요소별 의미를 간단히 정의해 본다. 모든 요소가 무엇인지 이해했거나 고려했을 수도 있다. 하지만 조직 내부와 조직 간에서 사용하는 용어가 용어의 개념을 불명확하게 만들기도 하며, 어떤 용어는 다른 용어보다 특정 조직에서 더 일반적으로 사용되기도 한다.

- **구매와 구축 비교**: 조직이 새로운 소프트웨어를 사용하려 할 때 접근 방식의 차이를 말한다. 어떤 조직은 솔루션을 구매하는 쪽을, 어떤 조직은 자체 솔루션을 구

축하고 운영하는 쪽을 선호한다. 이 사항은 어떤 플랫폼을 결정하는데 영향을 미칠 수 있다.

- **추진 기술**: 기업은 높은 수준의 성능이나 운영 비용 효율과 같은 기술 특성에 따라 차별화될 수 있다. 이런 특성으로 기반으로 한다는 것은 틈새시장에서 우위를 차지할 수 있다. 세부적인 기술적 구성요소는 상품 서비스나 툴에 의해 정의되지 않을 수 있다. '매입' 방식보다는 '구축' 방식의 맞춤형 솔루션으로 추진할 수 있다.

- **모놀리식 접근 방식과 마이크로 서비스 아키텍처 접근 방식**: 조직은 소프트웨어 솔루션에 문화적으로 접근한다. 단일 모놀리식(중앙 집중형 서버 또는 서비스)에 솔루션을 중앙 집중화하는 것을 선호하거나 문제를 하나씩 해결하는 것을 선호하는 쪽도 있다. 마이크로 접근방식은 더 유연하고 적응력이 있는 반면 모놀리식 확장하는 데에서 더 효율적이다.

- **출시 시기**: 조직은 상업적 또는 문화적 이유로 사용자에게 솔루션을 신속하게 제공해야 한다는 압박을 느낄 때가 있다. 압박으로 인해 미래의 비용이나 유연성을 희생하면서 다른 플랫폼보다 특정 플랫폼을 선호하기도 한다.

- **오픈소스 대 라이선스**: 조직은 보통 라이선스 제품보다 오픈소스를 선호하지만 라이선스 제품으로부터 지원을 받기 때문에 라이선스 제품을 선택할 이유가 충분하다. 조직에서 오픈소스 솔루션을 사용하려는 다른 이유는 특정 회사나 플랫폼에 락인[1]$^{lock-in}$의 두려움도 있기 때문이다. 시간이 지나면서 제품 의존도가 계속돼 라이선스 비용이 증가한다.

- **소비자 독립성**: 여러분이 구축한 플랫폼에 소비자가 있을 것이다. 소비자는 개인, 팀, 전체 사업부일 수 있다. 소비자 규모가 어떻든 소비자마다 문화와 운영 방식이 있다. 여기서 핵심은 '기술적으로 자체 관리가 얼마나 이뤄지고 있으며, 개발 요구사항이 얼마나 맞춤화돼 있는가?'다. 질문의 답변은 구현하기로 결정한 플랫폼 성격에 의존적이다.

- **클라우드 전략**: 요즘 클라우드 컴퓨팅 전략이 없는 조직은 거의 없다. 업무를 클라

---

1   락인이란 기존 보다 좋은 새로운 제품이 출시되어도 소비자가 해당 제품으로 전환을 하지 않고 기존 제품이나 서비스에 계속 머무르는 현상을 말한다. – 옮긴이

우드로 즉시 이동할지 여부에 관계없이 클라우드 네이티브 솔루션을 결정하는 정도는 의사 결정 프로세스의 요소가 된다. 클라우드로 전환하기로 결정했더라도 클라우드 전략이 특정 클라우드로 제한돼 있는지 아니면 클라우드 전반에 걸쳐 이동 가능하고, 심지어 데이터 센터로 돌아가도록 설계된 것인지도 고려해야 한다.

- **보안 고려 사항**: 꽤 많은 조직이 IT 전략의 일환으로 보안을 더욱 심각하게 고려 중이다. 국가가 후원하는 배우든 해커든, 산업 스파이든, 평범한 절도든 간에 보안은 모든 사람들이 가져야 할 중요한 요소다. 보안 분야의 주의 수준은 다양할 수 있으므로 플랫폼을 결정할 때 보안을 고려해야 한다.
- **조직 구조**: 특정 조직에서 일하는 경우 반대편의 조직에서 일할 때보다 앞의 요소들 대부분이 잠재적으로 의미가 있다.

이 책에서 기업을 정의할 때 조직이 분리되지 않은 기능들 속에서 낮은 수준의 독립성이 있는 조직으로 초점을 뒀다. 예컨대 중앙 집중식 IT 기능을 운영하는 경우 보안, 개발 팀, 개발 툴 개발 팀, 재무, 운영/데브옵스^{DevOps}팀과 같은 다른 비즈니스 조직과 연계하지 않고 솔루션을 구축할 수 있는가? 구축 가능하다면 조직의 반대라고 간주할 수 있는데, 조직 규모가 더 클수록(따라서 기능이 더 별개임), 규제(내부 및 외부)가 더 많다. 규제는 덜 중요한 결과로 변화를 일으킬 수 있는 자유를 제약하는 경향이 있다.

비영리 단체^{non-enterprise organization}는 자기 결정 과정을 통해 기능이 적합하다고 판단하면 자유롭게 솔루션을 배치한다. 스타트업은 그런 측면에서 비영리 단체로 보는데, 사람들의 요구에 신속히 결정할 수 있기 때문이다.

비영리 단체는 구매보다는 구축을 선호하는 편이지만, 장기적으로는 결정이 미칠 결과 때문에 비용을 지불하는 경향이 있다.

다양한 요소가 어떻게 상호 작용해 다른 플랫폼에 영향을 미치는지 구체적으로 살펴볼 텐데 여러분의 상황에 참고가 되기를 바란다.

다양한 요소와 함께 도커 플랫폼을 운영할 때의 구체적인 도전을 알아본다. 맥락 속에서 항목을 보면서 조직의 요구에 맞는, 가장 적합한 기술 정보에 기반한 결정을 내리는 참고 사항이 될 수 있을 것이다.

13.1.1 출시 시기

가장 간단한 요소인 출시 시기를 고려해야 한다. 조직에서 일하는 모든 사람들은 솔루션을 빨리 전달해야 한다는 압박을 느낄 수 있지만 압박은 협상 가능하거나 바람직한 정도에 따라 달라질 수 있다.

직접적인 경쟁업체가 컨테이너화 전략을 결정하고 전략으로 비용을 절감한 적이 있다면, 고위 경영진은 솔루션 제공에 얼마나 많은 시간이 소요되는지에 관심을 가진다.

또한 보수적인 조직에서 일하고 있다면 빠르게 적용해야 할 솔루션이 변화하는 요구사항에 대응할 수 없는 최신 유행 플랫폼이거나, 빨리 제공되야 하는 락인 플랫폼이라면 부정적인 영향을 초래할 수 있다.

현명한 조직 관리자는 이런 위험을 만났을 때 가장 먼저, 신뢰할 수 있는 솔루션을 결정하려는 충동을 자제하라고 충고하기도 한다.

보통 신속한 제공에 관한 압력이 있을 때는 당면한 복잡한 과제를 해결하기 위해 '구축' 대신 '구매'로, '모놀리식' 대신 '마이크로' 솔루션을 결정할 가능성이 높다(이런 결정에 관해 다음 절에서 자세히 다룬다) 혹은 다른 조직에 문제를 맡겨 해결할 수도 있다. 제품이 성숙하지 않으면 기업 과제를 항상 해결할 수 있는 것은 아니다.

또한 압박으로 인해 비즈니스의 단기적인 요구를 충족시키는 맞춤형 솔루션을 성급하게 정하기도 한다. 솔루션은 특히 기술적인 초점이 높은 조직에서 널리 사용되고 있고 핵심 기술에 대한 통제와 업무 지식을 통해 경쟁 우위를 제공할 때 매우 효과적이다. 하지만 기술이 여러분의 사업에 결정적인 차별화 요소가 되지 않고, 기존 산업이 이미 선도적인 우위에 있다면 그 기술은 무용지물로 변할 것이다.

클릭 몇 번으로 사용할 수 있는 클라우드 기술을 결정하면 시장 출시 시기를 크게 단축할 수 있다. 그러나 클라우드 공급 업체의 솔루션이 장애물이 돼 이후에 규모 확장에 따른 비용 증가 및 향후 클라우드 이동 비용이 늘어난다는 단점도 있다. 또한 기술 기능이나 솔루션의 유연성을 줄여 클라우드사 제품의 성장과 개발에 의존할 수 있다.

13.1.2 구매 대 구축

솔루션을 사는 방법은 여러 가지 면에서 효과적인 전략이다. 살펴본 대로 시장 출시 시기를 단축시킬 수 있다. 조직이 개발 인력 측면에서 제약을 받는 경우, 비교적 적은 투자로 고객에게 더 많은 것을 제공하기 위해 제품을 확장할 수도 있다.

구매 관저에서 솔루션 제공 조직이 제공하는 서비스를 외부에서 운영하도록 결정한다면 운영 비용을 덜 수 있다. 외부 운영 방식은 보안 고려 사항으로 제한될 수 있다. 소프트웨어를 사용하는 조직이 소유 및 운영하는 하드웨어에 소프트웨어를 실행한다면 보안상 안전하다고 여길 수 있다.

기존의 오픈소스 소프트웨어를 기반으로 자체 플랫폼을 구축하는 쪽이 매력적일 수 있다. 의심할 여지없이 구축하는 과정에서 많은 것을 배우게 되겠지만 사업적인 관점에서는 수많은 위험이 있다.

첫째, 자체 플랫폼 제품을 계속 개발하고 유지하려면 고도로 숙련된 직원이 필요하다(특히 조직이나 대학에서 컴퓨터 과학자들에 둘러싸여 있었더라면) 복잡한 IT 시스템을 프로그래밍하고 운영할 수 있는 사람들을 고용하기가 생각하는 것보다 훨씬 더 어렵다. 특히 IT 기술의 수요가 많았던 최근 몇 년 동안은 더욱 어려웠을 것이다.

둘째, 시간이 지날수록 컨테이너 플랫폼 세계는 성숙해질 것이고 기존 플랫폼은 점차 비슷한 기능 및 플랫폼을 기반으로 상용화된 기술을 제공할 것이다. 이런 특성으로 인해 몇 년 전에 특정 조직의 요구사항을 기반으로 구축된 맞춤형 솔루션은 전에는 시장 차별화 요소가 있었겠지만 시간이 흐른 후에는 솔루션이 불필요하게 비싸 보일 수 있다.

결정할 수 있는 한 가지 전략은 '구축 후 구매'다. 즉 조직에서 즉각적인 요구사항을 충족하는 플랫폼을 구축하지만, 시장에서 표준으로 보이는 제품으로 선택하게 되면 구매를 고려한다. 물론 구축된 플랫폼이 포기하기 어려운 '장난감'이 될 위험이 있다. 이 글을 쓸 때는 쿠버네티스는 가장 인기 있는 도커 플랫폼의 기반으로서 거의 완전한 지배력을 획득한 것으로 보인다. 따라서 여러분이 미래에 쿠버네티스가 유망할 것이라 생각한다면 자체 솔루션을 정리하고 쿠버네티스를 사용할 수도 있다.

유망한 플랫폼 중에 오픈시프트가 있다. 오픈시프트는 도커가 기술 분야에서 폭발적인 반응이 있은 후 도커를 포함했다. 오픈시프트는 도커와 쿠버네티스를 기반으로 코드 전체를 재작성했는데, 그 결과 오픈시프트는 현재 많은 기업에서 각광받는 솔루션이 됐다. 대조적으로 아마존에서는 메소스를 ECS 솔루션의 기반으로 사용했는데 쿠버네티스가 점점 더 널리 퍼져 있는 틈새 시장에서 점점 더 많이 나타났다.

13.1.3 모놀리식 대 마이크로 서비스 아키텍처

도커의 요구사항을 단일 '모놀리식 아키텍처' 플랫폼으로 운영할지, 별도의 '마이크로 서비스 아키텍처' 솔루션으로 기능을 구축할지에 대한 질문은 '구매 대 구축' 질문과 밀접한 관련이 있다. 외부업체에게서 모놀리식 솔루션을 구입하는 것을 고려할 때 출시 시기가 모놀리식 솔루션을 사용해야 해야 하는 강력한 이유가 된다. 다시 말해 접근 방법에는 절충안이 있다.

가장 큰 위험은 이른바 '락인'이다. 조직은 솔루션이 배포된 각 시스템에 비용을 청구한다. 도커 자산이 시간이 지남에 따라 눈에 띄게 증가한다면, 라이선스 비용은 매우 커질 수 있고 외부 플랫폼은 재정적인 걸림돌이 된다. 심지어 일부 외부업체는 다른 업체가 제공하는 도커 컨테이너 지원을 거부하기 때문에 현실적으로 도커 컨테이너를 결정하기가 거의 불가능하다. 이는 마이크로 서비스 아키텍처에 반하는 방식이다. 예컨대 마이크로 서비스 아키텍처에서는 컨테이너를 빌드하기 위해 특정 솔루션을 사용할 수 있고 도커 레지스트리^{Docker registry}와 같이 컨테이너를 저장하기 위해 또 다른 솔루션을 사용하거나, 컨테이너 검색하거나 실행하려는 용도로 다른 솔루션을 사용할 수 있다(여러 솔루션을 사용할 수 있거나 앞에서 설명한 솔루션일 수도 있다). 13장에서 '마이크로 서비스 아키텍처'가 해결해야 할 문제를 자세히 설명하겠다.

다시 한 번 말하지만 여러분이 빨리 진행할 필요가 있는 작은(그리고 아마도 현금이 풍부한) 작업이 있다면 모놀리식한 접근법이 좋다. 마이크로 서비스 아키텍처 접근 방식은 필요에 따라 다양한 마이크로 서비스에 다양한 솔루션을 결정할 수 있도록 해주며, 여러분의 노력에 더 많은 유연성과 집중을 제공한다.

13.1.4 오픈소스 대 라이선스

오픈소스는 지난 10년 간 크게 발전해 이제는 외부 조직 및 지원 솔루션의 표준 요건이 됐지만 위험을 내포하고 있다. 많은 솔루션이 오픈소스임에도 불구하고, 락인이 반드시 방지되지는 않는다. 이론적으로 소프트웨어의 지적 재산권은 지원 벤더와 떨어져도 사용할 수 있지만, 코드베이스의 관리와 지원에 필요한 기술은 그렇지 않을 때가 많다.

최근 한 컨퍼런스에서 '오픈소스와 그를 지원하는 외부 조직이 새로운 락인[lock-in]'이라고 발표한 내용이 있었는데, '외부 조직이 조직에 갖고 오는 가치의 타당한 정당성이라고 주장할 수 있다. 필요한 플랫폼을 관리하는 데 잘 사용하지 않은 기술을 사용해야 한다면 어떻게 해서든 기술 비용을 지불해야 한다.

이런 혼합에서 오픈소스와 라이선스로 볼 수 있는 클라우드 컴퓨팅 솔루션은 흥미로운 추가사항이다. 클라우드 컴퓨팅 솔루션은 오픈소스 소프트웨어와 오픈 스탠더드(예: 아마존의 EKS)를 기반으로 두고 있지만 표준과 기술의 특정한 구현에 연결시킴으로써 락인[lock-in]을 얻는다.

또 다른 흥미로운 혼합은 레드햇의 오픈시프트와 같은 플랫폼에서 볼 수 있다. 오픈시프트는 솔루션을 동작하는 필요한 라이선스와 솔루션 지원 플랫폼이 있다. 그러나 오픈시프트의 코드는 깃허브에서 살펴볼 수 있고 커뮤니티에서 코드를 기여하면 주류로 받아들여진다. 레드햇이 부가가치로써 제공하는 것은 지원, 기능 개발, 과거 코드베이스의 유지보수다. 이론적으로 보면 레드햇이 지원에서 가치를 얻지 못한다고 느낀다면 오픈시프트의 실행을 중지할 수 있다.

13.1.5 보안 고려사항

플랫폼을 결정할 때 보안이 큰 영향을 미친다. 레드햇과 같은 큰 조직은 보안 관리 이력이 강하며 오픈시프트는 네이티브 쿠버네티스가 제공한 보호 기반 위에 컨테이너 보안을 위한 SELinux 보호 기능을 추가한다.

보안에 관한 중요도는 개인마다 매우 다르다. 개발자가 상용 데이터베이스에 완전하고 신뢰성 있게 접근하도록 허용하는 조직뿐 아니라 보안을 굉장히 중요시 여기는 조직에도 관여한 경험이 있다. 서로 다른 수준의 보안은 개발과 상용 환경, 플랫폼 결정을 할 때 매우 다르다.

AWS$^{\text{Amazon Web Services}}$의 보안 표준과 제품에 대한 데이터와 코드를 신뢰할 수 있는가? 여기서 AWS를 꼭 집어서 얘기하는 것은 아니다. 경험한 바로는 클라우드 공간에서 AWS의 보안 표준은 일반적으로 어떤 클라우드 제공업체에도 뒤지지 않는다고 본다. 또한 개발 팀이 반드시 애플리케이션 팀과 관련된 책임을 관리하도록 신뢰하는가? 개인 데이터가 AWS S3 버킷에 노출됐다는 점은 많은 조직에서 우려하고 있는 대목이다.

> |참고| S3에 데이터를 노출시키는 책임은 AWS 소비자에게 있으며 AWS 자체에서 책임지지 않는다. AWS는 보안을 관리할 수 있는 종합 툴을 제공하지만 보안 요구사항과 운영을 관리할 수 없다.

13.1.6 소비자 독립성

자주 고려되지 않는 한 가지 요소는 팀에서 스스로 관리하길 원하는 수준이다. 소규모 조직은 더 큰 조직보다 다양하지 않다. 대규모 조직에서는 첨단 기술 플랫폼을 요구하는 고도의 기술을 요하는 개발팀부터 단순하고 안정적인 웹 애플리케이션을 배포할 수 있는 덜 숙련된 팀에 이르기까지 팀 구성이 다양하다.

조직의 요구사항의 차이가 플랫폼을 결정하는 데 달라지기도 한다. 예를 들어 한 사업부가 중앙 집중식, 잘 정리된, 모놀리식 플랫폼으로 만족하는 반면, 다른 사업부는 높은 수준의 통제를 요구하며 특정한 기술에 요구사항이 있다. 사용자들은 외부 업체의 솔루션보다 더 맞춤화된 플랫폼을 원할 수 있다. 사용자들이 플랫폼을 구축하고 유지하는 것을 기꺼이 돕는다면 생산적인 동반자 관계가 뒤따를 수 있다.

개발 능력이 있고 개발 커뮤니티가 이질적이면 도커 플랫폼의 여러 옵션이 있는지 고려해 볼 수도 있다.

13.1.7 클라우드 전략

IT 기술을 사용하는 기업 대부분 클라우드 플랫폼에 어느 정도 입장을 갖고 있다. 클라우드 플랫폼을 제대로 받아들이거나, 여전히 클라우드 플랫폼으로 여행을 시작하고 있거나 전환 중인 조직도 있다. 어떤 조직은 심지어 이전에 유행했던 데이터 센터로 되돌아 가고 있다.

조직은 클라우드 도커 플랫폼을 클라우드 전략에 따라 결정한다. 고려해야 할 요소는 클라우드 공급 업체의 데이터 센터로 애플리케이션과 데이터를 이동하는 데 비용이 많이 드는 소위 '클라우드 공급 업체 잠금'에 대한 두려움이다. 그러나 클라우드 환경에서 클라우드 공급 업체의 제품을 사용하기보다 오픈소스 표준 또는 제품을 사용하거나 클라우드 공급 업체가 제공하는 일반적인 컴퓨팅 자원에서 기존 제품을 실행해 두려움을 이겨낼 수 있다.

13.1.8 조직 구조

조직 구조는 조직의 근본적인 특징이며 다른 모든 요소를 영향을 줄 수 있다. 예를 들어 개발 팀이 운영 팀과 분리돼 있으면 조직 구조상 양 팀이 관리하고 경쟁할 수 있는 표준화된 플랫폼을 결정해야 한다고 주장하는 경향이 있다.

비슷하게 운영의 다른 부분에 관한 책임을 다른 그룹으로 세분화한다면 플랫폼 전달에 관한 마이크로 서비스 아키텍처 접근법을 지지하는 경향이 있다. 예시로 큰 조직의 도커 레지스트리 관리다. 이미 중앙 아티팩트 저장소가 존재하면 아티팩트 저장소를 단순히 업그레이드만 해서 도커 레지스트리로 사용하는 것이 좋다. 그러면 같은 작업에 관한 별도의 솔루션을 구축하는 것보다 저장소의 관리와 운영 비용이 더 내려간다.

13.1.9 여러 플랫폼?

커다란 조직은 비교적 다양한 요구가 있어 다른 접근 방식이 가능하다. 사용할 수 있는 관리 플랫폼을 선호하는 사용자가 있을 수 있고 같은 조직이라도 더 많은 맞춤형 솔루션을 요구하는 사람도 있다.

이때는 첫 번째 사용자에게는 높은 평가를 받고 사용하기 쉬운 플랫폼을 제공하고 다른 사용자에게는 유연한 자체 관리 솔루션을 제공하는 것이 맞을 수 있다. 알다시피 자체 관리 노마드^{Nomad} 클러스터, AWS 관리 솔루션, 오픈시프트 옵션 등 세 가지 옵션을 사용할 수 있다. 다만 여러 플랫폼을 실행하는 데 드는 관리 비용이 증가하는 점, 해당 옵션들을 조직 전체에 효과적으로 전달해야 하는 점을 단점으로 들 수 있다.

13.1.10 조직 요소 결론

지금까지 설명한 조직 요소가 여러분에게 반향을 일으켰기를 바라며 서로 다른 요구가 있는 조직에서 도커(또는 실제로 어떤 기술)를 위한 적절한 플랫폼을 결정하는 복잡성에 어느 정도 아이디어를 갖길 바란다. 사업 솔루션을 결정할 때 고려할 문제를 살펴볼 때 앞의 내용들이 다소 추상적으로 느꼈을 수 있지만 이제 좀 더 구체적으로 알아본다. 문제와 솔루션을 평가할 수 있는 적절한 평가 관점을 제공한다.

13.2 도커 적용 시 고려사항

마지막으로 도커 플랫폼을 구현할 때의 실용적인 문제를 알아본다.

실용적인 문제를 세 절로 나눠 다룬다.

- **보안과 통제**: 보안과 통제 고려사항에 따라 달라질 항목을 살펴본다.
- **이미지 빌드와 전송**: 이미지 개발과 전송, 작업 부하와 관련해 고려할 항목을 살펴본다.
- **실행 중인 컨테이너**: 플랫폼을 운영할 때 고려할 항목을 살펴본다.

실용적인 문제를 알아보면서 구체적인 최신 기술을 고려해 본다. 설명하면서 등장하는 제품도 예시로서의 의미지, 지지를 표방하지는 않으며 완벽한 제품도 아니라는 것을 말해둔다. 소프트웨어 제품은 기능 개선 및 축소, 교체와 병합이 가능하다. 플랫폼 결정에 따른 실제적인 결과를 설명하기 위해서 실용적인 문제를 여기에 설명한다.

앞으로 다룰 항목이 꽤 많은데 불명확하거나 근무하는 조직과 무관해 보인다면, 많은 제약조건 아래서 운영하지 않을 가능성이 높다. 따라서 원하는 대로 하길 권한다. 대규모 및 규제 대상 기업에서 볼 수 있는 몇 가지 과제에 통찰력을 제공하는 목적으로 검토해보자.

13.2.1 보안과 통제

보안과 통제는 여러 가지 면에서 모든 주제에 접근 방식으로써 근본적으로 영향을 미치는 요소다. 먼저 보안을 다룬다. 여러분의 조직이 다른 조직보다 보안에 관심이 그리 높지 않다면 여기서 다루는 문제를 해결하는 데 신경을 많이 쓰지 않지 않아도 된다.

> |참고| '통제'란 개발 팀과 운영 팀의 운영에 중첩되는 거버넌스(governance) 시스템을 말한다. 거버넌스 시스템은 중앙 집중식으로 관리되는 소프트웨어 개발 수명주기, 라이선스 관리, 보안 감사, 일반 감사 등을 포함한다. 통제가 매우 가벼운 곳도, 혹은 무거운 조직도 있다.

이미지 검색

이미지를 어디에 저장하든, 저장 시점에서 이미지가 원하는 대로 저장돼 있는지 확인하는 절호의 기회의 순간이 있다. 확인하고 싶은 항목은 사용 사례에 따라 다르지만 다음 질문에 대한 예시를 실시간으로 원할 것이다.

- 배시[bash]의 셸쇼크가 발견될 수 있는 이미지인가?
- 이미지에 오래된 SSL 라이브러리가 포함되어 있는가?
- 의심이 가는 기본 이미지인가?
- 비표준(또는 명백히 잘못된) 개발 라이브러리 또는 툴이 있는가?

> |참고| 셸쇼크(shellshock)는 2014년에 발견된 배시에서의 심각한 보안 취약점이다. 보안 업체는 일련의 관련 버그 중 첫 번째가 공개된 후 며칠 동안 버그와 관련된 수백만 건의 공격과 탐사를 기록했다.

그림 13.2는 소프트웨어 개발 생명주기에서 이미지 스캔을 위한 기본 워크플로우를 보여준다. 이미지가 빌드돼 도커 레지스트리에 푸시되면 이미지 검색이 실행된다. 이미지 검색기는 도커 레지스트리에 저장된 이미지를 검사하거나 이미지를 다운로드해 사용할 수 있다. 이미지를 편집증 수준에 따라 이미지를 동기적으로 확인해 '정상'이라고 보고받을 때까지 사용하지 못하게 하거나, 이미지를 비동기적으로 확인해 제출하는 사용자에게 보고서를 제공할 수 있다. 보통 편집증적인 접근은 상용 환경에서 사용되는 이미지에 적용되고 비동기식 접근은 개발에 사용된다.

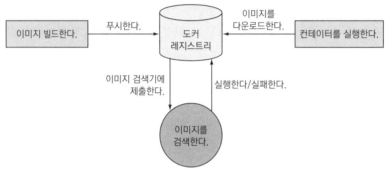

▲ **그림 13.2** 이미지 검색 워크플로우

이미지 검색 세계에는 많은 옵션이 있지만 모두 다르다. 가장 중요한 점은 이미지 검색이 두 범주로 대략 구분된다는 점이다. 설치된 패키지에 초점을 맞춘 검색과 이미지의 소프트웨어를 검색하기 위해 주로 설계된 심층 검색으로 나눈다. 예시의 첫 번째 예로 Clair와 OpenSCAP를 들 수 있고 예시의 두 번째 예로 Black Duck Software, Twistlock, Aqua Security, 도커사 등이 있다. 두 범주 사이에 중복되는 부분이 있지만 주요 구분은 비용이다. 즉 다양한 유형의 라이브러리나 바이너리 파일의 취약점을 알기 위해 필요한 데이터베이스 정보를 유지하는 것이 더 비싸기 때문에 심층 검색은 훨씬 더 비용이 많이 드는 경향이 있다.

구분은 의사결정과 관련이 있다. 이미지가 보안이 완벽하지 않아도 사용자가 악의적이지 않다고 가정해 더 단순한 패키지 이미지 검색을 사용할 수 있다. 이렇게 하면 많은 비용을 지불하지 않은 채 표준 패키지와 적절한 수준의 위험에 대한 메트릭과 정보를 얻을 수 있다.

비록 이미지 검색이 이미지 내부의 악성코드나 원하지 않는 소프트웨어의 위험을 줄일 수 있지만 마법 총알은 아니다. 경험상 아무리 좋은 이미지 검색도 완벽하지 않고 많은 소프트웨어보다 바이너리나 라이브러리 이슈를 잘 식별할 뿐이다. 예를 들어 일부는 C++로 작성된 코드보다 npm 패키지 이슈를 성공적으로 식별하거나 그 반대의 경우도 있다. 이미지 검색을 연습하고 테스트하는 데 사용한 이미지는 14장의 기술 94를 참조하길 바란다.

이미지 검색이 불변 이미지에서 작업하고 이미지의 정적 내용을 검사할 수 있지만, 여전히 컨테이너가 런타임에 악성 소프트웨어를 구축하고 실행할 수 있는 위험이 있다는 점을 주의해야 한다. 정적 이미지 분석에서는 문제를 해결할 수 없으므로 런타임 통제를 고려해야 할 수도 있다.

이미지 검색을 선택할 때 하려는 것이 무엇인지 생각해야 한다. 다음 주제를 진행하고 싶을지도 모른다.

- 악의를 가진 행위자가 빌드물에 객체를 추가하지 못하도록 방지한다.
- 소프트웨어 사용에 전사적 표준을 적용한다.
- 알려진 표준 CVE를 신속하게 패치한다.

> |참고| CVE는 소프트웨어 취약성의 식별자로서 결함의 공통적이고 모호하지 않은 식별을 허용한다.

마지막으로 툴을 데브옵스 파이프라인에 통합하는 비용도 고려할 수 있다. 만족하는 이미지 검색기를 찾고 이미지 검색기가 플랫폼(또는 기타 관련 데브옵스 툴)과 잘 통합돼 있으면 이미지 검색을 선호하는 또 다른 요소가 될 수 있다.

이미지 무결성

이미지 무결성integrity과 이미지 검색scanning은 종종 혼동되지만 같지 않다. 이미지 검색은 이미지의 내용이 무엇인지 알아내는 반면, 이미지 무결성은 도커 레지스트리에서 검색된 내용이 안전하게 배포된 것과 같도록 보장한다(이미지 검증verification은 요구사항을 설명하는 또 다른 일반적인 방법이다).

다음 시나리오를 가정해 본자. 앨리스가 저장소에 이미지(이미지 A)를 저장하면 해당 이미지를 검사하기 위해 의무적인 과정을 거친다. 그리고 밥은 앨리스가 저장한 이미지를 서버에서 실행하기를 원한다. 밥은 서버에 이미지 A를 요청하지만 알려지지 않은 공격자(캐롤)가 네트워크를 손상시키고, 밥과 레지스트리 사이에 프록시proxy를 뒀다. 밥이 이미지를 내려받으면 실제로 네트워크 외부의 제3자 IP로 기밀 데이터를 빼돌리는 코드를 실행하는 악성 이미지(이미지 C)를 다운받는다(그림 13.3 참조).

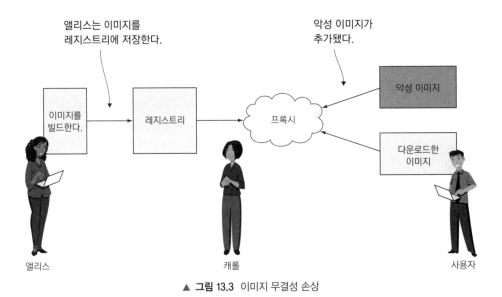

▲ **그림 13.3** 이미지 무결성 손상

도커 이미지를 다운로드했을 때 어떻게 도커 이미지가 맞는지 확신할 수 있는가? 바로 이미지 무결성 주소로 확신할 수 있다.

도커사는 'Notary'라고 알려진 콘텐트 신뢰Content Trust 제품을 소개한다. 'Notary'는 공개 키로 콘텐츠의 암호를 해독할 때 도커 레지스트리에 업로드한 내용과 같은지 확인할 수 있는 개인 키로 이미지를 표시한다. 콘텐트 신뢰는 주요 책임에 위임과 관련된 추가적인 기능을 제공하지만 이 책에서는 다루지 않을 것이다.

도커사가 제안하는 솔루션인 Notary 외에는 2020년 현재 대안 솔루션이 별로 없다. 도커사가 선도하고 있는 엔지니어링에 대한 찬사다. 쿠버네티스와 오픈시프트와 같이 선도하는 제품은 도커 영역에서 제안하는 솔루션이 없기 때문에 Notary를 구입하지 않으면 직접 통합해야 할 수도 있다. 많은 조직에서 콘텐츠 신뢰 제품을 통합할 노력에 비해 가치가 있지 않다. 그래서 많은 조직은 기존 경계와 같은 방어에 의존한다.

이미지 무결성 솔루션을 구현하는 데 성공한다면 조직에서 주요 정책을 관리하는 방법을 고려해야 할 것이다. 이렇게까지 무결성 솔루션을 개발할 정도로 신경을 쓰는 조직이라면 아마도 무결성을 위한 정책과 솔루션을 마련할 것이다.

외부 이미지

이미지의 주제를 고수하는 것, 플랫폼을 제공할 때 또 다른 공통적인 과제는 '외부 이미지의 주제에 어떻게 접근하는가'다. 여기서 기본적인 어려움은 신뢰의 한 가지다. 도커 이미지를 플랫폼으로 가져오려는 이가 있다면 어떻게 안전하게 실행할 수 있는지 확신할 수 있는가? 멀티 테넌트 환경에서 특히 중요한 질문으로, 서로 다른 팀(반드시 신뢰하지 않는 팀)이 같은 호스트에서 컨테이너를 실행해야 한다.

한 가지 접근법은 단순히 모든 제3자 이미지를 금지하는 것이며, 조직 네트워크에 저장된 코드와 아티팩트를 사용해서 알려진 것과 큐레이션된 기본 이미지에서 이미지를 제작할 수 있도록 하는 것이다. 일부 이미지는 여전히 정권 안에서 작동하도록 만들어질 수 있다. 벤더 이미지가 기본적으로 표준 JVM에서 실행되는 JAR^Java Archive 파일이라면, 아티팩트에서 네트워크 안에 이미지를 재생성하고 빌드해 승인된 JVM 이미지에서 실행할 수 있다.

그러나 불가피하게 외부의 모든 이미지가 접근법을 준수할 수 있는 것은 아니다. 타사 이미지를 허용해야 한다는 압력이 충분히 강하면(그리고 경험상) 다음과 같은 몇 가지 옵션을 사용할 수 있다.

- 이미지 검색기를 신뢰하기
- 직접 이미지를 검사하기
- 이미지를 가져오는 조직을 이미지 운영 담당 조직으로 변경하기

시간이 지나면서 이미지가 완전히 포함되지 않는 외부 이미지의 안전성에 확신을 주는 일이 어려워지면서 이미지 검색을 전적으로 믿기가 어려워 진다. 따라서 안정성의 책임을 다른 부분에 둬야 할 수 있다.

두 번째 옵션으로 수동 이미지 검색은 확장성이 없고 에러가 발생하기 쉽다. 마지막 옵션은 구현하기 가장 간단하고 쉽다.

플랫폼 관리팀이 이미지를 검색하는 동시에 애플리케이션팀이 이미지를 가져오고, 한 팀에서는 최종 책임을 지는 세 가지 접근 방식을 모두 사용하는 환경을 살펴봤다. 조직마다 가상 시스템 이미지를 얻는 기존 절차가 종종 있을 것이다. 따라서 기존 절차에 따라 도커 이미지를 복사하는 방법이 간단하다. 여기서 언급할 만한 중요한 내용으로 VM은 여러 테넌트와 하이퍼바이저를 공유한다는 점에서 멀티 테넌트^{Multi-tenant}이지만 도커 이미지는 모든 기능을 가진 운영체제를 공유하기에 더 많이 공격받을 부분이 많다는 차이점이 있다(자세한 내용은 14장 참조).

또 다른 옵션은 자체 하드웨어 환경에서 이미지 실행을 샌드박스화하는 것이다. 예를 들면 클러스터에 쿠버네티스 노드를 라벨로 명명하거나 ECS와 같은 클라우드 제품의 개별 인스턴스를 사용하거나 별도의 하드웨어나 심지어 네트워크에서 완전히 독립된 플랫폼을 실행할 수 있다.

비밀 파일

어떻게든(특히 상용 환경에서 들어갔을 때) 특권 정보는 안전한 방법으로 관리돼야 한다. 특권 정보에는 다음과 같이 빌드에 전달될 파일 또는 데이터를 포함한다.

- SSL 키
- 사용자 이름/암호 조합
- 고객 식별 데이터

비밀 데이터를 소프트웨어 생명주기에 전달하는 것은 여러 지점에서 이루어질 수 있다. 한 가지 접근법은 빌드 타임에 비밀 데이터를 이미지에 포함하는 것이다. 해당 접근법은 이미지가 사용되는 곳마다 특권 데이터가 전파되기 때문에 보안상 매우 위험하다.

이보다 입증된 방법은 플랫폼이 런타임에 비밀 파일을 컨테이너에 저장하는 것이다. 해당 저장 방법은 다양하지만, 답변해야 할 여러 의문점은 다음과 같다.

- 비밀 파일이 저장될 때 암호화돼 있는가?
- 비밀 파일은 전송 중에 암호화돼 있는가?
- 저장소 또는 컨테이너(런타임)에 비밀 파일에 접근할 수 있는 사람은 누구인가?
- 컨테이너 안에 비밀 파일이 어떻게 노출되는가?
- 누가 비밀 파일을 봤거나 사용했는지를 추적하거나 감사할 수 있는가?

쿠버네티스는 이른바 '비밀 파일' 기능이 있다. 쿠버네티스의 비밀 파일 기능에 많은 사람들이 놀라워하는 것은 비밀 파일이 영구 저장소(etcd 데이터베이스)에 일반 텍스트로 저장돼 있다는 점이다. 엄밀히 따지면 base64 인코딩으로 저장돼 있지만 보안 관점에서 보면 해당 데이터는 평범한 텍스트(암호화되지 않고 쉽게 변환 가능함)이다. 누군가가 해당 비밀 정보가 저장된 디스크를 갖고 떠난다면 어렵지 않게 해당 비밀 정보를 접근할 수 있을 것이다.

현재 상태로 쿠버네티스와 통합하기 위한 하시코프^{HashiCorp}의 볼트^{Vault}와 같은 애플리케이션의 개념 증명^{POC, proof-of-concept} 구현체가 있다. 도커 스웜에는 더 많은 보안 비밀 기능이 있지만, 도커사는 2017년 말부터 쿠버네티스에 더 많은 기여를 한 것으로 보인다.

감사

감사에서는 상용 환경(또는 기타 민감한 환경)에서 실행할 때 누가 언제 어떤 커맨드를 실행했는지 제어하는 것이 핵심이다. 개발자들에게 명확하지 않을 수 있고 개발자들은 정보를 복구하는 것에 그다지 관심이 없다.

14장에서 '루트^{root}' 이슈가 발생한 이유를 알아본다. 짧게 요약하면 사용자가 도커 소켓을 접근하는 방법을 효과적으로 제공함으로써 모든 호스트에 루트 권한을 제어할 수 있다는 말로 설명할 수 있다. 많은 조직에서는 금지돼 있어 도커에 대한 접근을 적어도 추적할 수 있어야 한다.

다음과 같은 질문에 답할 수 있어야 한다.

- docker 커맨드를 실행할 수 있는 사람은 누구인가?

- docker 커맨드를 실행하는 사람에 대한 통제 권한을 갖고 있는가?

- 무엇이 실행되고 있는지에 관한 통제 권한을 갖고 있는가?

질문의 해결책은 존재하지만 비교적 새롭고 일반적으로 다른 해결책의 일부다. 가령 오픈시프트는 쿠버네티스에 강력한 RBAC^{role-based access control}(역할 기반 액세스 제어)를 추가해 감사 방법을 선도했다. 추후 쿠버네티스는 해당 RBAC 기능을 주요 기능으로 추가했다. 클라우드 제공자는 일반적으로 해당 종류의 제어를 달성할 수 있는 더 많은 클라우드 네이티브 방법을 갖고 있다. 예컨대 AWS는 IAM 역할이나 ECS, EKS에 내장된 유사한 기능을 사용한다.

Twistlock과 Aqua Security와 같은 외부 조직이 제공하는 컨테이너 보안 툴은 사용자와 도커 커맨드의 접근을 중개할 수 있는 도커 소캣 사이의 중간 소캣 또는 여러 종류의 프록시를 추가해 누가 도커의 하위 커맨드와 플래그를 함께 실행했는지 관리하는 방법을 제공한다.

누가 무엇을 했는지의 기록 관련해서 오픈시프트와 같은 제품의 기본 기능은 느린 상태로 있었지만 지금은 그 기능이 있다. 다른 제품에 기록 기능이 완전히 구현됐다고 가정하지 않길 바란다.

런타임 통제

하이 레벨에서 런타임 통제는 감사로 간주된다. 규제 대상 기업은 해당 기업의 전체 자산에서 무엇을 운영하고 있는지 결정하고 해당 움직임의 보고서를 받길 원할 것이다. 해당 보고서의 출력은 기존 설정 관리 데이터베이스^{CMDB, configuration management database}와 비교해 설명할 수 없는 이상 징후나 실행 중인 작업이 있는지 확인할 수 있다.

이 단계에서 다음과 같은 질문에 답할 수 있어야 한다.

- 무슨 작업이 실행 중인지 어떻게 알 수 있는가?

- 데이터를 레지스트리와 CMDB에 연결할 수 있는가?

- 컨테이너 시작 후 중요한 파일을 변경한 컨테이너가 있는가?

다시 말하지만 런타임 통제는 도커 전략의 일부를 형성할 수 있는 다른 제품들과 함께 제공되므로 주의하자. 전체 애플리케이션 구축 전략 및 네트워크 아키텍처의 부작용일 수도 있다. 예컨대 아마존 VPC로 컨테이너를 생성하고 실행하는 경우 컨테이너 내부에 들어 있는 정보를 설정하고 보고하는 것은 비교적 사소한 문제일 수 있다.

런타임 통제 환경에서 자주 볼 수 있는 장점은 이상 징후 탐지다. 보안 솔루션은 컨테이너가 무엇을 해야 하는지를 알아낸다고 주장하는 멋진 머신 러닝 솔루션을 제공하고 애플리케이션과 무관한 외부 애플리케이션 포트에 연결하는 부분처럼 평범하지 않은 작업을 수행하는 것으로 보인다면 경고를 보낼 것이다.

보안 솔루션의 경고는 멋진 얘기지만 어떻게 동작할지 생각해 봐야 한다. 많은 잘못된 긍정false positive 정보를 얻을 수 있지만 보정이 필요할지 모른다. 잘못된 긍정을 처리하기 위해 어느 자원을 제공하는가? 일반적으로 말해서 조직의 규모가 크고 보안을 의식할수록 더 관심을 가질 가능성이 높다.

포렌식

포렌식Forensics은 감사와 비슷하지만 훨씬 보안에 집중된다. 보안 사건이 발생하면 여러 당사자들이 무슨 일이 일어났는지 알고 싶어할 것이다. 이전의 물리 서버와 VM에서는 사고 후 조사를 지원하기 위한 많은 안전장치가 마련돼 있었다. 에이전트와 감시자 프로세스를 OS에서 실행하거나 도청 솔루션을 네트워크나 하드웨어 레벨에서 배포할 수 있다.

보안 사건이 발생한 이후 포렌식팀에서 받을 수 있는 질문은 다음과 같다.

- 누가 컨테이너를 실행했는지 알 수 있는가?
- 누가 컨테이너를 빌드했는지 알 수 있는가?
- 컨테이너가 종료될 때 컨테이너에서 어떤 일을 수행했는지 이력을 알 수 있는가?
- 컨테이너가 종료될 때 컨테이너가 무엇을 수행하다 종료됐는지 알 수 있는가?

이런 맥락상 시스템 활동 정보를 모든 컨테이너 인스턴스에서 얻을 수 있도록 특정 로그 저장 솔루션을 사용하도록 의무화할 수 있다.

Sysdig과 Sysdig사의 falco 툴은 이 분야에서 흥미롭고 앞으로 각광받을 수 있을 것으로 예상하는 툴이다. tcpdump에 익숙하다면 falco 툴은 매우 비슷하며 도커 실행 중에 syscall을 쿼리할 수 있다. 예를 들면 Sysdig의 다음 규칙을 살펴보자.

```
container.id != host and proc.name = bash
```

배시 셸이 컨테이너에서 실행 중이라면 Sysdig 규칙이 일치한다는 것을 의미한다.

Sysdig의 상업 솔루션은 모니터링뿐 아니라 정의된 규칙 집합에 추적된 동작을 기반한 조치를 취할 수 있게 도와준다.

13.2.2 이미지 빌드와 배포

지금까지 보안을 설명했고 이제 이미지 빌드와 배포를 알아본다. 여기서는 이미지를 구성하고 배포할 때 고려해야 할 사항을 살펴본다.

이미지 빌드

이미지를 빌드할 때 고려해야 할 부분이 있다.

첫째, 도커 파일Dockerfile이 표준이지만 다른 이미지 빌드 방법이 존재한다(7장 참고). 여러 이미지 빌드 방법이 혼란을 일으키거나 서로 호환되지 않는다면 표준을 의무화하는 것이 바람직하다. 표준 OS 배포와 통합하고 싶은 전략적 설정 관리 툴이 존재할 수 있다.

실제로 도커 파일을 사용하는 접근 방법이 개발자에게 인기가 있어 해당 방법을 추천한다. 개발자가 VM의 조직 표준을 준수하기 위해 정교한 설정 관리 툴을 배우는 데 학습 시간과 의지를 갖지 못하는 경우가 많다. 일반적으로 S2I, 세프Chef, 푸펫Puppet, 앤서블Ansible과 같은 설정 관리 툴을 편의성 또는 코드 재사용을 위해 사용한다. 도커 사용은 크게 어렵지 않아 개발 커뮤니티에서 질문할 일이 많지 않지 않을 것이다.

둘째, 내부의 다른 팀이나 외부에서 이미지를 신뢰하는 민감한 환경에서는 해당 이미지를 모든 사용자에게 공개하는 것을 원하지 않을 수 있다. 이미지 빌드는 적절하게 태그를 지정하거나 이미지를 승격(아래 참조)하거나 역할 기반 접근 제어를 통해 제한될 수 있다.

셋째, 개발자의 경험을 생각해 볼 가치가 있다. 보안상의 이유로 공용 저장소의 도커 이미지를 다운로드할 수 있는 개방형 접근 권한을 사용자에게 부여하거나 로컬 환경에서 도커 툴을 실행할 수 있는 기능을 항상 제공하지 않는다(14장 참조). 이럴 때는 다음과 같은 항목을 선택할 수 있다.

- 표준 툴 사용에 승인을 받는다. 비즈니스의 보안 과제와 요구사항으로 인해 달성하기에는 비용이 많이 들 수 있다.
- 도커 이미지를 빌드할 수 있는 일회용 샌드박스를 생성한다. VM이 일시적이고 락다운 모드이며 강하게 감사를 받았다면 많은 보안 이슈가 발생하지 않을 것이다.[2]
- 도커 클라이언트를 사용해 이전에 언급된 샌드박스에 원격으로 접근할 수 있다 (하지만 이 방법이 반드시 많은 공격면을 크게 감소시키는 것은 아님을 유의하자).

넷째, 애플리케이션을 배포할 때 개발자가 경험하는 일관성을 생각해 볼 가치가 있다. 예를 들어 개발자가 노트북이나 테스트 환경에서 docker-compose를 사용한다면 상용 환경에서 쿠버네티스로 전환하는 것을 망설일 수 있다(시간이 흐르면서 쿠버네티스가 표준이 돼 마지막에 언급한 내용은 점점 고려사항으로 여기고 있지 않다.)

도커 레지스트리

도커 레지스트리가 필요하다는 것이 명확해졌다. 오픈소스 예시로 도커 디스트리뷰션 (Docker Distribution, https://github.com/docker/distribution)이 있지만 잘 알려진 API 구현인 도커 레지스트리가 더 이상 많이 선택 받지 못하고 있다. 기업용 레지스트리 비용을 지불하거나 직접 오픈소스 레지스트리를 실행하고 싶다면 선택할 수 있는 수많은 방법이 있다.

도커 디스트리뷰션은 눈에 띄는 특징(예: 컨텐트 신뢰)인 도커의 데이터 센터 Data Center 솔루션 중 하나다.

어떤 제품을 선택하든 고려해야 할 부분이 있다.

---

2   락다운(lock down)이란 승인되지 않은 설정 변경으로부터 시스템을 보호하는 설정을 말한다. – 옮긴이

- 도커 레지스트리와 인증 시스템이 통합하는가?
- 역할 기반 접근 제어^{RBAC} 기능이 있는가?

기업의 인증과 권한은 중요한 일이다. 빠르고 저렴한 무료 레지스트리 솔루션으로 개발할 수 있지만 유지 보수할 보안 및 RBAC 표준이 있다면 요구사항이 높은 우선 순위에 있을 것이다.

일부 툴에는 정교하지 않은 RBAC 기능이 있기도 해서 갑자기 감사를 받아야 한다면 RBAC 기능을 사용하기가 매우 어려울 수 있다.

- **이미지를 승격할 수 있는 방법이 있는가?** 모든 이미지는 똑같이 생성되지 않는다. 어떤 이미지는 완벽하지 않지만 빠르게 구현된 개발 이미지가 될 수 있는 반면, 다른 이미지는 상용 환경에서 완벽하게 사용되는 의도로 생성되기도 한다. 조직의 작업 흐름에 따라 두 항목을 구별할 수 있도록 강제할 수 있다. 그리고 레지스트리에서는 별도의 인스턴스를 사용하거나 레이블로 강제된 통제 아래서는 프로세스 관리를 사용해 승격 이슈를 해결할 수 있다.
- **개발 산출물 저장소와 잘 연동이 되는가?** TAR 파일, 내부 패키지 등과 같은 개발 산출물 저장소가 이미 존재할 수 있다. 이상적으로 레지스트리는 개발 산출물 저장소 내부에 있어야 할 것이다. 만약 선택 사항이 아니라면 통합이나 관리 부하가 언젠가는 발생할 것이다.

기본 이미지

표준을 생각하고 있다면 팀이 사용하는 기본 이미지(또는 이미지)를 고려해야 한다.

첫째, 어떤 기본 이미지를 사용하고 싶은가? 일반적인 조직은 선호하는 표준 리눅스 배포판을 알고 있다. 만약 그렇다면 기본 이미지를 의무화하는 것이 좋다.

둘째, 어떻게 기본 이미지를 빌드하고 유지 보수할 것인가? 취약점이 생기면 영향을 받는지, 영향을 받는 이미지를 식별할 책임이 있는 사람(또는 시스템)은 있는가? 누가 영향 받을 이미지를 수정할 책임이 있는가?

셋째, 기본 이미지에 무엇을 저장해야 하는가? 모든 사용자가 원하는 공통 툴이 있는가, 아니면 개별 팀에 맡겨서 결정할 것인가? 툴에 관한 요구사항을 별도의 하위 이미지로 구분할 것인가?

넷째, 기본 이미지와 하위 이미지는 어떻게 다시 빌드할 것인가? 보통은 파이프라인을 생성해야 한다. 일반적으로 파이프라인 툴은 젠킨스^{Jenkins} 같은 CI 툴을 사용한다. 그래서 파이프라인 실행 이벤트가 발생하면 자동으로 기본 이미지를 빌드한다(그리고 그 하위 이미지도 차례로 이미지가 빌드된다).

여러분이 기본 이미지 관리를 담당한다면 그 크기 때문에 자주 고민할 수 있다. 크기가 작은 이미지가 더 낫다는 주장도 있는데 어떤 면(예. 보안)에서는 토론 거리가 될 수 있지만 이미지 크기 '이슈'는 실제로(특히 성능 부분) 훨씬 많이 고민하는 내용이다. 기술 60에서 이 상황과 같은 역설적인 특징을 다룰 것이다.

소프트웨어 개발 수명 주기

소프트웨어 개발 생명주기^{SDLC, software development lifecycle}는 소프트웨어 조달, 생성, 테스트, 배포, 폐기하는 방법을 정의한 프로세스다. 이상적인 소프트웨어 상태라면 자원 풀링^{pooling}에 공통의 관심이 있는 그룹에서 소프트웨어를 일관성 있게 평가, 구입, 사용한다면 비효율성을 줄이는 데 도움이 된다.

이미 조직에 SDLC 절차가 있다면 도커를 어떻게 적용할까? 도커 컨테이너가 패키지인지(예. rpm) 전체 리눅스 배포판인지(리눅스 패키지는 거의 틀림없이 개발자가 통제함) 철학적 논쟁을 진행할 수 있다. 어느 쪽이든 논쟁의 요점은 대개 소유권^{ownership}에 관한 부분이다. 이미지 내부는 누가 책임지는가? 내부를 확인하려면 도커의 계층 파일 시스템(1장 참고)에서 확인할 수 있다. 따라서 최종 이미지를 기준으로 누가 무엇을 했는지 완전히 감사할 수 있고(콘텐츠가 신뢰할 수 있다고 가정), 그 다음 소프트웨어 스택의 어떤 부분이 상대적으로 간단한지 누가 책임지는지 추적할 수 있다.

책임 소재를 확인한 후 패치 방법을 고려할 수 있다.

- **업데이트가 필요한 이미지를 어떻게 식별하는가?** 이미지 검색기를 사용해 관심을 갖는 개발 산출물 파일의 파일을 식별할 수 있다.
- **이미지를 어떻게 업데이트하는가?** 일부 플랫폼을 사용해 컨테이너를 재빌드하고 배포할 수 있다(예: 오픈시프트나 수작업 파이프라인)를 실행할 수 있다.
- **팀에 업데이트 방법을 설명할 수 있는가?** 이메일로 충분한가? 아니면 소유자로서 신원을 확인할 수 있는 사람이 필요한가? 다시 말하지만 기업 정책이 지침이 될 것이다. 기존 배포 소프트웨어에 관한 이전 정책이 가이드에 포함되어야 한다.

새로운 상황에서의 핵심은 컨테이너를 담당하는 팀의 수가 과거보다 더 많을 수 있고, 관리해야 하거나 변경할 컨테이너 개수도 상당히 많을 수 있다는 점이다. 소프트웨어를 제공할 때 늘어나는 컨테이너 담당 팀과 컨테이너를 처리할 수 있는 절차가 없다면 모든 상황은 인프라 팀에 큰 부담이 된다.

다른 대안이 없을 때 사용자가 이미지를 순서대로 정렬하지 않는다면 이미지에 계층을 추가해 사용자가 이미지를 바꾸도록 강제해야 할 수 있다. 공유 플랫폼을 실행하는 중이라면 매우 중요하다. 위험을 줄이려면 고립된 별도 호스트에 '이슈가 있는' 컨테이너를 설치하기 위해 오케스트레이션 툴을 사용하는 것도 고려해야 한다. 보통 이런 방법을 사용할 때는 시기를 너무 놓친 것일 수도 있지만 뭐든 해야 할 것이다.

13.2.3 컨테이너 실행

컨테이너 실행을 살펴본다. 여러 컨테이너를 실행하는 것과 개별로 컨테이너를 실행하는 것과 별 차이가 없지만, 도커를 도입하는 것은 내부의 도전 과제를 일으킬 수 있다. 또한 도커를 사용하면 인프라의 여러 측면을 생각하게 할 수 있다.

운영체제

도커 플랫폼을 실행할 때 실행할 운영체제가 중요하다. 기업의 운영체제는 최신 및 최대 커널 버전에 비해 낮은 버전일 수 있고 16장에서 다룰 내용으로 실행 커널 버전이 애플리케이션에 매우 중요하다.

역사적으로 도커는 매우 빠르게 움직이는 코드 기반이고 모든 큐레이티드 OS가 따라갈 수 있었던 것은 아니다(1.10은 이미지의 스토리지 형식에 상당한 변화가 있는 우리에게 특히 고통스러운 전환이었다). 어떤 버전의 도커(및 관련 기술(예: 쿠버네티스)가 패키지 관리자에서 사용 가능한지 확인한 후 해당사의 애플리케이션이 쿠버네티스 클러스터에서 실행될 것이라고 약속한다.

공유 저장소

사용자가 애플리케이션을 배포할 때 사용자가 고려하는 내용 중 첫 번째는 데이터 손실이다. 도커에서는 도커가 실행될 때 독립적인 볼륨을 연결할 수 있는 중요한 기능을 갖고 있다.

도커에 볼륨을 마운트함으로서 로컬이나 원격으로 수많은 종류의 저장소로 사용할 수 있다. 그뿐 아니라 볼륨 저장소를 여러 컨테이너에서 공유할 수 있다. 따라서 볼륨은 컨테이너 모든 주기에서 영속성을 갖는 데이터베이스를 실행하게 하는 데 이상적이다.

- **공유 저장소를 배포하기 쉬운가?** 공유 저장소는 필요한 인프라와 시간당 비용 측면에서 유지 및 배포 비용이 높을 수 있다. 많은 조직에서 스토리지를 배포하는 것은 AWS 같은 클라우드 제공자에서 할 수 있는 것처럼 몇 초 기다리고 API를 호출하면 되는 것처럼 단순하지 않다.

- **공유 스토리지 기능이 요구사항 증가에 준비돼 있는가?** 개발 및 테스트를 위해 도커 컨테이너 배포와 새로운 환경을 배포하기가 매우 쉽다면 공유 스토리지의 수요가 크게 증가 할 수 있다. 요구사항에 대한 준비가 되었는지 고려해 볼 가치가 있다.

- **모든 배포 위치에 공유 저장소를 사용할 수 있는가?** 다중 데이터 센터나 클라우드 공급자 또는 두 가지가 혼합되어 있을 수 있다. 모든 배포 위치가 서로 원활하게 통신할 수 있는가? 아니면 원활하게 통신해야 하거나 통신하지 않는 것이 요구사항인가? 규제 제약과 개발자에게 기능을 제공하려는 희망 모두 사용자를 위해 업무를 추가할 수 있다.

네트워크

네트워크와 관련해 도커 플랫폼을 구현할 때 고려해야 할 항목은 다음과 같다.

10장에서 살펴본 대로 기본적으로 각 도커 컨테이너는 예약된 IP 주소 집합에서 할당된 자체 IP 주소를 갖는다. 네트워크로 컨테이너 실행을 관리하는 제품이 있다면 다른 네트워크 주소를 예약할 수 있다. 예를 들어 쿠버네티스의 서비스 계층은 일련의 네트워크 주소를 사용해 전체 노드 클러스터에서 안정적인 엔드 포인트를 유지하고 라우팅한다.

내부 사용 목적으로 IP 범위를 예약하는 조직이 있기에 충돌이 발생할지 경계해야 한다. 예를 들어 특정 데이터베이스 집합에 IP 주소 범위가 예약돼 있다면 클러스터의 IP 범위를 사용하는 컨테이너나 서비스 애플리케이션은 IP를 넘겨받고 클러스터의 여러 애플리케이션이 해당 데이터베이스 집합에 접근하지 못할 수 있다. 해당 데이터베이스로 보낼 트래픽은 결국 클러스터 안에서 컨테이너나 서비스 IP로 라우팅될 것이다.

또한 네트워크 성능이 중요할 수 있다. 이미 네트워크 상위에 위치한 SDN^{software-defined networks}(소프트웨어 정의 네트워크, 예로 Nuage나 Calico)을 사용하는 환경에 도커 플랫폼 SDN(예: OpenVSwitch나 Calico)을 더 추가하면 성능이 눈에 띄게 저하될 수 있다.

그리고 컨테이너는 예상하지 못하게 네트워크에 영향을 미치기도 한다. 많은 애플리케이션은 전통적으로 안정적인 소스 IP 주소를 외부 서비스에 관한 인증의 일부로 사용했다. 그러나 컨테이너 세계에서는 컨테이너에서 제공되는 소스 IP는 컨테이너가 실행되는 호스트의 IP나 컨테이너로 호스트의 IP(컨테이너로 네트워크 주소 변환[NAT^{network address translation}]을 다시 수행함)일 수 있다.

그리고 IP가 여러 호스트로 구성된 클러스터에서 제공된 것이라면 현재의 IP가 안정적이라고 보장할 수 없다. 현재 IP의 안정성을 확보할 수 있는 방법이 있지만 보통 어느 정도의 설계와 구현 노력이 필요하다.

로드 밸런싱^{load balancing}은 잠재적으로 많이 노력해야 하는 영역이다. 로드 밸런싱이라는 주제를 다루기에는 내용이 너무 많아 책의 주제로 사용될 수 있지만 간단한 목록을 제시한다.

- 어느 제품이 선호/표준 제품(예시: NGinces, F5s, HAProxy, HTTPD)인가?
- SSL 종료는 어떻게, 어디서 처리하는가?
- 상호 인증 TLS 솔루션이 필요한가?
- 모든 플랫폼에서 인증서를 생성하고 관리하는 방법은 무엇인가?
- 로드 밸런서load balancer가 모든 비즈니스의 다른 애플리케이션과 일관된 방식으로 헤더에 영향을 주는가? 영향을 주지 않는다면 디버깅을 많이 수행할 준비돼 있는가?

마지막으로 이미 소유하고 있거나 사용하는 데이터 센터 외에 클라우드 제공자를 사용하는 경우, 사용자가 클라우드 제공자 서비스에서 데이터 센터의 서비스로 연결할 수 있는 방법을 고려해야 할 수 있다.

로그

대부분 애플리케이션은 애플리케이션과 관련된 로그 파일을 갖고 있다. 애플리케이션은 (특히 상용 환경에서) 로그에 지속적으로 접근하기를 원할 것이기에 중앙 집중식 로그 관리 서비스가 필요하다. 컨테이너는 일시적(VM이고 전용 서버가 없음)이어서 컨테이너가 소멸된다면 애플리케이션 로그가 파일 시스템에 저장돼 로그 데이터는 손실될 수 있다. 컨테이너 세계로 이전한다면 로깅 서비스 관리 이유가 더욱 부각될 수 있다.

로그 관리는 매우 핵심적인 기능이고 일반적인 애플리케이션 기능이어서 로그 관리를 중앙 집중화하고 표준화하는 것이 맞다. 컨테이너 로그에 중앙 집중화와 표준화를 진행할 수 있다.

모니터링

대부분 애플리케이션은 어느 정도 모니터링할 필요가 있다. 컨테이너 모니터링과 관련된 외부 조직과 제품들이 놀라울 정도로 많다. 모니터링은 여전히 떠오르고 있는 영역이다.

도커 세계에서 인기가 높은 솔루션 중 하나는 프로메테우스Prometheus다. 원래 사운드 클라우드SoundCloud사에서 개발됐으나 시간이 지나면서 특히 CNCF의 일부가 된 이후 인기를 얻고 있다.

컨테이너가 VM이나 물리 머신과 다르다. 따라서 기존 모니터링 툴이 컨테이너 내부, 사이드카sidecar, 컨테이너 인식 기능이 없는 호스트에서는 제대로 모니터링이 동작하지 않을 것이다.

이전에 얘기한 대로, 여러 호스트로 구성된 클러스터를 운영하고 있다면 기존 사용하던 잘 동작하는 모니터링 툴이 유용하다. 마찬가지로 최종 사용자가 사용할 때 클러스터에서 최대 성능을 확보하려고 할 때 모니터링 기능을 크게 의존할 것이다. 물론 플랫폼이 성공했다고 가정하는 경우에 해당된다. 경험상 수요가 가끔 공급을 훨씬 초과한다는 것 같다.

13.3 외부 업체, 조직, 제품

도커로 돈을 벌려는 기업과 단체들은 부족함이 없다. 2018년 현재 가장 크고 중요한 업체를 살펴보고 업체들이 어디에 집중하고 있는지, 어느 제품이 어떻게 도움이 되는지 설명한다.

13.3.1 CNCF

해당 조직 중 첫 번째로 설명할 CNCF^{Cloud Native Computing Foundation}는 기업은 아니지만 아마 도커 플랫폼 영역에서 가장 영향력 있다. CNCF는 컨테이너 기술에서의 공통 표준을 촉진하기 위해 2015년에 설립됐다. CNCF 창립 조직은 다음과 같다.

- 구글
- 트위터
- 인텔
- 시스코

- IBM
- 도커
- VM웨어

CNCF의 창설은 쿠버네티스 1.0 출시와 동시에 이뤄졌다. 구글이 쿠버네티스를 오픈소스로 발표했으나 CNCF에 기증했다.

컨테이너 영역에서 CNCF의 역할은 실제로 영향력이 크다. 컨테이너와 관련된 여러 참여 조직들의 집단적인 힘을 가진 상황에서 CNCF가 특정 기술을 후원한다면 두 가지를 생각해 볼 수 있다. 첫 번째는 CNCF가 뒤에서 기술 투자와 지원을 진행하고 두 번째는 특정 조직이 다른 조직보다 우대받을 가능성은 낮다는 점이다. 후자가 도커 플랫폼을 사용하는 사용자에게 특히 중요하다. 즉 여러분이 선택한 기술이 가까운 미래에 쓸모 없게 되는 일이 없음을 뜻한다.

CNCF가 승인한 기술 목록이 있다. 가장 중요한 몇 가지를 살펴보겠다.

- 쿠버네스트
- CNI
- 컨테이너드^{Containerd}

- 엔보이^{Envoy}
- 노터리^{Notary}
- 프로메테우스^{Prometheus}

쿠버네티스

쿠버네티스는 CNCF의 일부인 가장 중요한 기술로, 구글이 오픈소스화한 후 CNCF 커뮤니티에 기부했다.

쿠버네티스가 오픈소스임에도 불구하고 오픈소스 커뮤니티에 기부한 것은 클라우드 기술을 상품화하고 소비자가 클라우드 공급자(클라우드 공급자 중 가장 지배력이 있는 AWS)에게서 쉽게 멀어지게 하려는 구글의 전략 중 하나다.

쿠버네티스는 대부분 도커 플랫폼, 특히 오픈시프트뿐 아니라 랜처^{Rancher}의 기반 기술이다. 그리고 심지어 도커 스웜도 쿠버네티스를 지원해서 도커사의 자체 도커 데이터센터의 기반 기술이다.

CNI는 컨테이너 네트워크 인터페이스$^{Container Network Interface}$의 첫 자를 딴 약자다. 프로젝트는 컨테이너용 네트워크 인터페이스를 관리하기 위한 표준 인터페이스를 제공한다. 10장에서 살펴본 대로 네트워크 관리는 컨테이너를 관리하는 데 복잡한 영역이 될 수 있어서 CNI는 네트워크 관리를 단순화하는 데 목적이 있다.

다음은 루프백^{loopback} 인터페이스를 정의하는 간단한 예시다.

```
{
    "cniVersion": "0.2.0",
    "type": "loopback"
}
```

파일은 /etc/cni/net.d/99-loopback.conf에 저장돼 있고 루프백 네트워크 인터페이스를 설정하는 데 사용될 수 있다.

좀 더 복잡한 예는 https://github.com/containernetworking/cni 깃 저장소에 있다.

컨테이너드^{Containerd}는 도커 데몬의 커뮤니티 버전이다. 컨테이너의 수명 주기를 관리한다. 런시^{Runc}는 컨테이너드의 자매 프로젝트인데 컨테이너 운영하는 것을 책임지는 런타임 커맨더 라인 툴이다.

엔보이

원래 엔보이^{Envoy}는 리프트^{Lyft}에서 마이크로 서비스 아키텍처로 아키텍처를 이전하기 위해 구축됐다. 그리고 요즘에 뜨고 있는 성능이 좋은 오픈소스이자 애플리케이션에 투명한 네트워크를 보여주는 서비스 프록시^{proxy}다.

엔보이는 주요 네트워크 관리, 로드 밸런싱, 프록시 처리, 분산 추적 등의 통합 이슈를 직접 관리할 수 있다.

노터리

노터리^{Notary}는 원래 도커사에서 컨테이너 이미지의 무결성에 서명하고 검증하기 위해 설계하고 제작하는 툴이다(13장의 '이미지 무결성'을 참고한다)

프로메테우스

프로메테우스^{Prometheus}는 컨테이너에 잘 맞는 모니터링 툴이다. 레드햇이 오픈시프트 플랫폼의 모니터링을 호크럴러^{Hawkular}에서 프로메테우스로 전환하면서 오픈소스 커뮤니티에서 호응을 얻고 있다.

13.3.2 도커사

도커사는 오픈소스 도커 프로젝트를 기반으로 하는 이익을 추구하는 상업 조직이다.

> |참고| 오픈소스 도커 프로젝트는 도커사가 수익 창출을 위해 도커 이름을 선점하기 위해 모비
> (Moby)라는 이름을 바꾼 적이 있다. 지금까지 모비라는 이름이 인기를 끌지 못했기 때문에 이 책
> 에서는 모비의 언급이 적다.

도커사는 예상하는 대로 도커 제품 분야의 초기 선두주자였다. 도커사는 도커 데이터 센터$^{Docker Datacenter}$라는 단일 제품에 몇 가지 제품을 함께 넣었다. 도커 데이터 센터에는 노터리, 도커 레지스트리, 도커 스웜, 도커가 개발한 여러 프로젝트에 관한 지원, 통합, 기능이 포함됐다. 최근에는 쿠버네티스를 점차 지원하고 있다.

도커는 일찍 성공해 도커 초기부터 기술 명성이 높았어서 도커 제품은 '빨리 상용 환경에 배포할 수 있는 툴'로 매우 대단했다. 시간이 흐르면서 도커 제품을 다른 제품이 따라 잡으면서 설 자리를 잃고 있다. 도커의 비즈니스 모델은 서버당 비용 모델과 '모든 것을 가져가기 아니면 철수할 것' 전략 때문에 내부적으로 판매가 쉽지 않은 상황이다. 그래서 도커 제품을 사용하는 조직은 도커 플랫폼 전체 비용을 지불해야 하기에 도커사에 강한 의존성을 갖는다.

13.3.3 구글

도커가 인기가 폭발적으로 얻은 후 구글에서 2014년 쿠버네티스를 개발했다. 구글의 컨테이너 플랫폼(보그^{Borg}) 내부의 개발 원칙을 더 많은 개발자에게 전달하기 위함이었다.

비슷한 시기에 구글 클라우드 서비스가 시작했다. 쿠버네티스를 시작한 것은 구글 클라우드 전략 중 하나였다. (13장의 '쿠버네티스' 참조)

구글은 AWS의 EKS와 유사한 구글 쿠버네티스 클러스터$^{GKE, Google Kubernetes Engine}$라 부르는 유료 서비스를 갖고 있다.

구글의 클라우드 서비스는 구글에서 매우 중요한 사업 우선순위가 있다. 그리고 쿠버네 티스에 관한 기술 지원과 장려하는 것은 구글 클라우드 전략의 핵심이다.

13.3.4 마이크로소프트

마이크로소프트는 도커와 여러 분야에서 관계를 맺고 있으며 마이크로소프트의 애저 클 라우드 서비스를 확장하기 위해 노력 중이다.

첫째, 마이크로소프트는 윈도우 10 발표 이후 윈도우 플랫폼 내부적으로 컨테이너에 도 커 API를 구현했다. 따라서 윈도우 컨테이너를 빌드하고 실행할 수 있다. 윈도우 머신에 관한 쿠버네티스 지원이 계획돼 있지만 이 책을 작성하는 시점에서는 아직 초기 단계다.

둘째, 마이크로소프트는 일면 닷넷 코어$^{Dotnet Core, .NET Core}$라 부르는 마이크로소프트의 .NET 플랫폼 확산에 공을 들이고 있다. 모든 플랫폼이 .NET 라이브러리를 지원하지 않 아서 윈도우 애플리케이션의 전환이 지금까지 쉽지 않다. 그러나 많은 기업이 윈도우 코 드를 리눅스 플랫폼에서 실행할 수 있는 가능성, 처음부터 어느 플랫폼에도 실행할 수 있 는 가능성에 관심을 둘 것이다.

셋째, AWS의 EKS와 구글 클라우드의 GKE와 비슷한 애저 서비스가 존재한다.

마이크로소프트사의 최종 목표는 사용자가 애저 클라우드를 사용하게 하는 것이다. 많은 조직에서는 윈도우나 리눅스 장비에서 비슷한 작업을 실행할 수 있는 기능(또는 둘 모두에 서 같은 기능)에 매력을 느낀다. 데이터가 자체 데이터 센터에 있는 경우라면 더욱 매력을 느낄 것이다. 그리고 마이크로소프트는 클라우드 환경으로 전환하려는 조직(이미 마이크로 소프트 기술에 많이 투자한 조직)에 매력적인 라이선스 번들을 제공할 수 있는 좋은 위치에 있다.

13.3.5 아마존

아마존은 현재 여러 컨테이너 서비스를 갖고 있지만 다소 늦게 출시했다.

가장 먼저 출시한 서비스는 ECS$^{Elastic Container Service}$이다. ECS 내부는 컨테이너와 호스트 배포를 관리할 수 있는 메소스^{Mesos}를 사용한다.

ECS가 출시될 때 처음에는 어느 정도 관심을 끌었다. 그러나 곧 쿠버네티스가 인기를 끌면서 ECS는 클라우드 업계에서는 추월당했다. 2017년말 아마존은 쿠버네티스 서비스인 (이전에 언급한 GKE와 AKS 서비스와 같은) EKS를 발표하며 대응했다. ECS가 여전히 서비스 중이지만 아마존은 ECS가 더 전략적인 서비스가 될 것이라고 생각하는 것 같다. 2017년말 아마존은 EC2 인스턴스를 관리할 필요 없이 기본적으로 컨테이너를 운영하는 서비스 '파게이트^{Fargate}'도 발표됐다.

ECS와 파게이트 서비스는 다른 AWS 서비스와의 긴밀한 통합 기능을 제공하며, AWS를 소프트웨어의 장기 플랫폼으로 보는 것이 매우 편리하다. 분명 AWS의 상업적 목표는 아마존 서비스 사용에 관해 계속해서 지불하기를 원하는 것을 확실히 하는 것이다. 그러나 쿠버네티스 API에 대한 아마존의 폭넓은 기술 지원은 사용자에게 쿠버네티스와 AWS 플랫폼과의 관계가 다른 서비스를 사용하는 것보다 더 느슨해질 수 있다는 점에서 어느 정도 위안을 줄 수 있다.

13.3.6 레드햇

레드햇의 상업적 전략은 이른바 오픈소스 소믈리에^{sommelier} 전략으로 핵심 소프트웨어를 사용자에게 지원하고 관리하는 것이다. 레드햇은 소비자에게 제공할 수 있는 일반적인 클라우드 서비스를 가지고 있지 않다는 점에서 다른 상용 업체들과 다르다(그러나 오픈시프트 온라인은 외부에서 호스팅하는 서비스여서 클라우드 서비스로 볼 수 있다).

레드햇의 컨테이너 집중 영역은 두 가지다. 첫 번째는 오픈시프트다. 오픈시프트는 쿠버네티스를 감싼 제품으로서 다양한 환경(예, 이전에 언급한 클라우드 제공자의 온-프레미스 환경)에서 실행될 수 있도록 지원한다. 두 번째는 레드햇의 오픈시프트 온라인 서비스다.

오픈시프트를 개발할 때 RBAC, 내장 이미지 스토리지, 파드 배포 트리거^{pod deployment trigger}와 같은 다양한 엔터프라이즈 기능을 도입했는데, 추후 핵심 쿠버네티스에 포함됐다.

요약

- 도커 플랫폼을 선택할 때 주요 결정 요인은 '구매' 및 '구축' 관점, 보안, 클라우드 전략, 조직이 '모놀리식'이나 '마이크로서비스' 제품으로 기술적 과제를 해결할 지 여부 등이다.

- 요인들은 차례로 소프트웨어의 기술적 동인, 출시 시기 요구, 소비자 독립성 수준, 오픈소스 전략, 조직 구조에 의해 영향을 받는다.

- 큰 조직에서는 다중 플랫폼 접근 방법이 맞을 수 있지만 추후 조직의 비효율성을 줄이거나 다중 플랫폼 접근 방법의 일관성을 보장하기 위해 주의가 필요하다.

- 도커 플랫폼을 구현할 때 고려돼야 할 주요 기능 영역으로 이미지 빌드 방법, 이미지 검색과 , 무결성, 비밀 관리, 이미지 레지스트리, 기본 OS를 포함한다.

- 도커 플랫폼 영역에서 중요한 역할을 하는 업체로 도커사를 포함해 3대 빅 클라우드 공급자(AWS, 구글 클라우드 플랫폼^{Google Cloud Platform}, 마이크로소프트 애저^{Azure})와 CNCF^{Cloud Native Computing Foundation}가 있다.

- CNCF는 영향력이 큰 단체로서, 도커 플랫폼의 핵심 오픈소스 기술 컴포넌트를 육성하고 지원한다. CNCF가 완전한 수용한다는 것은 기술이 지속가능하리라는 신호다.

Part 5

상용 환경의 도커

상용 환경에 도커를 실행할 사전 준비가 됐다. 5부에서는 상용 환경에서 도커를 실행할 때 고려해야 할 중요한 운영 사항을 설명한다.

보안은 14장에서 다룰 중심 내용이다. 실용적인 보안 기술을 살펴보고 도커의 보안 과제와 해결 방법을 이해해야 한다.

15장에서는 백업, 로그 저장, 자원 관리를 학습한다. 기존 시스템 관리자의 작업을 도커 문맥에서 어떻게 관리할 수 있는지 설명한다.

16장에서는 도커가 문제를 일으킬 수 있는 일반적인 영역뿐 아니라 상용 환경에서 컨테이너를 디버깅할 수 있는 방법을 다룬다. 일이 잘못됐을 때 무엇을 할 수 있는지 살펴본다.

14

도커 및 보안

14장에서 다루는 내용

- 도커에서 제공하는 보안 기능
- 도커를 더 안전하게 하기 위해 해야 할 일
- 다른 당사자들이 도커에 하고 있는 일
- 보안 문제를 개선하기 위해 취할 수 있는 단계
- 멀티 테넌트 환경에서 aPaaS를 사용해 사용자 도커 권한을 관리하는 방법

도커가 공식 문서에서 분명히 밝힌 것처럼 도커 API에 접근한다는 것은 루트 권한 접근을 의미한다. 따라서 도커는 종종 sudo로 실행돼야 하거나 도커 사용자 계정을 도커 API에 접근할 수 있도록 사용자 그룹(예: 'docker'나 'dockerroot'라는 사용자 그룹)에 추가해야 한다. 14장에서는 도커의 보안 이슈를 살펴본다.

14.1 도커 접근과 그 의미

사용자가 도커를 실행할 수 있다면 어느 종류의 피해를 입을 수 있는지 궁금할 것이다. 간단한 예시로 다음 커맨드(실행하지 않길 바란다)는 호스트 머신의 /sbin 디렉토리의 모든

바이너리 파일을 삭제한다(가짜 매개변수인 --donotrunme를 사용한다).

```
docker run --donotrunme -v /sbin:/sbin busybox rm -rf /sbin
```

루트가 아닌 사용자라면 이 부분을 주의깊게 살펴보자.

다음 커맨드는 호스트 시스템에서 새도우^{shadow} 암호 파일의 내용을 보여준다.

```
docker run -v /etc/shadow:/etc/shadow busybox cat /etc/shadow
```

도커의 위험성이 가끔 오해를 받는데 커널 네임스페이스의 장점에 관한 부분적인 오해다. 리눅스 네임스페이스를 사용하면 시스템의 다른 부분과 격리할 수 있지만 (이전 docker run 실행 예시에서 볼 수 있는 것처럼) 도커의 격리 수준은 사용자의 조심성에 달려 있다. 그리고 리눅스 OS의 모든 부분이 네임스페이스 기능이 있지는 않다. 디바이스와 커널 모듈은 네임 스페이스를 입력하지 않은 핵심 리눅스 기능에 관한 두 가지 예시다.

> |팁| 리눅스 네임스페이스는 특정 프로세스가 다른 프로세스와 다른 각각의 시스템을 볼 수 있도록 개발됐다. 가령, 프로세스 네임스페이스(process namespace)는 컨테이너는 해당 컨테이너와 관련된 프로세스만 볼 수 있음을 뜻한다. 같은 호스트에서 실행되는 다른 프로세스는 사실상 해당 컨테이너에서 보이지 않는다. 네트워크 네임스페이스(network namespace)는 컨테이너가 자체 네트워크 스택을 사용할 수 있는 것으로 보이는 것을 의미한다. 네임스페이스는 수년 동안 리눅스 커널의 일부였다.

또한 syscall을 통해 컨테이너의 루트로 커널과 상호 작용할 수 있는 기능이 있어서 해커는 도커 컨테이너의 루트를 통해 모든 커널의 취약점을 악용할 수 있다. 물론 하이퍼바이저^{hypervisor}에 보안 취약점도 있어서 VM도 하이퍼바이저에 접근해 비슷한 공격을 받을 수 있다.

여기서 위험성을 이해할 수 있는 방법이 있다. 보안 관점에서 도커 컨테이너로 실행하는 것이 패키지 관리자를 통해 패키지를 설치할 수 있는 것과 다르지 않다고 생각하는 것이다. 도커 컨테이너를 실행할 때 보안 요건은 패키지 설치와 같아야 한다. 도커가 있으면 소프트웨어를 루트로 설치할 수 있다. 도커를 소프트웨어 패키징 시스템으로 가장 잘 이해한다는 주장이 나오는 것이 이 때문이다.

> |팁| 컨테이너의 루트 계정을 호스트의 특권 권한이 없는 사용자에게 매핑할 수 있는 사용자 네임
> 스페이스를 사용해 해당 위험을 제거하는 작업이 진행되고 있다.

14.1.1 보안에 신경 쓰고 있는가?

도커 API에 접근하는 방법이 루트 접근과 같다는 점을 감안하고 묻겠다. '보안에 신경 쓰
고 있는가?' 비록 질문이 이상하게 보일지 모르지만 보안은 모두 신뢰에 관한 것이다. 사
용자가 사용자 운영 환경에서 소프트웨어를 설치할 것을 신뢰한다면 사용자가 운영 환경
에 도커 컨테이너를 실행할 때 장애물이 있으면 안 된다. 하지만 멀티 테넌트 환경을 고
려할 때 보안 문제가 발생할 수 있다. 컨테이너 내부의 루트 사용자는 컨테이너 외부의
루트 사용자와 똑같이 중요해서 시스템에 루트 권한이 있는 다른 사용자가 많을 가능성
이 높다.

> |팁| 멀티 테넌트 환경에서는 여러 사용자가 같은 자원을 공유한다. 예를 들어 두 팀은 서로 다른
> 두 개의 VM을 포함한 같은 서버를 공유할 수 있다. 멀티 테넌트 환경에서는 특정 애플리케이션에
> 관해 하드웨어를 사용하는 것이 아니라 하드웨어 공유를 통해 비용을 절감한다. 그러나 이 방식은
> 비용 절감을 상쇄할 수 있는 서비스 신뢰성 및 보안 격리와 관련된 문제가 발생할 수 있다.

사용자마다 전용 VM에서 도커를 실행할 수 있는 환경을 제공하는 조직이 있다. VM은
보안, 운영, 자원 격리에 사용할 수 있다. 사용자는 VM이 신뢰하는 범위 안에서 도커가
주는 성능 및 운영의 장점을 얻기 위해 도커 컨테이너를 실행한다. 해당 방식은 구글 컴
퓨트 엔진^{GCE, Google Compute Engine}이 취하는 접근 방식이고 사용자의 컨테이너와 기반 인
프라 사이에 VM을 배치해 보안 수준을 높이고 운영 장점을 얻을 수 있게 한다. 구글은
사용 가능한 컴퓨팅 자원이 많아 자원 사용에 관한 오버헤드를 신경 쓰지 않는다.

14.2 도커의 보안 조치

도커 유지 관리자는 실행 중인 컨테이너의 보안 위험을 줄이기 위해 다양한 조치를 취할 수 있다. 취할 수 있는 조치를 소개한다.

- 중요한 마운트 지점(예, /proc, /sys)을 현재 읽기 전용으로 마운트한다.
- 기본 리눅스 기능을 축소한다.
- 현재 SELinux나 AppArmor와 같은 외부 보안 시스템의 기능을 사용한다.

14.2절에서는 보안 조치 사항과 시스템에서 도커 컨테이너를 실행할 때 발생할 수 있는 위험을 줄일 수 있는 조치를 자세히 살펴본다.

기술 93 ▶ 자격 제한하기

이전에 살펴본 대로 도커 컨테이너의 루트 사용자는 호스트의 루트 사용자와 같다. 그러나 모든 루트 사용자가 같지는 않다. 리눅스의 경우, 프로세스 내부에서 루트 사용자에게 더 많은 세부 권한을 할당할 수 있는 기능이 있다.

해당 세부 권한을 할당할 수 있는 기능을 자격^{capability}이라 한다. 자격은 루트 사용자로 인해 특정 사용자가 받을 수 있는 피해를 제한할 수 있다. 또한 도커 컨테이너를 실행할 때 특히 도커 컨테이너의 내용을 완전히 신뢰하지 않을 때 자격을 조작하는 방법을 보여 준다.

문제

호스트 머신에 손상을 줄 수 있는 컨테이너 기능을 줄이고 싶다.

해결책

--drop-cap 플래그를 사용해 컨테이너에서 사용할 수 있는 자격을 제거한다.

유닉스의 신뢰 모델

'자격 제거'의 의미와 기능을 이해하려면 약간의 배경 지식이 있어야 한다. 유닉스 시스템을 설계할 때 신뢰 모델이 정교하지 않았다. 신뢰할 수 있는 관리자(루트 사용자)와 그렇지 않은 사용자를 뒀다. 루트 사용자는 무엇이든 할 수 있는 반면, 표준 사용자는 해당 사용자 파일에만 영향을 줄 수 있다. 유닉스는 전형적으로 대학 연구실에서 사용되고 작은 규모이기에 초기 신뢰 모델은 자연스러웠다.

유닉스 모델이 성장하고 인터넷이 보급되면서 초기 신뢰 모델은 점점 맞지 않게 됐다. 웹서버와 같은 프로그램은 80 포트에서 콘텐츠를 서비스하려면 루트 권한이 필요했을 뿐 아니라 호스트에서 커맨드를 실행하기 위한 프록시 역할을 효과적으로 수행해야 했다. 이후에 80 포트에 바인딩하는 것과 루트가 아닌 사용자가 유효한 사용자 ID를 삭제하는 것과 같은 표준 패턴이 정해졌다.

시스템 관리자에서 데이터베이스 관리자, 애플리케이션 지원 엔지니어, 개발자에 이르기까지 모든 종류의 역할을 수행하는 사용자는 잠재적으로 시스템의 자원을 사용하는 것에 세분화된 접근 방법이 필요하다. 유닉스 그룹으로 문제를 어느 정도 완화했지만 시스템 관리자가 말할 수 있는 정도의 권한 요구사항을 모델링하는 것은 쉽지 않다.

리눅스 자격

리눅스 커널 엔지니어는 특별 권한에 더 세분화된 관리 방식을 지원하기 위해 자격^{capability}을 개발했다. 자격은 모놀리식 루트 특권을 개별 권한으로 부여할 수 있는 작은 기능 단위로 나누려 했다. man 7 capabilities을 실행하면 자세한 내용을 읽을 수 있다 (man 페이지를 설치했다고 가정).

다행히도 도커는 특정 자격을 유용하게 껐다. 컨테이너의 루트 사용자여도 할 수 없는 일이 있다는 것이다. 예컨대 호스트의 네트워크 스택에 영향을 줄 수 있는 CAP_NET_ADMIN 자격은 기본적으로 사용하지 않도록 설정되어 있다.

표 14.1은 리눅스 자격을 나열할 뿐 아니라 허용된 자격과 도커 컨테이너에서 기본적으로 허용된 자격인지 간략하게 설명한다.

▼ 표 14.1 도커 컨테이너의 리눅스 자격

자격	설명	기본값
CHOWN	파일을 변경할 수 있는 소유권을 지정한다	Y
DAC_OVERRIDE	읽기, 쓰기, 실행 검사를 무시한다	Y
FSETID	파일을 수정할 때 suid 비트와 guid 비트를 지우지 않는다	Y
FOWNER	파일을 저장할 때 소유권 검사를 무시한다	Y
KILL	신호에 관한 권한 검사를 무시한다	Y
MKNOD	특별한 파일 생성하기	Y
NET_RAW	원시 소캣 및 패킷 소캣을 사용하고 투명한 프록시 처리를 위해 포트에 바인딩한다	Y
SETGID	프로세스의 그룹 소유권을 변경한다	Y
SETUID	프로세스의 사용자 소유권을 변경한다	Y
SETFCAP	파일 자격을 설정한다	Y
SETPCAP	파일 자격을 지원하지 않으면 다른 프로세스와의 자격 제한을 적용한다	Y
NET_BIND_SERVICE	소캣을 1024 포트 미만의 포트에 바인드한다	Y
SYS_CHROOT	chroot를 사용한다	Y
AUDIT_WRITE	커널 로그에 저장한다	Y
AUDIT_CONTROL	커널 로그 기능을 활성화/비활성화한다	N
BLOCK_SUSPEND	시스템의 일시 중단 기능을 차단하는 기능을 사용한다	N
DAC_READ_SEARCH	파일 및 디렉토리를 읽을 때 파일 권한 검사를 무시한다	N
IPC_LOCK	메모리를 잠근다	N
IPC_OWNER	프로세스 간 통신 객체에 대한 권한을 무시한다	N
LEASE	일반 파일에서 임대(열거나 지우려는 시도에 대한 감시 용도)를 설정한다	N
LINUX_IMMUTABLE	FS_APPEND_FL와 FS_IMMUTABLE_FL의 아이 노드 플래그를 설정한다	N
MAC_ADMIN	Smack Linux Security Module (SLM)와 관련된 필요 접근 제어를 무시한다	N
MAC_OVERRIDE	SLM과 관련된 필수 접근 제어를 변경한다	N
NET_ADMIN	IP 방화벽 변경 및 인터페이스 설정을 포함한 다양한 네트워크 관련 운영 작업	N
NET_BROADCAST	사용되지 않음	N
SYS_ADMIN	다양한 관리 기능–자세한 내용을 알고 싶다면 man capabilities를 참고한다	N
SYS_BOOT	리부팅	N
SYS_MODULE	커널 모듈을 적재 및 제거한다	N

자격	설명	기본값
SYS_NICE	프로세스의 우선(nice) 순위 제어한다	N
SYS_PACCT	프로세스 통계를 켜거나 끈다	N
SYS_PTRACE	프로세스의 시스템 호출과 기타 프로세스의 조작 자격을 추적한다	N
SYS_RAWIO	메모리와 SCSI 장치 커맨드와 같은 시스템의 다양한 중요 부분에서 I/O를 수행한다	N
SYS_RESOURCE	다양한 자원 제한을 제어하고 변경한다	N
SYS_TIME	시스템 클럭을 설정한다	N
SYS_TTY_CONFIG	가상 터미널에서의 특권 작업	N

> |참고| 도커의 기본 컨테이너 엔진(libcontainer)을 사용하지 않으면 설치 시 해당 자격이 다를 수 있다. 시스템 관리자 권한이 있고 확실히 알고 싶다면 확인하길 바란다.

불행하게도 커널 개발자는 시스템에서 32개의 자격만 할당했다. 따라서 커널에서 점점 더 세분화된 루트 특권을 잘게 나눠 특권의 범위가 무척 넓어졌다. 가장 눈에 띄는 자격으로 이름이 애매 모호한 CAP_SYS_ADMIN이 있다. CAP_SYS_ADMIN 자격은 시스템 전체에서 열린 파일 개수의 제한을 초과할 수 있게 호스트의 도메인 이름을 변경할 수 있을 정도로 다양한 작업을 처리한다.

한 가지 극단적인 접근 방법은 기본적으로 도커에서 활성화된 모든 자격을 컨테이너에서 제거하고 어느 자격이 동작을 멈추는지 확인하는 것이다. 여기서는 기본값으로 자격을 삭제함으로서 활성화한 배시 셸을 시작한다.

```
$ docker run -ti --cap-drop=CHOWN --cap-drop=DAC_OVERRIDE \
--cap-drop=FSETID --cap-drop=FOWNER --cap-drop=KILL --cap-drop=MKNOD \
--cap-drop=NET_RAW --cap-drop=SETGID --cap-drop=SETUID \
--cap-drop=SETFCAP --cap-drop=SETPCAP --cap-drop=NET_BIND_SERVICE \
--cap-drop=SYS_CHROOT --cap-drop=AUDIT_WRITE debian /bin/bash
```

셸에서 애플리케이션을 실행할 때 원하는 대로 동작하지 않는 부분을 확인하고 필요한 기능을 다시 추가할 수 있다. 예를 들어 파일 소유권을 변경할 수 있는 자격이 필요하므로 애플리케이션을 실행하려면 이전 코드의 FOWNER 자격을 매개변수에서 제외한다.

```
$ docker run -ti --cap-drop=CHOWN --cap-drop=DAC_OVERRIDE \
--cap-drop=FSETID  --cap-drop=KILL --cap-drop=MKNOD \
--cap-drop=NET_RAW --cap-drop=SETGID --cap-drop=SETUID \
--cap-drop=SETFCAP --cap-drop=SETPCAP --cap-drop=NET_BIND_SERVICE \
--cap-drop=SYS_CHROOT --cap-drop=AUDIT_WRITE debian /bin/bash
```

> |**팁**| 모든 자격을 활성화하거나 비활성화하려면 docker run –ti —cap-drop=all ubuntu bash와 같이 특정 자격 대신 all을 사용할 수 있다.

토론

모든 자격을 비활성화한 배시 셸에서 일부 기본 커맨드를 실행하면 매우 유용함을 알 수 있다. 그러나 더 복잡한 애플리케이션을 실행하면 얻을 수 있는 이득이 다르기도 하다.

> |**경고**| 자격 중 여러 개는 루트 소유의 객체가 아니라 시스템의 다른 사용자의 객체에 영향을 미치는 루트 자격과 관련이 있음을 분명히 언급해야 한다. 예컨대 루트 사용자는 여전히 루트 파일에 chown을 실행할 수 있을 것이다. 예를 들어 컨테이너 내부에서 루트 사용자 파일이 호스팅돼 있고 볼륨 마운트를 통해 호스트 파일에 접근할 수 있다면 루트 사용자는 호스트의 루트 파일에 chown 커맨드를 사용할 수 있다. 따라서 모든 자격을 사용하지 않더라도 시스템을 보호하기 위해 가능한 한 빨리 애플리케이션이 루트 사용자가 아닌 사용자가 접근하지 못하게 하는 것이 좋다.

컨테이너의 자격을 세밀하게 조정할 수 있다는 것은 docker run 커맨드에 --privileged 매개변수를 사용할 필요가 없음을 의미한다. 자격이 필요한 프로세스는 감사 가능하고 호스트 관리자의 통제 아래에 있게 된다.

기술 94 > 이미지를 검색할 때 '불량' 도커 이미지로 판정하기

도커 생태계에서 빠르게 인식하고 있는 이슈 중에 도커의 보안 취약점이 있다. 변하지 않는 이미지를 갖고 있다면 보안 수정이 반영되지 않을 것이다. 이미지를 최소화하는 전략을 따르고 있다면 보안 이슈가 문제되지 않을 수 있지만 구별하기 어렵다.

보안 취약점을 해결(이미지와 관련된 문제를 식별하는 방법)하기 위해 이미지 검색기가 생성됐지만 여전히 보안 취약점을 어떻게 평가해야 하는지는 의문점이 남아 있다.

문제

이미지 검색기가 얼마나 효과적인지 확인하고 싶다.

해결책

이미지 검색기를 테스트하려면 '알려진 불량' 이미지를 생성한다.

보통 직장에 근무할 때 도커의 취약 이슈에 직면하고 있을 것이다. 많은 도커 이미지 검색기가 존재하지만(예: 클레어^{Clair}), 상업용 제품은 이미지 내부의 잠재적인 문제를 알아내기 위해 이미지 내부로 더 깊이 분석하는 것이 좋다.

그러나 이미지 검색기의 기능을 확인하는 데 사용할 수 있는 알려진 취약점이 설명된 문서를 포함하는 이미지는 존재하지 않는다. 매우 놀랍게도 대부분 도커 이미지는 이미지의 취약점을 보고하지 않는다.

'알려진 나쁜' 이미지를 생성했다. 도커 이미지를 다운로드할 수 있다.

```
$ docker pull imiell/bad-dockerfile
```

원칙은 간단하다. 취약점 문서를 포함한 이미지를 생성하기 위해 도커 파일을 생성하고 이미지 검색기에서 해당 이미지를 검색할 수 있게 한다.

최신 버전의 도커 파일은 https://github.com/ianmiell/bad-dockerfile에서 확인할 수 있다. 도커 파일의 내용은 언제든지 바뀔 수 있기에 이 책에는 표시하지 않을 것이다. 그러나 도커 파일의 형태는 매우 간단하다.

```
FROM <base image>          ◀── 사용할 도커 파일의 부모 도커 이미지로 센트OS 이미지를
                               사용하지만 기본 이미지로 자체 이미지로 대체하면 좋다.
RUN <install 'bad' software>   │ 다양한 RUN/COPY/ADD 커맨드를 사용해 알려져 있는
COPY <copy 'bad' software in>  │ 취약한 소프트웨어를 이미지에 설치한다.
[...]
CMD echo 'Vulnerable image' && /bin/false  ◀── 이미지의 CMD 커맨드가 분명한 이유로 인해
                                                실행되지 않도록 최선을 다한다.
```

예시의 도커 이미지는 이미지 검색기를 한계까지 도달하도록 설계됐고 다양한 취약점이 포함돼 있다.

아주 간단하게 이미지는 패키지 관리자를 사용해 취약한 것으로 알려진 소프트웨어를 설치한다. 도커 이미지는 각 범주에서 다양하고 심각한 취약점을 포함한다.

예시의 도커 파일을 살펴보면 취약성 있는 자바스크립트를 복사하고 언어 별 패키지 관리자(예: 자바스크립트의 npm, 루비의 gem, 파이썬의 pip)와 같은 취약한 자바스크립트를 복사해 취약한 코드를 설치하며 특정 버전의 배시(유명한 셸쇼크Shellshock 버그를 포함한 배시)로 컴파일하고 예상하기 어려운 위치에 배치함으로서 많은 이미지 검색 기술을 피하려 했다.

토론

최고의 이미지 검색 솔루션이 CVE Common Vulnerabilities and Exposures를 취약점을 가장 많이 잡는 솔루션이라고 생각할지도 모른다. 그러나 꼭 그렇지 않다. 분명 이미지 검색기가 이미지 안에 취약성이 있음을 감지할 수 있다면 좋다. 그러나 이외에도 취약점을 찾아내는 이미지 검색이 과학이라기 보다는 예술이 될 수 있다.

> |팁| 공통 취약점 및 노출(CVE, Common Vulnerability Exposure)은 일반적으로 사용 가능한 소프트웨어에서 발견된 특정 취약점을 알리는 식별자다. CVE의 예로 CVE-2001-00667이 있다. CVE-2001-0067의 첫 번째 네 자리 숫자는 발견 연도, 두 번째 숫자는 해당 연도에 확인된 취약점 수다.

가령 특정 취약점(예: 호스트 서버에 루트 취득하기)은 매우 심각할 수 있지만, 나쁜 용도(예, 내부 자원 취득)로 쓰기에는 매우 어려울 수 있다. 여러분(책임지고 있는 조직)은 취약점 관련 문제를 심각하게 생각하게 생각하지 않아 취약점으로부터 시스템을 보호하는 것이 쉬울 수 있다. 시스템에 도스 공격Dos Attack을 받으면 데이터 유출이나 침입의 위험은 없지만 이로 인해 업무가 중단되는 예가 있다. 따라서 수만 달러 상당의 컴퓨팅 능력을 요구하는 불명확한 보안 공격보다는 패치를 적용하는 데 더 관심을 갖는다는 뜻이다.

실행 중인 컨테이너에 실제로 취약성이 있는지 여부도 고려해야 한다. 이미지에 아파치 웹 서버의 예전 버전이 존재할 수 있지만 실제로 컨테이너에 의해 실행된 적이 없다면 취약점은 사실상 무시해도 된다. 이런 일은 자주 일어난다. 패키지 관리자는 의존 라이브러리 관리를 단순히 하는데 실제로 필요하지 않은 의존 라이브러리를 정기적으로 가져오기도 한다.

보안을 매우 중요하게 생각한다면 작은 이미지를 갖고 있어야 하는 또 다른 이유가 된다(7장 참고). 이미지에서 특정 소프트웨어를 사용하지 않더라도 보안 이미지 검색기에서 여전히 발견할 것이고 조직에서 보안 이슈를 해결해야 할지의 논의에 시간을 낭비할 수 있다.

기술94는 어느 이미지 검색기가 조직에 적합한지에 관해 생각거리를 제공했다. 항상 그렇듯이 비용, 요구사항, 올바른 솔루션을 얻기 위해 얼마나 자발적으로 노력할 것인지에 대한 균형이다.

14.3 도커에 보안 접근

도커 데몬의 안전하지 못한 접근을 방지하려면 어떠한 접근도 들어오지 않도록 방지하는 것이 가장 좋은 방법이다.

도커를 설치할 때 접근 제한을 접했거나 도커를 실행하기 위해 sudo를 사용해야 했을 수 있다. 기술 41에서 로컬 머신의 사용자가 보안과 관련된 제한 없이 도커를 사용할 수 있도록 선택적으로 허용하는 방법을 설명한다.

그러나 다른 머신에서 도커 데몬에 연결하는 사용자가 있다면 sudo를 사용하는 방법은 도움이 되지 않는다. 좀 더 많은 보안을 제공할 수 있는 방법을 살펴보자.

기술 95 도커 인스턴스에 관한 HTTP 인증하기

기술 1에서는 네트워크로 도커 데몬에 접근하는 방법을, 기술 4에서는 소캣으로 도커 API를 스누핑하는 방법을 살펴봤다.

기술 95는 기술 1과 기술 4를 결합해 원격으로 데몬에 접속하고 결과를 볼 수 있게 하는 기술이다. 사용자 이름/암호 조합으로 접근이 제한돼 있어 조금 안전하다. 추가로 도커 데몬을 다시 시작할 필요가 없으며 컨테이너 데몬을 시작한다.

문제

도커 데몬에 네트워크로 기본 인증으로 접근하고 싶다.

해결책

HTTP 인증을 사용해 도커 데몬을 다른 사람과 임시로 공유한다.

그림 14.1은 기술 95의 최종 아키텍처를 설명한다.

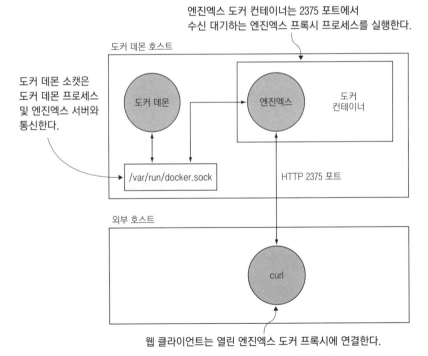

▲ **그림 14.1** 기본 인증이 적용된 도커 데몬의 아키텍처

기술 95의 코드는 https://github.com/docker-in-practice/docker-authenticate에 서 확인할 수 있다. 목록 14.1은 기술의 이미지를 생성하기 위해 사용되는 깃 저장소의 도커 파일 내용을 보여준다.

목록 14.1 도커 파일

엔진엑스가 도커 유닉스 소캣에 접근하려면 루트로 실행돼야 한다.
따라서 "user" 라인을 "root" 사용자로 교체한다.

```
FROM debian
RUN apt-get update && apt-get install -y \
nginx apache2-utils          ◀───── 필요한 소프트웨어를 업데이트 및 설치했는지 확인한다.
RUN htpasswd -c /etc/nginx/.htpasswd username  ◀─── 'username'이라는 사용자의 암호 파일을 생성한다.
RUN htpasswd -b /etc/nginx/.htpasswd username password ◀─┐
RUN sed -i 's/user .*;/user root;/' \                    │ 'username' 사용자의 암호를
/etc/nginx/nginx.conf                                    └ 'password'로 설정한다.
ADD etc/nginx/sites-enabled/docker \
/etc/nginx/sites-enabled/docker ◀───── 도커의 엔진엑스 사이트 파일로 복사한다(목록 14.8).
CMD service nginx start && sleep infinity ◀─┐ 기본적으로 엔진엑스 서비스를 시작하고
                                            └ 무한정 대기하게 한다.
```

htpasswd 커맨드로 설정한 .htpasswd 파일에 도커 소캣에 관한 접근을 허용(또는 거부)하 기 전에 확인할 수 있는 자격 증명이 포함돼 있다. 도커 이미지를 직접 빌드한다면 도커 소캣으로 연결할 때 접근 권한으로 자격 증명을 사용자 정의하기 위해 이전 두 단계에서 username과 password를 변경해야 할 것이다.

```
upstream docker {
    server unix:/var/run/docker.sock;    ◀──── 엔진엑스의 도커 위치를 도커의 도메인
}                                              소캣을 가리키는 것으로 정의한다.
server {
    listen 2375 default_server;    ◀──── 2375 포트(표준 도커 포트)에서 수신대기 한다.

    location / {
        proxy_pass http://docker;    ◀──── 바로 이전에 정의된 도커 위치로 요청이 들어오고 나가도록 프록시 처리한다.
        auth_basic_user_file /etc/nginx/.htpasswd;    ◀──── 사용할 암호 파일 정의한다.
        auth_basic "Access restricted";    ◀──── 암호로 접근을 제한한다.
    }
}
```

이제 호스트 머신에서 필요한 자원을 매핑해 이미지를 데몬 컨테이너로 실행한다.

```
$ docker run -d --name docker-authenticate -p 2375:2375 \
  -v /var/run:/var/run dockerinpractice/docker-authenticate
```

이전 커맨드를 실행하면 백그라운드에서 docker-authenticate이라는 이름으로 컨테이너가 실행되며 나중에 참고할 수 있다. 호스트에서 컨테이너의 2375 포트가 노출되고 도커 소캣을 포함하는 기본 디렉토리를 볼륨으로 마운트함으로써 도커 데몬을 통해 컨테이너 접근 권한을 받는다. 사용자 이름과 암호로 사용해 사용자 지정 이미지를 사용한다면 예시의 이미지 이름을 변경해야 할 것이다.

웹 서비스가 실행됐다. curl을 사용해 설정한 사용자 이름과 비밀번호로 사용해 API 응답을 확인한다.

curl 커맨드 다음에 사용할 URL에 username:password을 먼저 입력하고 @와 접속할 주소를 입력한다.
curl 요청은 도커 데몬 API의 /info 엔드포인트로 전달한다.

```
▶$ curl http://username:password@localhost:2375/info
{"Containers":115,"Debug":0, >    ◀──── 도커 데몬의 JSON 응답이다.
"DockerRootDir":"/var/lib/docker","Driver":"aufs", >
"DriverStatus":[["Root Dir","/var/lib/docker/aufs"], >
["Backing Filesystem","extfs"],["Dirs","1033"]], >
"ExecutionDriver":"native-0.2", >
"ID":"QSCJ:NLPA:CRS7:WCOI:K23J:6Y2V:G35M:BF55:OA2W:MV3E:RG47:DG23", >
"IPv4Forwarding":1,"Images":792, >
```

"IndexServerAddress":"https://index.docker.io/v1/", ›
"InitPath":"/usr/bin/docker","InitSha1":"", ›
"KernelVersion":"3.13.0-45-generic", ›
"Labels":null,"MemTotal":5939630080,"MemoryLimit":1, ›
"NCPU":4,"NEventsListener":0,"NFd":31,"NGoroutines":30, ›
"Name":"rothko","OperatingSystem":"Ubuntu 14.04.2 LTS", ›
"RegistryConfig":{"IndexConfigs":{"docker.io": ›
{"Mirrors":null,"Name":"docker.io", ›
"Official":true,"Secure":true}}, ›
"InsecureRegistryCIDRs":["127.0.0.0/8"]},"SwapLimit":0}

작업을 마치면 다음 커맨드를 사용해 컨테이너를 제거한다.

```
$ docker rm -f docker-authenticate
```

더 이상 컨테이너에 접근할 수 없다.

도커 커맨드를 사용하는가?

다른 사용자가 docker 커맨드를 사용해 컨테이너에 연결할 수 있는지 궁금할 수 있다. 예를 들면 다음처럼 사용할 수 있다.

```
docker -H tcp://username:password@localhost:2375 ps
```

이 책을 쓸 당시에 도커 자체에 인증 기능이 없는 상태였다. 그러나 도커가 데몬에 연결하면 인증을 처리할 수 있는 이미지를 생성했다. 다음과 같이 간단히 이미지를 사용한다.

클라이언트의 이름을 지정하고 클라이언트 컨테이너를 백그라운드로 실행한다.
```
▶$ docker run -d --name docker-authenticate-client \
    -p 127.0.0.1:12375:12375 \   ◀── 도커 데몬에 연결할 수 있는 포트를 노출하지만 로컬 머신에서만 연결할 수 있다.
    dockerinpractice/docker-authenticate-client \  ◀
 ▶ 192.168.1.74:2375 username:password          도커와의 인증된 연결을 허용하기 위해
                                                 생성된 이미지
```
도커 이미지 이름 뒤에 두 매개변수, 즉 인증에 사용될 엔드포인트 URL, 사용자 이름과 암호를 추가한다.
(두 설정 모두 사용자 환경에 맞게 적합하게 변경돼야 함)

localhost나 127.0.0.1은 인증 연결에 사용될 엔드포인트로 동작하지 않는다. 특정 호스트에서 연결하려면 ip addr를 사용해 시스템의 외부 IP 주소를 식별해야 한다.

다음 커맨드를 사용해 인증 연결을 사용할 수 있다.

```
docker -H localhost:12375 ps
```

일부 구현 제한으로 인해 대화형 도커 커맨드(예: docker run 및 docker exec 커맨드에 -i 매개변수를 사용하는 경우)를 사용할 때 인증 연결이 동작하지 않을 수 있다는 점에 유의한다.

토론

기술 95에서는 신뢰할 수 있는 네트워크에서 도커 서버 기본 인증을 설정하는 방법을 다뤘다. 기술 95에서는 해커들이 사용자가 무엇을 하고 있는지 엿보지 못하도록, 악성 데이터 및 코드를 심지 못하도록 트래픽을 암호화하는 부분을 다룬다.

> **|경고|** 기술 95는 기본 인증 수준을 제공하지만 높은 수준의 보안(특히 네트워크 트래픽을 몰래 들을 수 있는 해커가 사용자 이름과 암호를 가로채는 수준의 보안)을 제공하지 않는다. TLS를 사용해 보안 서버를 설정하는 것은 다소 복잡해 기술 96에서 다룰 것이다.

기술 96 ▶ 도커 API 보안

기술 96에서는 신뢰할 수 있는 클라이언트가 도커 서버에 접근할 수 있을 뿐 아니라 동시에 TCP 포트를 통해 다른 사용자가 도커 서버에 접근할 수 있는 방법을 보여 줄 것이다. 신뢰할 수 있는 호스트만 부여하는 비밀키를 생성해 접근할 수 있다. 신뢰할 수 있는 키가 서버와 클라이언트 시스템 간에 비밀로 유지되는 한 도커 서버는 보안 상태를 유지해야 한다.

문제

포트를 통해 도커 API에 안전하게 접근하고 싶다.

해결책

자체 서명 인증서를 생성하고 --tls-verify 매개변수를 사용해 도커 데몬을 실행한다.

--tls-verify 매개변수를 사용하는 방법은 서버에서 생성되는 키 파일$^{key\ file}$에 의존적이다. 서버 키$^{server\ key}$가 없으면 복사하기 어려운 특수 툴을 사용해 키 파일을 생성한다. 그림 14.2에는 키 파일 생성에 대한 개요를 보여준다.

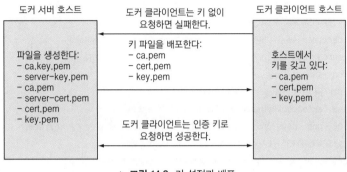

▲ **그림 14.2** 키 설정과 배포

> |**팁**| 서버 키는 서버만 아는 비밀번호를 포함한 파일이다. 그리고 서버의 소유자가 제공한 비밀키 파일(이른바 클라이언트 키(client key))로 암호화된 메시지를 서버 키로 읽을 수 있어야 한다. 서버에서 여러 키를 생성한 후 클라이언트로 배포하면 클라이언트와 서버 간의 연결이 안전할 것이다.

도커 서버에서 인증서 설정하기

먼저 인증서와 키를 생성한다.

키를 생성하려면 OpenSSL 패키지가 필요하다. 터미널에서 openssl을 실행하여 설치 여부를 확인할 수 있다. openssl이 설치돼 있지 않으면 다음 코드를 사용해 인증서와 키를 생성한다.

목록 14.3 OpenSSL을 사용해 인증서와 키를 생성하기

```
$ sudo su ◀──── 사용자 계정이 루트인지 확인한다.
$ read -s PASSWORD ┐
                    │ 도커 서버에 연결하는 데 사용할 인증서 암호와 서버 이름을 입력한다.
$ read SERVER      ┘
$ mkdir -p /etc/docker ┐
                        │ 도커 설정 디렉토리가 없으면 해당 디렉토리를 생성하고 이동한다.
$ cd /etc/docker       ┘
$ openssl genrsa -aes256 -passout pass:$PASSWORD \
-out ca-key.pem 2048 ◀──── 2048 비트 보안으로 CA(인증 기관) pem 파일을 생성한다.
```

1년 동안 사용할 목적으로 암호와 주소를 사용해 CA 키에 서명한다.

```
$ openssl req -new -x509 -days 365 -key ca-key.pem -passin pass:$PASSWORD \
-sha256 -out ca.pem -subj "/C=NL/ST=./L=./O=./CN=$SERVER"
$ openssl genrsa -out server-key.pem 2048   ◀─── 2048 비트 보안의 서버 키를 생성한다.
$ openssl req -subj "/CN=$SERVER" -new -key server-key.pem \
-out server.csr   ◀─── 호스트 이름이 포함된 서버 키를 처리한다.
$ openssl x509 -req -days 365 -in server.csr -CA ca.pem -CAkey ca-key.pem \
-passin "pass:$PASSWORD" -CAcreateserial \
-out server-cert.pem   ◀─── 1년 동안 사용할 목적으로 키에 암호를 포함해 서명한다.
$ openssl genrsa -out key.pem 2048   ◀─── 비트 보안의 클라이언트 키를 생성한다.
$ openssl req -subj '/CN=client' -new -key key.pem\
-out client.csr   ◀─── 키를 클라이언트 키로 처리한다.
$ sh -c 'echo "extendedKeyUsage = clientAuth" > extfile.cnf'
$ openssl x509 -req -days 365 -in client.csr -CA ca.pem -CAkey ca-key.pem \
-passin "pass:$PASSWORD" -CAcreateserial -out cert.pem \
-extfile extfile.cnf   ◀─── 1년 동안 사용할 목적으로 키에 암호를 포함해 서명한다.
$ chmod 0400 ca-key.pem key.pem server-key.pem   ◀─┐  서버 키 파일을 루트 사용자만
$ chmod 0444 ca.pem server-cert.pem cert.pem      ◀─┘  읽을 수 있도록 권한을 변경한다.
$ rm client.csr server.csr   ◀─── 남은 파일을 제거한다.
```

클라이언트 키 파일은 모든 사용자가 읽기만 할 수 있도록 권한을 변경한다.

| **옮긴이의 팁** | 머신에 CA.pl이라는 스크립트를 설치해 키 생성 과정을 간소화할 수 있다. 여기서는 openssl 커맨드를 사용하는 것이 가치가 있어 설명했다. CA.pl은 https://github.com/openssl/openssl/blob/master/apps/CA.pl.in를 참고한다.

도커 서버를 설정하기

도커 데몬 설정 파일에서 도커 옵션을 설정해 통신을 암호화하는 데 사용할 키를 지정할 것이다(부록 B에서 도커 데몬을 설정하고 다시 시작하는 방법을 자세히 설명한다).

목록 14.4 새로운 키와 인증서를 사용하기 위한 도커 옵션

```
DOCKER_OPTS="$DOCKER_OPTS --tlsverify"   ◀─── 연결을 확보하기 위해 TLS보안에 사용할 Docker 데몬을 말한다.
DOCKER_OPTS="$DOCKER_OPTS \
--tlscacert=/etc/docker/ca.pem"   ◀─── 도커 서버에 관한 CA 파일을 지정한다.
DOCKER_OPTS="$DOCKER_OPTS \
--tlscert=/etc/docker/server-cert.pem"   ◀─── 서버 인증서를 지정한다.
DOCKER_OPTS="$DOCKER_OPTS \
```

```
--tlskey=/etc/docker/server-key.pem"  ◀─── 개인 키를 서버에 사용할 수 있도록 지정한다.
DOCKER_OPTS="$DOCKER_OPTS -H tcp://0.0.0.0:2376"  ┌─ 외부 클라이언트가 도커 데몬에 TCP로
DOCKER_OPTS="$DOCKER_OPTS \                        └─ 접속할 수 있도록 2376 포트를 연다.
-H unix:///var/run/docker.sock"  ◀─── 일반적인 방법으로 로컬 머신에서 접속할 수 있도록 유닉스 소캣을 연다.
```

클라이언트 키를 배포하기

다음으로 키를 클라이언트 호스트에 보내야 한다. 따라서 클라이언트는 서버에 접속하고
정보를 교환해야 한다. 비밀키를 다른 사람에게 공개하고 않고 클라이언트에 안전하게
전달해야 한다. 클라이언트에 비밀키를 전달할 수 있는 비교적 안전한 방법은 서버에서
클라이언트로 직접 SCP(보안 복사)를 사용하는 것이다. SCP 유틸리티를 사용하면 데이터
를 안전하게 전송할 수 있다.

클라이언트 호스트에서 이전처럼 /etc에 도커 설정 디렉토리를 생성한다.

```
user@client:~$ sudo su
root@client:~$ mkdir -p /etc/docker
```

서버에서 클라이언트로 파일을 전송한다. 다음 커맨드의 'client'를 클라이언트의 호스트
이름으로 교체한다. 또한 클라이언트에서 docker 커맨드를 실행하는 사용자가 모든 파
일을 읽을 수 있는지 확인한다.

```
user@server:~$ sudo su
root@server:~$ scp /etc/docker/ca.pem client:/etc/docker
root@server:~$ scp /etc/docker/cert.pem client:/etc/docker
root@server:~$ scp /etc/docker/key.pem client:/etc/docker
```

테스트

설정을 테스트하려면 먼저 자격 증명 없이 도커 서버에 요청을 시도한다. 다음과 같이 거
절될 것이다.

```
root@client~: docker -H myserver.localdomain:2376 info
FATA[0000] Get http://myserver.localdomain:2376/v1.17/info: malformed HTTP >
response "\x15\x03\x01\x00\x02\x02". Are you trying to connect to a >
TLS-enabled daemon without TLS?
```

이제 자격 증명을 사용해 연결하면 제대로 출력을 얻을 수 있다.

```
root@client~: docker --tlsverify --tlscacert=/etc/docker/ca.pem \
--tlscert=/etc/docker/cert.pem --tlskey=/etc/docker/key.pem \
-H myserver.localdomain:2376 info
243 info
Containers: 3
Images: 86
Storage Driver: aufs
Root Dir: /var/lib/docker/aufs
Backing Filesystem: extfs
Dirs: 92
Execution Driver: native-0.2
Kernel Version: 3.16.0-34-generic
Operating System: Ubuntu 14.04.2 LTS
CPUs: 4
Total Memory: 11.44 GiB
Name: rothko
ID: 4YQA:KK65:FXON:YVLT:BVVH:Y3KC:UATJ:I4GK:S3E2:UTA6:R43U:DX5T
WARNING: No swap limit support
```

토론

기술 96은 다른 사람들이 사용하거나 신뢰할 수 있는 사용자만 접근할 수 있는 도커 데몬을 제공한다. 비밀키를 안전하게 보관하기를 바란다.

대부분 큰 조직의 IT 관리 프로세스에서 키 관리는 매우 중요하다. 키 관리는 확실히 비용이 들기 때문에 도커 플랫폼을 구현할 때 매우 초점을 맞춰야 한다. 대부분의 도커 플랫폼을 설계할 때 컨테이너에 키를 안전하게 배포하는 것은 고려할 필요가 있다.

14.4 도커 외부로부터 보호하기

docker 커맨드를 사용한다 해도 호스트의 보안 기능이 중지되지 않는다. 14.4에서는 도커 외부로부터 도커 컨테이너를 보호하기 위한 접근 방법을 살펴본다.

도커 컨테이너가 실행한 상태에서 도커 이미지를 수정해서 외부 공격의 표면적을 감소시키는 일부 기술로 시작해 본다. 이후의 두 가지 기술은 제한적으로 컨테이너를 실행하는 방법을 고려한다.

두 가지 기술 중 첫 번째 기술은 관리자가 설정하고 제한된 범위에서 도커가 실행되게 하는 aPaaS^{application platform as a service} 접근 방법이다. 예컨대 도커 커맨드를 사용해 오픈시프트 오리진^{Origin} 서버(관리형 방식으로 도커 컨테이너를 배포하는 aPaaS)를 실행한다. 최종 사용자의 권한은 관리자가 제한하고 관리할 수 있으며 도커 런타임의 접근 권한은 제거될 수 있다

두 번째 접근 방식은 기존 보안 수준보다 높은 보안 수준인 SELinux(누가 무엇을 할 수 있는지에 관한 세밀한 제어를 제공하는 보안 기술)로 실행 중인 컨테이너에서 허용되는 자유를 제한한다.

> |**팁**| SELinux는 미국의 NSA(National Security Agency)에서 개발하고 오픈소스로 공개한 툴로서 강력한 접근 제어의 필요성을 충족시킨다. 현재 보안 표준으로 사용되고 있으며 매우 강력하다. 불행하게도 많은 사람들은 SELinux를 이해하는 데 시간을 들이기보다는 SELinux와 관련된 문제에 부딪히면 SELinux을 간단히 비활성화한다. 여기서 소개하는 기술을 통해 SELinux 접근 방법을 사용할 때 자신감을 얻길 바란다.

기술 97 ▶ 도커 슬림을 사용해 컨테이너 공격 표면을 줄이기

7.3절에서 네트워크를 통해 이동하는 데이터 양이 많아지는 부분을 우려해 작은 크기의 이미지를 생성하는 방법을 다뤘다. 사실 이렇게 도커 이미지를 줄이는 또 다른 이유가 있다. 도커 이미지의 크기가 더 작을 수록 공격자가 덜 공격할 것이다. 구체적인 한 가지 예시로 셸이 도커에 설치되지 않았다면 컨테이너의 셸에 접근할 방법이 없다.

컨테이너에 '예상된 동작' 프로파일을 빌드한 후, 런타임에 해당 프로파일을 적용한다는 것은 예상치 못한 동작이 탐지되고 예방될 수 있다.

문제

공격 표면을 줄이기 위해 도커 이미지를 필수 부분으로 축소하고 싶다.

해결책

공격 표면이 줄어들도록 이미지를 분석 및 수정할 수 있는 도커 슬림 툴을 사용한다.

도커 슬림 툴은 도커 이미지를 가장 기본적인 툴만 포함되도록 축소할 수 있다. 도커 슬림 툴은 https://github.com/docker-slim/docker-slim에서 다운로드할 수 있다.

도커 슬림은 적어도 분명한 두 가지 방법으로 도커 이미지를 축소한다. 첫째, 도커 이미지를 필요한 파일만 포함시켜 크기를 줄이고 해당 파일을 단일 계층에 위치하게 한다. 따라서 최종 결과는 원래의 큰 이미지보다 훨씬 작은 이미지다.

둘째, 도커 슬림은 seccomp 프로파일을 제공한다. seccomp 프로파일은 실행 중인 이미지를 동적으로 분석할 수 있다. 즉 이미지를 실행하고 어떤 파일과 시스템 호출이 사용되는지 추적한다. 도커 슬림이 실행 중인 컨테이너를 분석할 때 확실히 필요한 파일이 선택되고 시스템 호출이 이루어 질 수 있도록 모든 일반 사용자와 마찬가지로 컨테이너를 애플리케이션처럼 사용할 필요가 있다.

> |경고| 도커 슬림과 같은 동적 분석 툴을 사용해 이미지의 크기를 줄이면 분석 단계에서 확실히 빠르게 동작하는 것을 알 수 있다. 예시에서는 작은 이미지를 사용하지만 여러분은 완전히 분석하기 어려운 더 복잡한 프로파일을 사용할 수 있다.

기술 97은 다음 내용을 소개하기 위해 간단한 웹 예시 애플리케이션을 사용한다.

- 도커 슬림을 설정한다.
- 이미지를 빌드한다.
- 도커 슬림 툴을 사용해 이미지를 컨테이너로 실행한다.
- 애플리케이션의 엔드포인트에 접근한다.
- 생성된 Seccomp 프로파일을 사용해 크기가 작은 이미지를 실행한다.

> |참고| seccomp 프로파일은 기본적으로 컨테이너에서 시스템 호출이 일어날 수 있는 화이트리스트다. 컨테이너를 실행할 때 애플리케이션의 요구사항에 따라 권한을 줄이거나 늘린 seccomp 프로파일을 지정할 수 있다. 기본 seccomp 프로파일은 300개가 넘는 시스템 호출 중 약 45개의 시스템 호출을 비활성화한다. 대부분의 애플리케이션은 이보다 훨씬 적다.

도커 슬림 설정하기

다음 커맨드를 실행하여 도커 슬림 바이너리 파일을 다운로드하고 설정한다.

목록 14.5 도커 슬림을 다운로드하고 특정 디렉토리에 설치

```
$ mkdir -p docker-slim/bin && cd docker-slim/bin  ◀──  docker-slim 디렉토리와 해당 디렉토리의
                                                        bin 하위 디렉토리를 생성한다.
$ wget https://github.com/docker-slim/docker-slim/releases/download/1.18/dist_linux.zip
$ unzip dist_linux.zip  ◀──── 다운로드한 zip 파일의 압축을 푼다.
$ cd ..  ◀──── 상위 디렉토리인 docker-slim으로 이동한다.
```
도커 슬림 깃허브 저장소의 release 디렉토에서 도커 슬림 zip 파일을 다운로드한다.

> |참고| 기술 97은 도커 슬림 1.18 버전으로 테스트했다. 최신 버전이 있는지 확인하려면 깃허브 저장소(https://github.com/docker-slim/docker-slim/)의 릴리스 정보를 확인한다. 도커 슬림은 빠르게 업데이트하는 프로젝트가 아니기에 업데이트는 그리 중요하지 않다.

이제 bin 하위 디렉토리에 도커 슬림 바이너리가 존재한다.

크기가 큰 이미지 빌드하기

NodeJS를 사용하는 샘플 애플리케이션을 빌드한다. 해당 애플리케이션은 8000 포트에서 수신 대기하고 JSON 문자열을 단순히 응답하는 애플리케이션이다. 다음 커맨드는 도커 슬림 저장소를 복제하고 샘플 애플리케이션 코드로 이동한 후 도커 파일을 빌드해 sample-node-app이라는 이름의 이미지를 얻는다.

샘플 애플리케이션을 포함하는 도커 슬림 깃 저장소를 다운로드한다.

```
$ git clone https://github.com/docker-slim/docker-slim.git ◀──┘
$ cd docker-slim && git checkout 1.18 ◀──── 도커 슬림 깃 저장소의 잘 동작하는 버전으로 변경한다.
$ cd sample/apps/node ◀──── NodeJS의 샘플 애플리케이션의 디렉토리로 이동한다.
$ docker build -t sample-node-app . ◀──── 도커 이미지를 sample-node-app이라는 이름으로 빌드한다.
$ cd - ◀──── 도커 슬림 바이너리 파일이 위치한 이전 디렉토리로 이동한다.
```

크기가 큰 이미지를 실행하기

크기가 큰 이미지를 생성했고, 해당 이미지를 도커 슬림을 사용해 컨테이너로 운영한다. 애플리케이션을 초기화하면 애플리케이션 엔드포인트를 호출해 코드를 동작시킨다. 마지막으로 백그라운드로 실행하는 도커 슬림 애플리케이션을 포그라운드로 실행하도록 한 후 도커 슬림 애플리케이션이 종료될 때까지 기다린다.

sample-node-app 이미지에 관한 도커-슬림 바이너리를 실행한다. 해당 프로세스를 백그라운드로 실행한다.
http-probe는 노출된 모든 포트에서 애플리케이션을 호출할 것이다.

```
$ ./docker-slim build --http-probe sample-node-app &
$ sleep 10 && curl localhost:32770
{"status":"success","info":"yes!!!","service":"node"} ◀──── 애플리케이션의 JSON 응답을
                                                               터미널로 전송한다.
$ fg ◀──── 도커 슬림 프로세스를 포그라운드로 실행하게 하고 해당 프로세스가 종료할 때까지 대기한다.
./docker-slim build --http-probe sample-node-app
INFO[0014] docker-slim: HTTP probe started...
INFO[0014] docker-slim: http probe - GET http://127.0.0.1:32770/ => 200
INFO[0014] docker-slim: HTTP probe done.                                    도커 슬림 프로세스의
INFO[0015] docker-slim: shutting down 'fat' container...                    첫 번째 출력은 동작
INFO[0015] docker-slim: processing instrumented 'fat' container info...     로그다.
INFO[0015] docker-slim: generating AppArmor profile...
INFO[0015] docker-slim: building 'slim' image...


Step 1 : FROM scratch
 --->
Step 2 : COPY files /                            도커 슬림 프로세스는
 ---> 0953a87c8e4f                               'slim' 컨테이너를 생성한다.
Removing intermediate container 51e4e625017e
Step 3 : WORKDIR /opt/my/service
 ---> Running in a2851dce6df7
```

sample-node-app 프로세스가 시작할 수 있도록 10초 동안 대기하고
애플리케이션이 실행되는 포트에 요청을 보낸다.

```
  ---> 2d82f368c130
Removing intermediate container a2851dce6df7
Step 4 : ENV PATH "/usr/local/sbin:/usr/local/bin:/usr/sbin:/usr/bin:/sbin:/bin"
  ---> Running in ae1d211f118e
  ---> 4ef6d57d3230
Removing intermediate container ae1d211f118e
Step 5 : EXPOSE 8000/tcp
  ---> Running in 36e2ced2a1b6
  ---> 2616067ec78d
Removing intermediate container 36e2ced2a1b6
Step 6 : ENTRYPOINT node /opt/my/service/server.js
  ---> Running in 16a35fd2fb1c
  ---> 7451554aa807
Removing intermediate container 16a35fd2fb1c
Successfully built 7451554aa807
INFO[0016] docker-slim: created new image: sample-node-app.slim
$
$
```

도커 슬림 프로세스는 'slim' 컨테이너를 생성한다.

$ ◀──── 도커 슬림 프로세스가 완료되면 리턴(Return) 키를 눌러 프롬프트가 나타나게 한다.

이때 '코드를 동작시키는 행위'는 특정 URL에 접속해 응답을 받는 것과 관련이 있다. 정교한 애플리케이션을 완전히 동작시킬 수 있도록 다양한 형태의 요청이 필요하다.

도커 슬림 문서에 따르면 http-probe 매개변수를 사용해서 애플리케이션의 32770 포트로 요청할 필요가 없다는 점에 유의한다. HTTP 프로브probe를 활성화하면 기본적으로 모든 노출 포트의 루트 URL("/")에서 HTTP 및 HTTPS GET 요청을 받을 수 있는 것으로 간주한다. 따라서 시연 목적으로 curl을 직접 실행하면 된다.

이 시점에서 이미지의 sample-node-app.slim 버전을 생성했다. docker images 커맨드를 실행하면 해당 도커 이미지의 크기가 대폭 축소된 것을 알 수 있다.

```
$ docker images                      sample-node-app.slim 이미지의 크기가 14MB를 조금 넘는다.
REPOSITORY            TAG      IMAGE ID      CREATED           SIZE
sample-node-app.slim  latest   7451554aa807  About an hour ago  14.02 MB ◀
 sample-node-app      latest   78776db92c2a  About an hour ago  418.5 MB ◀
```

sample-node-app 원본 이미지의 크기는 400MB 이상이었다.

docker history를 실행해 크기가 큰 샘플 애플리케이션 결과와 도커 슬림을 적용한 샘플 애플리케이션을 비교하면 구조가 상당히 다르다는 점을 알 수 있다.

sample-node-app 이미지의 기록을 보면 각 커맨드가 원래 생성된 대로 보여준다.

```
$ docker history sample-node-app  ◀──── docker history 커맨드는 sample-node-app 이미지에서 실행된다.
IMAGE          CREATED       CREATED BY                              SIZE
78776db92c2a   42 hours ago  /bin/sh -c #(nop)  ENTRYPOINT ["node"   0 B
0f044b6540cd   42 hours ago  /bin/sh -c #(nop)  EXPOSE 8000/tcp      0 B
555cf79f13e8   42 hours ago  /bin/sh -c npm install                  14.71 MB
6c62e6b40d47   42 hours ago  /bin/sh -c #(nop)  WORKDIR /opt/my/ser  0 B
7871fb6df03b   42 hours ago  /bin/sh -c #(nop) COPY dir:298f558c6f2  656 B
618020744734   42 hours ago  /bin/sh -c apt-get update &&    apt-get 215.8 MB
dea1945146b9   7 weeks ago   /bin/sh -c #(nop)  CMD ["/bin/bash"]    0 B
<missing>      7 weeks ago   /bin/sh -c mkdir -p /run/systemd && ec  7 B
<missing>      7 weeks ago   /bin/sh -c sed -i 's/^#\s*\(deb.*unive  2.753 kB
<missing>      7 weeks ago   /bin/sh -c rm -rf /var/lib/apt/lists/*  0 B
<missing>      7 weeks ago   /bin/sh -c set -xe   && echo '#!/bin/s  194.6 kB
<missing>      7 weeks ago   /bin/sh -c #(nop) ADD file:8f997234193  187.8 MB
$ docker history sample-node-app.slim  ◀──── docker history 커맨드는 sample-node-app.slim 이미지에서 실행된다.
IMAGE          CREATED       CREATED BY                              SIZE
7451554aa807   42 hours ago  /bin/sh -c #(nop)  ENTRYPOINT ["node"   0 B
2616067ec78d   42 hours ago  /bin/sh -c #(nop)  EXPOSE 8000/tcp      0 B
4ef6d57d3230   42 hours ago  /bin/sh -c #(nop)  ENV PATH=/usr/local  0 B
2d82f368c130   42 hours ago  /bin/sh -c #(nop)  WORKDIR /opt/my/ser  0 B
0953a87c8e4f   42 hours ago  /bin/sh -c #(nop) COPY dir:36323da1e97  14.02 MB
```

도커 슬림을 사용해 생성된 컨테이너의 기록은 원래 크기가 큰 이미지가 아닌
COPY 커맨드를 포함해 더 작은 커맨드로 구성된다.

출력을 보면 도커 슬림이 진행되는 단서를 제공하고 있다. 도커 슬림은 최종 파일 시스템 상태를 구성하고 특정 디렉토리(dir:36323da1e97)를 이미지의 최종 계층으로 복사해 하나 의 14MB 계층으로 이미지 크기를 줄였다.

도커 슬림이 생성한 다른 산출물을 보면 기술 97의 시작 부분에 설명한 대로 두 번째 목 적과 관련이 있다. seccomp.json 파일(이때 sample-node-app-seccomp.json)이 생성돼 실행 중인 컨테이너의 작업을 제한하는 데 사용할 수 있다.

seccomp.json 파일의 내용을 살펴보자(생략된 부분이 있지만 다소 양이 많아 양해를 구한다).

목록 14.7 seccomp 프로파일

SECCOMPFILE 변수에 seccomp 파일의 위치를 저장한다.

```
$ SECCOMPFILE=$(ls $(pwd)/.images/*/artifacts/sample-node-app-seccomp.json)
$ cat ${SECCOMPFILE}  ◀──── SECCOMPFILE 변수의 파일의 내용을 출력한다.
{
                                          사용이 금지된 시스템 호출(syscalls)을 호출할 때
"defaultAction": "SCMP_ACT_ERRNO",  ◀──  프로세스의 종료 코드를 지정한다.
    "architectures": [
    "SCMP_ARCH_X86_64"    seccomp 프로파일을 적용할 하드웨어 아키텍처를 지정한다.
    ],
    "syscalls": [
      {
        "name": "capset",
        "action": "SCMP_ACT_ALLOW"
      },
      {
        "name": "rt_sigaction",
        "action": "SCMP_ACT_ALLOW"
      },
      {
        "name": "write",             제어할 시스템 호출은 각 시스템 호출마다
        "action": "SCMP_ACT_ALLOW"   SCMP_ACT_ALLOW 동작으로 지정해
      },                             화이트리스트로 나열한다.
  [...]
      {
      "name": "execve",
        "action": "SCMP_ACT_ALLOW"
      },
      {
        "name": "getcwd",
        "action": "SCMP_ACT_ALLOW"
      }
    ]
}
```

seccomp 프로파일로 도커 슬림 이미지를 다시 실행해 예상대로 동작하는지 확인한다.

분석 단계에서 도커 슬림이 노출한 포트와 같은 포트로 노출하도록
도커 슬림 이미지를 데몬으로 실행하고 seccomp 프로파일을 적용한다.

```
$ docker run -p32770:8000 -d \
  --security-opt seccomp=/root/docker-slim-bin/.images/${IMAGEID}/artifacts
  ➡ /sample-node-app-seccomp.json sample-node-app.slim        컨테이너 ID를 터미널로
  4107409b61a03c3422e07973248e564f11c6dc248a6a5753a1db8b4c2902df55  ◀  출력한다.
$ sleep 10 && curl localhost:32771
  {"status":"success","info":"yes!!!","service":"node"}  ◀     이미지 크기를 줄인 출력은 기존의
curl 커맨드를 다시 실행해 애플리케이션이                            큰 이미지의 출력과 같다.
이전처럼 제대로 동작하는지 확인한다.
```

토론

예시를 보면 이미지가 크기뿐 아니라 수행할 수 있는 작업의 범위에서도 어떻게 축소시
킬 수 있는지 봤다. 이미지 축소 작업에서 필수 파일을 제거하고(기술 59에서 설명) 애플리
케이션 실행에 필요한 시스템 호출만 포함시켰다.

여기서 애플리케이션을 '코드 동작' 수단은 간단했다(기본 엔드포인트에 하나의 curl을 사용해
요청). 실제 애플리케이션의 경우 모든 가능성을 다뤘는지 확인하기 위해 취할 수 있는 접
근 방법이 많다. 그중 한 가지 방법은 알고 있는 엔드포인트에 대해 일련의 테스트를 개
발하는 것이고, 또 다른 방법은 '퍼저fuzzer'를 사용해 자동화 방법으로 애플리케이션에 많
은 입력을 요청하는 것이다(퍼저는 소프트웨어에서 버그와 보안상의 결함을 찾는 방법 중 하나다).
가장 간단한 방법은 참고할 필요 파일과 시스템 호출을 예상하도록 애플리케이션을 오랫
동안 동작 중인 상태로 두는 것이다.

많은 기업의 도커 보안 툴은 이 원칙에 따라 동작하지만, 더 자동화된 방법으로 동작한
다. 일반적으로 애플리케이션을 일정 기간동안 실행하도록 허용한 후 어느 시스템 콜이
호출되는지, 어느 파일을 접근하는지, 어느 운영체제 기능이 사용되는지 추적할 수 있다.
설정 가능한 학습 시간 기반으로 애플리케이션의 예상 동작이 무엇인지 판단하고 동작
범위를 벗어난 것으로 보이는 모든 동작을 보고할 수 있다. 예를 들어 공격자가 실행 중
인 컨테이너에 접근해 배시bash 바이너리 실행 파일을 시작하거나 예기치 않은 포트를 열
면 시스템에 경보가 울릴 수 있다. 도커 슬림을 사용하면 프로세스를 처음부터 제어할 수
있기에 공격자가 접근하더라도 공격자가 실행할 수 있는 기능을 축소시킬 수 있다.

애플리케이션의 공격 표면을 줄 일 수 있는 또 다른 방법은 애플리케이션의 기능을 제한하는 것으로 기술 93에서 다룬다.

기술 98 ▶ 빌드 시 추가된 비밀 파일을 제거하기

기업 환경에서 이미지를 빌드할 때는 데이터를 얻기 위해 키와 자격 증명을 사용해야 할 때가 있다. 도커 파일을 사용해 애플리케이션을 빌드할 때, 일반적으로 해당 비밀 파일을 사용한 후 삭제하더라도 기록에 남아 있다.

비밀 파일이 기록에 남는다면 보안 이슈가 발생하기도 한다. 누군가가 이미지를 얻게 되면 이미지의 이전 계층에서 비밀 파일을 알아낼 수 있다.

문제

이미지의 기록에서 특정 파일을 제거하고 싶다.

해결책

이미지에서 docker-squash를 사용해 특정 계층을 제거한다.

이론적으로 발생할 수 있는 보안 이슈를 해결하는 간단한 방법이 있다. 예를 들어 다음과 같이 사용 중일 때 암호를 삭제할 수 있다.

목록 14.8. 계층에서 비밀 파일을 남기지 않는 방법

```
FROM ubuntu
RUN echo mysecret > secretfile && command_using_secret && rm secretfile
```

접근 방법에는 단점이 많다. 도커 파일의 코드에 비밀 파일로 저장해야 하지만 소스 저장소에서는 평문일 수 있다.

문제를 해결하려면 소스 제어 저장소의 .gitignore(또는 비슷한) 파일에 파일을 추가하거나 도커 빌드 시 도커 이미지에 ADD 커맨드를 사용해 비밀 파일을 저장할 수 있다. 이런 방법을 사용하면 비밀 파일이 개별 계층에 추가돼 결과 이미지에서 쉽게 해당 계층을 제거할 수 없다.

마지막으로 환경 변수에 비밀 정보를 저장할 수 있지만 보안 위험성을 생길 수 있다. 변수는 젠킨스 잡^{Jenkins job}과 같이 안전하지 않은 영구 저장소에서 쉽게 환경 변수로 설정될 수 있다. 어떤 경우든 특정 사용자에게서 이미지를 받을 수 있고 해당 이미지에서 비밀 정보를 삭제해 달라고 요청할 수 있다. 먼저 간단한 예시를 들어 문제를 시연할 것이다. 그후 기본 계층에서 비밀 파일을 제거하는 방법을 소개하겠다.

비밀 파일을 포함하는 이미지

도커 파일에서는 비밀 데이터를 secret_file이라는 파일을 활용해 도커 이미지를 생성한다.

목록 14.9 비밀 파일을 포함하는 간단한 도커 파일

```
FROM ubuntu      시간을 절약하기 위해 파일 출력 커맨드(ls)를 기본 커맨드로 재정의한다.
CMD ls /  ◄──── 기록에 파일이 존재하는지 여부를 보여줄 것이다.

ADD /secret_file secret_file ◄──┐ 이미지를 빌드할 때 비밀 파일을 추가한다(비밀 파일은
►RUN cat /secret_file            └ 도커 파일과 함께 현재 작업 디렉토리에 있어야 한다).

 RUN rm /secret_file ◄──── 비밀 파일을 삭제한다.
빌드의 일부로 비밀 파일을 사용한다. cat 커맨드를 사용해 파일을 출력하지
만 이는 git clone이나 다른 유용한 커맨드를 사용할 수 있다.
```

이미지를 빌드할 수 있다. secret_build이라는 이미지 이름을 붙인다.

목록 14.10 비밀 파일을 사용해 간단한 도커 이미지를 빌드하기

```
$ echo mysecret > secret_file
$ docker build -t secret_build .
Sending build context to Docker daemon  5.12 kB
Sending build context to Docker daemon
Step 0 : FROM ubuntu
 ---> 08881219da4a
Step 1 : CMD ls /
 ---> Running in 7864e2311699
 ---> 5b39a3cba0b0
Removing intermediate container 7864e2311699
Step 2 : ADD /secret_file secret_file
 ---> a00886ff1240
Removing intermediate container 4f279a2af398
```

```
Step 3 : RUN cat /secret_file
 ---> Running in 601fdf2659dd
My secret
 ---> 2a4238c53408
Removing intermediate container 601fdf2659dd
Step 4 : RUN rm /secret_file
 ---> Running in 240a4e57153b
 ---> b8a62a826ddf
Removing intermediate container 240a4e57153b
Successfully built b8a62a826ddf
```

이미지를 빌드하면 기술 27을 사용해 비밀 파일이 있다는 것을 보여줄 수 있다.

목록 14.11 각 단계마다 태그를 지정하고 비밀 파일이 포함된 계층 시연하기

```
$ x=0; for id in $(docker history -q secret_build:latest);    비밀 파일이 이미지의 step_3 태그에
do ((x++)); docker tag $id secret_build:step_$x; done ◄──   있음을 알린다.
$ docker run secret_build:step_3 cat /secret_file' ◄────   빌드의 각 단계가 숫자 순서대로
mysecret                                                     태그로 지정된다.
```

비밀 파일을 제거하기 위해 이미지를 줄이기

비밀 파일이 이미지의 최종 기록에 남아 있지 않더라도 이미지 기록에 남기도 한다. 이때 docker-squash를 사용한다. docker-squash를 사용하면 중간 계층을 삭제하지만 도커 파일 커맨드(예: CMD, PORT, ENV 등)과 사용자 기록의 원래 기본 계층은 유지된다.

목록 14.12는 docker-squash를 다운로드, 설치, 사용해 압축 전, 후 이미지를 비교한다.

목록 14.12 docker_squash를 사용해 이미지 계층을 줄이기

```
docker-squash를 설치한다(최신 설치 지침은 https://github.com/jwilder/docker-squash를 참고한다).
$ wget -qO- https://github.com/jwilder/docker-squash/releases/download
➥ /v0.2.0/docker-squash-linux-amd64-v0.2.0.tar.gz | \
tar -zxvf - && mv docker-squash /usr/local/bin
$ docker save secret_build:latest | \              docker-squash가 실행될 TAR 파일에 이미지를 저장한 다음,
docker-squash -t secret_build_squashed | \         결과 이미지를 "secret_build_squashed" 태그로 지정하고
docker load                                         로드한다.
$ docker history secret_build_squashed ◄──   축소한 이미지의 기록에 secret_file 정보가 없다.
IMAGE           CREATED        CREATED BY                 SIZE
```

```
ee41518cca25  2 seconds ago  /bin/sh -c #(nop)  CMD ["/bin/sh" "   0 B
b1c283b3b20a  2 seconds ago  /bin/sh -c #(nop)  CMD ["/bin/bash  0 B
f443d173e026  2 seconds ago  /bin/sh -c #(squash) from 93c22f56  2.647 kB
93c22f563196  2 weeks ago    /bin/sh -c #(nop) ADD file:7529d28  128.9 MB
```
$ docker history secret_build ◀─── 원본 이미지에는 여전히 secret_file이 있다.
```
 IMAGE          CREATED        CREATED BY                        SIZE
b8a62a826ddf  3 seconds ago  /bin/sh -c rm /secret_file         0 B
2a4238c53408  3 seconds ago  /bin/sh -c cat /secret_file        0 B
a00886ff1240  9 seconds ago  /bin/sh -c #(nop) ADD file:69e77f6  10 B
5b39a3cba0b0  9 seconds ago  /bin/sh -c #(nop)  CMD ["/bin/sh" "  0 B
08881219da4a  2 weeks ago    /bin/sh -c #(nop)  CMD ["/bin/bash  0 B
6a4ec4bddc58  2 weeks ago    /bin/sh -c mkdir -p /run/systemd &  7 B
98697477f76a  2 weeks ago    /bin/sh -c sed -i 's/^#\s*\(deb.*u  1.895 kB
495ec797e6ba  2 weeks ago    /bin/sh -c rm -rf /var/lib/apt/lis  0 B
e3aa81f716f6  2 weeks ago    /bin/sh -c set -xe && echo '#!/bin  745 B
93c22f563196  2 weeks ago    /bin/sh -c #(nop) ADD file:7529d28  128.9 MB
```
$ docker run secret_build_squashed ls /secret_file ◀─── 축소한 이미지에 secret_file이 없다.
```
 ls: cannot access '/secret_file': No such file or directory
```
$ docker run f443d173e026 ls /secret_file ◀─── 축소한 이미지의 'squashed' 계층에 secret_file이 없다.
```
 ls: cannot access '/secret_file': No such file or directory
```

'사라진' 이미지 계층의 참고 사항

도커 1.10 버전에서 계층 유형을 바꿨다. 도커 1.10 버전부터 다운로드한 이미지는 기록에서 '〈missing〉'으로 나타나는데, 도커가 이미지 기록에 대한 보안성을 향상시키려는 변경 때문이다.

이미지에 docker save 커맨드를 적용해 TAR 파일을 추출함으로서 다운로드한 이미지 계층의 정보를 얻을 수 있다. 다음은 이미 다운로드한 우분투 이미지의 세션 예시다.

목록 14.13 다운로드 이미지의 '사라진' 계층

$ docker history ubuntu ◀─── docker history 커맨드를 사용해 우분투 이미지의 계층 기록을 보여준다.
```
 IMAGE          CREATED        CREATED BY                        SIZE
104bec311bcd  2 weeks ago    /bin/sh -c #(nop)  CMD ["/bin/bash"]  0 B
<missing>     2 weeks ago    /bin/sh -c mkdir -p /run/systemd && ech  7 B
<missing>     2 weeks ago    /bin/sh -c sed -i 's/^#\s*\(deb.*univer  1.9 kB
<missing>     2 weeks ago    /bin/sh -c rm -rf /var/lib/apt/lists/*   0 B
```

```
<missing>        2 weeks ago  /bin/sh -c set -xe    && echo '#!/bin/sh  745 B
<missing>        2 weeks ago  /bin/sh -c #(nop) ADD file:7529d28035b4   129 MB
▶$ docker save ubuntu | tar -xf -
  $ find . | grep tar$ ◀────── TAR 파일의 계층마다 파일 변경사항만 포함하고 있다는 것을 보여준다.
   ./042e55060780206b2ceabe277a8beb9b10f48262a876fd21b495af318f2f2352/layer.tar
   ./1037e0a8442d212d5cc63d1bc706e0e82da0eaafd62a2033959cfc629f874b28/layer.tar
   ./25f649b30070b739bc2aa3dd877986bee4de30e43d6260b8872836cdf549fcfc/layer.tar
   ./3094e87864d918dfdb2502e3f5dc61ae40974cd957d5759b80f6df37e0e467e4/layer.tar
   ./41b8111724ab7cb6246c929857b0983a016f11346dcb25a551a778ef0cd8af20/layer.tar
   ./4c3b7294fe004590676fa2c27a9a952def0b71553cab4305aeed4d06c3b308ea/layer.tar
   ./5d1be8e6ec27a897e8b732c40911dcc799b6c043a8437149ab021ff713e1044f/layer.tar
   ./a594214bea5ead6d6774f7a09dbd7410d652f39cc4eba5c8571d5de3bcbe0057/layer.tar
   ./b18fcc335f7aeefd87c9d43db2888bf6ea0ac12645b7d2c33300744c770bcec7/layer.tar
   ./d899797a09bfcc6cb8e8a427bb358af546e7c2b18bf8e2f7b743ec36837b42f2/layer.tar
   ./ubuntu.tar
  $ tar -tvf
   ./4c3b7294fe004590676fa2c27a9a952def0b71553cab4305aeed4d06c3b308ea
   /layer.tar
  drwxr-xr-x  0 0      0          0 15 Dec 17:45 etc/
  drwxr-xr-x  0 0      0          0 15 Dec 17:45 etc/apt/
  -rw-r--r--  0 0      0       1895 15 Dec 17:45 etc/apt/sources.list
```
docker save 커맨드를 사용해 이미지 계층의 TART 파일을 결과로 얻는다.
해당 결과 TAR 파일은 파이프 라인을 통해 압축을 해제한다.

토론

기술 52와 거의 같은 의도이지만 특수한 툴을 사용하는 것은 마지막 결과에서 주목할 만한 차이점이 있다. 이전 해결책에서는 CMD와 같은 메타데이터 계층이 보존된 것을 볼 수 있는 반면 기술 96에서는 메타데이터 계층이 완전히 삭제됐다. 따라서 또 다른 도커 파일을 통해 수동으로 메타데이터 계층을 다시 생성해야 한다.

사용자가 이미지 빌드에서 비밀 데이터를 올바르게 사용한다는 것을 믿지 못한다면 이미지를 저장소에 저장할 때 이미지를 자동으로 정리하는 데 docker-squash 유틸리티를 사용할 수 있다. 모든 과정이 정상적으로 동작할 것이다.

즉 사용자가 모든 메타데이터 계층에 비밀 데이터를 저장하는 것을 경계해야 한다. 특히 환경 변수는 위협적이며 최종 이미지에 저장될 수 있기 때문이다.

오픈시프트는 레드햇에서 관리하는 제품으로서 조직이 서비스로서의 애플리케이션 플랫폼aPaas, application platform as a service을 실행할 수 있게 하는 제품이다. aPaas는 애플리케이션 개발 팀에 하드웨어 세부사항을 고려할 필요 없이 코드를 실행할 수 있는 플랫폼을 제공한다.

오픈시프트의 버전 3는 고Go 언어로 재작성했고 컨테이너 기술로 도커를 사용하고 오케스트레이션 기술로 쿠버네티스와 etcd를 사용했다. 레드햇은 이를 기반으로 기업 및 보안 중심의 환경에서 쉽게 빌드할 수 있는 엔터프라이즈 기능을 추가했다.

오픈시프트는 사용자가 다룰 수 있는 많은 기능을 갖고 있지만 여기서는 도커를 직접 실행하지 않고 도커를 사용하는 장점을 유지하면서 보안 관리 수단으로 사용할 것이다.

오픈시프트는 엔터프라이즈 지원 제품과 https://github.com/openshift/origin 저장소스에서 관리되는 오리진Origin이라는 오픈소스 프로젝트, 모두 사용 가능하다.

문제

신뢰할 수 없는 사용자가 docker run을 호출할 때 보안 위험성을 관리하고 싶다.

해결책

프록시 인터페이스를 통해 aPaaS 툴로 도커와의 상호 작용을 관리한다.

aPaaS에 장점이 많지만 여기서는 사용자 권한을 관리하고 사용자를 돕는 도커 컨테이너를 실행하는 기능에 중점적으로 다룬다. 또한 도커 컨테이너를 실행하는 사용자에게 안전한 감사 사항을 설명한다.

보안 위험성을 관리하는 것이 왜 중요할까? aPaaS를 사용하는 사용자는 docker 커맨드에 직접 접근할 수 없어 오픈시프트가 제공하는 보안을 뚫지 않고서는 어떠한 손상도 줄 수 없다. 예를 들어 컨테이너는 기본적으로 루트 이외의 사용자가 배포할 수 있기에 보안을 강화하려면 관리자가 권한을 부여할 때만 배포할 수 있게 해야 한다. 사용자를 신뢰할 수 없다면 aPaaS를 사용하는 것이 도커에 접근하는 효과적인 방법이다.

> **|팁|** aPaaS는 사용자에게 개발, 테스트, 상용 환경의 요구사항에 따라 애플리케이션을 실행할 수 있는 기능을 제공한다. 운영팀이 배포 세부 내용을 처리할 수 있도록 도커가 안정적이고 격리된 애플리케이션 전달 형식을 제공하기에 다양한 환경에 배포하는 서비스에 적합하다.

간단히 말해서 오픈시프트는 쿠버네티스를 기반으로 빌드(기술 88 참조)하지만 완전히 성숙한 aPaaS를 제공하기 위해 여러 기능을 제공한다. 추가 기능은 다음과 같다.

- 사용자 관리
- 권한
- 쿼터^{Quota}
- 보안 문맥
- 라우팅^{Routing}

오픈시프트 설치

오픈시프트를 설치의 전체 개요를 설명하려면 이 책의 범위를 벗어난다. 베이그란트로 자동 설치를 하려면 https://github.com/docker-in-practice/shutit-openshift-origin을 참조하자. 베이그란트를 설치할 때 부록 C를 참고한다.

도커 전용 설치(단일 노드 전용) 또는 전체 수동 빌드와 같은 옵션은 오픈시프트 오리진 저장소(https://github.com/openshift/origin.git)의 문서에서 설명한다.

> **|팁|** 오픈시프트 오리진은 오픈시프트의 업스트림(upstream) 버전이다. 업스트림은 레드햇이 지원하는 제품인 오픈시프트 코드 업데이트를 수행하는 코드 기반이라는 것을 뜻한다. 오픈시프트 오리진은 오픈소스로서 누구나 사용하고 공헌할 수 있지만 레드햇에서 선별하는 버전은 오픈시프트이며 지원하고 판매한다. 업스트림 버전은 판매 버전보다 더 최신이지만 덜 안정적이다.

오픈시프트 애플리케이션

기술 99에서는 오픈시프트 웹 인터페이스를 사용해 애플리케이션을 생성, 빌드, 실행, 접근하는 간단한 예시를 보여준다. 예시 애플리케이션은 간단한 웹 페이지를 제공하는 기본 NodeJS 애플리케이션이 될 것이다.

예시 애플리케이션은 내부적으로 도커, 쿠버네티스, S2I를 사용할 것이다. 도커는 빌드와 배포 환경을 캡슐화하는 데 사용된다. S2I^{Source to Image} 빌드 방법은 레드햇의 오픈시프트에서 도커 컨테이너를 빌드하기 위해 사용하는 기술이다. 쿠버네티스는 오픈시프트 클러스터에서 애플리케이션을 실행할 때 사용된다.

로그인

시작하려면 shutit-openshift-origin 디렉토리에서 ./run.sh를 실행한 후, 모든 보안 경고를 무시하고 https://localhost:8443으로 이동한다. 그림 14.3처럼 로그인 페이지를 볼 수 있다. 베이그란트를 설치하면 VM에서 웹 브라우저를 시작해야 한다는 점에 유의한다(VM으로 GUI를 보는 방법은 부록 C를 참고한다).

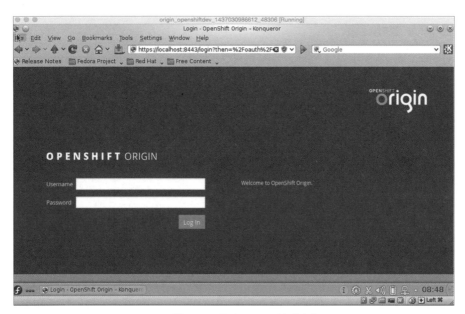

▲ 그림 14.3 오픈시프트 로그인 페이지

half-1 계정과 아무렇게나 암호를 입력해 로그인한다.

NodeJS 애플리케이션 빌드하기

개발자로서 오픈시프트에 로그인한 것이다(그림 14.4 참고).

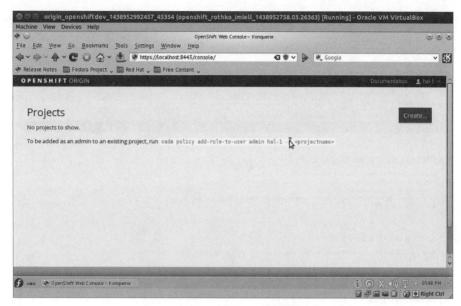

▲ 그림 14.4 오픈시프트 프로젝트 페이지

Create 버튼을 클릭하 프로젝트를 생성한다. 그림 14.5와 같이 웹 폼을 작성하고 Create 버튼을 누른다.

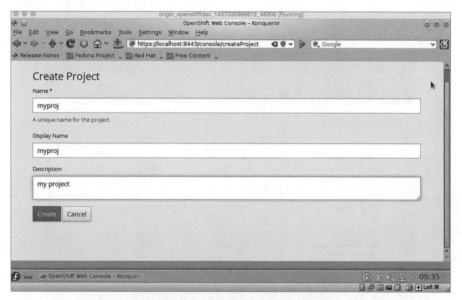

▲ 그림 14.5 오픈시프트 프로젝트 생성 페이지

프로젝트 정보를 설정하면 Create를 다시 클릭하고 그림 14.6과 같이 제안한 깃허브 저
장소 주소(https://github.com/openshift/nodejs-ex)를 입력한다.

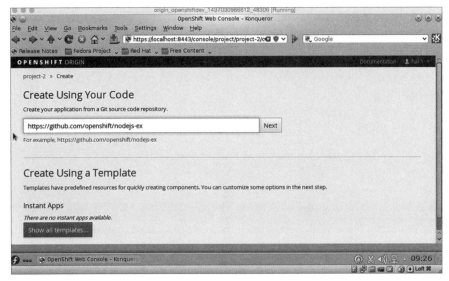

▲ 그림 14.6 오픈시프트 프로젝트 원본 페이지

Next를 클릭하면 그림 14.7처럼 빌더 이미지를 선택할 수 있다. 빌드 이미지는 코드를 빌
드할 문맥을 정의한다. NodeJS 빌더 이미지를 선택한다.

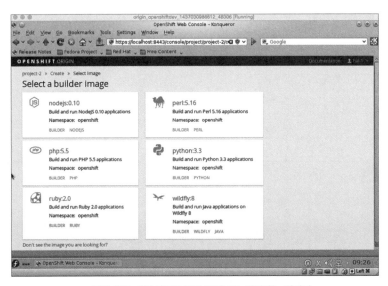

▲ 그림 14.7 오픈시프트 빌더 이미지를 선택하는 페이지

그림 14.8과 같이 웹 폼을 작성한다. 웹 폼을 아래로 스크롤할 때 페이지 하단의 NodeJS 에서 Create을 클릭한다.

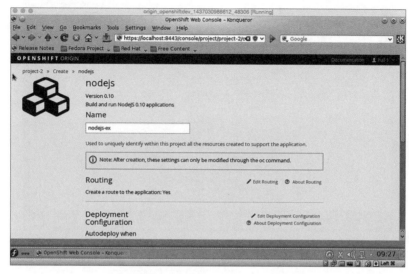

▲ **그림 14.8** 오픈시프트의 NodeJS 템플릿 웹 폼

몇 분 후, 그림 14.9와 같은 화면이 표시된다.

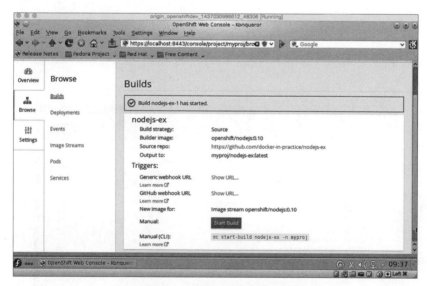

▲ **그림 14.9** 오픈시프트 빌드 시작 페이지

잠시 후 아래로 스크롤하면 그림 14.10과 같이 빌드가 시작됐음을 알 수 있다.

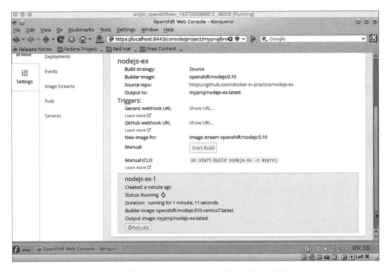

▲ **그림 14.10** 오픈시프트의 빌드 정보 화면

|**팁**| 오픈시프트 초기 버전에서는 빌드가 자동으로 시작되기도 했다. 빌드가 자동으로 시작되지 않았다면 몇 분 후 'Start Build' 버튼을 클릭한다.

시간이 지나면 그림 14.11과 같이 애플리케이션이 실행된다.

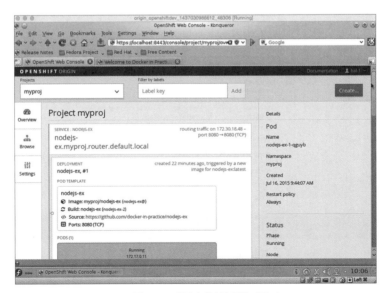

▲ **그림 14.11** 애플리케이션 실행 페이지

Browse와 Pods를 클릭하면 그림 14.12와 같이 파드가 배포된다.

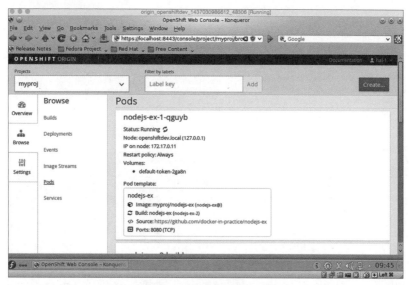

▲ 그림 14.12 오프시프트의 파드 목록

|팁| 파트를 알고 싶다면 기술 88을 참고한다.

어떻게 파드에 접근할 수 있는가? Services 탭(그림 14.13 참조)을 보면 접근할 IP 주소와 포트 번호를 볼 수 있다.

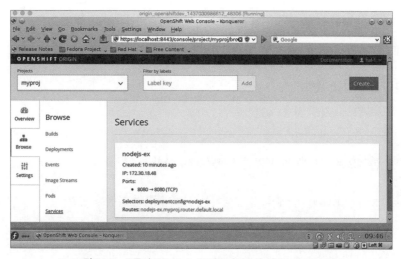

▲ 그림 14.13 오픈시프트 NodeJS 애플리케이션 서비스의 세부 정보

브라우저에서 주소에 접속하면 그림 14.14와 같이 NodeJS 애플리케이션을 사용할 수 있다.

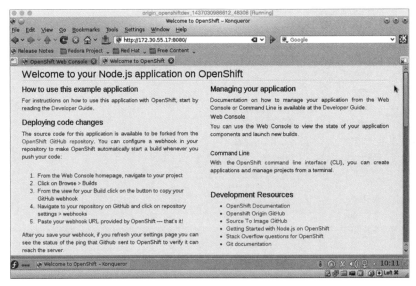

▲ **그림 14.14** NodeJS 애플리케이션 접근 페이지

토론

기술 99에서 진행했던 내용, 보안이 중요한 이유를 알아본다.

사용자의 관점에서 보면 웹 어플리케이션에 로그인하고 도커 파일이나 docker run 커맨드를 사용하지 않고 도커 기반 기술로 애플리케이션을 배포했다.

오픈시프트의 관리자는 다음을 수행할 수 있다.

- 사용자 접근 제어
- 프로젝트별 자원 사용 제한
- 중앙에서 자원 배포
- 기본적으로 코드를 권한 없이 실행하는지 확인

따라서 사용자가 docker run에 직접 실행하는 것보다 훨씬 안전하다.

예시 애플리케이션을 기반으로 aPaaS를 빌드하여 반복적인 접근 방법을 어떻게 지원하는지 알아보려면 예시 애플리케이션 깃 저장소(https://github.com/docker-in-practice/nodejs-ex)를 포크fork한 후 포크 저장소에서 코드를 변경한 다음 새로운 애플리케이션을 생성하면 된다.

오픈시프트의 자세한 내용을 보려면 http://www.openshift.org을 방문한다.

<h2>기술 100   보안 옵션 사용하기</h2>

기술 99에서 기본적으로 도커 컨테이너의 루트 사용자는 호스트의 루트 사용자와 같음을 이미 살펴봤다. 보안 위험성을 줄이기 위해 컨테이너의 루트 사용자가 축소된 기능을 갖는 방법을 다뤘고 컨테이너를 빠져나와도 사용자가 수행할 수 없는 동작이 여전히 있게 했다.

그러나 해당 보안 옵션보다 더 강하게 보안을 적용할 수 있다. 도커의 보안 옵션 매개변수를 사용하면 컨테이너에서 수행 된 작업의 영향을 받지 않도록 호스트의 자원을 보호할 수 있다. 이는 컨테이너가 호스트에서 허가한 자원에만 영향을 미치도록 제한한다.

문제

컨테이너의 동작에서 호스트를 보호하고 싶다.

해결책

SELinux를 사용해 컨테이너에 제약을 가한다.

여기서 SELinux를 커널 지원 MAC$^{Mandatory\ Access\ Control}$(필수 접근 제어) 툴로 사용한다. SELinux는 업계 표준이며 특히 보안에 관심이 갖는 조직이 가장 많이 사용할 가능성이 높다. 또한 SELinux는 NSA에 의해 개발됐는데 원래 내부 시스템을 보호하기 위함이었으며 나중에 오픈소스로 공개됐다. SELinux는 레드햇 기반 시스템에서 표준으로 사용된다.

SELinux는 큰 주제여서 이 책에서는 깊이 다루지 않는다. 여기서는 SELinux의 간단한 정책을 어떻게 사용하고 적용하는지를 알아보고 SELinux가 어떻게 동작하는지 깨달을 수 있다. 필요하다면 더 많이 실험할 수 있을 것이다.

> |팁| 리눅스의 MAC 툴은 사용할 수도 있는 표준 이상의 보안 규칙을 강제한다. 간단히 말해서 MAC 툴은 파일과 프로세스에 대한 일반적인 읽기-쓰기-실행 규칙뿐 아니라 커널 수준의 프로세스에 더 세밀한 규칙을 적용할 수 있도록 보장한다. 예를 들어 MySQL 프로세스는 /var/lib/mysql과 같은 특정 디렉토리에서만 파일을 저장할 수 있다. 데비안 기반 시스템에서 SELinux와 같은 표준은 AppArmor다.

기술 100에서는 사용자가 SELinux를 활성화한 호스트를 갖고 있다고 가정한다. 즉, SELinux를 먼저 설치해야 한다(아직 설치되지 않았다고 가정). 페도라^Fedora 또는 다른 레드햇 기반 시스템을 실행하고 있다면 이미 실행 중일 것이다.

SELinux를 사용하도록 설정했는지 확인하려면 sestatus를 실행한다.

```
# sestatus
SELinux status:                 enabled
SELinuxfs mount:                /sys/fs/selinux
SELinux root directory:         /etc/selinux
Loaded policy name:             targeted
Current mode:                   permissive
Mode from config file:          permissive
Policy MLS status:              enabled
Policy deny_unknown status:     allowed
Max kernel policy version:      28
```

sestatus 출력의 첫 번째 라인은 SELinux의 사용 여부를 알려준다. sestatus 커맨드를 사용할 수 없다면 호스트에 SELinux를 사용할 수 있는 상태가 아니다.

또한 관련 SELinux 정책 작성 툴을 사용할 수 있어야 한다. 예를 들어 yum이 설치된 시스템에서는 yum -y install selinux-policy -devel을 실행해야 한다.

베이그란트 머신에서 SELinux 사용하기

SELinux가 없는 상태에서 SELinux가 빌드되도록 하려면 ShutIt 스크립트를 사용해 도커와 SELinux가 미리 설치돼 있는 호스트 머신에서 VM을 빌드한다. 빌드에 관한 설명은 그림 14.15에서 다룬다.

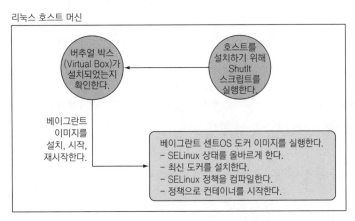

▲ **그림 14.15** SELinux VM 배포 스크립트

|**팁**| ShutIt 스크립트는 도커 파일의 한계를 극복하기 위해 생성한 일반적인 셸 자동화 툴이다. 자세한 내용은 것허브 저장소(http://ianmiell.github.io/shutit)를 참조한다.

그림 14.15는 정책을 설정하는 데 필요한 단계를 나타낸다. 스크립트는 다음을 수행한다.

1. 버추얼 박스를 설치한다.

2. 적절한 베이그란트 이미지를 시작한다.

3. VM에 로그인한다.

4. SELinux의 상태가 올바른지 확인한다.

5. 도커의 최신 버전을 설치한다.

6. SELinux 정책 작성 툴을 설치한다.

7. 셸에 접근한다.

설정 및 실행 커맨드(데비안 및 레드햇 기반 배포 버전에서 테스트했다)는 다음과 같다.

```
sudo su - ◄──── 실행을 시작하기 전에 루트인지 확인한다.
apt-get install -y git python-pip docker.io || \
yum install -y git python-pip docker.io ◄──── 호스트에 필요한 패키지가 설치됐는지 확인한다.
pip install shutit ◄──── ShutIt을 설치한다.
git clone https://github.com/ianmiell/docker-selinux.git  │ SELinux의 ShutIt 스크립트를 복제하고
cd docker-selinux                                          │ 복제 디렉토리로 이동한다.
shutit build --delivery bash \
  -s io.dockerinpractice.docker_selinux.docker_selinux \
  compile_policy no ◄──── SELinux 정책을 컴파일하지 않도록 스크립트를 설정한다(즉 직접 하겠다는 의미).
```
ShutIt 스크립트를 실행한다. "--delivery bash" 매개변수는 커맨드가
SSH나 도커 컨테이너가 아닌 배시로 실행된다는 것을 의미한다.

ShutIt 스크립트를 실행한 후 다음과 같은 출력을 확인한다.

```
Pause point:
Have a shell:
You can now type in commands and alter the state of the target.
Hit return to see the prompt
Hit CTRL and ] at the same time to continue with build

Hit CTRL and u to save the state
```

SELinux가 설치된 VM 내부에 셸을 사용할 수 있다. sestatus를 입력하면 SELinux가 허용permissive 모드에서 활성화돼 있음을 알 수 있다(목록 14.14 참고). 호스트 셸로 돌아가려면 Ctrl과] 키를 누른다.

SELinux 정책 컴파일

ShutIt 스크립트를 사용하든 사용하지 않든, 이제 SELinux를 사용하도록 설정된 호스트가 있다고 가정한다. 상태를 요약한 결과를 확인하려면 sstatus를 입력한다.

```
# sestatus
SELinux status:              enabled
SELinuxfs mount:             /sys/fs/selinux
SELinux root directory:      /etc/selinux
Loaded policy name:          targeted
Current mode:                permissive
Mode from config file:       permissive
Policy MLS status:           enabled
Policy deny_unknown status:  allowed
Max kernel policy version:   28
```

이때 허용^{permissive} 모드로 사용하고 있다. 허용 모드를 사용하면 SELinux가 보안 위반 정보를 로그에 기록하는데, 이를 시행하고 있음을 뜻한다. 허용 모드는 시스템을 사용하지 못하게 하는 것이 아니라 새로운 정책을 안전하게 테스트하는 데 유용하다. SELinux 상태를 허용 모드로 이전하려면 루트 사용자에서 setenforce Permissive를 실행한다. 보안상의 이유로 호스트에서 허용 모드 실행 작업을 진행할 수 없으면 걱정하지 않아도 된다. 목록 14.15에서 설명한 대로 정책을 허용 모드로 설정할 수 있는 옵션이 있다.

> |참고| 호스트에 SELinux와 도커를 직접 설치한다면 도커 데몬에 —selinux–enabled 설정을 매개변수에 포함하고 있는지 확인한다. ps –ef | grep 'docker –d.*—selinux–enabled 커맨드를 실행해 일치하는 프로세스 결과를 확인할 수 있다.

정책 디렉토리를 생성하고 디렉토리로 이동한다. 그후 루트 사용자에서 docker_apache.te라는 이름의 정책 파일을 생성한다. 정책 파일은 적용할 정책을 포함하고 있다.

policy_module 지시자로 docker_apache SELinux 정책 모듈을 생성한다.

```
mkdir -p /root/httpd_selinux_policy && >
cd /root/httpd_selinux_policy ◀─── 정책 파일을 저장할 디렉토리를 생성하고 디렉토리로 이동한다.
 cat > docker_apache.te << END ◀─── 정책 디렉토리에 컴파일할 정책 파일을 생성한다.
policy_module(docker_apache,1.0)
```

```
virt_sandbox_domain_template(docker_apache)
 allow docker_apache_t self: capability { chown dac_override kill setgid ›
setuid net_bind_service sys_chroot sys_nice ›
sys_tty_config } ;  ◄──── 아파치 웹 서버를 실행하려면 특권이 필요하다. 이제 allow 지시자에 특권을 추가한다.
 allow docker_apache_t self:tcp_socket ›
create_stream_socket_perms;
 allow docker_apache_t self:udp_socket ›
create_socket_perms;
 corenet_tcp_bind_all_nodes(docker_apache_t)      allow 지시자와 corenet로 시작하는 지시자는
 corenet_tcp_bind_http_port(docker_apache_t)      컨테이너가 네트워크의 아파치 포트를 수신
 corenet_udp_bind_all_nodes(docker_apache_t)      대기할 수 있는 권한을 준다.
 corenet_udp_bind_http_port(docker_apache_t)
 sysnet_dns_name_resolve(docker_apache_t) ◄───── sysnet 지시자로 DNS 서버를 허용한다.
 #permissive docker_apache_t ◄
 END ◄───   작업 중인 문서 작성을          docker_apache_t 타입을 허용 모드에서 사용 여부를 옵션으로 설정할 수 있다.
            마무리하고 디스크에 저장한다.    호스트가 SELinux를 사용할 때 정책이 시행되지 않게 한다.
                                         호스트의 SELinux 모드를 설정할 수 없으면 해당 옵션을 사용한다.
```

제공된 템플릿을 사용해 도커 컨테이너로 실행할 수 있는 docker_apache_t SELinux 타입을 생성한다.
템플릿은 SELinux에서 docker_apache 도메인에 실행하는 데 필요한 가장 적은 권한을 부여한다.
이제 유용한 컨테이너 환경을 생성하기 위해 해당 특권을 추가해 본다.

> |팁| 이전 권한과 다른 권한을 자세히 알고 싶다면 selinux-policy-doc 패키지를 설치하고 브라
> 우저로 file:///usr/share/doc-base/selinux-policy-doc/ html/index.html 문서를 확인하길 바란
> 다. 또한 해당 문서는 온라인(http://oss.tresys.com/docs/refpolicy/api/)으로 접근할 수 있다.

이제 정책을 컴파일할 것이다. SELinux가 강제[enforcing] 모드로 실행 중 해당 정책 때문에
애플리케이션이 시작되지 않는 것을 확인하길 바란다. 위반을 확인하고 나중에 수정하기
위해 허용 모드에서 다시 시작한다.

```
$ make -f /usr/share/selinux/devel/Makefile \
docker_apache.te ◄───── .pp로 끝나는 바이너리 SELinux 모듈에 docker_apache.te 파일을 컴파일한다.
 Compiling targeted docker_apache module
/usr/bin/checkmodule:  loading policy configuration from ›
tmp/docker_apache.tmp
/usr/bin/checkmodule:  policy configuration loaded
/usr/bin/checkmodule:  writing binary representation (version 17) ›
to tmp/docker_apache.mod
Creating targeted docker_apache.pp policy package
```

```
rm tmp/docker_apache.mod tmp/docker_apache.mod.fc
$ semodule -i docker_apache.pp ◄──── 모듈을 설치한다.
$ setenforce Enforcing ◄──── SELinux 모드를 '강제(enforcing) 모드'로 설정한다.
$ docker run -ti --name selinuxdock >
--security-opt label:type:docker_apache_t httpd ◄──┐  SELinux 모듈에 정의된 docker_apache_t라는
Unable to find image 'httpd:latest' locally        │  보안 레이블 유형을 적용해 httpd 이미지를
latest: Pulling from library/httpd                 │  데몬으로 실행한다. 커맨드는 SELinux 보안
2a341c7141bd: Pull complete                        │  설정을 위반하기 때문에 실패해야 한다.
[...]
Status: Downloaded newer image for httpd:latest
permission denied
Error response from daemon: Cannot start container >
650c446b20da6867e6e13bdd6ab53f3ba3c3c565abb56c4490b487b9e8868985: >
[8] System error: permission denied
$ docker rm -f selinuxdock ◄──── 새로 생성된 컨테이너를 제거한다.
 selinuxdock
$ setenforce Permissive ◄──── 애플리케이션을 시작할 수 있도록 SELinux 모드를 '허용(permissive) 모드'로 설정한다.
$ docker run -d --name selinuxdock >
--security-opt label:type:docker_apache_t httpd ◄──┐  SELinux 모듈에 정의된 docker_apache_t라는
                                                   │  보안 레이블 유형을 적용해 httpd 이미지를 데몬으로
                                                   │  실행한다. 커맨드는 성공적으로 실행돼야 한다.
```

보안 위반을 확인하기

SELinux 모듈을 생성했고 호스트에 모듈을 적용했다. 호스트에서 SELinux를 허용[permissive]
모드를 사용하도록 설정됐기 때문에 강제 모드에서 허용되지 않는 작업은 감사 로그에
로그로 남길 것이다. 다음 커맨드를 실행해 메시지를 확인할 수 있다.

```
$ grep -w denied /var/log/audit/audit.log       ┌─ SELinux 위반이 발생할 때 감사 로그의 메시지
type=AVC msg=audit(1433073250.049:392): avc:  > ◄┤  유형은 항상 AVC이다. 타임스탬프는 에폭(epoch,
                                                 └  (1970년 1월 1일로 정의)) 이후의 초 단위 값이다.
denied { transition } for > ◄──── 중괄호 안에 거부된 작업 유형이 표시된다.
pid=2379 comm="docker" > ◄──── 보안 위반이 발생된 커맨드의 프로세스 ID 및 이름
path="/usr/local/bin/httpd-foreground" dev="dm-1" ino=530204 > ┐ 대상 파일의 경로, 장치,
scontext=system_u:system_r:init_t:s0 >                         └ 아이노드(inode)
tcontext=system_u:system_r:docker_apache_t:s0:c740,c787 > ◄──── 대상의 SELinux 문맥
tclass=process ◄──── 대상 개체의 클래스
type=AVC msg=audit(1433073250.049:392): avc:  denied { write } for  >
pid=2379 comm="httpd-foregroun" path="pipe:[19550]" dev="pipefs" >
ino=19550 scontext=system_u:system_r:docker_apache_t:s0:c740,c787 >
tcontext=system_u:system_r:init_t:s0 tclass=fifo_file
```

```
type=AVC msg=audit(1433073250.236:394): avc:  denied  { append } for  >
pid=2379 comm="httpd" dev="pipefs" ino=19551 >
scontext=system_u:system_r:docker_apache_t:s0:c740,c787 >
tcontext=system_u:system_r:init_t:s0 tclass=fifo_file
type=AVC msg=audit(1433073250.236:394): avc:  denied  { open } for  >
pid=2379 comm="httpd" path="pipe:[19551]" dev="pipefs" ino=19551 >
scontext=system_u:system_r:docker_apache_t:s0:c740,c787 >
tcontext=system_u:system_r:init_t:s0 tclass=fifo_file
[...]
```

SELinux에 전문 용어가 많다. SELinux을 설명하기에 지면의 한계가 있어 자세한 내용을 알아보려면 레드햇의 SELinux 설명서(https://access.redhat.com/documentation/en-US/ Red_Hat_Enterprise_Linux/5/html/Deployment_Guide/ch-selinux.html)를 참고한다.

보안 위반이 발생하지 않았는지 확인할 필요가 있다. 무엇을 확인할 수 있는가? 애플리케이션이 예상치 못한 포트나 파일을 열려고 한다면 이후에 설명할 작업, 즉 새로운 SELinux 모듈로 보안 위반을 패치하는 작업을 다시 한 번 생각하길 바란다.

이때 httpd가 파이프를 사용할 수 있다. SELinux에서 출력된 내용을 보면 '거부denied' 작업이 VM의 pipefs 파일에 관한 append, write, open임을 알 수 있다.

SELinux 보안 위반에 대한 패치를 적용하기

살펴본 보안 위반 사항에 관해 시스템에서 허용할 수 있다고 판단한다면 적용해야 할 정책 파일을 자동으로 생성할 수 있는 툴이 있다. 직접 작성해야 하는 고통과 위험을 회피할 수 있다. 다음 예시는 이를 달성하기 위해 audit2allow 툴을 사용한다.

목록 14.17 새로운 SELinux 정책 생성

audit2allow 툴을 사용해 감사 로그를 읽고 생성될 수 있는 정책을 출력한다.
해당 출력 결과를 검토하고 잘 동작할 수 있도록 확인한다.

```
 mkdir -p /root/selinux_policy_httpd_auto  ◀──  새로운 SELinux 모듈을 저장할 새로운 디렉터리를 생성한다.
 cd /root/selinux_policy_httpd_auto
▶audit2allow -a -w
 udit2allow -a -M newmodname create policy  ◀──  -M 매개변수와 선택한 모듈의 이름을
                                               사용해서 모듈을 생성한다.
 semodule -i newmodname.pp  ◀────  새로 생성된 .pp 파일에서 모듈을 설치한다.
```

새 SELinux 모듈에서 docker_apache_t 타입에 대한 사용 권한을 참고하고 추가하기 전에 앞에서 생성한 모듈을 'includes'(또는 'requires')을 사용하고 수정할 수 있음을 이해해야 한다. 두 파일을 하나의 .te 파일의 완전한 개별 정책으로 결합할 수도 있다.

새로운 모듈 테스트

새로운 모듈을 설치했으면 SELinux를 다시 사용할 수 있도록 설정하고 컨테이너를 다시 시작한다.

> |**팁**| 호스트를 허용 모드로 설정할 수 없고 docker_apache.te 원본 파일에 주석을 추가했다면 다음을 진행하기 전에 docker_apache.te 원본 파일(주석을 제거)을 다시 컴파일하고 다시 설치한다.

목록 14.18 SELinux 제약을 포함한 컨테이너를 시작하기

```
docker rm -f selinuxdock
setenforce Enforcing
docker run -d --name selinuxdock \
--security-opt label:type:docker_apache_t httpd
docker logs selinuxdock
grep -w denied /var/log/audit/audit.log
There should be no new errors in the audit log. Your application has started within the
context of this SELinux regime.
```

감사 로그에 새로운 에러가 발생하지 말아야 한다. 애플리케이션은 SELinux 문맥 안에서 시작됐다.

토론

SELinux는 복잡하고 관리하기 힘들다는 평판이 있다. 디버깅과 SELinux가 가끔 비활성화되기 때문이다. 가장 자주 듣는 불평은 SELinux가 종종 비활성화 될 때가 있다는 점인데, 이럴 때는 전혀 안전하지 않다. SELinux의 세부 사항을 부분을 이해하는 진지한 노력이 필요하지만 도커를 즉시 사용할 수 없는 상황이 오면 이상적으로 보안 전문가에게 검토를 부탁하고 승인하는 방법을 기술 100이 보여주길 바란다.

요약

- 권한을 사용해 컨테이너의 루트 권한을 세밀하게 제어할 수 있다.

- 도커 HTTP API를 사용해 사용자를 인증할 수 있다.

- 도커는 인증서를 사용한 내장 암호화 API 기능을 갖고 있다.

- SELinux를 사용하면 컨테이너가 루트로 실행되는 위험을 줄일 수 있다.

- aPaaS^{application platform as a service}를 사용해 도커 런타임에 대한 접근을 제어할 수 있다.

15

상용 환경에서 도커
실행하기

15장에서 다루는 내용

- 컨테이너 출력을 로그로 저장할 수 있는 옵션
- 실행 중인 컨테이너를 모니터링하기
- 컨테이너의 자원 사용량을 관리하기
- 도커의 기능을 사용해 기존 sysadmin 작업을 관리하기

15장에서는 상용 환경에서 도커 컨테이너를 실행할 때 일어나는 일을 다룬다. 상용 환경에서 도커를 실행하는 것은 커다란 주제다. 상용 환경에서 도커를 사용하는 영역은 여전히 진화 중이다. 수많은 주요 툴이 개발 초기 단계에 있으며 이 책의 초판과 개정판을 쓸 때마다 업데이트된 정보를 반영하고 있다.

15장은 휘발성 환경에서 안정적인 환경으로 전환할 때 고려해야 할 주요 사항을 중점적으로 설명한다.

15.1 모니터링

도커를 상용 환경에 실행할 때 가장 먼저 고려해야 할 사항은 컨테이너가 어떤 상태인지 추적하고 측정하는 방법이다. 실행 중인 컨테이너의 로그 및 성능 정보를 살펴본다.

도커 생태계에서 컨테이너의 로그 및 성능 정보를 보는 분야는 계속 발전하고 있다. 따라서 관련 툴과 기술이 다른 툴과 기술보다 더 주류로 떠오르고 있다. 애플리케이션 로그를 호스트의 syslog로 전달하는 방법, docker logs 커맨드의 출력을 한 곳으로 전달하는 방법, 구글의 컨테이너 성능 모니터링 툴인 cAdvisor를 살펴본다.

기술 101 ▶ 컨테이너의 로그를 호스트의 syslog에 전달하기

리눅스 배포판은 일반적으로 syslog 데몬을 실행한다. syslog 데몬은 서버의 시스템 로그 저장 기능을 담당한다. 애플리케이션은 메시지의 중요한 부분인 메타데이터와 함께 로그 메시지를 syslog 데몬에 메시지를 보내고, 가능하면 해당 데몬은 메시지를 저장할 위치를 결정한다. 해당 기능은 네트워크 연결 관리자에서 커널 자체에 에러가 발생하면 정보를 저장하는 등 다양한 애플리케이션에서 사용된다.

컨테이너의 로그를 호스트의 syslog에 로깅하는 것이 신뢰성이 높고 널리 사용되는 방식이라 사용자가 직접 작성한 애플리케이션이 syslog에 로그를 저장하는 것이 맞다. 불행히도 기본적으로 컨테이너에 syslog 데몬이 없기 때문에 애플리케이션을 컨테이너화하면 해당 동작 방식이 중지된다. 따라서 모든 컨테이너에서 syslog 데몬을 시작하려면 각 개별 컨테이너에 접속해 로그를 수집하게 한다.

문제

도커 호스트의 syslog를 중앙에서 저장하고 싶다.

해결책

도커 컨테이너의 syslog 데몬이 포함된 서비스 컨테이너를 실행한다.

기술 101의 기본 개념은 syslog 데몬을 실행하는 서비스 컨테이너를 실행하고 호스트의 파일 시스템을 통해 로깅 접점(/dev/log)를 공유하는 것이다. syslog 도커 컨테이너를 질 의해 로그를 검색할 수 있으며 볼륨에 저장한다.

그림 15.1에서 호스트 파일 시스템의 /tmp/syslogdev를 호스트의 컨테이너에서 발생하는 모든 시스템 로그의 접점으로 사용하는 방법을 보여준다. 로깅 컨테이너는 해당 위치에 컨테이너의 syslog를 마운트하고 저장한다. 그후 syslogger 컨테이너는 모든 입력을 수집한다.

> |**팁**| syslog 데몬은 서버에서 실행되는 프로세스로서 일반적으로 유닉스 도메인 소캣인 중앙 파일에 전송된 메시지를 수집하고 관리하는 프로세스다. 보통 syslog 데몬은 로그 메시지를 수신하기 위해 /dev/log를 파일로 사용하며, /var/log/syslog에 로그를 출력한다.

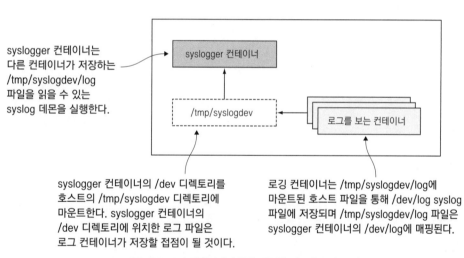

syslogger 컨테이너는 다른 컨테이너가 저장하는 /tmp/syslogdev/log 파일을 읽을 수 있는 syslog 데몬을 실행한다.

syslogger 컨테이너의 /dev 디렉토리를 호스트의 /tmp/syslogdev 디렉토리에 마운트한다. syslogger 컨테이너의 /dev 디렉토리에 위치한 로그 파일은 로그 컨테이너가 저장할 접점이 될 것이다.

로깅 컨테이너는 /tmp/syslogdev/log에 마운트된 호스트 파일을 통해 /dev/log syslog 파일에 저장되며 /tmp/syslogdev/log 파일은 syslogger 컨테이너의 /dev/log에 매핑된다.

▲ **그림 15.1** 도커 컨테이너의 중앙 집중식 시스템 로깅 소개

syslogger 컨테이너를 생성하려면 다음과 같은 간단한 도커 파일을 이용할 수 있다.

목록 15.1 syslogger 컨테이너 빌드하기

```
FROM ubuntu:14.043
RUN apt-get update && apt-get install rsyslog
```

rsyslogd 데몬 프로그램을 사용할 수 있는 rsyslog 패키지를 설치한다. rsyslogd 데몬의 'r'은 'reliable(신뢰할 수 있음을 의미)'을 의미한다.

```
VOLUME /dev  ◄────── 다른 컨테이너와 공유할 /dev 볼륨을 생성한다.
VOLUME /var/log  ◄────── syslog 파일을 영구 저장할 수 있도록 /var/log 볼륨을 생성한다.
CMD rsyslogd -n  ◄────── 시작할 때 rsyslogd 프로세스를 실행한다.
```

그후 컨테이너를 빌드하고 syslogger라는 이름의 태그를 지정하고 실행한다.

```
docker build -t syslogger .
docker run --name syslogger -d -v /tmp/syslogdev:/dev syslogger
```

컨테이너의 /dev 디렉토리를 호스트의 /tmp/syslogdev 디렉토리에 마운트했다. 곧 알 겠지만 여러 컨테이너가 /dev/log 소켓을 볼륨으로 마운트할 수 있다. 컨테이너는 백그 라운드로 계속 실행하면서 /dev/log 파일의 메시지를 읽고 처리할 수 있다.

syslog 컨테이너의 /dev 디렉토리가 호스트의 /tmp/syslogdev 디렉토리에 마운트됨을 확인할 수 있다.

```
$ ls -1 /tmp/syslogdev/
fd
full
fuse
kcore
log
null
ptmx
random
stderr
stdin
stdout
tty
urandom
zero
```

100개의 데몬 컨테이너를 실행하는 예시에서 logger 커맨드를 사용해 0부터 100까지의 자체 시작 순서를 syslog에 로그를 보낸다. 그후 호스트에서 docker exec를 실행해 syslogger 컨테이너의 syslog 파일을 살펴볼 때 해당 로그 메시지를 확인할 수 있을 것 이다.

우선, 컨테이너를 시작한다.

목록 15.2 logger 컨테이너를 시작하기

```
for d in {1..100}
do
    docker run -d -v /tmp/syslogdev/log:/dev/log ubuntu logger hello_$d
done
```

볼륨 마운트는 컨테이너의 syslog 데몬의 엔드 포인트(/dev/log)를 호스트의 /tmp/
syslogdev/log 파일에 연결하고 해당 파일은 결국 syslogger 컨테이너의 /dev/log 파
일에 매핑된다. 이렇게 연결된 상태로 모든 syslog 출력이 동일한 파일로 전송된다.

로그 작업이 완료되면 다음과 같이 비슷한 내용으로 볼 수 있다(결과 요약).

```
$ docker exec -ti syslogger tail -f /var/log/syslog
May 25 11:51:25 f4fb5d829699 logger: hello
May 25 11:55:15 f4fb5d829699 logger: hello_1
May 25 11:55:15 f4fb5d829699 logger: hello_2
May 25 11:55:16 f4fb5d829699 logger: hello_3
[...]
May 25 11:57:38 f4fb5d829699 logger: hello_97
May 25 11:57:38 f4fb5d829699 logger: hello_98
May 25 11:57:39 f4fb5d829699 logger: hello_99
```

원한다면 수정된 docker exec 커맨드를 사용해 syslog를 저장할 수 있다. 가령 다음 커맨
드를 실행해 5월 25일에 오전 11시의 모든 로그를 압축 파일로 얻을 수 있다.

```
$ docker exec syslogger bash -c "cat /var/log/syslog | \
grep '^May 25 11'" | xz - > /var/log/archive/May25_11.log.xz
```

> |참고| syslog 중앙 컨테이너의 메시지를 표시하려면 프로그램이 syslog 컨테이너에 로그인해야 한
> 다. 예시처럼 logger 커맨드를 실행해 로그인할 수 있지만 애플리케이션에서 작업하려면 똑같이 로그
> 인해야 한다. 대부분 최신 로그 수집 솔루션들은 내부 syslog에 저장할 수 있는 방법을 갖고 있다.

기술 101을 사용해 컨테이너에서 저장한 로그 메시지를 컨테이너별로 구별할 수 있는지 궁금할 것이다. 여기 여러 선택사항이 있다. 컨테이너의 호스트 이름을 출력하기 위해 애플리케이션의 로그 출력 방법을 변경하거나 도커가 무겁게 로그를 이전하는 기술 102를 살펴보자.

> **|참고|** 기술 101은 도커 syslog 드라이버를 사용하는 기술(다음에 설명)과 비슷해 보이지만 다르다. 이 기술은 컨테이너에서 실행 중인 프로세스의 출력을 docker logs 커맨드의 출력으로 받지만 기술 102는 docker logs 커맨드뿐 아니라 내부에서 로그를 쌓게 한다.

기술 102 ▶ 도커 로그를 출력하기

도커는 컨테이너의 시작 커맨드로부터 출력을 얻어오는 기본 로그 시스템을 제공한다. 특정 호스트에서 많은 서비스를 실행하는 시스템 관리자라면 각 컨테이너에서 차례로 docker logs 커맨드를 사용해 로그를 수동으로 추적하고 수집하는 작업이 운영상 귀찮을 수 있다.

기술 102에서는 도커의 로그 드라이버 기능을 다룰 것이다. 해당 기능을 사용하면 표준 로그 저장 시스템을 사용해 하나 또는 여러 호스트에서 많은 서비스를 추적할 수 있다.

문제

도커 호스트에서 docker logs 출력을 중앙에서 수집하고 싶다.

해결책

--log-driver 매개변수를 사용해 로그를 원하는 위치로 전달한다.

기본적으로 도커 로그는 도커 데몬에서 수집되며 docker logs 커맨드를 통해 접근할 수 있다. 이미 알고 있는 대로 로그 로그는 컨테이너의 주요 프로세스의 출력을 보여준다.

이 책을 쓸 때 도커는 다음과 같은 여러 로그 드라이버^{log drivers}에 도커 출력을 전달할 수 있는 옵션을 제공한다.

- syslog
- journald
- json-file

로그 드라이버의 기본값은 json-file이지만 `--log-driver` 매개변수로 로그 드라이버를 선택할 수 있다. syslog 옵션과 journald 옵션은 로그 출력을 같은 이름을 가진 데몬으로 전송한다. 사용 가능한 모든 로그 드라이버에 대한 공식 문서 위치는 https://docs.docker.com/engine/reference/logging/이다.

> |**경고**| 기술 102는 도커 버전 1.6.1 이상이 필요하다.

syslog 데몬은 서버에서 실행되는 프로세스로서 중앙 파일(일반적으로 유닉스 도메인 소켓)에 전송된 메시지를 수집하고 관리한다. 보통 로그 메시지를 수신하기 위해 /dev/log를 파일로 사용하고 로그를 /var/log/syslog에 저장한다.

journald는 로그 데이터를 수집하여 저장하는 시스템 서비스다. 다양한 소스에서 수신한 로그의 구조적 색인을 생성하고 유지한다. `journalctl` 커맨드로 해당 로그를 질의할 수 있다.

syslog에 로그 보내기

로그 출력을 syslog로 지정하려면 `--log-driver` 매개변수를 사용한다.

```
$ docker run --log-driver=syslog ubuntu echo 'outputting to syslog'
outputting to syslog
```

커맨드를 사용하면 도커 출력이 syslog 파일에 저장된다. syslog 파일에 접근할 수 있는 권한이 있으면 표준 유닉스 툴을 사용해 로그를 검사할 수 있다.

```
$ grep 'outputting to syslog' /var/log/syslog
Jun 23 20:37:50 myhost docker/6239418882b6[2559]: outputting to syslog
```

journald에 로그 보내기

journal 데몬 출력이 syslog 데몬 출력과 비슷해 보인다.

```
$ docker run --log-driver=journald ubuntu echo 'outputting to journald'
outputting to journald
$ journalctl | grep 'outputting to journald'
Jun 23 11:49:23 myhost docker[2993]: outputting to journald
```

> |**경고**| 커맨드를 실행하기 전에 호스트에서 journal 데몬이 실행되고 있는지 확인하길 바란다.

모든 컨테이너에 적용하기

호스트의 모든 컨테이너에 --log-driver 매개변수를 적용하는 것은 힘들 수 있어 기본적으로 지원되는 메커니즘에 따라 로그를 저장할 수 있도록 도커 데몬을 변경할 수 있다.

데몬의 /etc/default/docker 또는 /etc/sysconfig/docker 파일을 변경하거나 DOCKER_OPTS="" 라인을 활성화하고 --log-driver 매개변수를 포함시킨 도커 설정 파일을 배포한다. 예를 들어 라인이 다음과 같다면,

```
DOCKER_OPTS="--dns 8.8.8.8 --dns 8.8.4.4"
```

다음과 같이 변경한다.

```
DOCKER_OPTS="--dns 8.8.8.8 --dns 8.8.4.4 --log-driver syslog"
```

> |**팁**| 호스트에서 도커 데몬 설정을 변경하는 방법을 자세히 알고 싶다면 부록 B를 참조한다.

도커 데몬을 다시 시작하면 컨테이너는 syslog 데몬에 로그를 전달한다.

토론

ELK^{Elasticsearch, Logstash, Kibana} 로깅 인프라를 구축해 컨테이너를 사용하는 것을 맥락상 알아두면 좋다.

기술 103 cAdvisor를 사용해 컨테이너 모니터링하기

상용 환경에서 실행 중인 컨테이너 수가 많으면 특정 호스트에서 실행 중인 프로세스가 여러 개 있을 때처럼 컨테이너의 자원 사용량 및 성능을 똑같이 모니터링하고 싶을 것이다.

일반적으로 도커의 모니터링 영역에는 후보자가 많다. cAdvisor는 많은 곳에서 인기가 있어 소개한다. 구글의 오픈소스인 cAdvisor는 빠르게 인기를 얻었다. Zabbix나 Sysdig와 같은 기존의 호스트 모니터링 툴을 이미 사용하고 있다면 해당 툴이 필요한 기능을 제공하는지 확인해야 한다. 이 책을 작성할 때 많은 모니터링 툴이 컨테이너 인식 기능을 갖고 있다.

문제

컨테이너의 성능을 모니터링하고 싶다.

해결책

cAdvisor를 모니터링 툴로 사용한다.

cAdvisor는 구글이 컨테이너 모니터링하기 위해 개발한 툴이다. cAdvisor는 깃허브 저장소(https://github.com/google/cadvisor)에서 오픈소스로 제공한다.

cAdvisor는 데몬으로 실행 중인 컨테이너에서 성능 데이터를 수집한다. cAdvisor는 다음 정보를 수집한다.

- 자원 분리 매개변수
- 기간별 자원 사용량
- 네트워크 통계

기본적으로 호스트에 cAdvisor를 설치하거나 도커 컨테이너로 실행할 수 있다.

목록 15.3 실행 중인 cAdvisor

cAdvisor에 호스트의 /sys 디렉토리에 관한 읽기 전용 접근 권한을 제공한다.
해당 디렉토리에는 호스트에 연결된 커널 하위 시스템 및 장치 정보가 들어있다.

```
                              호스트 정보를 추적할 수 있도록 cAdvisor에 루트 파일 시스템에
                              대한 읽기 전용 접근 권한을 제공한다.
$ docker run \
  --volume /:/rootfs:ro \
  --volume /var/run:/var/run:rw \          읽기-쓰기 접근 권한이 있는 /var/run 디렉토리를 마운트한다.
                                           호스트당 하나의 cAdvisor 인스턴스가 최대 하나만 실행될 것으로 예상된다.
  --volume /sys:/sys:ro \
  --volume /var/lib/docker/:/var/lib/docker:ro \
                                           도커의 호스트 디렉토리에 관한 cAdvisor에
  -p 8080:8080 -d --name cadvisor \        읽기 전용 접근 권한을 제공한다.
  --restart on-failure:10 google/cadvisor
                                           장애가 발생한다면 컨테이너를 최대 10번까지 재시작하게 한다.
                                           해당 이미지는 도커 허브에 구글 계정에 저장돼 있다.
```

cAdvisor의 웹 인터페이스는 컨테이너의 8080포트를 통해 제공돼 같은 포트로 호스트에 게시한다.
표준 도커 매개변수도 사용해 백그라운드에서 컨테이너를 실행하고 컨테이너 이름을 지정한다.

---

google/cadvisor 도커 이미지를 시작하면 브라우저에서 http://localhost:8080을 접근해 데이터 출력을 검사할 수 있다. 홈페이지에 접근하면 호스트 정보가 있지만 홈페이지 상단에 있는 Docker Containers 링크를 클릭하면 CPU, 메모리, 기타 과거 데이터 그래프를 살펴볼 수 있다. Subcontainers 제목 아래에 나열된 실행 중인 컨테이너를 클릭한다.

컨테이너가 실행되는 동안 데이터가 수집돼 메모리에 유지된다. InfluxDB 인스턴스에 데이터를 영구 저장하는 문서를 확인하려면 InfluxDB 깃허브 페이지를 참고한다. 또한 깃허브 저장소는 REST API와 Go로 작성된 샘플 클라이언트 세부 정보가 있다.

> |**팁**| InfluxDB는 시계열 데이터의 추적을 처리할 수 있도록 설계된 오픈소스 데이터베이스다. 따라서 실시간으로 제공되는 모니터링 정보를 기록하고 분석하는 데 이상적이다.

토론

모니터링은 빠르게 진화하고 있고 파편화되어 있는 영역이다. cAdvisor는 현재 많은 모니터링 툴 중 하나에 불과하다. 예를 들어 도커에서 급부상 중인 표준인 프로메테우스

Prometheus는 직접 InfluxDB에 데이터를 저장하는 대신 cAdvisor에서 생산한 데이터를 수신하고 저장할 수 있다.

모니터링은 개발자들이 매우 열정적으로 사용하는 주제이기도 하다. 변화하는 추세에 유연히 충족할 수 있는 모니터링 전략을 개발하는 데 비용을 지불할 수 있다.

15.2 자원 제어

상용 환경에서 서비스를 운영하는 데 가장 중요한 고려 사항 중 하나는 자원을 공정하고 기능적으로 배분하는 것이다. 도커 내부에서는 cgroup의 핵심 운영체제 개념을 사용해 컨테이너의 자원 사용량을 관리한다. 기본적으로 컨테이너가 자원을 얻기 위해 경쟁할 때 단순하고 공평성을 만족하는 알고리즘이 사용되지만, 때로는 해당 알고리즘 만으로는 충분치 않을 수 있다. 운영이나 서비스 상의 이유로 컨테이너 또는 컨테이너 그룹 자원을 예약하거나 제한할 수 있다.

15.2절에서는 컨테이너의 CPU와 메모리 사용량을 조정하는 방법을 알아본다.

기술 104 컨테이너가 실행할 수 있는 CPU 코어를 제한하기

기본적으로 도커에서는 도커 컨테이너가 머신의 모든 코어를 실행할 수 있도록 허용한다. 단일 프로세스와 스레드를 포함한 컨테이너는 분명히 하나의 코어만 최대로 사용할 수 있지만 컨테이너의 다중 스레드 프로그램(또는 여러 개의 단일 스레드 프로그램)은 모든 CPU 코어를 사용할 수 있다.

사용자가 특정 컨테이너보다 더 중요한 컨테이너를 갖고 있다면 도커의 기본 동작을 변경하고 싶을 것이다. 내부 일일 보고서가 실행될 때마다 고객 대면 애플리케이션이 CPU 자원을 얻기 위해 경쟁해야 하는 것은 이상적이지 않다. 또한 기술 104를 사용하면 사용자가 런 어웨이^{runaway} 컨테이너[1]에서 SSH로 서버에 접근하는 것이 잠기지 않게 할 수 있다.

---

1 '런 어웨이 컨테이너'는 도커 컨테이너에서 무한 루프에 들어가 새로운 프로세스를 계속 생성하는 프로세스를 포함하는 컨테이너다. 따라서 멀티 테넌트 환경에서 공유 자원을 독점하게 된다. – 옮긴이

문제

컨테이너에 최소한의 CPU 자원을 할당하거나, CPU 사용에 대한 엄격한 제한을 주거나, 컨테이너에서 사용할 수 있는 CPU 코어를 제한하고 싶다.

해결책

컨테이너의 CPU 코어를 예약하려면 --cpuset-cpus 옵션을 사용하자.

--cpuset-cpus 매개변수를 제대로 사용하려면 여러 CPU 코어가 있는 머신에서 기술 104를 사용해야 한다. 클라우드 머신을 사용하면 기술이 동작하지 않을 수 있다.

도커 이전 버전에서는 --cpuset 매개변수를 사용했는데 현재 더 이상 사용하지 않는다. --cpuset-cpus를 사용할 수 없다면 --cpuset을 대신 사용하길 바란다.

--cpuset-cpus 매개변수를 적용한 결과를 보려면 머신의 CPU 코어 사용량을 그래픽으로 볼 수 있는 htop 커맨드를 사용한다. 계속 진행하기 전에 htop 패키지가 설치돼 있는지 확인한다. 보통 시스템 패키지 관리자가 제공하는 htop 패키지로 설치할 수 있다. 대안으로 --pid=host 매개변수로 시작하는 우분투 컨테이너에 설치해 호스트에서 컨테이너로 프로세스 정보를 노출시킬 수 있다.

지금 htop 커맨드를 실행하면 사용 중인 CPU 코어가 없음을 알 수 있을 것이다. 여러 컨테이너에 부하를 주는 시뮬레이션을 수행하려면 서로 다른 두 개의 터미널을 띄운 후 하나의 터미널에서 다음 커맨드를 실행한다.

```
docker run ubuntu:14.04 sh -c 'cat /dev/zero >/dev/null'
```

실행한 htop 커맨드의 결과를 보면 두 개의 CPU 코어에서 100% 사용량을 보여 주는 것을 볼 수 있다. 이제 하나의 CPU 코어로 제한하려면 docker kill 커맨드를 실행해 이전 컨테이너를 종료하고 다음 커맨드를 나머지 터미널에서 실행한다.

```
docker run --cpuset-cpus=0 ubuntu:14.04 sh -c 'cat /dev/zero >/dev/null'
```

htop 결과를 보면 도커 컨테이너들가 첫 번째 코어만 사용되고 있음을 보여준다.

--cpuset-cpus 매개변수는 쉼표로 구분된 리스트(0,1,2), 범위(0-2), 리스트와 범위의 조합 (0-1,3)으로 여러 코어 사양 설정을 허용한다. 따라서 호스트의 CPU를 예약하는 것은 특정 코어를 제외한 컨테이너의 범위를 선택하는 것이다.

토론

다양한 방법으로 기술 104를 사용할 수 있다. 예를 들어 나머지 CPU를 실행 중인 컨테이너에 일관되게 할당해 호스트 프로세스에 특정 CPU를 예약할 수 있다. 특정 컨테이너가 전용 CPU에서 실행되도록 제한해 다른 컨테이너가 사용하는 연산을 방해하지 않을 수도 있다.

멀티 테넌트 환경에서는 컨테이너 작업이 서로 간섭하지 않으면 보장한다면 뜻밖의 선물이 될 수 있다.

기술 105 > 중요한 컨테이너에 더 많은 CPU 제공하기

호스트의 컨테이너가 일반적으로 경쟁하면 CPU 코어 사용량을 똑같이 받는다. CPU 사용량을 절대적으로 보장하거나 제한하는 방법을 살펴봤지만 해당 방법은 약간 융통성이 없다. 특정 프로세스가 다른 프로세스보다 많은 CPU 코어를 사용할 수 있게 할 때 전체 코어를 계속 사용하도록 예약하면 낭비여서 CPU 코어 수를 적게 사용하도록 제한할 수 있다.

도커는 공유 서버에서 애플리케이션을 가져오려는 사용자를 위해 멀티 테넌시를 지원한다. 그러나 VM에 익숙한 사람은 아는 노이지 네이버[noisy neighbor] 문제가 발생할 수 있다. 노이지 네이버 문제는 특정 사용자가 자원을 사용하고 같은 하드웨어에서 실행되는 다른 사용자의 VM에 영향을 미치는 VM에 영향을 주는 현상을 말한다.

구체적인 예를 들면, 이 책을 쓸 때 기술 105를 사용해 CPU 싸이클을 많이 사용하는 Postgres 애플리케이션의 자원 사용을 줄여 최종 사용자에게 서비스를 제공할 수 있게 했다.

문제

중요한 컨테이너에 높은 CPU 점유 값을 제공하거나 덜 중요한 컨테이너에 낮은 CPU 점유 값을 제공하고 싶다.

해결책

CPU 사용량의 상대적 점유 값을 정의하려면 docker run 커맨드 다음에 -c/--cpu-shares 매개변수를 사용한다.

컨테이너가 시작할 때 CPU 점유 값(기본값은 1024)을 설정한다. 프로세스 하나만 실행 중이면 필요한 CPU 점유 값과 상관없이, CPU 점유율은 100%에 근접할 수 있다. 다른 CPU 컨테이너와 경쟁할 때만 이 숫자가 사용된다. 여러 컨테이너가 서로 경쟁하게 될 때에만 CPU 값을 사용한다.

세 개의 컨테이너(A, B, C)에서 사용 가능한 모든 CPU 자원을 사용한다고 가정해 보자.

- 모든 컨테이너에 같은 CPU 점유 값을 설정한다면 각 컨테이너는 전체 CPU의 3분의 1을 할당 받을 것이다.

- A 컨테이너와 B 컨테이너의 CPU 점유 값을 512로 설정하고 C 컨테이너의 CPU 점유 값을 1024로 설정하면 C 컨테이너는 전체 CPU의 절반을, A 컨테이너와 B 컨테이너는 각각 전체 CPU의 4분의 1을 할당 받을 것이다.

- A 컨테이너의 CPU 점유 값을 10, B 컨테이너의 CPU 점유 값을 100, C 컨테이너의 CPU 점유 값을 1000으로 설정하면 A 컨테이너는 가용한 CPU 자원의 1% 미만을 얻고 B 컨테이너와 C 컨테이너의 상태가 유휴 상태일 때만 작업을 수행할 수 있다.

모든 것은 컨테이너가 컴퓨터의 모든 코어를 사용할 수 있거나 하나의 코어만 있는 경우라 가정한다. 도커는 가능한 모든 코어에 컨테이너의 부하를 분산시킬 것이다. 두 개의 CPU 코어를 가진 머신에서 단일 스레드 애플리케이션을 실행하는 두 개의 컨테이너를 갖고 있다면, 사용 가능한 자원을 최대한 사용하면서 상대적인 가중치를 적용하는 방법은 분명히 없을 것이다. 각 컨테이너는 가중치에 관계없이 실행할 수 있는 하나의 코어를 사용할 것이다.

옵션을 실행하려면 다음 커맨드를 실행한다.

목록 15.4 도커 셸 실행 시 CPU를 사용할 수 없는 상태

```
docker run --cpuset-cpus=0 -c 10000 ubuntu:14.04 \
sh -c 'cat /dev/zero > /dev/null' &
docker run --cpuset-cpus=0 -c 1 -it ubuntu:14.04 bash
```

배시 프롬프트의 작업을 수행하는 것이 얼마나 느린 지 확인할 수 있다. --cpuset-cpus 매개변수의 숫자들은 상대적이다. 가령 이 숫자에 모두 10을 곱해도 모두 같은 값을 정확히 의미한다. 그러나 도커의 CPU 점유 기본값은 여전히 1024이다. 같은 CPU 집합에서 CPU 점유 기본 값을 변경해 시작한 프로세스가 커맨드에 CPU 점유 값을 지정하지 않은, 시작한 프로세스에 비해 무슨 일이 발생하는지 시도할 필요가 있다.

> |**팁**| 사용자의 사용 사례에 맞는 CPU 점유 값 수준을 찾는 것은 일종의 예술 작업이다. CPU 시간을 사용하는 값을 결정하기 위해 top과 vmstat와 같은 프로그램의 출력을 살펴보면 좋다. top을 사용할 때 '1' 키를 눌러 각 CPU 코어가 별도로 수행하는 작업을 표시하면 유용하다.

토론

기술 105가 현실에서 직접 사용되기보다 보통 기반 플랫폼에서 사용된다. 테넌트[tenant]에서 자원에 관한 접근 부족(또는 명백한 접근 부족)으로 동작 방식을 이해하려면 기본 메커니즘을 이해하고 사용해야 한다. 특히 테넌트의 부하가 인프라 가용성 변동에 민감한 경우에 실제 환경에서 자주 발생한다.

기술 106 컨테이너의 메모리 사용 제한하기

컨테이너를 실행할 때 도커는 호스트에서 가능한 많은 메모리를 할당할 수 있다. 보통 이런 메모리 할당은 가치가 있다. 그리고 가상 머신에 비해 메모리를 유연하게 할당하는 방식이 큰 장점이 있다. 그러나 애플리케이션을 통제할 수 없고 너무 많은 메모리를 할당하며 스와핑이 시작하다가 머신이 중단될 때가 있다. 과거에 여러 번 겪었지만 때마다 성가셨다. 문제를 막으려면 컨테이너의 메모리 사용을 제한할 수 있다.

문제

컨테이너가 사용하는 메모리 크기를 제한하고 싶다.

해결책

docker run 커맨드에 -m 매개변수나 --memory 매개변수를 사용한다.

우분투를 실행 중이라면 기본적으로 메모리 제한 기능이 설정되어 있지 않을 가능성이 있다. 메모리 제한 기능을 확인하려면 docker info를 실행한다. docker info 결과에 포함된 라인에 No swap limit support 경고를 포함한다면 불행히도 해야 할 설정 작업이 있다. 설정을 바꾸면 모든 머신의 애플리케이션의 성능에 영향이 간다는 점을 유의하자. 자세한 내용은 우분투 설치 설명서(http://docs.docker.com/engine/installation/ubuntulinux/#adjust-memory-and-swap-accounting)를 참고하자.

즉, 메모리 제한 기능을 사용하려면 부팅할 때 커널에 알려야 한다. /etc/default/grub를 다음과 같이 바꾸면 메모리 제한 기능을 사용할 수 있다. GRUB_CMDLINE_LINUX에 이미 할당된 값이 있으면 끝에 새로운 값을 추가한다.

```
-GRUB_CMDLINE_LINUX=""
+GRUB_CMDLINE_LINUX="cgroup_enable=memory swapaccount=1"
```

sudo update-grub를 실행하고 컴퓨터를 다시 시작해야 한다. docker info를 실행하면 더이상 이전에 봤던 경고를 보지 않을 것이다. 메모리 제한 기능을 사용해 보자.

메모리 제한을 적용할 때 4MB(최소값)을 설정했을 때 동작하는 것을 시연해 본다.

목록 15.5 컨테이너에 메모리 제한 최소값을 설정하기

```
$ docker run -it -m 4m ubuntu:14.04 bash ◀── 메모리를 4MB 제한으로 컨테이너를 실행한다.
root@cffc126297e2:/# \
python3 -c 'open("/dev/zero").read(10*1024*1024)' ◀── 약 10MB 크기의 파일을 메모리로 읽으려 한다.
Killed ◀── 프로세스는 너무 많은 메모리를 사용하다 종료됐다.
```

```
root@e9f13cacd42f:/# \
A=$(dd if=/dev/zero bs=1M count=10 | base64)  ◄── 배시에서 10MB의 메모리를 직접 읽으려 한다.
$  ◄── 배시가 종료되면서 컨테이너가 종료되었다.
$ echo $?  ◄── 종료 코드를 확인한다.
137  ◄── 종료 코드가 0이 아니다. 즉 컨테이너가 에러가 발생하면서 종료됐음을 의미한다.
```

위와 같은 제한에 이슈가 발생한다. 이슈 시연용으로 시스템 한계를 테스트하기 위해 설계된 툴인 스트레스가 포함된 jess/stress 이미지를 사용한다.

> |팁| jess/stress 이미지는 컨테이너의 모든 자원에 한계를 테스트하는 데 유용하다. 더 많은 실험을 하고 싶다면 해당 이미지로 기술을 적용하길 바란다.

다음 커맨드를 실행하면 즉시 종료되지 않는다.

```
docker run -m 100m jess/stress --vm 1 --vm-bytes 150M --vm-hang 0
```

도커에 컨테이너의 메모리 크기를 100MB로 제한했고 스트레스 테스트 시 150MB까지 사용하게 했다. 다음 커맨드를 실행하여 도커 이미지가 동작하는지 확인한다.

```
docker top <container_id> -eo pid,size,args
```

커맨드 결과의 size 컬럼은 KB 단위이며 컨테이너가 실제로 약 150MB의 메모리를 소모하고 있다는 것을 보여준다. 왜 컨테이너가 종료되지 않았는지 의문이 생길 것이다. 도커는 메모리를 두 영역으로 예약하는데, 반은 물리 메모리용으로, 반은 메모리 스와핑용이다.

다음 커맨드를 실행하면 컨테이너는 즉시 종료된다.

```
docker run -m 100m jess/stress --vm 1 --vm-bytes 250M --vm-hang 0
```

메모리를 두 영역으로 예약하는 것은 도커의 기본 형태다. --memory-swap 매개변수를 사용해 총 가상 메모리 크기(메모리 크기 + 스왑 크기)를 제어할 수 있다. 예를 들어 스왑을 완전히 사용하지 않으려면 -memory나 --memory-swap을 같은 크기로 설정해야 한다. https://docs.docker.com/engine/reference/run/#user-memory-constraints에 접속하면

docker run 커맨드에 관한 많은 예시를 확인할 수 있다.

토론

메모리 제한은 도커 플랫폼을 실행하는 모든 운영팀이나 데브옵스팀에서의 중요한 주제다. 메모리를 잘못 설정하거나 제대로 설정하지 않은 컨테이너는 항상 할당 및 예약된 메모리가 부족할 것이다. 자바 개발자들은 메모리 부분을 늘 신경 써야 한다. 운영팀이나 데브옵스팀은 사용자가 도커 메모리 때문에 실수하지 않도록 FAQ 또는 설명서를 잘 작성해야 한다.

도커 내부에서 무슨 일이 발생하는지 아는 것은 도커 플랫폼을 지원하고 사용자에게 무슨 일이 일어나고 있는지에 문맥을 제공하는 데 큰 도움이 된다.

15.3 시스템 관리자의 도커 사용 사례

도커의 놀라운 용도를 살펴본다. 언뜻 보기에는 이상해 보일 수 있지만 크론 잡^{cron job} 관리를 쉽게 하고 백업 툴로 도커를 사용할 수 있다.

> **|팁|** 크론 잡은 거의 모든 리눅스 시스템이에서 서비스로 포함된 데몬으로 실행되는 정기적으로, 시간에 맞춰 동작하는 커맨드다. 사용자마다 실행할 커맨드의 스케줄을 지정할 수 있다. 크론 잡은 로그 파일 정리나 백업 실행과 같은 주기적인 작업을 실행하기 위해 매우 많이 사용된다.

기술 107에서는 잠재적인 사용 사례 목록을 설명할 뿐 아니라 도커의 유연성을 살펴보고 예상치 못한 방법으로 도커를 어떻게 사용하는지에 관한 통찰력을 기를 수 있다.

기술 107 ▶ 크론 잡을 실행하기 위해 도커 사용하기

여러 호스트에서 크론 잡을 관리해야 한다면 같은 소프트웨어를 여러 호스트에 배포해야 하고 크론탭^{crontab}으로 실행할 프로그램을 올바르게 호출해야 한다는 운영상의 부담감이 생긴다.

운영상의 부담을 해결하기 위해 방법(예: 세프Chef, 푸펫Puppet, 앤서블Ansible이나 기타 설정 관리 툴을 사용해 여러 호스트에 대한 소프트웨어 배포 관리하기)이 있지만, 옵션 하나는 도커 레지스트리를 사용해 올바른 호출을 저장하는 것이다.

도커 레지스트리를 사용하는 방법이 항상 이전 이슈에 최선의 해결 방법은 아니다. 다만 애플리케이션의 런타임 설정에서 분리되고 이식성이 좋은 저장소를 갖는다는 장점을 보여주는 측면에서는 놀라운 예시다. 이미 도커를 사용 중이라면 도커 레지스트리는 무료다.

문제

크론 잡을 중앙에서 관리하고 자동으로 변경하고 싶다.

해결책

크론 잡 스크립트를 도커 컨테이너에 복사하고 실행한다.

정기적으로 작업을 실행해야 하는 머신이 많다면 일반적으로 크론탭을 사용해 직접 설정하거나(예, 여전히 진행하고 있음) 푸펫이나 세프와 같은 설정 관리 툴을 사용할 수 있다. 레시피가 바뀌면 머신의 설정 관리 툴이 다음에 실행될 때 변경사항이 크론탭에 적용돼 크론탭이 다음에 실행될 때는 변경된 내용으로 실행될 것이다.

> |**팁**| crontab 파일은 특정 사용자가 관리하는 특수 파일로써 스크립트를 실행할 시간을 지정하면 해당 시간에 스크립트가 실행된다. 일반적으로 로그 파일 압축 및 보관과 같은 유지 보수 작업이지만 신용 카드 결제 시스템과 같은 업무상 중요한 애플리케이션이 될 수 있다.

기술 107에서는 도커 레지스트리에서 'docker pull' 커맨드를 사용해 도커 이미지를 다운로드해 이전 기술을 대체하는 방법을 설명한다.

그림 15.2와 같이 정상적인 경우, 유지보수자는 설정 관리 툴을 바꾸면 에이전트가 실행될 때 서버로 해당 설정이 전달된다. 한편 크론 잡은 시스템이 변경되는 동안 기존 코드나 새 코드를 사용해 실행한다.

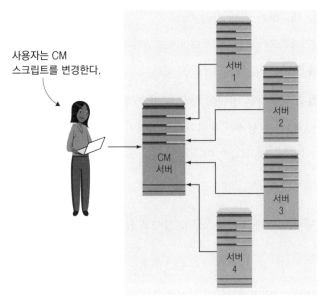

▲ **그림 15.2** CM 에이전트 예약 실행 중에 각 서버가 크론 잡 스크립트를 변경한다

그림 15.3에 표시된 대로 도커 시나리오의 서버는 크론 잡이 실행되기 전에 최신 버전의 코드를 다운로드한다.

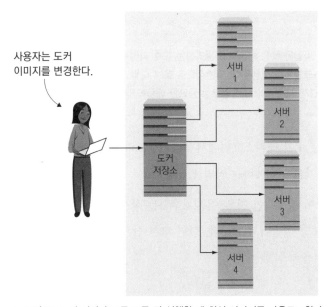

▲ **그림 15.3** 각 서버가 모든 크론 잡 실행할 때 최신 이미지를 다운로드한다

이미 사용 중인 솔루션이 있다면 솔루션의 의미를 고민해야 하는지 궁금할 것이다. 도커를 배포 메커니즘으로 사용하면 다음과 같은 장점이 있다.

- 잡이 실행될 때마다 잡은 최신 버전으로 변경된다.
- 스크립트와 코드가 도커 이미지에 캡슐화돼 있어 크론탭 파일은 훨씬 간단하다.
- 도커 이미지가 더 크거나 더 복잡하게 변경되더라도 도커 이미지의 차이만 다운로드하기 때문에 배포 및 변경 속도가 빨라진다.
- 머신에 코드나 바이너리를 관리할 필요가 없다.
- 도커를 syslog에 로그 출력 등과 같은 다른 기술과 결합해 관리 서비스의 관리를 단순화하고 중앙 집중화할 수 있다.
- Docker를 syslog에 출력 로깅과 같은 다른 기술과 결합해 어드민 서비스 관리를 단순화하고 중앙 집중화할 수 있다.

예시에서 기술 49에서 생성한 log_cleaner 이미지를 사용할 것이다. log_cleaner 이미지는 서버에서 로그 파일을 정리하는 스크립트를 캡슐화하고 삭제할 로그 파일 일자에 관한 매개변수를 받는다. 도커를 전달 메커니즘으로 사용하는 크론탭은 다음과 같이 비슷하게 보일 것이다.

목록 15.6 로그 정리 크론탭 항목

```
0 0 * * * \  ◀──── 매일 자정마다 스크립트를 실행한다.
IMG=dockerinpractice/log_cleaner && \
docker pull $IMG && \  ◀──── 먼저 최신 버전의 도커 이미지를 다운로드한다.
docker run -v /var/log/myapplogs:/log_dir $IMG 1 ◀── 생성일이 하루가 넘는 로그 파일을 삭제하는
                                                    로그 정리 프로그램을 실행한다.
```

> |**팁**| 크론을 잘 모른다면 crontab -e 커맨드를 실행해 크론탭 편집 화면에 접근할 수 있다. 각 라인은 라인 시작 부분에 5개 항목으로 지정한 시간에 실행할 커맨드를 지정한다. 크론탭을 자세히 알고싶다면 매뉴얼(man crontab)을 살펴보길 바란다.

크론 잡이 실패하면 이메일을 보내는 표준 크론 메커니즘을 사용할 수 있다. 표준 크론 메커니즘에 의존하고 싶지 않다면 or 연산자를 포함한 커맨드를 추가한다. 다음 예시에

서 사용자의 사용자 정의 경보 커맨드가 my_alert_command라고 가정한다.

```
0 0 * * * \
(IMG=dockerinpractice/log_cleaner && \
docker pull $IMG && \
docker run -v /var/log/myapplogs:/log_dir $IMG 1) \
|| my_alert_command 'log_cleaner failed'
```

> |팁| or 연산자(이중 파이프(||))는 두 커맨드 중 하나의 커맨드가 실행하도록 보장한다. 첫 번째 커맨드가 실패하면(예시에서는 and 연산자(&&)가 결합한 크론 표현식 0 0 * * * 뒤에 괄호 안에 있는 두 커맨드 중 하나가 실패하면) 두 번째 커맨드가 실행된다.

|| 연산자는 로그 정리 작업이 실행하다 실패하면 위험을 알리는 커맨드가 실행되는 것을 보장한다.

토론

기술 107은 현실에서 사용하고 있으며 단순하고 독창적인 방법으로 문제를 해결한다.

위키피디아에 따르면 크론은 1970년대 후반부터 사용됐고 크론에 간단히 도커 이미지를 사용하는 방법은 일반 작업을 관리하는 데 사용할 수 있다.

기술 108 백업을 통한 복구 접근 방법

거래 시스템을 운영해본 적이 있다면 문제가 발생했을 때 해당 문제의 시점의 시스템 상태를 추론하는 능력이 근본적인 원인 분석에 필수라는 것을 알 것이다.

보통 다음과 같은 시스템 상태 분석 방법을 조합하며 해결한다.

- 애플리케이션 로그 분석
- 데이터베이스 포렌식(특정 시점의 데이터 상태를 파악)
- 빌드 기록 분석(특정 시점에 서비스에서 실행 중인 코드와 설정 확인)

- 상용 시스템 분석(예, 누군가가 머신에 로그인하여 뭔가를 변경한 사람이 있는가?)

중요한 시스템에서는 도커 서비스 컨테이너를 백업하는 방법은 간단하지만 효과적인 접근 방식을 사용하려면 비용을 지불해야 한다. 데이터베이스는 도커 인프라와 분리될 수 있지만 설정, 코드, 로그 상태는 간단한 커맨드로 도커 레지스트리에 저장할 수 있다.

문제

도커 컨테이너를 백업하고 싶다.

해결책

도커 컨테이너가 실행하는 동안 컨테이너를 커밋하고 결과 이미지를 전용 도커 레지스트리에 푸시한다.

도커의 모범 사례를 따라 도커 기능을 사용하면 컨테이너 백업을 저장할 필요가 없다. 한 예시로 컨테이너 파일 시스템에 로그를 저장하는 대신 기술 102에서 설명한 로그 드라이버를 사용하면 로그를 백업 컨테이너에서 검색할 필요가 없다는 뜻이다.

하지만 현실에서는 원하는 대로 모든 것을 할 수 없다. 정말로 컨테이너가 어떻게 생겼는지 볼 필요가 있다. 다음 커맨드는 백업 컨테이너를 커밋하고 푸시하는 전체 프로세스를 보여준다.

목록 15.8 백업 컨테이너를 커밋 및 푸시하기

도커 레지스트리 URL에 호스트 이름과 날짜를 포함한 태그 이름을 생성한다.

```
DATE=$(date +%Y%m%d_%H%M%S)  ◀── 1초 단위의 타임스탬프를 생성한다.
TAG="your_log_registry:5000/live_pmt_svr_backup:$(hostname -s)_${DATE}"
docker commit -m="$DATE" -a="Backup Admin" live_pmt_svr $TAG  ◀── 컨테이너의 날짜를 메시지로, 저자를
                                                                  'Backup Admin'으로 커밋한다.
docker push $TAG  ◀── 컨테이너를 레지스트리로 푸시한다.
```

> |경고| 기술 108은 컨테이너를 실행하는 동안 컨테이너를 일시 정지시켜 사실상 사용하지 못하게 하는 것이다. 서비스에서 중단을 허용하거나 로드 밸런싱 방식으로 요청을 처리할 수 있는 다른 노드가 대신 요청을 처리하도록 한다.

모든 호스트에서 백업 작업을 차례대로 수행한다면 효과적인 백업 시스템과 모호함이 거의 없는 지원 엔지니어^{support engineer}에게 상태를 복원할 수 있는 방법을 제공할 수 있다. 그림 15.4는 설정을 단순화할 수 있는 관점을 보여준다.

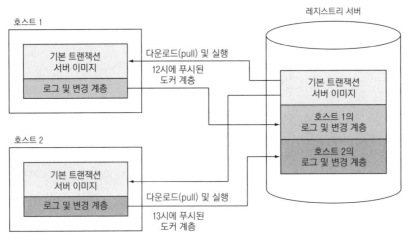

▲ **그림 15.4** 서비스에서 2개 호스트를 백업하기

백업할 때마다 기본 이미지와 컨테이너 상태 간의 차이만 푸시하고 서비스가 잘 동작하도록 최소한 호스트 이상에서 백업 시차를 둔다. 레지스트리 서버는 각 커밋 지점에 기본 이미지의 복사본 하나와 차이만 저장하기에 디스크 공간을 절약한다.

토론

기술 108을 이른바 피닉스 배포^{Phoenix deployment} 모델과 결합해 한 단계 더 나아갈 수 있다. 피닉스 배포는 무중단 배포 수행하기보다 최대한 많은 시스템 교체를 강조하는 배포 모델이다. 피닉스 배포는 많은 도커 툴의 중심 원칙이다.

예시에서는 컨테이너를 커밋하고 그후 다른 작업을 계속 수행하기보다는 다음 작업을 수행하는 것이 좋다.

1. 도커 레지스트리에서 최신 이미지를 다운로드^{pull}한다.

2. 실행 중인 컨테이너를 중지한다.

3. 새로운 컨테이너를 시작한다.

4. 이전 컨테이너를 커밋, 태그를 지정하고 도커 레지스트리에 푸시한다.

접근 방법을 결합하면 상용 시스템이 원본 이미지와 크게 벗어나지 않음을 확실하게 알 것이다. 홈 서버의 상용 시스템을 관리하기 위해 기술 108을 사용하고 있다.

요약

- 컨테이너의 로그를 호스트의 syslog 데몬으로 직접 전달할 수 있다.
- 도커의 로그 출력을 호스트 레벨 서비스로 수집할 수 있다.
- cAdvisor를 사용해 컨테이너의 성능을 모니터링할 수 있다.
- CPU, 코어, 메모리의 컨테이너 사용량을 제한하고 제어할 수 있다.
- 도커를 사용해 크론 잡과 백업 시스템 등에 사용할 수 있다.

16

상용 환경에서의 도커 사용: 도전 과제 처리하기

16장에서 다루는 내용

- 도커의 네임스페이스 기능 무시하기 및 호스트의 자원을 직접 사용하기
- 메모리 부족으로 인해 호스트 OS가 컨테이너의 프로세스를 중지하지 않게 하기
- 호스트의 툴을 사용해 컨테이너의 네트워크를 직접 디버깅하기
- 컨테이너가 호스트에서 동작하지 않는 이유를 확인하기 위해 시스템 호출 추적하기

16장에서는 도커의 추상화가 사용자에게 효과가 없을 때 사용자가 할 수 있는 부분을 다룬다. 제시된 해결책을 보고 필요성을 이해하려면 도커의 내부를 이해해야 하며 그 과정에서 도커를 사용할 때 무엇이 잘못될 수 있는지, 잘못된 부분을 어떻게 수정할 지 더 깊은 지식을 전달하는 것이 16장의 목표다.

16.1 성능 : 호스트를 무시할 수 없다

도커는 실행 중인 호스트에서 애플리케이션 추상화를 추구하지만 호스트를 완전히 무시할 수는 없다. 애플리케이션 추상화를 제공하기 위해 도커는 간접 계층을 추가해야 한다.

간접 계층은 운영체제에 영향을 줄 수 있으며 해당 계층을 이해해 운영상의 이슈를 해결하기도 한다.

애플리케이션의 일부 추상화를 무시할 수 있는 방법, 바이너리만 있는 도커 컨테이너를 다루는 방법을 살펴본다. 또한 도커가 사용하는 스토리지의 세부사항을 추상화한다. 그리고 스토리지 추상화로 인한 단점도 알아본다.

기술 109 컨테이너에서 호스트 자원에 접근하기

기술 34에서 가장 많이 사용되는 도커 추상화를 건너뛴 볼륨을 다뤘다. 볼륨을 사용해 호스트에서 파일을 공유하고 도커 이미지 계층 외부에서 큰 파일을 보관할 때 편리하다. 또한 일부 스토리지는 특정 작업에 대해 상당한 오버헤드가 발생하기 때문에 컨테이너 파일 시스템보다 파일 시스템 접근이 훨씬 더 빠를 수 있다. 따라서 모든 애플리케이션에 유용하지는 않지만 경우에 따라 매우 중요하게 고려해 사용해야 한다.

일부 스토리지가 발생하는 오버헤드 외에 도커가 각 컨테이너에 자체 네트워크를 설정할 수 있는 네트워크 인터페이스 때문에 도커에 성능 이슈가 발생할 수 있다. 파일 시스템 성능처럼 네트워크 성능은 확실히 병목 현상을 일으키지 않는다. 그러나 아마도 독자는 네트워크 성능이 확인하기 위해 벤치마킹을 싶을 것이다(네트워크 튜닝의 세부사항은 이 책의 범위를 훨씬 벗어난다).

이 책에서 도커 네트워킹을 완전히 건너뛴 이유를 알고 싶을 것이다. 서버에서 수신 대기할 임의의 포트를 노출하면 사용 여부와 상관없이 호스트 자원을 할당하기 때문에 서버는 도커에서 노출한 임의의 포트를 수신 대기하지 않을 수 있기 때문이다.

그럼에도 불구하고 때때로 도커의 추상화가 방해가 될 수 있어 필요하다면 도커의 추상화를 제거할 수 있는 기능을 제공한다.

문제

컨테이너에서 호스트의 자원에 접속하고 싶다.

해결책

도커가 사용하는 커널 네임스페이스 기능을 건너 뛰려면 docker run에 제공하는 매개변수를 사용한다.

> |팁| 커널 네임스페이스는 커널이 프로그램에 제공하는 서비스다. 커널 네임스페이스가 커널의 자원에 관한 개별 인스턴스를 갖고 있는 것처럼 보이는 방식으로 프로그램에 글로벌 자원을 볼 수 있게 해준다. 가령 프로그램에서 사용자가 완전한 네트워크 스택처럼 볼 수 있도록 네트워크 네임스페이스를 요청할 수 있다. 도커 컨테이너를 생성하기 위해 도커에서 커널 네임스페이스를 사용하고 관리한다.

표 16.1에서 도커에서 커널 네임스페이스를 사용하거나 사용하지 않는 옵션을 정리했다.

▼ **표 16.1** 네임스페이스와 도커

커널 네임스페이스	설명	도커에서 네임 스페이스를 사용하는가?	네임 스페이스 비활성화 옵션
Network	네트워크 하위 시스템	O	--net=host
IPC	프로세스 간 통신: 공유 메모리, 세마포 등	O	--ipc=host
UTS	호스트 이름과 NIS 도메인	O	--uts=host
PID	프로세스 ID	O	--pid=host
Mount	마운트 포인트	O	--volume, --device
User	사용자와 그룹 ID	X	N/A

> |참고| 해당 매개변수를 하나라도 사용할 수 없다면 도커 버전이 오래된 버전일 수 있다.

예를 들어 애플리케이션이 공유 메모리를 많이 사용하게 하려면 컨테이너와 호스트가 메모리를 공유하려면 --ipc=host 매개변수를 사용한다. 애플리케이션 공유는 비교적 발전된 상태라서 더 일반적인 항목에 초점을 맞출 것이다.

네트워크와 호스트 이름

호스트의 네트워크를 사용하려면 다음과 같이 --net 매개변수를 host로 설정한 상태에서 컨테이너를 실행한다.

```
user@yourhostname:/$ docker run -ti --net=host ubuntu /bin/bash
root@yourhostname:/#
```

컨테이너 안의 호스트 이름이 머신의 호스트 이름과 같다는 점에서 네트워크 네임 스페이스 컨테이너와 다르다. 따라서 실제 환경에서 사용자가 컨테이너 안에 있는지 여부가 분명하지 않기 때문에 혼동할 수 있다.

네트워크가 격리된 컨테이너에서 다음 netstat 결과를 보면 외부 연결이 없음을 보여준다.

```
host$ docker run -ti ubuntu
root@b1c4877a00cd:/# netstat
Active Internet connections (w/o servers)
Proto Recv-Q Send-Q Local Address          Foreign Address        State
Active UNIX domain sockets (w/o servers)
Proto RefCnt Flags       Type      State       I-Node   Path
root@b1c4877a00cd:/#
```

컨테이너에서 호스트의 네트워크를 사용하도록 설정한 후 컨테이너에서 netstat을 실행하면 네트워크 사용량이 많아짐을 볼 수 있다.

```
$ docker run -ti --net=host ubuntu
root@host:/# netstat -nap | head
Active Internet connections (servers and established)
Proto Recv-Q Send-Q Local Address   Foreign Address State       PID
➧ /Program name
tcp       0      0 127.0.0.1:47116 0.0.0.0:*       LISTEN      -
tcp       0      0 127.0.1.1:53    0.0.0.0:*       LISTEN      -
tcp       0      0 127.0.0.1:631   0.0.0.0:*       LISTEN      -
tcp       0      0 0.0.0.0:3000    0.0.0.0:*       LISTEN      -
tcp       0      0 127.0.0.1:54366 0.0.0.0:*       LISTEN      -
tcp       0      0 127.0.0.1:32888 127.0.0.1:47116 ESTABLISHED -
tcp       0      0 127.0.0.1:32889 127.0.0.1:47116 ESTABLISHED -
tcp       0      0 127.0.0.1:47116 127.0.0.1:32888 ESTABLISHED -
root@host:/#
```

> **|참고|** netstat는 로컬 네트워크 스택의 네트워크 정보를 확인할 수 있는 커맨드다. 보통 네트워크 소캣의 상태를 결정하는 데 가장 많이 사용된다.

net=host 매개변수는 여러 이유로 가장 많이 사용된다. 첫 번째 이유는 컨테이너 연결을 쉽게 할 수 있다. 그러나 컨테이너에서 포트를 매핑할 수 있는 장점을 잃게 된다. 예를 들어 80포트에서 수신 대기하는 두 컨테이너가 있다면 같은 호스트에서 컨테이너를 실행할 수 없다. 두 번째 이유는 net=host 매개변수를 사용할 때 네트워크 성능이 도커에 비해 크게 향상됐기 때문이다.

그림 16.1은 하이 레벨에서 네트워크 패킷이 도커 대 네이티브 네트워크에서 거치는 오버헤드 계층을 보여준다. 네이티브 네트워크는 호스트의 TCP/IP 스택을 통해서만 네트워크 인터페이스 카드^{NIC, Network Interface Card}로 이동해야 하는 반면 도커는 Veth Pair^{Virtual Ethernet Pair}(이더넷 케이블^{Ethernet cable}(가상 이더넷 쌍)을 통한 물리적 연결의 가상 표현), 해당 veth pair와 호스트 네트워크 사이의 네트워크 브릿지^{network bridge}, NAT^{Network Address Translation} 계층을 추가로 유지 관리해야 한다. 오버헤드로 인해 네트워크 일반적인 사용 사례에서 도커 네트워크의 속도가 기본 호스트 네트워크 속도의 절반이 떨어질 수 있다.

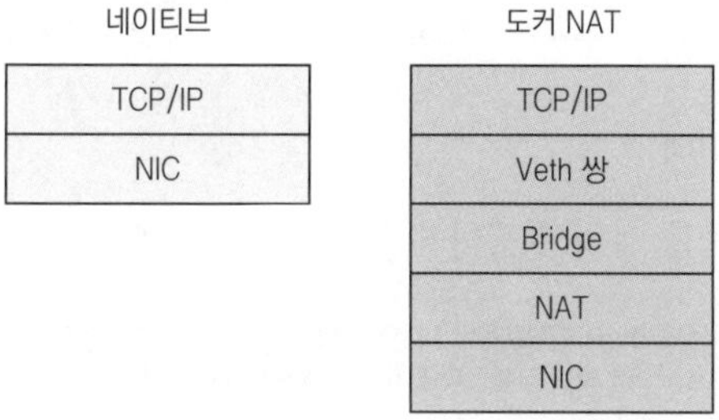

네이티브	도커 NAT
TCP/IP	TCP/IP
NIC	Veth 쌍
	Bridge
	NAT
	NIC

▲ **그림 16.1** 도커 네트워크 대 네이티브 네트워크

PID

PID 네임스페이스 매개변수는 다른 매개변수와 유사하다.

```
imiell@host:/$ docker run ubuntu ps -p 1 ◀──  컨테이너 환경에서 ps 커맨드를 실행해
    PID TTY          TIME CMD                 PID가 1인 프로세스만 표시한다.
```

```
    1 ?          00:00:00 ps  ◀──── 실행 중인 ps는 컨테이너에 있는 유일한 프로세스고 PID는 1이다.
imiell@host:/$ docker run --pid=host ubuntu ps -p 1  ◀──── PID 네임스페이스를 제거한 채로 동일 ps
    PID TTY           TIME CMD                                 커맨드를 실행해 호스트 프로세스를 확인한다.
    1 ?          00:00:27 systemd  ◀──── 이번에는 호스트 운영체제의 시작 프로세스인 systemd 커맨드로서
                                          PID가 1이다. 결과는 리눅스 배포판에 따라 달라진다.
```

호스트 PID를 볼 수 있는 컨테이너에서 호스트의 systemd 프로세스의 PID가 1인지를 보여준다. 그러나 컨테이너에서 호스트 PID를 볼 수 없다면 ps 커맨드만 보일 것이다.

마운트

호스트의 디바이스에 접근하려면 --device 매개변수로 특정 디바이스를 사용하거나 --volume 매개변수로 전체 호스트의 파일 시스템을 마운트해야 한다.

```
docker run -ti --volume /:/host ubuntu /bin/bash
```

커맨드를 실행하면 호스트의 / 디렉토리에 컨테이너의 /host 디렉토리를 마운트한다. 왜 호스트의 / 디렉토리에 컨테이너의 / 디렉토리에 마운트할 수 없는지 궁금해 할 것이다. docker 커맨드에서 해당 마운트를 명백히 허용하지 않는다.

매개변수를 사용해 호스트와 거의 구분할 수 없는 컨테이너를 생성할 수 있는지 궁금할 수도 있다. 다음 절을 살펴보자.

호스트와 동일한 컨테이너

다음 매개변수로 호스트를 거의 투명하게 볼 수 있는 컨테이너를 생성할 수 있다.

```
호스트의 루트 파일 시스템을 컨테이너의 /host 디렉토리에 마운트한다. 도커는 '/' 디렉토리에
관한 볼륨 마운팅을 허용하지 않으므로 /host 하위 디렉토리 볼륨을 지정해야 한다.

host:/$ docker run -ti --net=host --pid=host --ipc=host \  ◀──── 세 개의 host 매개변수를 포함한 컨
  ─▶ --volume /:/host \                                         테이너를 실행한다(net, pid, ipc).
    busybox chroot /host  ◀──── BusyBox 컨테이너를 시작한다. 이제 chroot 커맨드만 있으면 된다. BusyBox는 chroot를
                                 포함하는 작은 이미지다. chroot는 마운트된 파일 시스템을 루트 디렉토리로 실행한다.
```

리눅스 세계에서 도커를 '스테로이드 맞은 chroot'로 묘사한 것은 역설적인 일이다. 예시에서는 chroot의 주요 목적 중 하나인 호스트 파일 시스템을 보호하는 방식으로 chroot를 실행하기 위해 프레임워크로 사용하고 있다. 여기서 chroot를 너무 진지하게 생각하지 말자.

어쨌든 현장에서는 chroot 커맨드를 사용하는 사례를 거의 보지 못했다. chroot를 사용한 사례가 있다면 알려주길 바란다.

chroot는 다음과 같이 유용한 커맨드를 기반으로 사용할 수 있다.

```
$ docker run -ti --workdir /host \
   --volume /:/host:ro ubuntu /bin/bash
```

예시에서 --workdir /host는 컨테이너를 시작할 때 작업 디렉토리를 --volume 매개변수에 마운트된 것처럼 호스트의 파일 시스템의 루트로 설정한다. 볼륨 사양의 :ro 부분은 호스트 파일 시스템이 읽기 전용으로 마운트됨을 의미한다.

이제 커맨드를 사용해 파일 시스템을 읽기 전용으로 접근할 수 있다. 또한 표준 우분투 패키지 관리자로 툴을 설치해 파일을 검사할 수 있는 환경을 갖게 됐다. 예를 들면 호스트의 파일 시스템에서 보안 이슈를 보고하는 nifty 툴을 설치하지 않고 nifty 툴을 실행하는 도커 이미지를 사용할 수 있다.

토론

기술 109에서는 컨테이너에서 도커의 추상화를 건너뛰는 방법을 살펴봤다. 도커의 추상화를 비활성화해 도커가 사용자의 요구를 충족시키기 위해 속도를 빠르게 하거나 편리함을 제공할 수 있다. 이전에 사용했던 한 가지 변형은 컨테이너에 네트워크 툴(기술 112에서 tcpflow과 같은 툴)을 설치하고 호스트 네트워크 인터페이스를 노출시키는 것이다. 따라서 별도의 툴을 설치하지 않고 특정 툴을 사용해 임시로 실험할 수 있다.

다음 기술 110에서는 도커의 기본 디스크 저장소 제한을 무시할 수 있는 방법을 살펴본다.

기술 110 ▶ OOM 킬러 비활성화하기

'OOM 킬러'는 나쁜 공포 영화나 심각한 질병처럼 같기도 하다. 사실상 호스트의 메모리가 부족할 때 어떻게 할지를 결정하는 것은 리눅스 운영체제의 커널 내의 스레드다. 운영체제에 하드웨어 메모리가 부족하고 사용 가능한 스왑 공간을 모두 사용하며, 메모리에서 캐시된 파일을 제거한 후 종료될 프로세스를 결정하기 위해 OOM 킬러를 호출한다.

문제

OOM 킬러가 컨테이너를 종료하는 것을 막고 싶다.

해결책

컨테이너를 시작할 때 --oom-kill-disable 매개변수를 사용한다.

이 문제는 컨테이너에 매개변수를 추가하는 것만큼 간단하게 해결할 수 있다. 하지만 경우에 따라서 간단하지 않기도 하다.

다음 목록 16.1은 컨테이너에 관한 OOM 킬러를 비활성화하는 방법을 보여준다.

목록 16.1 --oom-kill-disable을 사용할 때 경고가 표시된다

```
$ docker run -ti --oom-kill-disable ubuntu sleep 1  ◄──  일반 docker run 커맨드에 --oom-kill-disable
  WARNING: Disabling the OOM killer on containers without setting a    매개변수를 추가한다.
⮕ '-m/--memory' limit may be dangerous.  ◄──  설정된 다른 매개변수에 관한 경고를 출력한다.
```

경고를 살펴보는 것이 중요하다. 경고는 사용자에게 특정 설정으로 실행하는 것이 위험함을 말해주지만 왜 그런 지는 알려주지 않는다. 다만 매개변수를 설정하는 것이 위험하다는 것은 분명하다. 호스트에 메모리가 부족하면 운영체제는 사용자 프로세스보다 먼저 다른 모든 사용자의 프로세스를 제거하기 때문이다.

장애가 발생하더라도 동작해야 하는 중요한 인프라가 있다면 호스트의 모든 컨테이너에서 실행하는 감사 및 로그 전달 프로세스가 있을 것이다. 그렇다면 해당 프로세스가 인프라 환경에 얼마나 영향을 미칠지 다시 한 번 생각해봐야 한다.

예컨대 특정 컨테이너가 동일한 호스트에서 실행 중인 다른 인프라에 의존할 수 있다. 컨테이너가 오픈 시프트와 같은 컨테이너 플랫폼에서 실행 중이라면 주요 플랫폼 프로세스가 중단되더라도 컨테이너는 살아남을 수 있다. 그렇다면 주요 인프라가 해당 컨테이너보다 앞서 동작되길 원할 것이다.

```
$ docker run -ti --oom-kill-disable --memory 4M ubuntu sleep 1
$
```
일반 docker run커맨드에 --memory 매개변수를 추가한다.

이번에는 아무런 경고도 보이지 않는다.

> |참고| 할당할 수 있는 최소 메모리 양은 4M이며, 여기서 'M'은 메가바이트(megabytes)를 나타낸다. 기가바이트 단위로 할당하려면 숫자 뒤에 'G'를 추가한다.

컨테이너가 OOM 킬러에 의해 살해됐는지의 여부를 구별하는 방법이 궁금할 텐데 docker inspect 커맨드로 쉽게 구별할 수 있다.

```
$ docker inspect logger | grep OOMKilled
        "OOMKilled": false,
```

커맨드는 OOM 킬러가 컨테이너를 죽였는지 등 왜 컨테이너가 살해됐는지에 관한 정보를 출력한다.

토론

OOM 킬러는 컨테이너에 확장된 권한을 설정하도록 요구하지 않으며, 사용자가 루트 사용자 역할을 하도록 요구하지도 않는다. 필요한 것은 도커 커맨드에 대한 접근뿐이다. 권한 없는 사용자가 루트root를 신뢰하지 않고 도커 커맨드에 접근할 수 있도록 하는 것을 경계해야 할 또 다른 이유다(보안 관련 14장 참고).

보안 위험뿐 아니라 안정성 위험이기도 하다. 사용자가 도커를 실행할 수 있을 때 점차적으로 메모리를 누출하는 프로세스를 실행할 수 있다(많은 제작 환경에서 공통적임). 메모리에 경계가 설정되지 않을 경우, 운영체제가 일단 선택사항이 소진되면 개입해 가장 큰 메모리 사용으로 사용자 프로세스를 먼저 소멸시킨다(수년 동안 전투 테스트를 거쳐 성장한 Linux OOM-killer 알고리즘을 단순화한 것이다. 그러나 OOM 킬러가 비활성화된 상태에서 컨테이너가 시작되면, 그것은 호스트의 모든 컨테이너를 짓밟아 사용자들에게 훨씬 더 많은 파괴와 불안정을 야기할 수 있다.

메모리 관리를 미세하게 조정하려면 컨테이너의 'OOM 점수'를 --oom-score-adj 매개변수를 사용할 수 있다. 해당 목적에 맞는 또 다른 접근 방법은 커널에서 메모리 오버 커밋overcommit을 비활성화하는 것이다. 오버 커밋은 OOM 킬러를 전역으로 비활성화하는데, 메모리는 확실히 사용할 수 있을 때만 허용된다. 그러나 호스트에서 실행할 수 있는 컨테이너의 수를 제한할 수 있으며 이는 바람직하지 않을 수 있다.

언제나 그렇듯이 성능 튜닝은 예술이다!

16.2 컨테이너 누수가 발생할 때 − 도커 디버깅하기

도커 컨테이너에서 실행 중인 애플리케이션 문제를 이해하고 해결하는 데 도움이 되는 기술을 다룬다. 누수 문제를 디버깅하기 위해 호스트의 툴을 사용할 때 컨테이너 네트워크를 다룰 것이고 네트워크 인터페이스를 직접 모니터링해 컨테이너 제어을 피할 수 있는 대안을 살펴본다.

마지막으로 도커 추상화가 어떻게 문제가 발생할 수 있는지, 컨테이너가 특정 호스트에서 작업하도록 유도하고, 해당 컨테이너를 상용 시스템에서 디버깅하는 방법을 소개한다.

기술 111 ▶ nsenter를 사용해 컨테이너 네트워크 디버깅하기

이상적인 세계라면 사용자는 컨테이너 통신 문제를 진단하기 위해 특사 컨테이너에 소셜 (기술 4)를 사용할 수 있을 것이다. 컨테이너를 추가로 시작한 후 프록시proxy를 수행하는 새로운 컨테이너로 연결을 맺도록 해야 한다. 프록시를 사용하면 연결을 진단 및 모니터링한 후 올바른 위치로 전달할 수 있다. 불행히도 오직 디버깅 목적으로 컨테이너를 설정하는 것이 항상 편리하지는 않다.

> |팁| 특사 패턴은 기술 74를 참고한다.

기술 15, 기술 19에서 docker exec를 이미 살펴봤다. 기술 111은 기술 15, 19와 비슷해 보이지만 컨테이너가 설치한 것에 국한하지 않고 머신의 툴을 컨테이너에서 사용할 수 있는 툴인 nsenter을 설명할 것이다.

문제

컨테이너의 네트워크 이슈를 디버깅하고 싶지만 디버깅 툴이 컨테이너에 없다.

해결책

nsenter를 사용해 컨테이너 네트워크로 컨테이너에 접근하고 호스트의 모든 툴을 사용할 수 있어야 한다.

도커 호스트에서 nsenter를 사용할 수 없다면 다음 커맨드로 nsenter를 빌드할 수 있다.

```
$ docker run -v /usr/local/bin:/target jpetazzo/nsenter
```

커맨드를 실행하면 /usr/local/bin에 nsenter를 설치하고 즉시 사용할 수 있다. 그리고 nsenter는 리눅스 배포판(util-linux 패키지)에서 사용 가능할 것이다.

보통 유용한 BusyBox 이미지에 기본적으로 배시를 제공하지 않는다. 호스트의 배시 프로그램을 사용해 BusyBox 컨테이너에 접속하는 nsenter 시연을 소개해 본다.

```
$ docker run -ti busybox /bin/bash
FATA[0000] Error response from daemon: Cannot start container >
a81e7e6b2c030c29565ef7adb94de20ad516a6697deeeb617604e652e979fda6: >
exec: "/bin/bash": stat /bin/bash: no such file or directory
$ CID=$(docker run -d busybox sleep 9999)  ◀── BusyBox 컨테이너를 시작하고 컨테이너 ID(CID)를 저장한다.
$ PID=$(docker inspect --format {{.State.Pid}} $CID)  ◀──┐ 컨테이너를 검사하고 프로세스 ID(PID)를
▶$ sudo nsenter --target $PID \                              얻는다(기술 30 참고).
--uts --ipc --net /bin/bash  ◀── 나머지 매개변수를 사용해 접속할 컨테이너의 네임스페이스를 지정한다.
root@781c1fed2b18:~#
```
nsenter를 실행할 때 ―target 매개변수 다음에 입력할 컨테이너를 지정한다.
'sudo'는 필요하지 않을 것이다.

nsenter가 해석하는 네임스페이스에 대한 자세한 내용은 기술 109를 참고한다. 네임스페이스를 선택할 때 중요한 점은 배시를 사용할 수 없어서 도커 컨테이너의 파일 시스템

을 사용할 --mount 매개변수를 사용하지 않는다는 점이다. /bin/bash는 시작할 실행 파일로 지정된다.

컨테이너의 파일 시스템에 직접 접속하지 않았지만 컨테이너에 접속하면 호스트의 모든 툴을 사용할 수 있어야 한다.

앞서 필요했던 작업은 호스트의 특정 veth 인터페이스 디바이스가 어떤 컨테이너에 연관돼 있는지 알아내는 것이다. 예를 들어 네트워크를 신속하게 다운시킬 수 있는 것이 가끔은 바람직하다. 권한이 없는 컨테이너는 네트워크 인터페이스를 다운시킬 수 없으므로 호스트에서 veth 인터페이스 이름을 찾아야만 한다.

```
$ docker run -d --name offlinetest ubuntu:14.04.2 sleep infinity
fad037a77a2fc337b7b12bc484babb2145774fde7718d1b5b53fb7e9dc0ad7b3
$ docker exec offlinetest ping -q -c1 8.8.8.8        ◀─── 새로운 컨테이너 안에서 ping을 시도하고
 PING 8.8.8.8 (8.8.8.8) 56(84) bytes of data.             성공하는지 확인한다.


--- 8.8.8.8 ping statistics ---
1 packets transmitted, 1 received, 0% packet loss, time 0ms
rtt min/avg/max/mdev = 2.966/2.966/2.966/0.000 ms        컨테이너의 네트워크 인터페이스를 다운시킬 수 없다.
                                                         네트워크 인터페이스가 eth0이 아닐 수 있으므로 해당
$ docker exec offlinetest ifconfig eth0 down  ◀──        인터페이스가 동작하지 않으면 ip addr을 사용해 기본
 SIOCSIFFLAGS: Operation not permitted                   인터페이스 이름을 확인할 수 있다.
$ PID=$(docker inspect --format {{.State.Pid}} offlinetest)
$ nsenter --target $PID --net ethtool -S eth0  ◀──── 호스트의 ethtool 커맨드를 사용해 peer 인터페이스
 NIC statistics:                                         색인(가상 네트워크 인터페이스의 다른 쪽 끝)을
      peer_ifindex: 53                                   검색해 컨테이너의 네트워크 공간에 접속한다.
▶ $ ip addr | grep '^53'
  53: veth2e7d114: <BROADCAST,MULTICAST,UP,LOWER_UP> mtu 1500 qdisc noqueue >
master docker0 state UP
$ sudo ifconfig veth2e7d114 down  ◀──── 가상 인터페이스를 다운시킨다.
$ docker exec offlinetest ping -q -c1 8.8.8.8  ◀──── 컨테이너에서 ping을 사용할 때 실패한다.
 PING 8.8.8.8 (8.8.8.8) 56(84) bytes of data.


--- 8.8.8.8 ping statistics ---
1 packets transmitted, 0 received, 100% packet loss, time 0ms
```
컨테이너의 가상 네트워크(veth) 인터페이스를 찾기 위해
호스트의 인터페이스 목록을 검색한다.

컨테이너 안에서 사용할 수 있는 프로그램의 마지막 예시는 네트워크 인터페이스의 모든 TCP 패킷을 저장하는 툴인 tcpdump다. tcpdump를 사용하려면 nsenter를 실행할 때 --net 매개변수를 추가한다. 즉 사용자가 호스트에서 컨테이너 네트워크를 보게 함으로써 tcpdump를 사용해 패킷을 모니터링할 수 있게 한다.

예를 들어 다음 코드의 tcpdump 커맨드는 모든 패킷을 /tmp/google.tcpdump 파일에 저장한다(이전에 시작한 nsenter 세션에 아직 있다고 가정한다). 그후 웹 페이지에 접속해 네트워크 트래픽을 수집한다.

```
root@781c1fed2b18:/# tcpdump -XXs 0 -w /tmp/google.tcpdump &
root@781c1fed2b18:/# wget google.com
--2015-08-07 15:12:04--  http://google.com/
Resolving google.com (google.com)... 216.58.208.46, 2a00:1450:4009:80d::200e
Connecting to google.com (google.com)|216.58.208.46|:80... connected.
HTTP request sent, awaiting response... 302 Found
Location: http://www.google.co.uk/?gfe_rd=cr&ei=tLzEVcCXN7Lj8wepgarQAQ >
[following]
--2015-08-07 15:12:04--  >
http://www.google.co.uk/?gfe_rd=cr&ei=tLzEVcCXN7Lj8wepgarQAQ
Resolving www.google.co.uk (www.google.co.uk)... 216.58.208.67, >
2a00:1450:4009:80a::2003
Connecting to www.google.co.uk (www.google.co.uk)|216.58.208.67|:80... >
connected.
HTTP request sent, awaiting response... 200 OK
Length: unspecified [text/html]
Saving to: 'index.html'

index.html              [ <=>              ]  18.28K  --.-KB/s    in 0.008s

2015-08-07 15:12:05 (2.18 MB/s) - 'index.html' saved [18720]

root@781c1fed2b18:# 15:12:04.839152 IP 172.17.0.26.52092 > >
google-public-dns-a.google.com.domain: 7950+ A? google.com. (28)
15:12:04.844754 IP 172.17.0.26.52092 > >
google-public-dns-a.google.com.domain: 18121+ AAAA? google.com. (28)
15:12:04.860430 IP google-public-dns-a.google.com.domain > >
172.17.0.26.52092: 7950 1/0/0 A 216.58.208.46 (44)
15:12:04.869571 IP google-public-dns-a.google.com.domain > >
```

```
172.17.0.26.52092: 18121 1/0/0 AAAA 2a00:1450:4009:80d::200e (56)
15:12:04.870246 IP 172.17.0.26.47834 > lhr08s07-in-f14.1e100.net.http: >
Flags [S], seq 2242275586, win 29200, options [mss 1460,sackOK,TS val >
49337583 ecr 0,nop,wscale 7], length 0
```

> |**팁**| 네트워크 설정 방법을 참고해 DNS 조회가 가능하도록 resolvev.conf 파일을 일시적으로 변경해야 할 수 있다. 'Temporary failure in name resolution' 에러가 발생하면 /etc/resolv.conf 파일의 맨 위에 'nameserver 8.8.8.8'을 추가한다. 작업을 끝내면 원래 상태로 되돌린다.

토론

기술 111은 10장(기술 78, 79)의 툴을 사용해 네트워크 중단을 시뮬레이션하지 않고 컨테이너의 네트워크 동작을 신속하게 변경할 수 있는 방법을 제공한다.

도커는 도커가 제공하는 격리된 네트워크 환경에서 네트워크 이슈를 디버깅하는 것이 통제되지 않는 환경에서 네트워크 이슈를 디버깅하는 것보다 훨씬 더 쉬운 경우가 도커의 유용한 사례다. 한밤중에 관련 없는 네트워크 패킷을 적절히 필터링하기 위해 tcpdump의 올바른 매개변수를 기억하려고 하는 것은 에러가 발생하기 쉬운 과정이다. nsenter를 사용하면 이미지에 tcpdump를 설치하지 않은 채 또는 설치한 채로 컨테이너 내부의 모든 패킷을 저장할 수 있고 tcpdump 관련 매개변수를 잊어도 된다.

기술 112 > tcpflow를 사용해 재설정하지 않은 채 실행 중에 디버깅하기

tcpdump는 네트워크 분석 툴의 사실상 표준 툴이어서 대부분 네트워크 이슈를 디버깅할 때 사용하는 첫 번째 툴일 가능성이 높다.

tcpdump는 일반적으로 패킷 요약 정보를 표시하고 패킷 헤더와 프로토콜 정보를 분석하는 데 사용된다. 두 프로그램 사이의 애플리케이션 레벨의 데이터 흐름을 표시하는 기능은 아니다. 두 애플리케이션의 통신 이슈를 분석할 때 매우 중요한 기능이다.

문제

컨테이너 내부의 애플리케이션의 통신 데이터를 모니터링해야 한다.

해결책

네트워크 인터페이스를 통과하는 트래픽을 수집하고 싶다면 tcpflow를 사용한다.

tcpflow는 tcpdump와 유사하지만(같은 패턴 매칭 표현식을 수용) 애플리케이션 데이터 흐름에 관해서는 더 좋은 통찰력을 제공하도록 설계됐다. 시스템 패키지 관리자를 통해 tcpflow를 설치할 수 있지만, 시스템 패키지 관리자를 사용하고 싶지 않다면 시스템 패키지 관리자와 사실상 동등한 기능이 있는 도커 이미지를 준비했다.

```
$ IMG=dockerinpractice/tcpflow
$ docker pull $IMG
$ alias tcpflow="docker run --rm --net host $IMG"
```

도커에 tcpflow를 사용할 수 있는 두 가지 방법이 있다. 첫 번째는 docker0 인터페이스를 가리키고 패킷 필터링 표현식을 사용해 원하는 패킷만 수집하는 방법이다. 두 번째는 기술 111을 사용해 관심있는 컨테이너의 veth 인터페이스를 찾아서 수집하는 방법이다.

> |팁| 도커 내부에서 네트워크 트래픽의 흐름 방식에 관한 메모리를 새로 고치는 방법과 docker0의 패킷을 수집하는 것이 컨테이너 트래픽 패킷을 수집하는 것과 같은 지 이유를 알고 싶다면 10장의 그림 10.2를 참고하길 바란다.

표현식 필터링은 네트워크 인터페이스에 연결한 뒤에 사용할 수 있는 tcpflow의 강력한 기능으로서 원하는 트래픽을 분석할 수 있다. 간단한 예시로 시작한다.

```
$ docker run -d --name tcpflowtest alpine:3.2 sleep 30d
fa95f9763ab56e24b3a8f0d9f86204704b770ffb0fd55d4fd37c59dc1601ed11
$ docker inspect -f '{{ .NetworkSettings.IPAddress }}' tcpflowtest
172.17.0.1
$ tcpflow -c -J -i docker0 'host 172.17.0.1 and port 80'
tcpflow: listening on docker0
```

예시에서 원본이나 대상 80 포트(일반적으로 HTTP 트래픽에 사용됨) 기반으로 컨테이너에서 들어오고 나가는 모든 트래픽 스트림이 다양한 색상으로 출력하도록 tcpflow에 요청한다. 이제 새로운 터미널을 열어 컨테이너 내부에서 웹 페이지를 검색하자.

```
$ docker exec tcpflowtest wget -O /dev/null http://www.example.com/
Connecting to www.example.com (93.184.216.34:80)
null                100% |*****************************|  1270    0:00:00 ETA
```

tcpflow 터미널에서 다양한 색상의 출력을 살펴볼 수 있다. 지금까지 커맨드 출력은 다음과 같이 보일 것이다.

```
$ tcpflow -J -c -i docker0 'host 172.17.0.1 and (src or dst port 80)'
tcpflow: listening on docker0
172.017.000.001.36042-093.184.216.034.00080: >
GET / HTTP/1.1  ◀━━━━━ 파란색 출력 시작
 Host: www.example.com
User-Agent: Wget
Connection: close


093.184.216.034.00080-172.017.000.001.36042: >
HTTP/1.0 200 OK  ◀━━━━━ 빨간색 출력 시작
 Accept-Ranges: bytes
Cache-Control: max-age=604800
Content-Type: text/html
Date: Mon, 17 Aug 2015 12:22:21 GMT
[...]

<!doctype html>
<html>
<head>
    <title>Example Domain</title>
[...]
```

토론

tcpflow가 툴박스에서 눈에 띄지 않다는 것을 감안하면 툴박스에 포함된 훌륭한 툴이다. 오래 동작하는 컨테이너에 tcpflow를 시작해 컨테이너가 전송하는 내용에서 통찰력을 얻거나 tcpdump(이전 기술)와 함께 사용해 애플리케이션이 생성한 요청 타입과 전송되는 정보를 완벽하게 파악할 수 있다.

특정 호스트에서 장애가 발생할 때 컨테이너 디버깅하기

기술 111과 112에서 컨테이너와 다른 곳 사이의 통신에서 발생하는 이슈를 분석하는 방법을 살펴봤다. 여기서 '다른 곳'이란 컨테이너일 수도 있고 외부 인터넷 서버일 수 있다.

특정 호스트의 이슈를 격리했는데 외부와의 통신이 원인이 아닌 것이 확실하다면 다음 단계는 움직이는 부분 개수(예: 볼륨 및 포트 제거하기)를 줄이고 호스트 자체의 세부 정보(사용 가능한 디스크 공간, 열려 있는 파일 설명자 수 등)를 확인할 수 있어야 한다. 모든 호스트에 최신 버전의 도커가 설치됐는지 확인하면 좋다.

설명한 도커 이미지가 도움이 안 될 때도 있다. 완벽히 포함해야 하는 매개변수 없이 실행(예: docker run <이미지 이름>)할 수 있는 이미지를 갖고 있지만, 호스트마다 다르게 실행해야 할 수 있다.

문제

컨테이너 안의 특정 작업이 특정 호스트에서 동작하지 않는 이유를 확인하고 싶다.

해결책

프로세스를 추적해 실행 중인 시스템 호출을 확인하고 동작 중인 시스템과 비교한다.

도커의 목표는 사용자가 '어디서나 모든 앱을 실행할 수 있게 하는 것'이지만 이를 실현하기 위한 수단이 항상 무모한 것은 아니다.

도커는 리눅스 커널 API를 도커 호스트(즉 실행할 수 있는 환경)로 여긴다. 도커의 동작 방식을 처음 배울 때 많은 사람들은 도커가 리눅스 API의 변경사항을 어떻게 처리하는지 묻는다. 경험상 도커는 리눅스 API의 변경사항을 아직 모른다. 다행히 리눅스 API는 하위 호환성을 갖고 있다. 도커 애플리케이션이 새로운 리눅스 API 호출을 생성하고 사용하는 시나리오를 미래에 상상할 수 있을 것 같다. 그후 도커 애플리케이션이 도커에서 실행할 정도로 최신 커널 뿐 아니라 최신 커널 API를 호출하지 않을 정도로 충분히 오래된 커널에 배포할 수 있다.

> **|참고|** 리눅스 커널 API 변경이 이론적인 문제라고 생각할 수도 있지만 이 책의 초판을 작성할 때 이 사례를 만났다. 진행했던 프로젝트에서 memfd_create 리눅스 시스템 호출을 사용했는데 memfd_create 시스템 호출은 리눅스 3.17 버전 이상의 커널에서만 존재한다. 일부 호스트에서는 오래된 커널의 리눅스를 실행하고 있어서 내 컨테이너는 어떤 시스템에서는 동작하지 않았고 다른 시스템에서는 동작했다.

이 시나리오만 도커 추상화가 실패하는 유일한 사례가 아니다. 애플리케이션에서 호스트의 파일을 생성할 수 있다는 가정 때문에 특정 커널에서 컨테이너가 실패할 수 있다. 드물게 발생하지만 이런 위험에 주의해야 한다.

SELinux의 컨테이너 간섭

SELinux와 상호 작용하다가 도커 추상화가 실패할 수 있다. 14장에서 살펴본 대로 SELinux는 정상적인 사용자 권한 밖에서 동작하는 커널에서 구현된 보안 계층이다.

도커는 컨테이너 안에서 수행할 수 있는 작업을 관리해 컨테이너 보안을 강화하기 위해 보안 계층을 사용한다. 예를 들어 컨테이너의 루트는 호스트의 루트와 같은 사용자다. 호스트와 컨테이너를 분리하기 어렵기 때문에 호스트의 루트를 얻는 것은 불가능하지 않다. 호스트의 루트 탈취 방법이 발견됐고 오픈소스 커뮤니티가 모르는 취약점이 있을 수 있다.

SELinux가 할 수 있는 것은 루트 사용자가 컨테이너를 호스트에서 분리하더라도 호스트에서 수행할 수 있는 작업에 제한이 있도록 또 다른 보호 계층을 제공하는 것이다.

지금까지는 매우 좋았다. 그러나 도커 이슈는 SELinux가 컨테이너 내부가 아니라 호스트에서 실행된다는 것이다. 즉 SELinux의 상태를 질의하고 실행 중인 컨테이너의 프로그램이 실행 환경에 어떤 가정을 내릴 수 있다. 가정의 기대치가 충족되지 않으면 예기치 않은 방식으로 실패할 수 있다.

다음 예시에서는 도커가 설치된 센트OS 7 베이그란트^{Vagrant} 머신에 ubuntu:12.04 컨테이너를 실행한다. 사용자를 추가하기 위해 매우 간단한 커맨드를 실행하면 해당 커맨드의 종료 코드는 12다. 해당 종료 코드는 에러를 나타내며 실제로 사용자가 생성되지 않는다.

```
[root@centos vagrant]# docker run -ti ubuntu:12.04
Unable to find image 'ubuntu:12.04' locally
Pulling repository ubuntu
78cef618c77e: Download complete
b5da78899d3a: Download complete
87183ecb6716: Download complete
82ed8e312318: Download complete
root@afade8b94d32:/# useradd -m -d /home/dockerinpractice dockerinpractice
root@afade8b94d32:/# echo $?
12
```

커맨드에서 ubuntu:12.04 대신 ubuntu:14.04으로 변경하면 컨테이너가 잘 동작한다. 결과를 재현하려면 센트OS 7 머신이 필요하다. 그러나 학습 목적으로 커맨드와 컨테이너를 사용해 나머지 기술을 따라해 보는 것으로 충분하리라 본다.

> |팁| 배시에서 $?는 마지막으로 실행한 커맨드의 종료 코드를 알려준다. 종료 코드의 의미는 커맨드마다 다르지만, 일반적으로 종료 코드 0은 커맨드의 결과가 성공했음을 의미하며, 0이 아닌 코드는 에러나 예외가 발생했음을 뜻한다.

리눅스 API 호출 디버깅하기

두 컨테이너 간의 차이는 호스트에서 실행되는 커널 API의 차이에서 비롯된 것이다. strace를 사용해 커널 API 호출 간의 차이를 확인한다.

strace는 프로세스(일명 시스템 호출)가 호출한 리눅스 API 호출을 분석할 수 있는 툴이다. strace는 매우 유용한 디버깅 및 교육 툴이다. 그림 16.2에서 strace 동작 방식을 설명한다.

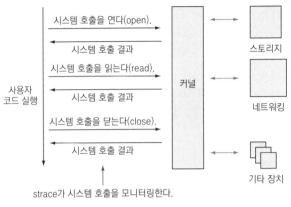

▲ **그림 16.2** strace 동작 방식

먼저 패키지 관리자를 사용해 컨테이너에 strace를 설치한 후, strace 커맨드를 앞에 추가해 다른 커맨드를 실행한다. 실패했던 useradd 호출 예시 결과는 다음과 같다.

> strace 출력의 각 라인은 리눅스 API 호출로 시작한다. 여기에서 execve 호출은 strace
> 다음의 커맨드를 실행한다. 마지막의 0은 execve 호출의 리턴 값(성공)을 의미한다.

> 기존 커맨드 앞에 strace -f를 추가하고 실행한다.
> strace는 해당 커맨드를 통해 생성된 모든 프로세스와 하위 프로세스를 추적한다.

```
# strace -f \
useradd -m -d /home/dockerinpractice dockerinpractice
execve("/usr/sbin/useradd", ["useradd", "-m", "-d", >
  "/home/dockerinpractice", "dockerinpractice"], [/* 9 vars */]) = 0
[...]
open("/proc/self/task/39/attr/current", >
 O_RDONLY) = 9
read(9, "system_u:system_r:svirt_lxc_net_"..., >
 4095) = 46
close(9)                                 = 0
 [...]
open("/etc/selinux/config", O_RDONLY)    = >
 -1 ENOENT (No such file or directory)
open("/etc/selinux/targeted/contexts/files/ >
 file_contexts.subs_dist", O_RDONLY) = -1 ENOENT (No such file or directory)
open("/etc/selinux/targeted/contexts/files/ >
 file_contexts.subs", O_RDONLY) = -1 ENOENT (No such file or directory)
open("/etc/selinux/targeted/contexts/files/ >
 file_contexts", O_RDONLY) = -1 ENOENT (No such file or directory)
```

> 디버깅하고 싶은 커맨드 앞에 strace를 추가한다.

> 'open' 시스템 호출은 파일을 읽기 위해 파일을 연다.
> 리턴 값(9)은 파일 작업을 위한 후속 호출에 사용될 파일 핸들(handle) 값이다. 이때 실행 중인 프로세스의 정보를 보관하는 /proc 파일 시스템에서 SELinux 정보를 얻는다.

> 'read' 시스템 호출은 이전에 열린 파일(파일 설명자 번호 9)로 동작하며 읽은 바이트 수(46)를 리턴한다.

> 'close' 시스템 호출은 파일 설명자 번호로 참고한 파일을 닫는다.

> 프로그램은 어딘가 있을 것으로 예상하는 SELinux 파일을 열려고 매번 시도하지만 실패한다. strace는 사용자에게 리턴 값이 의미하는 내용, "No such file or directory.('그런 파일이나 디렉토리는 없다'를 알려준다)"를 출력한다.

```
[...]
exit_group(12) ◄────    │ 프로세스는 리턴 값 12로 종료된다.
                        │ 즉 useradd를 실행할 때 디렉토리를 생성할 수 없음을 의미한다.
```

출력을 처음 본다면 혼란스럽겠지만 몇 번 읽다 보면 점차 읽기 쉬워진다. 각 라인은 커널 영역^{kernel space}에서 작업을 수행하는 리눅스 커널 호출을 의미한다. 참고로 사용자 영역^{user space}은 커널 스페이스와 다른 영역으로 작업을 수행할 때 커널에 책임을 넘겨주지 않고 프로그램이 동작하는 영역이다.

> |**팁**| 특정 시스템 호출을 자세히 알고 싶다면 〈man 2 시스템-호출-이름〉(예, man 2 exec)를 실행한다. apt-get install manpages-dev 또는 패키지 관리자를 통해 man 페이지를 설치할 수 있다. 또는 구글에서 "〈man 2 시스템-호출-이름〉"을 검색하면 도움을 얻을 수 있다.

도커의 추상화가 실패하는 것을 보여주는 예시다. 컨테이너에서 SELinux가 활성화한 것으로 보이지만 프로그램은 SELinux 파일이 있다고 예상하기 때문에 작업이 실패한다. 그러나 적용에 관한 세부 내용은 호스트에 유지된다.

> |**팁**| 개발자라면 모든 시스템 호출에 관해서 man 2 페이지를 읽기를 강력히 추천한다. 시스템 호출 매뉴얼을 읽을 때 처음에는 어려운 전문 용어로 이해하기 힘들겠지만 다양한 주제를 읽으면서 기본적인 리눅스 개념의 많은 내용을 배우게 된다. 언젠가 대부분 언어가 어느 뿌리에서 유래하는지 알아보기 시작할 테고 기이한 점과 특이점도 파악된다. 모든 내용을 즉시 이해할 수 없지만 인내하길 바란다.

토론

드문 상황이지만 strace를 사용해 프로그램이 리눅스 커널과 상호 작용하는 방식을 디버깅하고 이해하는 기능은 도커 뿐 아니라보다 일반적인 개발에서도 귀중한 기술이다.

기술 57에서 생성된 도커 이미지가 매우 작아 컨테이너에 strace를 설치하고 싶지 않다면 호스트에서 strace를 사용할 수 있다. docker top <container_id>를 사용하면 컨테이너에서 프로세스의 PID를 찾을 수 있고 strace의 -p 매개변수를 사용해 실행 중인 특정 프로세스에 어태치한다. sudo를 사용하는 것을 잊지 말자. 프로세스에 어태치하면 잠재적으로 비밀 파일을 읽을 수 있어 추가 권한이 필요하다.

기술 114 **이미지에서 파일 추출하기**

docker cp 커맨드를 사용하면 컨테이너의 파일을 쉽게 복사할 수 있다. 이미지에서 파일을 추출하고 싶지만 복사할 깨끗한 컨테이너가 실행되고 있지 않다. 이때 이미지의 컨테이너를 실행하고 docker cp를 실행한 다음에 컨테이너를 제거할 수 있다. 여기에 사용될 세 개의 커맨드가 이미 존재하는데 이미지에 의미 있는 매개변수를 요구하는 기본 진입점이 있다면 이슈가 발생할 수 있다.

기술 114는 하나의 커맨드와 두 개의 매개변수로 모든 작업을 수행할 수 있도록 셸 시작 스크립트에 저장할 수 있는 단일 커맨드 앨리어스를 제공한다.

문제

이미지의 파일을 호스트로 복사하고 싶다.

해결책

진입점이 포함된 이미지를 통해 컨테이너를 실행하려면 앨리어스를 사용해 cat으로 컨테이너의 파일의 내용을 호스트의 파일로 저장할 수 있다.

이미지에서 파일을 추출하기 위해 docker run 커맨드를 구성하는 방법을 소개한다. 편의를 위해 해당 파일을 앨리어스로 변경하는 방법을 살펴본다.

목록 16.4 docker run을 사용해 이미지에서 파일 추출하기

```
$ docker run --rm  \  ◀──── docker run 커맨드에 --rm 매개변수로 컨테이너를 삭제한다.
    -i \  ◀──── -i 매개변수로 컨테이너와 상호 작용한다.
    -t \  ◀──── -t 매개변수로 컨테이너에서 가상 터미널을 제공한다.
    --entrypoint=cat \  ◀──── 컨테이너의 진입점을 'cat'으로 설정한다.
    ubuntu \  ◀──── 파일을 추출할 이미지의 이름
    /etc/os-release \  ◀──── 출력할 파일 이름
    > ubuntu_os-release  ◀──── 파일의 내용을 호스트의 로컬 파일로 전달한다.
 $ cat ubuntu_os-release
NAME="Ubuntu"
```

```
VERSION="16.04.1 LTS (Xenial Xerus)"
ID=ubuntu
ID_LIKE=debian
PRETTY_NAME="Ubuntu 16.04.1 LTS"
VERSION_ID="16.04"
HOME_URL="http://www.ubuntu.com/"
SUPPORT_URL="http://help.ubuntu.com/"
BUG_REPORT_URL="http://bugs.launchpad.net/ubuntu/"
VERSION_CODENAME=xenial
UBUNTU_CODENAME=xenial          │ 제대로 동작하는지 보여주기 위해 /etc/os-release가
$ cat /etc/os-release  ◀───────┘ 호스트에 존재하지 않음을 보여준다.
 cat: /etc/os-release: No such file or directory
```

여기서 entrypoint을 사용하는 이유와 단순히 파일을 출력하기 위해 cat 커맨드를 실행하지 않는 이유도 궁금할 것이다. 일부 이미지에서는 이미 진입점이 설정돼 있어 도커는 cat을 entrypoint 커맨드의 매개변수로 취급하고 결과적으로 원하지 않는 동작을 일으킨다.

편의상 커맨드를 앨리어스에 넣는 것이 좋을 것이다.

목록 16.5 앨리어스를 사용해 이미지에서 파일 추출하기

목록 16.4의 커맨드에서 이미지와 파일 매개변수를 제외한 모든 부분을 포함해
'imagecat'이란 이름의 앨리어스로 지정한다.

```
▶$ alias imagecat='docker run --rm -i -t --entrypoint=cat'
  $ imagecat ubuntu /etc/os-release  ◀──── 'imagecat'에 두 개의 매개변수(이미지와 파일 이름)를
  NAME="Ubuntu"                              포함해 호출한다.
  VERSION="16.04.1 LTS (Xenial Xerus)"
  ID=ubuntu
  ID_LIKE=debian
  PRETTY_NAME="Ubuntu 16.04.1 LTS"
  VERSION_ID="16.04"
  HOME_URL="http://www.ubuntu.com/"
  SUPPORT_URL="http://help.ubuntu.com/"
  BUG_REPORT_URL="http://bugs.launchpad.net/ubuntu/"
  VERSION_CODENAME=xenial
  UBUNTU_CODENAME=xenial
```

기술 114는 컨테이너에 cat이 있다고 가정한다. 기술 58처럼 최소 컨테이너를 빌드하면 컨테이너에는 이진 파일만 있어서 cat이 없을 수도 있다. 즉 표준 리눅스 툴이 없다.

이 기술은 컨테이너에 cat이 있다고 가정한다. 기술 58을 사용해 최소 컨테이너를 빌드했다면 바이너리만 컨테이너에 있으므로 표준 리눅스 툴이 없어서 cat을 사용할 수 없다.

이때 기술 73처럼 docker export를 사용하는 것이 좋지만 파일을 다른 머신에 보내는 대신 원하는 파일을 추출할 수 있다. 컨테이너를 내보내려면 컨테이너를 성공적으로 시작할 필요가 없다. 컨테이너 안에 없는 커맨드를 실행한 다음 중지된 컨테이너를 내보낼 수 있다. 혹은 컨테이너를 시작할 필요 없이 실행하기 위해 컨테이너를 준비하는 docker create를 사용한다.

요약

- 컨테이너의 유연성을 높이거나 성능을 높이기 위해 다양한 종류의 격리를 비활성화하기 위해 도커에 매개변수를 전달할 수 있다.
- 개별 컨테이너에 리눅스 OOM 킬러를 비활성화해 리눅스가 이 프로세스를 종료해 제한된 메모리를 회수하려고 시도해서는 안 된다는 것을 알릴 수 있다.
- nsenter를 사용해 호스트에서 컨테이너의 네트워크 문맥에 접근할 수 있다.
- tcpflow를 사용하면 어떤 것도 재구성하거나 다시 시작할 필요 없이 컨테이너를 드나드는 모든 트래픽을 모니터링할 수 있다.
- strace는 도커 컨테이너가 특정 호스트에서 동작하지 않는 이유를 식별하기 위한 중요한 툴이다.

모든 내용이 끝났다. 도커를 사용하는 것에 눈을 뜨고 회사나 개인 프로젝트 통합에 관한 아이디어를 내기를 소망한다. 내게 연락하거나 의견을 보내려면 매닝 출판사의 Docker in Practice 포럼 (https://forums.manning.com/forums/docker-in-practice-second-edition)에서 스레드를 생성하길 바란다)이나 'docker-in-practice' 깃허브 저장소에 접근해 주제를 올려주길 바란다.

도커 설치 및 사용

이 책의 기술을 사용할 때 깃허브에서 파일을 생성하고 저장소를 복제해야 한다. 작업 공간이 필요할 때 코드 간섭을 피하기 위해 기술마다 빈 디렉토리를 새로 생성하는 것이 좋다.

리눅스 사용자는 도커를 설치하고 사용하기가 비교적 쉽지만 도커의 세부 내용은 리눅스 배포판마다 크게 다를 수 있다. 이 책에서 도커의 다양한 가능성을 설명하기보다 https://docs.docker.com/installation/에서 최신 도커 설명서를 확인하는 것이 좋다. 여기서는 도커의 CE$^{Community\ Edition}$ 버전을 사용하기에 적합하다.

도커에 관심이 있는 많은 사용자가 리눅스 배포판(사용자가 찾는 컨테이너가 리눅스 기반이기에 간단하게 유지됨)을 사용한다고 가정하고 이 책을 썼으나 실제로는 윈도우 OS나 맥OS 기반 머신에서 작업하는 경우도 있다. 리눅스용 도커가 리눅스 운영체제에서 공식적으로 지원하고 있어 사용자에게 책에 실린 기술이 동작한다는 점을 말해 둔다. 링크의 도커 설명서를 따라 하고 싶지 않거나 수행할 수 없는 사람들을 위해 다음 방법 중 하나를 사용하여 도커 데몬을 설정할 수 있다.

> **|참고|** 마이크로소프트는 도커 컨테이너 패러다임 및 관리 인터페이스를 지원하기 위해 전념하
> 고 있으며 윈도우 OS 기반 컨테이너를 생성할 수 있도록 도커사와 파트너십 계약을 맺었다. 먼
> 저 리눅스에서 도커를 학습한 후 윈도우 컨테이너에서 학습하는 경우가 있지만 매우 다른 생계
> 계와 기본 계층으로 인해 윈도우 컨테이너와 리눅스 컨테이너 간에 많은 차이가 있다. 윈도우 컨
> 테이너에 관심이 있다면 마이크로 소프트와 도커사에서 협력해서 만든 무료 문서(https://blogs.
> msdn.microsoft.com/microsoft_press/2017/08/30/free-ebook-introduction-to-windows-
> containers/)를 살펴보자. 참고로 내용이 새롭고 컨테이너 환경이 성숙하지 않을 수 있다.

가상 머신 접근 방법

윈도우 OS나 맥OS에서 도커를 사용하는 한 가지 방법은 전체 리눅스 가상 머신을 설치
하는 것이다. 작업이 완료되면 기본 리눅스 시스템과 같은 방식으로 가상 시스템을 사용
할 수 있다.

가상 머신을 사용하려면 보통 버추얼 박스^{VirtualBox}를 설치해 사용한다. 자세한 정보와 설
치 안내서는 http://virtualbox.org를 참고한다.

외부 도커 서버에 연결된 도커 클라이언트

도커 데몬을 서버로 설정한 상태라면 윈도우 OS 또는 맥OS 머신과 통신할 수 있도록 기
본 도커 클라이언트를 설치할 수 있다. 서버에서 노출된 포트는 로컬 시스템이 아닌 외부
도커 서버에 노출되기에 노출된 서버에 접근하려면 IP 주소를 변경해야 할 수 있다.

도커 데몬 노출과 관련된 고급 접근 방법의 요점을 알고 싶다면 기술 1을, 노출된 포트에
대해 보안을 확보하기 위한 자세한 내용은 기술 96을 참고하자.

기본 도커 클라이언트와 가상 머신

일반적인(공식 권장) 접근 방법은 리눅스와 도커를 실행하는 최소 가상 머신과 해당 가상
머신의 도커와 통신하는 도커 클라이언트를 사용하는 것이다.

현재 권장하고 지원하는 도커 클라이언트는 다음과 같다.

- 맥OS 사용자는 도커용 맥(https://docs.docker.com/docker-for-mac/)을 설치해야 한다.
- 윈도우 OS 사용자는 윈도우용 도커(https://docs.docker.com/docker-for-windows/)를 설치해야 한다.

이전에 설명한 가상 머신 접근 방법과 달리 맥/윈도우 용 도커 툴로 생성한 VM은 도커만 실행하기에 매우 가볍다. 자원을 많이 필요로 하는 프로그램을 실행 중이라면 설정에서 VM 메모리 크기를 변경해야 할 수 있다.

윈도우용 도커를 설치한 후 윈도우 컨테이너를 사용할 수는 있는데, 윈도우용 도커를 윈도우 컨테이너^{Windows Container}와 혼동해서는 안된다. 윈도우용 도커는 최신 Hyper-V 기능에 의존하기 때문에 윈도우 10(Windows 10 홈 에디션^{Home Edition}은 제외)이 필요하다.

윈도우 10 홈^{Windows 10 Home}이나 이전 버전의 윈도우 OS를 사용한다면 전과 똑같은 방법으로 도커 툴박스^{Docker Toolbox}를 설치할 수 있다. 도커사에서는 도커 툴박스를 오래된 솔루션이라고 설명하고 있다. 가능하면 도커 툴박스 대안 중 하나를 사용하는 것이 좋다.

- 볼륨을 사용할 때 볼륨 이름의 맨 처음에 이중 슬래시(//)가 필요하다(https://github.com/docker/docker/issues/12751).
- 컨테이너는 시스템과 제대로 통합되지 않은 VM에서 실행 중이기 때문에 호스트의 노출된 포트에 접근하려면 셸에서 `docker-machine ip default`를 사용해 VM의 IP를 찾은 후 접근해야 한다.
- 호스트 외부에 포트를 노출하려면 socat와 같은 툴을 사용해 포트를 전달해야 한다.

이전에 도커 툴박스를 사용하고 있고 최신 툴로 업그레이드하려면 도커 웹사이트에서 맥과 윈도우 OS 모두에 대해서 이전 설명을 찾을 수 있다.

이 책에서는 설명한 도커 툴박스 대안 이외에 도커 툴박스를 설명하지 않는다.

윈도우 OS에서의 도커

윈도우 OS는 맥OS, 리눅스와는 매우 다른 운영체제여서 일반적인 문제와 해결책을 강조하기 위해 자세히 설명한다. https://docs.docker.com/docker-for-windows/에서 윈도우 용 도커를 설치하고 'Use Windows Containers Instead of Linux Containers box' 체크 박스를 켜지 않도록 한다. 새로 생성한 윈도우용 도커를 시작하면 도커를 로드하는데 1분 정도 걸린다. 일단 도커가 실행되면 알림이 오는데, 사용할 준비가 된 것이다.

파워셸^{PowerShell}을 열고 `docker run hello-world`를 실행해 동작하는지 확인할 수 있다. `docker run`을 실행하면 도커는 도커 허브에서 hello-world 이미지를 자동으로 다운로드한 후 이미지를 실행한다. 해당 커맨드의 결과로 도커 클라이언트와 도커 데몬이 통신하면서 각 수행 단계에 대한 간략한 설명을 출력한다. 별로 이해가 되지 않더라도 걱정하지 않아도 된다. 2장에서 관련 내용을 자세히 설명한다.

스크립트는 배시(또는 유사한 셸)를 사용하고 있으며 이 책에 사용된 모드 코드 예시를 다운로드하려면 git을 포함해 많은 유틸리티를 사용할 수 있다고 가정한다. 따라서 윈도우 OS에서 작업할 때는 피할 수 없는 이상한 점이 발생한다는 점을 유의한다. 격차를 해소하기 위해 시그윈과 WSL^{Windows Subsystem for Linux}을 살펴보길 바란다. 두 툴 모두 리눅스와 같은 환경으로 `socat`, `ssh`, `perl`과 같은 커맨드를 제공하지만 `strace`, `ip`(예, `ip addr`)와 같은 리눅스 전용 툴을 사용할 수 있는 WSL이 더 좋은 환경인 것 같다.

|팁| https://www.cygwin.com/에서 다운로드할 수 있는 시그윈은 윈도우 OS에서 사용할 수 있는 리눅스 툴 모음이다. 리눅스와 같은 환경에서 실험하거나 윈도우 OS(.exe)에서 기본적으로 사용할 수 있는 리눅스 툴을 얻고 싶다면 시그윈이 목록의 최상위에 있어야 한다. 패키지 관리자와 함께 제공돼 사용 가능한 소프트웨어를 검색할 수 있다. 대조적으로 WSL (https://docs.microsoft.com/en-us/windows/wsl/install-win10에 설명)은 마이크로소프트에서 윈도우 OS에 완전한 리눅스 에뮬레이션 환경을 제공한다. 실제 리눅스 시스템에서 실행 파일을 복사한 다음 WSL에서 그 파일을 실행할 수 있다. 아직 도커 데몬을 실행할 수 없을 정도로 완벽하지는 않지만 대부분 리눅스 머신을 대하듯이 효과적으로 취급할 수 있다. 시그윈과 WSL에 관한 설명은 부록 A의 범위를 벗어난다.

윈도우 OS에서 일부 커맨드 및 컴포넌트의 대안 툴은 아래에 설명했지만 일부는 상당히 불완전한 대안 툴이라는 것을 염두에 두자. 이 책은 도커를 사용해 리눅스 컨테이너를 실행하는 데 중점을 둔다. 완전한 리눅스 설치(뚱뚱한^fat VM, 클라우드의 상자, 로컬 머신의 설치본)는 도커의 잠재력을 최대한 발휘할 수 있다.

- **ip addr**: 보통 로컬 네트워크에서 머신의 IP 주소를 찾는 데 사용된다. 윈도우 OS에서 사용할 수 있는 같은 툴은 **ipconfig**이다.
- **strace**: 컨테이너에서 실행 중인 프로세스에 어태치^attach하는 데 사용된다. 도커 컨테이너화를 우회하고 도커를 실행하는 가상 머신 내부에서 호스트처럼 접근할 수 있는 방법을 자세히 알고 싶다면 기술 109의 '호스트와 같은 컨테이너'절을 살펴보자. chroot를 실행하지 않고 셸을 시작한다. BusyBox 대신 우분투 같은 리눅스 배포판에서 패키지 관리자를 함께 사용한다. 마치 호스트에서 실행하는 것처럼 커맨드를 설치하고 실행할 수 있다. 이 팁은 많은 커맨드에서 적용할 수 있고 도커 VM을 뚱뚱한 VM으로 취급할 수 있다.

윈도우 OS의 외부에 포트를 노출하기

윈도우용 도커를 사용하면 포트 전달이 자동으로 처리된다. 따라서 예상한 대로 **localhost**를 사용해 노출된 포트에 접근할 수 있어야 한다. 외부 머신에서 윈도우 OS의 노출된 포트에 연결하려면 윈도우 OS의 방화벽 때문에 문제가 생길 수 있다.

신뢰할 만하고 방화벽이 있는 네트워크에서 윈도우 OS 방화벽을 일시적으로 비활성화해 문제를 해결할 수 있지만 추후 다시 활성화해야 한다! 저장된 것 중 하나가 특정 네트워크에서 윈도우 OS의 방화벽 기능이 도움이 되지 않음을 알게됐다. 결국 윈도우 OS에서 네트워크를 '도메인^Domain' 네트워크로 설정해야 하고 윈도우 OS 방화벽^Windows Firewall 고급 설정으로 이동하고 임시 방화벽을 해제해야 함을 깨달았다.

윈도우의 그래픽 애플리케이션

윈도우 OS에서 리눅스 그래픽 애플리케이션을 실행하기가 어려울 때가 있다. 윈도우 OS에서 리눅스 코드를 모두 동작시켜야 할 뿐 아니라 화면 출력 방법을 결정해야 한다. 리눅스에서 사용되는 윈도우 시스템(X 윈도우 시스템 또는 X11)은 윈도우 OS에 내장되어 있지 않다. 다행히 X를 사용하면 네트워크를 통해 애플리케이션 윈도우를 표시할 수 있어 윈도우 OS의 X 구현을 사용해 도커 컨테이너에서 실행 중인 애플리케이션을 표시할 수 있다.

윈도우 OS에 여러 X 구현법이 있다. 여기서는 시그윈^{Cygwin}으로 얻을 수 있는 설치법을 알아본다. 공식 문서(http://x.cygwin.com/docs/ug/setup.html#setup-cygwin-x-installing)를 따라 설치한다. 설치할 패키지를 선택할 때 xorg-server, xinit, xhost가 선택되어 있는지 확인해야 한다.

설치가 끝나면 시그윈 터미널을 열고 `XWin :0 -listen tcp -multiwindow`를 실행한다. 시그윈은 네트워크로 연결을 수신하고(`-listen tcp`) 애플리케이션을 화면에 출력하는 가상 화면 역할을 하는 단일 윈도우가 아닌 자체 윈도우(`-multiwindow`)에서 각 애플리케이션을 표시할 수 있는 X 서버를 시작한다. 시그윈이 시작되면 시스템 트레이 영역에서 'X' 아이콘이 표시된다.

> **|참고|** X 서버는 네트워크를 수신할 수 있지만 현재 로컬 머신에서만 신뢰한다. 살펴본 모든 경우에서 도커 VM에서의 접근을 허용할 수 있지만 권한에 문제가 있으면 모든 시스템에서 접근을 허용했는지 확인해야 한다. 이때는 안전하지 않은 xhost + 커맨드를 실행한다. 네트워크에서 해당 연결 시도를 거부하도록 방화벽이 설정돼 있는지 확인한다. 어떤 상황에서도 윈도우 OS 방화벽을 비활성화한 상태에서 방화벽을 실행하지 않길 바란다. xhost + 커맨드를 실행하면 나중에 xhost ─를 실행해 다시 안전성을 높여야 한다.

이제 X 서버를 사용해 볼 차례다. `ipconfig`를 사용해 로컬 머신의 IP 주소를 찾는다. 외부 연결 어댑터의 IP 주소를 사용해 무선이나 유선으로 연결했다면 일반적으로 알아낼 수 있다. 컨테이너의 연결이 들어오는 것처럼 보인다. 어댑터가 여러 개라면 각 IP 주소를 차례대로 시도해봐야 한다.

파워셸에서 첫 번째 그래픽 애플리케이션을 시작할 때 docker run -e DISPLAY=$MY_IP:0 --rm fr3nd/xeyes를 실행하는 것처럼 간단해야 한다. 여기서 $MY_IP는 로컬 머신의 IP 주소다.

네트워크에 연결돼 있지 않으면 안전하지 않은 xhost + 커맨드를 사용해 DockerNAT 인터페이스를 사용해 문제를 단순화할 수 있다. 이전과 마찬가지로 완료되면 xhost -를 실행해야 한다.

도움 얻기

리눅스 이외의 운영체제를 실행 중이어서 추가적인 도움이나 조언을 얻고 싶다면 도커 문서(https://docs.docker.com/install/)를 참고하자. 문서에는 윈도우 OS와 맥OS 사용자에게 공식적으로 권장되는 최신 조언이 들어있다.

부록 **B**

도커 설정

도커 호스트 머신을 시작할 때 변경사항을 영구적으로 유지하게끔 도커 설정을 변경하도록 조언했다. 부록 B는 도커 설정을 위한 모범 사례에 대해 조언한다. 사용 중인 운영체제 배포판은 맥락에서 중요하다.

도커 설정하기

대부분 리눅스 주요 배포판의 도커 설정 파일의 위치는 표 B.1에 나열돼 있다.

▼ **표 B.1** 도커 설정 파일의 위치

리눅스 배포판	도커 설정 파일
우분투(Ubuntu), 데비안(Debian), 젠투(Gentoo)	/etc/default/docker
오픈수세(OpenSuse), 센트OS(CentOS), 레드햇(Red Hat)	/etc/sysconfg/docker

리눅스 배포판에서 도커 설정은 단일 파일로 유지되지만 다른 리눅스 배포판은 디렉토리와 여러 파일을 사용한다. 예를 들어 레드햇 엔터프라이즈 라이선스[Red Hat Enterprise License]의 도커 설정은 /etc/sysconfig/docker/docker-storage라는 파일로 관리된다. 파일에는 도커 데몬의 스토리지 옵션과 관련된 설정이 포함돼 있다.

사용 중인 리눅스 배포판 이름이 표 B.1의 리눅스 배포판 이름과 일치하는데 도커 설정 파일이 없다면 /etc/docker 디렉토리를 확인하는 것이 좋다.

파일에서 도커 데몬의 시작 커맨드에 대한 매개변수를 관리한다. 가령 도커 설정 파일을 수정할 때 호스트에서 도커 데몬을 시작할 때 사용될 매개변수를 다음과 같은 라인으로 설정할 수 있다.

```
DOCKER_OPTS=""
```

도커의 루트 디렉토리 위치를 기본값(/var/lib/docker)에서 변경하고 싶다면 이전 라인을 다음과 같이 변경할 수 있다.

```
DOCKER_OPTS="-g /mnt/bigdisk/docker"
```

사용 중인 리눅스 배포판에서 systemd 설정 파일(/etc 대신 사용)을 사용한다면 systemd 디렉토리 아래에 위치한 도커 설정 파일에서 ExecStart 라인을 검색하고 원한다면 바꿀 수 있다. 예를 들어 해당 도커 설정 파일은 /usr/lib/systemd/system/service/docker 또는 /lib/systemd/system/docker.service에 존재할 것이다. 예시 파일은 다음과 같다.

```
[Unit]
Description=Docker Application Container Engine
Documentation=http://docs.docker.io
After=network.target

[Service]
Type=notify
EnvironmentFile=-/etc/sysconfig/docker
ExecStart=/usr/bin/docker -d --selinux-enabled
Restart=on-failure
LimitNOFILE=1048576
LimitNPROC=1048576

[Install]
WantedBy=multi-user.target
```

EnvironmentFile 라인은 이전에 설명한 `DOCKER_OPTS` 항목을 포함한 시작 스크립트를 가리킨다. systemctl 파일을 직접 변경했다면 systemd 데몬이 변경 내용이 반영되도록 `systemctl daemon-reload`를 실행해야 한다.

도커 데몬을 다시 시작하기

도커 데몬의 설정을 변경하는 것만으로 충분치 않다. 변경사항을 적용하려면 데몬을 다시 시작해야 한다. 다시 시작하면 실행 중인 컨테이너가 중지되고 진행되고 있던 이미지 다운로드는 취소된다.

systemctl로 다시 시작하기

대부분 최신 리눅스 배포판에서는 systemd를 사용해 시스템에서 서비스 시작을 관리한다. 커맨드 라인에서 systemctl을 실행하면 출력 페이지를 얻고 호스트는 systemd를 실행한다. 'command not found' 메시지가 표시되면 다음 섹션으로 이동한다.

설정을 바꾸려면 다음과 같이 도커를 중지하고 시작할 수 있다.

```
$ systemctl stop docker
$ systemctl start docker
```

아니면 다시 시작할 수 있다.

```
$ systemctl restart docker
```

다음 커맨드를 실행해 도커 데몬 진행 상황을 확인한다.

```
$ journalctl -u docker
$ journalctl -u docker -f
```

첫 번째 커맨드는 도커 데몬 프로세스의 출력 로그를 결과로 보여준다. 두 번째 커맨드의 결과는 새로 발생한 로그를 출력한다.

서비스로 다시 시작하기

사용 중인 시스템이 System V 기반의 init 스크립트 집합을 실행 중이라면 service --status-all을 실행한다. 해당 커맨드가 서비스 목록을 반환하면 service를 사용해 새로운 설정으로 도커를 다시 시작할 수 있다.

```
$ service docker stop
$ service docker start
```

부록 C

베이그란트

전체 머신을 표현하거나 여러 가상 머신에서 오케스트레이션이 필요한 도커 기술을 설명하기 위해 가상 머신을 사용한다. 베이그란트는 커맨드 라인에서 가상 머신을 시작, 배포, 관리할 수 있는 간단한 방법을 제공할 뿐 아니라 여러 플랫폼에서 사용할 수 있다.

설정하기

https://www.vagrantup.com으로 접속해 순서대로 따라한다.

GUI

vagrant up를 실행해 가상 머신을 시작할 때 베이그란트는 설정을 읽기 위해 Vagrantfile이라는 로컬 파일을 읽는다.

provider 섹션 안에서 생성하거나 바꿀 수 있는 유용한 설정은 gui이다.

```
v.gui = true
```

예를 들어 공급자가 버추얼 박스^{VirtualBox}라면 일반적인 설정 섹션은 다음과 같다.

```
Vagrant.configure(2) do |config|
  config.vm.box = "hashicorp/precise64"

  config.vm.provider "virtualbox" do |v|
    v.memory = 1024
    v.cpus = 2
    v.gui = false
  end
end
```

실행 중인 VM의 GUI를 얻기 위해 vagrant up을 실행하기 전에 v.gui = false 설정을 찾아 v.gui = true로 변경하거나 v.gui 설정이 없으면 설정을 추가한다.

> |팁| 베이그란트 설정의 공급자(provider) 설정은 VM 환경을 제공하는 프로그램 이름이다. 대부분 사용자에게 공급자 값은 virtualbox이지만 libvirt, openstack, vmware_fusion 등일 수 있다.

메모리

베이그란트는 VM을 사용해 자체 환경을 생성하며 메모리가 부족할 수 있다. 각 VM이 2GB의 메모리로 실행되도록 해서 총 3개의 노드로 클러스터를 실행한다면 시스템에는 6GB의 메모리가 필요하다. 머신을 실행하는 데 어려움을 겪고 있다면 메모리 부족이 원인일 가능성이 높다. 유일한 해결책은 필수 VM을 중지하거나 더 많은 메모리를 구입하는 것이다. 베이그란트의 메모리 이슈를 회피할 수 있는 해결책은 도커를 사용한다. 바로 도커가 VM보다 강력한 이유 중 하나다. 즉 자원을 컨테이너에 미리 할당할 필요가 없다. 도커가 필요한 자원만 소비하게 하면 된다.

찾아보기

예제로 배우는 도커 2/e
100가지 노하우로 제대로 이해하는

발 행 | 2021년 1월 4일

지은이 | 이안 미엘 · 아이단 홉슨 세이어즈
옮긴이 | 김 용 환

펴낸이 | 권 성 준
편집장 | 황 영 주
편 집 | 조 유 나

에이콘출판주식회사
서울특별시 양천구 국회대로 287 (목동)
전화 02-2653-7600, 팩스 02-2653-0433
www.acornpub.co.kr / editor@acornpub.co.kr

한국어판 ⓒ 에이콘출판주식회사, 2021, Printed in Korea.
ISBN 979-11-6175-473-4
http://www.acornpub.co.kr/book/docker-practice

이 도서의 국립중앙도서관 출판시도서목록(CIP)은 서지정보유통지원시스템 홈페이지(http://seoji.nl.go.kr)와
국가자료공동목록시스템(http://www.nl.go.kr/kolisnet)에서 이용하실 수 있습니다.(CIP제어번호: CIP2020053311)

책값은 뒤표지에 있습니다.